1994
中国煤炭工业年鉴

煤炭工业部 编

煤炭工业出版社

《中国煤炭工业年鉴》编审委员会名单

（按姓氏汉语拼音为序）

主 任 委 员：范维唐　煤炭工业部副部长

副主任委员：陈明和　煤炭工业部总工程师

潘惠正　煤炭工业出版社社长

煤炭科学技术信息研究所所长

委　　员：

陈明和　煤炭工业部总工程师

范维唐　煤炭工业部副部长

何伯镛　煤炭工业部科技教育司司长

经天亮　中国煤炭工业进出口总公司总经理

李学诚　煤炭工业部安全司司长

李学圣　煤炭工业部规划发展司司长

刘　刚　中煤机械装备集团公司总经理

马德庆　煤炭工业部政策法规司司长

潘惠正　煤炭工业出版社社长

煤炭科学技术信息研究所所长

苏立功　煤炭工业部综合利用多种经营司司长

孙旭东　煤炭工业出版社副社长

煤炭科学技术信息研究所副所长

万国程　中煤多种经营工贸总公司总经理

王成龙　煤炭工业部国际合作司司长

魏元锐　煤炭工业部办公厅主任

卫国福　中国煤炭工业进出口总公司董事长

吴道荣　中国地方煤矿公司经理兼党委书记

乌荣康　煤炭工业部生产协调司司长

张双聚　煤炭工业信息中心主任

赵全福　煤炭工业技术经济咨询中心主任

朱德仁　煤炭科学研究总院院长

朱登山　煤炭工业部财劳司司长

《中国煤炭工业年鉴》出版人员名单

主　　编　孙旭东　吴志莲

责任编辑　井光山　刘新建

版式设计　解　冰

封面设计　郑玉水

责任校对　姜惠萍

工作人员　杨慧玲　智　毅

国外广告部分

德国国际市场咨询公司

经理：G．林克

煤炭科学技术信息研究所

曹慧英

Compiling Committee of China Coal Industry Yearbook

Chairman: Fan Weitang Vice Minister of the Ministry of Coal Industry (MCI)
Vice-chairman: Chen Minghe Chief Engineer of the MCI
Pan Huizheng President of the China Coal Industry Publishing House
President of China Coal Scientific and Technical Information Research Institute (CCSTIRI)

Members of the Compiling Committee:
(Arranged according to strokes of the surname in Chinese character)

Wan Guocheng General Manager of the China Coal Diversified Economy Corporation
Wei Guofu Chairman of the China Coal Industry Import & Export Corporation
Ma Deqing Chief of the Policy and Law Department of the MCI
Wang Chenglong Chief of the International Cooperation Department of the MCI
Sun Xudong Vice-President of the China Coal Industry Publishing House
Vice-Chief of the Coal Scientific and Technical Information Research Institute
Zhu Dengshan Chief of the Finance, Labour and Capital Department of the MCI
Liu Gang General Manager of the China Coal Machinery Equipment Corporation Group
Li Xuesheng Chief of the Planning & Development of the MCI
Li Xuecheng Chief of the Safety Department of the MCI
Zhu Deren Chief of the Central Coal Mining Research Institute
Su Ligong Chief of the Comprehensive Utilization and Development Center of Diversified Economy of the MCI
He Boyong Chief of the Science, Technology and Education Departement of the MCI
Chen Minghe Chief Engineer of the MCI
Zhang Shuangju Director of the Coal Industry Information Center
Wu Rongkang Chief of the Production Coordination Department of the MCI
Wu Daorong General Manager of the China Local Coal Mine Corporation
Jing Tianliang General Manager of the China Coal Industry Import & Export Corporation
Fan Weitang Vice-Minister of the MCI
Zhao Quanfu Director of the Coal Industry Technical and Economic Consulting Center
Pan Huizheng President of the China Coal Industry Publishing House
President of the CCSTIRI
Wei Yuanrui Director of the General Office of the MCI

Editorial and Publishing Personnel of the China Coal Industry Yearbook

Editor-in-Chief: Sun Xudong Wu Zhilian
English Translators: Jing Guangshan Liu Xinjian
Editors: Jing Guangshan Liu Xinjian
Designers: Zheng Yushui Xie Bing
Proof-reader: Jiang Huiping
Advertisment Personnel: Gerhard Linke
Manager of National Management Service Germany
Cao Huiying
China Coal Industry Seientific and Technical Information Research Institute

拥有 150 多年经验
请与 MAN GHH 公司
洽谈有关井筒提升的问题

MAN GHH 公司的工作范围遍及全球，它包括：成套井筒提升设备的规划、设计、供货、安装和投产运行。

本公司井筒提升设备的产品范围如下：

—戈培式和滚筒式提升机；
绳轮；井口的通风闸门；钢结构的提升井架和井塔；
—多绳提升设备中装备的用于测量和平衡钢丝绳张力装置的钢丝绳连接装置；
提升罐笼；提升箕斗；
—滚柱导轨；
—箕斗提升的装载站，带计量器或计量胶带机；
—卸载站；
—矿车推车装置；
—矿车周转；
—用于提起钢丝绳和运输装置的提升设备。

MAN GHH
Bahnhofstrasse 66
46145 Oberhausen
Phone：208/692-00
Fax：208/66 90 21

令人信服的技术

MAN
GHH

中国煤炭工业的明珠——

兖州矿务局

中国煤炭工业的一颗璀璨的明珠——兖州矿务局

兖州矿务局是在改革开放中迅速崛起的特大型煤炭企业，拥有兖州和济宁东区两大煤田，设计年产能力2275万吨，洗选加工能力2080万吨。煤田总面积1474.7平方公里，地质储量103.3亿吨。煤种为低灰、低硫、低磷、高挥发分的气煤，发热量为6500—7000大卡，是优良的炼焦配煤和动力用煤，也是制造水煤浆和煤气的良好原料。

兖州矿务局在国内煤炭行业以建设速度快、技术先进、高产高效闻名。

矿区自1975年开始大规模建设，仅用15年时间就建成了6对矿井，形成了1255万吨的综合生产能力。1994年煤炭产量达到1557万吨，实现利税4.5亿元，利税增长率居全行业前列，安全生产达到了国际先进水平。全局以高产高效为目标，组织实施了“双百万”、“双十亿”工程，有4个综采队年产突破200万吨，其中，兴隆庄煤矿综采一队创出了年产272.36万吨的全国最高水平。全局非煤产业产值突破10亿元大关。

兖州矿务局始终把科技进步、科学管理作为企业发展的主要手段，1992年，“兖州矿区建设施工技术 荣获了“国家级科学技术进步奖特等奖”。1993年荣获全国优秀企业管理“金马奖”。

兖州矿务局作为全国煤炭工业对外开放的一个窗口，与世界10多个国家的几十家厂商保持着业务往来，进行了多次技术合作，联合创办了“兖日水煤浆中试厂”、“东方电器厂”等一大批合资合作项目，煤炭和其他产品已销往亚、美、欧许多国家和地区。

随着社会主义市场经济体制的建立，兖州矿务局已被国务院列为全国百家建立现代企业制度试点单位之一。本世纪末，全局原煤产量将达到2500万吨，工业产值将超过55亿元，并成为在国际上有较强竞争力的大型企业集团。

（兖州矿务局党委宣传部供稿）

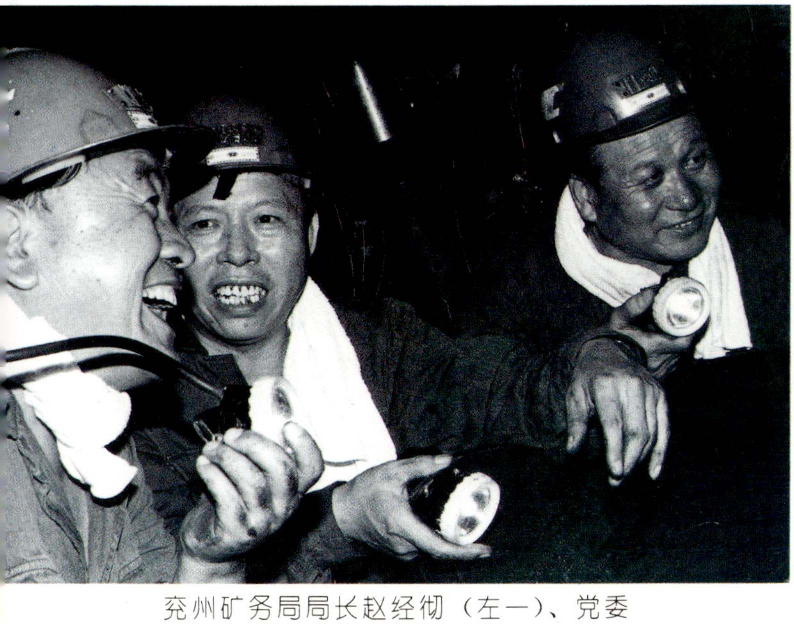

兖州矿务局局长赵经彻（左一）、党委书记岳立三（右一）在现场指挥生产

1989 年 9 月，中共中央总书记江泽民在中国工业四十年成果展览会上参观兖州矿区发展规划模型。

几年来，兖州矿区成绩斐然：

1988 年，兴隆庄选煤厂主厂房获国家建筑业最高奖——鲁班金像奖；兖州矿区建设施工技术荣获 1992 年度国家级科学技术进步奖特等奖；1993 年又荣获了全国优秀企业管理奖金马奖

兖州矿务局以高产高效为目标，依靠科技进步，使兴隆庄煤矿综采一队创出了年产原煤 272.36 万吨的全国最高水平

兖州矿务局以安全促生产，安全生产达到国际先进水平

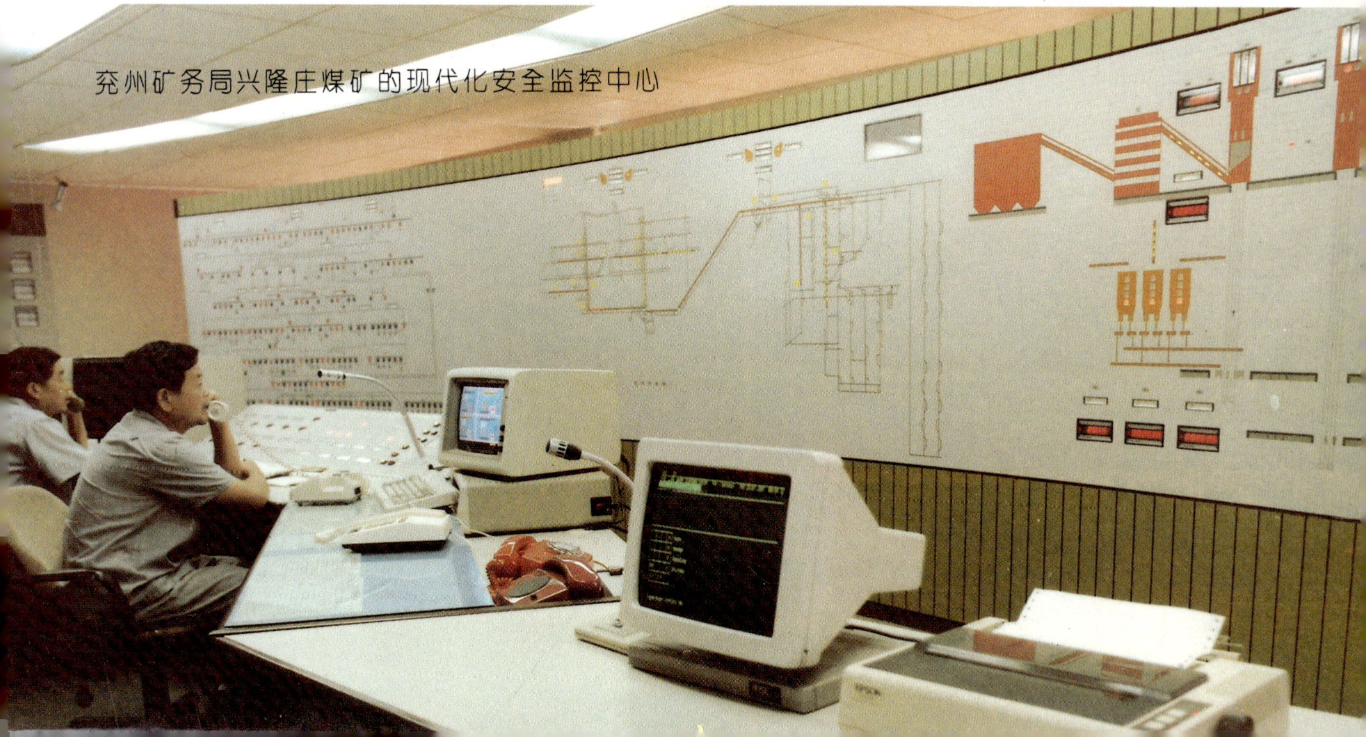

兖州矿务局兴隆庄煤矿的现代化安全监控中心

年设计生产能力 400 万吨的兖州矿务局东滩煤矿

源源外运的兖州煤炭，为支援国家的经济建设做出了贡献

物质文明和精神文明建设同步发展。兖州矿区职工生活在自己营造的优美环境中

全国特大型煤炭企业
——义马矿务局

义马矿务局位于河南省西部，陇海铁路和310国道横贯矿区，矿区总面积1194平方公里，煤炭可利用储量8.5亿吨，现有11个生产矿（其中一座露天矿），矿井设计生产能力1086万吨，拥有固定资产净值11亿元，职工总数58794人。

义马矿区素有“豫西煤仓”之称，品种有长焰煤、焦煤、贫瘦煤等，广泛应用于发电、工业锅炉、炼焦和民用，畅销华东、华中、东北等11省区，常年用户达300余家。义马长焰煤是极好的造气和化工原料，与煤伴生的铝、铁等矿产资源也很丰富，综合利用前景十分广阔。义马矿务局1989年原煤产量突破1000万吨，进入全国特大型煤炭企业行列。

90年代，义马矿务局进入了一个全新的发展时期。1992年，朱镕基副总理视察义马矿区时指出，义马矿区的出路在于减人，要改变单一煤炭产品的结构，通过大力发展多种经营和第三产业，安置富余人员，提高效率和效益，逐步摆脱困境。此后，义马矿务局制定了“以煤为本，走煤——气——电——化——洗综合发展道路”的规划，大踏步地向多元化产品结构转移。经过两年的努力，国家计委批准了投资2.9亿元的引黄提水工程，已于1995年初开工，该工程将彻底解决矿区民用和工业用水问题，为建设大煤气化工程和大电厂创造了条件。1994年国务院批准的大煤气化工程项目，利用澳大利亚投资6300万美元，总投资20.69亿元人民币所生产的煤气可供郑州、洛阳等城市，还可联产柴油、轻油、软蜡、硬蜡、粗酚等化工产品，该项目于1995年开工建设，1997年投产。义马矿务局坑口电厂装机容量为4×30万千瓦，1996年可立项上马。同时，还在建和将建3个选煤厂和3个小型电厂，可以大容量地安置富余人员。

义马矿务局通过深化改革，转换经营机制，调整经营战略，逐步适应了市场经济的新形势，企业活力增强。1994年摘掉了十年亏损帽子，效益和安全生产均创建局以来新水平，企业呈现出勃勃生机，为国家做出的贡献越来越大。

义马矿区全景

义马矿务局局长李玉成

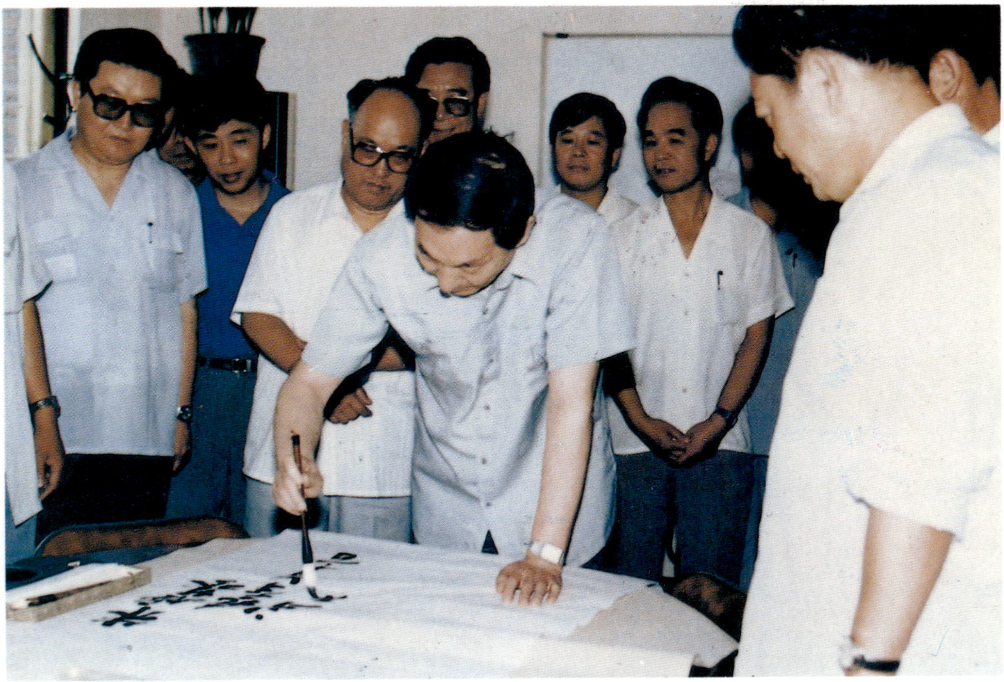

国务院副总理朱镕基同志来矿区视察时，为义马矿务局题词

澳大利亚投资6300万美元、总投资额达20.69亿元人民币的义马煤气化工程项目，经两国政府签字后，河南省副省长范钦臣、义马矿务局局长李玉成、澳大利亚外长等中外方人士共同举杯祝贺

义马矿局安全、高效的综采工作面

义马矿务局露天采煤一角

技术先进的综合掘进保证了义马矿务局生产的顺利进行

繁忙的煤矿生产

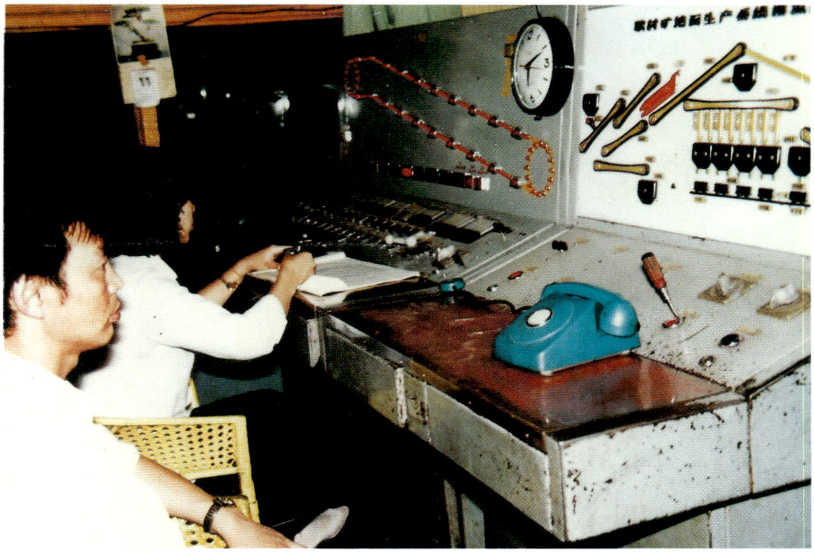

义马矿务局现代化的生产调度中心

高产高效矿井——义马矿务局常村煤矿

现代化大型矿井——义马矿务局耿村煤矿

新近建成并投入使用的义马矿务局办公大楼

矿山夜景

义马矿务局建设了一支特别能战斗的职工队伍

义马矿务局2000门程控电话开通，实现了通讯的现代化

依靠科技进步，电子计算机在义马矿务局得到了广泛应用

多种经营、集体经济在义马矿务局如雨后春笋般发展起来

义马矿务局注重技术培训，及时为生产现场输送合格人员

一批批舒适、实用的职工住
相继投入使用

义马矿务局注重解决职工的后顾之忧。瞧，幼儿园的孩子们多开心

矿山花园

AEG

团结奋进　开拓奉献

——枣庄矿务局铁路运输处

枣庄矿务局铁路运输处1987年开始筹建，1990年12月投入简易运营，该处毗邻枣庄、滕州、微山三个市县；横跨百里矿区，承担矿务局煤炭外运、跨矿入洗、杂车取送及线路的维修任务，已形成集车、机、工、电、辆为一体的较为完整的矿区铁路运输系统。

铁运处现有职工960人，设五段一队一公司12科室，下有孙岗交接站、尹洼集配站和4个装车站，拥有固定资产9000多万元，112公里线路，机车7台，自备车51辆，年运输能力600万吨，并配有枣庄矿区至连云港的自备专列。

铁运处运营4年，成绩斐然：货物运量、运营收入、上交利润、安全运输、线路达标、人均效率等4年迈出4大步；多种经营充满活力；精神文明建设同步发展，被枣庄市、枣庄矿务局分别授于“双文明”先进单位和“建功立业”先进单位等光荣称号。

铁运处发展前景远大。随着滕南煤田的开发和新建矿井的投产，到2000年矿区铁路二期工程完成以后，年运量将达1000万吨，这对枣庄矿区的发展和地方煤炭的开发利用将起到举足轻重的作用。

在改革中蓬勃发展的枣庄矿务局铁路运输处

处长小传

王永忠，枣庄矿务局铁路运输处处长，工程师，53岁，山东即墨人。在甘霖煤矿任矿长期间，凭着30多年从事采掘工作的实践经验，勇于开拓，大胆管理，使注销下马的矿井衰而不老，充满活力。调任铁运处处长两年以来，深入调研，真抓实干，保证安全运输，完善内部管理，拓展经营门路，规划发展蓝图，使以往简易运营的铁运处一年上一个新台阶，成为枣庄市和矿务局“双文明”建设先进单位。

团结实干的枣庄矿务局铁路运输处决策集团正在为本单位规划宏伟发展蓝图

铁运处注重党建工作。图为党委书记吴文全正在为职工上党课

设施齐全、整洁舒适的铁运处生活小区

枣庄矿务局铁运处自营铁路、自备列车已形成规模、为保障全局的生产提供了保障

采 矿 设 备

首先请大家看看阿尔卑斯山

一百多年来，西玛格（SIEMAG）公司的立井提升设备在世界各地提升的矿物原料亦可堆起第二座阿尔卑斯山。大家看到的这些设备由于质量好、效益高及可靠性强等特点使德国采矿业处于世界领先地位。对西玛格（SIEMAG）公司来说，无论过去和现在，用户始终是上帝，公司将帮助用户进行详细的初步研究和设计。

我们将对用户需求进行详细调查，主要调查用户对新立井提升设备的需求以及对现有老设备改造成具有各种新功能的提升设备的需求。

西玛格（SIEMAG）公司在向用户提供首台设备前，先向用户提供其专门技术，这是该企业的传统。西玛格（SIEMAG）公司在国内外良好的设计实例，为用户今后解决问题提供了综合治理的办法。我们的设备可靠，不需要备件，麻烦很少，即便将来，我们也无愧于用户。下次见面时，大就会看到我们更美好的动机。

SIEMAG Transplan GmbH
Obere Industriestr. 8
57250 Netphen，F. R. G.
Phone 0 27 38·21-0
Fax 0 27 38·21-297
Teletex 273 830 STN

SIEMAG Transplan Beijing
Mr. Richard Chu
Room2505A CITIC Building
19. Jianguomenwai Dajie
BEIJING 100004
Fax：＋10－5001911
Phone：＋10－5002255－2552

SIEMAG

枣庄矿务局田陈煤矿

田陈煤矿矿长李裕庆（左）、党委书记张文胜（右）分别被评为全国煤炭系统优秀企业家和全国煤炭系统优秀思想政治工作者

田陈煤矿领导在研究矿井发展规划

田陈煤矿外景

枣庄矿务局田陈煤矿是1989年12月建成投产的现代化国有重点煤矿，年设计生产能力120万吨，并建有与之相配套的现代化选煤厂。它东靠贯穿祖国南北的京沪铁路和104国道，西临美丽富饶的微山湖，井田面积44平方公里，地质储量119亿吨，可采储量114亿吨，煤质优良，主要生产优质气煤和肥煤。矿井采掘机械化程度达到100%，井上井下整个系统实现了文明生产。

投产以来，田陈煤矿原煤产量每年以20%的幅度递增，以优质赢得信誉，实现了产销平衡，以销促产的良性循环；多种经营实现销售收入3200万元，全矿实现无待业。1994年矿井实现利润3658万元，建成了现代化矿井和特级质量标准化矿井，晋升为全国煤炭工业二级企业、全国煤炭现场管理先进单位和煤炭质量信得过企业。

田陈煤矿牢固树立了“两手抓，两手都要硬”的思想，使两个文明建设在生产经营活动中相互促进，同步发展。把思想政治工作纳入企业管理的范畴，创立实施了全方位思想政治工作强化法，实现了管事管人管思想的有机结合，荣获中国煤炭工业企业现代化管理成果部级一等奖，山东省委宣传部、枣庄市委给予了充分肯定，并作了推广。田陈煤矿多次被山东煤管局、枣庄市、枣庄矿务局评为先进基层党组织优秀政工企业，连续三年被枣庄市命名为文明单位。

（供稿：田陈煤矿宣传科）

（本组照片：蒋海青　摄）

山东枣庄矿区物资贸易公司
枣庄矿务局第一工程处多种经营公司

公司经理：杨　震

枣庄矿务局第一工程处多种经营公司，地处鲁南重镇，位于薛城中心，交通便利，信息灵通，经济活跃，具有较优越的经营条件。公司目前已形成以薛城为中心的经营网络，洪洼生产基地和建筑装修、饮食服务、机械加工轧钢、商品流通运输、房屋租赁五大体系。另外，新建的橡塑密封件厂已具规模，为解决煤矿生产急需而开发研制的矿用液压支柱密封件系列产品，经“全国煤矿支柱设备质量监督检验中心”测试，达到部颁标准，在同类产品中居于领先地位。新型可延伸性锚杆已通过部级鉴定，并深受矿区内外客户欢迎。尤其是汽车经销业务更为枣庄矿区独一家。

枣庄矿务局第一工程处多种经营公司，立足矿山，面向社会，愿广交各界有志朋友，建立长期业务关系，欢迎合作经营。

公司经理：杨　震
公司地址：山东省薛城
邮政编码：277000
电话号码：(05471) 411857

枣庄矿务局多种经营总公司

枣庄矿务局多种经营总公司于1979年底成立。总公司下属多种经营公司、站42个。总公司是矿务局多种经营和集体企业的业务管理机关，同时又是具有企业法人资格的经济组织。

总公司现有职工17891人，现有生产经营厂、点288个、定型产品350余种。1988年至1993年累计创产值13.74亿元，创利税7102.6万元；1994年创产值44800万元，利润2130万元。

该公司自创办以来，始终坚持为煤炭生产服务，为职工生活服务，为社会服务的方向，立足矿区，面向社会，以安置企业富余人员和待业青年为主要任务，积极发展多种经营和第三产业。目前，该公司已初步形成小煤井、煤炭综合加工利用、建材生产、建筑、轻纺化工、机械修造等多种产业，并有不少产品打入国际市场，如高标号水泥产品、长毛绒玩具、活性炭、薄膜按键开关、多功能台钳等，这些产品都远销韩国、日本、德国、美国等国家和地区。1994年该公司与韩国合作建成PU透气革厂，引进意大利设备建设的大理石板材生产厂也已相继建成。

多种经营的发展，改变了枣庄矿区的产业和产品结构，减轻了企业负担，搞活了矿区经济。1984年以来，连续6年被煤炭部评为发展集体经济先进单位。自1987年以来连年被山东煤管局评为发展多种经营先进单位。

总经理、党委书记：李传厚

地址：枣庄市中区北马路61号

电话：（05471）312698　局内：73269 73273

电挂：1444

邮政编码：277134

李传厚

枣庄矿务局多种经营总公司总经理兼党委书记（副局级），高级经济师，曾任技术员、区长、副矿长、矿长、局调度室主任、局供应处处长等职务。1989年～1992年被评为矿务局劳动模范、枣庄市劳动模范。

《中国煤炭工业年鉴》特约编辑名单（按姓氏汉语拼音为序）

陈有文　重庆煤炭工业管理局
邓宪瑞　湖南省煤炭工业局
李瑞祥　开滦矿务局
刘建华　甘肃省煤炭工业局
刘建军　华能精煤公司
卢志刚　福建省煤炭工业总公司
马鸿春　北京矿务局
钱良祚　云南省煤炭工业管理局
石连荣　湖北省煤炭工业厅
时宗锦　淮北矿务局
宋本胜　山东省煤炭工业管理局
王廷世　大同矿务局
蔚小平　内蒙古煤炭工业管理局
许国桢　新疆煤炭工业管理局
许活强　广东省煤炭工业总公司
薛为民　贵州省煤炭工业管理局
杨　强　四川省煤炭工业管理局
艾久超　煤炭工业部政策法规司
蔡燕莉　煤炭工业部办公厅
陈天龙　徐州矿务局
储洁华　中煤机械装备集团公司
丁少华　淮北矿务局
杜香琴　煤炭工业部办公厅
公丕秋　山东煤炭工业管理局
关文侠　煤炭工业部国际合作司
郭　黎　中国煤炭工业企业管理协会
韩立德　煤炭工业部政策法规司
何振琪　河北省煤炭工业厅
胡桂英　煤炭工业部规划发展司
黄坤福　煤炭工业部国际合作司
黄玉治　煤炭工业部办公厅
解小春　大同矿务局
荆大勤　甘肃煤炭工业管理局
景国川　吉林煤炭工业管理局
雷月娥　煤炭科学技术信息研究所
黎　坚　宁夏回族自治区煤炭工业厅
李殿臣　煤炭科学研究总院
李东辉　中煤建设开发总公司
李洪林　煤炭工业部政策法规司
李　奎　四川省永荣矿务局
李绍进　淄博矿务局
李　岩　吉林煤炭工业管理局
李　迎　河南省煤炭工业厅
李　志　中煤建设开发总公司
李中锋　煤炭工业部办公厅
李中伟　煤炭工业部生产协调司
李祖恩　青海省重工业厅
李作献　煤炭工业部办公厅
梁冠筹　煤炭工业部规划发展司
刘　丹　煤炭工业部办公厅
刘洪波　煤炭工业部办公厅
刘景泽　大同矿务局
刘雅声　辽宁省煤炭工业管理局
刘衢立　湖南省煤炭工业管理局
卢志刚　福建省煤炭工业总公司
陆　军　宁夏灵武矿务局
罗笃伯　重庆煤炭工业管理局
马　丽　吉林省煤炭工业管理局
马士杰　中国煤炭工业企业管理协会
孟来所　中煤第一建设公司
潘惠楼　北京矿务局
潘克功　中国煤炭工业进出口总公司

秦　义　内蒙古自治区煤炭工业管理局
商登莹　煤炭工业部安全司
尚可战　华能精煤公司
孙春晓　焦作矿务局
孙　坚　长广煤矿公司
谭恩利　煤炭工业部政策法规司
汤稼轩　煤炭工业部生产协调司
汤景录　大屯煤电公司
王爱萍　煤炭科学技术信息研究所
王便文　煤炭工业部规划发展司
王广德　中国煤炭工业企业管理协会
王贵民　煤炭工业部政策法规司
王洪亚　云南省煤炭工业厅计划处
王晓燕　开滦矿务局
王宜刚　大屯煤电公司
王振传　山东省枣庄矿务局
温世贵　重庆市煤炭工业公司
谢正义　徐州矿务局
徐剑安　云南省煤炭工业管理局
徐　英　浙江省煤炭工业总公司
许国桢　新疆维吾尔自治区煤炭工业厅
杨　强　四川省煤炭工业管理局
杨志成　大同矿务局
叶敦和　煤炭科学技术信息研究所
于伯忍　中国地方煤矿公司
曾如云　广西右江矿务局
张炳安　湖北省煤炭工业厅
张大艺　煤炭科学技术信息研究所
张少平　煤炭工业部政策法规司
张书慧　黑龙江省煤炭工业管理局
张维新　广西壮族自治区煤炭工业厅
张　跃　四川省煤炭工业管理局
赵家廉　煤炭科学技术信息研究所
周娄怀　广东省煤炭工业总公司
周铁生　煤炭科学技术信息研究所
周贻朗　贵州省煤炭工业管理局
奚如豹　中国地方煤矿公司
晏达宁　煤炭工业部办公厅

编 辑 说 明

《中国煤炭工业年鉴》创刊于1982年，是一部记载中国煤炭工业发展全貌的文献资料工具书，每年以中、英文两种版本向国内外公开发行。1994年版《中国煤炭工业年鉴》由煤炭工业部编辑方针及原则，由《中国煤炭工业年鉴》编辑部编辑，中国煤炭工业出版社出版发行。

1994年版《中国煤炭工业年鉴》用翔实的统计数字和丰富的材料全面系统地介绍了1993年中国煤炭工业的基本情况，反映了我国在全面进行社会主义市场经济体制改革总方针的指导下，我国煤炭工业为实现“一番保两番”的战略目标，继续深化改革，抓好三件大事、三项建设和三个主体，大力推进现代化建设的情况和经验，并着重反映了这期间我国煤炭行业所取得的成就及进行的重大的人事、机构及体制改革方面的情况。

1994年版《中国煤炭工业年鉴》共设下列栏目，主要内容是：

大事纪要
统计资料
省（市、区）煤炭工业概况
领导人重要讲话
重要会议
先进单位和个人
人事、机构、体制
深化改革
对外经济贸易合作
方针、政治性文件简目
设计、科研成果
基本建设项目
国外矿业期刊
企业简介
世界能源工业统计资料

1994年版《中国煤炭工业年鉴》的“统计资料”栏目，是煤炭系统1993年的重要统计数字。在“省（市、区）煤炭工业概况”栏目中，也列举了一些统计数字。由于统计的口径不尽相同，某些数字可能略有出入。凡统计数字不一致之处，均以“统计资料”栏目中所列数字为准。

1994年版《中国煤炭工业年鉴》中的全国性数据，不包括我国台湾省的有关数据。

为了增加《中国煤炭工业年鉴》的信息量，1994年版新开设了“国外矿业期刊”栏目，并在“设计、科研成果”栏目内增设了“八五”期间国家科技攻关项目”和“煤炭工业重点科研项目”内容，以期对广大的科技工作者有所帮助。

谨向为1994年版《中国煤炭工业年鉴》撰文、提供资料和核稿的单位及有关同志表示衷心感谢，并祈望继续予以关心和支持。

《中国煤炭工业年鉴》编辑部

1994年2月

目　录

深化改革　促进煤炭工业健康发展

煤炭工业部部长　王森浩

大事纪要（1993年）

统计资料

省（市、区）煤炭工业概况

领导人重要讲话

深化改革

重要会议

方针、政策性文件简目

人事、机构、体制

对外经济贸易合作

设计、科研成果

基本建设项目

先进单位和个人

世界能源工业统计资料

国外矿业期刊

企业简介

大事纪要

1993 年

1 月

△1日　开滦矿务局徐冀局长向开滦各矿矿长发出安全指令，从新年伊始抓起，实现1993年安全奋斗目标，百万吨死亡率1以下，争取实现安全最好年。

△1日　大屯煤电公司决定成立珠海特殊建筑基础工程总公司和珠海机械化工程施工公司。

△4日　开滦党委、开滦矿务局召开七届职工代表大会第三次会议，徐冀局长作了《加快经营机制转换，积极投向市场，为实现开滦经济的振兴而奋斗》的报告；开滦党委书记笪政远做了重要讲话。

△5日22时30分　肥城矿务局国家庄煤矿－210北大巷七层煤掘进头，因断层带构造薄弱造成奥灰水突出，突水量每小时达32970立方米，属我国采矿史上第二号特大型突水灾害。突水发生后，经紧急抢救井下600多名职工全部安全撤出。6日凌晨5时，矿井全部被淹停产。国家庄矿突水后，相邻的县办隆庄煤矿和南高余煤矿受其影响，也相继被淹。南高余煤矿于15日17时被大水淹没。这次突水事故给肥城局造成经济损失1.1亿元。

△7～11日　中国统配煤矿公司总在北京召开了工作会议。其中心任务是贯彻落实党的十四大精神，研究部署煤炭企业如何适应社会主义市场经济体制的新形势，加快改革开放步伐，转换企业经营机制，尽快扭转煤炭行业的亏损局面。总公司总经理王森浩同志在会上作了题为《走向市场，迎接挑战，实现煤炭工业重大历史转变》的报告（报告内容详见“领导人重要讲话”栏目），副总经理韩英、张宝明、范维唐、濮洪九分别主持了会议。国家计委副主任叶青、国务院经贸办副主任石万鹏分别在会上讲了话。

会上，韩英副总经理传达了国务院领导同志就发展煤炭工业发表的意见。国务院领导对煤炭工业非常关心，对总公司提出的下一步打算表示赞同，希望能逐步实施，通过必要的调整走向良性循环，保持一定的增长速度。国务院领导同志认为，煤炭工业去年各方面的工作都取得了很大成绩，特别是总公司狠抓减亏见成效，这是多年来的头一次，方向正确，迈出了第一步。此外，国务院领导同志还就减人提效、发展“三产”、防止重复投资建设、搞好安全特别是地方矿的安全等问题，提出了具体要求，并希望通过总公司党组向广大煤炭职工、家属表示亲切慰问。

叶青在讲话中着重分析了煤炭企业走向市场所面临的形势以及今后我国煤炭工业这盘棋的布局和走向。

会上，代表们讨论修改了总公司贯彻执行国务院《全民所有制工业企业转换经营机制条例》实施办法（试行）、《关于加快发展第三产业的意见》、《关于三年扭亏增盈工作的初步意见》等8个文件，并在此基础上安排了1993年的工作，部署了“八五”后3年的主要任务。

国家能源投资公司王文泽、陈钝，能源部秦中一，东北内蒙古煤炭工业联合公司崔敬谦、中国地方煤矿公司韩宗顺等有关部门的领导出席了会议。

△7～12日　煤炭机械制造系统工作会议在北京召开。会议的主要任务是：贯彻落实党的十四大精神和中国统配煤矿总公司工作会议精神，研究如何适应社会主义市场经济的新形势，切实抓好煤机产品质量上台阶工程；落实“八五”后三年承包工作；以提高经济效益为中心，走科工贸一体化的新路子，积极参与国际竞争，迎接国内外市场的新挑战。中国统配煤矿总公司副总经理范维唐同志出席会议并讲了话。

△10日　山西省煤炭工业工作会议在古城太原召开。胡富国代省长、郭钦安、吴俊州、纪馨芳、靳承序等领导出席会议并讲了话。山西省煤炭工业厅杨月生厅长作了题为《解放思想，面向市场、为煤炭工业上新台阶而奋斗》的工作报告。

△12～13日　华能精煤公司肖寒董事长、刘向阳总经理、石鑫副总经理等赴石家庄就朔黄铁路和黄骅港建设等问题与河北省政府有关负责同志座谈。河北省省长程维高、副省长叶连松、陈立友及省建委、计经委、交通厅、土地局、沧州行署、石家庄市的负责同志等参加了座谈。

△14日　中国煤炭报社在西郊宾馆举行创刊十周年座谈会。中国统配煤矿总公司总经理王森浩、副总经理韩英、范维唐、濮洪九和能源部总工程师秦中一、新闻出版署报纸司司长梁衡、中国记协国内部主任阮观荣、中国报协副会长陈义方、全国煤矿地质工会副主席张文生等出席了会议。东煤公司、精煤公司、

焦煤公司、首都各新闻单位的领导及记者和总公司有关同志参加了会议。

△15～16日　中国统配煤矿总公司直属机关思想政治工作会议在涿州市召开。总公司党组书记、总经理王森浩同志，党组副书记、副总经理韩英同志出席会议并分别讲了话。总公司直属机关党委及在京直属单位党委、总支、支部书记、纪委书记、组织部长、宣传部长、党办主任、工会主席、团委书记等共130人参加了会议。

△18日　中国煤炭学会理事长范维唐在京主持召开中国煤炭学会第三届第九次常务理事会议。23位常务理事和特邀专家出席了会议。

会议提出，1993年学会要从自身特点出发，在抓好常规学术交流促进科学技术发展和普及推广工作的同时，积极为煤炭工业全面进入市场，减员增效，改变单一产品，实现多种经营，提高经济效益服务。

△18日　民政部负责同志在原中国统配煤矿总公司外宾室代表民政部向原煤炭工业部部长张霖之的遗孀李蕴华同志颁发张霖之烈士证书。王森浩总经理以及机关的有关同志出席了仪式。

△20日16时18分　淮南矿务局潘一矿西三采区201队施工的1662（3）下顺槽掘进工作面，由于瓦斯异常涌出遇撞击火花，发生一起重大瓦斯爆炸事故，死亡39人。

△20日　国务院副总理朱镕基对国务院经贸办副主任石万鹏《关于一九九三年煤炭订货翻版有关问题的报告》作重要批示："拟同意，请家华同志审批。"一月二十一日，邹家华副总理批示："请叶青同志阅研，要抓紧组织煤炭交易所，使相当一部分煤炭进入市场交易，并逐步扩大。"

△20日　开滦矿务局召开矿厂党政领导和局机关处室负责人会议，徐冀局长传达了能源部、总公司工作会议精神，并结合开滦情况对落实上级会议精神提出了要求。中国统配煤矿总公司张宝明副总经理来开滦慰问，也参加了这次会议，并讲了话。

△21日　春节前夕，中共新疆维吾尔自治区委员会书记宋汉良、自治区主席铁木尔·达瓦买提、自治区党委副书记金云辉等，来到乌鲁木齐矿务局六道湾煤矿，向各族职工、家属，向离退休职工，向全疆煤炭战线各族职工、家属，表示亲切慰问，并致以节日问候。

△23～25日　大屯煤电公司根据生产实际，首次安排职工休假。

△27日　大屯煤电公司决定成立上海深海房地产实业公司。

△28日　云南煤焦销售运输公司在昆明召开成立大会。

△29日　国务院副总理邹家华，国务院副秘书长王书明，国家计委副主任叶青，交通部部长黄镇东，中国石化总公司总经理盛华仁等领导同志视察了上海煤炭交易所。

邹副总理一行首先参观了交易大厅，观看了抢报、竞价、撮合成交表演。在听汇报之前，邹副总理说："煤炭交易是件大事，要把这件事做好，今天我要好好听听汇报。"上海煤炭交易所副总裁刘天祺同志详细汇报了交易所的筹建过程和首月交易情况，邹副总理表示满意，并对建立储煤场，上海煤炭交易所的交易量等问题做了重要指示，并欣然提笔为上海煤炭交易所题写了所名，还表示："当你们年交易量达到一亿吨时，再专门为你们题词。""希望你们年交易量超过一亿吨！"

△29日　新疆维吾尔自治区煤炭工业厅制定《关于放开煤炭经营活动的六条措施》，指出凡符合《矿产资源法》和《矿山安全法》等法律法规，具备办矿条件，根据市场需求，国有、集体和个体都可以申请开办煤矿，从事煤炭生产经营。

2　月

△2～4日　开滦矿务局徐冀局长率赵各庄矿、范各庄矿、吕家坨矿的矿长和运销处、选煤处的同志一行9人赴辽宁省，分别访问了鞍山钢铁公司和本溪钢铁公司。

△4日　中国统配煤矿总公司范维唐副总经理在教育局、北京煤炭管理干部学院负责同志陪同下来到燕郊分院，宣布了国家教委和总公司党组"关于将北京煤炭管理干部学院燕郊分院改建为华北矿业高等专科学校的批复意见"。并指出：华北矿业高等专科学校是煤炭系统为生产一线培养应用型和动手能力较强的专门人才的一所高等专科学校。新校成立后要坚持改革的方针，建立新的机制，用新路子、新办法、新作风，办出新的特色。在机遇与挑战面前，要从实际出发，眼睛向内，逐步解决办学中存在的问题。

△4日　中国统配煤矿总公司研究决定，任命于继利为中国统配煤矿总公司新疆公司经理，吐尔逊·托乎提、许治政为副经理，张仑为副经理兼总工程师；姚永强为乌鲁木齐矿务局局长，关希臣为哈密矿务局局长。

△6日　中国统配煤矿总公司王森浩总经理会见了美国大西洋富田公司总裁可夫先生一行，就双方今后合作项目的有关问题交换了意见。

△8～10日　中国煤炭工业进出口总公司全国煤炭进出口工作会议在北京召开。会议总结了1992年煤炭进出口工作，安排了1993年煤炭进出口计划。国务院经贸办副主任石万鹏，经贸部、铁道部、交通部、国家外汇管理局等部门的有关领导出席了会议。

△9～12日　湖南省煤炭工作会议在长沙召开，副省长周伯华到会作了重要讲话。

△10日　大屯煤电公司召开三届四次职代会暨1991—1992年先代会。公司经理孟以猛同志作了题为《转换机制，走向市场，为建立效益型多元经济新格局开拓前进》的工作报告。

△10日　大屯煤电公司直属单位龙东矿率先在矿区对机关编制进行重大改革，成立了"一室、四部、三个委员会及八大公司"。

△10日　原煤炭工业部副部长贾林放同志因患肺癌医治无效在北京逝世，终年81岁。

△11日　云南省召开了全省煤炭工作会议，省委副书记尹俊、副省长牛绍尧出席会议并讲了话。

△12日　北京市市长李其炎及副市长李润五等一行来到北京矿务局慰问矿工。

△13日11时30分　涟源市枫坪乡水口山新斜井因带电维修井底电铃按钮冒火引起瓦斯爆炸，死亡12人。

△15～17日　中国统配煤矿总公司新疆公司召开煤炭工作会议，传达贯彻全国能源工作会议、中国统配煤矿总公司工作会议和自治区计划、经济工作、体制改革会议精神，总结1992年工作，部署1993年任务，表彰奖励先进集体和先进个人。自治区副主席王友三到会讲了话。

△15～17日　华能精煤公司第6次党委扩大会议暨第9次工作会议召开。肖寒董事长、刘向阳总经理、申世铨副总经理以及公司各部门、公司直属单位党政负责人150多人出席了会议，华能集团公司总经理王传剑同志、党委副书记周向东同志参加了会议。

△16日　大屯煤电公司在大屯矿区实行安全互助金制度。

△16日　中国统配煤矿总公司在北京召开了第三届煤矿题材影视剧“乌金奖”评奖结果新闻发布会。

△20日　中国统配煤矿总公司老干部局在西郊宾馆召开了总公司机关及在京直属单位先进离退休干部表彰大会。总公司老干部工作领导小组组长韩英同志和老部长许在廉、贾慧生同志及老干部工作领导小组成员到会并向被表彰人员颁发了《荣誉证书》。

△20～22日　中国地方煤矿公司在北京召开全国地方煤矿计划工作会议。会议主要内容是以邓小平同志南巡重要谈话和十四大精神为指针，回顾总结1992年度全国地方煤矿各项计划执行情况，研究落实1993年度生产建设计划。同时，根据全国能源工作会议精神，安排地方煤矿今年应当做好的几项主要工作。

△23日　在国务院机关事务管理局礼堂召开的“中央国家机关精神文明、社会治安、绿化美化、计划生育、爱国卫生、交通安全工作总结大会”上，中国统配煤矿总公司被评为1992年“首都绿化美化红旗单位”、“中央国家机关交通安全先进单位”、“中央国家机关计划生育目标管理考核达标单位”。

△25日　“水煤浆示范厂移交试生产验收会”在北京矿务局召开。中国统配煤矿范维唐副总经理，国家计委、国务院煤代油办公室、国家科委、能源部、北京市政府、总公司有关司局负责同志参加了验收会。

△25～27日　中国统配煤矿总公司纪检监察工作会议在北京煤炭管理干部学院召开。各省公司、矿务局和直属单位纪检监察机构负责人共250人参加了会议。会议主要内容是：以党的十四大精神为指导，传达贯彻中纪委、监察部纪委书记、监察厅（局）长会议和总公司工作会议精神，总结1992年纪检监察工作，研究部署1993年工作任务。中纪委、监察部、总公司领导和有关部门负责同志出席了会议。王森浩总经理就学习建设有中国特色社会主义理论，加强党风和廉政建设以及加强对纪检监察工作的领导和纪检监察队伍建设等问题讲了话；中纪委常委、监察部副部长何勇就深入学习和全面贯彻党的十四大精神、坚持两手抓、从严治党等问题的重要性提出了要求和希望。

△26日　中国统配煤矿总公司同意乌鲁木齐煤炭设计研究院按副地师级待遇进行管理。

△26日　以伊朗塔巴斯钢铁公司副局长阿哈迈德为团长的伊朗考察团一行5人，对大屯煤电公司进行了为期15天的参观考察。

△27日　大同矿务局新的领导班子组成。党委书记高汝懋，党委副书记孙辅智、李振喜，纪律检查委员会书记赵长胜，工会主席周日贵；局长宋永津、副局长王君、朱晓喜、景志远、李金、王纪仁、张宝山，总工程师刘继文。局党委常委高汝懋、宋永津、王君、孙铺智、李振喜、赵长胜、刘继文、周日贵、张莅德。

△28日　开滦矿务局召开党政班子和安全领导小组联席会议，专题研究安全生产问题。下午召开了紧急安全电话会，要求矿区广大职工紧急行动起来，迅速扭转事故多的被动局面。

△28日　东北煤炭交易所在沈阳宣告成立。这是继1992年12月上海煤炭交易所开业之后，我国第二家国家级的煤炭交易所。

3　月

△1日　由中国和瑞典技贸合作的北京矿务局水煤浆示范厂举行了验收移交仪式，投入试生产。国务委员、国家科委主任宋健为验收移交仪式剪彩，煤炭工业部、冶金工业部、石油部、北京市的有关领导及瑞典驻华使节也参加了移交剪彩仪式。

△2日　大屯煤电公司承包的伊朗塔巴斯矿区2.1万米勘探工程提前一个月胜利竣工。

△4～5日　华能精煤公司第10次董事会在京召开，肖寒董事长及各位董事参加了会议，总经理刘向阳、副总经理申世铨、孙鸿光、石鑫、神府分公司、运销分公司的负责同志、公司各部门经理及陕西省神木县、府谷县、内蒙伊金霍洛旗的负责同志等列席了会议，华能集团公司王传剑总经理、国家计委能源司屠竹鸣司长、国务院经贸办综合司崔占福司长、煤代油办公室副主任杜玉文等领导同志到会并做了重要讲话。

△5日　新疆北疆地区三县一市煤炭企业经销联合会成立（玛纳斯县、沙湾县、呼图壁县、石河子市）。

△10日　大同矿务局局长、全国政协委员宋永津参加全国八届政协会议。

△10～12日　在武汉召开了湖北省煤炭工作会议。会议的主要议题是：总结工作，交流经验、动员全行业广大干部职工进一步解放思想、深化改革，加

速煤炭企业走向市场，提高煤炭企业经济效益。

△11～13日　中国统配煤矿总公司韩英、张宝明、范维唐副总经理及办公厅、政研室、计划局、财务局、调运局的有关同志分别听取了总公司十一个下基层调研工作组分赴山西、河南、山东、河北、江苏、安徽、重庆、四川、贵州、宁夏、内蒙、甘肃、陕西、江西、湖南等煤炭企业在价格放开、走向市场过程中遇到的新情况、新问题以及应采取的措施的调查情况汇报。在调研中基层反映了以下几个问题：①翻版计划不落实，运输不畅。煤炭积压严重；②铁路单位乱收费、乱加价严重，挤占煤炭企业价格放开的收益。③煤炭企业发展第三产业、多种经营的资金不到位；④原材料、电力等价格增长过高、反弹过快，造成煤炭企业生产资金困难，影响企业的正常生产、经营，甚至有的企业职工工资都开不出来。对于基层反映的上述问题，拟报总公司党组并研究解决。

△12日　当选全国人大代表的开滦矿务局局长徐冀、开滦赵各庄矿采三区工人侯振清，和省市其他代表一起进京，参加了第8届全国人民代表大会第一次会议。

△14日　华能精煤公司邀请在京的有关省、部的领导同志就神府东胜煤田集团项目建设有关问题进行座谈、交换意见。参加的领导同志有：陕西省省长白清才、省委副书记刘荣惠、副省长王双锡、人大常委会副主任牟玲生、山西省省长胡富国、河北省省委书记兼省长程维高、常务副省长叶连松、辽宁省省长岳岐峰、中国统配煤矿总公司总经理王森浩、副总经理韩英、铁道部副部长石希玉等。华能精煤公司肖寒、刘向阳、申世铨、孙鸿光等主要领导同志参加了座谈。

△15～31日　应美国久益公司、阿科公司、阿科英国石油公司和世界煤炭协会的邀请，华能精煤公司肖寒董事长、孙鸿光副总经理等一行6人赴美国、英国考察访问并在英国伦敦出席了“世界煤炭发展大会”。

△16～17日　中国统配煤矿总公司技术发展局在抚顺煤矿安全仪器厂对该厂开发、研制的AZH-10化学氧自救器、AZY15B压缩氧自救器和AZF1系列压风自救装置组织了技术鉴定会。

△18日　中共中央以中委（1993）56号文通知，王森浩同志为煤炭工业部党组书记。

△23日　国家计委以计外资(1993)452号文就公司报送的活鸡兔矿井及其他配套项目利用第3批日本能源贷款方案作了批复，同意公司报送的《方案》，活鸡兔矿井及其配套项目利用第3批日本能源贷款4亿美元。

△23～24日　中国统配煤矿总公司王森浩总经理带领总公司政策研究室、财务局、计划局、生产局等部门负责人到大屯煤电公司视察工作，他们听取了大屯煤电公司生产经营、精神文明建设等情况的汇报，对公司的各项工作表示满意。

△25～26日　国务院经贸办、财政部、中国统配煤矿总公司等部门领导，对大屯矿区煤价放开后的生产经营情况进行了调研。

△27～28日　中国统配煤矿总公司劳资局谢立江局长来大屯矿区检查指导劳动、人事、工资的改革工作。

△27日 9时　四川芙蓉矿务局白皎煤矿一水平东三盘区1582-2工作面切眼，在掘进放炮时，发生特大煤与瓦斯突出，瓦斯逆流达1340米，突出煤量1520吨，涌出瓦斯量11.3万立方米，造成突出点512米外处于进风流中的11名工人窒息死亡。

△28～30日　中国统配煤矿总公司新疆公司召开煤炭多种经营集体经济工作会议。会上，传达了能源部、中国统配煤矿总公司和自治区有关发展多种经营第三产业的文件，总结了1992年多种经营工作，部署了1993年主要任务，表彰奖励了先进集体和先进个人。共有180多人出席了会议。

△29日　第二、三届全国人大代表，第五届全国政协委员，原煤炭工业部技术委员会副主任、国家一级工程师侯宝政同志遗体告别仪式在八宝山革命公墓举行。总公司总经理王森浩、副总经理范维唐，原煤炭工业部部长于洪恩，国家能源投资公司副总经理陈钝、部分老部长及总公司机关部分职工、侯宝政同志的亲属、生前友好出席了告别仪式。

侯宝政同志于1993年3月23日，因病医治无效在北京逝世，享年98岁。

△29日　中国统配煤矿总公司在北京西郊宾馆召开煤炭系统参加“人大”、“政协”代表座谈会。

△31日　煤炭工业部部长王森浩会见了德国克虏伯工业技术有限公司董事长威登休斯先生一行3人。王森浩部长对威登休斯先生来访表示欢迎，并介绍了为满足国民经济8～9％发展速度的要求，煤炭产量要从11亿吨提高到15亿吨及煤炭工业应采取的措施。

△31日　技术发展局组织专家在北京对煤科总院西安分院、开滦矿务局及赵各庄矿共同完成的国家“七五”攻关项目——截流、疏供结合防治矿井水害课题进行了鉴定。专家们认为，该项目是我国首次应用张量系数检验效果，并形成集消峰、强排、抗灾和疏供结合的多功能防治水系统的项目。

△3月　第八届全国人民代表大会第一次会议通过的国务院机构改革方案，决定成立煤炭工业部，撤销中国统配煤矿总公司，并通过了李鹏提名王森浩任煤炭工业部部长。会后，中共中央决定王森浩同志任煤炭工业部党组书记，韩英同志任党组副书记，张宝明、范维唐、濮洪九、陈明和同志任党组成员；国务院任命韩英、张宝明、范维唐、濮洪九为煤炭工业部副部长。

△3月　国务院经贸办以国经贸企【1993】86号文批复同意成立中煤建设开发总公司。该公司是自主经营、独立核算、自负盈亏，具有法人资格的经济实体。主要从事煤炭行业各类固定资产项目的可行性研究、项目评估、设计编制、工程施工、设备采购、成套供应以及工程承包等业务。

△3月　国务院经贸办以国经贸企【1993】84号文批复同意成立中煤地质工程总公司。该公司为总公司的全资子公司，是自主经营、独立核算、自负盈亏，具有法人资格的经济实体。主要从事煤炭资源和其它

矿产资源的勘查等业务。

△3月　国家计委以【1993】303号文批复同意平朔安家岭露天煤矿项目建议书。安家岭露天煤矿年设计能力1500万吨，同步建设与露天煤矿生产能力相适应的选煤厂。项目总投资控制在50亿元人民币以内。其中：使用日本第三批能源贷款4亿美元，折合人民币22亿元；国内贷款28亿元，由国家煤炭基本建设投资安排。外资主要用于引进露天矿采运排及其配套设施、选煤厂等所需设备及部分钢材。

4　月

△2日凌晨2时40分　沈阳矿务局林盛煤矿西山区竖井发生瓦斯爆炸。现场作业45人，死亡23人。

△6日　煤炭工业部安全检查团来大同矿务局检查工作。

△7～22日　以王君副局长为团长的大同矿务局友好企业技术交流代表团一行9人，赴日本与日本矿山株式会社三池矿业所进行第9次友好企业技术交流。

△8日　中共中央以中委〔1993〕103号文通知：韩英同志任煤炭工业部党组副书记。

△8日　中组部以组任字〔1993〕74号文通知：张宝明、范维唐、濮洪九、陈明和同志任煤炭工业部党组成员。

△9日　大同矿务局驻京联络处开业。驻京联络处位于北京市丰台区莱户营东街，占地面积11亩，建筑面积4000多平方米。

△9日　山西同旺淀粉糖工业有限公司举行破土动工奠基仪式。该公司由大同矿务局和台湾信旺实业有限公司合资经营，双方共投资640万美元，各占50%。是大同矿务局最大的合资企业。

△10日　八届人大环保委员会主任曲格平、国务委员王炳乾同志在人民大会堂听取了煤炭工业部张宝明、范维唐和有关同志关于我国煤炭资源的现状，煤炭资源开采、运输及使用情况以及在制定煤炭资源管理有关法规方面的建议等问题的汇报。

△10日　开滦矿务局在林南仓矿召开了"节支降耗、提质增效"现场会，参加会议的有局属17个生产建设单位的党政领导和局机关有关处室的负责人。

△12日　煤炭工业部在办公楼前举行了挂牌仪式，新的煤炭工业部正式成立。

△16日　大同矿务局第十三届职工代表大会第十三届职工代表大会第二次会议召开。

△16日　中国银行向华能精煤公司转贷日本输出入银行4亿美元能源贷款年度协议签字仪式在京举行。参加签字仪式的有人大常委会财经委员会黄毅诚副主任委员、国家计委曾培炎副主任、经贸委俞晓松副主任、煤炭部王森浩部长、国务院秘书二局张克智局长、中国银行行长助理张国文以及国家计委、经贸委、财政部、煤炭部有关司局、华能集团公司的领导等。

△17日　煤炭工业部召开原能源部、中煤总公司机关全体司局长和在京单位主要负责同志会议。煤炭工业部部长王森浩宣布了煤炭部领导班子组成人员名单；通报了组建煤炭工业部的工作进展情况。按照部党组安排，新的煤炭工业部各部门主要负责人将于近日确定，4月25日开始进行人员分流工作。新组建的煤炭工业部机关将于5月中旬开始工作。

△19～20日　铁道部在京召集有关单位召开"精煤专列"运输工作会议。铁道部运输局王成廉副局长主持会议，华能精煤公司肖寒董事长、刘向阳总经理、申世铨、孙鸿光副总经理、北京铁路局董继胜副局长、呼铁局赵志忠副局长以及北京局、呼和局、北京分局、天津分局、包头分局、大同分局、铁路建筑总公司、运销分公司的领导和有关人员等参加了会议。

△19日　台湾中华矿业协进会代表团一行6人到华能精煤公司访问考察，于20日赴矿区进行实地参观考察。

△20日　华能精煤公司就利用第三批日本能源贷款首批采购项目召开发标会议，华能精煤刘向阳总经理、中国煤炭进出口总公司谢洪秋副总经理等出席了会议并在会上讲了话。参加发标会的有德国威斯特伐利亚公司、英国国际长壁公司、美国朗埃尔道克斯公司、法国尼克尔公司等15家外国公司、企业。评标工作于5月中旬开始进行。

△22日　国务院以国发（1993）25号文发出通知，第八届全国人民代表大会第一次会议批准了国务院机构改革方案，决定成立中华人民共和国煤炭工业部。

△23日　煤炭部召开机关司局长和在京单位主要负责同志会议。

为尽快落实八届人大会议精神，深化煤炭工业改革，根据国务院机构改革方案，按照政企分开、转变职能、下放权力、理顺关系、加强宏观管理和行业管理的原则，煤炭部筹备组和新组建的部党组，经过反复酝酿，研究、制订了组建煤炭工业部的方案和人员分流政策。在征求原总公司和能源部有关司局领导同志意见的基础上，经过部党组认真研究确定了煤炭部机关和在京单位司局级干部安排方案。会上，煤炭工业部党组书记、部长王森浩代表部党组宣布了煤炭部机关临时机构负责人名单，具体名单如下：

煤炭工业部机关临时机构负责人名单

总工程师：陈明和
办公厅：魏元锐　姜贤荣　刘玉华　经天亮
政策法规司：马德庆　高峰　吴晓煜
规划发展司：李学圣　毕孔耜　郝玉策　赵光地
生产协调司：陈炎光　乌荣康　杨永仁　孙忠志
煤炭调运司：洪尚清　刘彩英

安　全　司：李学诚　柴兆喜　金佩煌
吕纪喆（巡视员）
财　劳　司：朱登山　王晓琪　宋成才
人　事　司：吕世兴　张胜奎　田淮俊
科技教育司：何伯镛　胡省三　金学林
国际合作司：王成龙　阎增祥　王乃新
直属机关党委：陆　群　许传播　郭世庆
冯天元（巡视员）
监察局（纪检组）：纪洪德　方宝昌　云金安
刘国祥（巡视员）
审　计　局：肖汝喜　曹景全

煤炭工业部在京直属公司领导干部名单

中煤销售运输公司：
毛耀先　副经理
崔富全　副局级调研员
中煤物资总公司：
白凤祥　总经理
张树铮　副总经理
朱　波　副总经理
中煤综合利用节能开发公司：
李钟奇　经　理
许恩承　副经理
张作斌　副经理
中煤机械装备集团公司：
刘　刚　经　理
张福元　党委书记兼副经理
薛际贵　副经理
宋文建　副经理
熊德昌　总工程师
中国地方煤矿公司：
吴道荣　经理兼党委书记
王海春　副经理
于德启　党委副书记兼副经理
赵质敏　副经理
韩守信　副经理
中煤成套设备公司：
门迎春　经　理
王同先　副经理
四达矿业公司：
郦建人　副经理

煤炭部在京直属部分事业单位领导干部名单

煤炭工业信息中心：
张双聚　主　任
莫万强　副主任
盛德国　副局级调研员
煤炭规划软科学中心：
戴必青　主　任
陈志新　副主任
北京华煤工贸公司：
杨显忠　经　理
邢肇升　副经理
马　刚　副经理
中煤国际技术咨询开发公司：
范学光　经　理
张　贵　副经理
中煤建设开发总公司：
路耀华　总经理
刘继贤　副总经理
张　文　副总工程师（副局级）
中煤多种经营工贸总公司：
万国程　总经理
王洪启　副总经理
温广棉　副总经理
中煤生产技术开发服务公司：
王文飞　副经理
邢兆铭　副经理
中煤安全保险公司：
殷继昌　经　理
韩以康　副经理
刘奎政　副经理
北京华煤水煤浆联合中心：
郝凤印　主　任
詹　隆　副主任
人才交流培训中心：
张胜奎　主　任（兼）
赵声文　副主任
机关后勤服务中心：
董　哲　主任兼党委书记
石　坚　党委副书记
蓝德仁　副主任
贺　钧　副主任
煤炭工业技术经济咨询中心：
赵全福　主　任
多种经营综合利用发展中心：
苏立功　主　任
老干部服务中心：
毛士芬　主任兼党委书记
袁春瑞　副主任
李　芳　副主任
法律咨询服务中心（处级单位）：
蒋永年　主　任
医疗卫生服务中心（处级单位）：
于淑霞　主　任
钟　明　副主任
会计事务所（处级单位）：
白葆生　主　任

审计事务所（处级单位）：

崔之仪　主　任

档　案　馆（处级单位）：

刘洪波　主　任

△24日　煤炭工业部召开机关临时机构和在京单位主要负责人会议，公布部长、副部长分工，《煤炭业工部机关工作人员守则》和《煤炭工业部工作规则》。张宝明副部长主持会议，王森浩部长讲了话。王部长指出，新的煤炭工业部要有新的观念、新的作风、新的面貌。现在部长、副部长的分工已经明确，要各司其职，做好本职工作。整个部机关是一个整体，各部门的工作是互相联系的，各方面工作一定要从大局出发，主动协调，交流情况，加强团结和合作，做到分工不分家，防止互相扯皮。新的煤炭工业部要进一步转变作风，各级干部要深入实际，调查研究，实事求是，解决问题。要逐步理顺关系，包括煤炭部和国家机关各部门之间的关系；与地方政府的关系等。调动各个方面积极力量，发展煤炭工业。机关干部要廉政、勤政，不搞特殊化和不正之风。

王部长指出，机关各单位要进一步转变观念，研究如何从计划经济中摆脱出来，用新的办法加强全行业的宏观管理。要抓紧时间尽快制定煤炭工业的中长期发展规划，包括发展战略、方针、政策等。为保证煤炭工业健康发展，还要制定一些具体的政策措施。如，对地方煤矿实行整顿、扶持、改造、联合、提高的方针；保持煤炭生产的后劲；老井如何转产；提高煤矿工人的社会地位及改善工矿企业和地方之间的关系等。要加紧制定《煤炭法》。要按照规划，加快第三产业的发展。

△27～19日　新疆维吾尔自治区煤炭工业厅召开1993年全疆地方煤矿工作会议。会议期间，传达了全国地方煤矿计划工作会议精神，总结了1992年地方煤矿工作，研究讨论了深化基本建设和煤炭运销体制改革的问题，部署了1993年任务。自治区人民政府副秘书长安吉志代表自治区副主席王友三到会讲了话。

△28日　经煤炭工业部批准，中国统配煤矿总公司大屯煤电公司更名为大屯煤电公司。

△29日12时　隆回县斜岭乡开田村私采小煤窑井下发生瓦斯爆炸，死亡15人。

△30日　国务院副总理朱镕基圈阅了国务院办公厅呈送的关于国家经贸委经商国家计委、财政部对山东肥城矿务局国家庄煤矿治水费用问题所提出的处理意见：

（一）财政部从中央财政中给予一次性救灾补助3000万元；

（二）同意将查庄矿已发生的救灾费325万元列入该矿扩建工程概算，并提高查庄、向庄矿设计排水能力，所需资金按基建程序审批后，列入该两矿扩建工程概算；

（三）经贸委拨给应急补助费300万元。

5　月

△1日　白沙矿务局南阳煤矿前进工区采二队队长罗洪兵荣获全国“五一”劳动奖章。

△4日　国务院国人字〔1993〕47号文任命韩英、张宝明、范维唐、濮洪九同志为煤炭工业部副部长。

△4～7日　国家计委、经贸委、铁道部、交通部、煤炭部、北京铁路局的有关负责同志赴神府东胜矿区调研，并进行实地考察。

△5日14时30分　甘肃省河西地区刮起10级大风，并出现历史上罕见的强烈尘暴，能见度为零。地处河西地区的山丹煤矿和九条岭煤矿相继受灾，山丹煤矿高压线路和通讯线路中断，地区设施和房屋受到不同程度地损害，初步损失估计为60万元以上。九条岭煤矿供电线路接地，风机停电，地面设施和房屋受到损害，初步估计损失为30万元以上。

△8日　平顶山矿务局十一矿已1617煤层17060采煤工作面发生瓦斯爆炸事故，死亡39人。

国务院和部党组对此事故非常重视，5月10日，国务院副总理邹家华在事故报告上作了重要批示：请王森浩同志阅，并派人前往协助处理，查明原因。防止煤矿瓦斯爆炸一定要作为重点工作来抓。5月13日，王部长批示：请安全司阅。我们一定要把防止煤尘、瓦斯爆炸作为安全工作的重点来抓。王部长并于5月17日签发了煤炭工业部安全生产第一号指令，要求迅速扭转安全生产被动局面，控制重大事故的发生，搞好煤矿安全生产。

△9～12日　美国阿科公司煤炭公司总裁华南德斯等一行5人参观考察了神府东胜矿区。

△11～14日　山西省统配煤矿QC成果评审会在大同矿务局永定庄矿举行。大会共评出71个获奖成果，其中大同矿务局占15项。

△12日　煤炭工业部王森浩部长会见了澳大利亚驻华大使雷涛乐（译音）先生。双方回顾了过去在煤炭方面良好的合作关系，赞成恢复“中澳煤炭联合工作组”和继续开展煤炭信息、科技和贸易方面的合作并定期会晤，研究合作具体事宜。

△13日　华南德斯等5人到华能精煤公司拜会了肖寒董事长、孙鸿光、石鑫副总经理。

△13～18日　应煤炭工业部和湖南省煤炭工业厅的邀请，国际劳工组织北京局局长圭亚先生夫妇及秘书黄群3人对长沙中小煤矿安全技术培训中心进行了工作访问，并探讨了进一步合作事宜。

△14日　煤炭工业部以煤函字（1993）21号文批复成立中国煤炭工业进出口总公司东海办事处。该办事处主要承担煤炭订货、调运和资金回收等工作。其人、财、物均由中国煤炭工业进出口总公司统一管理。

△17日　由中国煤炭工业进出口总公司与英国壳牌煤炭国际有限公司共同筹办的“九三中煤—壳牌国际煤炭研讨会“在北京新世纪饭店举行。会议邀请了来自日本、韩国、香港、台湾、马来西亚、菲律宾等

国家和地区的主要中国煤用户和商社外宾代表近60人。

△17日　王森浩部长陪同邹家华副总理赴晋考察。邹家华副总理视察了太旧公路、万家寨水利枢纽工程和平朔露天煤矿，并于5月20日下午听取了平朔公司的汇报。邹副总理对平朔公司的工作表示满意。他说：安太堡露天矿美国退出前亏损，现在自己办了盈利，取得了很大成绩。降低成本永远是重要任务，要进一步降低成本，提高劳动生产率，把安太堡露天矿办得更好。

△17日　新疆维吾尔自治区煤炭工业厅向自治区人民政府呈报了煤炭工业专家组赴南疆四地州工作情况的报告，就喀什地区、和田地区、阿克苏地区和克孜勒苏柯尔克孜自治州煤炭工业存在的主要问题、解决缺煤问题的基本思路和应做的几项具体工作提出了建议。

△19日　国家副主席荣毅仁为《中国煤田地质四十年》画册题词："为发展煤炭工业、促进国民经济建设做出贡献"。

△22日　云南省委常委、副省长李嘉廷率省政府办公厅、计委、经委、财政厅等有关部门领导同志到云南省煤炭厅召开现场办公会，听取了云南省煤炭厅王显政厅长的工作汇报，分析和研究了云南煤炭工业面临的形势以及存在的困难和问题，对云南省煤炭厅的工作提出了希望和要求。

△25日　王森浩部长，韩英、范维唐副部长、陈明和总工程师及有关负责同志在西郊宾馆听取了煤炭工业长远发展规划及1993年计划执行情况的汇报。

△26日　北京市人民政府在当日召开的办公会议上正式宣布：根据中共北京市委和北京市人民政府年初联署签发的2号文件精神，撤销北京矿务局工农区及其办事处。

△26日　煤炭工业部以煤办字（1993）第90号文明确原由能源部归口和直接管理的东北内蒙古煤炭工业联合公司、中国地方煤矿公司、华晋焦煤公司改由煤炭部归口管理；伊敏河煤电联营公司由煤炭工业部直接管理。

△27～30日　开滦矿务局局长徐冀率有关领导和部门的同志，参加了煤炭部在石家庄组织的规划汇报会。汇报了开滦到2000年的煤炭长远发展规划。

△29日　原煤炭工业部副部长、党组副书记、顾问邹桐同志因病在河北唐山逝世，终年76岁。

△29～6月7日　华能精煤肖寒董事长、石鑫副总经理等赴内蒙、陕西、山西及矿区现场办公，并与陕西省刘春茂省长、内蒙古千奋勇书记及有关地盟、县旗的领导同志就矿区开发的有关问题进行商谈。

6　月

△2日　王森浩部长会见了日本通产省事务次官棚桥祐治一行。王部长对中日两国在煤炭领域里的合作与交流表示赞赏，并希望日本政府在型煤技术、脱硫、循环流化床、建立现代化样板煤矿和煤矿安全、环保等方面的合作项目继续予以支持。棚桥祐治次官表示愿意组织有关专家对上述项目进行研究。

△3日　煤炭工业部成立大会在西郊宾馆举行。国务院副总理邹家华到会作了重要讲话，王森浩部长作了题为《深化改革、团结奋斗夺取煤炭工业改革开放和现代化建设事业的更大胜利》的报告，韩英副部长主持会议。李世忠、王书明、余秋里、康世恩、张劲夫、吕东、袁宝华等领导同志，中共中央办公厅、中组部科技干部局、中编委、中华全国总工会、煤矿地质工会、国务院各部委、解放军总后勤部、中国建设银行、核工业总公司、石油天然气总公司、海洋石油总公司、国家能源投资公司、华能集团公司、北京市人民政府等单位领导，各省（市）、自治区驻京办事处负责人，副部长张宝明、范维唐和部分老部长，部机关各司局和在京单位主要负责同志及各省、自治区煤炭厅（局、公司）、部分矿务局的负责同志，煤炭系统特等劳动模范代表及《人民日报》、《中央电视台》、《经济日报》、《光明日报》、《中国新闻社》、《经济参考报》、《新华社》、《中央人民广播电台》、《工人日报》、《中国国际广播电台》、《中国青年》、《中国煤炭报》等新闻单位的记者约500人参加了会议。

邹家华副总理在讲话中强调：这次成立煤炭工业部正是为了进一步加强对全国煤炭行业的领导。使国民经济赖以发展的煤炭工业能够更上一个新的台阶。

煤炭工业部是国务院管理煤炭行业的职能部门。过去，在传统的计划经济模式下，政企不分，我们把大量的精力用于具体管理企业，甚至担负了许多应由企业来做的工作。现在，根据市场经济的要求，政府部门要把主要精力转向行业管理。研究行业发展的重大问题，更多地从宏观上指导全行业的发展。特别要提到的这里指的全行业包括各部门、各地区、各种所有制的煤炭生产能力，都要放在部门的工作视线之内。真正从领导思想、指导方针、工作方法以及工作作风上来个转变。真正实现政企分开。

就煤炭部如何实施行业宏观管理问题，他提出了四项主要任务：

一是站在全国的高度，按照国民经济的发展要求，研究本行业的发展战略，发展目标，为国务院决策做好参谋。

二是按照发展战略，研究和制订煤炭行业的规划，搞好总体布局。

三是为了实施规划，要研究制订行业政策、法规。包括经济、技术、产品、所有制等方面的政策与法规。同时，也要尽快制订一些行业标准，包括产品标准、质量标准、技术标准、环境保护及新建项目标准等等。

四是监督本行业国有资产的保值与增值。对已经形成的固定资产要管好。

王部长在报告中指出："八五"后三年整个煤炭工业工作的指导思想是：全面贯彻落实党的十四大精神，进一步解放思想，转变观念，实事求是，适应社会主义市场经济体制的新形势，加快改革开放步伐，以提高经济效益为中心，以扭亏增盈为目标，转换企业经营机制，优化产业结构，促进煤炭工业更好地向前发展。

当前煤炭工业的主要任务是：

1. 认真贯彻落实《全民所有制工业企业转换经营机制条例》，转变政府职能，转换企业经营机制。

2. 依靠科学技术进步，发展煤炭工业。

3. 坚持国有重点煤矿和地方、乡镇煤矿共同发展的方针。

4. 坚持以煤为本，优化产业结构，大力发展多种经营、第三产业。

5. 改革煤炭流通体制，积极培育、发展和完善煤炭市场体系，建立地区储煤场。

6. 努力增强煤炭工业的发展后劲，促进煤炭工业持续、稳定、健康发展。

7. 牢固树立"安全第一"的思想，坚定不移地抓好煤矿安全生产。

8. 坚持两手抓，两手都要硬，把精神文明建设提高到新水平。

△3～8日　人大常委会财经委员会黄毅诚副主任委员视察了神府东胜矿区，随同视察的有华能集团公司顾问钟一鸣、电力部总工周小谦、华能集团公司总经理助理、华能发电公司总经理于新阳、华能集团公司计划部经理侯邦栋、电力规划院院长汤蕴林同志等。此次是黄毅诚同志第八次视察矿区。视察中黄毅诚同志对矿、路、电建设作了重要指示。

△4日　煤炭工业部在西郊宾馆召开各司司长，各省煤炭厅（局、公司）负责人和部分矿务局(公司)局长（经理）座谈会。韩英副部长主持会议，王森浩部长通报煤炭工业部组建和职能、机构、编制情况，张宝明、范维唐副部长、陈明和总工程师出席会议。煤炭工业部筹备工作组的全体同志参加会议。武三松、许世亮、王遇春、朱德沛、王勤功、李洪棠、苗宗杰、于继利和崔敬谦等同志在会上发了言。

△4日　韩英副部长会见了美国政府能源部部长助理希格尔先生一行7人。

△8日　中煤-埃尔凯煤矿电器有限公司开业典礼仪式在京举行。煤炭工业部副部长濮洪九，国家计委、机械部、对外经济贸易部、中国科学院、国家工商局、最高人民法院、北京海关、税务局等单位领导，部机关各司局和在京单位负责同志，英国查尔斯先生、新加坡罗连国先生及中央电视台等首都新闻单位记者出席了典礼仪式。

△8日　昌吉回族自治州阜康市三工煤矿技改项目通过验收，矿井综合生产能力基本能满足年产原煤6万吨的要求，年净增生产能力4万吨。

△8日　大屯煤电公司煤炭销售总公司正式挂牌成立，由该公司对整个矿区的煤炭销售进行统一管理。

△10～12日　全国煤矿安全工作会议在平顶山矿务局召开。针对当前瓦斯煤尘事故较多的教训，会议强调：指出，要进一步落实"一通三防"安全生产责任制；强化"一通三防"的技术管理；综合治理煤与瓦斯突出；保证投入，提高矿井抗瓦斯灾害的能力；加强对全体职工防止重大瓦斯事故的意识的培养和素质的培训；搞好综合防尘，控制煤尘爆炸和尘肺病发病率。

△12日　大同矿务局第一条煤炭外运大巷——新高山1号煤仓到马脊梁矿2号煤仓全线贯通。

△18日　华能精煤公司就矿区防汛工作召开了会议，申世铨副总经理主持会议并研究了矿区防汛工作的重点，制订了主要措施，要求各单位领导落实、组织落实、重点地段落实、措施落实，确保铁路不断道、供电、通讯畅通，防讯物资到位，要求有关单位24小时值班。会议决定成立精煤公司防汛领导小组，申世铨为领导小组组长。

△18～19日　煤炭工业部王森浩部长视察神府东胜矿区，随同视察的有煤炭部规划司司长李学圣、政策法规司司长马德庆、生产司司长杨永仁、北京煤炭设计院院长马怀理、地方煤矿公司总经理吴道荣等。陪同王部长视察的有内蒙古自治区副主席周维德、煤炭厅厅长高守莓尧以及华能精煤公司肖寒董事长、刘向阳总经理等。

△21日8时　新化县坪溪乡大村私采小煤窑井下瓦斯爆炸死亡19人。

△22～23日　煤炭工业部部长王森浩到大同矿务局视察工作。

△24～26日　水利部晋陕蒙水土保持协调小组办公室在京召开《神府东胜矿区水土保持、河道整治综合监测规划》专家评估会。参加会议的有水土保持、水文、水利等有关方面专家20多人，并将邀学部委员张新时先生为高级顾问，国家计委国土司、水利部农水司以及公司的有关人员出席了会议。

△25日　中国煤炭经济研究会在京召开常务理事扩大会。会议增选韩宗顺为理事长，张维昌为常务副理事长，杨今生为副理事长，谢立江、肖国志、何宗光、孙久儒为常务理事。

△25日　大同市邮电局公用通信网与大同矿务局专用通信联网签字仪式在大同市市邮电大楼举行。

△25日　大屯煤电公司直属单位龙东矿实现安全生产一千天。

△26日　张宝明副部长会见了波兰工商部副部长罗曼·柴尔斯基先生等一行7人。中波双方对80年代初以来，两国在煤炭工业技术领域的良好合作给予了高度的评价。双方一致认为今后两国将通过不同形式加强合作。

△28日　云南省"八五"重点建设项目，年设计能力60万吨的庆云矿井开工典礼，在富源县后所乡施工现场隆重举行。

△28日　电力部副部长赵希玉等2人来煤炭工业部与韩英副部长就煤电有关问题达成以下意见：

1. 电力部大力支持煤炭工业部在坑口自建电厂，自建电厂联入电网应符合技术标准，服从电网统一调度，参加电网调峰，在政策上和大电厂一视同仁。

2．双方同意伊敏煤电联营公司参加东北电力集团。

3．双方建议伊敏煤电联营公司应是股份制公司，股份制章程由投资方商定，由电力部商煤炭部批准。电力部和煤炭部对公司分别进行行业管理。

4．伊敏河水泥厂的管理体制，按照“谁投资，谁管理”的原则，由煤炭工业部商有关投资方确定。煤、电双方共同做好工作。

△28日　王森浩部长、韩英副部长分别会见了山西省副省长郭裕怀等同志，就山西省煤炭管理体制及煤炭出口等问题交换了意见。

△28日　张宝明副部长会见了印度煤炭部副部长拉尔先生等一行4人。会见时，拉尔先生表示：中国煤科院、大同矿务局有能力帮助印度解决一直未能解决的坚硬顶板条件下的机械化长壁采煤技术问题。印方将派团来华考察坚硬顶板条件下的综采工作面和型煤、水煤浆技术。并邀请张宝明副部长访问印度。

△30日　朱镕基副总理主持召开会议，研究山西军办煤矿有关问题。煤炭工业部王森浩部长、山西省胡富国省长及经贸委、国家计委、财政部等部委的负责同志出席了会议。

△30日　韩英副部长主持召开会议，研究部分企事业单位人事管理权限下放问题。会议主要议定以下意见：

① 将部直属的中煤第一建设公司、中煤建筑安装公司、中煤淮北建设公司、中煤特殊凿井公司、邯郸煤炭设计研究院、选煤设计研究院、武汉煤炭设计研究院、西安煤炭设计研究院、重庆煤炭设计研究院、兖州煤炭设计研究院、合肥煤炭设计研究院、徐州煤炭建筑工程学校等十二个单位领导班子下放给中煤建设开发总公司管理。上述单位的经费来源渠道不变。领导干部任免后，报部党组备案。

② 北京煤炭设计研究院的领导班子仍按在京直属单位进行管理。

③ 将杭州煤炭设计研究院和杭州煤炭工业学校的领导班子继续委托浙江省煤炭工业总公司代管。其隶属关系、经费来源渠道不变。领导干部的任免要事先征得人事司同意。

④ 关于大中专院校的管理问题。总的原则是：隶属关系和经费来源渠道不变。大专院校领导班子的党政正职由部党组管理，副职交由所在省直属公司管理，任免后报部党组备案；中专学校的领导班子交由所在省直属公司或临近矿务局管理。

⑤ 将部职业病防治研究所的领导班子交由煤炭科学研究总院管理，领导干部任免后报人事司备案。

△6月　国务院以国发〔1993〕45号文发出关于提高铁路货物运价的通知。摘要如下：

① 自1993年7月1日起，铁路货物运价每吨公里提高1分5厘，即：每吨公里由3分8厘5提高到5分3厘5。国家铁路（含运营临管线）运输的货物，除农用化肥和农药继续执行现行运价处，一律提价。对农用平价柴油和农用薄膜的运价，也按调整后的运价执行，如确有困难，由铁道部返回部分提价款。此次铁路货运提价收入，全部用作铁路建设基金。

② 在统一运价之外征收铁路建设（货运）附加费的试点，目前只在国务院已批准的地区进行，暂不扩大试点范围。凡未经国务院批准而擅自决定征收铁路客货运附加费的地区，要一律停止征收。

③ 铁道部要下大力解决以车谋私、以票谋私等行业不正之风问题，严禁计划外车皮加价，取缔在铁路运输中存在的各种乱集资、乱摊派。

④ 铁路运输的价格和杂费管理权限一律以《铁路法》和国家物价主管部门公布的价格管理目录为准，对于越权定价、乱加价、乱收费的，物价工商行政管理部门要认真查处。

⑤ 铁路货物运价提高以后，各级人民政策、各有关部门要严格控制连锁反应，切实安排好人民基本生活必需品的供应，各行各业都要努力消化货运提价的影响，努力保持物价的基本稳定。

⑥ 为了保证铁路货运提价方案顺利实施，地方各级人民政府和国务院各部门要服从大局，做好工作，今年下半年不要安排其他提价项目。

△6月　对外贸易经济合作部就中国煤矿机械装备公司经营进出口业务问题函复煤炭工业部：

① 同意中国煤矿机械装备公司(以下简称公司)经营进出口业务，并核准其进出口商品目录。

② 经营本公司直属企业生产的产品及相关的技术出口业务；经营本公司直属企业生产所需的原辅材料、机械设备、仪器仪表、零配件及相关的技术进口业务；承办中外合资经营、合作生产及开展“三来一补”业务。

③ 公司的进出口业务由煤炭部归口管理，并按规定向煤炭部报送进出口计划、业务、财务报表等有关资料。凡国家规定实行进出口许可证管理的商品，公司应按规定办理申领手续。出口产品涉及商标问题，公司要依法使用商标。公司的进出口业务要服从有关进出口商会的协调。

△6月　大斗沟矿小学三年级学生张喜忠被全国少工委评为第三届中国好儿童、好少年，并荣获“全国十佳少年”和“全国十佳少先队员”等光荣称号。

△6月　煤炭工业部党组副书记、常务副部长韩英率部调研组一行10人到云南省调研、考察。

7　月

△3日　开滦矿务局召开了多种经营工作会议，各矿厂的党政主要领导参加了会议。徐冀局长总结分析了全局切块经营和发展多种经营的情况，确定了今后发展的基本思路、规划目标和工作重点，为全局发展多种经营和第三产业指出了方向。

△5日　开滦矿务局与天津市河东区人民政府结成友好区局暨华夏之林工程签约仪式，在天津市河东区办公楼会议室举行。开滦局局长徐冀、河东区政府常务副区长郭俊杰分别代表双方在协定书上签字；开滦驻津办事处与天津河东区城市建设委员会同时签订

了《科技文化经贸区建设工程立项协议书》。

△6～7日　华东地区部分省局、矿务局座谈会在上海大厦召开。

△8日　濮洪九副部长向国家经贸委副主任石万鹏汇报了煤炭工业上半年经济状况。并建议经贸委帮助解决以下问题：①督促有关部门将1992年20亿元三产贷款尽快到位；可否从1993年起，将煤炭减亏的钱用作发展第三产业。②请经贸委帮助解决一部分低息贷款，以解当前燃眉之急。③尽快促成财务公司的成立。

△9日　王森浩部长为煤炭科学研究总院《煤炭科学技术》杂志创刊20周年题词："办好《煤炭科学技术》，为煤炭科研生产服务！"

△9日　王森浩部长会见了黑龙江省七台河市委书记罗树清一行4人。会见时，王部长肯定了七台河市处理市矿关系的经验，并希望七台河市继续支持七台河矿区的建设与发展。

△10日　大屯煤电公司被江苏省委、省政府命名为省级文明单位。

△10日　开滦党委、开滦矿务局召开全局经济工作情况通报会，局属各单位党政领导参加。徐冀局长通报了1993年上半年经济的运行情况，要求各单位在上半年取得成绩的基础上，继续推进企业改革和各项重点工作的深入发展，保证全年任务的完成。局党委书记笪政远做了重要讲话。

△10～13日　华能精煤公司在京召开黄骅港工可研专家预审会，参加会议的有从事港口研究、设计和施工等方面的专家26人，会议还特邀了国家计委、交通部、中国国际咨询公司、河北省政府和沧州市等单位的领导和有关人员20人参加了会议。河北省副省长陈立友、华能集团公司总经理王传剑、公司董事长肖寒、副总经理孙鸿光、石鑫等也参加了会议。

△11日　山西省委书记王茂林、省长胡富国到大同矿务局调查研究、指导工作。

△13～20日　张宝明副部长与国家计委、交通部、铁道部、冶金部和电力部等部门的主要领导同志陪同国务院副总理邹家华考察了内蒙古自治区东部的伊敏河矿区、海拉尔煤化工厂、扎赉诺尔矿区和中西部地区的准格尔煤炭公司等国家重点建设项目。在考察期间，邹家华同志对解决当前困扰煤矿的资金、设备、运输等问题作了重要指示。

△15日　新疆最大的煤炭生产、消费地区乌鲁木齐——昌吉地区煤炭产销联合会成立。

△15日　煤炭工业部外事工作会议在北京西郊宾馆举行。

△15～16日　1993年享受政府特殊津贴专家评审会议在涿州市地区总局召开。会议对各单位上报的1000多名专家进行了评审。

△16日　中国煤矿文化宣传基金会在西郊宾馆召开基金会常务理事会。增选梁东同志为基金会会长，费文忠同志为副会长，原基金会会长汪长泽同志改任基金会顾问。

△21日　王森浩部长、韩英副部长以及魏元锐、吕世兴、马德庆、王晓琪、杨永仁、刘彩英及铁道部运输局嵇景树等同志赴东北鸡西、七台河、双鸭山、鹤岗等矿务局就如何进一步深化改革，转换企业经营机制，发展多种经营，兴办第三产业，使煤炭工业走出困境，适应社会主义市场经济发展的需要，加快煤炭工业发展问题进行调研工作。

△21　范维唐副部长出席了伊敏河电站开工典礼。

△22日　北京矿务局电厂试运行发电。

△23～10月5日　93大同——哈尔滨大型艺术彩灯在哈尔滨市香坊公园举行。

△24日　由《中国企业报社》、《企业管理》杂志和企业管理出版社联合举办的第二届全国企业知名度问卷调查结果揭晓，大同矿务局名列第一名。

△25日　四川省加阳煤矿（省属国营煤矿）遭受百年未遇洪水袭击，沿芭沟一带250余户家属住房被淹，其中，60户被泥石流全部淹没，20户被洪水卷走，40户受重灾，3人死亡，多人失踪，2000名职工群众无家可归。整个芭沟地区因降压站被洪水淹没，全部停电。芭石铁路、天石公路30余处严重塌方，交通、通讯中断，矿区降压站、变电所及水泵房等多处遭雷击，抢险公安小车被洪水卷走，矿井因受灾严重被迫停产，全矿损失惨重。

△27日　华能精煤公司刘向阳总经理、申世铨副总经理会见了以上海市副市长敬以任为团长的上海市政府赴京代表团一行16人，随同敬副市长来访的有上海市计委、物资局、电力局、燃料公司等的负责人和有关人员。

△27～28日　全国煤炭运输工作座谈会在青岛召开。

△27日21时　山西省朔州地区平鲁县二铺煤矿（县办国营矿）发生冒顶，冲垮原有火区密闭，造成一氧化碳泄漏，14人死亡。

△29日　范维唐副部长会见了越南煤炭协会主席陈英荣先生和印尼香港万斯达公司董事万三源先生并就中、越、印三国在越南合作开发煤矿等事宜进行了友好会谈。会见时王乃新、焦玉衡等同志在座。

△30日　新疆维吾尔自治区公安厅劳改局芦草沟煤矿发生老塘透水事故，死亡14人。

△30日　新疆维吾尔自治区财政厅、煤炭厅、物价局联合制定并颁发《关于价外加收煤田灭火专用基金管理使用的规定》。

△30日11时30分　新疆自治区劳改局芦草沟矿（能力6万吨），发生突水事故，被困的23人中，14人死亡。

△31～8月2日　部分煤炭企业负责人座谈会在中国煤矿工人北戴河疗养院召开。

会议主要内容是：根据中共中央、国务院关于加强宏观调控、做好当前经济工作的通知精神，分析形势，研究工作，座谈研究煤炭工业进一步深化改革，转换机制，优化结构，扭亏增盈的政策措施，部署下半年的工作。

△31日　孔庄矿召开了安全生产2000天总结大会，动员全矿职工为实现安全生产3000天努力奋斗。

8月

△2日　中国煤田地质总局发出特别嘉奖令，表彰湖南省煤田地质局青年女职工史小平、付江洪1993年6月13日与持枪抢劫储蓄代办所的歹徒英勇搏斗，用鲜血保护了国家财产，并奖给每人5000元人民币。同时，史小平、付江洪同志还先后被湖南省煤炭工业厅、煤田地质局、株洲市人民政府分别授予“模范职工”称号，被省建行授予“金融卫士”称号，被省、市妇联授予“三八红旗手”称号，被共青团株洲市委授予“优委团员”称号。

△3日　范维唐副部长接见了煤炭系统进入全国“百强”设计院的五家设计院的院长，对他们在设计技术革新、体制改革、经营管理等方面取得的突出成绩表示祝贺，并希望他们再接再厉为煤炭工业科技进步做出更大贡献。

“一九九二年中国勘察设计单位综合实力一百强”评比是由国家建设部、国家统计局与中国建设企业评价中心共同组织进行的。煤炭系统进入全国百强设计院的五家设计院是：西安煤矿设计研究院（第36名）、兖州煤矿设计研究院（第81名）、太原煤炭设计研究院（第83名）、沈阳煤炭设计研究院（第88名）、北京煤炭设计研究院（第99名）。

△3日　抚顺矿区连降中到大雨，降雨持续13小时，累计降雨量达166.8毫米，西露天等矿、厂受灾严重。在抢险救灾中，矿务局副局长张百川同志不幸遇难。

△5日　张宝明副部长亲自给抚顺矿务局打电话，代表部党组对张百川同志的不幸遇难表示沉痛哀悼，并请矿务局转达部党组对其家属的亲切慰问。同时，张副部长详细询问了灾情及抢险救灾工作的进展情况，并对有关张百川同志的后事处理和救灾工作作了指示。

△3～5日　由中煤多种经营工贸总公司、煤炭科学技术信息研究所、北京煤炭管理干部学院组织的“93中煤实用新技术洽谈会”在北京煤炭管理干部学院召开。

△4～5日　鲁南地区遭受了20多年来未遇的特大暴雨，枣庄矿区有19个单位遭受水灾，有3对矿井被淹。有11个采煤工作面、16个掘进迎头33170米巷道和738台设备被大水淹没；有84间厂房、81个仓库、40个食堂被淹；有1815间房屋被大水冲毁，208间房屋倒塌，3950米公路、840米自营铁路被冲毁，冲毁桥涵3座、建筑物57个，冲走煤炭13850吨，损坏电缆58170米，影响煤炭产量20万吨，经济损失达1.14亿元。该矿区的八一矿、山家林矿、远大实业公司两个煤井因水灾被淹，被迫停产。

△4～5日　临沂矿务局南部矿区14个单位遭受特大暴雨的袭击。据统计，全矿区有1861间房屋被淹，冲倒院墙1424米，有1215户职工家庭遭受严重损失，有1480吨水泥被淹。该局汤庄煤矿因洪水通过周围小井直泄井下，使该矿桥头井、三号井及汤庄井200米以下生产水平被淹，经济损失达2195.37万元，全局累计经济损失达2520万元。

△5～11日　申世铨副总经理、华能国际经济贸易公司张德生总经理、国家计委交通司有关人员等一行6人赴香港就船务合作问题与香港明华船务公司进行商讨。

△6日　大屯煤电公司铁路管理处实现安全运输3000天。

△7日　国务委员宋健到大同矿务局视察。

△9日　范维唐副部长在外宾室会见了印度煤炭公司R.B玛萨董事长、印度辛格瑞尼煤炭公司P.P威廉姆斯董事长、艾斯科斯公司H.巴格瓦执行副总裁等一行，并就我国煤炭机械设备性能等问题进行了洽谈。印度煤炭公司还将到大同矿务局、煤科院、北京煤机厂等单位对我国煤矿机械的科研、生产及使用情况进行考察。

△9日10时　遵义市田沟煤矿（劳改局下属单位）一号井60米深处由于电缆起火，引燃变压器，酿成井下火灾。井下共50余人。事故发生后，省煤炭厅厅长、劳改局局长、省、地、市有关部门和领导赶到现场组织抢救。现场共组织了5个专业救护队。在48名死者中有20人是在事故发生后，遵义市和遵义矿组织的43名人员下井抢救过程中中毒死亡。

△10日上午　邹家华副总理批示：请劳动部、卫生部、煤炭部、司法部立即派人、派领导前往，协助贵州省政府处理善后及灭火。

△10日　韩英副部长会见了内蒙古自治区宋志民副主席，就准格尔煤炭工业公司电厂等问题交换了意见。

△10～12日　全国建设高产高效矿井座谈会在大屯煤电公司召开。这次会议着重解决了思想认识问题，并拟定3～5年内建成100个高产高效矿井的规划，部署了下一步的工作。张宝明副部长出席会议并讲了话。

△10～13日　煤炭工业部在大屯煤电公司召开建设高产高效矿井座谈会，煤炭工业部副部长张宝明同志出席会议并作了重要讲话。

△14日　由新疆煤炭建设工程公司承建的新疆第一条空中索道——乌鲁木齐水磨沟旅游区空中索道通过验收，正式投入运行。

△15日　大同矿务局邀请中央有关部委35个部门及29个省、市代表召开煤炭用户座谈会，听取对大同煤炭质量意见。

△19日　王森浩部长会见了澳大利亚驻华使馆临时代办郭森若先生，并接收了郭先生递交的访澳邀请信。

△19～22日　华能精煤公司刘向阳总经理等在神府矿区现场办公，深入到有关矿、厂调查了解情况，解决实际问题，并与神府分公司领导及有关技术人员就生产建设及管理问题等进行了座谈。

△21日　华能精煤公司石鑫副总经理就公司上半

年经济效益情况向华能集团公司王传剑总经理、廖纺鸣副总经理等进行了专门汇报。汇报后王传剑总经理提出以下意见：①今年投资很紧，煤代油资金收不回来，要采取多渠道筹集资金，年度基建计划要调整，重点保铁路建设。②借一部分外汇贷款周转补充，集团可帮助解决。③现在资金不落实，建议神木电厂扩建工程推迟，可否先利用达旗电厂电源，以减少初期投资，请精煤公司再研究。④煤炭运销市场要扩大，特别是地销煤。⑤公司内部管理要加强，要增强分公司及矿、厂的负债和经营意识，改进和完善核算体制，实行资产承包经营，真正落实业主责任制。

△22～24日　全国煤炭工业顶板管理工作会议在西宁召开。这次会议总结了5年来煤炭顶板管理工作的一些成功经验和作法，以及存在的问题和差距，对今后搞好顶板管理工作提出了具体的意见和要求。张宝明副部长出度了会议并讲了话。

△23～25日　华能精煤公司在矿区召开党政工作现场办公会。肖寒董事长、刘向阳总经理、申世铨、孙鸿光副总经理及公司各部门负责同志、公司各直属单位、矿、厂的负责同志共170多人参加了会议。华能集团公司专家委员会副主任马业基同志等应邀参加了会议。

△24日　范维唐副部长会见了日本新能源、技术产业开发机构理事安腾胜良先生一行6人。双方就煤炭液化、煤田地质勘探合作项目以及日本绿色援助计划项目交换了意见。部国际合作司王成龙、煤科院张声涛、地质总局梁继刚等同志参加了会见。

△24日　濮洪九副部长代表煤炭部在全国扭亏增盈工作会上作了题为《国有重点煤矿扭亏增盈工作的几点做法》的发言。

△25日　新疆维吾尔自治区煤炭厅、地质矿产局联合制定、颁发《关于加强国有重点煤矿矿区范围内地方国营和乡镇集体煤矿开采管理的暂行规定》。

△26日　张宝明副部长会见了陕西省刘春茂副省长，就陕西煤炭运输、煤炭价格和管理体制等问题交换了意见。

△27日　在中央电视台向全国直播1993年质量万里行特别节目《产品质量法》专题晚会上，向全国公布了百家产品质量优秀企业，开滦矿务局榜上有名。

△27～28日　华能精煤公司刘向阳总经理、神府公司何永久总经理等赴神木县、榆林地区就煤矿建设及劳动力安置等问题与榆林行署、神木县的领导及有关部门的同志进行了商谈。

△28日　位于太原市迎泽桥西中国煤炭博物馆内的中国太原煤炭交易市场举行开业典礼。并迎来参加山西省第四季度煤炭运销市场调整会的煤炭交易市场会员单位及兄弟省市的首批宾客。至此，我国首家国家级煤炭产地交易市场投入运行。

△29日　煤炭部韩英副部长到大屯矿区检查指导工作。

△29～31日　刘向阳、孙鸿光同志等沿神朔线查看了铁一局、三局、十八局、大桥局施工的神朔线前32公里，神木北站、蛇口峁隧道、黄河大桥、霍家梁隧道等重点工程的施工进度及质量情况。

△30～31日　部党组书记王森浩同志在西郊宾馆主持召开部党组扩大会议。党组成员张宝明、范维唐濮洪九同志出席会议。会上，濮洪九同志传达了中纪委第二次全体会议精神；张宝明同志传达了江泽民总书记在中纪委第二次全体会议上的讲话和全国组织工作会议上的讲话；范维唐同志传达了中办12号文件；纪洪德同志传达了江泽民总书记在中纪委第二次全体会议上的讲话。与会同志认真讨论了煤炭工业部党组关于加强部机关党风廉政建设的规定和煤炭部党组落实中纪委第二次全体会议精神的安排意见。

△30日　新疆维吾尔族自治区煤炭工业厅党委、煤炭工业厅向全疆煤炭战线印发了《关于贯彻中央6号文件精神，加强宏观调控，促进新疆煤炭工业既快又好地发展的意见》。

△31日　新疆维吾尔自治区煤炭工业厅印发《新疆煤炭运销加强宏观调控实行行业管理的意见》。

△31日　大屯煤电公司召开三届五次职工代表大会。会议审议通过了公司经理孟以猛同志作的《公司行政工作报告》、《公司岗位技能工资制试行办法》，并就职工代表提案作了解答说明。

△8月　中共中央组织部以干任字（93）276号文通知中共煤炭工业部党组：中央同意贺秉章同志享受国家机关部长级医疗待遇并加发一名服务人员自雇费。

△8月　国家体改委以体改生〔1993〕122号文批复河南省人民政府和我部：同意将平顶山煤矿机械厂划归中国煤矿机械装备公司管理；有关计划、财务、国有资产、劳动工资、物资等指标，从1993年1月1日起划转；请按国家规定办理划转手续。

△8月　山东临沂市龙山煤矿因遭洪水袭击死亡58人。为了慰问灾区人民，做好抢险救灾工作，国务院已派出由刘继明副秘书长带队的工作组前往临沂地区。我部安全司金佩煌副司长参加了工作组。

△8月　由于受经济困扰，沈阳矿务局长期拖欠职工工资日益严重，目前全局已累计拖欠职工工资6900多万元（包括各种津贴2500万元），其中拖欠全民职工工资最长的为9个月，拖欠集体职工工资最长的为23个月，拖欠离退休职工退休金为3个月。

△8月　由西北煤机一厂、太原煤炭科学分院和铁法矿务局共同研制开发的我国第一台日产7000吨大型刮板输送机，在西北煤机一厂研制成功。据专家介绍，刮板机的各项技术指标均达到国际90年代初先进水平，完全可以替代同类进口设备。

9月

△2日　范维唐副部长会见了中国航天工业总公司副总经理厦国洪等一行，就煤炭与航天工业在高科技、多种经营、工贸等方面的协作问题进行了座谈，并对双方今后的合作内容、方式等进行了初步商讨。部有关单位负责同志参加了座谈。

△2日　在国家统计局召开的全国采掘相关行业利税十强企业信息发布会上，大同矿务局名列十强企业，并列居煤炭采选业之首。

△3日　国务院副总理邹家华在国务院第二会议室主持召开会议，研究煤炭管理体制的有关问题，我部王森浩部长、张宝明副部长，山西省胡富国省长、郭裕怀副省长等出席了会议。

△3～4日　煤炭工业部在公司主持召开神府东胜矿区三期建设项目建议书审查会，国家计委交通能源公司、重点项目建设司、国家能源投资公司、中国国际工程咨询公司等单位的同志参加了会议。公司刘向阳总经理、孙鸿光、石鑫副总经理也参加了会议。

△4日　濮洪九副部长在213会议室向在京老部长传达了中纪委第二次会议精神，纪洪德同志汇报了部机关关于加强廉政建设、反对腐败的措施。有关司局的负责同志参加了会议。

△6日　王森浩部长主持召开党组会议，研究了部机关廉政建设、反腐败斗争的有关问题。党组成员张宝明、范维唐、濮洪九出席了会议。机关有关司局负责同志列席了会议。

△7～8日　华能精煤公司肖寒董事长、刘向阳总经理赴呼和浩特，就东胜矿区煤炭生产等有关问题与内蒙古自治区领导座谈交换了意见。

△8日　王森浩部长会见了罗马尼亚工业部部长杜米特鲁·波佩斯库等一行。双方就中罗共同开发山西霍州煤矿建设项目及在炼焦煤方面的合作事宜进行了会谈。

△9日　全国17省、市、自治区党报记者组成的采访团到大同矿务局参观访问。

△10日　为贯彻落实党中央关于近期反腐败斗争的部署，煤炭工业部党组在部礼堂召开部机关和在京单位开展反腐败斗争动员大会。部党组成员王森浩、韩英、张宝明、濮洪九、陈明和同志出席了大会。会议由韩英同志主持，王森浩同志作了动员报告，濮洪九同志传达了中纪委二次全会精神。部机关全体工作人员和在京单位处级以上干部参加了大会。

部党组书记王森浩同志在讲话中指出：煤炭工业部机关和全国煤矿各级党组织、各级领导干部务必充分认识反腐败斗争的重要性和紧迫性，把反腐败斗争作为一项重大政治任务抓紧抓好，党员干部都要积极投入到这场斗争，做到改革开放、发展经济坚定不移反对腐败、端正党风加强廉政建设坚定不移。

根据中共中央办公厅（1993）12号文件通知精神，部机关近期开展反腐败斗争的总的原则是：坚持党的基本路线，紧紧围绕经济建设这个中心，为推进煤炭工业的改革、建设和发展服务；反腐败的重点放在部机关；从领导干部做起，严重的违法违纪者，要依法一查到底；对大多数同志主要是教育，不搞群众运动，但要依靠群众开展反腐败斗争。

在时间安排上大体分这样几个阶段：从现在开始到9月中旬为学习发动阶段；9月下旬至10月底为自查自纠和查处案件阶段；11月上旬至中旬为建章立制阶段；11月下旬到年底为检查小结阶段。机关各司局要按要求写出工作进展情况和阶段总结材料。12月底，部党组写出阶段性总结，报党中央。

为了搞好这场斗争，王森浩同志代表部党组向部机关各司局提出了以下要求：

（1）认真学习文件，做好思想发动。重点学习邓小平同志有关新时期加强廉政建设、反腐败的论述，学习江泽民同志在中纪委二次全会上的讲话，尉建行同志的工作报告，以及中央和中纪委有关廉政的规定。

（2）认真开展自查自纠。根据中央对党政机关县（处）级以上领导干部廉洁自律的规定，部机关处以上领导干部要集中一段时间，从五个方面进行自查自纠。

（3）认真查处违纪案件。在开展反腐败斗争中，要重点查处领导机关、领导干部贪污受贿、权钱交易、腐化堕落、挥霍人民财富、严重以权谋私等案件。不管涉及到哪一级，不管是谁都要一查到底，决不姑息同时要十分明确，不管是部机关还是其他单位，哪里有腐败，就查到哪里，哪里有腐败分子，就清除到哪里。

（4）抓好建章立制。在自查自纠中，要贯彻边查边改的原则，及时建章立制，堵塞漏洞。

（5）加强对反腐斗争的领导。这次反腐败斗争，在部党组的统一领导下，由部纪检组、监察局、人事司、机关党委具体负责，以纪检组、监察局为主。

△10日　王森浩部长在煤炭系统电话会议上通报了部机关落实中央关于近期开展反腐败斗争决定的工作安排情况，同时对各单位加强党风廉政建设提出了要求。会议由韩英副部长主持。

王部长在讲话中指出：煤炭系统的党风廉政状况总体上是好的，大多数党员干部是廉洁奉公的。但是，要清醒地认识到，在煤炭行业确实存在腐败现象，有些方面还比较严重。中央决定开展反腐败斗争是深得党心民心，保障改革开放和经济建设顺利进行，巩固党的领导和国家政权的重大战略决策。煤炭行业的各级管理机关，煤炭企事业单位的各级党组织和领导同志，务必增强反腐败斗争的责任感和紧迫感按照中央和地方党委的统一部署，紧密结合自身的实际，依靠党的领导和广大职工的支持，扎扎实实地把反腐败斗争搞好。

他强调：部党组将坚决按照中央的要求，把这场反腐败斗争抓紧抓好，在年内取得明显成效，努力把新成立的煤炭部建设成一个廉政勤政的煤炭行业的领导机关。

为加强对这次反腐败斗争的领导，王部长向煤炭系统各单位党政领导同志提出了几点要求：

（1）认真学习文件，提高思想认识。重点学习邓小平同志有关新时期加强廉政建设、反腐败的论述，学习江泽民同志在中纪委二次全会上的讲话，尉健行同志的工作报告，以及中央和中纪委有关廉政的规定。

（2）要集中力量查办一批违法违纪案件，严惩腐败分子。惩治腐败，要有实际行动。各单位要集中力量，严肃查处违法违纪案件。特别是要查处领导干部以权谋私、贪污受贿、权钱交易和挥霍浪费、腐化堕落的案件。

（3）要以积极的态度，帮助部机关搞好反腐败斗争。部机关党风廉政建设搞得好不好，对煤炭行业有着重大的影响。因此，希望各单位帮助部机关搞好反腐败斗争。

△14日　在开滦矿务局举行的第二届全国煤矿安全知识竞赛拉下了帷幕。经过3天的角逐，选拔出一等奖1个（平顶山矿务局代表队），二等奖1个（大屯煤电公司代表队），三等奖4个（开滦矿务局、淮南矿务局和浙江、湖南厅代表队），其余25个省厅（局、公司）和直管矿务局代表队获得优胜奖。

△15日　国家科委邓南副主任等在华能集团公司廖幼明副总经理、公司刘向阳总经理陪同下视察了神府东胜矿区，并在神府分公司听取了廖幼明、刘向阳同志的汇报。

△16日　在王森浩部长，韩英、范维唐副部长和老部长贺秉章同志陪同下，余秋里、康世恩同志视察了北京煤矿机械厂，并听取了我国综合机械化采煤发展情况的汇报。在参观完生产车间之后，余秋里、康世恩同志挥毫为北京煤机厂题词。余秋里同志的题词是："奋发图强、勇攀高峰"。康世恩同志的题词是："依靠科技进步，创造世界一流水平，为综采做贡献"。余秋里同志还为北京煤机厂题写了厂名。

△18日　由全国政协副主席孙孚凌率领的全国政协视察团到大同矿务局视察。

△18日　伊犁哈萨克自治州喀赞其煤矿技术改造工程通过验收并移交生产，年净增生产能力6.5万吨。

△18日　全国人大常委会副委员长、民革中央主席李沛瑶，在江西省人大常委会刁国栋副主任、省煤炭厅王显政厅长等人的陪同下，视察了中国煤矿工人昆明疗养院。

△20日　范维唐副部长会见了孟加拉国驻华使馆经济商务公使瓦希德先生。会见时，范副部长介绍了我国煤炭工业的发展情况，并表示新成立的煤炭部愿意与孟加拉国在煤炭工业方面加强合作。瓦希德先生表示，中国的煤炭开采技术成熟，经验丰富，值得孟加拉国借鉴。

△21日　煤炭工业部将河北省三河煤矿划归北京矿务局领导。这是北京矿务局设在外省市的第一个直属基层单位。

△22日　煤炭工业部陈明和总工程师会见了联合国经济和社会发展部官员斯权德先生和开发计划署北京办事处助理代表山崎节子等人，就联合国开发计划署援助的煤层气资源开发项目的三个子项目（即开滦、松藻、铁法项目）的承包商标书评议结果交换了意见，并确定了各子项目的承包商，探讨了今后项目实施工作计划等有关问题。

△22日4时41分　窑街矿务局三矿大门口南侧二百米处因小煤窑开采造成特大塌陷事故，塌陷范围南北长30米，东西宽40米。塌下去7户住房24人，其中12人脱险，12人遇难。

△24日　煤炭工业部党组书记王森浩同志主持召开部党组民主生活会，党组同志就反腐败问题进行自查自纠。党组副书记韩英，党组成员张宝明、范维唐、濮洪九和陈明和同志出席了会议，中纪委、中组部、国家机关党工委的有关同志列席了会议。

△24日　开滦矿务局在荆各庄矿召开生活后勤切块经营现场会，各矿厂党政领导参加了会议，徐冀局长、笪政远书记到会并讲了话。要求局生活系统在1994年上半年全部实现切块经营。

△24日　云南省人大党委会副主任李树基出席了云南省煤炭局长、矿长会议，并作了讲话。

△28日　应印度尼西亚矿务能源部长和澳大利亚资源部长的邀请，王森浩部长率团赴印尼和澳大利亚进行友好访问，并出席中澳能源联合工作组第四次会议。

△28日　韩英副部长与内蒙古自治区宋志民副主席在部外宾室就增加内蒙古自治区太西煤、乌兰煤出口和实行煤电路综合开发、统一经营等问题进行了会谈。参加会谈的有内蒙古自治区计委主任乌日图、煤炭厅副厅长齐尚贤和部规划发展司司长李学圣、中煤公司副总经理宋勤等同志。

△28～31日　大屯煤电公司开展第三季度质量标准化和秋季安全大检查，4个矿和矿建公司都达到了部特级标准。

△29日　煤炭工业部1993年9月29日煤办字〔1993〕第257号文通知：中国统配煤矿总公司云南公司的名称，也相应撤销。为了便于工作，理顺关系，经研究决定，中国统配煤矿总公司云南公司称为云南煤炭工业管理局。

云南省煤炭工业厅和云南煤炭工业管理局以(93)之煤发字第44号文，于1993年10月12日正式启用云南煤炭工业管理局印章，并同时废止中国统配煤矿总公司云南公司印鉴。

△29日　开滦党委、开滦矿务局召开1994年工作思路通报会。局长徐冀在总结1993年工作的基础上，提出了1994年准备实施的基本思路，即：以5年承包为基础，以国家重大政策调整为依据，继续深化改革，加大承包经营力度，1994年在吨煤增提2元维简费的基础上，达到收支平衡。局党委书记笪政远也讲了话。

△29日　随着全国八届人大一次会议通过的国务院机构改革方案，撤销能源部和中国统配煤矿总公司，成立煤炭工业部，中国统配煤矿总公司新疆公司改名为新疆煤炭工业管理局。

10　月

1日　国务院副总理邹家华对煤炭工业部《关于1994年煤炭订货若干问题的请示》作了重要批示："请计委立即研究明年煤炭订货的问题。十月中商议一次，争取定下来。煤、运结合能否分层次订货？第一层次是按地区集散地，第二层次是按省，第三层次是省以下，最好每一层次都有一个煤的集散地。国家组织最多到第二层次？请酌。”

△2日 大屯煤电公司召开首届优秀科技人才颁奖大会，对经严格评选出的23名优秀科技人才进行了表彰奖励。

△6～9日 全国政协第三次常委会全体会议在政协礼堂举行。煤炭工业部韩英副部长列席了会议。

△7日 张宝明副部长会见了以日本众议院议员后藤·茂为团长的日本中国能源状况考察团一行25人。会见中，张副部长介绍了新组建的煤炭部的职能以及我国煤炭工业40多年来发展情况、现状、技术水平、发展方向和煤炭工业的环境保护等，回答了日方提出的问题。双方希望今后进一步加强煤炭方面的合作。

△7～8日 煤炭工业部副部长濮洪九等一行5人到大同矿务局视察工作。

△8日 以日本众议院议员、能源政策研究会代表后藤茂先生为团长的日本能源产业考察一行25人到大同矿务局考察。

△9日 山东省临沂地区罗庄镇朱张桥胜利煤井（乡镇、有证）发生爆炸事故，死亡13人。

△9日 韩英副部长在煤炭工业部会议室会见了美国弗吉尼亚州州长道格拉斯.王尔德等一行。韩英副部长对王尔德州长一行来我部表示欢迎，并简要地介绍了我国的煤炭工业能源消费构成及煤炭出口等情况，希望弗州煤炭公司来华投资和合作开矿。他还表示中方对洁净煤的开发和利用有很大的兴趣，愿意与弗州在煤炭生产技术方面开展合作，相信通过技术交流，两国这一方面的合作一定会收到良好的效果。

△10日21时14分 辰溪县办孝坪煤矿扶脊岭一井三号副井14采区因放炮发生穿水事故死亡12人。

△11～14日 应煤炭工业部邀请，由国际劳工组织安排的巴基斯坦国煤矿安全技术人员一行8人由北京飞往长沙中小煤矿安全技术培训中心进行考察学习。

△11日 黑龙江省鸡东县宝和煤矿一井发生特大瓦斯爆炸事故，井下70人全部遇难。

△13～21日 应印度煤炭部副部长拉尔的邀请，范维唐副部长率中国煤炭工业代表团一行6人前往印度访问。在印期间将参观考察印度的有关煤炭公司，访问印度煤炭部，并与印方签署我向印度出口竖井长壁工作面成套装备的有关协议。

△13日 中共中央政治局常委、全国政协主席李瑞环和全国政协副主席、中央统战部部长王兆国在统战部宴请孙越崎同志全家，为孙老祝贺百岁寿辰。李瑞环同志在祝酒时说：“江泽民总书记、李鹏总理和乔石委员长委托我向您转达他们对您百岁寿辰的祝贺，并祝您健康长寿，孙老所经历的100年是中国历史上极不平凡的100年，在重大的历史转折关头，孙老都作出正确的选择，毅然决然地站在党和人民一边，为新中国的经济建设和发展留下了一笔宝贵的财富。孙老的历史功绩，党和人民是永远不会忘记的。希望您能健康长寿，和我们一起为实现社会主义现代化建设第二步战略目标和祖国统一而奋斗。”

△15日 国务院副总理邹家华同志对10月11日黑龙江省鸡东县宝和煤矿发生的特大瓦斯爆炸事故报告作了重要批示：“瓦斯爆炸一大危害，威胁煤矿工人的生命。煤炭部必须一方面处理事故，另一方面要认真组织各方面的力量，生产、学校、科研以及借鉴国外的力量，不断地研究改善和解决。”见此批示后，王森浩部长批示：“陈总：遵照家华副总理的批示，应组织力量制定一个防治瓦斯煤尘爆炸的规划，包括装备和管理，认真地解决这一危害。”

△16日 由93复旦大学校友会第三届世界联谊会、中国科学技术发展基金会、孙越崎科技教育基金管理委员会联合主办的“庆祝孙越崎先生百岁寿辰暨孙越崎科技教育奖授奖大会”在国际饭店大多功能厅举行。

△17日 国务院副总理邹家华同志对黑龙江省政府关于鸡东县保合煤矿发生特大瓦斯爆炸事故情况的报告作了重要批示：“特别要抓煤矿的瓦斯问题。请煤炭部发一个通知，到有关省市，专门对防瓦斯爆炸的安全问题作一次细致的检查，发现问题及时解决（包括人员的教育、组织和技术等措施）。”

△17～18日 山东煤矿第九次科技大会在济南召开，参加会议的代表共360余人。

会议的主要任务是总结回顾山东煤矿第八次科技大会以来的工作，检查《“八五”科技发展纲要》执行情况，交流经验，表彰先进，讨论研究在社会主义市场经济新形势下今后两科技工作的重点和主要措施，动员全省煤矿职工和科技工作者，继续坚持科技工作方针，为全面振兴山东煤炭工业而奋斗。大会还表彰了优秀科技工作者和优秀科研成果。

△18日 江苏省徐州市大刘煤矿（县办煤矿）井下－500水平705工作面皮带开关着火，引起煤尘爆炸。现场44人中，有40人死亡。

△19～20日 国务院副总理邹家华对煤炭部关于江苏省徐州市煤炭公司大刘煤矿10月18日发生煤尘爆炸事故的报告作了重要批示：“要做好善后和事故调查和责任”。“能不能组织科研力量，对瓦斯、粉尘爆炸问题进一步研究提出措施，要求各矿执行。请王森浩同志阅研。”

△19日 国务院副总理邹家华对我部关于黑龙江鸡东县保合煤矿10.11特大瓦斯煤尘爆炸事故的情况报告作了重要批示：“由煤炭部要求各有关省煤炭厅汇报安全检查情况和采取措施。”

△19日 煤炭工业部通知，鉴于中国统配煤矿总公司新疆公司已更名为新疆煤炭工业管理局，经研究决定，原新疆公司经理、副经理、总工程师改为新疆煤炭工业管理局局长、副局长、总工程师。

△20日 国务院副总理邹家华对人民日报《情况汇编》第598期《湖南辰溪县小煤窑事故频繁》一文作了重要批示：“请王森浩、陈邦柱同志阅研，建议彻底整顿，不能拿人民生命当儿戏。”见此批示后，25

日，王部长批示："请地方公司派负责同志协助湖南省人民政府进行整顿，坚决取缔无证开采小煤井。并实行生产许可证制度。"

△20日　年入洗能力400万吨的山西古交矿区马兰洗煤厂正式建成投产。

△21日　甘肃省白银市粮食公司和平川区共和乡乔山村联办无证小煤窑非法开采，有意与靖远矿务局红会一矿北采区正在开掘的5110工作面打通，抢劫该矿井下设备、器材，并在该工作面投放数箱炸药引爆，人为制造了一起严重的爆炸事件，炸塌巷道数十米，使在该工作面工作的红会一矿22名职工伤亡（2人死亡，20人受伤。其中10人重伤）。

△25日　煤炭工业质量标准化暨高产高效矿井工作会议在山东肥城矿务局结束。

△25日　九三国际煤炭技术交流及设备展览会在农业展览馆举行。人大副委员长陈慕华到会祝贺并与王森浩部长为开幕式剪彩。韩英副部长致开幕词。范维唐副部长和部分老部长及德国驻华大使、美国驻华使馆科技参赞、英国驻华使馆商务参赞、德国北威州经济部长等出席了开幕式。来自14个国家和地区的100多家公司和国内50多个厂家参加了展出。

△25日　由新疆维吾尔自治区常务副主席王乐泉主持，研究协调煤炭、电力有关问题，并就供煤协议、电厂铁路专用线、拖欠煤款归还、煤电协作等问题形成会议纪要。

△26日　国务院副总理邹家华对《公安部信息快报》（第593）号关于徐州大刘煤矿发生煤尘爆炸情况的续报作了重要批示："煤炭部组织力量对全国的煤矿进行一次通风是否合格的检查。不合格者要采取措施，限期解决。实在条件差的乡镇煤矿也要有最基本的要求。"

△26日　国务院副总理邹家华对《国内动态清样》（第2721期）《河南工矿企业伤亡事故增多》一文作了重要批示："请李长春、马忠臣同志参阅。安全生产不能不抓。请组织力量狠抓一下。"

△26日　国务院副总理邹家华对煤炭工业部关于10月25日河南省登封县登槽矿发生跑车事故（造成2人受伤、8人死亡）作了重要批示："请马忠臣同志阅示，一定要抓好煤矿的安全生产。"

△27日　大同矿务局晋华宫矿南山井7号层303盘区831区切眼掘进工作面发生瓦斯爆炸，井下28人全部遇难。

△27日　国务院副总理邹家华对《公安部信息快报》（第602号）有关甘肃省平川县村办煤窑工人人为制造爆炸惨案（炸死靖远矿务局红会一矿工人2名，炸伤20人）的报道作了重要批示："请罗干同志批示，请甘肃省领导一定要处理好这件事，同时又要坚决依法整顿好小煤窑。"

△27日　国务院副总理邹家华对我煤炭与劳动部联合下发的《关于控制地方煤矿重大事故的紧急通知》作了重要批示："森浩、伯勇同志：①全国煤矿中哪些是瓦斯比较多的煤矿（包括统配、省地方以及其他比较大的矿）列出具体清单；②和地方一起组织力量，对这些矿仔细进行一次安全检查，瓦斯预警系统、通风系统、电力系统，总之，保证安全的系统；③采取各项措施，包括组织、技术、人员、承包责任清理、整顿，甚至停产等，防止事故发生。"

△27日　国务院副总理邹家华对劳动部关于黑龙江省鸡西市鸡东县保合煤矿"10.11"特大瓦斯爆炸事故的调查报告作了重要批示："①严肃处理是应该的；②切实接受教训，该矿及各地一定要有措施，建设好必要的安全生产条件，不能再来一次。"

△27～29日　中国国际工程咨询公司在河北沧州召开《黄骅港工程可行性研究报告》评估会。参加会议的有河北省陈立友、宋淑华、郭世昌副省长、国家计委交通能源司李端神司长，公司石鑫副总经理以及有关专家和单位人员共50余人。会议就港口的总平面布置、规模、投资及经济效益进行了评估。

△28日　国务委员罗干同志批示："请甘肃省人民政府按家华同志的批示办并报处理结果。"

△28～11月17日　以申世铨副总经理为团长的公司代表团赴美国和澳大利亚访问考察。

△28日　国务院副总理邹家华出席了在农业展览馆举行的九三国际煤炭技术交流及设备展览会，并在煤炭工业部王森浩部长，韩英、张宝明副部长和有关司局同志的陪同下，参观了参展的国内外各种煤炭技术设备。其间，对煤炭生产安全等问题作了重要指示。

△28日　由北京矿务局与日本国莱勒克株式会社、大信实业株式会社合资兴建的北京莱勒克食品有限公司正式投入生产。年设计生产高档巧克力食品300吨。

△30日　全国安全生产紧急电话会议在电报大楼召开。会上，国务院副总理邹家华作了重要讲话，王森浩部长对煤炭行业加强安全生产提出了六项措施，劳动部李伯勇部长通报了今年1至10月的安全生产形势。邹家华副总理在讲话中强调：今年7月份以来，我国各类重大、特大事故发生频繁，人员伤亡和财产损失相当严重，这种不正常的现象如果放任下去，将会干扰改革开放，影响经济发展，必须引起各地方、各部门领导同志的高度重视。

△30日　王森浩部长，韩英、张宝明、濮洪九副部长在西郊宾馆接见出席中国工会第十二次全国代表大会煤炭系统代表，并就如何深入贯彻党的十四大精神，在深化煤炭工业改革，转换煤炭企业经营机制，适应社会主义市场经济的发展中充分发挥工人阶级主力军作用，进一步开创工人运动和工会工作的新局面等有关问题进行了座谈。

△10月　国家经贸委以国经贸〔1993〕371号文批复同意成立中煤设备成套总公司。批文指出：该公司是自主经营、独立核算、自负盈亏，具有法人资格的经济实体。主要从事煤炭工业成套设备及相关材料的开发、监造、供应，并为煤炭建设项目提供设备成套服务。

△10月　煤炭工业部以煤函字〔1993〕第166号文发出《关于中国煤炭综合利用开发公司更名的通知》，更名后为中国煤炭综合利用节能开发总公司，该公司已经工商局变更登记。

11　月

△2日20时50分　沈阳矿务局林盛煤矿东三区五道北十二号煤层发生瓦斯爆炸。采区共55人，42人安全撤出，13人因撤离较慢，4人受伤，9人中毒死亡。

△3日　煤炭工业部第一期学习《邓小平文选》第三卷司局长研讨班在北京煤炭管理干部学院结束。研讨班班长张宝明同志作了总结。

△4日　国务院副总理邹家华对黑龙江省鸡西市总工会关于鸡西矿务局部分职工生活极度贫困职工过冬问题十分紧急的情况反映作了重要批示："我们切不能官僚主义，不然就对不起工人群众了。马上就办，工作情况请报告。"

"请煤炭部、劳动部（牵头）即派出一位领导和总工会一起，最好财政部也参加一位同志，到黑龙江省和省的同志、东煤公司组织一个小组即赴鸡西矿务局去帮助解决。

1）拖欠的工资应该马上要发放。

2）实在困难的，要给予救济，要过好年。

3）安排好生产，多余的人要另安排，减人提效，第三产业。"

据黑龙江省鸡西市总工会反映，鸡西矿务局长期陷于困境无力自拔，截至目前，全局共拖欠职工工资2.2亿元。拖欠工资时间平均为4～5个月，其中最长的为12个月，最短的3个月。

△5日　煤炭工业部党组召开部机关及在京直属单位司局级领导干部和党委书记会议，动员部署《邓小平文选》第三卷的学习。张宝明、范维唐、濮洪九副部长，陈明和总工程师出席了会议。张副部长代表部党组作了《邓小平文选》第三卷的学习动员和安排部署。

△7日　煤炭工业部副部长张宝明、总工程师陈明和等领导同志来开滦视察安全工作。

△10日　湖北省常务副省长李大强在省政府主持召开省长办公会议，听取湖北省煤炭厅关于湖北省煤炭工业发展情况及当前困难的汇报、专题研究了帮助煤炭工业摆脱困境的意见和措施。

△11～12日　大屯煤电公司召开质量标准化暨高产高效矿井工作会议，会议传达了煤炭部肥城质量标准化暨高产高效矿井工作会议精神，回顾总结了近年来公司质量标准化和高产高效矿井工作情况，具体安排布署了公司今后的打算和措施。

△13日　马家沟矿50年代兴建的简易选煤厂改造工程完工，共投资2500多万元，建成年入洗能力60万吨的现代化选煤厂投入生产。

△15日　国务院以国函〔1993〕159号"国务院、中央军委关于将山西省军办矿移交地方管理的批复"发文，将山西省内军队煤矿包括军办的和军地联办的煤矿、洗煤厂、型煤厂、焦化厂、煤炭集运站全部移交山西省管理，军队与山西省以外的有关部门和单位在山西省内联营的煤矿，军队占有的部分移交给山西省，由山西省继续履行原协议。部队营、库内的煤矿及设施不属于移交范围，但不再从事煤炭生产经营活动。

移交工作分两步进行：第一步组建交接机构和制定交接实施意见和办法；第二步从1994年1月开始，正式办理交接手续。

△16日　煤炭工业部党组书记王森浩同志主持召开部党组会议，传达中国共产党第十四届中央委员会第三次全体会议精神和江泽民同志的重要讲话。党组成员张宝明、范维唐、濮洪九出席会议，办公厅、政策法规司、人事司和直属机关党委的负责同志列席了会议。

△17日　全国煤炭工业多种经营工作会议在西郊宾馆召开。濮洪九副部长主持会议并致开幕词，王森浩部长到会讲了话，张宝明、范维唐副部长出席了会议。

△17日　在煤炭工业部范维唐副部长的陪同下国务院副总理邹家华在人民大会堂浙江厅会见了美国能源部副部长西格尔先生一行。

△18日　国务院副总理邹家华在国务院第三会议室听取煤炭工业部关于全国煤矿安全生产形势和今年以来重大瓦斯煤尘事故情况分析及防范措施等问题的汇报。煤炭工业部王森浩部长、张宝明副部长和陈炎光、李学诚、高峰同志及经贸委、劳动部、全总工会的有关负责同志参加了汇报。

△18～19日　朱镕基副总理视察了黄骅港，陪同视察的有国家计委叶青副主任、交通部刘锷副部长、铁道部孙永福部长、财政部项怀诚副部长、中国人民银行戴相龙副行长、河北省委书记程维高、省长叶连松、副省长陈立友以及华能集团公司王传剑总经理、华能精煤公司肖寒董事长、刘向阳总经理、石鑫副总经理。朱副总理听取了国家计委、交通部、铁道部、河北省及华能精煤公司的汇报，并就第二通道和黄骅港建设做了重要指示，主要有：神府东胜煤田及其通道建设是一项非常重要的战略性项目，党中央、国务院已经定了，港口在黄骅不再变了。我们一定要把这个项目搞成、搞好。这个项目资金需要很多，恐怕要600亿元，相当于半个"三峡"，因此，对这个项目不能掉以轻心，要认真规划实施。现在要考虑资金如何筹措，这样的项目要纳入国家计划的资金渠道。首先，开发银行对这一重大项目要安排部分拨款，做为企业的资本金；第二，开发银行要安排政策性贷款；第三，可以利用外资，如日元贷款等；第四，可以集资。从明年开始到2000年每年需要多少投资排出来，纳入国家重点建设、基础设施建设的总规模。第五，要尽快成立一个领导机构，机构成立以后，首先要与计委、开发银行商量，把明年的资金定下来，其次煤炭出口要做为一项重要任务，不然很难偿还外资，煤炭要打进国际市场，打进日本。第六，希望大家齐心协力，把这一项

目建设好，国务院和有关部门一定大力支持。

△18日　大屯煤电公司成立2×300MW发电厂筹备领导小组。

△20日　全国煤炭工业多种经营工作会议在西郊宾馆闭幕。国务院副总理邹家华到会作了重要讲话，王森浩部长作了总结，韩英副部长宣布了关于表彰一百个多种经营先进单位的决定。并向受表彰的一百个先进单位颁发了奖状和奖品。

邹家华副总理在讲话中首先肯定了煤炭工业多种经营所取得的成绩，又站在发展煤炭工业战略高度论述了煤炭工业在国民经济发展中的重要性和优化产业结构，发展综合利用多种经营、第三产业的重要意义，并针对煤炭工业实际，对煤炭多种经营工作提出了要求。

△21～30日　1994年全国煤炭订货会在南京召开。国家计委副主任叶青同志作了报告，张宝明副部长主持会议。国家经贸委石万鹏副主任等领导同志讲了话。国内贸易部马毅民副部长，铁道部国林副部长，交通部刘松金副部长，江苏省委书记、省长陈焕友、副省长杨晓堂及各煤管局、直属矿务局、各省燃料公司、钢铁厂、电厂等各方面的代表约550人出席了会议。

△22日　部分管理局长、矿务局长座谈会在西郊宾馆召开。会议由韩英副部长主持。会上，王森浩部长传达了十四届三中全会精神，介绍了现代企业制度基本内容；濮洪九副部长通报了当前煤炭工业经济形势和煤炭工业多种经营工作会议情况。范维唐副部长、陈明和总工程师和部机关各司局、煤炭报社的负责同志及部分煤管局局长、矿务局局长参加了会议。

与会代表围绕贯彻十四届三中全会精神，分析了当前煤炭工业形势和存在问题，商讨了明年工作的思路。

△24～26日　华能精煤公司在矿区召开首届思想政治工作研讨会，公司党委书记、总经理刘向阳及矿区各单位党政领导干部、政工干部130余人参加了会议。

△25日　大屯煤电公司龙东矿选煤厂顺利竣工投产。

12　月

△4日4时30分　山西省晋城地区高平市杜寨乡杜寨矿（乡镇矿）井下掘进工作面发生瓦斯爆炸。当时井下共27人，经抢救，有16人死亡。

△4日　昌吉回族自治州呼图壁县雀儿沟煤矿部分火区灭火工程通过验收。因投资限制，约占火区面积54%的南火区和西火区的上部火区，仍需继续治理。

△5日8时30分　新化县晏家乡办友谊江煤矿煤掘头因电煤钻冒火引起瓦斯爆炸，死亡17人。

△6日　经煤炭工业部批准退役的唐家庄矿，更名为开滦矿务局嘉盛实业总公司并举行挂牌仪式。

△6日　阳新县韦源口镇柏林村茅草山煤矿，因独眼井生产、两台局扇串联通风、加之井下地质情况不清、与邻井穿通、造成一风流紊乱、采空区CO大量涌入又无必要的安全检测设施，发生一起死亡10人的一氧化碳中毒特大瓦斯事故。

△7日　韩英副部长会见了由何励恒董事、总经理率领的美国联合电力公司代表团。该代表团是受美国养老基金会的委托前来了解中国煤炭工业的发展情况，投资环境及寻求合资开办煤矿坑口电站的可能性。

△8日18时　内蒙呼盟古那右旗拉布达林煤矿发生一氧化碳中毒事故。当时井下作业的26人中有16人死亡。

△10日　云南省召开小煤矿清理整顿工作会议，省委常委、副省长李嘉廷作了题为“加快清理整顿步伐，促进乡镇煤矿健康发展”的讲话。

△13～15日　国务院办公厅在陕西榆林召开晋陕蒙接壤地区能源开发环保检查现场会。

△14～16日　开滦矿务局党委五届七次全委（扩大）会议、开滦矿务局1994年工作会议同时召开。会议全面总结了1993年工作所取得的成绩和经验，部署了1994年经济工作和党的工作任务。局长徐冀作了《继续深化改革，加大承包经营力度，为实现全局经济的收支平衡而努力奋斗》的报告；党委书记笪政远作了《解放思想，转变观念，进一步加快企业经营机制转换步伐，为实现全局经济状况基本好转而奋斗》的讲话；副局长贾燕杰作了题为《大力推行效益承包，建立内部市场机制》的讲话。

△17～18日　煤炭工业部长、党组书记王森浩带领办公厅、政策法规司、财劳司、生产协调司等部门的领导同志专程来开滦，就近两年来加快改革步伐，强化企业内部经营机制转换问题进行了调查研究。

△18日　年入洗能力400万吨的山东兖州矿务局东滩洗煤厂正式建成投产。

△22日　国务院副总理邹家华在国务院第四会议室主持召开会议，研究山西煤炭管理体制问题。我部王森浩部长、韩英副部长和魏元锐、吕世兴、刘玉华同志参加了会议。

△26日　龙东矿综采队全年累计生产原煤100.2765万吨，实现了1993年创建煤炭部第二个百万吨采煤队的奋斗目标。

△26日　年生产能力120万吨的山东新汶矿务局翟镇立井正式建成投产。

△29日　年生产能力21万吨的山西轩岗矿务局里沟斜井正式建成投产。

△31日　新疆维吾尔自治区全年生产原煤2392.29万吨，比上年增长8.52%。

△12月　煤炭工业部党组决定：中国地方煤矿公司对地方煤矿行业管理的职能收回由部行使，其相应的行业管理人员一并转入部有关司、中心。中国地方煤矿公司要按照“四自”的要求，办成经济实体和企业法人。

△12月　原煤炭工业部顾问孙越崎同志致信江泽

民总书记，建议国家尽快制定煤炭法，并早日出台实施。江泽民总书记12月7日在信中批示："请李鹏、乔石同志阅批。"乔石委员长12月11日批示；"煤炭法已列入本届人大规划，人大常委五次会议将审议。"李鹏总理12月14日批示："请煤炭部、法制局认真配合。"

△12月　经煤炭工业部领导审定，华北矿业高等专科学校（原北京煤炭管理干部学院燕郊分院）为在京直属单位。

统计资料

煤炭工业总产值(按1990年不变价格计算)

单位：10^4元

	1993年	1992年	1993年为1992年的 %	1993年比1992年 增(+)、减(-)
全国总计	6363982	6189188	102.82	+174794
国有重点煤矿	3265472	3297893	99.02	-32421
非统配煤矿	2682868	2422312	110.76	-260556
其中：集体所有制煤矿	1807087	1595842	113.24	+211245
煤矿机械厂及其它工厂	415642	468983	88.63	-53341
按大中小型企业分				
大型企业	3199492	3199037	100.01	-455
中型企业	394264	430363	91.61	-36099
小型企业	2770225	2559788	108.22	+210437

注：本表系煤炭系统数字，下同。

煤炭工业增加值(按当年价格计算)

单位：10^4元

	1993年	1992年	1993年为1992年的 %	1993年比1992年 增(+)、减(-)
全国总计	3047215	2410558	126.4	+636657
国有重点煤矿	2300384	1710902	134.5	+589482
地方煤矿	746831	699656	106.7	+47175

注：增加值统计范围系独立核算的全民所有制企业。

煤炭工业主要产品产量

	计算单位	1993年	1992年	1993年比1992年增(+)、减(-)
一、原煤产量	10^4t	115137	111455	+3682
其中：国有重点煤矿	10^4t	45803	48254	-2451
二、炼焦用洗精煤产量	10^4t	7615	7742	-127
其中：本系统	10^4t	6898	6961	-63
三、列入国家计划的无烟块煤产量	10^4t	740	934	-194
四、煤矿机械产品产量	10^4t	17.38	29.79	-12.41
五、多种经营综合利用产品产量				
电　力	10^8kW·h	62.75	52.30	+10.45
生　铁	10^4t	15.36	13.60	+1.76
钢	10^4t	18	18	—
轧钢材	10^4t	4	3	+1
硫铁矿	10^4t	9.45	9.55	-0.10
焦　炭	10^4t	493	538	-45
水　泥	10^4t	779	700	+79
自营木材	m^3	125588	97101	+28487
金属支架	万架	4	11	-7

原煤产量增长速度

	全　国	统配煤矿	地方煤矿	
			合　计	其中：集体所有制煤矿
一、增长速度(%)				
1985年比1984年	10.5	2.9	18.1	23.0
1986年比1985年	2.5	1.9	3.0	4.0
1987年比1986年	3.8	1.5	5.8	6.8
1988年比1987年	5.6	3.4	7.4	3.5
1989年比1988年	7.6	5.5	9.2	10
1990年比1989年	2.4	4.8	0.5	2.5
1991年比1990年	0.5	0.1	0.8	2.9
1992年比1991年	2.8	0.4	4.5	6.9
1993年比1992年	3.3	-5.1	9.7	13.3
二、增长数量(10^4t)				
1985年比1984年	8305	1156	7149	4983
1986年比1985年	2176	766	1410	1077
1987年比1986年	3405	628	2777	1886
1988年比1987年	5178	1425	3753	1040
1989年比1988年	7428	2385	5043	3054
1990年比1989年	2515	2192	323	853
1991年比1990年	498	38	460	1013
1992年比1991年	3027	194	2833	2478
1993年比1992年	3682	-2451	6133	5081

按经济类型分的原煤产量

单位：10^4t

	1993年		1992年		1993年比1992年
	产　量	比重(%)	产　量	比重(%)	增(+)、减(-)
全国总计	115137	100	111455	100	+3682
国有重点煤矿	45803	39.8	48254	43.3	-2451
地方煤矿	69334	60.2	63201	56.7	+6133
其中：省营煤矿	5508	4.8	5771	5.2	-263
专营煤矿	6291	5.5	6068	5.4	+223
县营煤矿	8604	7.5	8453	7.6	+151
集体所有制煤矿	43152	37.5	38071	34.2	+5081
个体煤矿	5293	4.6	4477	4.0	+816
其　它	486	0.4	371	0.3	+115

按煤种牌号分的原煤产量

单位：10^4t

	1993年		1992年	
	产　量	比重(%)	产　量	比重(%)
全国总计	115137	100	111455	100
无烟煤	23413	20.3	22096	19.8
烟　煤	87551	76.1	84632	75.9
其中：炼焦烟煤	53999	46.9	52746	47.3
贫瘦煤	2326	2.0	1988	1.8
瘦　煤	3553	3.1	4750	4.3
焦　煤	9754	8.5	10278	9.2
肥　煤	7244	6.3	8061	7.2
1/3 焦煤	7544	6.6	7262	6.5
气肥煤	5543	4.8	4500	4.0
气　煤	11452	9.9	11470	10.3
分不出牌号煤	6582	5.7	4437	4.0
一般烟煤	33552	29.1	31886	28.6
贫　煤	6023	5.2	5419	4.9
1/2中粘煤			45	
弱粘煤	8123	7.1	7630	6.8
不粘煤	1595	1.4	1370	1.2
长焰煤	9047	7.9	8715	7.8
分不出牌号煤	8764	7.6	8707	7.8
褐　煤	4174	3.6	4727	4.3

按省、市、自治区分的原煤产量

单位：10^4t

	全国			国有重点煤矿			地方煤矿 合计			地方煤矿 其中：集体所有制煤矿		
	1993年	1992年	1993年比1992年增(+)、减(-)	1993年	1992年	1993年比1992年增(+)、减(-)	1993年	1992年	1993年比1992年增(+)、减(-)	1993年	1992年	1993年比1992年增(+)、减(-)
全国总计	115137	111455	+3682	45803	48254	-2451	69334	63201	+6133	43152	38071	+5081
北京	1052	1015	+37	552	563	-11	500	452	+48	485	432	+53
河北	6340	6259	+81	3759	3788	-29	2581	2471	+110	1328	1219	+109
山西	30656	29504	+1152	10876	11345	-469	19780	18159	+1621	15336	13688	+1648
内蒙古	5514	5039	+475	2572	2651	-79	2942	2388	+554	1850	1380	+470
辽宁	5259	5394	-135	3612	3951	-339	1646	1443	+203	1320	1133	+187
吉林	2424	2503	-79	1052	1220	-168	1371	1283	+88	880	827	+53
黑龙江	7227	8395	-1168	3978	4992	-1014	3249	3403	-154	2077	2091	-14
江苏	2506	2458	+48	1650	1638	+12	856	820	+36	389	374	+15
浙江	138	144	-6	103	103	—	37	41	-4	14	14	—
安徽	3613	3368	+245	2603	2493	+110	1010	875	+135	428	384	+44
福建	982	910	+72				982	910	+72	445	376	+69
江西	2104	2088	+16	693	737	-44	1411	1351	+60	796	725	+71
山东	6803	6350	+453	3530	3380	+150	3273	2970	+303	1418	1339	+79
河南	9279	9027	+252	3928	4005	-77	5351	5022	+329	3201	2793	+408
湖北	986	885	+101				986	885	+101	573	519	+54
湖南	4075	3601	+474	618	696	-78	3457	2905	+552	1992	1659	+333
广东	951	954	-3				951	954	-3	285	300	-15
广西	1196	1093	+103				1196	1093	+103	359	251	+108
四川	7935	7094	+841	1730	1819	-89	6205	5275	+930	4306	3450	+856
贵州	4529	4162	+367	1103	1166	-63	3426	2996	+430	1223	1054	+169
云南	2402	2379	+23	233	261	-28	2169	2118	+51	1129	1121	+8
西藏		1						1				
陕西	3363	3423	-60	1241	1438	-197	2122	1985	+137	1537	1430	+107
甘肃	1806	1542	+264	642	621	+21	1164	921	+243	604	565	+39
青海	231	282	-51				231	282	-51	62	62	—
宁夏	1372	1379	-7	940	975	-35	432	404	+28	149	138	+11
新疆	2392	2204	+188	388	412	-24	2004	1972	+32	966	747	+219
海南	2	2	—				2	2	—			

按构成分的国有重点煤矿原煤产量

单位：10^4t

	1993年		1992年		1993年比1992年
	产　　量	比重(%)	产　　量	比重(%)	增(+)、减(-)
总　　计	45803	100	48254	100	-2451
一、矿井产量	39273	85.7	41851	86.7	-2578
其中：回采	35901	78.4	38105	79.0	-2204
掘进	2383	5.2	2551	5.3	-168
其它	989	2.1	1195	2.4	-206
二、露天产量	3116	6.8	3182	6.6	-66
三、其它产量	3414	7.5	3221	6.7	+193

按省、市、自治区分的炼焦用洗精煤产量

单位：10^4t

	炼焦用洗精煤产量			其中：冶炼用炼焦精煤产量		
	1993年	1992年	1993年比1992年增(+)、减(-)	1993年	1992年	1993年比1992年增(+)、减(-)
全国总计	7615	7742	-127	7126	7226	-100
北　京	36	35	+1	36	35	+1
河　北	1082	1134	-52	1076	1109	-33
山　西	1490	1240	+250	1428	1193	+235
内蒙古	158	158	—	158	158	—
辽　宁	334	395	-61	325	376	-51
吉　林	76	103	-27	61	75	-14
黑龙江	791	860	-69	673	728	-55
江　苏	377	454	-77	350	399	-49
安　徽	556	577	-21	489	570	-81
江　西	129	141	-12	120	125	-5
山　东	828	872	-44	826	858	-32
河　南	485	467	+18	435	422	+13
湖　南	129	156	-27	129	156	-30
湖　北						
广　东	5	7	-2			
四　川	464	478	-14	376	376	—
贵　州	279	267	+12	276	264	+12
云　南	125	129	-4	125	115	+10
陕　西	68	75	-7	68	75	-7
宁　夏	178	167	+11	149	165	-16
新　疆	25	27	-2	25	27	-2

煤炭工业洗选煤产品产量

单位：10^4t

	1993年	1992年	1993年比1992年增(+)、减(-)
一、洗　煤			
炼焦用洗精煤	7615	7742	-127
冶炼用洗精煤	7126	7226	-100
其它用炼焦精煤	489	516	-27
洗混煤	675	898	-223
中　煤	499	1605	-1106
煤　泥	365	366	-1
洗块煤	2557	2883	-326
洗末煤	1340	3952	-2612
洗原煤	452	390	+62
二、筛选块煤	4231	4782	-551
无烟块煤	1467	1548	-81
烟块煤	1943	2419	-476
褐块煤	822	815	+7
三、筛选混末煤	12594	14488	-1894
末　煤	4283	4458	-175
粉　煤	308	483	-175
混　煤	8003	9547	-1544

煤炭工业国有重点煤矿选煤厂选煤产量

单位：10^4t

	1993年	1992年	1993年比1992年增(+)、减(-)
一、合　计			
入选原煤	18259	19228	-969
入选比重(%)	15.86	17.25	-1.39
二、炼焦煤选煤厂			
入选原煤	11870	12725	-855
精煤产量	6622	6902	-280
产率(%)	55.79	54.24	+1.55
三、动力煤选煤厂			
入选原煤	6389	6503	-114
洗选产量	3340	4834	-1494
产率(%)	52.28	74.33	-22.05

国有重点煤矿煤炭资源及分配情况

单位：10^4t

	1993年	1992年	1993年比1992年增(+)、减(-)
供应量合计	44373	44814	-441
中央部	23718	24851	-1133
省、市、自治区	18931	18104	+827
出口	1341	1391	-50
其它	383	467	-84

国有重点煤矿煤炭调出调入量

单位：10^4t

	1993年			1992年		
	调入量	调出量	净调出(+)、调入(-)量	调入量	调出量	净调出(+)、调入(-)量
全国总计			18778			17920
北京	1476	341	-1135	1454	346	-1108
天津	1744	0	-1744	1427		-1427
河北	2103	1055	-1048	1923	1048	-875
山西	0	13507	+13507	5	14070	+14065
内蒙古	273	1429	+1156	414	1423	+1009
辽宁	2689	62	-2627	2573	73	-2500
吉林	1002	228	-774	1082	93	-989
黑龙江	692	1473	+781	661	1635	+974
上海	2054	0	-2054	2288		-2288
江苏	2006	78	-1928	2080	266	-1814
浙江	1011	0	-1011	1091		-1091
安徽	474	720	+246	688	548	-140
福建	352	0	-352	405		-405
江西	311	95	-216	434	60	-374
山东	1362	946	-416	1375	690	-635
河南	442	2045	+1603	464	2316	+1852
湖北	1812	0	-1812	1991		-1991
湖南	465	115	-350	540	101	-439
广东	1118	0	-1118	1038		-1038
广西	314	0	-314	356		-356
四川	92	114	+22	192	123	+21

续表

	1993年			1992年		
	调入量	调出量	净调出(+)、调入(-)量	调入量	调出量	净调出(+)、调入(-)量
贵州	0.5	468	+468		488	+488
云南	48	0	-48	35	0	-35
陕西	147	607	+460	168	693	+525
甘肃	394	73	-321	471	87	-384
青海	100	0	-100	126	0	-126
宁夏	16	374	+358	19	424	+405
新疆	3	172	+169	3	183	+180
海南	61	0	-61	74	0	-74
出口	1342	0	-1342	1391	0	-1391
入选差额			+8			

国有重点煤矿洗精煤分配情况

单位：10^4t

	1993年	1992年	1993年比1992年增(+)、减(-)
分配量合计	6016	5819	+197
其中：1.中央部	2758	2728	+30
2.地方工业	2882	2714	+168
3.出口	376	377	-1
4.其它			

全国燃料生产消费构成

	计算单位	1993年	1992年
一、燃料生产构成			
标准燃料国内生产总量以燃料生产总量为100	10^4t	111263	107256
煤炭	%	73.8	74.3
石油	%	18.6	18.9
天然气	%	2.0	2.0
水力发电	%	5.6	4.8
二、燃料消费构成			
标准燃料国内消费总量以燃料消费总量为100	10^4t	111768	108900
煤炭	%	72.8	74.9
石油	%	19.6	18.0
天然气	%	2.0	2.0
水力发电	%	5.6	5.1

煤矿机械厂主要机电产品产量

	计算单位	1993年	1992年
煤矿机电产品产量合计	t		
1.采煤机	台-t	182/4319	305/9741
2.刮板输送机	台-t	1748/44318	3371/73339
3.转载机	台-t	138/2404	186/2838
4.掘进装载设备	台-t	79/1213	177/2365
5.液压支架	套-架-t	2514/38638	4024/29236
6.单体液压支柱	万根-t	17/9299	47/23443
7.煤矿矿井专用设备	t	5788	5537
8.煤田勘探设备	台-t	697/1315	924/1360
9.煤电钻及岩石电钻	台	56462	65277
10.矿　　灯	万盏	268	275
11.煤矿信号元件	台（套）	29428	70224
12.煤矿专用仪器仪表	台（套）	291530	451138

煤炭工业国有重点煤矿主要经济技术指标

	计算单位	1993年	1992年	1993年比1992年 增(+)、减(-)
一、主要产品产量				
国有重点煤矿原煤产量	10^4t	45803	48254	-2451
本系统冶炼用洗精煤产量	10^4t	6898	6961	-63
无烟块煤产量（列入计划）	10^4t	740	934	-194
二、开拓进尺	10^4m	67.3	83.2	-15.9
三、质　　量				
商品煤灰分	%	19.93	19.96	-0.03
商品煤含矸率	%	0.09	0.11	-0.02
冶炼用精煤灰分	%	9.93	10.04	-0.11
冶炼用精煤产率	%	51.91	50.99	+0.92
四、劳动生产率				
原煤全员效率	t/工	1.398	1.330	+0.068
回采工效率	t/工	7.104	6.667	+0.437
五、材料及电力消耗				
原煤生产坑木消耗	$m^3/10^4t$	31.40	33.14	-1.74

续表

	计算单位	1993年	1992年	1993年比1992年增(+)、减(-)
综合电力消耗	kW·h/t	53.82	50.47	+3.35
六、回采工作面平均月产量	t/个/月	19514	18942	+572
七、掘进工作平均月进度	m/个/月	129.48	127.99	+1.49
八、采区回采率	%	78.99	79.11	-0.12
九、采煤机械化程度	%	72.14	72.26	-0.12
十、掘进装载机械化程度	%	72.26	71.34	+0.92

地方煤矿主要经济技术指标

	计算单位	1993年	1992年	1993年比1992年增(+)、减(-)
年末固定资产原值	10^4元	2196408	2027891	+168517
商品煤灰分	%	20.86	21.51	-0.65
商品煤含矸率	%	1.93	1.75	+0.18
原煤全员效率	t/工	0.733	0.698	+0.035
企业坑木消耗	$m^3/10^4t$	88.85	92.75	-3.9

国有重点煤矿回采工作面利用指标

		计算单位	1993年	1992年	1993年比1992年增(+)、减(-)
回采产量		10^4t	35901	38105	-2204
年末工作面	个数	个	1709	1782	-73
	总长度	m	181026	189226	-8200
平均工作面	个数	个	1533	1676	-143
	总长度	m	164130	179385	-15255
	长度	m	107	107	—
	月进度	m	54.73	53.8	+0.93
	月产量	t/个	19514	18942	+572
煤层生产能力		t/m^2	3.33	3.29	+0.04

国有重点煤矿回采工作面采煤机械化程度及单产

	计算单位	1993年	1992年	1993年比1992年增(+)、减(-)
一、采煤机械化程度	%	72.14	72.36	-0.22
其中：综采	%	43.80	41.07	+2.73
高档普采	%	24.85	27.24	-2.39
普　采	%	1.92	2.15	-0.23
水　采	%	1.56	1.80	-0.24
二、工作面平均个数				
全部工作面	个	1533	1676	-143
1.机采工作面	个	696	785	-89
其中：综　采	个	250	259	-9
高档普采	个	423	444	-21
普　采	个	46	56	-10
水　采	个	23	26	-3
2.非机采工作面	个	837	892	-55
三、工作面单产				
全部工作面	t/月	19514	18942	+572
1.机采工作面	t/月	30995	29243	+1752
其中：综　采	t/月	52339	50412	+1927
高档普采	t/月	19739	19498	+241
普　采	t/月	12444	12053	+391
水　采	t/月	20255	22239	-1984
2.非机采工作面	t/月	9962	9877	+85
四、劳动效率				
1.机采工作面	t/工	12.209	11.318	+0.891
其中：综　采	t/工	22.322	21.236	+1.086
高档普采	t/工	7.070	7.018	+0.052
普　采	t/工	5.757	5.396	+0.361
水　采	t/工	9.773	10.501	-0.728
2.非机采工作面	t/工	4.264	3.029	+1.235

国有重点煤矿掘进进尺及掘进工作面利用指标

		计算单位	1993年	1992年	1993年比1992年增(+)、减(-)
掘进进尺	全　部	10^4m	544	623.1	-79.1
	其中：开拓巷道	10^4m	67	83.2	-16.2
	煤　　巷	10^4m	250	270.9	-20.9
	半煤岩巷	10^4m	169	196.8	-27.8
	岩　　巷	10^4m	124	155.4	-31.4
掘进工作面平均个数	全　部	个	3499	4056	-557
	其中：开拓巷道	个	799	989	-190
	煤　　巷	个	1168	1245	-77
	半煤岩巷	个	929	1093	-164
	岩　　巷	个	1401	1719	-318
掘进工作面平均月进度	全　部	m	129.5	127.9	+1.6
	其中：开拓巷道	m	70.3	70.1	+0.2
	煤　　巷	m	178.5	181.3	-2.8
	半煤岩巷	m	151.9	150.2	+1.7
	岩　　巷	m	73.7	75.3	-1.6

国有重点煤矿三个煤量、掘进率及回采率

		计算单位	1993年	1992年	1993年比1992年增(+)、减(-)
三个煤量	开拓煤量	10^4t	446448	519129	-72681
	准备煤量	10^4t	241980	245056	-3076
	回采煤量	10^4t	34751	36056	-1305
三个煤量可采期	开拓煤量	年	9.66	11.24	-1.58
	准备煤量	月	63.02	60.36	-2.66
	回采煤量	月	10.88	10.91	-0.03
掘进率	生产掘进率	m/10^4t	130.49	138.94	-8.45
	开拓掘进率	m/10^4t	17.15	19.88	-2.73
采区回采率	合　计	%	78.99	79.11	-0.89
	煤厚1.3m以下	%	86.28	86.62	-0.34
	煤厚1.3～3.5m	%	80.23	80.42	-0.19
	煤厚3.5m以上	%	76.67	76.58	+0.09

重点煤矿机械厂概况

	计算单位	1993年	1992年
机械厂数	个		36
工业总产值（按1990年不变价格计算）	10^4元	181825	238256
总产量	t	154998	221840
全员劳动生产率	元/人	4147	28206
年末职工人数	人	83340	85433
固定资产原值	10^4元	217062	199817
金属切削机床	台	1647	8349
锻压设备	台	1379	1495

地方煤矿基本情况

	计算单位	1993年	1992年	1993年比1992年增（+）、减（-）
一、企业单位数	个	21536	20527	+1009
二、工业总产值（1990年不变价格）	10^4元	2632971	2411659	+221312
三、原煤产量	10^4t	66841	60537	+6304
四、自1971年累计基建投资完成额	10^4元	2101612	1897227	+204385
五、年末职工人数	人	1318233	1380383	-62150
其中：省营煤矿	人	374018	412865	-38847
专营煤矿	人	433249	438593	-5344
县营煤矿	人	510881	528925	-18044
乡镇煤矿	人			
六、年末固定资产原值	10^4元	2196408	2027891	+168517

煤炭工业基本建设投资及新增固定资产

单位：10^4元

	1993年		1992年	
	投资额	比重(%)	投资额	比重(%)
一、基本建设投资额	1460012	100.0	1302660	100.0
1.按资金来源分				
其中：国家投资	474300	32.5	488291	37.5
自筹投资	123468	8.5	93718	7.2
2.按隶属关系分				
直属直供项目	1255626	86.0	1153116	88.5
地方项目	204386	14.0	149544	11.5
3.按投资构成分				
建筑安装	860677	58.9	789832	60.6
设备工器具购置	322095	22.1	292159	22.4

续表

	1993年		1992年	
	投资额	比重(%)	投资额	比重(%)
其　　它	277240	18.9	220669	16.9
4.按投资用途分				
生产性建设	1205486	82.6	1070156	82.2
非生产性建设	254526	17.4	232504	17.8
其中：住宅	117014	8.0	113570	8.7
二、基本建设新增固定资产	751123	51.4	812814	62.4

按用向分的煤炭基本建设投资额

单位：10^4元

	合计				其中：直属直供项目			
	1993年		1992年		1993年		1992年	
	投资额	比重(%)	投资额	比重(%)	投资额	比重(%)	投资额	比重(%)
总　　计	1460012	100.0	1302660	100.0	1255626	100.0	1153116	100.0
一、矿区建设	1371001	93.9	1232670	94.6	1183721	94.3	1089125	94.5
1.矿井（露天）建设	910451	62.3	815229	62.6	759433	60.5	690180	59.9
2.选煤厂建设	85108	5.8	64076	4.9	83377	6.6	62750	5.4
3.矿区附属工厂	97789	6.7	97424	7.5	83658	6.7	94416	8.2
4.矿区公用工程	187808	12.9	169489	13.0	169559	13.5	156388	13.6
其中：铁路专用线	111331	7.6	103624	8.0	94959	7.6	95665	8.3
5.生活福利文教卫生	65215	4.5	64459	4.9	63537	5.1	63568	5.5
6.其　　它	24630	1.7	21993	1.7	24157	1.9	21823	1.9
二、基地建设	13709	0.9	10366	0.8	13473	1.1	9701	0.8
三、煤矿机械厂	7367	0.5	7646	0.6	6575	0.5	7248	0.6
四、设　　计	3267	0.2	2488	0.2	2623	0.2	2368	0.2
五、地　　质	22115	1.5	19999	1.5	19473	1.6	19008	1.6
六、科　　研	2361	0.2	2158	0.2	2271	0.2	2143	0.2
七、院　　校	8298	0.6	7176	0.6	7628	0.6	6971	0.6
八、其　　它	31894	2.2	20157	1.5	19862	1.6	16552	1.4

煤炭工业基本建设规模

	计算单位	合计		其中：直属直供	
		1993年	1992年	1993年	1992年
一、矿井建设规模					
上年末续建	处-10^4t	346—17587	324—17554	93—12461	86—12762
本年投产	处-10^4t	24—1122	42—2419	11—753	16—2131
本年新开工	处-10^4t	45—2423	60—2736	16—1829	25—2181
本年末续建	处-10^4t	351—19159	346—17587	95—13657	93—12461
投产与规模比例	倍				
至投产止建设工期	月/处				
二、选煤厂建设规模					
上年末续建	处-10^4t	23—5271	26—5110	23—5271	26—5110
本年投产	处-10^4t	5—1060	12—1890	5—1060	12—1890
本年新开工	处-10^4t	6—870	8—2040	6—870	8—2040
本年末续建	处-10^4t	22—5051	23—5271	22—5051	23—5271

煤炭工业施工和竣工房屋建筑面积

单位：m^2

	1993年			1992年		
	施工面积	竣工面积	房屋竣工率(%)	施工面积	竣工面积	房屋竣工率(%)
总　计	8352981	3629526	43.5	9320895	4689945	50.3
厂　房	1245616	392510	31.5	1233108	568921	46.1
仓　库	199722	83712	41.9	269765	120826	44.8
商业营业用房	82697	21179	25.6	100489	50751	50.5
服务业用房	170868	63273	37.0	217048	109427	50.4
办公室	355158	144174	40.6	419522	212326	50.6
家属宿舍	4161901	2075623	49.9	4682026	2553251	54.5
集体宿舍	664009	214154	32.3	799267	408439	51.1
教育用房	383416	159182	41.5	376672	180308	47.9
文化体育用房	70389	34425	48.9	84540	28585	33.8
医疗用房	246328	109382	44.4	279938	135563	48.4
科学实验研究用房	44733	20224	45.2	55095	6162	11.2
其　它	728144	311688	42.8	803425	315386	39.3

煤炭工业基建新建矿井井巷工程主要经济指标

	计算单位	1993年	1992年	1993年比1992年 增(+)、减(-)
一、矿井成巷进尺	m	235745	167142	+68603
二、井巷平均月进度				
立　井	m/个	41.56	38.49	+3.07
斜　井	m/个	47.47	57.22	-9.75
岩　巷	m/个	62.48	64.44	-1.96
半煤岩巷	m/个	86.74	93.70	-6.96
煤　巷	m/个	64.62	99.66	-35.04
三、掘进工效率				
立　井	m^3/工	0.910	0.963	-0.053
斜　井	m^3/工	0.755	0.744	+0.011
岩　巷	m^3/工	0.825	0.804	+0.021
半煤岩巷	m^3/工	1.063	1.049	+0.014
煤　岩	m^3/工	0.938	0.905	+0.033

煤炭工业基建施工主要经济指标

	计算单位	1993年	1992年	1993年比1992年 增(+)、减(-)
一、工 程 量				
井　巷	m	159871	265278	-105407
土建竣工	m^2		3209542	
二、施工产值	10^4元	635208	537617	+97591
三、劳动生产率				
全　员	元/人·年	18097	14492	+3605
矿建工人	元/人·年	25527	21345	+4182
土建工人	元/人·年	34049	25127	+8922
安装工人	元/人·年	37261	31165	+6096
四、实物效率				
井　巷	m/人·年	6.64	6.82	-0.18
土建竣工	m^2/人·年		27.8	
五、机械设备				
完 好 率	%	91	91	-
利 用 率	%	72	71	+1

地方国营煤矿各类建设资金情况

单位：10^4元

	1993年	1992年	1993年比1992年 增(+)、减(-)
总　　计	204386	201651	+2735
1.基本建设投资		30979	
2.国家补助资金		33700	
其中：技术改造	16600	19700	-3100
铁路建设	4000	4000	-
小型基建	10000	10000	-
3.买能力资金		0	
4.省内各种自筹	138370	136972	+1398

煤炭工业地质勘探主要工程量完成情况

	计算单位	1993年	1992年	1993年比1992年 增(+)、减(-)
1.开动钻机				
平　　均	台	157.53	274.37	-116.84
最　　高	台	311	433	-122
2.机械岩芯钻探进尺	m	512323	855301	-342978
其中：地质勘探	m	27724		
水文钻探	m	29274		
3.无岩芯钻探进尺	m	120164	174616	-54452
4.钻　月　数	个	1603.12	2866.23	-1263.11
5.钻月效率	m	320	298	+22
6.台　月　数	个	1362.04	2442.61	-1080.57
7.台月效率	m	376	350	+26
8.纯钻进单位小时进尺	m	1.54	1.44	+0.1
9.煤芯采取情况				
煤层厚度	m	13280	14332.74	-1052.74
煤芯长度	m	11855.46	12680.98	-825.52
采　取　率	%	89.3	88.5	+0.8
10.完成钻孔	孔	1512	1816	-304
其中：特甲级/特级(钻探评级)	孔	1367/555	1536/810	-169/255
乙级（钻探评级）	孔	104	191	-87
丙级（钻探评级）	孔		—	
11.报废工程量				
全孔报废	孔/m	7/1148	17/7317	-10/6169
补斜纠正	孔/m	40/	101/	-61/

煤炭工业地球物理探矿工作主要指标

		计算单位	1993年	1992年	1993年比1992年增(+)、减(-)
地震勘探	测线长度	km	2241.2	2725.6	-484.4
	物理点	个	118339	128533	-10194
	开动台月数	台/月	97.55	112.58	-15.03
电法勘探	面积	km^2	3606.3	5236.20	-1629.9
	测线长度	km	2282.0	3507.9	-1225.9
	物理点	个	16106	61551	-45445
	开动台月数	台/月	77.17	136.37	-59.2
重力勘探	测线长度	km	28.5	1223.0	-1194.5
	物理点	个	401	10290	-9889
	开动台月数	台/月	0.27	7.91	-7.64
磁力勘探	测线长度	km	1056.1	1113.8	-57.7
	物理点	个	51439	52038	-599
	开动台月数	台/月	15.02	23.66	-8.64

县营以上煤矿单位年末职工人数

单位：人

	1993年		1992年	1993年比1992年增(+)、减(-)
	人数	比重(%)		
全国总计	5349360	100.0	5513925	-164565
一、工业部门	4727213	88.4	4880742	-153529
二、建筑业及资源勘探	505976	9.5	531241	-25265
1.建筑业	403018	7.5	419182	-16164
2.地质勘探	89558	1.7	97726	-8168
3.勘察设计	13100	0.24	12499	+601
4.筹建机构及生产准备			1834	
三、农林	1618	0.03	1738	-120
四、科学研究	11876	0.22	12638	-762
五、文教卫生	39378	0.74	38090	+1288
六、国家机关	5222	0.10	3043	+2179
七、其它	58377	1.1	46433	+11944
在全国总计中				
统配煤矿	3517433	65.8	3632085	-114652
其中：工业生产	3267116	61.1	3373493	-106377
基本建设（含自营）	239205	4.5	419189	-179984
重点机厂	83340	1.6	91114	-7774
专县煤矿	1061079	19.8	1098174	-37095

国有重点煤矿工业生产按专业分的年末职工人数

单位：人

	1993年		1992年		1993年比1992年
	人　　数	比重(%)	人　　数	比重(%)	增(+)、减(-)
工业生产职工合计	3267116	100.0	3373493	100	-106377
其中：1.生产工人	1866220	57.1	1973772	58.51	-107552
2.学　　徒	3321	0.10	5652	0.17	-2331
3.工程技术人员	74521	2.3	77636	2.30	-3115
4.管理人员	205579	6.3	218172	6.47	-12593
5.服务人员	627823	19.2	666184	19.75	-38361
6.其它人员	489652	15.0	432077	12.81	+57575
在工业生产职工中					
一、原煤生产人员	1391324	42.6	1508676	44.72	-117352
原煤生产工人	1380334	42.2	1328667	39.39	+51667
1.井下工人	998860	30.6	1075367	31.88	-76507
其中：回采工人	274913	8.4	296185	8.78	-21272
掘进工人	221467	6.8	241143	7.15	-19676
2.地面工人	192939	5.9	213897	6.34	-20958
3.露天工人	26117	0.80	27934	0.83	-1817
二、非原煤生产人员	758317	23.2	766556	22.72	-8239
其中：选　　煤			78652	2.33	
机　　修			66444	1.97	
综合利用			33379	0.99	

煤炭工业企业固定资产及流动资金

单位：10^4元

	1993年	1992年	1993年比1992年增(+)、减(-)
一、年末固定资产原值	13426557	12693606	+732951
其中：工业生产	9765587	9472742	+322845
二、资金总额			
年末固定资产净值	9542890	9059269	+483621
年末全部流动资金	—	3617679	

部属高等学校概况

单位：人

	1993年	1992年	1993年比1992年增(+)、减(-)
一、院校数量	14	14	
二、在校生数	41349	33967	+7382
研究生	1235	1133	+102
大学生	40114	32834	+7280
三、招生数	14690	10769	+3921
研究生	452	363	+89
大学生	14238	10406	+3832
四、毕业生数	10133	9006	+1127
研究生	363	321	+42
大学生	9770	8685	+1085
五、教职工总数	18045	17606	+439
其中：教师数小计		6603	
教授	429	324	+105
副教授	1599	1395	+204
讲师	3105	2768	+337

百万吨综采队基本情况

局 矿 名 称	煤层厚度 (m)	采高范围 (m)	年 产 量 (t)	平均月产 (t/个/月)
潞安局王庄矿综一队	6.4	6.0	253万吨	210833
潞安局漳村矿综一队	6.4	6.0	213万吨	177500
晋城局古书院矿综一队	6.2	3.2	200万吨	166666
兖州局鲍店矿综二队	8.5	8.5	188.7万吨	157250
潞安局王庄矿综二队	7.0	6.70	170.2万吨	141833
兖州局东滩矿综一队	5.61	2.80	151.8万吨	126500
铁法局晓南矿综一队	3.20	3.20	151.2万吨	126000
阳泉局三矿综五队	6.0	6.0	148万吨	123333
邢台局东庞矿综采队	4.5	4.19	141.7万吨	118083
大同局云岗矿综一队	2.54	2.54	138.3万吨	115250
兖州局南屯矿综二队	4.10	3.15	136.8万吨	114000
平顶山局十矿综二队	4.10	2.95	131.2万吨	109333
平顶山局一矿综三队	3.65	2.57	126.4万吨	105000
阳泉局一矿综一队(74队)	—	—	125.7万吨	104750
义马局常村矿综一队	8.0	3.21	120.7万吨	100583
大同局云岗矿综三队	2.77	2.77	120.4万吨	100333
西山局西铭矿综一队	4.0	4.0	117.7万吨	98083
兖州局南屯矿综一队	5.15	2.6—2.9	116.4万吨	98667
大同局云岗矿综二队	2.48	2.48	116.4万吨	97000
潞安局石圪节矿综一队	6.6	3.0	114.4万吨	95333
义马局杨村矿综二队	8.0	2.7	111.1万吨	92583
大同局燕子山矿综四队	3.2	3.13	110.6万吨	92333
阳泉局四矿综二队	5.10	5.10	110.1万吨	91750
大雁局二矿综采队	3.62	3.20	109.9万吨	91583
西山局杜儿坪矿综二队	3.2	3.2	108.7万吨	90583
西山局西曲矿综三队	3.0	3.0	106.1万吨	88417
晋城局凤凰山矿综一队	6.0	2.8	106万吨	88416
大同局同家梁矿综二队	3.5—4.2	3.21	104万吨	86667
兖州局兴隆庄矿综二队	8.64	8.64	103.9万吨	84663
兖州局兴隆庄矿综三队	8.04	8.04	102.7万吨	85583
开滦局范各庄矿综一队	3.5	3.40	102.6万吨	85500
铁法局晓明矿综二队	3.10	3.3	102.4万吨	85333
大同局燕子山矿综二队	3.20	3.12	102.1万吨	85083
大同局晋华宫矿综二队	2.72	2.45	102万吨	85000
晋城局凤凰山矿综三队	6.0	2.9	101.8万吨	84833
晋城局凤凰山矿综二队	6.0	5.6	101.7万吨	84750
义马局耿村矿综二队	4.2	4.00	101.5万吨	84583
大屯煤电公司龙东矿综采队	5.4	2.7	100.6万吨	83833
大雁局一矿综采队	3.5	3.09	100.4万吨	83667
大同局马脊梁矿综一队	4.0	3.3	100.3万吨	80150
铁法局小青矿综一队	2.73	2.9	100.2万吨	83500
大同局晋华宫矿综三队	2.42	2.16	100.075万吨	83396
大同局同家梁矿综一队	3.5—4.3	3.21	100.072万吨	83393
晋城局王台铺矿综一队	6.0	3.10	100.06万吨	50030
晋城局古书院矿综二队	6.6	3.2	100.002万吨	83335
大同局燕子山矿综三队	4.70	3.18	100万吨	83333

煤炭工业部直

重点煤矿主要

局矿名称	原煤产量 (10⁴t)	商品煤		洗精煤		掘进总进尺 (m)
		灰分 (%)	含矸率 (%)	产量 (10⁴t)	灰分 (%)	
开滦矿务局						
合计	1760.48	25.08	0.25	525.87		176884
赵各庄煤矿	188.00	23.30		68.76		32426
林西煤矿	109.27	19.54		52.72		17550
唐家庄煤矿	91.00	20.25		38.08		12858
唐山煤矿	296.07	16.94		141.18		19921
马家沟煤矿	75.59	21.54		33.01		15139
范各庄煤矿	284.04	18.23	0.06	117.38		20335
吕家坨煤矿	181.59	26.10		65.00		21151
荆各庄煤矿	175.01	32.79		—		14060
钱家钱煤矿	303.56	33.18	1.11	10.73		16954
林南仓煤矿	56.35	31.62	0.05			6490
大同矿务局						
合计	3175.46	8.18	0.07			297850
煤峪口煤矿	197.66	7.20	0.08			12603
永定庄煤矿	235.06	7.75	0.02			23800
同家梁煤矿	259.83	8.11	0.10			22571
四老沟煤矿	155.01	8.18	0.09			16096
忻州窑煤矿	205.20	8.25	0.09			15539
白洞煤矿	130.51	7.32	0.06			11726
雁崖煤矿	120.01	8.47	0.14			17419
挖金湾煤矿	150.02	8.20	0.15			19501
晋华宫煤矿	319.00	9.96	0.06			28655
马脊梁煤矿	136.89	9.52	—			16793

管企业煤炭生产概况

技术经济指标

回采工作面平均月产量(t)	掘进工作面平均月进度(m)	采煤机械化程度(%)		掘进装载机械化程度(%)		企业坑木消耗(m³/10⁴t)	原煤全员效率(t/工)
		合计	其中：综采	合计	其中：综掘		
20658	132.27	70.64	50.6	57.0	20.11	41.62	1.380
9394	118.46	—	—	76.02	5.16	62.91	0.798
9320	115.06	37.7	—	16.82		47.90	0.690
14219	221.04	—	—	11.36		42.73	—
24815	115.80	80.79	70.42	40.46	14.03	41.27	1.546
10390	107.71	—	—	51.21		91.44	0.687
35660	144.25	100	73.87	52.07	33.95	33.86	2.072
23754	101.32	100	—	86.46	3.77	27.50	1.523
34274	184.66	68.95	68.95	69.36	55.07	33.05	2.019
43514	351.89	100	97.88	92.38	92.38	30.68	2.672
—	98.04			25.01		27.26	
43415	248.19	97.07	85.51	99.73	47.14		2.781
44163	224.60	100	100	100	85.31		3.015
30592	242.73	100	69.32	100	43.23		2.712
82148	276.32	100	100	100	45.96		3.004
26394	204.17	100	50.33	100	49.20		2.252
42842	209.22	100	86.8	100	40.0		2.802
33073	232.5	100	63.03	96.1	29.3		1.601
36821	202.56	100	72.22	100	0		2.003
22963	137.50	83.55	50.50	100	35.73		1.861
45035	302.67	100	90.52	100	25.36		3.212
89129	172.17	100	100	100	43.77		3.022

局矿名称	原煤产量 (10⁴t)	商品煤		洗精煤		掘进总进尺 (m)
		灰分 (%)	含矸率 (%)	产量 (10⁴t)	灰分 (%)	
大斗沟煤矿	182.60	6.93	0.04			11023
王村煤矿	185.02	7.13	0.09			22467
云岗煤矿	408.46	7.35	0.15			34513
燕子山煤矿	360.20	8.89	—			23893
四台煤矿	130.00	9.16	—			16000
平顶山矿务局	1714.78	22.08	0	25.32	9.95	81091
一　矿	401.88	25.2				3049
二　矿	55.21	17.39				9086
三　矿	—	—				—
四　矿	180.17	23.02				12533
五　矿	101.89	22.80				14646
六　矿	158.1	26.76				16214
七　矿	104.81	15.88				14621
八　矿	173.20	21.31				21654
九　矿	—	—				—
十　矿	236.07	26.15				21972
十一矿	56.15	22.25				7145
十二矿	67.5	15.93				7353
高庄煤矿	62.8	13.03				8590
大庄煤矿	117.0	16.47				14848
统配小井	125.07					
淮南矿务局						
合计	1149.85	24.69		135.37	12.99	175203
新庄孜煤矿	215.0	23.19				39353
谢家集一矿	156.41	25.31				30453
谢家集二矿	120.07	22.45				20178
李郢孜一矿	90.07	21.72				19280
李郢孜二矿	25.43	28.16				7462
孔集煤矿	40.01	24.20				15158
李嘴孜煤矿	42.31	20.24				11131
潘一矿	230.22	26.95				15313
潘二矿	76.53	30.05				9868
潘三矿	120.00	27.53				7007
淮北矿务局						
合计	1423.21	22.99		420.31	11.60	188395
袁庄煤矿	58.38	30.81				9212
张庄煤矿	135.22	22.60		40.83	12.43	18080
朱庄煤矿	156.01	29.43				18293
相城煤矿	20.31	29.35				3130
岱河煤矿	147.69	32.38				15674

续表

回采工作面平均月产量(t)	掘进工作面平均月进度(m)	采煤机械化程度(%)		掘进装载机械化程度(%)		企业坑木消耗($m^3/10^4t$)	原煤全员效率(t/工)
		合计	其中：综采	合计	其中：综掘		
27191	252.07	78.86	73.93	100	43.77		2.274
28908	333.33	84.12	70.91	100	68.68		2.485
89494	382.0	100	100	100	58.15		5.008
110320	455.83	100	100	100	86.18		5.016
36167	279.33	100	100	100	54.06		1.900
29470	170.37	72.55	52.42	88.64	19.41	11.12	2.213
54411	204.14	100	100	86.48	48.95	9.44	3.466
21276	201.58	96.9	—	91.0		2.79	1.521
—	—	—	—	—		—	—
34210	184.85	100	50.36	95.19	19.96	9.65	1.720
21418	137.68	19.75	19.75	88.27	—	14.80	2.740
31020	202.78	96.87	54.30	91.12	39.12	8.34	1.601
20588	166.93	31.21	31.21	85.53	—	15.21	1.572
18923	128.33	35.43	6.14	86.06	26.92	11.11	3.124
—	—	—	—	—		—	—
55422	187.01	97.65	92.67	97.36		9.56	1.954
16144	132.02	—	—	82.62	25.22	40.37	1.802
23170	182.37	50.83	50.83	66.37		11.91	2.060
23696	212.57	—	—	86.72		7.31	
20587	184.4	62.65	—	91.33		12.44	
16174	87.84	26.6	21.2	38.52		48.46	0.941
14733	85.13	11.4	—	44.74		52.65	1.051
16540	69.27			28.72		38.70	0.745
20092	100.9			15.49		53.70	1.051
8585	111.63			17.19		141.42	0.901
4591	147.76			17.64		21.16	0.462
7538	126.22			39.6		33.66	0.519
8151	92.54			28.20		97.22	0.768
31861	67.84	60.70	47.6	87.42		27.57	1.860
17144	77.08			53.57		36.72	0.513
50234	92.94	100	100	79.55		33.40	1.201
18299	127.29	40.8	23.09	89.6	6.30	21.73	1.207
12198	94.59	—		85.0		39.39	0.840
15270	142.67	43.5		95.9		14.56	1.022
19813	138.22	87.5		99.3		16.35	1.858
15202	85.4			96.7		14.18	—
22415	145.56	45.6		100		14.68	1.383

局矿名称	原煤产量 (10⁴t)	商品煤		洗精煤		掘进总进尺 (m)
		灰分 (%)	含矸率 (%)	产量 (10⁴t)	灰分 (%)	
杨庄煤矿	115.12	20.29				17058
沈庄煤矿	24.64	29.78				8656
芦岭煤矿	183.20	15.50		94.77	9.34	22556
朔里煤矿	171.48	28.57				15262
石台煤矿	128.11	21.78		51.91	12.0	18630
朱仙庄煤矿	105.67	14.26		60.89	9.92	21006
临涣煤矿	94.11	27.31		51.26	11.80	13802
海孜煤矿	41.44	21.80				9290
童亭煤矿	41.85	27.98				9532
大屯煤电公司	387.58	14.77	0.06	143.15	8.37	47291
姚桥煤矿	120.02	17.20				14018
孔庄煤矿	59.01	9.42				11148
徐庄煤矿	93.09	16.35				13304
龙东煤矿	115.46	19.36	0.17			8821

东北内蒙古煤炭工业联合

局矿名称	原煤产量 (10⁴t)	商品煤		洗精煤		掘进总进尺 (m)
		灰分 (%)	含矸率 (%)	产量 (10⁴t)	灰分 (%)	
全公司合计	11793.99	22.92	0.18	1059.35	9.47	1279916
一、辽宁小计	4024.14	25.36	0.13	325.25	8.03	366110
1.抚顺矿务局	875.94	13.81	0.08	194.43	6.11	33178
2.阜新矿务局	1269.87	21.6	0.05		—	100109
3.北票矿务局	217.76	23.87	0	54.0	10.24	37587
4.铁法矿务局	1024.1	33.82	0.07	—	—	73489
5.南票矿务局	195.42	34.42	0.09	—	—	55908
6.沈阳矿务局	441.05	29.44	0.65	76.82	11.32	65857
二、吉林小计	1320.23	32.31	0.25	61.27	11.58	172750
1.辽源矿务局	397.9	24.83	0.05	—	—	46848
2.通化矿务局	380.93	32.31	0.44	61.27	11.58	53328
3.舒兰矿务局	380.38	36.42	0.24			43040
4.珲春矿务局	161.01	36.95	0.25			29534

续表

回采工作面平均月产量(t)	掘进工作面平均月进度(m)	采煤机械化程度(%)		掘进装载机械化程度(%)		企业坑木消耗(m³/10⁴t)	原煤全员效率(t/工)
		合计	其中：综采	合计	其中：综掘		
21095	103.15	58.1		88.1		29.34	1.669
15655	145.28			94.5		16.68	—
15653	147.72	11.5		77.9		23.08	1.309
33437	142.72	84.7		95.3		24.49	1.875
17463	139.29	38.1		82.0		16.35	1.153
17692	134.39	25.8		80.5		29.36	1.191
16344	120.13			91.8		20.76	0.946
14678	100.48			91.2		27.58	0.656
15572	104.08			97.9		27.28	0.814
31417	137.74	90.2	67.8	82.87		20.95	1.591
28604	132.37	78.85	78.85	100		18.99	1.510
17514	118.6	81.7		98.5		33.77	0.963
28370	147.18	98.15	59.6	45.17		19.27	1.373
84538	166.37	100.0	100.0	100		18.57	2.264

公司直属企业煤炭生产概况

回采工作面平均月产量(t)	掘进工作面平均月进度(m)	采煤机械化程度(%)		掘进装载机械化程度(%)		企业坑木消耗(m³/10⁴t)	原煤全员效率(t/工)
		合计	其中：综采	合计	其中：综掘		
20706	136.89	75.75	35.91	81.61		48.98	1.345
24195	156.30	68.21	49.87	81.28		49.40	1.391
18753	170.46	40.09	40.69	84.71		77.75	1.700
21497	166.12	61.56	29.91	85.99		34.94	1.697
16155	125.79	80.04	—	56.77		77.39	0.844
48032	180.81	94.85	90.25	92.77		26.12	1.680
20833	209.61	71.96	—	84.48		64.46	1.003
15601	114.89	28.20	21.58	70.86		70.84	0.818
16172	156.07	64.65	17.12	76.51		63.30	0.939
18792	200.41	65.53	58.47	76.29		63.59	0.933
15163	143.17	51.70	—	66.35		81.61	0.810
18806	157.38	71.60	—	82.48		47.05	1.110
9244	130.01	69.11	—	86.52		63.94	0.908

局矿名称	原煤产量 (10⁴t)	商品煤		洗精煤		掘进总进尺 (m)
		灰分 (%)	含矸率 (%)	产量 (10⁴t)	灰分 (%)	
三、黑龙江小计	4484.84	19.46	0.08	672.82	9.98	624404
1.鸡西矿务局	1164.42	24.21	0.01	155.66	10.96	173958
2.鹤岗矿务局	1313.07	17.57	0.09	216.09	10.04	189522
3.双鸭山矿务局	1001.55	17.77	0.05	109.92	8.87	158627
4.七台河矿务局	1006.01	19.95	0.17	191.16	9.76	102297
四、内蒙古小计	1964.78	20.85	0.39			116652
1.平庄矿务局	699.33	27.02	0.08			62701
2.扎赉诺尔矿务局	430.51	12.5	0.09			33550
3.大雁矿务局	331.19	16.72	0.15			20401
4.霍林河矿务局	369.42	24.59	1.21			—
5.伊敏河煤电公司	134.32	20.39	1.02			—

北京矿务局煤炭生产概况

1993年，是北京矿务局从计划经济走向市场经济大步跨跃的一年。面对内外部环境所造成的经济拮据、资金极度紧张的情况，该局不断加大改革力度，工作取得新的成绩。全年完成原煤产量551.7万吨，超过国家计划86.7万吨，比计划提高18.65%；全年工业总产值完成3.53亿元，基本与1992年持平。其中全局全年全民工业总产值完成3.5亿元，比1992年提高0.37%。

1993年初，北京矿务局实施了新的内部经营承包方案，对所属单位根据工作任务的不同，分类采取了多种形式的承包办法。一是围绕国家逐步放开统配煤矿煤炭价格，对8座大中型煤矿重点抓了扭亏增盈，扩大煤矿自主权，让统配煤矿进入市场参与竞争；二是对地面厂重点抓消灭亏损和利润递增承包，改变了过去的百元产值工资含量包干办法，把经济技术指标基数包死不变；三是对生产辅助和生活后勤单位实行逐级承包，层层分解考核指标。从而使全局的经济效益明显提高。

为保持煤矿的稳定生产和均衡生产，该局1993年投资920万元用于矿井的开拓延深，提高掘进速度。先后完成大安山矿+800米水平延深、大台矿-210米水平延深、门头沟矿-600米水平延深、房山矿-200米水平延深等井下工程项目。全年开拓掘进总进尺实际完成18.6万米，超国家计划1.35万米，比计划提高7.8%。其中开拓尺完成3.49万米，超计划5666米，比计划提高19.4%；工程尺完成5612米，超计划446米，比计划提高8.62%。对矿井的大中接替和重点采区，强调了开拓准备工作和加快重点工程进度。对矿井的中小接替紧张情况，进行生产采区的合理调整和精心布置。巩固集中生产，提高工作面单产，慎重稳妥地开采煤柱，在收尾水平上挖潜找煤，发挥浅部水平生产能力，成建制地从兄弟局引进采掘队进行采掘，均收到了较好效果，补了该局在这方面之不足。全局积极推广采煤新工艺、新技术、大搞质量标准化，使采煤方法有了新的进展。支护改革工作面已扩展到7个矿，数量比1992年增加40%，其中有6个为机采工作面，全局全年原煤全员效率完成0.848吨/工，比计划提高14.06%。全年商品煤灰分完成20.08%，比计划降低8.7%。生产百万吨煤死亡率3.81人，全年工业死亡22人，其中原煤生产死亡21人。主要物质消耗中，企业坑木全年29.95立方米/万吨煤，比计划降低37.6%；企业钢材15.65吨/万吨煤，比计划降低15.4%；企业火药4305公斤/万吨，比计划提高5%；综合电耗42.3千瓦时/吨煤，比计划降低6%。全年全局完成煤炭总销量641.8万吨，其中完成特供煤135.7万吨，非统配煤127.2万吨。全年出口煤组织进港41.3万吨，实际出口40.5万吨，实现出口创汇1673万美元，出口利润4799万元。全局全年煤炭销售总收入完成5.07亿元。

全局坚持以煤为主、多种经营的方针，不断进行产品和产业的调整，非煤产品的生产不断扩大。局已拥有矿用器材、机电设备、液压支架、火药雷管、水泥建材、矿泉饮料、食品服装等产品近百个，其中矿用滑移顶梁支架、悬移顶梁支架等已经成为局非煤主

续表

回采工作面平均月产量(t)	掘进工作面平均月进度(m)	采煤机械化程度(%)		掘进装载机械化程度(%)		企业坑木消耗($m^3/10^4t$)	原煤全员效率(t/工)
		合计	其中：综采	合计	其中：综掘		
18823	118.38	84.62	28.48	85.85		50.93	1.286
21531	126.87	92.93	36.22	94.95		46.53	1.200
22210	99.26	79.03	30.59	77.60		63.33	1.440
18837	137.41	93.33	31.96	82.44		53.83	1.397
12513	121.85	68.26	6.12	90.97		37.14	1.071
25477	186.23	75.40	39.89	67.52		35.88	1.865
18541	184.11	69.19	31.95	67.52		56.70	1.320
25005	170.06	57.59	11.05	55.67		57.92	1.191
61869	230.36	100.0	76.47	87.83		22.79	3.509
—							15.763
—							

要产品。全局全年预算内单位完成经营总收入1.5亿元，比1992年增长42%。实现利润480万元，比考核计划增长25%，比1992年增长83%。预算外集体单位完成经营总收入3500万元。1993年，北京矿务局水煤浆厂通过国家验收，投入试生产，该厂为全国最大的水煤浆生产示范厂之一。

1993年，全局继续内联外引，扩大对外开放。在横向联合方面，与山东海阳县联合生产扇贝，与河北武安市联营铁厂，与山东济南成立了京济物资有限公司。与日本合资经营的莱勒克食品有限公司已投料生产，与台湾合资成立的玉坤汽车服务有限公司进入了土建施工、与澳大利亚合资兴建电站、合资开发大兴储运及与印度尼西亚合建煤矿等项目已签订意向书。

1993年，全局以机构定编定责、职工定岗定员和全员岗位聘任为基础，以工资制度改革为突破口，基本实现了内部等级工资向岗位技能工资的平衡过渡。全局专业技术干部实行了聘任制。全局职工总数纯减8498人，划转4505人。至年末，全局从业人员50674人。全局职工总数50449人，其中全民所有制职工48318人，集体所有制职工2094人。全局全员劳动效率比1992年提高1.92%，降低工资总额支出1600万元。为安置企业富余人员，局设立了转产资金，鼓励职工大力兴办第三产业。年末，全局已成立各种实体公司131个。全局职工人均收入比1992年增加502元，增长12.12%。全局固定资产原值104279万元，净值65091万元。

1993年，是该局成立44年来解决职工住房最多的一年。全年在市内和矿区分配职工住房900套，总面积约5万平方米。新开建筑面积3.12万平方米。基本建设投资年完成2582万元，房屋建筑竣工面积8.02万平方米。

表1 煤矿生产规模

	矿井数(处)	实际年产量(10^4t)	占全省年产量的比例(%)
全省（区）合计	8	551.7	100
统配矿	8	551.7	

表2 重点煤矿基本情况

局矿名称	地址及邮政编码	实际年产量 (10^4t)	局矿名称	地址及邮政编码	实际年产量 (10^4t)
房山煤矿	房山县河北乡 102415	36.70	大台煤矿	门头沟区大台乡 102303	85.85
长沟峪煤矿	房山县周口店乡 102405	57.04	王平村煤矿	门头沟色树坟乡 102301	71.33
木城涧煤矿	门头沟区木城涧 102304	110.89	杨坨煤矿	门头沟区军庄乡 102300	42.56
门头沟煤矿	门头沟区门头沟路19号 102300	79.73	大安山煤矿	房山县大安山乡 102419	67.60

表3 重点煤矿主要技术经济指标

局矿名称	原煤产量 (10^4t)	商品煤		洗精煤		掘进总进尺 (m)	采煤工作面平均月产量 (t)	掘进工作面平均月进度 (m)	采煤机械化程度 (%)		掘进装载机械化程度 (%)		企业坑木消耗 ($m^3/10^4t$)	原煤全员效率 (t/工)
		灰分 (%)	含矸率 (%)	产量 (10^4t)	灰分 (%)				合计	其中：综采	合计	其中：综掘		
房山煤矿	36.70	13.89	0.07			15776	5087	100.78	60.07		17.65		48.49	0.693
长沟峪矿	57.04	12.72	0.11			32247	4811	112.40			21.04		6.24	0.869
木城涧矿	110.89	25.20	0.04			27849	6323	101.26	19.96		31.00		20.69	0.951
门头沟矿	79.73	14.43	0.13			26201	7746	136.93	34.71		24.64		44.62	0.833
大台煤矿	85.85	19.19	0.21			36873	4336	158.14			16.30		26.92	1.057
王平村矿	71.33	31.39	0			12277	3976	71.71			17.92		45.06	0.806
杨坨煤矿	42.56	26.11	0.17			6205	4612	106.10			23.45		41.68	0.800
大安山矿	67.60	14.88	0.10			28656	6998	161.23	35.60		19.34		18.28	0.904

河北省煤炭工业概况

表 1 煤 矿 生 产 规 模

	矿井数 (处)	实际年产量 (10^4t)	占全省年产量的比例 (%)
全省（区）合计	451	6340	100
统配矿	41	3759	59.3
省（区）属矿	3	200	3.2
地、市营矿	29	339	5.3
县营矿	48	440	6.9
集体及个体矿	330	1602	25.3

备注：表中“统配矿”含开滦矿务局的指标。

表 2 重 点 煤 矿 基 本 情 况

局矿名称	地址及邮政编码	实际年产量 (10^4t)
一、统配局（矿）		
开滦矿务局	唐山市	1760.5
峰峰矿务局	邯郸市峰峰矿区 056201	1037
陉矿务局	石家庄市井陉矿区 050100	110
兴隆矿务局	承德市鹰手营子矿区 067200	105
邢台矿务局	邢台市 054021	478
邯郸矿务局	邯郸市 056002	262
下花园煤矿	张家口市下花园区 075313	63
八宝山煤矿	张家口怀来县 075431	29
二、省营煤矿		
章村煤矿	沙河市 054108	65
显德旺煤矿	沙河市 054107	135

备注：统配局（矿）的“实际年产量”中含集体小井产量。

表3 重点煤矿主要技术经济指标

局矿名称	原煤产量 (10⁴t)	商品煤		洗精煤		掘进总进尺 (m)	采煤工作面平均月产量 (t)	掘进工作面平均月进度 (m)	采煤机械化程度 (%)		掘进装载机械化程度 (%)		企业坑木消耗 ($m^3/10^4t$)	原煤全员效率 (t/工)
		灰分 (%)	含矸率 (%)	产量 (10^4t)	灰分 (%)				合计	其中：综采	合计	其中：综掘		
一、统配局（矿）	2084	19.86	0.04	556.4	10.22	275513	21208	140.37	80.60	28.01	79.79	9.70	25.81	1.222
峰峰矿务局	1037	18.22	0.04	353.5	10.82	145819	25929	146.72	93.02	12.59	97.40	10.52	24.06	1.255
井陉矿务局	110	19.12	—	40.0	10.65	18344	9150	150.02	30.83	7.59	25.48	—	39.21	0.769
兴隆矿务局	105	41.61	—	—	—	26095	8893	122.51	—	—	65.91	—	48.97	0.849
邢台矿务局	478	16.95	—	137.9	8.58	26090	54609	164.21	100.00	86.47	80.48	41.83	21.39	2.444
邯郸矿务局	262	22.53	0.17	25.0	10.12	43011	15703	127.10	55.37	—	72.90	0.82	16.98	0.835
下花园煤矿	63	19.81	0.13	—	—	10755	7772	120.46	24.02	—	24.93	1.03	54.71	0.670
八宝山煤矿	29	23.58	—	—	—	5399	4840	114.77	—	—	16.78	—	62.97	0.748
二、省营煤矿	200													
章村煤矿	65	—	—	—	—	4553	18516	93.24	100.00	—	54.18	—	65.02	0.97
显德旺煤矿	135	—	—	—	—	10332	27886	147.96	100.00	—	72.88	3.37	38.53	2.099
三、县营以上地方煤矿	978	—	—	—	—	261781	4003	73.75	38.38	—	5.12	—	113.91	0.782

山西省煤炭工业概况

表1 煤矿生产规模

	矿井数（处）	实际年产量(10^4t)	占全省年产量的比重(%)
全省合计	287	30656.46	100
统配矿	69	10876.58	35.48
省营矿	2	77.05	0.25
地、市营矿	65	1448.22	4.72
县营矿	151	2550.87	8.32
集体矿		15336.35	50.03
个　体		367.39	1.2

表2 重点煤矿基本情况

局矿名称	地址及邮政编码	实际年产量(10^4t)
阳泉矿务局	山西省阳泉市北大街　045000	1047.69
西山矿务局	山西省太原市河西区北寒　030054	1412.77
汾西矿务局	山西省介休县西关　031200	481.9
潞安矿务局	山西省襄垣县后堡　046204	910.64
轩岗矿务局	山西省原平县轩岗镇　034114	206.21
晋城矿务局	山西省晋城市　048006	1032.06
太原煤气化公司	山西省太原市河西区　030024	115.70
王坪煤矿	山西省怀仁县　038301	110.17
霍州矿务局	山西省霍州市桥东街　031400	401.68
东山煤矿	山西省太原市东郊　030043	106.09
固庄煤矿	山西省阳泉市郊河祇村　045014	66.72
小峪煤矿	山西省怀仁县小峪镇　038301	110.12
南庄煤矿	山西省阳泉市南庄路　045001	65.11
西峪煤矿	山西省太原市河西区　030021	102.08
荫营煤矿	山西省阳泉市荫营镇　045011	120.31

表3 重点煤矿主要技术经济指标

局矿名称	原煤产量 (10⁴t)	商品煤		洗精煤		掘进总进尺 (m)	回采工作面平均月产量 (t)	掘进工作面平均月进度 (m)	采煤机械化程度(%)		掘进装载机械化程度(%)		原煤全员效率 (t/工)
		灰分 (%)	含矸率 (%)	产量 (10⁴t)	灰分 (%)				合计	其中：综采	合计	其中：综掘	
合计	10876.58					536216					85.19	30.72	
阳泉矿务局	1047.69	18.17	0.04			112428	47707	137.63	100	79.20	85.82	27.17	1.970
西山矿务局	1412.77	17.43		564.93	9.91	115224	39981	171.28	100	71.79	91.66	20.07	2.040
汾西矿务局	481.9	15.96		222.82	9.54	50442	27957	145.53	95.1	26.43	87.67	11.90	1.453
潞安矿务局	910.64	16.10	0.15	115.95	9.76	40486	140688	382.99	100	100	98.57	83.65	5.474
轩岗矿务局	206.21	20.34				24575	16739	128.10	71.91	5.80	33.74	0.21	1.269
晋城矿务局	1032.06	17.19	0.04			40916	92675	185.66	100	100	87.99	75.83	4.621
霍州矿务局	401.68	19.39		173.58	9.81	50571	15692	149.84	90.86	16.0	93.47	5.73	1.625
东山煤矿	106.09	13.89				17243	10903	96.09	48.93		39.84		1.268
荫营煤矿	120.33	23.69	0.01			13014	16171	88.57	93.99		5.52		1.301
固庄煤矿	66.72	20.42	0.19			9052	17216	112.57	100		—		1.334
小峪煤矿	110.12	20.67	0.25			15284	17145	170.01	60.11		100		
南庄煤矿	65.11	19.67				9670	17369	111.53	92.04		4.76		
西峪煤矿	102.08	24.67	0.26			15795	10565	107.96			—		

内蒙古自治区煤炭工业概况

表 1 煤 矿 生 产 规 模

	矿井数 (处)	实际年产量 (10^4t)	占全省年产量的比例 (%)
全区合计	70	3549.83	100
统配矿	15	721.52	20.33
区属矿	5	53.71	1.51
地、市营矿	12	287.11	8.09
县营矿	38	506.39	14.26
集体及个体矿		1981.10	55.81

备注：全区产量合计不包括东煤公司5个局的1964.68$10^4$t。

表 2 重 点 煤 矿 基 本 情 况

局矿名称	地址及邮政编码	实际年产量 (10^4t)
包头矿务局	内蒙包头市石拐包头矿务局 014070	190.45
乌达矿务局	内蒙乌海市乌达矿务局 016040	322.33
海勃湾矿务局	内蒙乌海市海勃湾矿务局 016000	174.33
宝日希勒一矿	内蒙海拉尔市陈巴虎旗宝日希勒第一煤矿 021025	34.41

表 3 重点煤矿主要技术经济指标

局矿名称	原煤产量 (10⁴t)	商品煤		洗精煤		掘进总进尺 (m)	采煤工作面平均月产量 (t)	掘进工作面平均月进度 (m)	采煤机械化程度 (%)		掘进装载机械化程度 (%)		企业坑木消耗 (m^3/10^4t)	原煤全员效率 (t/工)
		灰分 (%)	含矸率 (%)	产量 (10^4t)	灰分 (%)				合计	其中：综采	合计	其中：综掘		
合计	721.53	20.05	0.05	47.16	9.27	35797	16867	115.29	73.86	18.16	31.1	2.41	23.52	1.031
包头矿务局	190.45	21.68	0.10			12800	10846	152.67	46.03		16.70		37.36	0.699
乌达矿务局	322.33	15.64	0	40.24	9.27	17374	19857	116.31	82.44	28.56	71.43	4.67	20.84	1.178
海勃湾矿务局	174.33	24.62	0.03	6.92		3484	24602	105.42	98.04		41.60		18.18	0.978
宝一矿	34.41	17.93	0.20			2139	9215	48.34					52.38	1.341

辽宁省地方煤炭工业概况

表 1 煤矿生产规模

	矿井数（处）	实际年产量 (10^4t)	占全省年产量的比重(%)
全省合计	54	1646.54	100
地、市营矿	28	155.54	9.45
县营矿	26	133.71	8.12
集体、个体矿		1357.29	82.43

表 2 重点煤矿基本情况

局矿名称	隶属关系	地址及邮政编码	实际年产量 (10^4t)
马古煤矿	市属	辽宁省沈阳市新城子区 110121	40.08
康平三台矿	县属	辽宁省铁岭市康平县 112200	36.0
蛤蟆山矿	市属	辽宁省锦西市虹螺县 121507	16.97

吉林省地方煤炭工业概况

表1 煤矿生产规模

	矿井数(处)	实际年产量(10^4t)	占全省年产量的比重(%)
全省合计	49	1371.40	100.0
省营矿	8	61.97	4.52
地、市营矿	25	247.63	18.06
县营矿	16	123.12	8.97
集体、个体矿		938.68	68.45

表2 重点煤矿基本情况

局矿名称	隶属关系	地址及邮政编码	实际年产量(10^4t)
杉松岗煤矿	省属	吉林省辉南县杉松岗镇 135114	27.39
万宝煤矿	省属	吉林省洮安市万宝镇 137112	21.88
羊草沟煤矿	市属	吉林省九台市放牛沟乡 130505	47.08
刘房子煤矿	市属	吉林省公主岭市刘房子乡 136103	40.02
延边煤矿	州属	吉林省和龙县福洞镇 133508	27.66
和龙煤矿	州属	吉林省和龙县松下坪镇 133515	29.35

黑龙江省煤炭工业概况

表 1　煤矿生产规模（93年）

	矿井数（处）	实际年产量（10^4t）	占全省年产量的比例（%）
全省（区）合计		7227	100
统配矿	57	4485	
省（区）属矿	110	480	
地、市营矿	84	542	
县营矿	40	150	
集体及个体矿		1570	

注：统配矿矿井处数只包括有能力矿井处数，即57处数产量为3448万吨。4485－3448＝1037、其中1037万吨为没能力井，无处数。

表 2　重点煤矿基本情况

局矿名称	地址及邮政编码	实际年产量（10^4t）	年末职工人数（人）
鸡西矿务局	黑龙江省鸡西市鸡冠区红旗路 158100	1164	102555
鹤岗矿务局	黑龙江省鹤岗市向阳区 154100	1313	116207
双鸭山矿务局	黑龙江省双鸭山市尖山区 155103	1002	77027
七台河矿务局	黑龙江省七台河市 154600	1006	64618

表 3　重点煤矿主要技术经济指标

局矿名称	原煤产量（10^4t）	商品煤		洗精煤		掘进总进尺（m）	采煤工作面平均月产量（t）	掘进工作面平均月进度（m）	采煤机械化程度（%）		掘进装载机械化程度（%）		企业坑木消耗（m^3/10^4t）	原煤全员效率（t/工）
		灰分（%）	含矸率（%）	产量（10^4t）	灰分（%）				合计	其中：综采	合计	其中：综掘		
鸡西矿务局	1164	24.21	0.01	156	10.96	165179	21531	126.87	97.92	36.22	94.95	12.33	46.53	1.200
鹤岗矿务局	1313	17.57	0.09	216	10.04	147067	22210	99.26	79.84	30.59	77.60	2.96	63.33	1.440
双鸭山矿务局	1002	17.77	0.05	110	8.87	130770	18837	137.41	97.88	31.96	82.44		53.83	1.397
七台河矿务局	1006	19.95	0.17	191	9.76	93062	12513	121.85	78.68	6.12	90.97	3.21	37.14	1.071

江苏省煤炭工业概况

1993年是江苏煤炭工业进入市场经济后取得较快发展的1年。全省煤炭系统按照建立社会主义市场经济体制的要求。深化改革，以经济效益为中心，解放思想，抓住机遇，取得了可喜的成绩。

全省年产原煤2118万吨，比上年略有增长。其中徐州矿务局生产1310万吨。地方国有煤矿生产466万吨，乡镇煤矿生产341万吨。全省煤炭系统共完成基本建设投资20772万元。省煤炭基建公司完成施工产值12327万元，省煤田地质局完成产值7300万元，提交地质储量5750万吨。基建、勘探施工速度和质量都有较大提高。省煤炭基建公司在山东傅村矿井施工中创大断面立井进尺120.1米的全国好成绩，三河尖煤矿高档普采达到年产53万吨的新水平。

1993年，江苏省煤炭系统围绕取得最佳经济效益，不断改进经营方针和策略，全行业实现扭亏为盈。全省煤炭工业（不含乡镇煤矿），在1992年亏损11341万元的情况下，全年实现利润300万元，这是多年来所未有的，亏损单位已由上年的10个减少为6个，扭亏增盈的措施主要有：（1）对一些效益不好的矿井进行了限产或关停并转；（2）抓住煤价放开的契机，大力促销，对外积极主动地开辟、巩固销售渠道，认真负责地做好销售服务工作。对内不断提高煤炭质量，努力降低生产成本，增强了市场竞争力；（3）狠抓内部经营管理，重点控制生产成本，减人提效，徐州矿务局全年减少原煤人员4685人，全省全员工效达到0.904吨/工，比上年提高4.4%；（4）控制基建规模，加强资金管理，改善投资结构，仅徐州矿务局少征地3200亩一项，就节约费用4000多万元。

劳动用工、人事管理、工资分配、社会保险制度改革不断深入，全省已普遍实行了干部聘任制、劳动合同制以及工资收入与盈亏直接挂钩，建立劳动保险制度也开始着手进行。企业内部在实行承包、租赁制度、有选择地进行股份制改造、实行模拟法人运转等方面取得了一定的进展，企业内部经营机制活力有所增强。房改、医疗改革等也在积极稳妥地进行。

煤炭企业必须适时调整产业结构，大力发展多种经营，这已成为共识。江苏一些市煤炭公司（局）积极向所在市政府反映煤矿的困难和转产的紧迫性，在煤价全面放开后，继续保持煤矿亏损补贴，作为煤矿转产开发资金，一些单位从吨煤成本中提取一定比例的资金作为多种经营发展基金，目前，煤炭多种经营发展基金已在多数单位建立起来。多种经营企业的内部管理走上了正轨，一些多种经营企业已成为江苏煤炭行业的明星企业。多种经营产品的高新技术含量也在不断提高。1993年，江苏煤炭系统在多种经营方面的投入达到21667万元，建成或立项动工的骨干企业（项目）有39个。全年多种经营、第三产业实现利税8470万元，比上年翻了一番。与此同时，还安置待业青年、分流原煤生产人员4792人。徐州矿务局、省煤炭基建公司、省煤田地质局、常州矿务局被评为全国煤炭系统多种经营先进单位。目前，全省煤炭系统多种经营第三产业企业数达460个，网点达1287个，从业人员达61300人，全省多种经营已基本上走出以安置为主，小打小闹的模式，跳出了局限于服务煤矿内部的圈子，跨上了一个新台阶，确实成为我省煤炭经济的一个支柱。

江苏煤炭工业外向型经济的发展取得新的突破。全系统全年兴办三资企业18家，到1993年末，全省煤炭系统已有三资企业33家。在大力发展合资企业同时，全省煤炭基建勘探、科研设计、煤机制造等单位在国外、系统外承揽任务，目前承揽的项目已遍布全国，并走出国门，在全国同行业中处于领先地位，特别是省煤矿设计院总承包的孟加拉国巴拉普库利亚煤矿建设项目，总投资2亿美元，是我国煤炭系统在国外的最大项目，将带动全省煤炭系统基建、勘探、设计、煤机制造等跨上一个新高度。

围绕煤炭工业的安全生产、结构调整等课题，《江苏煤炭工业“八五”科技发展规划纲要》的实施有了新进展，取得一批新成果。江苏省煤炭总公司组织煤炭科研、生产单位完成科技成果64项，有7项获省科技进步奖，9项获煤炭部科技成果奖，10项获省金牛奖，48项获省煤炭工业科技进步奖。盐城、淮阴徽山湖下采煤先进成果整体水平处于国内外先进水平，释放了大量的煤炭资源；南通薄煤层破碎顶板急倾斜角开采获得成功并通过省级鉴定。现代化矿井建设步伐加快，徐州矿务局采掘机械化分别达到67.8%和90%。

在人才培养上许多单位都制定了引才、用才、聚才的优惠政策。江苏新光集团1993年引进各类人才近300名。目前各类专业人才总量占职工总数的20%。

表1 煤矿生产规模

	矿井数(处)	实际年产量(10^4t)	占全省年产量的百分比(%)		矿井数(处)	实际年产量(10^4t)	占全省年产量的百分比(%)
全省(区)合计	53	2117.95	100	地、市营矿	23	343.74	16.23
统配矿	15	1310.21	61.86	县营矿	14	118.56	5.60
省(区)属矿	1	4.18	0.20	集体及个体矿		341.26	16.11

注：矿井处数全省合计不含集体及个体处数，集体及个体矿井处数为110处左右。

表2 重点煤矿基本情况

局矿名称	地址及邮政编码	实际年产量(10^4t)
1.徐州矿务局	徐州市淮海西路 221006	1310.21(含外联产量)
其中：		
韩桥矿	徐州市铜山县	90.75
青山泉矿	徐州市铜山县	2.06
大黄山矿	徐州市铜山县	50.17
权台矿	徐州市铜山县	112.45
旗山矿	徐州市铜山县	136.69
董庄矿	徐州市铜山县	68.22
新河矿	徐州市铜山县	35.48
庞庄矿	徐州市铜山县	243.40
夹河矿	徐州市铜山县	109.31
义安矿	徐州市铜山县	56.79
诧城矿	徐州市铜山县	77.39
张集矿	徐州市铜山县	65.20
三河尖矿	徐州市沛具	134.01
张双楼矿	徐州市沛具	80.51
2.徐州市煤炭公司	徐州市淮海西路 221006	117.18
3.淮阴市矿务局	徐州大黄山 221131	58.28
4.盐城市矿务局	徐州贾汪大泉 221011	60.94
5.南通市煤炭公司	徐州柳新 221142	38.37
6.连云港市煤炭公司	徐州青山泉白集 221137	57.15
7.扬州市矿务局	扬州市盐埠路 225001	50.96
8.镇江市煤炭公司	镇江市解放路 212001	32.28
9.常州市矿务局	常州市劳动路 213001	13.38
10.无锡市煤炭公司	无锡市塘南三支路 214026	25.16
11.南京市煤炭局	南京市长白街246号 210012	8.61

表3 重点煤矿主要技术经济指标

局矿名称	原煤产量 (10⁴t)	商品煤		洗精煤		掘进总进尺 (m)	采煤工作面平均月产量 (t)	掘进工作面平均月进度 (m)	采煤机械化程度 (%)		掘进装载机械化程度(%)		企业坑木消耗 (m^3/10^4t)	原煤全员效率 (t/工)	备注
		灰分 (%)	含矸率 (%)	产量 (10^4t)	灰分 (%)				合计	其中：综采	合计	其中：综掘			
1.徐州矿务局	1310.21	20.46	0.01			171473	21237	156.64	67.18	37.53	90.15	2.05	12.02	1.278	产量含外联产量
其中：															
韩桥矿	90.75	19.92	0			30531	10026	160.01	50.05	16.01	98.98		6.35	0.649	
青山泉矿	2.06														
大黄山矿	50.17	23.28	0			10474	11891	128.36			37.78		20.76	0.734	
权台矿	112.45	23.42	0			11735	27986	176.25	79.93	58.67	89.81		14.72	1.809	
旗山矿	136.69	20.66	0			11402	31152	145.08	94.95	79.71	47.62	8.40	14.19	2.144	
董庄矿	68.22	35.94	0			4992	17431	202.6	34.27		100.00		11.01	0.993	
新河矿	35.48	19.13	0												
庞庄矿	243.40	19.13	0.01			35786	25751	192.93	69.55	62.91	99.40		10.35	1.634	
夹河矿	109.31	15.20	0			9366	28740	145.96	85.94		100.00		6.12	2.001	
义安矿	56.79	23.42	0			12335	21058	162.45	80.38		100.00		5.80	0.844	
诧城矿	77.39	28.74	0			12377	12120	125.82	2.10		90.98		13.23	0.939	
张集矿	65.20	12.63	0			10037	16269	148.52	6.62	6.62	100.00	3.70	15.06	1.070	
三河尖矿	134.01	15.02	0.01			12035	36789	202.17	100.00	39.55	100.00		14.98	2.346	
张双楼矿	80.51	19.35	0.05			9252	32805	131.07	98.17	83.40	83.03		14.65	1.178	
建井处						1151		37.39			100.00	0.43			
2.徐州市煤炭公司	117.18	22.50	0.04			38544	8105	133.16					95.63	0.586	
3.淮阴市矿务局	58.28	20.87	1.89			30675	3170	105.13					176.95	0.493	
4.盐城市矿务局	60.94	17.53	1.23			25738	4590	80.53					73.40	0.648	
5.南通市煤炭公司	38.37	25.93	0.36			11254	5502	73.22					60.80	0.546	

续表

局矿名称	原煤产量	商品煤		洗精煤		掘进总进尺	采煤工作面平均月产量	掘进工作面平均月进度	采煤机械化程度(%)		掘进装载机械化程度(%)		企业坑木消耗	原煤全员效率	备注
	(10⁴t)	灰分(%)	含矸率(%)	产量(10⁴t)	灰分(%)	(m)	(t)	(m)	合计	其中:综采	合计	其中:综掘	(m³/10⁴t)	(t/工)	
6.连云港市煤炭公司	57.15	18.67	1.08			28683	6203	156.81					93.74	0.526	
7.扬州市矿务局	50.96	20.63	0.48			11808	8471	138.35					24.00	0.907	
8.镇江市煤炭公司	32.28	24.40	0.72			17136	2646	90.01					161.94	0.359	
9.常州市矿务局	13.38	21.66	0.99			8255	2363	64.47					225.10	0.283	
10.无锡市煤炭公司	25.16	31.52	1.60			11600	3444	60.99					167.97	0.315	
11.南京市煤炭局	8.61	30.93	1.97			4265	3522	62.95					110.96	0.387	
选煤厂(徐州矿务局)															
1.徐州局东城洗煤厂				49.10	7.75										
2.徐州局庞庄洗煤厂				52.31	9.02										
3.徐州局三河尖洗煤厂				7.82	8.67										
4.徐州局夏桥洗煤厂				27.79	6.68										
5.徐州局夹河洗煤厂				54.04	9.33										
6.徐州局韩桥洗煤厂				1.21	22.78										
7.徐州局大黄山洗煤厂				1.98	18.60										
8.徐州局义安洗煤厂				11.89	10.14										
9.徐州局权台洗煤厂				7.48	12.94										
10.徐州局旗山洗煤厂				12.14	13.34										
11.徐州局卧牛洗煤厂				7.94	17.25										
12.徐州局新河洗煤厂				2.98	13.88										
13.徐州局张集洗煤厂				1.18	7.83										

浙江省煤炭工业概况

表 1 煤矿生产规模

	矿井数（处）	实际年产量（10^4t）	占全省年产量比例（%）
全省（市、区、局）		112.76	
统配矿	11	102.76	91.13
省属矿	—	—	
地市矿	2	—	
县营矿	5	10.00	8.87

注：市县矿井数及实际年产量未统计年产 3 万吨以下的矿井(含 3 万吨)。

表 2 重点煤矿基本情况

局矿名称	隶属关系	所在地	实际年产量（10^4t）
长广煤矿公司	统配	长兴县牛头山	102.76

表 3 重点煤矿主要技术经济指标

局矿名称	原煤产量		商品煤		洗精煤		掘进总进尺	回采工作面平均月产量	掘进工作面平均月进度	采煤机械化程度（%）		掘进装载机械化程度（%）		企业坑木消耗	原煤全员效率
	实际（10^4t）	完成计划（%）	灰分（%）	含矸率（%）	产量（10^4t）	灰分（%）	（m）	（t）	（m）	合计	其中综采	合计	其中综掘	（$m^3/10^4t$）	（t/工）
全省合计	138.64		38.05	1.81			73741							119	0.426
一、统配矿	102.76		37.72	1.66			61688	3123	87	—	—	4.77	—	91	0.428
二、地方矿	35.88		39.24	2.66			12053							291	0.412
1.县营以上矿	16.76		39.24	2.66			12053							291	0.412
省营煤矿															
地市营煤矿	0.82		3.96	2.09			404							414	0.786
县营煤矿	15.94		41.09	2.68			11649							285	0.402
2.乡镇煤矿（含集体）	13.53														
3.其它（联营及个体）	5.59														

注：表中原煤产量系全省产量包括能力3万吨以下矿井产量。

安徽省煤炭工业概况

表 1 煤矿生产规模

	矿井数（处）	实际年产量（10^4t）	占全省年产量的比例（%）
全省（区）合计	569	1009.7	100
统配矿	—	—	—
省（区）属矿	6	376.6	37
地、市营矿	7	56.8	6
县营矿	15	55.0	5
集体及个体矿	541	521.3	52

表 2 重点煤矿基本情况

局矿名称	地址及邮政编码	实际年产量（10^4t）	年末职工人数（人）
皖北矿务局	安徽省宿州市 234011	376.6	22478

表 3 重点煤矿主要技术经济指标

局矿名称	原煤产量（10^4t）	商品煤		洗精煤		掘进总进尺（m）	采煤工作面平均月产量（t）	掘进工作面平均月进度（m）	采煤机械化程度（%）		掘进装载机械化程度（%）		企业坑木消耗（$m^3/10^4t$）	原煤全员效率（t/工）
		灰分（%）	含矸率（%）	产量（10^4t）	灰分（%）				合计	其中：综采	合计	其中：综掘		
皖北矿务局	376.6	23.63	0.21	—	—	58336	15567	100.8	26.7	25.3	33.91	3.6	7.75	1.068

福建省煤炭工业概况

表 1　煤矿生产规模

	矿井数（处）	实际年产量（10^4t）	占全省年产量的比例（%）
全省合计	2117	982.58	100
统配矿	—	—	—
省属矿	32	430.98	43.86
地、市营矿	—	—	—
县营矿	28	88.74	9.03
集体及个体矿	2057	462.86	47.11

表 2　重点煤矿基本情况

局矿名称	地址及邮政编码	实际年产量（10^4t）
龙岩矿务局	龙岩市下洋　364014	57.01
永定矿务局	永定县坎市　364102	72.28
永安矿务局	永安市水东　366021	101.80
上京矿务局	大田县上京　366102	60.89
天湖山矿务局	永春县下洋　362617	47.09
邵武煤矿	邵武市晒口　354001	25.16
漳平煤矿	漳平市麦元　364403	16.03
苏邦煤矿	龙岩市大吉　364003	48.40

表 3　重点煤矿主要技术经济指标

	原煤产量	商品煤		洗精煤		掘进总进尺	采煤工作面平均月产量	掘进工作面平均月进度	采煤机械化程度（%）		掘进装载机械化程度（%）		企业坑木消耗	原煤全员效率
	（10^4t）	灰分（%）	含矸率（%）	产量（10^4t）	灰分（%）	（m）	（t）	（m）	合计	其中：综采	合计	其中：综掘	（m^3/10^4t）	（t/工）
全省合计	428.66	22.14	1.47	—	—	244953	2179	84.56	2.83	—	37.09	—	90.8	0.764
龙岩矿务局	57.01	20.69	2.17			56119	2120	83.13	0		11.24		114.8	0.725
永定矿务局	72.28	19.97	1.27			36530	1759	82.29	0		15.33		91.7	0.692
永安矿务局	101.80	26.24	1.25			45200	4286	129.00	0		76.47		65.1	0.840
上京矿务局	60.89	18.67	0.82			30855	1367	72.72	0		59.93		64.0	0.792
天湖山矿务局	47.09	15.89	1.00			29312	971	74.75	0		44.72		78.1	0.767
邵武煤矿	25.16	32.36	2.42			8323	6572	84.28	54.57		25.48		146.8	0.751
漳平煤矿	16.03	28.35	1.68			9720	1726	70.56	0		15.74		209.9	0.702
苏邦煤矿	48.40	19.62	1.90			28894	2643	77.67	0		28.80		92.7	0.782

备注：全省合计为省属煤矿的资料。

江西省煤炭工业概况

表 1 煤 矿 生 产 规 模

单　　位	矿井对数	实际年产量 (10^4t)	占全省年产量的比例 %
全省合计	1281	2104.22	100
一、统配煤矿	5	693.45	32.96
二、省营煤矿	6	121.44	5.77
三、地营煤矿	14	97.39	4.63
四、县营煤矿	54	167.74	7.97
五、集体煤矿	2102	1024.20	48.67
其中：重点矿大集体		28.92	
乡镇煤矿		555.84	
村办煤矿		211.66	
个体、联办煤矿		227.78	

表 2 重 点 煤 矿 基 本 情 况

单　　位	地 址 及 邮 政 编 码	实 际 年 产 量 (10^4t)
全省合计		814.89
一、统配煤矿		693.45
萍乡矿务局	江西省萍乡市安源区　337003	274.14
丰城矿务局	江西省丰城市上塘镇　331141	200.03
英岗岭矿务局	江西省高安市建山镇　330808	50.53
洛市矿务局	江西省丰城市洛市镇　331170	60.46
乐平矿务局	江西省乐平市后港乡　333300	108.29
二、省营煤矿		121.44
八景煤矿	江西省高安市八景镇　330812	32.57
花古山煤矿	江西省新余市俞水区　336519	21.94
天河煤矿	江西省吉安县天河镇　343115	32.40
棠浦煤矿	江西省宜丰县棠浦乡　336304	17.70
大光山煤矿	江西省安福县枫田乡　343229	12.04
新华煤矿	江西省高安县八景镇　330812	4.79

表3 重点煤矿主要技术经济指标

单位	原煤产量	商品煤		洗精煤		掘进总进尺	采煤工作面平均月产量	掘进工作面平均月进度	采煤机械化程度(%)		掘进装载机械化程度(%)		企业坑木消耗	原煤全员效率	备注
		灰分	含矸率	产量	灰分				合计	综采	合计	综掘			
	(10^4 t)	(%)	(%)	(10^4t)	(%)	(m)	(t)	(m)					($m^3/10^4t$)	(t/工)	
合计	814.89	28.12	0.893	129.22	11.23	184656	7547	82.78	15.79	13.18	25.05		65.63	0.709	
一、统配煤矿	693.45	28.12	0.850	116.45	11.11	139757	8519	85.05	18.49	15.44	31.14		53.74	0.792	
萍乡矿务局	274.14	26.56		43.29	10.43	72962	7159	96.32	2.90		44.83		50.16	0.821	
丰城矿务局	200.03	23.68		70.55	11.40	14783	17027	76.27	50.49	46.60	28.98		48.77	1.030	
英岗岭矿务局	50.53	30.74				8133	7367	60.18			29.31		15.28	0.590	
洛市矿务局	60.46	39.18				19453	6528	73.60	8.74		16.22		60.41	0.614	
乐平矿务局	108.29	32.56	0.850	2.61	14.77	24426	5786	87.08			4.70		93.59	0.597	
二、省营煤矿	121.44	28.16	0.910	12.77	12.34	44899	4531	76.59			6.52		134.05	0.456	
八景煤矿	32.57	32.01				12062	4547	78.83			7.64		121.19	0.502	
花古山煤矿	21.94	17.75	0.250	6.77	13.35	8825	4249	68.77			4.44		126.30	0.479	
天河煤矿	32.40	28.20	0.920			6505	6444	69.86			16.36		104.94	0.623	
棠浦煤矿	17.70	12.45		6.00	11.20	9856	4487	79.77					167.46	0.513	
大光山煤矿	12.04	30.12				5409	3387	74.42			10.62		135.13	0.398	
新华煤矿（系统外）	4.79	42.05	2.120			2240	1726	131.55					327.97	0.124	

山东省煤炭工业概况

1993年，是全省煤炭工业放开煤价步入市场经济的第一年。经过上上下下的共同努力，各项工作都取得了新的进展。全省区煤产量、工业总产值、企业销售收入、多种经营产值和利税、采掘机械化程度、单产单进、全员效率、企业坑木消耗、安全百万吨死亡率等12项主要经济技术指标创历史最好水平。其他各项工作也都较好地完成了任务。

煤炭生产继续保持稳定增长的势头。1993年全省原煤产量实际完成6802.6万吨，比1992年增加452.56万吨，增长7.13%。其中国有重点煤矿在肥城矿务局两对矿井被淹、枣庄和临沂两矿务局部分矿井遭受严重水灾的情况下，实际产量达到4236.66万吨，比1992年增加177.08万吨，增长4.36%；地方煤矿实际产煤2565.94万吨，比1992年增加275.48万吨，增长12.03%。国有重点煤矿洗精煤产量实际完成827.76万吨，保持了1992年的水平。掘进总进尺和开拓进尺实际完成637486米和66383米，均完成了全年进尺计划。全年在煤炭市场饱合、运力不足的情况下，煤炭生产能够保持稳定增长的势头，一是以市场为导向，狠抓了产品营销这个重点，强化销售队伍，充实了销售力量，及时研究市场，掌握市场的动态，拓宽了销售渠道，同时加强了路矿协作，千方百计增加动力。在企业内部按照市场的需求，调整产品结构，提高产品质量，市场需要什么产品，就生产什么产品，实现对路供应，提高了市场的竞争能力。二是狠抓了矿井的改扩建和技术改造工程。对埠村三井、协庄、潘西、查庄、白庄、南屯、北宿、柴里8对改扩建矿井、洼里改扩建扫尾工程；孙村、坊子两对技术改造矿井和16对矿井水平延深工程，按计划要求，均完成了年初确定的计划任务，为生产的稳定发展创造了条件。三是大力发展机械化。1993年全省国有重点矿采煤机械化程度达到86.62%，比1992年提高4.14%，机采产量达到2995.38万吨，占回采产量的86.62%。

基本建设任务完成的较好。1993年在上半年资金到位率很差的情况下，各基建单位积极筹措垫支资金，保证了工程的进度。全年基建投资实际完成117426万元，比1992年多完成投资额14467万元，提高14.05%。其中国有重点煤矿完成投资85632万元。1993年底，年设计能力500万吨的济宁三号井正式开工；年设计能力120万吨的翟镇矿井和年入洗能力400万吨的东滩选煤厂，经国家验收正式投产，其他在建项目，也都较好地完成了全年的任务。地方煤矿建成投产新井一处，新增能力45万吨。

多种经营有了新的发展。1993年全省国有重点煤矿用于发展多种经营的资金达1.78亿元，新上项目200个，是资金投入和新上项目最多的一年。全年实现产值和经营总额19.42亿元，实现利税8960.5万元，比1992年分别增长38.7%和31.7%。兖州、新汶2个矿务局产值总额突破了4亿元大关。坊子、兴隆庄、南屯、协庄、山家林等5个矿产值总额超过了4000万元。全年共新安置各类人员2万人。截止1993年底，全省国有重点煤矿多种经营企业固定资产已达到8.2亿元，流动资金5.26亿元，从业人员12万人，多种经营产业已成为煤炭工业的一大支柱。

企业改革不断深化。1993年各企业在完善承包经营责任制的基础上，一是继续推行了人事、用工、分配三项制度改革的试点，在1992年10个试点局矿的基础上又有扩大。二是学习大雁矿务局的经验，在全省煤矿推行了生产、生活服务、多种经营三条线管理的新机制；三是在部分单位推行了股份制的试点，同时在物资、资金、管理等方面进行了一系列配套改革，从而有利地调动了职工的积极性，促进了各项工作的发展。

精神文明建设不断加强。1993年组织全省煤矿职工认真学习了党的十四大文件精神，《邓小平文选》第三卷和党的十四届三中全会精神，以邓小平同志建设有中国特色的社会主义理论为指导，开展了解放思想、更新观念的大讨论，并利用各种阵地对各级干部、党员和业务骨干进行了培训，提高了广大职工对改革的认识能力、适应能力和心理承受能力。加强了党风廉政建设，深入开展了反腐败斗争，狠抓了班子、队伍、矿风三项建设，开展了“六好”区、“五好”班组活动，培养了一支“四有”特别能战斗的职工队伍。涌现出了一大批思想政治工作先进单位。1993年淄博、新汶、肥城、兖州、龙口等5个矿务局被评为全省思想政治工作优秀企业。

山东省省煤炭企业1993年与1992年主要经济技术指标完成情况对照表

	1993年	1992年	增　减	1993年比1992年增(+) 减(-)(%)	备　注
原煤产量（10^4t）	6802.6	6350.04	+452.56	7.13	
其中：国有重点矿（10^4t）	4236.66	4059.58	+177.08	4.36	
地方煤矿（10^4t）	2565.94	2290.46	+275.48	12.03	
洗精煤产量（10^4t）	827.76	871.99	-44.23	-5.07	
开拓进尺（m）	111266	109835	+1431	1.3	
其中：国有重点矿（m）	66383	76445	-10062	-13.16	
地方煤矿（m）	44883	33390	+11493	34.42	
全员效率（t/工）	1.445	1.168	+0.277	23.72	国有重点煤矿
商品煤灰分（%）	20.6	24.36	-3.76	-15.44	国有重点煤矿
商品煤含矸率（%）	0.07	0.34	-0.27	-79.41	国有重点煤矿
企业坑木消耗（$m^3/10^4t$）	37.77	44.82	-0.75	-15.73	国有重点煤矿
采煤机械化程度（%）	86.62	82.48	+4.14	5.02	国有重点煤矿
掘进装载机械化程度（%）	88.59	88.47	+0.12	0.14	国有重点煤矿
工作面单产（t/个/月）	21902	17676	+4226	23.91	国有重点煤矿
掘进工作面单进（m/个/月）	127.72	127.55	+0.17	0.31	国有重点煤矿
完成基本建设投资（10^4元）	117426	102959	+14467	14.05	
其中:国有重点煤矿（10^4元）	85632	90583	-4951	-5.47	
地方煤矿（10^4元）	31794	11576	+20218	174.65	
百万吨死亡率（人/百万吨）	0.236	0.345	-0.109	-31.59	国有重点矿

表1 煤矿生产规模

	矿井数 (处)	实际年产量 (10^4t)	占全省年产量的比例 (%)
全省(区)合计	94	6802.60	100
统配矿	27	3529.66	51.89
省(区)属矿	16	909.26	13.37
地、市营矿	13	323.51	4.76
县营矿	38	622.57	9.15
集体及个体矿	—	1417.60	20.83

表2 重点煤矿基本情况

局矿名称	地址及邮政编码	实际年产量 (10^4t)
淄博矿务局	山东省淄博市淄川区洪山 255120	506.17
新汶矿务局	山东省新泰市新汶 271233	1008.90
枣庄矿务局	山东省枣庄市薛城 277000	612.92
肥城矿务局	山东省泰安市肥城县 271608	499.33
兖州矿务局	山东省邹城市西关 273500	1200.31
龙口矿务局	山东省烟台市龙口市 265700	286.85
临沂矿务局	山东省临沂市罗庄镇 276017	78.13
坊子煤矿	山东省潍坊市坊子区 261200	44.04

备注:

表3 重点煤矿主要技术经济指标

局矿名称	原煤产量	商品煤		洗精煤		掘进总进尺	采煤工作面平均月产量	掘进工作面平均月进度	采煤机械化程度(%)		掘进装载机械化程度(%)		企业坑木消耗	原煤全员效率	备注
		灰分	含矸率	产量	灰分				合计	其中：综采	合计	其中：综掘			
	(10^4t)	(%)	(%)	(10^4t)	(%)	(m)	(t)	(m)					($m^3/10^4t$)	(t/工)	
淄博矿务局	506.17	28.23	0.05	12.63	9.92	105618	10259	113.38	75.69	—	82.16	—	42.53	0.793	
新汶矿务局	1008.90	21.01	0	243.43	9.11	192822	20008	139.06	80.42	13.75	87.81	0.37	44.91	1.264	
枣庄矿务局	612.92	15.06	0	250.95	11.80	46257	37369	148.40	100.00	71.45	99.90	23.94	31.71	1.797	
肥城矿务局	499.33	22.03	0.01	63.77	9.59	99202	15913	146.04	91.31	12.29	95.14	0.64	48.68	1.259	
兖州矿务局	1200.31	18.17	0.05	256.99	7.52	99986	52110	131.01	97.08	90.69	99.58	29.15	20.39	2.573	
龙口矿务局	286.85	20.96	0.54	—	—	32727	31023	93.31	75.97	57.50	89.23	8.39	50.20	1.432	
临沂矿务局	78.13	22.66	0.09	—	—	44422	4369	118.20	—	—	65.04		92.01	0.534	
坊子煤矿	44.04	34.54	0.33	—	—	16452	2840	85.58	—	—	61.67		82.65	0.930	

河南省煤炭工业概况

表1 煤矿生产规模

	矿井数（处）	实际年产量（10^4t）	占全省年产量的比例（%）
全省（区）合计	122	9278.85	100
统配矿	48	3928.08	42.3
省（区）属矿	—	—	—
地、市营矿	27	792.80	8.5
县营矿	47	858.42	9.3
集体及个体矿		3699.55	39.9

表2 重点煤矿基本情况

局矿名称	地址及邮政编码	实际年产量（10^4t）
平顶山矿务局	河南省平顶山市 467000	17 4.78
焦作矿务局	河南省焦作市 454159	379.96
鹤壁矿务局	河南省鹤壁市 456650	467.15
义马矿务局	河南省义马市 472300	860.96
郑州矿务局	河南省新密市 452371	505.23
永夏矿区管委会	河南省永城县 476611	

表3 重点煤矿主要技术经济指标

局矿名称	原煤产量（10^4t）	商品煤 灰分（%）	商品煤 含矸率（%）	洗精煤 产量（10^4t）	洗精煤 灰分（%）	掘进总进尺（m）	采煤工作面平均月产量（t）	掘进工作面平均月进度（m）	采煤机械化程度（%）合计	采煤机械化程度（%）其中：综采	掘进装载机械化程度（%）合计	掘进装载机械化程度（%）其中：综掘	企业坑木消耗（m^3/10^4t）	原煤全员效率（t/工）	备注
全省合计	9278.85	20.31	0.40	361.5	10.22	664647	16518	111.75	47.56	46.45	46.28	15.79	36.59	1.259	
国有重点煤矿	3928.08	19.03	0.01	17.51	11.42	218050	19697	127.37	57.00	41.17	67.12	12.54	20.47	1.302	
焦作矿务局	379.96	16.21	0.00	—	—	46343	12839	109.75	34.70		70.09	—	5.59	0.852	
鹤壁矿务局	467.15	16.38	0.04	6.8	10.42	56860	16791	134.55	55.53	18.08	72.19	9.80	24.36	1.144	
义马矿务局	860.96	20.49	0.00	10.71	12.08	65137	26509	123.99	71.64	71.64	71.56	21.61	20.24	1.610	
郑州矿务局	505.23	21.64	0.00	—	—	49710	21607	145.44	47.42	38.23	52.76	15.50	27.74	1.539	
地、市、县营地方国有煤矿	1651.22	20.14	1.26	28.24	12.00	265507	9331	83.68	3.41	—	0.27	—	86.81	0.830	
集体、个体煤矿	3699.55														

湖南省煤炭工业概况

1993年湖南有部、省属煤炭企事业单位21家，其中隶属煤炭部主管的有涟邵、资兴、白沙3个矿务局和煤炭运销公司、煤炭建筑安装公司、株洲洗煤厂、邵阳矿煤厂、169厂、湖南煤机厂、湘潭煤机厂、株洲煤机厂、长沙煤矿安全仪器厂等2司7厂，以及煤田地质局、煤炭部长沙设计研究院、煤炭科研所、长沙安全培训中心、煤炭工业学校、煤炭干部中专学校等6个事业单位。隶属省主管的有煤炭坝、谭家山、辰溪3个煤矿，另有新生、群力2个劳改矿。14个地（州）市，有13个地（州）市成立了煤炭工业局（公司），拥有地县煤矿123家。国有煤炭企事业单位共有职工21万余人（其中省直12.6万人），乡村集体和个体煤矿常年从业人员20余万人。

全省106个县（市），已有80个县（市）探明有煤。其中涟源、冷水江、新化、双峰、醴陵、攸县、嘉禾、耒阳等8县（市）被列为全国重点产煤县（市）。至1993年全省累计探明储量33.8亿吨，保有储量29.37亿吨。保有储量中有无烟煤20亿吨，占67.6%；烟煤9.37亿吨，占32.4%。垂深1500米以上预测储量63.9亿吨。生产和在建矿井已占用储量18.47亿吨。

基本建设到1993年全省累计完成投资30亿元（含技改资金2.6亿元），形成固定资产原值22亿元。建成县以上国有矿井191处，能力1547万吨。

煤炭生产。1993年全省各类煤矿累计生产原煤4074.78万吨，比1992年增产473.76万吨。其中：省直局矿完成813.56万吨，比1992年减产88.42万吨；地县国有煤矿完成555.14万吨，比1992年减产16.97万吨。开拓进尺，国有煤矿累计完成96475米，比上年减少34595米。国有煤矿商品煤灰分及含矸率分别为24.19%和1.29%；全员工效每工为0.464吨，比1992年提高3.1%；坑木消耗为124.24立方米/万吨，比1992年上升1.14%，原煤电力消耗为65.31千瓦小时/吨，比上年下降3.35%。省直局、矿回采工作面平均月产量、掘进工作面平均月进度分别为4765吨和81.3米，采煤机械化程度为17.96%，掘进装载机械化程度为28.88%。

安全。县以上国有煤矿（不含劳改矿）工业死亡89人，比1992年减少49人，下降33.6%；工业百万吨死亡率6.57人，比省厅下达的考核指标下降15.1%。劳改矿死亡10人，比1992年下降43.7%。经批准的乡镇煤矿死亡322人，比1992年下降7.2%。

多种经营。全省县以上煤炭企业累计完成产值5.8亿元，比1992年增长26%。其中省直企业完成产值3.8亿元，实现利税1800万元，安置人员6943人，分别比1992年提高36.7%、37.4%和32.5%。初步形成了以大、中型项目为骨干，一、二、三产业并举的多种经营发展新格局。

扭亏增盈。全年国有煤炭企业累计亏损30897万元，比1992年减亏6255万元。其中国有重点煤矿亏损22722万元，比1992年减亏4512万元；省属三矿亏损1378万元，比1992年减亏1468万元。

表1 煤矿生产规模

	矿井数（处）	实际年产量（10^4t）	占全省年产量的比例（%）
全省（区）合计	5389	4074.78	100
统配矿	43—713	617.93	15.17
省（区）属矿	15—210	195.63	4.80
地、市营矿	61—303	302.45	7.42
县营矿	98—315	252.69	6.20
集体及个体矿	5172	2706.08	66.41

备注：

表 2 重点煤矿基本情况

局矿名称	地址及邮政编码	实际年产量 (10^4t)	局矿名称	地址及邮政编码	实际年产量 (10^4t)
涟邵矿务局	湖南省娄底市 417000	236.01	湖南省煤炭坝煤矿	湖南省宁乡县 410609	79.63
资兴矿务局	湖南省资兴市三都镇 423404	214.24	湖南省谭家山煤矿	湖南省湘潭县 411231	30.69
白沙矿务局	湖南省耒阳市 421827	167.68	湖南省辰溪煤矿	湖南省辰溪县 419500	22.00

备注:

表 3 重点煤矿主要技术经济指标

局矿名称	原煤产量 (10^4t)	商品煤 灰分 (%)	商品煤 含矸率 (%)	洗精煤 产量 (10^4t)	洗精煤 灰分 (%)	掘进总进尺 (m)	采煤工作面平均月产量 (t)	掘进工作面平均月进度 (m)	采煤机械化程度 (%) 合计	采煤机械化程度 (%) 其中:综采	掘进装载机械化程度 (%) 合计	掘进装载机械化程度 (%) 其中:综掘	企业坑木消耗 ($m^3/10^4$t)	原煤全员效率 (t/工)
涟邵矿务局	236.01	25.79	0.35	6.74		96511	3956	71.08	1.8		12.52		93.65	0.469
资兴矿务局	214.24	39.10	0.03	11.81		47312	7372	83.62	50.0		73.63		56.93	0.688
白沙矿务局	167.68	18.00	0.70			60088	3385	77.24	—		5.67		94.38	0.461
煤炭坝煤矿	79.63	14.57	1.03			29320	6877	110.91	12.5		51.45		86.26	0.643
谭家山煤矿	30.69	27.56	0.23	1.82		18887	5018	129.97	—		26.97		119.94	0.501
辰溪煤矿	22.00	14.45	0.40			10550		88.21	—		50.75		54.95	0.439

抓住机遇　深化改革
为增强我省煤炭工业在新形势下的适应和发展能力而努力奋斗

——湖南省煤炭厅厅长刘绪周同志在湖南省煤炭工作会议上的讲话（摘要）

1994年1月25日

1993年是湖南煤炭工业在党的十四大精神指引下，深化改革，大胆探索，举步向社会主义市场经济体制迈进的1年，也是全省煤炭系统各级领导和广大职工克服重重困难，团结奋斗，开拓进取，使各项工作继续保持稳步推进的1年。

1）企业改革逐步深化。县以上煤炭企业按照生产、服务、多种经营3条线管理，在内部模拟法人运转，实行切块经营，加大了精简机构、分流转体的力度。省直单位机关处（科)室累计比上年减少623个，管理人员减少3241人，原煤人员净减少5197人，分别下降45%、37%和8.9%；分流人员2.7万人，提前两个月完成了全年奋斗目标。地县煤矿净减少原煤人员3650人。同时，大多数企业初步建立起了内部退休、矿（厂）内待业、转岗培训等制度，并开始推行全员合同化管理。

2）扭亏增盈初见成效。全省煤炭企业抓住煤价放开的机遇，面向市场，强化管理，认真落实扭亏增盈责任制，使国有煤矿扭转了多年来亏损逐年上升的势头，实现了全行业减亏。全年县以上煤炭企业累计亏损30897万元，比1992年减亏6255万元。其中国有重点煤矿亏损22722万元，比1992年减亏4512万元；省属三矿亏损1378万元，比1993年减亏1468万元。

3）安全状况持续好转。全年县以上国有煤矿(不含劳改矿）工业死亡89人，比1992年减少49人，下降33.6%；工业百万吨死亡率6.57人，比省厅下达的考核指标下降15.1%。劳改矿死亡10人，比1992年下降43.7%。经批准的乡镇煤矿死亡322人，比1992年下降7.2%。

4）多种经营稳步发展。全省县以上煤炭企业多种经营累计完成产值5.8亿元，比1992年增长26%。其中省直完成多种经营产值3.8亿元，实现利税1800万元，安置人员6843人，分别比1992年提高36.7%、37.4%和32.5%。初步形成了以大、中型项目为骨干，一、二、三产业并举的多种经营发展新格局。

5）经济结构有所改善。煤炭生产，坚持以销、运定产，加大优质煤开采比重，走高产高效发展的路子。全年各类煤矿累计生产原煤4074.78万吨，比1992年增长473.76万吨。其中：省直局矿完成813.56万吨，比1992年减产88.42万吨；地县国有矿完成555.14万吨，比1992年减产16.97万吨。开拓进尺，国有煤矿累计完成96475米，比1992年减少34595米。全员工效，省直局、矿每工突破了0.531吨，比上年提高3.31%。煤机生产，坚持面向市场抓产品结构的调整。省煤机厂新开发的建筑机械产值已占全厂总产值的四分之三以上，取得了较好的经济效益。

6）党的建设和思想政治工作同步推进。围绕转变观念、深化改革和服务于经济建设中心，在资金极度紧张和职工生活十分困难的情况下，坚持正确的舆论导向，广泛开展国情、局情、矿情教育，从严加强党的建设，增强了职工走向市场的承受力。

这年存在的主要问题，突出表现为“四个不适应”：一是思想观念不适应。一些人想问题、办事情还是习惯于以往的老思路、老办法，计划经济的观念和点子多，市场经济的观念和点子少。二是经营机制不适应。国有煤炭企业用人多、效率低、成本高的问题，还没有从根本上得到解决。三是基础工作不适应。对在体制转变过程中遇到的各种矛盾、困难和问题，治本的措施和力度不够。四是管理手段不适应。不重视也不善于综合利用经济、法律的手段来管理企业。

湖北省煤炭工业概况

表 1 煤矿生产规模

	矿井数（处）	实际年产量（10^4t）	占全省年产量的比例（%）
全省（区）合计	2050	986.65	100
省（区）属矿	13	129.30	13.10
地、市营矿	11	64.71	6.56
县营矿	41	113.8	11.53
集体及个体矿	1985	678.84	68.80

表 2 重点煤矿基本情况

局矿名称	地址及邮政编码	实际年产量（10^4t）
黄石矿务局	湖北省黄石市 435000	58.65
松宜矿务局	湖北省枝城市刘家场 443314	62.54

表 3 重点煤矿主要技术经济指标

局矿名称	原煤产量（10^4t）	商品煤		洗精煤		掘进总进尺（m）	采煤工作面平均月产量（t）	掘进工作面平均月进度（m）	采煤机械化程度（%）		掘进装载机械化程度（%）		企业坑木消耗（$m^3/10^4t$）	原煤全员效率（t/工）	备注
		灰分（%）	含矸率（%）	产量（10^4t）	灰分（%）				合计	其中：综采	合计	其中：综掘			
全省省属矿合计	129.3	23.44	1.55	—	—	62409	2695	56	—	—	—	—	188	0.400	
黄石矿务局	58.65	13.09	1.09	—	—	36360	3065	60	—	—	—	—	224	0.318	
松宜矿务局	62.54	32.22	2.00	—	—	26049	2512	52	—	—	—	—	167	0.519	
七约山矿务局	8.11	33.88	—	—	—	—	—	—	—	—	—	—	109	0.395	

广东省煤炭工业概况

表1 煤矿生产规模

	矿井数（处）	实际年产量（10^4t）	占全省年产量的比例（%）
全省（区）合计		951.44	100
统配矿			
省（区）属矿	34	360.02	37.90
地、市营矿	5	17.6	1.84
县营矿	20	36.56	3.84
集体及个体矿	1400	537.26	56.4

表2 重点煤矿基本情况

局矿名称	地址及邮政编码	实际年产量（10^4t）
广东省曲仁矿务局	广东省韶关市花坪 512149	108.42
广东省梅田矿务局	湖南省宜章县 424211	92.04
广东省四望嶂矿务局	广东省兴宁县 514558	66.54
广东省坪石矿务局	广东省乐昌市 512227	33.19
广东省梅县矿务局	广东省梅州市 514034	44.48
广东省茂名矿务局	广东省高州县 525252	11.86

备注：

表3 重点煤矿主要技术经济指标

局矿名称	原煤产量（10^4t）	商品煤		洗精煤		掘进总进尺（m）	采煤工作面平均月产量（t）	掘进工作面平均月进度（m）	采煤机械化程度（%）		掘进装载机械化程度（%）		企业坑木消耗（$m^3/10^4t$）	原煤全员效率（t/工）	备注
		灰分（%）	含矸率（%）	产量（10^4t）	灰分（%）				合计	其中：综采	合计	其中：综掘			
广东省曲仁矿务局	108.42	28.18	0.35			60620	2785	88.3					166.80	0.436	
广东省梅田矿务局	92.04	14.08	0.14			41216	2536	92.5					99.78	0.496	
广东省四望嶂矿务局	66.54	12.30	0.88			42996	2204	83.3					122.04	0.523	
广东省坪石矿务局	33.19	26.35	2.79			12838	2199	73.2					94.88	0.509	
广东省梅县矿务局	44.48	20.71	1.62			28679	1181	57.3					197.63	0.377	
广东省茂名矿务局	11.86	45.21	3.17			10214	1595	97.2					251.19	0.460	

广西壮族自治区煤炭工业概况

表 1 煤 矿 生 产 规 模

	矿 井 数 (处)	实际年产量 (10^4t)	占全省年产量的比例 (%)
全省（区）合计		1196.08	100
省（区）属矿	34	538.93	45.06
地、市营矿	8	77.69	6.50
县营矿	13	102.79	8.59
集体及个体矿	—	476.67	39.85

备注：矿井数仅统计生产能力 3 万吨（含 3 万吨）以上矿井。

表 2 重 点 煤 矿 基 本 情 况

局 矿 名 称	地 址 及 邮 政 编 码	实 际 年 产 量 (10^4t)
广西合山矿务局	广西合山市　546508	235.38
广西东罗矿务局	广西扶绥县　532115	81.82
广西红茂矿务局	广西环江县　547105	81.01
广西右江矿务局	广西田东县　531501	74.12
广西那龙矿务局	广西南宁市郊区　530044	31.00
广西罗城矿务局	广西罗城县　546400	35.60
广西南宁市矿务局	广西南宁市　530023	22.62
广西梧州地区西湾矿务局	广西钟山县　542601	11.15
广西钦州地区稔子坪煤矿	广西钦州市　535038	25.02
广西百色地区东笋煤矿	广西百色市　533000	18.90
广西邕宁县四塘煤矿	广西南宁市邕宁县　530216	10.73

备注：1993年 4 月原百色地区所属公婆煤矿并入区直属右江矿务局，成为该局下属的一个矿；1993年 7 月原区属那龙煤矿经区煤炭工业厅批准改名为那龙矿务局；1993年12月原梧州地区属西湾煤矿经梧州地区批准改名为西湾矿务局。

表3 重点煤矿主要技术经济指标

局矿名称	原煤产量	商品煤		洗精煤		掘进总进尺	采煤工作面平均月产量	掘进工作面平均月进度	采煤机械化程度(%)		掘进装载机械化程度(%)		企业坑木消耗	原煤全员效率	备注
	(10^4t)	灰分 (%)	含矸率 (%)	产量 (10^4t)	灰分 (%)	(m)	(t)	(m)	合计	其中：综采	合计	其中：综掘	$(m^3/10^4t)$	(t/工)	
全区重点煤矿合计	627.35	38.21	2.35	—	—	152897	3464	59.65	—	—		—	76.16	0.575	
合山矿务局	235.38	49.62	1.61	—	—	33716	4981	50.44	—	—		—	22.34	0.620	
东罗矿务局	81.82	48.76	3.49	—	—	19591	2528	82.26	—	—		—	58.41	0.604	
红茂矿务局	81.01	21.91	0.86	—	—	35806	2152	40.45	—	—		—	170.11	0.399	
右江矿务局	74.12	29.96	2.61	—	—	20167	6745	91.99	—	—		—	48.08	0.701	
那龙矿务局	31.00	24.58	1.61	—	—	7849	3045	180.44	—	—		—	120.65	0.790	
罗城矿务局	35.60	38.63	4.91	—	—	11648	2556	62.95	—	—		—	199.63	(0.311)	劳改企业
南宁市矿务局	22.62	25.99	5.15	—	—	7976	2898	59.61	—	—		—	153.16	0.455	
西湾矿务局	11.15	47.27	2.86	—	—	6255	2163	87.80	—	—		—	182.06	0.414	
稔子坪煤矿	25.02	31.19	2.54	—	—	1369	8018	65.50	—	—		—	24.98	0.637	
东笋煤矿	18.90	30.63	0.93	—	—	5434	7064	181.00	—	—		—	67.35	0.895	
四塘煤矿	10.73	33.79	2.98	—	—	3086	4642	54.83	—	—		—	39.24	0.467	

备注：全区原煤全员效率合计中，不包括罗城矿务局指标。

四川省煤炭工业概况

表 1　煤　矿　生　产　规　模

	矿井数（处）	实际年产量（10^4t）	占全省年产量的比例（%）
全省(区)合计	202	6283.8	100
统配矿	28	926.18	14.74
省(区)属矿	5	72.09	1.15
地、市营矿	73	714.39	11.37
县营矿	96	578.18	9.20
集体及个体矿	9300	3992.96	63.54

表 2　重 点 煤 矿 基 本 情 况

局矿名称	地址及邮政编码	实际年产量（10^4t）	年末职工人数（人）
广旺矿务局	旺苍新城　628200	165.72	18098
芙蓉矿务局	珙县巡场　644501	239.47	19322
攀枝花矿务局	攀枝花市西区　617066	352.72	28978
华蓥山矿务局	华蓥市双河镇　638650	66.98	10115
达竹矿务局	达川市通川东路5号　635000	101.29	12251
威远煤矿	威远县黄荆沟镇　642465	18.68	4600
嘉阳煤矿	犍为县跃进桥　614402	18.39	4412
荣山煤矿	广元市荣山镇　628019	35.02	劳改煤矿各类人员1.5万人

表 3 重点煤矿主要技术经济指标

局矿名称	原煤产量 (10⁴t)	商品煤		洗精煤		掘进总进尺 (m)	采煤工作面平均月产量 (t)	掘进工作面平均月进度 (m)	采煤机械化程度(%)		掘进装载机械化程度(%)		企业坑木消耗 (m^3/10⁴t)	原煤全员效率 (t/工)
		灰分 (%)	含矸率 (%)	产量 (10⁴t)	灰分 (%)				合计	其中综采	合计	其中综掘		
四川煤管局	6283.8	26.46	0.06	301.39	9.93	216198	8583		25.35	5.8	73.15	0.61	30.51	
广旺矿务局	165.72	35.93	0.06			40667	6120	137.83	9.47		78.03		11.33	0.774
芙蓉矿务局	239.47	31.31	0.06			58721	11201	118.19	21.99		64.60		12.34	0.837
攀枝花矿务局	352.72	9.91	0.01	161.19	9.86	69239	9838	137.86	31.74		76.82		47.10	1.001
华蓥山矿务局	66.98	30.73	0.01	2.02	12.15	10683	11872	104.91	75.57	33.75	55.45	8.76	25.72	0.686
达竹矿务局	101.29	21.83	0.01	32.95	10.17	24766	6059	117.74	12.12		65.65		27.29	0.670
威远煤矿	18.68	11.30		11.27	10.62	3978	2488	81.18			96.96		98.50	0.297
嘉阳煤矿	16.59	39.47				1610	12708	107.84	100		58.51		57.32	0.398
荣山煤矿	35.02	28.72				6534	4022	85.95					79.24	0.309

重庆市煤炭工业概况

加快改革　促进发展　保持稳定

——重庆煤炭工业管理局党委书记、局长谭瑞群同志在重庆煤炭系统党委书记、局（厂）长工作座谈会上的讲话（摘要）

一、关于解放思想，加快改革步伐问题

能否加快改革步伐，关键取决于解放思想的程度。因此，要在深入学习小平同志特色理论的同时，按照“三个有利于”经常进行思想和改革实践的清理。在思想上，要清理是否坚信改革是中国第二次革命而坚持改革不动摇，是否深刻理解改革是全面改革而切实打好改革的总体战，是否坚信改革是解放生产力发展生力的根本动力和途径而紧紧把住改革机遇，是否认识改革有风险而正确对待改革中的风险和出现的失误。在实践上，要清理本单位的总体改革构想是否符合“三个有利于”，改革的步子是否符合前进的节拍。通过认真清理，进一步处理好改革、发展、稳定三者关系，进一步搞好改革、改造、改组的紧密结合，加快矿区改革步伐。第一，应该结合我们的实际情况，完善模拟法人机制，加强资金、投资、煤炭经销、大型物资采购的调控，尤其应该把握内部经营机制的转换，找到局、矿两级责权利的结合点，既要发挥矿务局整体优势，保证整体利益，又要尽可能地调动二级单位加强管理、参与竞争的积极性，并且把模拟法人机制与现代企业制度结合起来，切忌把改革和转机停留在简单的“放”与“收”的层次。第二，围绕建立企业集团，加快公司化试验步伐。一是探索企业结构改组。按照公司化管理的要求，矿务局应当积极准备，创造条件，把现行小而全、大而全的结构模式，探索改组成若干专业性公司，逐步把矿务局变成以支柱产业为核心企业的企业集团。为此，要加快转换机制步伐，大力探索逐步由现在对二级矿、厂、处实行模拟法人管理发展到对专业公司如煤炭公司、电力公司、供销公司等实行模拟法人管理，进而把专业公司变成由核心企业控股的独立法人公司。二是认真抓好股份制试点。对新投产的多经三产项目，都应尽可能按照股份制体制和规则运行，有的项目，一开始就应确定为股份化体制；对过去开办的多经三产项目，应加大股分制改造步伐，使产权制度改革有一个较大突破，促使更多的多经三产厂点改善经营管理，提高市场竞争能力。三是加快内部市场化管理步伐。无论模拟法人运行还是公司化管理，都需要与内部市场化相衔接，在进行改革、改组时，必须建立内部市场体系，价格体系，使种种内部关系都逐步转变为以经济交换为手段的市场关系。

二、关于克服困难，促进发展问题

谭瑞群同志指出，当前煤炭企业面临的经济压力和市场压力大，如何处理在困难的情况下促进发展的问题，已经摆在我们面前。如果被困难困扰，忽视发展，困难将越来越大；只有立足发展，才能最终克服困难。因此，在进一步练内功，挖内潜，加强管理，提高效益的同时，一是要高度重视矿井采掘部署调整和技术改造，保持后劲。有关局矿要争取、筹集资金，保证必要的投入，完成采掘部署调整任务，保证正常的采掘关系。要根据市场导向和高产高效原则安排生产，进一步减头减面，控制资源总量，并迅速刹住掘进进尺连续滑坡问题。要坚持采掘机械化路子。在用好原有设备的同时，作好规划，落实资金，对一些超期服役或老旧杂设备有计划地更新，保证安全生产上必需的设备、大型材料的投入。要继续抓好矿井质量标准化、支护改革等工作，使矿井后劲和当前生产得以保持和提高。二是要加快转产发展步伐，推进多种经营第三产业进入“快车道”。要牢固树立效益观念，正确处理效益与安置、效益与规模的关系。事实说明，没有效益，安置就无从谈起。搞多经三产，必须把经济效益放在第一位，应当由效益决定项目，决定安置。各单位应以严肃认真的态度，加快现有项目的清理、整顿，弄清发展情况、经营情况，并分门别类，对症下药，把现有多经三产项目搞活。同时，没有规模，也出不了高效益，也安置不了多少人员，而且还拉长了战线，分散了精力。各单位应该下功夫扩大多经三产项目规模，打出拳头产品（服务），抓好有生命力的替代或支柱产业。对现有项目中那些因规模小而出不了效益的项目，可通过整顿、改组，组建专业性公司，把全局多经三产实体联合起来，扩大项目的规模。在新项目的开发上，可借鉴市属矿的做法，集中资金投向具有一定规模和档次的项目。同时，集中精力，抓好在建的大项目，千方百计保质量、保工期，从根本上改变长期以来投资总规模不小而单个项目规模不大的局面。要牢固树立市场观念，改善多经三产企业的经营管理，并大力提高产品质量。从体制上可以探索改分散经营为联合经营、以同一产业或行业中的骨干企业为核心组建联合公司或由矿务局牵头组建专业公司，联合全局同业企业进入市场，把一些从原材料、半成品到成品，从原料供应到销售全面经营而又不完全具备实力的企业，变成从事某一过程的生产（服务）的企业，提高产品，服务质量，提高效率和效益。从经营上应彻底打破传统计划经济条件下的经营模式，应用适应市场经济的方法，合理采取公关战略、广告战略等提高产品知名度，达到促销目的，真正搞活经营。今后开发项目，在认真研究厂房、设备、建设等硬件的同时，应该研究产品名称、包装、广告等投入，以适应市场竞争的需要。另外，在人才引进、内部分配等方面，也要大胆学习“三资”和乡镇企业的办法，大力提高多经三产企业的经济效益。

三、关于抓好矿区稳定问题

谭瑞群同志指出，煤炭企业仍然是人员多，负担重，效益差，销售难，资金紧，困难重重。而且往往旧的矛盾消除了，新的矛盾又会产生，不稳定的因素依然存在。因此，我们在维护稳定问题上，不能掉以轻心，要做到思想不能松，机构不能撤，班子不能散，继续采取加强思想政治工作与扎实解决实际问题结合，强化来信来访和社会治安综合治理并举的办法，进一步维护矿区稳定。各级党政工团组织，都要结合矿区新形势深入开展“四五六”工程建设活动，掀起做四有职工、建五好班组、创六好区队热潮，推进职工思想建设。要大力加强爱国主义、集体主义、社会主义的思想教育，大张旗鼓地宣传先进人物的模范事迹和崇高思想，振奋精神，凝聚人心，激励斗志，引导广大职工更好地投入矿区经济建设和改革洪流，为振兴矿区做出新的更大贡献。同时，要继续深入群众，调查研究，采取措施，帮助特困职工解决基本生活困难。尤其要注意的是，一定要领导好矿区的工资改革调整工作，做到吃透文件精神，准确掌握政策界限，精心组织，精心实施，一定要把好事办好。还须指出的是，信访战线的全体同志要进一步改进作风，努力变“上访”为“下访”，把问题解决在事发之前，解决在基层现场；公安保卫战线同志要增强内保意识，积极主动地与信访等部门紧密配合，确保一方平安。

表1 煤矿生产规模

	矿井数（处）	实际年产量（10^4t）	占全省年产量的比例（%）
统配矿	28	836.66	
省(区)属矿			
地、市营矿	8	46.19	
县营矿	40	155.5	
集体及个体矿	810	606.87	

表2 重点煤矿基本情况

局矿名称	地址及邮政编码	实际年产量（10^4t）
重庆煤管局	重庆市中区 630010	1645.22

表 3 重点煤矿主要技术经济指标

局矿名称	原煤产量 (10⁴t)	商品煤		洗精煤		掘进总进尺 (m)	采煤工作面平均月产量 (t)	掘进工作面平均月进度 (m)	采煤机械化程度(%)		掘进装载机械化程度(%)		企业坑木消耗 (m^3/10^4t)	原煤全员效率 (t/工)
		灰分 (%)	含矸率 (%)	产量 (10^4t)	灰分 (%)				合计	其中：综采	合计	其中：综掘		
全市合计	1645.22													
统配矿	836.66	22.48	0.006	161.58	11.78	186909	6741	118.95	34.99		68.02		39.57	0.711
南桐矿务局	220.86	20.41		67.17	12.19	46869	9241	140.10	14.01		56.76		53.44	0.724
天府矿务局	134.59	24.50		1.65	13.04	31114	4597	90.90			66.67		61.64	0.627
松藻矿务局	269.64	25.58				37448	11975	105.01	72.08		61.24		14.03	0.882
永荣矿务局	150.18	14.60		75.42	10.74	4657	4136	127.51	45.96		87.02		23.47	0.596
中梁山矿务局	61.38	22.46		17.33	14.49	24961	3683	117.02			51.40		90.65	0.616
市属矿	46.19													
县属矿	155.50													
乡镇矿	606.87													

注：原煤产量包括购进的煤炭。

贵州省煤炭工业概况

表 1　煤矿生产规模

	矿井数（处）	实际年产量（10^4t）	占全省年产量的比例（%）
全省(区)合计		4528.79	100
统配矿	20	1059.06	23.39
省(区)属矿	15	199.12	4.40
地、市营矿	1	3.59	0.08
县营矿	28	107.00	2.36
集体及个体矿		3160.02	69.77

表 2　重点煤矿基本情况

局矿名称	地址及邮政编码	实际年产量（10^4t）
六枝矿务局	贵州省六枝特区　553400	145.44
盘江矿务局	贵州省盘县特区　561617	501.40
水城矿务局	贵州省六盘水市　553000	412.22
林东矿务局	贵州省贵阳市郊　550018	104.16

备注：矿井数为3万吨以上（含3万吨）矿井处数。

表 3　重点煤矿主要技术经济指标

局矿名称	原煤产量（10^4t）	商品煤		洗精煤		掘进总进尺（m）	采煤工作面平均月产量（t）	掘进工作面平均月进度（m）	采煤机械化程度（%）		掘进装载机械化程度（%）		原煤坑木消耗（$m^3/10^4t$）	原煤全员效率（t/工）	备注
		灰分（%）	含矸率（%）	产量（10^4t）	灰分（%）				合计	其中：综采	合计	其中：综掘			
总　计	1163.22	19.61		279.42	11.62	140822	16254	102.79	50.45	10.32	57.63	2.81	21.29	0.971	
国有重点	1059.06	18.42		279.42	11.62	128366	18092	105.34	54.70	11.31	62.07	3.13	20.83	1.005	
六枝矿务局	145.41	21.89		26.35	10.14	33806	8244	70.97			37.58		38.99	0.758	
盘江矿务局	501.40	12.89		160.30	11.48	33010	35277	151.90	80.54	27.14	64.47	11.56	13.22	1.417	
水城矿务局	412.22	20.20		92.77	12.28	61550	16305	113.50	46.44		73		22.56	0.854	
非国有重点															
林东矿务局	104.16	26.67				12456	7881	84.68	5.60		18.46		25.54	0.739	

云南省煤炭工业概况

1993年，云南煤炭工业以社会主义市场经济为轴心，以提高经济效益为目的，解放思想，加快改革，加强联合，面向市场，转变观念，把握机遇，按照厅（局）党组制定的坚持“一个中心”、实行“两个依靠”、突出“三个重点”、实现“四个转变”、抓好“五件大事”的工作路数，克服困难，开拓前进，较好地完成了各项工作任务，促进了煤炭工业的健康发展。

1）原煤生产满足了国民经济发展的需要。全年全省完成原煤产量2401.61万吨，其中，国有重点煤矿产量232.55万吨，占全省年产量9.68%；省属煤矿产量549.62万吨，占全省年产量22.89%；地县国有煤矿产量252.64万吨，占全省年产量10.52%，集体及个体煤矿产量1366.8万吨，占全省年产量56.91%。

2）行业管理明显加强。按照面向行业的要求，在规划、协调、监督、服务等方面做了大量工作。在广泛调查深入研究的基础上，修订了全省煤炭工业发展规划；在煤炭基本建设上，促成了庆云、大舍和小勐养矿建工程开工，加快了先锋、老厂白龙山矿井的前期工作；对一批地县、乡镇骨干煤矿或矿井进行了改扩建；进一步整顿了煤炭生产秩序和流通秩序；强化了全省煤炭安全生产领导，促进了安全生产。同时，在生产调度、科研教育等方面都实施了行业管理，推动全省不同所有制煤炭企业的发展步伐。

3）转换经营机制的步伐进一步加快。按照国家“三年放开煤价，三年抽回补贴”的要求，深化改革，转换经营机制。努力划小企业核算单位，把矿内二级单位按模拟法人推向市场。探索“一厂两制”、租赁、经济承包等经营形式。加强生产管理，按照减人提效、限产提效、提高质量、降低成本的要求，实行合理集中生产。以逐级签订扭亏增盈责任书的措施，确保扭亏增盈工作落到实处。厅属煤矿完成了省政府下达的2545万元的扭亏增盈指标，国有重点煤矿也实现扭亏，进一步强化市场观念，努力拓宽销售渠道，广泛开辟省内外市场。加快产品、产业结构调整，大力发展多种经营第三产业。直属煤炭企业多经产值已占全部产值的44%。

4）安全生产创历史最好水平。全省国有煤矿原煤百万吨死亡率为零，比控制指标和上年分别下降100%；地方国有煤矿控制住重大事故，百万吨死亡率比控制指标和上年分别下降73%和13.83%；乡镇煤矿百万吨死亡率比控制指标下降9%。国有重点煤矿和厅直属煤矿安全生产创建国44年来最好水平。

5）实现了矿山的安定团结。在全省煤炭工业走向市场的进程中，内外部困难较多，突出的是资金普遍紧张，企业生产和职工生活一度难以为继。面对这种情况，在上级和有关部门的关心、帮助和支持下，全厅（局）上下切实加强思想政治工作，努力经营创收，号召广大职工发扬艰苦奋斗精神，共同克服困难，共渡难关，确保各项生产经营活动开展，始终保持了职工队伍的稳定，维护了矿山安定团结的局面。

表1 煤矿生产规模

	矿井数 （处）	实际年产量 (10^4t)	占全省年产量的比例 （%）
全省（区）合计		2401.61	100
统配矿	8	232.55	9.68
省（区）属矿	14	549.62	22.89
地、市营矿	21	134.34	5.59
县营矿	46	118.30	4.93
集体及个体矿		1366.80	56.91

表 2 重点煤矿基本情况

局矿名称	地址及邮政编码	实际年产量 (10^4t)	局矿名称	地址及邮政编码	实际年产量 (10^4t)
一平浪煤矿	禄丰县 651217	56.93	圭山煤矿	路南县 652206	16.22
羊场煤矿	宣威市 655411	31.69	可保煤矿	宜良县 652105	15.06
来宾煤矿	宣威市 655402	10.88	凤鸣村煤矿	宜良县 652102	11.84
田坝煤矿	宣威市 655407	58.05	小龙潭煤矿	开远市 661001	486.68
后所煤矿	富源县 655500	48.73	陆东煤矿	曲靖市 655004	10.95
恩洪煤矿	曲靖市 655005	15.87			

表 3 重点煤矿主要技术经济指标

局矿名称	原煤产量 (10^4t)	商品煤 灰分 (%)	商品煤 含矸率 (%)	洗精煤 产量 (10^4t)	洗精煤 灰分 (%)	掘进总进尺 (m)	采煤工作面平均月产量 (t)	掘进工作面平均月进度 (m)	采煤机械化程度(%) 合计	采煤机械化程度(%) 其中:综采	掘进装载机械化程度(%) 合计	掘进装载机械化程度(%) 其中:综掘	企业坑木消耗 (m^3/10^4t)	原煤全员效率 (t/工)	备注
一平浪煤矿	56.93	18.46	0.92	28.70	11.31	16828	5924	119.35	—	—	81.77	—	90.83	0.795	
羊场煤矿	31.69	21.27	0	14.06	12.38	7821	5622	109.63	—	—	57.08	—	79.62	0.488	
来宾煤矿	10.88	33.90	0.68	—	—	4949	7874	114.35	—	—	13.64	—	28.12	0.587	
田坝煤矿	58.05	19.82	0	20.73	12.35	8082	10119	90.55	—	—	31.77	—	64.89	0.835	
后所煤矿	48.73	25.26	0.11	15.46	12.21	11287	7358	168.19	61.22	—	93.76	—	26.70	0.901	
恩洪煤矿	15.87	14.04	0	15.47	12.18	3377	10363	75.57	—	—	40.42	—	62.51	0.643	
圭山煤矿	16.22	17.89	0	6.07	13.16	7386	5198	102.40	—	—	6.86	—	159.31	0.708	
可保煤矿	15.06	22.53	0.11	—	—	—	—	—	—	—	—	—	1.76	1.196	露天
凤鸣村煤矿	11.84	33.56	0.56	—	—	632	16538	99.68	—	—	—	—	149.9	0.930	
小龙潭煤矿	486.68	17.85	0.21	—	—	—	—	—	—	—	—	—	1.05	4.060	露天
陆东煤矿	10.95	22.54	0.43	4.14	12.08	2833	4746	80.89	—	—	—	—	77.63	0.380	

整体推进　重点突破

加快云南煤炭工业走向市场的步伐

——云南煤炭工业管理局局长、云南省煤炭工业厅厅长王显政同志在云南省煤炭工作会议上的讲话（摘要）

1994年3月8日

1993年，全省煤炭工业以社会主义市场经济为轴心，以提高经济效益为目的，解放思想，加快改革，加强联合，面向市场，按照厅（局）党组制定的工作路数，转变观念，把握机遇，克服困难，开拓前进，较好地完成了各项任务。

1993年全省完成原煤产量2401万吨，按照市场需求，比去年减量6万吨。在上半年全省干旱缺电的情况下，调整品种结构，克服困难，加大电煤开采量，提供电煤623万吨，占全省产量的25.9%，超过历史最高水平。

按省、部转变职能，面向行业的要求，在规划、协调、监督、服务等方面进一步加强了对全省煤炭工业的行业管理。修订了全省煤炭发展规划；促成了庆云、大舍和小勐养矿建工程开工，加快了先锋、老厂白龙山矿井的前期工作；对一批地县、乡镇骨干煤矿或矿井实施了改扩建；进一步整顿了煤炭生产秩序和流通秩序，促进了安全生产；在生产调度、基本建设、科研教育、宣传、工会、共青团、办公室工作等方面都实行了行业管理，促进了厅（局）职能转变和全省不同所有制煤矿的健康发展。

按照国家"3年放开煤价，3年抽回补贴"的要求，转换机制取得了较大进展。在企业内部努力划小核算单位，完善企业承包经营责任制，多数企业将内部二级单位按模拟法人逐步推向市场，还有的单位分别按一厂（矿）两制，租赁承包等进行了企业内部组织机构调整。实行合理集中生产、减人提效、限产提效、提高质量、降低成本。扎扎实实开展扭亏增盈工作，逐级签订扭亏责任书，务求实效。强化市场观念，努力拓宽市场渠道，采取"内外结合、东西并举"的促销措施，开辟了重钢和水钢用煤市场。同时，加快产品、产业结构的调整，大力发展多种经营和第三产业。仅厅（局）直属煤炭企业"多经三产"就创产值约2亿元，占全部产值的44%。

原煤百万吨死亡率，国有重点煤矿、厅直属煤矿均为零，全省地方国有煤矿比控制指标下降73%；乡镇煤矿比控制指标下降9%，创建国44年来最好水平。

1993年，全省煤炭工业面临较大的内外部困难，资金普遍紧张，煤炭生产和职工生活受到严重影响。许多企业不能按时发放工资，少数单位拖欠职工工资达半年之久。面对这一问题，省、部、地、州、市（县）对煤炭企业给予了较大的理解、关心和帮助，厅（局）和各单位共同努力，加强思想政治工作，及时化解矛盾，排忧解难，使职工收入稳步增长。仅厅（局）直属单位职工年人均收入就达3877元，比上年增加361元。

西藏自治区煤炭工业概况

重点煤矿基本情况

局矿名称	隶属关系	所在地	实际年产量 (10^4t)	占全区年产量比例 (%)
全区合计			0.7	100
马查拉煤矿	县属	昌都地区	0.7	100

陕西省煤炭工业概况

表 1 煤 矿 生 产 规 模

	矿井数 (处)	实际年产量 (10^4t)	占全省年产量的比例 (%)
全省（区）合计		3362.95	100
统配矿	28	1244.62	37.01
省（区）属矿	2	13.46	0.40
地、市营矿	4	37.24	1.11
县营矿	64	531.04	15.79
集体及个体矿	—	1536.59	45.69

表 2 重 点 煤 矿 基 本 情 况

局矿名称	地址及邮政编码	实际年产量 (10^4t)	年末职工人数 (人)
铜川矿务局	铜川市红旗街 727000	472.16	60246
陈家山矿	耀县庙湾镇	76.98	5291
下石节矿	耀县下石节	64.00	3559
三里洞矿	铜川市北关三里洞	20.05	4021
桃园矿	铜川市二马路	44.38	4412
王石凹矿	铜川市王石凹	58.04	6015
徐家沟矿	铜川市徐家沟	22.81	2410
鸭口矿	铜川市广阳镇	49.19	4407
金华山矿	铜川市金华山	51.00	4107
焦坪矿	铜川市焦坪	33.15	6334
东坡矿	铜川市东坡	39.68	3876

续表

局矿名称	地址及邮政编码	实际年产量 (10^4t)	年末职工人数 (人)
蒲白矿务局	蒲城县罕井镇　715517	140.11	18070
白水矿	白水县东郊	35.08	3402
马村矿	蒲城县罕井镇	52.01	3729
南桥矿	蒲城县罕井镇	33.00	2475
南井头矿	白水县北关	20.02	1393
澄合矿务局	澄城县南大街　715200	118.91	17260
权家河矿	澄城县权家河	44.57	3652
二矿	澄城县石沟村	35.40	3790
董家河矿	澄城县董家河	33.94	2967
王村矿	合阳县王村	5.00	2048
韩城矿务局	韩城市金塔东路　715400	346.28	25056
桑树坪矿	韩城市桑树坪	120.48	6883
下峪口矿	韩城市下峪口	108.98	5949
马沟渠矿	韩城市马沟渠	18.56	1824
象山矿	韩城市象山	46.17	2098
陕西煤炭建设公司	铜川市七一路　727000		2814
苍村矿	黄陵县店头镇　727307	46.97	2814
崔家沟煤矿	铜川市崔家沟　727007	86.31	8945
车村煤矿	黄陵县店头镇　727307	30.22	1172

表3 重点煤矿主要技术经济指标

局矿名称	原煤产量 (10⁴t)	商品煤 灰分 (%)	商品煤 含矸率 (%)	洗精煤 产量 (10⁴t)	洗精煤 灰分 (%)	掘进总进尺 (m)	采煤工作面平均月产量 (t)	掘进工作面平均月进度 (m)	采煤机械化程度(%) 合计	采煤机械化程度(%) 其中：综采	掘进装载机械化程度(%) 合计	掘进装载机械化程度(%) 其中：综掘	企业坑木消耗 (m^3/10⁴t)	原煤全员效率 (t/工)	备注
陕西煤管局	1244.62	20.75	0.11	67.32	9.75	169021	14656	124.31	54.6	34.5	47.43	5.14	27.69	0.880	
铜川矿务局	472.16	24.17	0.07			65051	12668	110.19	61.7	46.2	53.29	10.28	37.43	0.827	
蒲白矿务局	140.11	22.63	0			28329	11599	158.35	33.35	—	13.0	3.37	25.92	0.755	
澄合矿务局	118.91	20.32	0.02			15604	13501	128.44	32.7	13.9	92.62	—	9.97	0.876	
韩城矿务局	346.28	17.04	0	67.32	9.75	29056	35974	116.48	72.0	54.8	76.33	—	17.27	1.112	
陕煤建设公司	46.97	20.56	1.37			6460	8400	156.72	58.14	—	9.0	—	12.23	1.052	苍村煤矿
崔家沟煤矿	86.31	17.95	0.49			18676	9604	119.72	36.5	—	10.1	5.4	61.53	0.647	
车村煤矿	30.22	13.50	0			5845	11825	262.50	—	—	—	—	9.63	1.182	

甘肃省煤炭工业概况

表 1 煤矿生产规模

	矿井数（处）	实际年产量（10^4t）	占全省年产量的比例（%）
全省（区）合计		1806.61	100
统配矿	18	616.93	34.15
省营矿	5	105.35	5.83
地、营矿	5	42.12	2.33
县营矿	27	206.45	11.43

表 2 重点煤矿基本情况

局矿名称	地址及邮政编码	实际年产量（10^4t）
窑街矿务局	兰州市红古区 730080	271.81
靖远矿务局	白银市平川区 730913	335.08
阿干煤矿	兰州市七里河区 730097	34.97

备注：此表的全省及其它矿产量均为有能力的矿井产量。

表 3 重点煤矿主要技术经济指标

局矿名称	原煤产量（10^4t）	商品煤		洗精煤		掘进总进尺（m）	采煤工作面平均月产量（t）	掘进工作面平均月进度（m）	采煤机械化程度（%）		掘进装载机械化程度（%）		企业坑木消耗（$m^3/10^4t$）	原煤全员效率（t/工）	备注
		灰分（%）	含矸率（%）	产量（10^4t）	灰分（%）				合计	其中：综采	合计	其中：综掘			
全省总计	1806.61	13.29	0.19				11783	118.35					52.01	1.035	
窑街局	271.81	12.99	0.09			40888	18295	178.29	59.21		59.00		38.33	1.267	
靖远局	335.08	12.15	0.10			49767	11465	105.30	29.01		29.80		57.13	1.069	
阿干	34.97	15.18	—			12051	5343	108.28					96.81	0.607	

青海省煤炭工业概况

表 1 煤矿生产规模

	矿井数（处）	实际年产量（10^4t）	占全省年产量的比例（%）
全省（区）合计	87	231.47	100
统配矿	—	—	—
省（区）属矿	5	107.51	46.45
地、市营矿	4	19.40	8.38
县营矿	18	42.62	18.41
集体及个体矿	60	61.94	26.76

表 2 重点煤矿基本情况

局矿名称	地址及邮政编码	实际年产量（10^4t）
青海大通矿务局	青海省大通县 810101	70.7
青海热水煤矿	青海省海北州刚察县 812303	36.81

表 3 重点煤矿主要技术经济指标

局矿名称	原煤产量（10^4t）	商品煤		洗精煤		掘进总进尺（m）	采煤工作面平均月产量（t）	掘进工作面平均月进度（m）	采煤机械化程度（%）		掘进装载机械化程度（%）		企业坑木消耗（$m^3/10^4t$）	原煤全员效率（t/工）	备注
		灰分（%）	含矸率（%）	产量（10^4t）	灰分（%）				合计	其中：综采	合计	其中：综掘			
青海大通矿务局	70.70	23.28	0.85	—	—	11672	5217	667	—		—		64.72	0.56	
青海热水煤矿	36.81	20.97	1.90	—	—	1890	4799	79.50	—		—		41.08	0.83	

注：本表格可复印。

宁夏回族自治区煤炭工业概况

表1 煤矿生产规模

	矿井数（处）	实际年产量（10^4t）	占全省年产量的比例（%）
全区（省）合计		1371.50	100.00
国有重点煤矿	12	909.94	66.35
省（区）属煤矿	3	183.56	13.38
地、市营矿			
县营煤矿	6	110.33	8.05
乡镇集体及其他矿		167.67	12.22

注：①矿井处数为3万吨以上矿井数。
②实际年产量包括3万吨及以下矿井产量。

表2 重点煤矿基本情况

局矿名称	地址及邮政编码	实际年产量（万t）
石嘴山矿务局	石嘴山市石嘴山区 753200	256.08
一矿	石嘴山市石嘴山区 753200	115.06
二矿	石嘴山市石嘴山区 753200	141.02
三矿	石嘴山市石嘴山区 753200	
石炭井矿务局	石嘴山市大武口区 753000	600.58
一矿	石嘴山市石炭井区 753300	90.35
二矿	石嘴山市石炭井区 753300	116.89
三矿	石嘴山市石炭井区 753300	78.96
乌兰矿	石炭井局乌兰矿 753300	80.74
白芨沟矿	石嘴山市白芨沟 753003	145.33
大峰矿	石嘴山市大峰沟 753004	50.61
羊齿矿	石嘴山市大峰沟 753004	20.08
灵武矿务局	灵武县磁窑堡镇 751409	53.28
灵新矿	灵武县磁窑堡镇 751409	25.45

表3 重点煤矿主要技术经济指标

	原煤产量 (10⁴t)	商品煤		洗精煤		掘进总进尺 (m)	采煤工作面平均月产量 (t)	掘进工作面平均月进度 (m)	采煤机械化程度(%)		掘进装载机械化程度(%)		企业坑木消耗 (m³/10⁴t)	原煤全员效率 (t/工)	备注
		灰分 (%)	含矸 (%)	产量 (10⁴t)	灰分 (%)				合计	其中：综采	合计	其中：综掘			
合计	939.94	19.60	0.03			84131	18208	151.35	47.70	20.30	78.35	2.43	29.90	1.274	
石嘴山矿务局	256.08	27.25	0.00			32884	22304	164.19	29.91	17.75	79.10		29.35	1.241	
一矿	115.06	27.80	0.00			15322	20881	169.34	16.41		71.86		26.99	1.252	
二矿	141.02	26.84	0.00			17562	23664	159.95	41.30	32.72	85.42		27.71	1.296	
三矿															
石炭井矿务局	600.58	15.09	0.04			47276	16328	149.84	62.18	23.17	84.41	4.33	30.96	1.300	
大井	461.62	15.09	0.04												
一矿	45.00	31.38	0.00			6464	12359	125.91	45.75		92.74		29.62	1.082	
二矿	100.03	28.95	0.00			11653	16765	132.78	63.07		86.27		27.01	1.391	
三矿	65.53	31.08	0.00			10764	10225	165.75			83.42		39.40	1.100	
乌兰矿	47.57	27.23	0.00			7038	12567	141.92	100.00	10.66	78.73		31.93	1.017	
白芨沟矿	138.63	9.69	0.36			9155	31726	197.86	89.33	67.69	88.07	22.36	24.71	1.752	
大峰矿	46.56	6.50	0.27								57.81		0.88	2.180	
羊齿矿	18.30	11.16	0.27			2202	14375	141.15					23.11	1.907	
小井	138.96														
灵武矿务局	53.28	14.49	0.10			3971	16757	99.08					16.15	1.162	
灵新矿	25.45	14.49	0.10			3971	16757	99.08					16.15	1.162	
小井	27.83														
汝箕沟煤矿	30.00														
洗煤部分															
大武口洗煤厂				127.60	10.87										炼焦精煤
太西洗煤厂				132.14	5.50										动力精煤

新疆维吾尔自治区煤炭工业概况

煤炭生产、销售　1993年，新疆维吾尔自治区生产原煤2392.29万吨，比上年增长8.52%。销售原煤2221.7万吨，产销基本平衡。全年调运煤706.7万吨，其中调往甘肃省河西走廊等地220.81万吨。

基本建设　1993年，完成投资21 942万元（其中煤炭部652万元，国家能源投资公司17 354万元，自治区1810万元，自筹资金1529万元，其他597万元），新增固定资产11 816万元。

全年在建矿井（露天煤矿）15处，设计能力390万吨/年（其中新建11处，设计能力324万吨，扩建4处，建成后可净增能力66万吨/年）。投产地方国有煤矿扩建工程2处，净增能力6万吨/年（阜康市三工煤矿，设计能力由3万吨/年扩建至6万吨/年；伊犁州卡赞其煤矿，设计能力由6万吨/年扩建至9万吨/年）。新建露天煤矿剥离工程完成260万立方米，新建扩建矿井完成井巷工程量4353米。全年房屋施工面积112409平方米，竣工54617平方米。煤田地质部门全年钻探进尺22 019米，钻月效率475米，比上年提高14.46%；可采煤层采取率92.8%，下降2.4个百分点；完工钻孔75个，特甲级孔率89.3%（其中特级孔率40%）；提交各类煤田地质报告7件，提交煤炭储量9519万吨。阜康市白杨河井田火区的灭火工程正加紧进行，已取得初步成效。呼图壁县雀儿沟煤矿井田火区的灭火工程通过自治区验收，东四和西下火区的地面和井下的火区得以控制，东二、东三和西上火区基本得以控制。设计部门完成矿区总体设计1部（30万吨/年），提交矿井初步设计5部（93万吨/年），发出施工图6103张（其中新制4072张，利用2031张），全年完成产值424.74万元。

经营状况　国有重点煤矿全年亏损指标5598万元，实际亏损5253万元，减亏了345万元。

科研、教育　全年安排科研项目和新技术推广项目19项，完成3项。艾维尔沟煤矿煤层坚硬顶板管理研究、煤炭粉状税色炭研制、廉价炭质吸附剂开发研制及活性炭应用研究和煤炭科研所煤制活性炭中间试验项目通过自治区科委和自治区煤炭厅组织的鉴定。国有重点煤矿采煤机械化、掘进装载机械化为42.66%、25.91%，分别比上年提高1.27个百分点、下降5.91个百分点。全年招收大中专学生517人，毕业大中专学生361人、技校学生504人。培训考核合格的职工4834人。

地方煤矿　全年生产原煤1950.04万吨，比上年增长11.69%。审查批准地方煤矿生产地质报告4件（详查报告3件，普查报告1件），获得各级煤炭储量8682万吨。全年为地方煤矿举办各类安全技术培训班14期698人次，地质储量管理培训班1期18人次。乌苏县四棵树煤矿五号井、塔城地区铁厂沟煤矿三号井、阿勒泰地区库仑铁布克煤矿四号井、昭苏县煤矿均达到部乙级质量标准化矿井，比上年增加1个；尼勒克县胡吉尔台乡煤矿达到省级质量标准化矿井，实现了自治区乡镇煤矿质量标准化矿井零的突破；通风质量达到部甲级标准的除上述5个矿井外，还有生产建设兵团农十师187团场煤矿、农六师大黄山煤矿；吐鲁番市煤矿、阜康市西沟煤矿达到部级通风质量乙级标准。

煤矿安全　1993年，全区各类煤矿发生事故265起，死亡348人，分别比上年上升27.4%、25.63%。其中煤炭生产死亡305人，上升25.52%；基本建设死亡20人，上升150%；其他生产死亡12人，上升140%；无证矿井死亡11人，下降47.62%。国有重点煤矿死亡5人，下降37.5%；地方国有煤矿死亡62人，上升26.53%；生产建设兵团、劳改、军队、建材系统煤矿死亡48人，上升14.29%；乡镇（村）集体煤矿和个体煤矿死亡190人，上升31.94%。到1993年底，哈密、和田地区和有色金属、水利系统的煤矿全年无死亡事故，艾维尔沟煤矿、生产建设兵团系统和塔城地区、喀什地区、乌鲁木齐市（含乌鲁木齐县）的煤矿死亡人数分别比上年下降50%、30.23%、28.57%、20%、6.82%。在国有重点煤矿中，乌鲁木齐矿务局六道湾煤矿、碱沟煤矿和哈密矿务局一矿，分别实现安全生产743天、1378天、2191天；地方国有煤矿中，和田地区杜瓦煤矿、拜城县铁热克煤矿、吐鲁番市煤矿分别实现安全生产1216天、5年、17年；乡镇煤矿中，尼勒克县胡吉尔台乡煤矿安全生产16年8个月。

煤炭集体经济　1993年，自治区煤炭工业厅系统集体经济产值（营业收入）16 326.32万元，比上年增长19.84%。其中工业产值7265.63万元，增长9.54%；完成建筑工作量4837.03万元，增长23.65%；第三产业营业收入4164.15万元，增长36.22%；农林牧副收入59.51万元。实现利税1217.85万元，增长45.61%。其中实现利润602.53万元，增长80.32%；上缴税金615.32万元，增长22.52%。全年安置待业人员1552人，其中全民企业富余人员216人。有集体企业厂点421个，比上年增加57个，有职工12639人。年人均创收12938元，增长21.39%，职工平均收入3578.9元，增长17.26%。

表1 煤矿生产规模

	矿井数(处)	实际年产量(10^4t)	占全省年产量的比重(%)		矿井数(处)	实际年产量(10^4t)	占全省年产量的比重(%)
全区合计	873	2392.29	100	地、市营矿	21	163.24	6.82
国有重点煤矿	8	442.25	18.49	县营矿	82	424.64	17.75
省营矿	101	450.34	18.82	集体矿	661	911.82	38.11

表2 重点煤矿基本情况

局矿名称	地址及邮政编码	实际年产量(10^4t)
哈密矿务局	新疆哈密市三道岭 839003	169.55
乌鲁木齐矿务局	新疆乌鲁木齐市东山矿区 830027	216.66
艾维尔沟煤矿	新疆乌鲁木齐市南山矿区 830025	56.04
布雅煤矿	和田县布雅 848000	26.70
哈满沟煤矿	库尔勒市他什店 841011	15.14
工矿厂煤矿	伊宁市 835005	16.08
大黄山煤矿	阜康市 831509	22.72
石河子南山煤矿	石河子市石场镇 832026	36.26
和什托洛盖煤矿	和布克赛尔蒙古自治县 834407	23.17
康苏煤矿	克孜勒苏自治州乌恰县 845451	8.32
跃进钢铁厂煤矿	乌鲁木齐市后峡 830035	15.49
红星煤矿	吐鲁番市七泉湖 838014	11.17
五宫煤矿	阜康市 831507	8.92
巴州二煤矿	库尔勒市他什店 841011	15.32
铁力克煤矿	拜城县铁力克 842316	17.00
杜瓦煤矿	和田市杜瓦镇 848016	13.14
皮里青煤矿	伊宁市皮里青 835103	16.62
铁厂沟煤矿	额敏县铁厂沟镇 834615	21.34
四棵树煤矿	乌苏县四棵树乡 833019	44.51
昌吉市煤矿	昌吉市硫磺沟 831114	23.61
米泉县煤矿	米泉县铁厂沟 831407	23.00
沙湾县煤矿	沙湾县南山 832113	10.76
和布克赛尔县二煤矿	和布克赛尔蒙古自治县 834407	20.37

表3 重点煤矿主要技术经济指标

局矿名称	原煤产量	商品煤		洗精煤		掘进总进尺	回采工作面平均月产量	掘进工作面平均月进度	采煤机械化程度(%)		掘进装载机械化程度(%)		企业坑木消耗	原煤全员效率
	(10⁴t)	灰分(%)	含矸率(%)	产量(10⁴t)	灰分(%)	(m)	(t)	(m)	合计	其中：综采	合计	其中：综掘	(m³/10⁴t)	(t/工)
全区合计	2392.29													
全区国有重点煤矿	442.25	11.71	0.22	24.57	7.60	29794	10561	81.92	42.66	23.90	25.91	3.56	23.10	1.330
哈密矿务局	169.55	6.22	0.47			2053	25641	175.32	100.00	0	0	0	19.17	1.493
乌鲁木齐矿务局	216.66	15.94	0.17			17962	10134	68.88	28.64	28.64	41.28	5.90	24.14	1.283
艾维尔沟煤矿	56.04	8.93		24.57	7.60	9779	8376	107.19	55.55	22.77	3.13	0	31.89	1.108
布雅煤矿	26.70	14.71	0.91										0	0.70
哈满沟煤矿	15.14													
工矿厂煤矿	16.08													
大黄山煤矿	22.72													
石河子南山煤矿	36.26													
和什托洛盖煤矿	23.17													
康苏煤矿	8.32													
跃进钢铁厂煤矿	15.49	10.16	3.00										8.97	1.41
红星煤矿	11.17	10.73	4.00										6.64	1.41
五宫煤矿	8.92	5.42	1.11										32.40	0.56
巴州二煤矿	15.32	24.00	1.20										75.13	0.51
铁力克煤矿	17.00	11.20	2.30										35.88	1.30
杜瓦煤矿	13.14	10.60	1.50										219.41	1.23
皮里青煤矿	16.62													
铁厂沟煤矿	21.34													
四棵树煤矿	44.51	9.00	1.20										28.00	2.09
昌吉市煤矿	23.61	7.65	2.67										24.40	1.10
米泉县煤矿	23.00	12.00	7.00										18.30	1.18
沙湾县煤矿	10.76	6.61	2.80										48.94	0.91
和布克赛尔县二煤矿	20.37	15.60	3.63										38.50	1.14

抓住机遇　深化改革　走向市场

——新疆维吾尔自治区煤炭工业厅厅长于继利同志在自治区煤炭工作会议上的讲话（摘要）

1993年，新疆煤炭战线以邓小平同志重要谈话和党的十四大精神为指针，以适应和发展社会主义市场经济为出发点和落脚点，以提高劳动生产率和经济效益为中心，以扭亏增盈为目标，深化改革，加快经营机制的转换，逐步走向市场，取得明显成效。

1．煤炭产量再创历史新水平，保证了自治区国民经济发展的需要

全疆生产原煤2392.29万吨，比上年增长8.52%。销售原煤2221.7万吨，产销基本平衡。全年调运煤706.7万吨。基建投资完成21942万元。

2．全力狠抓扭亏增盈，经济效益有了新的提高

扣除新财会制度因素后，国有重点煤矿全年亏损5253万元，按煤炭部盈亏考核公式计算，减亏345万元。

3．贯彻《条例》，深化改革，减人提效，取得较好成绩

煤炭厅先后出台了《关于放开煤炭经营的六条措施》、贯彻《条例》的实施办法和《关于贯彻中央六号文件精神，加强宏观调控，促进新疆煤炭工业既快又好地发展的意见》。并根据自治区人民政府关于进一步治理“三乱”的规定，取消了4项不合理的收费，减轻了企业的负担。国有重点煤矿净减少2761人，划转分流26662人；原煤全员效率1.368吨/工，比年计划提高7.7%，比1992年实际效率提高5%。

4．多种经营集体经济发展较快

仅煤炭厅属各单位全年多种经营集体经济生产（经营）总值达到16326.32万元，比1992年增加2703.41万元，增长19.84%。利税完成1217.85万元。比1992年增加381.48万元，增长45.61%。全年新安置人员1552人。

5．不少地区（单位）的安全状况有所好转，出现了一批安全生产先进单位

全年无死亡事故的有哈密、和田地区和有色、水利系统的煤矿；乌鲁木齐矿务局六道湾煤矿、碱沟煤矿、哈密矿务局一矿分别实现安全生产743、1378、2500天，铁列克煤矿、吐鲁番市煤矿已分别实现安全生产5年、17年。

6．坚持两手抓方针，加强精神文明建设，保障了改革开放和经济建设的顺利进行

各煤炭企事业单位始终强调思想政治工作必须服务于经济建设这个中心，突出抓了领导班子的思想作风建设和组织建设，民族团结、军民团结活动进一步巩固和发展，社会治安综合治理工作进一步增强，反腐败斗争进一步改善了经济发展的环境，职工生活水平有了明显提高。新疆煤炭工业向社会主义市场经济体制的历史性转变有了一个良好的开端。

海南省长昌煤矿概况

主 要 技 术 经 济 指 标

年 份	原煤产量 (10⁴t)	商品煤 灰分 (%)	商品煤 含矸率 (%)	掘进总进尺 (m)	回采工作面平均月产量 (t)	掘进工作面平均月进度 (m)	企业坑木消耗 ($m^3/10^4t$)	原煤全员效率 (t/工)
1970	1.0681	50.63	3	395	890	33	578	0.131
1971	1.4792	50.68	3	1982	1233	165	610	0.126
1972	0.8528	50.78	3	2184	711	182	530	0.138
1973	1.2133	51.32	3	2456	1011	204	621	0.129
1974	1.5440	51.84	4	2226	1287	186	342	0.227
1975	2.5176	51.42	4	3866	2098	322	362	0.266
1976	4.5250	52.30	4	5078	3771	423	288	0.414
1977	7.5205	62.00	3	5172	6267	431	240	0.447
1978	6.5384	65.25	3	4654	5449	388	281	0.342
1979	2.2785	58.32	4	3516	1899	293	518	0.168
1980	2.3106	58.46	3	2445	1926	204	209	0.245
1981	1.8286	59.11	4	1311	1524	109	283	0.262
1982	2.4024	62.39	3	1538	2002	128	209	0.328
1983	2.5038	64.29	3	1633	2087	136	171	0.427
1984	2.0071	62.49	4	1729	1673	144	197	0.347
1985	2.4664	62.00	3	1187	2055	99	137	0.408
1986	2.0013	68.83	3	903	1668	94	132	0.467
1987	1.7599	66.45	4	647	1467	80	159	0.439
1988	1.3779	65.47	4	571	1148	75	94	0.618
1989	0.4347	68.74	4	160	725	38	160	0.907
1990	1.30	58.00	5	900			65	0.66
1991	1.50							
1992	1.60							
1993	1.52							

开滦矿务局煤炭工业概况

1993年，开滦矿务局认真贯彻党的十四大和全国煤炭工作会议精神，结合本局具体情况，按照继续深化承包，积极投向市场，加快经营机制转换，发展多元化经营的基本思路，对10个煤矿和非煤生产建设单位，加大了承包经营力度，对全局物资供应、煤炭销售、财务、计划等管理体制进行了改革，使各单位基本成为相对独立的“四自”经营实体。在转换经营机制的同时，大力推进切块经营工作，适时开展了以“一反五大”（反浪费、大清理、大回收、大修旧、大复用、大整改）为主要内容的节支降耗、提质增效活动，促进了全局新机制的正常运转，使全局经济工作出现了比较好的形势。

企业实现减亏。1993年全局帐面亏损10625万元，在消化大量增支因素的基础上，比国家下达指标减亏1874万元。

原煤成本得到有效控制。全局原煤单位成本计划90.07元，帐面完成95.49元，扣除提资因素，实际完成88.68元，比计划降低1.39元。其中材料费成本完成16.38元，比计划降低0.04元；电力成本在电价上涨的情况下，低于计划水平。

煤炭质量明显提高。全局原煤灰分计划36.6%，全年实际完成33.74%，比计划降低2.86%，比1992年降低2.42%，是1989年以来最好水平。由于原煤质量的提高，全局商品煤灰分完成25.08%，比计划降低1.22%，比1992年降低0.51%；；含矸率完成0.25%，比计划降低0.10%，比1992年降低0.04%。

生产比较均衡稳定。除6月份受路车影响外，生产没有出现大的波动。1993年全局原煤产量完成1760.48万吨，比承包计划超产5.48万吨，比1992年增产33万吨。洗精煤产量，全年完成525.88万吨，基本实现了产销平衡。

开拓进尺和重点延深工程完成较好。全局开拓进尺计划29800米，其中开拓延深计划7150米，到10月底完成29950米，其中延深完成7380米，均提前61天超额完成全年计划。全年开拓进尺完成35513.9米，比计划超5713.9米，比1992年多进尺4199米，交出7个石门，获得开拓煤量1848万吨。全局9项重点延深工程有8项超额完成。

安全工作达到年初的目标。年初确定百万吨死亡率目标是控制在1以下，全年实际为0.852。重伤事故比1992年减少45.6%。

筹资建房有了进展，职工收入有了增加。职工筹资建房完成资金7880万元，加上1992年结转工程，完成竣工面积17.7万平方米，交出住房3067套。职工收入，1993年全局人均工资4259元，比1992年的3616元提高17.78%。

1993年经济工作，除货款回收有些影响外，取得了较好的效果。

表1 煤矿生产规模

	矿井数（处）	实际年产量（10^4t）	占全局年产量的比重（%）
全局合计	10—1740	1760.48	100
统配矿	10—1740	1760.48	100

表 2 重点煤矿基本情况

局矿名称	隶属关系	地址及邮政编码	实际年产量 (10^4t)	局矿名称	隶属关系	地址及邮政编码	实际年产量 (10^4t)
开滦矿务局	中央	河北省唐山市新华道70号 063018	1760.48	吕家坨矿	开滦矿务局	河北省唐山市东矿区 063107	181.59
赵各庄矿	开滦矿务局	河北省唐山市东矿区 063012	188.00	荆各庄矿	开滦矿务局	河北省唐山市路北区 063026	175.01
林西矿	开滦矿务局	河北省唐山市东矿区 063104	109.27	林南仓矿	开滦矿务局	河北省玉田县林南仓镇 064106	56.35
唐山矿	开滦矿务局	河北省唐山市路南区 063000	296.07	钱家营矿	开滦矿务局	河北省唐山市路南区 063301	303.56
马家沟矿	开滦矿务局	河北省唐山市开平区 063024	75.59	嘉盛总公司	开滦矿务局	河北省唐山市东矿区 063105	91.00
范各庄矿	开滦矿务局	河北省唐山市东矿区 063109	284.04				

表 3 重点煤矿主要技术经济指标

局矿名称	原煤产量 (10^4t)	商品煤		洗精煤		掘进总进尺 (m)	回采工作面平均月产量 (t)	回采工作面平均月进度 (m)	采煤机械化程度 (%)		掘进装载机械化程度 (%)		企业坑木消耗 (m^3/10^4t)	原煤全员效率 (t/工)
		灰分 (%)	含矸率 (%)	产量 (10^4t)	灰分 (%)				合计	其中：综掘	合计	其中：综掘		
开滦矿务局	1760.48	25.08	0.25	525.88	11.31	176884	20658	132.27	70.64	50.60	57.15	20.26	41.62	1.380
赵各庄矿	188.00	23.30		68.76	11.85	32426	9394	118.46			76.02	5.16	62.91	0.798
林西矿	109.27	19.54		52.72	11.83	17550	9321	115.06	37.70		16.82		47.90	0.690
唐山矿	296.07	16.94		140.18	10.85	19921	24815	115.80	80.79	70.42	40.64	14.03	41.27	1.546
马家沟矿	75.59	21.54		33.01	11.48	15139	10390	107.71			51.21		91.44	0.687
范各庄矿	284.04	18.23	0.06	117.38	10.83	20335	35660	144.25	100.00	73.87	52.07	33.95	33.86	2.072
吕家坨矿	181.59	26.10		65.00	11.78	21151	23754	101.32	100.00		86.46	3.77	27.50	1.523
荆各庄矿	175.01	32.79				14060	34274	184.66	68.95	68.95	71.27	56.98	33.05	2.019
林南仓矿	56.35	31.62				6490		98.04			25.01		27.26	
钱家营矿	303.56	33.16	1.11	10.75	11.85	16954	43514	351.89	100.00	97.88	92.38	92.38	30.68	2.675
嘉盛总公司	91.00	20.25		38.08	11.76	12858	14219	221.04			11.36		42.73	

继续深化改革　加大承包经营力度
为实现全局经济的收支平衡而努力奋斗

——开滦矿务局局长徐冀同志在开滦矿务局党委五届七次全委扩大会议上的讲话（摘要）

1993年12月14日

1993年，我们认真贯彻党的十四大和全国煤炭工作会议精神，结合开滦具体情况，按照继续深化承包，积极投向市场，加快经营机制转换，发展多元化经营的基本思路，对10个煤矿和非煤生产建设单位，加大了承包经营力度，同时矿务局改革了物资供应、煤炭销售、财务、计划等管理体制，使各单位基本成为相对独立的“四自”经营实体。在转换经营机制的同时，大力推进切块经营工作，适时开展了以“一反五大”为主要内容的节支降耗、提质增效活动，促进了全局新机制的正常运转，使开滦经济工作出现了比较好的形势。

企业实现了减亏。在消化大量增支因素的基础上，比计划减亏3000万元。

原煤成本得到有效控制。全局原煤单位成本计划90.07元，全年可控制在计划水平。

煤炭质量明显提高。全局原煤灰份计划36.6%，实际完成33.74%，比计划降低2.86%。

生产比较均衡稳定。全局原煤产量完成1760.48万吨，比承包计划超产5.48万吨；洗精煤完成525.88万吨，基本实现了产销平衡。

开拓进尺和重点延深工程完成较好。开拓进尺全年完成35513.9米，比计划超5713.9米；全局9项重点延深工程有8项超额完成任务。

安全工作达到年初确定的百万吨死亡率控制在1以下的目标，全年实际为0.852。

筹资建房工作有了进展，全年完成资金7880万元，加上上年结转工程，完成竣工面积17.7万平方米，交出住房3067套。

职工收入有了提高，人均工资4259元，比上年提高17.78%。

全年的经济工作，在外部条件不利的情况下取得了比较好的效果，总结起来有以下几点：

1）通过转换经营机制，把分灶吃饭落到实处；

2）以销售为龙头，生产经营活动实现了由“产供销”向“销供产”转变；

3）以效益为中心，内部承包开始由生产型向效益型转变；

4）发展切块经营，减轻了原煤负担；

5）开展“一反五大”活动，挖掘了企业内部潜力；

6）加强宏观调控，保证新机制的正常运转。

在肯定工作成绩的同时，还存在一些问题。一是有的领导同志思想观念和工作方法转变不够，对迅速变化的外部环境缺乏紧迫感、危机感和应变能力；二是各单位发展不平衡；三是基本建设重点工程没有按计划工期兑现；四是货款回收不好，资金极度紧张。这些都需要我们认真加以解决。

大同矿务局煤炭工业概况

大同矿务局是我国目前最大的现代化煤炭企业之一，现有全民所有制职工13.39万人，集体职工6.37万人，全局职工约20万人。全局现有15个生产矿，所属二级单位52个。1993年拥有固定资产原值65亿元，净值46.5亿元。到1993年累计生产煤炭7.42亿吨，上缴国家利税80.36亿元，为国民经济发展做出了较大贡献。

大同矿务局生产的煤炭以低灰、低硫、高发热量著称于世，为多用途优质烟煤，素有“工业精粉”之美誉，行销全国26个省、自治区和直辖市，并出口日本、法国、英国、德国、意大利、荷兰、芬兰、丹麦、印尼、马来西亚、孟加拉、菲律宾、韩国、泰国等国家和台湾、香港等地区。1993年出口煤炭221.43万吨，占全国出口煤炭总量的10%左右。除煤炭产品外，大同矿务局还生产火药、雷管、煤焦油、焦炭、煤气、水泥、机修、建筑等产品。

1993年，大同矿务局认真贯彻落实党的十四大和十四届三中全会精神，发挥国有特大型煤炭企业在国民经济中的骨干作用，解放思想，把握机遇，努力适应社会主义市场经济发展的需要，紧紧围绕提高企业经济效益这个中心，加快改革开放步伐，依靠科技进步，强化企业管理，加强精神文明建设，主攻两效，提高两化，全心全意依靠工人群众，较好地完成了1993年的主要任务和工作目标，取得建局以来最显著的经济效益。

1）煤炭生产：全年原煤总产量计划3600万吨，实际完成3802.647万吨，比计划超产202.647万吨，比1992年增加202.57万吨：矿井产量完成3175.46万吨，超计划100.46万吨，比1992年增加103.39万吨；

2）煤炭外运：全年铁路外运量完成3768.02万吨，超国家分配计划193.02万吨，比1992年增运191.94万吨，提高5.37%；

3）利润：全年实现利润4.6886亿元；

4）全员效率：原煤效率完成2.781吨/工，比计划提高0.081吨/工。企业效率完成295.85吨/人，比计划提高15.85吨/人；

5）煤炭质量：商品煤灰分为8.18%，比计划的9.67%降低1.49个百分点，比1992年降低0.10个百分点；含矸率为0.07%，比计划的0.14%降低0.07个百分点，比1992年下降0.01个百分点；

6）基本建设：全年共完成各类资金72336万元，其中完成国家投资贷款56389万元，完成自有资金15947万元，井巷工程量计划14139米，实际完成14796米。职工住宅实际施工面积53万平方米，竣工面积32万平方米，竣工率达到60.17%；

7）多种经营第三产业：全年多种经营系统经营总额完成7.7亿元，实现利税5601万元，安置待业青年4527人；第三产业系统经营总额1.5亿元，税后利润实现1147万元；

8）职工收入：全局职工人均年收入5136元，比1992年提高12.06%，采掘一线工人人均年收入7471元，比1994年提高19.48%。

表1 煤矿生产规模

局矿名称	矿井数（处）	实际年产量（10^4t）	占全省年产量的比例（%）
全局合计	15	3175.46	100
统配矿	15	3175.46	100

表2 重点煤矿基本情况

局矿名称	地址及邮政编码	实际年产量 (10^4t)
大同矿务局	山西省大同市新平旺 037003	3175.46
煤峪口矿	山西省大同市 037041	197.66
永定庄矿	山西省大同市 037024	235.06
同家梁矿	山西省大同市 037025	259.83
四老沟矿	山西省大同市 037028	155.01
忻州窑矿	山西省大同市 037021	205.20
白洞矿	山西省大同市 037029	130.51
雁崖矿	山西省大同市 037031	120.01
挖金湾矿	山西省大同市 037042	150.02
晋华宫矿	山西省大同市 037016	319.00
马脊梁矿	山西省大同市 037027	136.89
大斗沟矿	山西省大同市 037026	182.60
王村矿	山西省大同市 037032	185.02
云岗矿	山西省大同市 037017	408.46
燕子山矿	山西省大同市 037037	360.20
四台矿	山西省大同市 037000	130.00

表3 重点煤矿主要技术经济指标

局矿名称	原煤产量 (10⁴t)	商品煤		洗精煤		掘进总进尺 (m)	采煤工作面平均月产量 (t)	掘进工作面平均月进度 (m)	采煤机械化程度 (%)		掘进装载机械化程度(%)		原煤坑木消耗 (m³/10⁴t)	原煤全员效率 (t/工)	备注
		灰分 (%)	含矸率 (%)	产量 (10⁴t)	灰分 (%)				合计	其中：综采	合计	其中：综掘			
大同矿务局	3175.46	8.18	0.07	44.15	6.32	297850	43283	254.88	97.07	85.51	99.10	47.69	24.21	2.781	
煤峪口矿	197.66	7.20	0.08			12603	44735	250.14	100.00	100.00	100.00	83.91	22.80	3.015	
永定庄矿	235.06	7.75	0.02			23800	33965	255.61	100.00	69.32	97.82	36.05	35.80	2.712	
同家梁矿	259.83	8.11	0.10			22571	83784	216.26	100.00	100.00	99.85	51.52	22.90	3.004	
四老沟矿	155.01	8.18	0.09			16096	19889	177.13	100.00	50.33	99.71	35.54	31.80	2.252	
忻州窑矿	205.20	8.25	0.09			15539	43744	229.32	100.00	86.80	98.47	50.60	16.60	2.802	
白洞矿	130.51	7.32	0.06			11726	33889	256.36	100.00	63.03	100.00	37.67	31.60	1.601	
雁崖矿	120.01	8.47	0.14			17419	31792	189.11	100.00	72.22	89.43	27.73	29.60	2.003	
挖金湾矿	150.02	8.20	0.15			19501	21339	155.24	83.55	50.50	100.00	12.33	29.90	1.861	
晋华宫矿	319.00	9.65	0.09			28655	53272	269.49	100.00	90.52	100.00	31.84	24.20	3.212	
马脊梁矿	136.89	9.52				16793	67248	300.04	100.00	100.00	100.00	36.03	18.20	3.022	
大斗沟矿	182.60	6.93	0.04			11023	27216	260.28	78.86	73.93	100.00	47.38	35.60	2.724	
王村矿	185.02	7.13	0.09			22467	28313	374.14	84.12	70.91	100.00	68.68	23.10	2.485	
云岗矿	408.46	7.35	0.15			34513	106441	432.93	100.00	100.00	100.00	61.13	18.30	5.008	
燕子山矿	360.20	8.89		12.27	9.20	23893	107030	528.72	100.00	100.00	100.00	88.87	15.30	5.016	
四台矿	130.00	9.16		31.88	5.59	16000	36575	232.57	100.00	100.00	100.00	49.09	26.90	1.900	

积极适应市场　总体推进改革　全面强化管理

努力提高效益

——大同矿务局局长宋永津同志在大同矿务局工作会议上的讲话（摘要）

1993年12月28日

一、1993年全局生产经营和企业建设发展情况

1993年，全局原煤总产量完成3802.647万吨，超计划202.647万吨，矿井产量完成3175.459万吨，超计划100.459万吨；外运煤炭3768.2万吨，煤炭销售收入39.52亿元；实现利润46886万元，上缴利税5.2亿元；原煤成本完成82.40元/吨；原煤效率和企业效率分别达到2.781吨/工和295.85吨/人；商品煤含矸和灰分分别为0.07%和8.18%；基本建设完成各类投资7.2336亿元，完成井巷工程量为14796米；多种经营系统经营总额7.7亿元，利税5601万元，第三产业系统经营总额1.5亿元，税后利润1147万元；全局职工人均年收入5136元，比1992年提高12.06%，采掘一线工人人均年收入7471元，比1992年提高19.48%。

回顾1年来的工作，主要有以下6个突出特点：

1）有一个比较清晰的企业发展思路；

2）突出了以经济效益为中心的主旋律；

3）以人为中心的管理责任制逐步理顺；

4）煤炭生产抓当前，重长远，增强了发展后劲；

5）注重改善职工生活；

6）党的建设、思想政治工作和精神文明建设得到进一步加强和改进。

二、一九九四年全局的形势和任务

1994年，全局面临的形势有4个特点，一是死基数与活环境的矛盾，迫使全局向强化内部管理要效益。二是产运销相互制约的矛盾，要求我们面对活市场灵活营销；三是企业经营机制不活与市场经济加快发展不相适应的矛盾，要求我们加大改革力度，转变经营机制；四是急需增强的企业应变能力与多种经营第三产业发展滞后的矛盾，要求我们大力发展多种经营第三产业。

1994年全局的主要工作目标是：

1）利润：实现上缴55976万元，实现转产基金4034万元；

2）原煤总产量承包计划3600万吨，矿井产量承包计划3100万吨；

3）商品煤灰分9.67%，含矸0.14%；

4）原煤全员效率2.8吨/工，企业全员效率300吨/工；

5）煤炭生产百万吨死亡率控制在0.8以下，奋斗目标0.5；

6）原煤成本控制在88.18元/吨；

7）基本建设完成投资50420万元；

8）全局多种经营系统完成经营总额8亿元，实现利税4000万元，新事业开发系统生产经营总额2.5亿元，实现利税3500万元。

三、一九九四年全局重点工作

1994年为实现以上目标，我局要围绕适应市场经济，抓好以下7项工作：

1）以市场为导向，把提高经济效益作为各项工作的主旋律；

2）加大改革力度，转换经营机制，不断适应市场经济的需要；

3）适应市场经济，搞好内部结构调整，增强企业发展后劲；

4）狠抓内部管理，向管理要效益；

5）逐步建立基本建设新的管理机制，努力提高竞争能力；

6）在积极适应市场、提高经济效益的基础上，逐步改善职工生活；

7）坚持学习邓小平同志建设有中国特色的社会主义理论，大力加强思想政治领域工作。

大屯煤电公司煤炭工业概况

大屯煤电公司是一个以煤为主，煤炭、电力、铁路运输综合经营，生产、建设、多种经营同步发展的国家大型一类企业，1993年在全国500家最大工业企业排序中位于第352位。

大屯煤电公司地处苏鲁交界处的江苏省沛县境内，矿区总面积约245平方公里，拥有地质储量12亿吨，地面建筑物总面积122万平方米。现有生产矿井4对，选煤厂3座，煤炭生产和洗选能力均为405万吨/年，有装机容量为13万千瓦的火力发电厂1座，年制修能力1万吨的机修总厂1个和年运输能力为660万吨的自营铁路专用线171公里。此外还拥有国家一级施工资质证书的建筑安装、矿建、特殊基础工程建设等3支建筑施工队伍和医疗卫生、文化教育、商业服务等一系列公共设施。

大屯矿区自开发建设以来，在上级领导及有关部门的正确领导下，每年都较好地完成了国家下达的各项任务。特别是1986年实行经营总承包以来，公司始终坚持煤电运综合发展方针，合理优化产业结构，使“大屯模式”得到了完善和发展，企业各方面工作都取得了显著的进步。我公司资产雄厚、偿债、获利能力俱佳，财务状况良好。1993年末公司固定资产原值达115792万元，净值为83879万元，公司拥有流动资产36090万元，递延资产1762万元，对外长期投资4199万元，总资产达127457万元，流动资金6380万元。1993年度产值达70516万元，比上年增加25899万元；商品销售收入为74070万元，比上年增加24367万元；实现利润为11178万元，比上年增加2074万元；上缴税金为2941万元，比上年增加38万元；人均创利税额5300元，比上年增加800元；矿区机械化程度高，1993年采煤机械化程度达89.47%，掘进装载机械化程度达84.78%。到1993年底，累计完成国家投资14.2亿元，生产原煤4246万吨，洗精煤1324万吨，发电98亿度，完成铁路货运量7280万吨，实现利税6.2亿元。

我公司目前外销主要产品为洗混块、洗中块、混块等商品煤和六、九级冶炼精煤等煤炭产品。其中：六级冶炼精煤1987年获能源部优质产品奖，1989年获江苏省优质产品奖，同年获国家优质产品银质奖。九级冶炼精煤1988年获能源部优质产品奖。由我公司建筑安装工程公司施工的大屯中心选煤厂工程1983年获国家优质工程金质奖，由我公司特殊基础工程公司负责的上海宝钢总厂A阶段地质勘探工程1987年获冶金工业部优秀勘察工程一等奖。1992年该公司还走出国门，在伊朗塔巴斯煤田地质勘探项目中一举中标，并圆满完成勘探任务。公司还先后被煤炭部、江苏省、徐州市授予安全生产先进企业、质量标准化公司、省文明单位、省先进集体、思想政治工作优秀企业和重合同守信用企业等荣誉称号。

公司现有职工30350人，其中大专以上文化的4371人。公司领导班子政治素质好、业务能力强，经验丰富。公司经理、高级工程师孟以猛，自1983年担任公司行政一把手至今。他带领全公司3万名职工发扬“艰苦创业、改革创新、团结奉献”的大屯精神，为公司的发展振兴作出了重大贡献。为此，1989年被原中国统配煤矿总公司授予煤炭行业“优秀局长”称号1991年荣获“全国优秀企业家”光荣称号。公司党委书记王振国，高级政工师，几年来，他带领党委一班人，充分发挥党委的政治核心作用，于1989年和1990年连续两年被评为徐州市“民主管理优秀领导干部”；1991年获全国“重视老年工作者功勋奖”。在他们的领导下，充分调动了广大干部职工的积极性、创造性，使企业充满了生机和活力。

公司将以建立现代企业制度为目标，按照“以煤为本、内外结合、大力发展非煤产业”的方针，逐步把企业建成技术先进，结构合理、效益良好的集团性公司。

以市场为导向　继续深化改革
为在市场竞争中取得最佳经济效益而奋斗

——大屯煤电公司经理孟以猛同志在公司三届六次职工代表大会上的讲话（摘要）

1994年2月4日

1994年，公司的主要目标是：一是确保完成上交8185万元的利润计划；二是确保安全百万吨死亡率和工业死亡率分别控制在0.4和0.7以下，力争向零进军；三是确保井巷开拓和重点工程按地点和预期形象进度全面完成。

具体的任务指标是：煤炭产量计划360万吨，奋斗目标400万吨。其中：姚桥矿计划指标120万吨，奋斗目标127万吨；孔庄矿计划指标55万吨，奋斗目标65万吨；徐庄矿计划指标90万吨，奋斗目标98万吨；龙东矿计划指标95万吨，奋斗目标110万吨。精煤产量计划237万吨，其中：中心选煤厂150万吨，孔庄矿选煤厂45万吨，龙东选煤厂42万吨；发电量计划7亿千瓦时，铁路货运计划710万吨，原煤成本力争控制在110元/吨以内；多种经营和第三产业力争分别实现利税500万元和1000万元，安排转岗分流人员5000人。

根据全年工作的指导思想和主要任务，1994年我们要着重抓好以下7项工作：

1．转换经营机制，加大改革力度，为稳步向现代企业制度过渡创造条件。

2．苦练管理内功，狠抓开源节流，千方百计提高生产经济效益。

面对1994年公司资金紧张、支出加大的严峻经济形势，我们要牢固树立练内功、挖内潜的指导思想，通过采取增产创收、提质增利、提高效率、节省人力、节支降耗等措施，努力提高企业的经济效益。

要最大限度地缓解运输对生产的制约。在国家铁路没有新增能力的情况下，运输紧张仍将是制约矿区生产的关键因素之一，各单位要有充分的思想准备，尽早制定对策，努力把运输对生产的影响减少到最低限度。要加强内部调运管理，及时根据国家翻版计划和定货合同，编制矿区运输计划，主动加强与铁路部门的联系，努力提高运输计划的兑现率。要开辟各种运输渠道，增大煤炭运量，保证矿区生产能力的完全发挥，在抓好铁路直达运输的同时，继续巩固水路联运的渠道，做到以路为主，以港为辅，水路并运，灵活经营。要根据煤炭走向市场的新形势和煤炭部有关通知精神，及时改变现行煤炭供用需计划调拨办法，逐步实施煤炭购运销合同管理，努力分清购、运、销三方面的权益和责任，从而建立正常的煤炭市场交易秩序。各矿、选煤厂要顾全大局，及时装卸车，决不允许滞留重车，保证每天车皮按时交出。

3．改变生产观念，建设高产高效矿井，促进矿区生产建设由产量任务型向经济效益型转变。

要根据市场需求安排矿区的煤炭生产。各矿要转变观念，坚决克服“出煤越多效益越好”的错误认识，根据市场的供求变化及时调整矿区的生产水平和煤炭产品结构，努力抓住车皮充足、煤炭畅销的有利时机，加大适销对路煤炭品种的生产能力。要彻底摆脱计划经济体制下形成的产品观念和任务观念，从公司的整体利益出发，合理安排矿井的检修时间和顺序，尽可能在运输状况改善的条件下多出煤炭，最大限度地提高矿井的经济效益。

4．优化产业结构，坚持综合经营，大力发展非煤产业。

在市场经济的新形势下，我们要客观分析煤价放开对煤电运联的影响，进一步优化矿区的产业结构，继续坚持综合经营的发展方向，努力保持企业在市场竞争中的优势地位。

1）加快电力发展步伐；

2）挖掘内部运输潜力；

3）继续巩固社会建筑施工市场；

4）努力加快多种经营、第三产业的发展步伐。

5．严格管理措施，质量标准化要做到动态达标，努力为矿区生产建设提供良好而稳定的安全环境。

6．注重科技进步，加强职工培训，不断提高企业整体素质。

7．关心职工生活，改善福利待遇，进一步增强企业的凝聚力和吸引力。

表 1 煤矿生产规模

局矿名称	矿井数（处）	实际年产量（10^4t）	占全省年产量的比例（%）
全公司合计	4	387.58	100
统配矿	4	387.58	100

表 2 重点煤矿基本情况

局矿名称	地址及邮政编码	实际年产量（10^4t）
大屯煤电公司	江苏省沛县 221611	387.58

表 3 重点煤矿主要技术经济指标

局矿名称	原煤产量（10^4t）	商品煤		洗精煤		掘进总进尺（m）	采煤工作面平均月产量（t）	掘进工作面平均月进度（m）	采煤机械化程度（%）		掘进装载机械化程度（%）		企业坑木消耗（$m^3/10^4t$）	原煤全员效率（t/工）	备注
		灰分（%）	含矸率（%）	产量（10^4t）	灰分（%）				合计	其中：综采	合计	其中：综掘			
大屯煤电公司	387.58	14.77	0.06	143.15	8.6	47291	31417	137.74	89.47	67.80	84.78	19.01	21.54	1.591	

平朔煤炭工业公司概况

平朔煤炭工业公司是我国特大型露天煤炭企业，“六五”期间筹备，“七五”期间建成投产，位于山西省朔州市境内。现有我国目前规模最大、现代化程度最高的安太堡露天煤矿、5个二级公司，并开始筹建安家岭露天煤矿。共有职工6031人。1993年末公司拥有固定资产328499万元，1993年完成工业总产值70496万元（按90年不变价格计算），实现利税32236.33万元，企业全员劳动生产率达到12.42吨/工。平朔矿区是我国重要的出口煤基地，目前年精煤出口量约占全国煤炭出口量的三分之一。矿区交通运输便利，有21公里电气化铁路专用线，包括环线、材料线、铺轨总长51.5公里，铁路经大新站同北同蒲接轨；有30.1公里二级公路干线，与大运公路相接；有专用飞机场和飞往北京的航线。

安太堡露天煤矿，是我国“七五”期间重点建设项目，总投资约6.5亿美元，设计年产原煤1533万吨。原为中外合作经营企业，1991年7月1日外方退出后，由我公司全面接管。该矿通过中外合作，引进资金、技术和管理，剥、采、运、洗、选设备全套从国外引进，具有国际先进水平。矿山剥离、采煤、运输使用25立方米斗容电铲，载重154吨自卸卡车，并配备成套的大型辅助设备；选煤厂采用分级入选，全重分洗选工艺，4套重分洗选系统采用可编程序控制器自动控制。生产煤种属气煤，是优质的动力用煤。经洗选后的精煤已行销世界17个国家和地区，原混煤运销到国内12个省市。1993年生产原煤1435.09万吨，外运商品煤1106.10万吨，出口精煤604.44万吨，原煤生产效率达到18.17吨/工，原煤生产百万吨死亡率为零，其它各类事故比1992年下降8.3%，各项指标创历史最好水平。

公司下属的劳动服务公司、物资供应公司、煤炭运销公司、生活服务公司、多种经营开发公司，根据各自的职能以有偿服务的形式按合同要求为安太堡矿输送劳务、供应物资、运销商品煤、提供生产后勤保障等，同时，积极扩大经营范围向社会开放，参与市场竞争。随着公司内部改革的不断深化和经营机制的逐步转换，公司现已形成了生活、服务、多种经营3条线的经营体系和以煤为主，多种经营的发展格局。按照国家建设规划，在2000年以前，公司还将相继建成安家岭、东露天两大露天矿，从而形成年产原煤5000万吨的生产规模，成为我国重要的能源基地。

华能精煤公司概况

围绕经济效益 强化企业管理
迈向神东矿区开发的新阶段(摘要)

——华能精煤公司总经理刘向阳同志的讲话（摘要）

1994年3月9日

1993年，华能精煤公司面向市场，深化改革，强化管理，紧紧围绕经济建设这个中心，上下一心，克服困难，全面完成了各项任务。

1）基本建设圆满完成任务，工程质量稳中有升，基建投资超额完成。1993年调整后计划为13.9亿元，实际完成投资14.1亿元，为计划的101.2%，比1992年增长45.8%。其中矿区建设完成6亿元，为计划的100.5%；铁路建设完成7.8亿元，为计划的104%；电厂扩建工程完成0.27亿元，为计划的60%，主要是设备订货款未付。

2）煤炭运销完成计划，比上年有较大幅度增长。1993年国家在执行1992年翻版计划的情况下，给我们增加了100万吨的外运量。在外部条件较为困难的情况下，我们实际完成470.9万吨，为计划470万吨的100.2%，创历史最高水平。其中过口煤完成378.8万吨，为计划405万吨的93.5%，比统配矿平均87%的水平高6.5%；地销煤完成90.1万吨，为计划65万吨的138.6%；出口煤集港40.4万吨，完成计划40万吨的100%，出口完成27.6万吨，为计划35万吨的78.9%，原因是国际市场煤炭价偏低，外汇兑换人民币的比价太低，影响出口煤炭的积极性。

3）电力生产创历史最好水平，煤炭生产开始走向正规。1993年是电力生产最好的一年。发电16749万度，完成计划13200万度的126.9%；实现利润350万元，完成计划210万元的166.7%，第一次实现了扭亏为盈。标准煤耗、厂用电率比1992年有所下降，安全生产和机组连续运行小时等主要经济技术指标都接近或达到国内同类电厂先进水平。供电15182万度，其中矿区供电5000万度，停电次数和时间比上年有所下降。呼包电网引入矿区，为生产提供了一个新的保安电源。

4）经济效益有较大幅度增长，利润突破亿元大关。全年销售收入达到66000万元，比1992年增长65.5%；实现利润12500万元，完成承包指标11100万元的113.6%，比上年增长49.7%；偿还基建贷款8100万元，为计划8000万元的125%；上缴国家税金2491万元，全面完成了各项经济承包指标。

5）外事工作有很大进展。今年是外事工作比较繁忙的一年。全年由我公司单独组团和参加外单位组团出国考察访问共15次，计57人次。接待国外来访和技术交流团组100多批，人数超过400人。与国外有关公司签订了技术信息交流协议，协助日方完成了活鸡兔矿使用日本能源贷款情况大检查。在引进国外设备方面也做了大量工作。通过细致的研究、考察和谈判，1993年与国外厂商签定了2000万美元的订货合同，完成了当年的设备采购计划，为今年矿区投产矿井奠定了基础。

6）多种经营发展迅速，成为一大支柱产业。多经系统通过多方筹资，全年投资达4160万元，新上项目43个。在全部生产经营的89个项目中，盈利的69个，基本持平的12个，亏损的8个，全年完成产值6100万元，比1992年提高134.6%；实现利润520万元，比1992年提高147.6%；消化一线富余人员、安置待业青年、职工家属、复转军人1001人，有力地支持了一线的精简效能，缓解了就业矛盾。

7）水保绿化工作取得新的进展，重点绿化工程成效显著。完成治沙面积1.9万亩，植树51284棵，折合绿化面积330亩，土地复垦实验100亩获得成功。落实了乌兰木伦河的清障工作，完成土方32万立方。公司的绿化重点工程一条线（巴苏公路）和三大块风沙危害区（哈拉沟、补连塔、马家塔）的治理取得明显成效。公司被评为全国绿化工作先进单位煤炭系统十佳之一，在全国第一批水土保持监督执法试点会议上，公司作为先进典型介绍了经验。

经过1993年及过去8年的努力，我们累积完成基建投资47.8亿元，为神府东胜煤田集团项目矿、路、电、港、航的全面开发建设奠定了基础，完成了承前启后具有重大历史意义的转折，迎来了精煤事业向更大规模发展的新局面。

领导人重要讲话

深化改革　搞好整顿　促进乡镇煤矿健康发展

——邹家华副总理在全国乡镇煤矿工作会议上的讲话（摘要）*

1994年3月29日

这次全国乡镇煤矿工作会议，是继1987年国务院召开全国地方煤矿工作会议后，又一次研究乡镇煤矿工作的重要会议。这次会议得到国务院有关部委和地方政府的支持。有13个省（区）的领导同志参加了会议。这次会议的中心任务是进一步贯彻党的十四大和八届人大二次会议精神，根据中央确定的“抓住机遇，深化改革，扩大开放，促进发展，保持稳定”的方针及建立社会主义市场经济体制的要求，贯彻落实建设和发展乡镇煤矿“扶持、改造、整顿、联合、提高”的十字方针，研究解决乡镇煤矿发展中的问题，促进其健康发展，以适应国民经济持续、快速、健康发展的要求。

一、肯定改革开放以来乡镇煤矿发展的成就，实事求是地正视乡镇煤矿存在的问题

党的十一届三中全会以来，在党中央、国务院改革开放方针指引下，在煤炭部和各级地方政府、各有关部门的协助、支持下，农民的办煤矿积极性空前高涨，乡镇煤矿有了很大发展，取得了令人瞩目的成就。

（一）乡镇煤矿已成为我国煤炭工业的重要组成部分

改革开放15年来，全国煤炭产量由1978年的6.18亿吨，增长到1993年的11.4亿吨，翻了近一番，保证了国民经济以较快的速度发展。从物质条件这个意义上讲，国民经济发展速度的快慢，主要看能够提供多少能源、多少煤炭。这期间，在各类煤矿中，发展最快、增产最多的是乡镇煤矿。从1978年到1993年，乡镇煤矿产量由0.95亿吨增长到4.7亿吨，增长了近4倍。15年来，全国增加的煤炭产量，四分之三是靠乡镇煤矿增加的；乡镇煤矿产量占全国煤矿产量的比重已由15.4%上升到41.2%，已经与国有重点煤矿的产量持平，它已成为我国煤炭工业中的一支不可忽视的重要力量。

（二）乡镇煤矿的大发展，为缓解全国煤炭供求关系紧张局面起了重要作用

* 根据录音整理，未经本人审阅。

（三）乡镇煤矿在重点产煤县已成为主要经济支柱

一般重点产煤县40%的财政收入来自乡镇煤矿，有的高达80%左右。乡镇煤矿的发展，安置了大批农村富余劳动力，目前全国已有200多万人在乡镇煤矿采煤，加上运输、经营等流通环节，就业人员就更多了。乡镇煤矿为促进地方经济发展，加快农民脱贫致富，做出了重要贡献。

（四）乡镇煤矿的大发展开创了多家办煤矿的新局面

实践证明，以公有制为主导，多种经济成分共同发展，实行多层次、多家办矿，支持乡镇集体办煤矿，是符合我国建立社会主义市场经济体制发展方向的。

（五）在发展乡镇煤矿的实践中积累了丰富的领导经验

在充分肯定成绩的同时，对乡镇煤矿发展中的问题也必须给予应有的认识和重视。

（一）办矿审批不严，管理不严，无证非法开采严重

在全国8万多处乡镇煤矿中，未经批准的非法开采的矿点有4万多处。这些煤矿中很多是乱采滥挖，无照经营，同国有煤矿及有证乡镇煤矿争资源，抢市场，偷税漏税，扰乱了煤炭正常生产和运销秩序，危害十分严重。

（二）70%多的乡镇煤矿不具备“五消灭”的基本安全生产条件，重大事故很多，伤亡非常严重

（三）乡镇煤矿超层越界开采的问题突出，后果很严重

有些矿虽然是经过批准开办的，并且划定了开采界线，但在生产中不按规定界线开采，争抢资源，超层越界。有些乡镇煤矿在批准办矿时就没有划定界线，便借机乱采滥挖。这种超层越界、乱挖滥采现象，不仅危及国有煤矿生产安全，造成重大经济损失，也危及乡镇煤矿自身的生产安全和经济利益。据不完全统计，在国有煤矿井田范围内，有乡镇矿2.5万处，其中非法无证矿井占70%以上，乱挖滥采，危害极大。近15年，直接与国有矿打通的约有3000处，造成重大伤亡事故500余起，死亡3000多人，直接经济损失20亿元。

（四）有些乡镇煤矿严重破坏煤炭资源，浪费惊人

有些地方如山西、内蒙古、陕西、云南等地，相当一部分在实体厚煤层中开采的乡镇煤矿，采煤方法落后，吃肥丢瘦，一般资源回收率15%左右，有的不到10%，相当于采1吨丢5～6吨。煤炭是不可再生的资源，虽然我们国家煤炭资源丰富，但总有一天会挖完的，我们不能只为这一代人，还要为子孙后代着想。

（五）有些县和乡镇政府对乡镇煤矿只顾收费，不重视管理

二、加强领导，认真贯彻“扶植、改造、整顿、联合、提高”的“十字方针”，促进乡镇煤矿再上新台阶

这“十字方针”是互相联系的完整概念。扶植是指导思想，首先要以积极的态度扶植。但扶植是有原则的，要遵循经济规律，遵循煤炭生产建设的规律，要有正确的指导思想。为了正确贯彻扶植的方针，需要在指导思想和原则方面明确以下几点：

第一，矿产资源包括煤炭资源归国家所有。这是一个非常重要的基本观点，也是我国《宪法》、《矿产资源法》明确规定的。既然矿产资源是国家的，国家就要统一考虑，就要首先考虑国家开发利用，为全国经济发展服务。当然，资源在你这个地方，在可能的情况下，尽量优先考虑你这个地方开发利用，但必须由国家统一规划，统一分配，统一管理。

第二，矿产资源属于国家所有，谁来代表国家行使资源管理权？只有中央政府才能代表国

家，村、乡、镇、县政府不能代表国家，只能代表一个局部。矿产资源实行国家统一管理，由中央政府责成有关部门统一管理。

第三，国家对煤炭资源的开发，要制定产业政策，要有发展和开采规划。煤炭资源的开采不管乡镇煤矿还是国有煤矿，都要服从国家的产业政策，要统一规划，合理开采。哪些资源现在开发，哪些资源将来开发，用什么手段和技术开发，是由国家开采、地方开采，还是由乡镇集体来开采，都要由国家统一规划，服从国家的产业政策，按规律办事。

第四，国家允许地方投资办矿，允许乡镇集体投资办矿，但不论是国有重点煤矿、地方国有煤矿，还是乡镇集体煤矿，都要在国家划定的范围内开采。煤炭资源开采的分配权集中在国家、集中在中央政府。无论是中央各部门办的煤矿，地方办的煤矿，还是乡镇办的煤矿，都要按国家规定，按审批程序办理采矿许可证。对煤炭资源的开采，要实行中央集中管理和地方分级管理的办法。国有煤矿的采矿许可证由中央有关部门颁发。有关部门按照煤炭工业发展规划，将一定范围的资源授权给地方政府，地方政府在规定范围内批准乡镇集体煤矿开采，并发给采矿许可证。

第五，办煤矿开采煤炭资源，必须具备基本的安全生产条件。国家要根据生产力发展水平，对各类煤矿提出不同的安全和生产技术要求，达不到这个标准就不能开采，不能生产。

改造、整顿、联合是手段。改造就是采用先进并适用的技术、装备，对乡镇煤矿的采煤方法、生产环节以及技术装备等进行改造，走内涵扩大再生产的路子。联合就是在自愿、平等、互利的基础上，打破行业、地区、所有制界限，以产权联结为纽带，联合办煤矿，包括乡镇煤矿之间的联合及乡镇与国有煤矿之间的联合。

提高是目的。要在国家的引导和扶植下，通过改造、整顿、联合，提高乡镇煤矿整体素质，提高生产技术水平和管理水平，提高资源回收率，减少事故，实现安全生产，提高经济效益，从而提高竞争能力，更好地适应社会主义市场经济新形势的要求。

贯彻落实“十字方针”需要加强领导。一是各省、自治区的煤炭厅局对本省、自治区的煤炭行业负有领导和管理的责任，包括国有煤矿和乡镇煤矿都要管好。对乡镇煤矿发展中出现的问题，要认真研究解决，要负起责任；二是市、县、乡镇煤炭主管部门要对各自行政区域内的乡镇煤矿加强领导和管理，一级管一级，各级都要建立起责任制。要严格按国家划分的开采范围建煤矿，严格按规定审批，严格按规定发放采矿许可证和煤炭生产许可证。要对本地区范围内的乡镇煤矿定期检查、指导，帮助他们搞好改造、整顿和联合，解决存在的问题，引导乡镇煤矿健康发展。

各级政府是贯彻“十字方针”的关键，各有关部门要给以大力配合。贯彻“十字方针”，要注意抓好重点。首先要抓住乡镇煤矿实现“五消灭”（消灭独眼井、明刀闸、明火放炮、自然通风、明火照明）这个重点开展工作。目前70%以上乡镇煤矿未达到“五消灭”条件，要实现“五消灭”需要大量的资金和设备、仪器，需要做艰苦的工作。既需要改造，又需要整顿，还需要扶植。各地要把扶植、改造、整顿、联合有机结合起来，制定规划措施，坚持下去，一项一项落实。

三、深化改革，搞好整顿，巩固和发展乡镇煤矿的成果

贯彻“十字方针”另一项重要任务就要抓好整顿。要从实际出发，抓住目前煤炭供求关系缓和的有利时机，利用两年左右的时间，集中精力搞好乡镇煤矿的清理整顿，引导其走向健康发展道路。

通过整顿，要使乡镇煤矿达到什么样的目标，煤炭部有具体要求，我再强调几点：

一要对现有的各个乡镇煤矿进行审查鉴定，按照规定标准，分类处理，要使所有合法开采的乡镇煤矿都有证；二要对所有的乡镇煤矿明确开采界限。超层越界的要全部退回规定的开采界限内，并做出处理；三要达到规定的办矿条件，使安全生产状况明显好转；四要理顺行业管理和各部门的关系，建立起责权统一的管理责任制；五要整顿煤炭流通领域，形成比较规范的煤炭运销秩序。

（一）提高对整顿乡镇煤矿必要性的认识

一要在肯定成绩的同时，充分看到乡镇煤矿问题的严重性。乡镇煤矿目前存在这么多问题，不仅浪费国家资源和人民财产，危及人民生命安全，影响国有煤矿的发展，而且乡镇煤矿本身也难以健康持久地发展。所以，搞好乡镇煤矿的整顿，是深化改革的需要，社会稳定的需要，也是保证国民经济持续、快速、健康发展的需要；二要树立矿产资源国家所有的观念；三要确立乡镇煤矿急待加强管理的思想。既要放开搞活，又要管好，这是我们的一贯要求。

（二）加强煤炭行业管理

煤炭部作为国务院对全国煤矿实行行业管理的职能部门，对在我国开办的煤矿，不管是中央办的，还是地方办的，不管是哪个系统、哪个部门办的，都要由煤炭部实行统一的行业管理。

各省（区）煤炭厅、局都要抓行业管理，不管对什么所有制的煤矿，都要实行行业管理。各地区、各部门及各种所有制的煤矿都要服从和支持煤炭部门加强行业管理。煤炭部要注意听取地方和其他部门的意见，发挥他们的作用。

（三）理顺有关部门及地方政府的职责

国务院有关部门要在以下4个方面理顺关系：

一是煤矿安全管理问题。煤炭部对全国煤矿安全生产负有监督检查和伤亡事故处理的职责。各有关部门，如农业部、司法部、军矿局等都要执行煤炭部的煤矿安全生产规定，抓好本系统所办煤矿的安全生产。劳动部门负责全国的安全生产监督，包括煤炭部在内的各有关部门都要服从检查监督。

二是煤炭生产管理问题。采煤是一个特殊性很强的行业，作业条件与环境不断变化，有时可能发生水、火、瓦斯、煤尘、顶板等突发性灾害。为了保证煤矿安全生产，必须严格办矿条件，严格从事煤炭生产的审批程序。各级政府、各有关部门及办矿单位，都要认真执行煤炭部制定的办矿标准，并接受监督管理。

三是煤炭资源管理问题。在这方面《矿产资源法》已有明确规定。地矿部是矿产资源的监督管理部门，要负责煤炭资源的勘查、采矿登记、发证，资源纠纷调处及协助县、市政府对无证开采的查处工作。煤炭部要对煤炭资源的开发实行统一规划，对矿区开采范围、开采方案进行审查，并协助地矿部门做好对煤炭资源的监督管理工作。

四是煤矿特种作业人员及矿长的培训问题。由于煤炭行业的特殊性，从管理人员到职工都必须具备专门的煤矿生产和安全知识及技能。特种作业人员及矿长都要由煤炭行业负责培训。谁负责培训，谁负责考核考试，谁发资格证书，劳动部门要进行监督。矿长及特殊工种人员只有获取资格证书，有关部门才能任用。

各级人民政府要从资源、安全、环保、经营秩序、外部环境等方面加强对乡镇煤矿的综合管理。这里强调两点：一是要按照“谁办矿，谁受益，谁负责安全”的原则，切实抓好乡镇煤矿的安全生产，乡镇长是乡镇煤矿安全生产的重要责任者，乡镇煤矿发生事故要承担责任；二是煤炭资源属于国家所有，地方政府有权使用监管，但无权划分审批，划分审批由国务院有关部门负责。

（四）认真贯彻党的十四届三中全会精神，深化乡镇煤矿改革

（五）抓住重点，依法整顿

这次清理整顿的范围是全部乡镇煤矿，包括个体采煤及各行业、各企事业单位开办的集体煤矿。国有重点煤矿开办的小煤矿也在这次清理整顿之列。清理整顿的重点主要是两类：一是无证非法开采的煤矿；二是持证但超层越界、乱采滥挖，不具备安全生产条件的煤矿。

对现有无证非法开采的煤矿，要进行一次全面审查，凡符合开采条件的，提出申请，发给采矿许可证、生产许可证及营业执照，依法生产经营；暂不具备开采条件，但经过努力可以达到的，要限期达到，经过验收合格，发给有关证照；在整顿的两年时间内仍达不到开采条件的，不能再办了。这要作为考核乡（镇）长、县（市）长政绩的一项重要内容。

对持证但超层越界开采的小煤矿，责令退回原界，再违反者，吊销其证照，不准再开采；对乱采滥挖，严重破坏煤炭资源，有重大隐患的，要责令停产整顿，待达到有关要求后再恢复生产；对达不到“五消灭”基本安全生产条件的，要区别情况提出要求，限期达到。

劳动部部长李伯勇同志在全国煤矿安全生产电话会议上的讲话（摘要）

1994年2月4日

今年1月24日，鸡西矿务局发生的特大瓦斯爆炸事故，引起了国务院领导同志的高度重视，朱镕基、邹家华副总理对这起事故先后做了重要批示。邹家华副总理最近针对今年以来全国煤矿重大特大事故不断发生的情况，指示劳动部、煤炭部联合召开今天的这次电话会议，其目的在于敲敲警钟，使各地认真地吸取事故的教训，迅速行动起来，采取切实有效的措施，遏制重大事故频繁发生的势头。刚才王森浩同志针对当前煤矿安全工作存在的问题，就如何加强管理，落实责任，采取措施，减少事故发生等问题讲了很好的意见。我想只要我们在工作中认真贯彻执行《矿山安全法》，把《矿山安全法》的各项规定落到实处，严格依法办事，切实加强安全工作，在以前做了大量工作的基础上，煤矿重大、特大事故的高峰是会降下来的。

煤矿重大特大事故频繁发生，原因是多方面的，但是根本原因还是安全管理问题。主要是一些企业及其主管部门的领导法制观念和安全意识淡薄，片面追求经济效益，重生产轻安全，安全管理不到位，安全生产责任制不落实。当前还有一个问题需要指出的是，在个别地方的一些企业及有关部门安全生产工作中存在着有法不依，违法不究，执法不严的问题。就查处煤矿事故的问题来说，发生了事故，个别地区和部门以及煤矿企业不是认真查找事故的原因，依法追究事故的责任人，吸取事故教训，制定事故的整改措施，而往往是对发生的事故不及时处理，有的甚至对事故的责任者迁就袒护，处理偏轻，或推诿扯皮，推卸事故责任，还有的企业和部门在发生事故后拖延不报和隐瞒不报。个别的执法部门在工作上也疏于检查监督，致使一些事故长期得不到处理。

党中央和国务院非常重视安全生产工作。李鹏总理在全国经济工作会议上的报告中专门强调了安全生产问题。1993年，劳动部门专门召开了两次全国安全生产电话会议，邹家华副总理都作了重要讲话。国务院还发出了《关于加强安全生产工作的通知》，并就搞好安全生产工作发出了明传电报。国务院各有关部门、各级政府和企业在安全生产方面确实做了不少工作，但从目前重大、特大事故屡屡发生，反映出的突出问题就是对以上的精神和要求贯彻落实的不够 对国家安全生产的法律、法规执行的不够。下面，就做好当前安全生产工作谈几点意见；

第一，要认真贯彻落实去年国务院《关于加强安全生产工作的通知》和《关于控制重大、特大恶性事故的紧急通知》以及两次全国安全生产工作电话会议精神。面对目前煤矿重大特大事故不断发生的严峻形势，各地区及有关部门和矿山企业的领导要有对国家和人民高度负责的态度，要有责任感和紧迫感，要采取切实有效的措施，坚决控制目前煤矿重大特大恶性事故的发生。各级政府应加强对安全生产工作的领导，想方设法搞好本区域内的安全生产工作，要在各级政府的统一领导下，进一步落实企业负责、行业管理、国家监察和群众监督的安全生产管理体制，各司其职，各尽其责，通力合作，切实做好安全生产工作。煤矿企业及各级主管部门必须坚决执行国家关于安全生产的法律法规，坚持安全第一的方针。企业转换经营机制，有了生产经营权，但是必须要对职工在生产过程中的安全和健康负责，要自觉地运用法律法规规范自己的行为，严格履行安全管理职责，接受法律法规的约束，采取行之有效的措施，搞好安全生产，杜绝重大事故的发生。当前煤矿企业面临较多的困难，但是企业必须懂得执行国家法律法规是搞活企业，落实企业自主权的前提，企业在追求本单位效益的同时，要坚决克服冒险蛮干，急功近利，只顾当前，不顾长远等短期行为，要对国家和人民的利益负责。否则就会欲速不达，还会受到大自然和法律的惩罚。

第二，要下决心解决安全生产上存在的突出问题。煤矿要抓好矿井通风与瓦斯管理工作，努力控制瓦斯、煤尘爆炸事故的发生。一年多来，镕基、家华两位副总理针对瓦斯事故屡屡发生的情况，多次作了批示，并具体强调了要组织、技术、装备落实；强调了要采取措施，加强通风管理，防止瓦斯爆炸事故等。现在问题的关键是如何把国务院领导同志的指示认真地贯彻执行，把一些行之有效的措施贯彻到实际工作中去。因此，各类煤矿企业及其主管部门、劳动行政主管部门都要立即行动起来，从思想上、制度上、工作态度和工作作风上不折不扣地执行这些指示，要作到有令必行，有禁必止，严肃纪律，严格管理，按章作业，及时查找和消除瓦斯事故隐患，防止事故的发生。各地乡镇煤矿存在的问题尤为突出，要采取坚决措施予以解决。

第三，要严肃查处事故。对超过期限，至今尚未结案的，要尽快结案。今后各级劳动行政主管部门、人民检察院和工会组织及煤矿主管部门，要切实加强对煤矿重大事故的查处工作，严格履行《矿山安全法》，坚持

“三不放过”的原则，做到有法必依、执法必严、违法必究。特别对一些损失大，影响坏的重大责任事故，要严肃处理，该曝光的还要曝光。

第四，要认真贯彻执行《矿山安全法》。《矿山安全法》是我国第一部有关劳动安全的法律，各级劳动行政部门和企业主管部门及其矿山企业一定要把贯彻落实工作，作为安全工作的中心来抓，把《矿山安全法》贯彻落实好。贯彻落实《矿山安全法》必须坚持持之以恒，常抓不懈。一是要深入抓学习，弄懂弄通，做到知法，这是最基础的工作；二是要抓落实，只有真正落实了，才能发挥法律的作用；三是要抓执法，这是保证法律法规得以贯彻实施的重要手段；四是要抓紧配套法规的建设，各地一定要加快《矿山安全法实施办法》的制定工作。

煤炭部部长王森浩同志在全国煤炭工作会议上的讲话(摘要)

1994年1月11日

这次全国煤炭工作会议的主要任务是，贯彻落实十四届三中全会和全国经济工作会议精神，分析煤炭工业形势，研究煤炭工业深化改革、加快发展的方针政策，部署1994年的工作任务，开创煤炭工业改革和发展的新局面。

第一部分　煤炭工业的形势

1993年，煤炭战线以邓小平同志重要谈话和党的十四大精神为指针，以提高经济效益为中心，以扭亏增盈为目标，深化改革，优化结构，转换企业经营机制，取得了明显成效。

一、煤炭生产保证了国民经济快速发展的需求

预计，全国原煤产量完成11.4亿吨，比上年增产2550万吨。国有重点煤矿以运定产，以销定产，产煤4.7亿吨，比上年减产1250万吨，完成销售量4.12亿吨，比上年减少1949万吨；地方国有煤矿产量完成1.98亿吨，减产430万吨；乡镇集体煤矿完成4.72亿吨，增产4230万吨。国家实际安排基建投资146.5亿元，由于资金到位慢，预计完成143亿元。

二、煤炭企业面向市场，改善经营管理，减亏增盈初见成效

随着煤价大部分放开，煤炭企业市场意识普遍增强，加强市场营销，改善经营管理，努力增收节支，使销售收入明显增加。扣除新财会制度因素后，国有重点煤矿预计全年亏损控制在40亿元以内，可完成国家下达的减亏任务，比上年减亏30%以上。但是减亏发展不平衡。

三、深化改革，转变政府部门职能，促进了企业经营机制的转换

预计国有重点煤矿职工总数净减少12万人，划转分流13万人；原煤全员效率可达1.40吨/工，比上年提高4.8%。预计多种经营产值180亿元，利税9亿元，分别比上年增长20%和22%。

四、煤矿安全状况有所好转，但重大事故仍较严重

全国煤矿工业死亡5036人，比上年减少141人。其中国有重点煤矿死亡634人，比上年减少89人，煤炭生产百万吨死亡率为1.115；地方国有煤矿死亡926人，比上年增加83人；乡镇集体煤矿死亡3476人，比上年减少135人。10人以上恶性事故共发生48起，死亡971人，比上年增加6起、158人，反映出部分煤矿对安全生产存在思想松、纪律松、管理松的问题和乡镇煤矿亟待清理整顿等。

第二部分　1994年的工作任务

1994年全国煤炭工业的工作方针是：全面贯彻党的十四大和十四届三中全会精神，更新观念，深化改革，加快向社会主义市场经济体制转变的步伐，以市场为导向，以经济效益为中心，转换机制，优化结构，加强管理，全力扭亏增盈，努力实现煤炭供需总量基本平衡，实现安全生产，开创煤炭工业改革和发展的新局面。

主要经济指标是：

原煤产量预测11.6亿吨，其中国有重点煤矿4.8亿吨，地方煤矿6.8亿吨。国家分配的资源量4.8亿吨，其中国有重点煤矿3.7亿吨。

国有重点煤矿亏损补贴20亿元，原煤成本增长控制在7%以内，转产分流15万人，净减职工10万人，原煤全员效率1.45吨/工。

百万吨死亡率：国有重点煤矿控制在1以下；地方国有煤矿控制在4.5以下；乡镇集体煤矿控制在9.5以下。大幅度减少10人以上重大事故。

煤炭基本建设：中央投资计划152.9亿元；全国煤炭技改投资计划33.69亿元；预安排开工矿井7处、1155万吨；投产矿井18处、3199万吨，施工准备井18处、6800万吨。

多种经营产值增长15%。

要努力抓好以下10项工作：

一、进一步更新观念，转换经营机制

当前，煤炭企业深化改革的重点是继续转换经营机制，增强煤炭企业活力。要继续把贯彻《条例》作为转换经营机制的重点，把企业的各项权利和责任不折不扣地落实给企业。煤炭部将颁发《全民所有制煤炭企业转换经营机制实施办法》，并贯彻即将出台的《国有企业财产监督管理条例》，加强对国有资产的监管。国有煤炭企业要实行资产经营责任制，承担国有资产保值增值的责任。

在企业内部机制转换上，要全面推行开滦的经验，改革矿务局高度集中的管理模式，调整组织结构，对二级单位模拟法人运转，发育内部市场，使其在矿务局内部享有法人企业自主经营的权力，承担自负盈亏的责任。在煤炭企业内部建立模拟市场、有偿服务的运行机制，并对生产服务、生活后勤等单位实行切块经营。局属地面厂和多种经营单位，条件成熟的可成为法人企业，直接进入市场。对少数规模小、亏损大的厂点，可进行国有资产出售产权的试点。对那些资源衰竭、亏损严重的矿井，可试行国家所有、集体或个人承包经营。

建立现代企业制度是国有企业改革的方向。从当前实际出发，大中型煤炭企业有的可改建为国家独资有限责任公司；有的可改建为有限责任公司；少数盈利状况好、管理效率高的可改建为股份有限公司。个别长期经营不善，资不抵债，无法改建改造的，应依法破产。凡新建矿区和新设立的企业，都要积极推行公司法人制度。兖州矿务局拟改建为有限责任公司。平朔煤炭工业公司拟改建为股份有限公司。争取将这两家企业列入全国100家大中型企业建立现代企业制度试点单位。煤炭部要集中精力抓好这两个试点。重点产煤省也可选择一个有条件的企业进行试点。同时，要组建煤炭企业集团。模式是，以矿区为单元，以国有重点煤矿为核心，以产权联结为纽带，联合不同所有制、不同投资渠道的企业，组成以煤为本、多种经营，跨地区、跨行业的企业集团。

为保证和推动改革，必须加强煤炭工业的法制建设，加快立法步伐。

二、优化结构，强化管理，减少提效，减亏增盈

进一步优化生产结构和产品结构。除了用户需要并进行补贴或实行特殊价格的煤矿外，对亏损很大、扭亏无望的煤矿要采取关、停、转的措施，一般不能再生产。煤质好、销路畅、效益高的矿井，要根据储量和其他条件，加强技术改造，提高生产能力。要按照用户需要调整各矿井产量，生产品种对路、效益好的煤炭。在运力有限的条件下，以产生最大效益为目标，合理安排各类品种煤的外运。

切实加强和改进企业内部管理，练内功，挖内潜。继续实行目标成本管理。认真贯彻国务院领导同志的指示，把减人提效作为降低成本、扭转煤矿亏损局面的战略措施来抓。大同局云岗矿、大雁矿务局为我们树立了榜样。他们深化内部改革、减人提效的力度很大，建立了精干高效的管理机构，实行了专业化有偿服务的管理模式，分流出大批人员发展多种经营，取得了显著效果。

建设高产高效矿井。这既是煤炭工业现代化的方向，也是减人提效的基本途径。要因地制宜，加快发展。既要高效率又要高效益。今年规划建成28个高产高效矿井，减人4.9万人，平均工效达到5.5吨/工的目标。要加强基础工作，坚持搞好质量标准化和现代化矿井建设。

建立和完善减亏增盈的激励与约束机制。继续实行重奖重罚。对减亏增盈不力单位的领导班子，要采取必要的行政处罚和组织调整措施。要重视和加强内部审计工作，使各种经济活动经常处在审计监督之下，避免发生管理失控、核算不实、资产流失和违法乱纪等问题。

再一次严肃地指出：抓效益、抓扭亏增盈，决不能只顾眼前，搞短期行为，决不能乱采滥挖、拚设备、吃老本。要努力提高资源回收率，保证采掘正常衔接，保证设备的正常维修和更新，保证国有资产的保值和增值，增强企业发展后劲。出了问题，要追究企业领导人的责任。

三、加强行业管理，促进乡镇集体煤矿健康发展

国务院已明确乡镇集体煤矿的行业管理由煤炭部和各级煤炭主管部门负责，包括依法对乡镇煤矿安全实施监督检查。为此要逐步完善行业管理手段。煤炭部已报国务院，拟实行生产许可证制度。并积极做好各项工作，尽快出台《集体所有制煤矿管理条例》、《煤矿伤亡事故报告和处理规定》等。同时，要研究用经济手段加强调控的政策措施。

国有煤矿要在地方政府领导下，积极参与清理矿区井田范围内非法开办小煤窑的工作。对企业内部支持、纵容小煤窑非法开采、越界开采的，要严肃处理，直至追究行政的、法律的责任。

在清理整顿的基础上要积极扶植地方乡镇煤矿健康发展，特别是要抓好100个重点产煤县和15个重点矿区地方商品煤生产基地。首先要研究和制订好统一的规划，并组织落实。还要在科研、教育、培训等各个方面给予乡镇煤矿更大的支持和帮助。

四、研究市场，适应市场，开拓市场，做到产销平衡

要努力创造一个供求协调的格局，实现煤炭供需总量基本平衡，既满足社会需求，又使煤矿企业提高经济效益。在目前煤炭供大于求，库存过大的情况下，要采取果断措施限产压库。国有重点煤矿、地方乡镇煤矿都要把库存煤压缩到合理的水平。

促进煤炭企业联合，提高竞争能力。关键是煤炭企业在市场竞争中要有联合的迫切要求，自觉、自主地实行联合，而不是强行捏合。只要企业真正有联合的自发要求，通过一定的组织工作是可以实现的。各级煤炭管理部门也要积极支持和促进企业的联合。可搞省区范围企业的联合，也可搞市场范围的企业联合；可搞重点煤矿之间的联合，也可搞重点煤矿与地方煤矿的联合。组织形式可搞煤炭企业运销协会或煤炭运销联合会。

坚决实行煤炭购运销合同制，改革煤炭货款结算办法。这是健全法制和规范市场行为的需要，有利于保护煤炭购运销三方的合法权益，也是我们煤炭企业多年的愿望。

五、逐步实行适应市场经济体制的煤炭建设方针

打破行业界限，动员各方面力量办煤矿。从改革煤炭分配体制入手，按照谁受益谁投资的原则，鼓励电力、冶金、化工、铁道等部门及其所属企业投资办煤矿；鼓励缺煤地区到富煤地区办煤矿；吸引外商、外资到中国以合资合作形式办煤矿。煤炭工业部对上述煤矿实行行业管理，提供优质服务。

按照效益的原则，合理布局，集中使用中央投资。国家主要抓好几个重点煤炭调出省、调出矿区，在煤炭储量大、赋存条件好、投入产出效益高的富煤地区，建设一批能够支援全国的输煤和输电相结合的大型能源基地。缺煤省区和以省区自用为主的煤矿，在全国煤炭工业总体规划和产业政策指导下，其煤矿开发原则上主要由省区自行平衡，中央酌情给予支持。支持煤炭调出省区建设地方商品煤基地，并组织地方煤上市，对口供应电厂、钢厂等用煤大户。

按照效益的原则，综合开发，统一经营。打破煤炭企业只能办煤矿的传统模式，发展煤炭就地加工转化的产业，减轻煤炭运输压力。凡有条件的矿区，要相应建设电厂、焦化厂和其它煤炭深度加工、综合利用、多种经营项目，实行统一规划，综合开发，统一经营。有的可实行煤电路港统一规划，统一经营。

按照效益的原则，择优选项。摒弃煤矿建设重规模轻效益、只用钱不还债的旧观念，坚持以经济效益定项目。使用商业银行贷款的，必须具有还本付息能力。使用政策性开发银行贷款的，也要择优建设既有社会效益又有企业效益的煤矿，并且要有可靠的还贷渠道。国家控股、参股的重点建设项目，不再建那些亏损的煤矿，若从宏观需要看必须建设，则要有相应的政策保障。无论使用什么投资，对那些安全生产条件很差、难以控制重大恶性事故的煤矿不能建，市场不需要，用户不落实，无外运能力无铺底流动资金来源的煤矿不能建。要优先建设高产高效矿井。新建煤矿要充分考虑环境保护的要求。要坚持实行业主负责制，企业法人对筹划、筹资、建设直至生产经营、归还贷款本息以及资产保值增值全过程负责。

改革不适应市场经济体制的建设标准、设计规范和规章制度。加快煤炭基建队伍走向市场的步伐，鼓励其参与市场竞争。同时要从实际出发，给以扶植政策。探索煤田地质成果有偿使用的新机制，积极推进地质队伍结构调整和改革。

六、以煤为本，加快发展多种经营

煤炭工业必须牢固确立多种经营的战略地位。要冲破煤矿传统僵化的经营观念和模式的束缚，以经济效益为中心，以产权关系为纽带，以搞活经营机制为手段，构建发展多种经营的新格局。

要因地制宜，努力建设一批规模较大、竞争能力强、效益好的骨干项目。要以效益促安置，以规模经营上效益。

要坚持多渠道、多层次、多形式筹集资金，增加发展多种经营的投入。煤炭部积极争取国家的扶植政策，协调同有关部门的关系。各煤炭企业要立足自身，通过合作经营、股份制等方式，积极吸收其他行业、其他企业、地方和社会资金。国家扶植煤矿发展三产的贴息贷款是要偿还的，必须实行项目业主负责制，独立核算，自主经营，以新增效益还贷。

七、把防治重大事故放在首位，实现安全生产

必须高度重视和不断加强安全生产工作，坚持“安全第一、预防为主、综合治理、总体推进”的方针和“管理、装备、培训并重”的原则，强化安全监督检查，完善企业内部安全生产运行机制，保证安全奋斗目标的胜利实现。

要把解决瓦斯煤尘爆炸、煤与瓦斯突出、水、火等重大事故作为安全工作的重点。各局、矿都要制订防止瓦斯煤尘事故的具体措施，落实责任，严加防范。

建立责权利相统一的安全生产机制，落实“谁办矿、谁受益、谁负责安全”的方法，强化地方煤矿的安全生产责任。要贯彻落实国务院领导同志的指示，明确地方政府是地方煤矿安全责任者，乡镇长是乡镇煤矿安全第一责任者。

八、抓住有利时机，扩大对外开放

改革出口体制，扩大煤炭出口。要按市场经济规律，制定一套适合我国国情的能调动各方面积极性的煤炭出口政策。在目前实行煤炭出口代理制的基础上，积极创造条件适当放开经营单位，逐步赋予重点煤炭企业的出口自主权。

拓宽煤炭工业多种经营产品和煤机产品出口、技术出口以及劳务输出的渠道，大幅度提高创汇额。

解放思想，开阔视野，努力招商引资。煤矿建设项目要积极吸引外来资金、技术、人才和管理经验。同时要积极引进国外资金建设坑口电厂、煤气厂、水泥厂、管道输煤、煤层气等效益工程和调整产业结构的项目。

九、积极发展煤炭科技和教育

煤炭科技工作要贯彻“依靠”和“面向”的方针，按照“稳住一头，放开一片”的原则，积极推进科技体制改革，进一步转变科技工作观念，促进科技与生产、建设的紧密结合。要以提高煤炭企业的经济效益和保证安全生产为重点，并根据煤炭工业近期和中长期发展的需要，分层次地部署煤炭科技工作。

煤炭教育要根据《中国教育改革和发展纲要》的总体要求，积极推进教育改革。理顺教育体制，加强各类教育与企业的联系，引导煤炭大中型企业和社会各方面参与办学，多渠道筹措教育经费。深化高等学校的内部管理体制改革，以提高教育质量和办学效益为中心，搞好教学改革。

十、加强企业党的建设、领导班子建设和精神文明建设

煤炭部部长王森浩同志在全国乡镇煤矿工作会议上的讲话（摘要）

1994年3月30日

一、乡镇煤矿是我国煤炭工业的重要组成部分

（一）乡镇煤矿产量高速增长，为缓和煤炭供应紧张局面作出了重要贡献

1978年，乡镇煤矿原煤产量为0.95亿吨，1993年达到4.72亿吨。15年内产量增长了3倍多，年均增长2500多万吨，占全国煤炭增长总量的72%。全国已有年产30万吨以上的产煤县389个。乡镇煤矿产量在全国原煤总产量中的比重由16%提高到41%，与国有重点煤矿的产量基本持平，在煤炭工业发展中已具有举足轻重的作用，为缓解煤炭供应紧张的局面作出了重要贡献。

（二）乡镇煤矿为促进贫困地区脱贫致富起到了重要作用

15年来，乡镇煤矿共生产煤炭约40亿吨，安排了一大批农村富余劳动力，改善了农民的生活，是农民脱贫致富的重要途径。特别是重点产煤县，用煤矿的收入以工补农，有力地支援了农业的发展。

（三）乡镇煤矿主要是依靠集体力量发展起来的，减轻了国家投资建矿的负担

绝大多数乡镇煤矿主要是靠农民自己积累的资金开办的，投产后又靠煤矿自身积累，自我改造，自我发展，从而减轻了国家的负担。乡镇煤矿年产的4.7亿吨煤如果靠国家投资建矿，至少需要五六百亿元。目前，全国年产3万吨以上的乡镇煤矿有2800余处，年产量占乡镇煤矿总量的36%。

（四）乡镇煤矿经营机制灵活，率先走向市场，为煤炭企业参与市场竞争积累了有益经验

二、积极扶植和引导乡镇煤矿健康发展

（一）增加对乡镇煤矿的必要投入，搞好基础设施建设

乡镇煤矿的发展主要靠自我积累，同时，国家也要予以扶植。煤炭部将积极争取恢复原来的每年专项贴息贷款，用于重点产煤县公用工程和骨干矿井的改造与建设。在此基础上，再争取解决一些贷款，用于乡镇煤矿洗选、加工、综合利用、防治污染等项目。各级地方政府要继续抽出资金，增加对乡镇煤矿的必要投入，扶植其健康发展。

（二）积极引导乡镇煤矿走改造、联合、提高的路子

对乡镇煤矿的改造，就是要按照煤炭工业发展规划，合理布局，择优选点，通过改造建设一批骨干矿井；改革采煤方法，提高资源回收率；改善装备，提高抗灾能力。

要引导乡镇煤矿搞好联合。一方面要合理布点，相对集中生产，提高生产能力和服务年限。目前，乡镇煤矿布点过密，矿井规模过小，应适当减少矿点，在资源、资金、技术、人才等方面实行优势互补，走联合发展之路。另一方面要深化经济体制改革，联合办矿。要以产权联结为纽带，积极探索试验股份合作制，实现资源的合理配置。

（三）对煤炭资源实行国家统一规划，合理开发，支持乡镇集体投资办矿

（四）动员煤炭系统国有企事业单位支持、帮助乡镇煤矿的发展

（五）协调乡镇煤矿的产运销，建立正常的生产经营秩序

（六）抓紧地方煤矿商品煤基地的规划和建设

三、切实抓好清理整顿工作，解决制约乡镇煤矿健康发展的突出问题

乡镇煤矿在快速发展过程中，也出现了一些矛盾和问题，严重制约乡镇煤矿的健康发展。主要表现在：一是非法开采的多，全国现有8万处乡镇煤矿中有近一半的矿点是没有取得采矿许可证的私开矿点，产量达8000多万吨；二是不具备基本安全生产条件的多，没有达到“五消灭”基本安全生产条件的占70%以上；三是威胁正规矿井安全的多，在全国103个国有重点煤矿井田范围内开采的小井达1.12万个，其中有5800个是非法开采的小井，严重威胁大矿安全生产。这种无序开采、乱挖滥采、安全无保障的状况造成了十分严重的后果：

1. 伤亡事故多

1984～1993年的10年间，乡镇煤矿共死亡4.1万人，平均每年死亡4100人，占全国煤矿死亡总数的63.3%；10年平均百万吨死亡率高达12.12人；10年间，共发生3人以上事故1991起，死亡11102人，是国有重点煤矿的4.4倍；近几年，乡镇煤矿平均每10天就发生一次死亡10人以上重大恶性事故。

2. 煤炭资源浪费大

乡镇煤矿资源回收率一般在10%左右。如果以资源回收率50%为基准，扣除乡镇煤矿开采回收边角残煤1亿吨，乡镇煤矿一年采出3.7亿吨煤炭就浪费煤炭资源15亿吨左右。以每吨地质勘探费0.7元计算，每年浪费资源勘探费就达10多亿元。由于有些小煤窑超层越界开采，还导致一批国有煤矿缩短了服务年限。例如，晋城矿务局由于小煤窑开采破坏储量8400多万吨，使该局服务年限减少了将近10年。

3. 对国有煤矿生产和安全造成严重影响

在国有重点煤矿井田范围内的1.12万个小煤矿中，有4100多个严重影响国有重点煤矿的生产和安全。据近11年来的统计，这些小煤矿不经批准滥采乱挖各类煤柱1288处，直接影响大矿生产采区644个，与大矿掘通2297处，直接造成严重透水事故397起，瓦斯爆炸30次，死亡2780人，破坏生产矿井现有生产水平储量18.9亿吨，给国家矿产资源和人民生命财产安全造成巨大损失。仅397起透水事故，就造成直接经济损失15.6亿元。

（一）清理整顿的指导思想

要有利于乡镇煤矿的健康发展；有利于煤炭资源的合理开发利用；有利于保护和调动各方面依法办矿的积极性；有利于加强行业管理，形成规范化的办矿、生产、销售秩序。要引导和扶植乡镇煤矿合理布点、科学开采、正规生产、安全生产，巩固和提高办矿水平，使乡镇煤矿走上依法办矿、健康发展的轨道。

（二）清理整顿要遵循的原则

一是要严格执法，依法整顿；二是要疏堵结合，标本兼治，既要管好，又要搞活；三是要实事求是，分类指导。

（三）清理整顿的范围

全部乡镇煤矿，包括乡（镇）、村开办的集体煤矿；军队煤矿；二轻煤矿；各行业各企业包括国有煤炭企业开办的小煤矿；小型联营矿；股份制煤矿；个体煤矿。重点整顿无证开采的，越界越层开采的，威胁国有煤矿安全生产、危及公共设施和人民生命财产安全的，不具备安全生产条件的小煤矿。

（四）清理整顿工作的要求和政策

1. 整顿办矿秩序和生产秩序

一是对无证非法开采的小煤矿按《矿产资源法》的规定，实行停产整顿，区别情况分别处理。对任意布点，靠争抢国有矿及有证乡镇矿资源维持生产的，或根据不可能达到标准的，一律予以关闭；对资源有保证，符合办矿条件，经整顿达到标准的，经县以上煤炭管理部门审查同意，补办采矿登记手续；在缺煤地区，国家勘探井田外，自探自采的无证矿点，达到办矿条件的，按规定补办采矿登记手续；《矿产资源法》公布之前开办但至今无证的矿井，符合办矿条件的，经煤炭主管部门审查同意，在划定资源后，补办采矿登记手续。不符合办矿条件的，停止开采。

二是对虽持证生产，但有超层越界、乱挖滥采行为的小煤矿，一律无条件地退回原界；对未经批准进入国有煤矿井田范围内乱挖滥采的小井一律撤出，予以封闭。

三是对审批发证不严，资源不落实，争抢资源，不具备办矿条件的有证小煤矿，一律重新审查，限期整改，到期达不到标准的予以关闭。

四是对开采正规资源，但矿井回收率很低、资源浪费严重的，要停产整顿，改革采煤工艺和采煤方法，达到规定要求以后，再恢复生产。

五是对乱挖滥采、威胁大矿安全生产，危及铁路、公路、河流和工业广场、保安煤柱、车间设施、职工住宅的各类小煤矿，要坚决予以关闭。

六是实行煤炭生产许可证制度。所有乡镇煤矿都必须持有地矿部门颁发的采矿许可证和煤炭工业部门颁发的煤炭生产许可证，缺少哪个证也不允许继续开采。

2. 整顿安全管理

一是把预防和治理重大瓦斯煤尘爆炸事故作为重点。认真落实煤炭部最近颁发的《乡镇集体煤矿防治重大

瓦斯煤尘事故的规定》，从领导责任制、规章制度、技术措施、特殊工种素质等十个方面，把好防治关。

二是要狠抓“五消灭”（消灭独眼井、自然通风、明火明电照明、明火明电放炮、明刀闸开关）。对达不到“五消灭”要求，不具备基本安全生产条件的，要提出整顿改造措施，制定阶段性目标和要求，到期达不到要求的，不准生产。初步规划，争取用三年左右时间，使乡镇煤矿全部达到“五消灭”要求。各地区可以根据实际，制定具体实施方案，每年要有三分之一以上的煤矿达到标准。

三是抓好培训。对矿长及特殊工种人员的安全资格证书要重新审验，不合格的和没有证书的要培训合格后才能上岗。

3．整顿销售运输秩序

要加强对乡镇煤矿煤炭销售和运输的统一管理。凡无采矿许可证和煤炭生产许可证的矿井，对其生产的煤炭不安排运力，不准进入市场。对于销售、购用、运输无证矿井煤炭的单位、个人，要进行制止和处罚。

对列入国家扶贫县所办的小煤矿，在整顿时要给予支持和照顾。

（五）清理整顿工作的目标

（1）本地区没有无证非法开采的小煤矿；

（2）超层越界的小煤矿，全部退回原规定的开采界限内；

（3）乱采滥挖、破坏资源的现象得到制止，煤炭资源得到比较合理开发，采区回采率有较大提高；

（4）达到了规定的办矿条件，安全状况明显好转，重大伤亡事故得到控制，百万吨死亡率达到国家规定标准；

（5）形成规范的煤炭市场秩序；

（6）生产矿井均持有地矿部门颁发的采矿许可证、煤炭部门颁发的生产许可证、工商行政管理部门颁发的营业执照。

（六）清理整顿工作的三个阶段

第一阶段，在当地政府统一部署下，统一认识，调查研究，制定方案。矿区所在地政府的煤炭主管部门要会同小煤矿制定具体的整顿实施方案；

第二阶段，开展清理整顿。各级人民政府和有关部门，要抓好整顿方案的落实，省、自治区组织工作组，深入矿区进行监督、检查、指导和协调；

第三阶段，检查验收。清理整顿工作结束后，请各级地方人民政府组织检查验收，并写出专题报告。这次清理整顿工作任务最迟要在1995年底以前完成。工作基础比较好的省区，应尽量提前完成，并抓好乡镇煤矿整体素质的提高。

四、加强煤炭行业管理，依法办矿，依法管矿

煤炭主管部门对乡镇煤矿实施行业管理的主要任务是：统筹规划，掌握政策，信息引导，组织协调，提供服务，检查监督。各级煤炭主管部门根据国家有关规定，对乡镇煤矿主要履行以下职责：研究、制定并组织实施发展乡镇煤矿的方针、政策和行业管理规章；组织编制和实施乡镇煤矿资源开发规划，确定资源开采范围；审查办矿的基本条件，颁发煤炭生产许可证；检查、监督国家有关法律、法规的执行情况，管理乡镇煤矿的安全工作；对乡镇煤矿进行生产技术管理；组织专业技术培训，开展技术服务和交流，对矿长和特殊工种工人实行资格认证；培育和发展煤炭市场，对产、供、运、销进行综合平衡与管理，协调内外部关系；管理煤炭行业专项贷款以及有关基金；对违反有关规定的单位和个人依法实施行政处罚。

煤炭工业1994年计划和基建工作安排及需要抓好的主要工作

——煤炭部副部长韩英同志在全国煤炭工作会议上的讲话（摘要）

1994年1月13日

一、关于深化计划、投融资、外汇和外贸体制改革的主要精神（略）

二、关于煤炭工业七年规划纲要

煤炭部党组对长远规划工作很重视。从去年6月起，组织了4个规划调研组，由部党组成员带队，分赴山东、内蒙、山西、陕西、河南和东北、西南等地进行实地调研。之后，又经过几个月的工作，提出了《煤炭工业七年（1994～2000年）规划纲要》（讨论稿）。其战略思想是，打破行业界限，动员各方面力量来开办煤矿。开办煤矿不受行业地域和国别的限制，组建跨行业跨地区跨国别的综合性矿业公司，实行综合开发，综合经营。打破中央国有煤矿建设规模水平分配的传统作法，从煤炭资源分布的实际情况出发，按效益的原则，合理布局，国家对国有煤矿建设资金相对集中使用。国家主要抓好几个重点煤炭调出省、调出矿区，在煤炭储量大，赋存条件好，投入产出效益高的富煤地区，建设一批能够支援全国的输煤输电相结合的大型能源基地。打破煤炭企业只能办煤矿的传统模式，发展煤炭就地加工转化的产业，减轻煤炭运输压力。转变煤矿建设重规模轻效益,只用钱不还债的传统观念,突出经济效益。新建国有煤矿包括大的技术改造，要采用新模式、新机制，技术装备水平起点要高，用人要少，能取得好的经济效益。不再建设那些条件很差，经济效益不好，没有还贷能力的矿井。要下大力气调整产业结构，确立多种经营的战略地位。转变国有煤炭企业经营机制，建立适应社会主义市场经济要求的现代企业制度，把公有制企业和市场经济有效地结合起来。积极扩大煤炭出口。

《规划纲要》从煤炭工业现有基础出发，根据国民经济走势及发展需要，提出了煤炭工业发展的总目标。即争取用7年的时间初步建立起完善的、适应社会主义市场经济体制要求的煤炭工业发展机制；通过宏观调控，能够达到煤炭产需间的总量平衡，并能长期稳定地保证国民经济快速增长；明显改善煤炭工业产业结构、产品结构及组织结构；使大部分企业实现“四自”，经济效益显著提高；煤炭职工的生活达到小康水平。

《规划纲要》提出了如下预测性计划指标：

原煤产量：1995年为12.3亿吨（资源量），2000年为14亿吨；

炼焦洗精煤产量：1995年为8600万吨，2000年为12300万吨；

采煤机械化程度：到2000年，国有重点煤矿为80%，国有地方煤矿为25%；

全员效率：到2000年，国有重点煤矿为2吨/工，国有地方煤矿为1吨/工；

安全指标：到2000年，国有重点煤矿百万吨死亡率控制在1人以下，国有地方煤矿控制在3人以下，集体煤矿控制在6人以下。

《规划纲要》提出的重点建设目标是，以国有重点煤矿为主，建设20个综合开发基地；以国有地方煤矿为主，建设15个商品煤矿区；以乡镇煤矿为主，建设100个重点产煤县。

三、关于1993年计划执行情况与1994年的计划安排

（一）1993年计划执行情况

1993年，国家下达原煤生产预测计划11.4亿吨，预计完成11.4亿吨，比上年增加2550万吨，其中：国有重点煤矿4.7亿吨，减产1250万吨；国有地方煤矿1.98亿吨，减产430万吨；乡镇煤矿4.72亿吨，增产4230万吨。煤矿生产中存在的主要问题，一是由于国有重点煤矿、国有地方煤矿和乡镇煤矿的生产条件和外部条件差异很大，煤价放开后不能进行公平竞争，发展不平衡。二是国家对煤炭生产总量失控，特别是乡镇煤矿办矿失控，没有必要的调控手段。三是维持煤矿生产的正常投入减少，开拓进尺大幅度下降。

1993年，国家下达技术改造投资计划6.42亿元，其中国家财政拨款17690万元，工商银行贷款46510万元，实际完成6.4亿元。在全年贷款和项目计划下达较晚的情况下，技改计划完成情况比预想的要好。

在基本建设方面，1993年年初国家安排煤炭中央投资规模为152.7亿元。其中从吨煤价外征收的煤炭专项基金12亿元。由于煤价放开，难于向用户收取,在计划执行中有8亿元专项基金指标没有安排到建设项目上,同时又追加建设银行贷款指标1.8亿元，全年实际安排投资规模为146.5亿元。在实际安排的投资规模中,有14.14亿元用于归还当年到期的基建贷款，全年欠拨款7.5亿元，实际用于建设项目的资金为124.9亿元。根据各单位快报情况，全年预计完成143亿元，完成年初计划的93.6%，比上年低3.9%。其原因是上半年资金到位极差，仅为全年计划的17%。7月份以后，国家加强宏观调控，整顿金融秩序，加强对能源、交通等行业的资金注入,情况有所好转，但仍低于上年资金到位水平。1993年国家安排的国有重点煤矿矿井（露天）建设规模为103处、13987万吨。全年计划开工矿井（露天）15处、1820万吨，都已按计划开工。由于上半年资金到位不好，严重影响了工程进度，按年初计划口径，预计投产16处、1116万吨。

（二）1994年计划安排

1994年，国家安排原煤生产预测计划11.6亿吨，比1993年计划增加2000万吨。其中：国有重点煤矿4.8亿吨，减少2700万吨；国有地方煤矿1.95亿吨，与1993年大体持平；乡镇煤矿4.85亿吨，增加1300万吨。今年的总产量计划是预测性计划，不考核总量执行情况。

1994年，国家商品煤订货的原则是“一放开、两办法、三不变”。“一放开”就是从今年1月1日起，煤价全部放开；“两办法”就是试行《煤炭购运销合同实施办法》和新的《煤炭货款结算办法》；“三不变”就是国家提供的煤炭总运量不变，提交国家分配的总资源量不变，通过主要港口和铁路限制口的煤炭外运量及晋煤外运量不变，均维持1992年的煤炭订货水平。以上三个基数均含区内平衡部分。

按照“三不变”的原则，1994年提交国家分配的商品煤总资源量仍为55224万吨。其中：国家订货47998万吨；由国家订货改为区内订货的资源量为7226万吨，集中分布在西北、西南、内蒙、山西等地区；其它资源均通过省订货、企业自销进入市场。1994年煤炭订货反映出来的问题仍然是煤炭供过于求，尤其是无烟混末煤和

部分品种的冶炼洗精煤过剩。

1994年在生产计划执行过程中要注意以下几个问题。一是国家只进行宏观调控和总量平衡，许多权力下放到省级管理部门和企业，我们一定要各司其职、各负其责，不能因为强调宏观管理而放任自流，造成谁都不管，谁都管不了的局面。二是一定要树立市场经济观念，牢牢把握经济效益这个中心，根据市场需求情况和销售运输条件安排计划、组织生产经营活动。三是对生产计划的管理方式和管理手段改变了，但矿井的生产状况如何，经济效益怎么样，哪些矿井应该增产，哪些应该限产或停产，矿务局和省级管理部门都要心中有数，采取积极的措施加以引导。生产计划虽然不考核了，但企业生产计划和省（区）的生产计划都要按期按规定上报，以便掌握信息，进行行业管理和宏观调控。请各级综合计划部门按这一要求抓好这项工作。

经与国家计委、投资公司协商，1994年煤炭工业投资安排的原则是：对投产后经营效益好、能还贷、外部运输条件好的项目进行重点安排；对投产后效益较好但还不了贷、具备外部运输条件的项目进行一般安排；对投产后经营效益差、亏损、还不了贷、外部运输条件差的项目进行清理，该停建的停建。同时调整投资结构，适当增加铁路、电厂、水泥厂等效益工程项目的投资。1994年共安排水泥厂、电厂、铁路投资19.96亿元，比1993年增加5.55亿元。年度基本建设投资矿井与配套的比例过去一直为67:33，1994年达到58:42。效益工程投资明显加大。

1994年的煤炭投资渠道有较大变化，特别是建设银行贷款占总投资的一半以上，比1993年增加19亿元。

四、关于1994年需要抓好的几项主要工作

（一）要抓好“九五”计划和2010年规划

（二）要抓好两个专项规划

一是“山西、陕西、蒙西煤炭调出基地”规划。“三西”是我国煤炭资源最密集的地区，本世纪末省区间煤炭资源调出调入量为4.5亿吨，其中“三西”调出3.7亿吨，约占80%。我们要在1994年集中做好“三西”煤炭调出基地的规划和立项工作。

二是重点基地建设规划。即抓好以国有重点煤矿为主的20个综合开发基地、以国有地方煤矿为主的15个商品煤矿区和以乡镇煤矿为主的100个重点产煤县。

（三）要抓好三个战略性项目的起步工作

一个是煤层气，一个是水煤浆，一个是管道输煤。煤层气是一种洁净的优质新能源。我国煤层气资源约为25～50万亿立方米，约折标煤1000～1200亿吨。1994年，我们要抓住煤层气、水煤浆、管道输煤三个方面的战略性示范项目，做好规划和项目的前期准备工作。争取在1995年前完成几个煤层气项目的资源评价工作，其中开滦项目转入生产性评价阶段；并解决一条输煤管道的立项工作；同时把水煤浆、煤泥浆事业再向前推进一步。

（四）要抓好在建项目的经济评价和项目分类

到1993年底，国有重点煤矿共有在建基建项目103处、13987万吨，加上施工准备项目16处、3545万吨，合计建设项目119处、17532万吨。我们要会同国家计委、投资公司统一制订经济评价标准，按照投资有偿使用的原则，结合外部运输条件，对在建基建项目通过经济评价进行分类。其类别分为三种，一类是效益好、能还贷的项目；二类是效益较好、微利、还不了贷的项目；三类是效益差、亏损的项目。要先由建设单位自行评价和分类，然后报部统一审核后拿出具体的政策意见。

（五）要抓好利用外资工作

要积极慎重地引进国外资金建设煤矿、坑口电厂、煤气厂、水泥厂和管道输煤等效益工程，以改善煤炭工业产业结构。

（六）要按照社会主义市场经济原则，抓好煤炭工业工程项目建设标准、设计规范的制订和修改工作

（七）要提出搞活设计、施工等单位的政策意见

（八）继续加强和改善对国家重点建设项目的领导

（九）要抓好煤炭工业的统计工作

煤炭部副部长张宝明同志在全国乡镇煤矿工作会议上的总结讲话（摘要）

1994年3月31日

一、会议的主要收获

1．进一步统一了对乡镇煤矿的认识

在这次会议上，邹家华副总理和王森浩部长都从国民经济发展的全局出发，客观地评价了乡镇煤矿的地位和作用。在改革开放的15年里，乡镇煤矿的原煤产量从0.95亿吨增长到4.72亿吨；在全国原煤总产量中的比重，由16％提高到41％，与国有重点煤矿的产量基本持平，为缓解煤炭供应紧张的局面做出了重要的贡献。对于国民经济的持续、快速、健康发展，乡镇煤矿功不可没。同时，在讨论中也感到：家华同志在肯定乡镇煤矿成绩和主流的基础上，所指出的乡镇煤矿发展中的问题，也是非常中肯和严肃的。这些问题的提出，体现了党和国家对乡镇煤矿的重视和关怀；正确看待这些问题，无疑将有助于克服乡镇煤矿发展中的不足，促进乡镇煤矿不断迈上新的台阶。

2．进一步明确了发展乡镇煤矿的“十字方针”

在讨论中，大家认为，家华同志《报告》中对发展乡镇煤矿“十字方针”的阐述，站在全党全国工作的大局，运用辩证唯物主义的观点，全面而又准确地论述了扶植、改造、整顿、联合、提高的内在关系，具有很强的指导性。国务院确定的这个“十字方针”，是对乡镇煤矿发展规律的科学阐述，是指导今后乡镇煤矿健康发展的基本方针。

3．提高了对整顿乡镇煤矿必要性的认识

乡镇煤矿在发展中所出现的一些不容忽视的问题，越来越明显地成为制约乡镇煤矿发展的障碍，已经到了非整不可的地步；如果不采取措施加以整顿，不仅乡镇煤矿不能健康发展，甚至还会影响整个煤炭工业乃至国民经济发展的大局。会上介绍的六个单位的典型经验，有力地说明：只有认真进行整顿，解决前进中的问题，才能使乡镇煤矿的发展有一个扎实的基础，走上良性循环的发展轨道。不抓整顿，任其发展下去，过不了几年，势必就会出更大的问题。大家认为，会议所确定的整顿乡镇煤矿的指导思想、方针原则、目标标准和方法步骤等，不仅是积极稳妥的，而且是切实可行的，按照这些要求抓下去，就一定能够在两、三年内，顺利完成乡镇煤矿的整顿任务，达到预期的目的。

4．更加明确了对强化行业管理的认识

中国一年产煤11亿吨，经济建设所需要的能源70％要靠煤炭，没有强有力的行业管理和宏观管理是不行的。从中央到地方形成完整的行业管理体系是十分必要的。有的同志说，我们这次会议，实际上是国务院对煤炭进行行业管理的会议。提交会议讨论的《乡镇煤矿管理条例》、《煤炭生产许可证管理办法》、《关于煤炭企业职工伤亡事故报告、调查和处理的意见》等三个规范性文件，也是实行行业管理的重要措施。大家认为，这三个文件的指导思想明确，体现了国家对煤炭工业的方针和产业政策，注意了与现行法律法规的衔接，反映了乡镇煤矿的特点，内容比较全面，具有较强的可操作性。许多同志呼吁，这三个重要的规范性文件要尽早出台，尽早公布实施，做到依法治矿、依法治煤。

二、正确把握、全面理解和贯彻发展乡镇煤矿的“十字方针”

“十字方针”是一个完整的整体。其内在的各个部分是互相联系、互为依存、互相促进的辩证统一关系。扶植是在国家产业政策前提下的扶植，不是无原则的盲目的扶植；改造、联合是乡镇煤矿发展壮大、增加后劲的重要途径；整顿是“十字方针”之中一个非常重要的环节，是乡镇煤矿健康发展的重要手段；提高是“十字方针”的落脚点。我们说的扶植、改造、整顿、联合，其最终目的都是为了提高。

1．正确认识和处理资金扶植与政策扶植的关系

乡镇煤矿的发展，需要国家和地方给予一定的资金扶植，但最重要的是要靠政策。今后，我们仍然要不断地研究、制定适合于中国国情的发展乡镇煤矿的政策和措施。当然，必要的外部资金投入也是应该的。但解决资金的渠道，主要的还是走自我积累、自我发展的道路。因此，比较实际、比较有效的办法，是请各级地方政府采取多种形式，筹集一定的资金，来解决乡镇煤矿投入不足的问题。

2．正确地认识和处理清理整顿与发展提高的关系

从目前乡镇煤矿的发展现状看，清理整顿不仅势在必行，而且十分迫切。可以说，认真搞好乡镇煤矿的清

理整顿，是全面贯彻“十字方针”的一个突破口。通过整顿，才能更好地发展、提高。整顿既不是抹煞成绩，更不是限制发展。通过整顿，解决制约乡镇煤矿发展中的突出问题，并继续采取扶植政策和措施，乡镇煤矿才能上一个新水平。

3．正确认识和处理好当前与长远的关系

邹家华副总理指出：从物质条件上说，国民经济发展速度的快慢，就看能够提供多少能源，多少煤炭。煤炭要满足国民经济快速发展的需求，保障长期稳定的供应，很大程度上要靠乡镇煤矿。各级政府及其煤炭工业主管部门，都应该树立全局观念，着眼长远，狠抓当前。对影响乡镇煤矿长远发展的薄弱环节，必须引起高度重视，切实采取有力措施，一个一个地加以解决。特别是对目前乡镇煤矿事故多、安全形势严峻、杀鸡取蛋、竭泽而渔、滥采乱掘、严重破坏浪费资源等不良现象，要采取坚决的措施加以整顿。要通过必要的投入，帮助不具备安全生产条件的矿井限期达到“五消灭”。在生产、安全方面，增加一些投入不仅是必要的，而且有利于长远。

4．正确认识和处理放开搞活与依法办矿的关系

按照国务院确定的“十字方针”，继续扶植乡镇煤矿的发展，是煤炭部和各级政府的重要职责。从煤炭部来说，要继续尽我们的最大努力，支持办好各类煤矿，把乡镇煤矿搞活。并且允许多种所有制的煤矿并存，共同发展。必须加强行业管理，使乡镇煤矿的开办和生产经营活动置于国家的宏观控制之下。加强行业管理，既要用行政手段，也要用经济手段，还要靠法律法规。鉴于煤炭行业法制建设基础薄弱的现状，我们必须加快煤炭立法的步伐，除了国家和行业立法之外，还要抓紧抓好地方煤炭立法工作。

三、加强领导，认真落实会议提出的清理整顿任务

1．统一思想，提高认识

乡镇煤矿的清理整顿，是一项复杂而艰巨的任务，涉及到各方面的利益，必须统一思想，提高认识，上下一致抓整顿。要结合贯彻会议精神，全面深刻地理解邹家华副总理的报告和王森浩部长的讲话，以此来统一各级领导干部尤其是市县、乡镇这一级干部的思想认识，使他们对乡镇煤矿发展中出现的问题，有一个正确的分析判断，从大局出发，从长远发展出发，下决心通过整顿，来促进乡镇煤矿的健康发展。

2．加强领导，狠抓落实

清理整顿工作能否收到预期的效果，关键在于各级政府的重视和领导。只有领导到位，清理整顿工作才能深入下去。各级地方政府，一定要加强领导，落实责任，一级抓一级，确保清理整顿工作的顺利进行。

3．坚持依法整顿，按标准整顿

乡镇煤矿发展中出现的矛盾和问题，重要原因是法制观念不强，有法不依，执法不严，违法不究。因此，对乡镇煤矿的清理整顿，必须依法办事，严格掌握政策界限，严格按照标准进行清理整顿。整顿的主要法律依据，就是《矿产资源法》、《矿山安全法》和即将出台的《乡镇煤矿管理条例》、《煤炭生产许可证管理办法》、《关于煤炭企业职工伤亡事故报告、调查和处理意见》以及地方政府颁布的有关法律、法规。整顿的政策和工作依据，是邹家华副总理和王森浩部长的讲话以及《关于乡镇煤矿清理整顿工作的安排意见》。在整顿中要注意发现问题，总结经验 建章立制，使乡镇煤矿的发展逐步走上依法办矿、依法管矿的轨道。

4．以整顿促发展、促提高

整顿是手段，发展提高是目的。对一般的乡镇小煤矿，要求通过整顿达到办矿的基本生产和安全条件，使之依法开采、合法经营。对于那些基础较好、有发展前途的小煤矿，要着眼于长远发展，高标准、严要求，加大技术改造的投入，提高矿井的整体素质，尽快成为骨干矿井。除国家规划的一百个重点产煤县之外，各地应通过整顿，规划和建设一批重点小煤矿，以带动本地区乡镇煤矿的发展，乡镇煤矿的发展提高，关键是要依靠科技进步，狠抓技术改造，提高装备水平和技术水平。当前要突出抓好乡镇煤矿的安全管理，加强基础工作，提高防灾抗灾能力，控制重大恶性事故。

深化科技教育体制改革　促进煤炭工业发展

——煤炭部副部长范维唐同志在全国煤炭工作会议上的讲话(摘要)

1994年1月13日

一、深化改革，建立适应和促进社会主义市场经济发展的煤炭科技体制

近几年来在大家的共同努力下，科技工作取得了较大成绩。据统计，1989年至1992年底，共取得科研成果

2243项，其中荣获国家和原能源部科技进步奖435项。这些科研成果在煤炭生产、基建、安全、综合利用和多种经营中发挥了重大作用。如，采用多种勘探手段和钻探相结合的综合勘探，发现了一些大型煤田，为煤炭工业发展提供了一批后续基地，准格尔矿区找水也取得重大突破；新研制的反井钻机已成井万米以上，具有安全、快速、经济的优势，深受煤矿、水电部门的欢迎；一些具有我国特色的综采技术，如坚硬顶板条件下综采技术、厚煤层分层机械化铺网技术、放顶煤综采技术等，都取得了较好的技术经济效益；交流电牵引采煤机取得突破性进展，正在形成批量生产；锚网支护、锚梁网支护和高水巷帮充填等新技术的应用，为煤矿巷道掘进机械化与生产集中化创造了条件；瓦斯突出预测预报、综合防突措施进一步完善、配套；大容量全肺灌洗治疗尘肺，取得明显疗效；洁净煤技术的研究取得初步成果，选煤设备和技术的研究取得新的成绩，水煤浆进入商业性示范，年青煤提质加工、煤系共伴生矿产资源利用及煤矿环保等技术，都有了较大进展；一些先进的技术和装备在开拓国内外市场方面取得较大成绩。同时，"100推"项目中，有些项目已大面积推广应用，取得了规模经济效益。例如，"提高炮采工作面单产新工艺"，在国有重点煤矿80%～90%的炮采面进行了推广，平均提高单产15%～20%；"三小"光爆锚喷岩巷掘进作业线，已在二、三十个矿务局进行了推广，掘进速度提高20%多，掘进成本每米节约100元以上；还有"菱形金属网"、"单体液压支柱成套检修设备"、"矿车新轮对"等新技术的应用，都取得了明显的经济效益。

当前，煤炭科技发展要继续坚持"科学技术是第一生产力"的指导思想和"面向、依靠"的战略方针、使煤炭工业的发展真正转移到依靠科技进步和提高劳动者素质的轨道上来；要推动科技与经济的紧密结合，使科技工作适应社会主义市场经济发展的需要；要按照"稳住一头、放开一片"的原则，搞好科研单位的结构调整和人才分流；解放和发展科技第一生产力；要根据煤炭工业近期和中长期发展的需要，分层次部署科技工作，集中力量研究解决减人、提效、安全生产中有重大经济和社会效益的关键技术问题，把发展洁净煤技术作为战略主攻方向；要加强新技术的推广与应用，大力开展技术革新活动，充分重视基础性研究工作。

1．解放思想，转变观念，坚定不移地走"科技兴煤"的道路

科技进步是煤炭工业发展的必由之路，我们必须坚定不移地走"科技兴煤"的道路。特别是在当前煤炭刚刚迈向市场，许多煤矿面临重重困难的情况下，我们绝不可动摇依靠科技进步的决心和信心，相反，越是在困难时期，越要紧紧抓住科技第一生产力，向科技求生存、求发展，靠科技提高产品质量，提高竞争能力。

科技工作绝不仅仅是科技单位的工作，要积极动员全行业的各个部门和广大职工关心科技工作，支持科技工作，参与科技工作。

企业是科技工作的主体，企业生产实践的需要是课题的主要来源，企业同时又是研究成果的应用者，一切成果归根结底都要在企业的生产实践中接受检验，取得效益。我们必须注意树立"大科技"的观念，用"大科技"的思想指导和推动科技发展。

完善企业技术进步机制，增强依靠科技进步的实力与活力，是促进煤炭工业技术进步的重要保证。要鼓励企业用新技术成果对生产的薄弱环节进行技术改造，提高企业在市场经济中的竞争能力。要建立和实施煤炭生产企业技术进步评价体系，定期考核企业技术进步情况，引导和推动企业克服困难，努力增加科技投入，确实使企业依靠科技进步的实力与活力不断得到加强。

2．分层次部署科技工作，建立符合市场经济的科技运行机制

根据市场经济的特点，以及煤炭工业近期和中长期发展的需要，九十年代我们将按照成套技术开发、高新技术开发及其产业化、应用基础研究等三个层次，以及大力加强科技成果的转化和推动群众技术革新活动；纵深部署科技工作，即形成煤炭工业的"一条龙"计划、"火炬"计划；"攀登"计划；"星火"计划、"100推"和"100革"计划的科技工作框架。结合煤炭工业的实际，以及当前高产、高效、高安全和多种经营的需要，有重点地组织好科技工作。要把发展洁净煤技术作为今后一个时期的战略主攻方向，组织科技力量，加大投入，积极开展选煤、型煤、水煤浆、管道运输、煤成气以及煤的转化和燃烧技术等方面的研究。要重视发展和推广小煤矿生产和改造技术，提高小煤矿的安全生产技术水平，确实为煤矿解决量大面广和急需解决的技术问题。同时，还要建立符合市场经济的科技管理运行机制，在组织科技项目的过程中，体现市场经济的竞争、风险、效益和效率等特点。鼓励和支持有条件的企业实行技术难题招标，联合科研、院校对本地区的技术难题进行攻关、开发和推广应用先进技术。技术开发项目要完善合同制，逐步实行公开招标，公平竞争，专家评审，择优支持；在部科技进步奖评审中加大推广项目的获奖比重。此外，还要加强技术监督工作，通过加强标准化和计量工作、加强质检中心和煤质监督站建设，以及严格"安全标志"、"生产许可证"管理工作，使技术监督工作逐步走向法制轨道。

3．深化科研院所改革，增强适应市场经济的能力

继续按照"稳住一头，放开一片"的指导原则，通过市场牵引、政策导向并辅之以必要的行政措施，大力推进科研院所改革，加快结构调整，人才分流的步伐。力争用三年的时间，重点稳住主要从事煤炭基础研究、高新技术研究、重大科技攻关，以及标准化、计量、技术监督工作的科技队伍，使这支队伍精干、高效，人数大体为现有人数的三分之一，其他三分之二部分，采取诸如技术开发、技术转让、技术咨询、技术服务、技术

入股、技术承包和技术培训，兴办经济实体，创办科技企业，以及整体向科技企业转化或与企业集团紧密结合等多种形式，走向市场，在宏观管理上，逐步建立科研机构的考核、评价指标体系，引导和推动他们与经济建设的紧密结合。部属院所要不断总结和推广深化改革的好作法和新经验，把科研院所改革推向新的阶段；省级研究所和企业所属的研究所，要结合本省和本企业的实际需要，有重点地进行科技开发和新技术推广工作，增强活力，走向市场。

科技信息工作要适应煤炭工业进入市场经济的新形势，为领导机关科学决策，为煤炭企业适应国内外市场变化和产业结构的调整及时提供准确、有效的科技信息。要开拓信息市场和技术市场，为科技和经济的结合牵线架桥，在深化改革中不断增强自身的活力和实力。

二、认真贯彻《中国教育改革和发展纲要》，积极推进煤炭教育体制改革

党的十三届三中全会以来，煤炭教育事业发展较快，现已基本形成了多层次、多规格、专业配套、多种形式办学的教育体系，包括普通高等学校、中等专业学校、管理干部学院、技工学校和各类职工院校在内，共有270多所。煤炭系统人才需求的矛盾已基本缓解，职工队伍的科学文化素质得到了提高，教育在煤炭工业的现代化建设过程中发挥了重要的作用。

但是，煤炭各类教育在发展的同时，也暴露出一些问题。主要表现为：

——煤炭教育管理体制不相适应，部属学校过多，学校自主权还没有落到实处，不利于学校形成面向社会自主办学的机制，办学缺乏活力。

——煤炭教育结构存在不少问题。普通院校的布局不够合理，人才的层次比例不协调；成人教育点多，不能充分发挥效益；矿区基础教育发展不平衡，教育质量不高；职业技术教育比较薄弱。

——教育思想、教学内容和教学方法还不能适应社会主义市场经济和煤炭工业发展对人才的需求，在办学模式、专业设置、课程设置等方面也缺乏应变能力。

——国家对教育的投入不足，煤炭院校经费短缺，影响教育质量和办学水平的提高。

——学校内部没有建立起自我发展与自我约束相统一的运行机制，人浮于事的现象比较严重，工作效率和办学效益不高。

1．贯彻《纲要》精神，加快煤炭教育改革的步伐

2．深化煤炭高等教育改革

“八五”后三年以及今后一个时期，煤炭高等教育改革和发展的主要目标和任务是：坚持社会主义办学方向，加快高校内部管理体制和教育教学领域的改革，使规模适度发展，结构更加合理，质量上个台阶，效益明显提高。到本世纪末，基本建立起适应煤炭工业现代化需要的具有中国特色的煤炭高等教育体系。

（1）从煤炭行业的实际出发，合理调整专业层次结构。

（2）全面推进学校内部的管理体制改革，转换机制，优化结构，提高效益，改善待遇。

（3）注重学科建设，提高总体办学水平。

3．加强基础教育，积极发展职业技术教育

4．加强在职职工培训，提高职工素质

岗位培训是在职职工培训工作的重点，要大力加强，逐步做到规范化、制度化。

干部培训的重点是抓好大、中型煤炭企业现职领导干部和后备干部任职资格培训，在1997年以前要完成全部培训任务，同时积极开展领导干部学历达标教育。

强化工人的培训。凡是未经过培训或培训考核不合格的，一律不得上岗；及时开展工人转岗培训；坚持新设备、新技术的成建制培训，经考试合格后设备方可投入使用、工人方可上岗操作；重点抓好工人技术等级达标和晋级培训；继续开展技术岗位练兵活动。

5．改革煤炭教育管理体制，扩大学校办学自主权

根据国家关于改革教育体制的精神，逐步改革煤炭各类教育的领导管理体制。中等专业学校一般由有关省局、公司和矿务局管理；技工学校一般由有关企业管理；管理干部学院除北京保持目前的领导体制外，其他由有关省局、公司管理。随着政府职能的转变和政企分开，我部所属高校的办学体制和管理体制，可以采取继续由煤炭部办、交给地方政府办、企业集团参与管理等不同方式。目前，我们已对黑龙江矿院和山西矿院的管理体制进行了改革尝试，东煤公司和山西煤炭工业管理局参与管理。

面向市场　转换机制
开创发展煤炭工业多种经营的新局面

——煤炭部副部长濮洪九同志在全国煤炭工业多种经营工作会议上的讲话(摘要)

1993年11月19日

这次会议的中心议题，就是学习和贯彻党的十四届三中全会精神，落实《中共中央、国务院关于加快发展第三产业的决定》和国务院领导对煤炭企业发展综合利用、多种经营、第三产业的重要指示，总结近两年的工作，表彰先进单位，讨论煤炭工业多种经营中长期发展规划，部署近期加快发展多种经营的主要任务，认真研究在深化改革、进入市场经济新体制的形势下，煤炭工业调整和优化产业结构、转换经营机制、发展多种经营的重大政策和措施，进一步解放思想，振奋精神，团结战斗，苦干实干，用二至三年时间，把煤炭多种经营推向一个新的发展阶段，再上一个新台阶。

一、以煤为本，多种经营，是发展煤炭工业的必由之路

回顾起来，应该说煤炭工业多种经营是从60年代开始，由小到大，逐步发展壮大起来的，大致经历了以下几个阶段：

第一阶段是在1980年以前。主要是从改善职工生活出发，组织了十几万职工家属和企业部分富余人员，开荒种地，从事农牧副业生产。

第二阶段是1980～1985年。主要是围绕安置待业青年，解决就业问题，兴办了一大批为煤矿职工生活服务和生产服务的集体企业，使煤炭集体经济有了很大发展，经营范围也从以第一产业为主过渡到以第二产业为主。

第三阶段是1986～1991年，即从1986年的抚顺会议到1991年的新汶会议。

第四阶段是1992年以来。小平同志南巡重要谈话的发表，推动了全国经济的加快发展。《中共中央、国务院关于加快发展第三产业的决定》为我们发展第三产业指明了方向。朱镕基副总理视察煤矿，作了许多重要的指示，并决定拿出20亿元贴息贷款作为扶持煤炭工业发展多种经营和第三产业启动资金。邹家华副总理对煤炭工业发展多种经营、第三产业十分关心、重视，也作了许多重要指示。

经过10多年的艰苦努力，煤炭工业多种经营有以下几个突出的特点：

（一）基本形成了一个多种产业、多种产品、多种经济形式综合发展的新兴企业群体

（二）多种经营产值增加，效益提高，企业经济实力有所增强

（三）发展多种经营同调整产业结构、精减人员、提高效益、扭转亏损有机地结合起来

近几年通过贯彻煤炭部提出的“三大主体”协调发展的战略思想，特别是去年以来贯彻十四大和中央关于加快发展三产的精神及朱镕基副总理视察煤矿的重要指示，把转产分流、发展多种经营摆到重要位置，加快了步伐，取得了一定成效。到1992年末，从业人员已达145万人。其中全民职工33万人。今年1至9月，重点煤矿已分流安置富余人员11.3万人，预计到年底可分流安置15万人。

（四）涌现出一大批发展多种经营的先进典型

二、围绕市场，转变观念，以转换经营机制为重点深化企业改革

（一）要转变计划经济陈旧过时的思想观念，以改革企业产权制度为突破口，加快转换企业经营机制的步伐

一要明确煤炭工业多种经营的范围。煤炭工业企事业单位的多种经营，是指各自从事的本业之外，不分投资渠道，不分内部隶属关系，不分企业性质和经营方式，不分规模大小，包括一、二、三产业的生产经营活动的总称。

煤炭生产企业的多种经营，是指原煤和煤炭洗选及其配套生产系统以外的其它商品的生产经营和劳务。它包括：煤的深度加工、转化；矿区资源的综合开发和综合利用；为煤矿生产建设服务、为职工生活服务的项目、打入社会市场的产品项目；对外技术服务和劳务服务项目；小煤井开采等等。从经营范围上包括第一、第二产业和第三产业。从所有制形式上讲，基本上分为全民所有和集体经济两种形式。

二要进行产权制度改革，逐步建立和完善企业法人制度。煤炭企事业单位兴办的多种经营，可以根据生产经营的需要，在保证国家财产保值、增殖的前提下，积极稳妥地进行产权制度改革。对多种经营骨干企业，可以通过清产核资、资产评估和产权界定，实行股份制和股份合作制，新建的特别是利用国家贴息贷款新建的多

种经营企业可先行一步；对中小型多种经营企业，可以实行租赁制或国有企业集体经营；对零星厂、店，可以拍卖、租赁给集体或个人经营。建立明晰的产权关系，完善企业法人制度，落实企业经营自主权，实行依法自主经营，自负盈亏。

三要改革主办单位和多经企业的财务关系。随着企业产权制度改革，明晰主办单位和多经企业的产权关系，相应改变和理顺其财务关系，多经企业实行独立核算、自负盈亏，按主办单位和多经企业的产权比例分享利润或承担亏损。利用贷款兴办的多种经营企业形成的财产，按谁还贷、谁享有产权的原则处理。利用贷款新兴办的和技术改造的多经企业，要首先实行独立核算、自负盈亏，并以新增效益还贷。已纳入企业总承包的单位，在承包过渡期间，要包死基数，超收自留，欠收不补，超承包基数部分用于自我发展，积极创造条件，逐步实现独立核算、自负盈亏。

四要积极创造条件，促使多种经营企业走上"四自"的路子。第一，对减人提效成建制划转或部分划转成为经济实体的，主办企业要根据其经营情况确定自负盈亏或在一定期限内给予补贴的办法，限期实现自负盈亏；第二，兴办劳动密集型企业，安置企业富余人员，主要用企业自有资金投入作为资本金，视其经济效益情况，主办单位可确定为拨款、部分借款或延长借款还款时间，为其实现"四自"创造条件；第三，对利用贷款兴办的多种经营企业，一定要选择效益好、有还贷能力的项目；第四，对分流到现有多种经营企业的富余人员，主办单位与安置企业协商，可按每安排一名职工不少于1万元安置费和在三年内按平均不低于本人工资的50%的比例给予补贴，增强安置企业消化能力，避免效益滑坡。对病、伤、退人员，不能分流到多种经营企业负担；第五，对现在亏损的多种经营企业，主办单位要逐个调查研究，采取有力措施，促使其扭亏为盈，逐步实现"四自"。

五要继续搞好三项制度改革，健全企业的激励机制。

（二）要转变重安置、轻效益的思想，增强市场观念，坚持以经济效益为中心，以效益促安置。

一是要强化市场观念。

二是要转变对国家和主办单位的依赖思想。

三是要树立以效益促安置的新观念。

（三）充分认识发展煤炭多种经营的战略意义，以新的姿态加快多种经营的大发展

一是要强化人才观念和吸引人才的政策。市场竞争、资金竞争、项目竞争，归根结蒂是人才竞争。解决人才问题，首先要立足于企业内部，选拔懂管理、会经营、事业心强、精明强干的干部，从事多种经营管理和生产经营工作。第二可以用重金聘请其他行业有真才实学，能给企业带来明显效益的各类专业人员，对引进项目和资金的人员，可按其获得效益给予一定比例的重奖。第三设置奖励基金，充分发挥工资奖金的激励作用，吸引人才从事多种经营工作，对作出突出贡献的专业技术人员、管理人员和职工实行重奖。第四煤炭大专院校积极为多种经营培养人才。企业也可采取多种形式委托院校、科研等单位培养急需人才。

二是建立多种经营精干、高效的管理机构。

三是要重视集团开发，积极组建和发展多种经营的联营企业和企业集团。

四是要因地制宜，发挥自身优势，重视煤深加工、转化，矿区共伴生资源的综合开发、综合利用，提高煤炭和各种共伴生矿产品的附加值。

三、抓住机遇，加大措施，更快更好地发展煤炭多种经营事业

根据党的十四大和年初煤炭工作会议的精神，"八五"后两年煤炭工业多种经营工作的指导思想是：贯彻落实党的十四大会议精神，进一步解放思想，转变观念，坚持以煤为本、多种经营、综合发展的方针，以矿山为依托，面向市场，以经济效益为中心，加快煤炭企业转产步伐和多种经营发展速度，深化企业改革，转换经营机制，推进技术进步，加强企业管理，全面提高企业经济效益，力争在二、三年内，煤炭多种经营取得突破性发展。

总体发展目标是：按照社会主义市场经济体制的要求，加快煤炭工业综合利用、多种经营、第三产业的发展和富余职工转产分流步伐，形成比较合理的产业结构、产品结构和人员结构；为生产服务和生活服务的单位，逐步实行对内有偿服务和对外经营服务，形成独立核算、自收自支、自负盈亏的服务经营实体和新的后勤服务体系；改革企业的组织结构、管理体制和经营机制，逐步改变多种经营企业依赖母体的状况，推动多种经营走上"四自"的轨道；依靠技术进步和科学管理，全面提高多经企业的整体素质和效益，主要技术经济指标达到和超过全国各行业平均水平。

今后7年煤炭工业多种经营的工农业总产值和三产经营收入平均每年增长15%，现有职工平均每年转产分流5%。

力争到1995年全国国有重点煤矿多种经营总产值和经营收入达到或超过260亿元，相当于煤炭产值的50%左右；产值效率1.4万元/人年，转产分流富余职工30万人，从业人员达到180万人，其中全民职工75万人，占职工总数的25%左右。

力争到2000年，全国国有重点煤矿多种经营总产值和三产经营收入比"八五"末翻一番超过550亿元，达到

或超过煤炭产品的产值。“九五”期间，再转产分流富余职工70万人，从业人员达到240万人，其中全民职工140万人，相当于从事煤炭生产人员；年人均效率达到2.5万元。

为实现上述发展目标，要着重抓好以下几项工作：

（一）统筹规划，重点发展

第一，发展多种经营必须充分发挥煤炭资源、劳动力的优势。

第二，发展多种经营要实现分类指导。

（二）依靠技术进步发展多种经营

一是加快现有多种经营企业的技术改造。

二是提高多种经营技术的开发能力。

三是重点发展高技术含量、高市场占有率、高经济效益的产品项目。

（三）多渠道筹措资金，增加发展多种经营的投入

一是煤炭企业要树立自立自强的意识，立足于自筹资金加快多种经营的发展。

二是争取国家贷款扶植。

三是积极吸引外资。

（四）强化企业内部管理，努力提高经济效益

一是从整章建制入手，强化各项基础管理工作。

二是加强职工培训，提高职工队伍素质。

三是积极借鉴和引进国内外先进管理经验。

（五）切实加强国家扶植贴息贷款的管理工作

一是要选好项目。要树立负债经营的意识，国家贷款虽然是贴息，但必须还本，而且要用贷款项目新增效益还贷。因此企业必须把投资效益放在首位。

二是要实行项目业主负责制，并实行独立核算。

三是对贷款项目实行跟踪检查制度，实行项目库动态管理。对项目贷款使用情况、项目建设情况、建成后经营和还贷情况，逐个进行跟踪检查。把年度普遍检查和平常重点检查结合起来，总结经验教训。

（六）加强领导，坚持两手抓

贯彻《决定》 落实《条例》 深化改革 加快发展

——东煤公司总经理崔敬谦同志在东煤集团公司深化改革工作会议上的讲话（摘要）

1993年12月26日

一、今年改革工作的基本情况

（一）推广大雁经验，点上有突破，面上有发展

在大雁局改革的推动下，3年来，公司共抓了3批20余个重点单位的“双效”试点。各局也选择了一批单位进行了“双效”试点，经过几年的工作，特别是今年的工作，总的试点效果是好的。

“双效”试点工作重点上的突破，推动了集团面上整组提效工作的开展。各局、矿、厂机关得到了精简，各类人员得到了调整与压缩。至10月末，18个矿务局共调整了9.6万余人，其中分流5.7万余人，纯减3.9万余人，共减少原煤人员2.6万余人。

（二）转换经营机制，企业增加了活力

公司的职能按照《条例》的规定和煤炭部的要求，做了进一步的转变。在实行精简机构，压缩人员的基础上，按照成员企业办得了、办得好的事情由成员企业自己办的原则，调整与修改了公司及各部委厅局的职责范围，公司只保留做为企业法人的宏观调控与“六统一”应具有的权利和国务院授予公司的财务公司、国际工程公司及进出口方面的权利以外，其余的进一步地还给了成员企业，成员企业有了更好的经营自主权。成员企业也以模拟法人的形式把一些经营自主权放给了下属的基层矿、厂，特别是放给了那些实行放开经营、国有民营、租赁承包经营及其他经营方式的矿、厂，提高了他们的市场观念，竞争意识，增加了他们的危机感和紧迫

感，调动了他们生产经营的积极性。今年经营机制转换工作的步子迈的更大一些。按照对108处生产矿井“分类指导”的方针，对那些成本高、亏损大的矿、厂放开经营。

（三）适应市场需求，适时调整生产建设格局和销售策略

在调整生产格局上，一是关停了9处（能力277万吨）成本高、扭亏无望的生产矿井；二是对一些煤质差、成本高、售价低或运输条件不好的生产矿井实行限产；三是对一些生产矿井按照效益的原则进行系统改造和合理集中生产，减少投入；四是调整经济可采煤层和非经济可采煤层的开采比例关系，适当提高经济可采煤层的开采强度，提高煤质和售价。在调整建设格局上，按照效益的原则，对在建项目进行了重新评估与清理，已经停缓建了四项资金来源不落实，建设条件不具备，还本付息能力差，预测经济效益不好，市场前景不明朗的基建项目，减少了资金投入。在今年国家建设投资到位比较好的情况下，实行业主负责制，各类基建项目的施工进度和工程质量都好于去年。

（四）强化目标管理，控制成本的过快增长

（五）改革科技体制，科技进步稳中求发展

截止今年11月末，采煤机械化程度75.74%，低于去年同期2.24个百分点，这里面有合理调整，也有人为的工作倒退。掘进装载机械化程度81.57%，比去年同期提高2.13个百分点，单产20597吨，单进136.55米，均与去年同期基本持平。巷道布置、支护方式、采煤方法的改革在一些单位也取得进展。今年预计将实现4个年产百万吨采煤队和30年进尺万米的掘进队。

（六）发展多种经营、第三产业，调整产业与产品结构

（七）安全体制的改革，促进了安全状况的明显好转

和去年同期比较，至今年11月末，企业全部死亡率1.89，下降21.57%，全部死亡人数183人，减少36.5%，煤炭生产百万吨死亡率1.18，下降9.2%，煤炭生产少死亡32人，减少21.9%，多种经营集体小井百万吨死亡率1.44，下降10%；重大伤亡事故共发生13起，死亡74人，减少6起，少死亡54人，分别下降31.6%和42.2%。

至12月23日，煤炭生产百万吨死亡率为1.129，比全国国有重点煤矿的1.153减少了0.024，创造了继1986、1987、1991年三年低于全国平均水平之后又一次安全状况好于全国的好成绩。

（八）思想观念有了较大的转变

二、明年深化改革的主要任务

（一）按市场价值规律，加速思想观念的转变

（二）集团公司转变职能，理顺与成员企业的关系

按国务院、煤炭部的要求，核心企业集团公司在组织结构和运行机制上要做进一步的理顺。在组织结构上，发挥集团管委会的作用，有关集团发展的重大决策，实行民主管理，在协商一致的基础上，由核心企业组织实施。在运行机制上，要从组织生产型向组织经营型转变。核心企业不再干预成员企业的具体生产经营活动，总的原则是只管成员企业办不了或办不好的事情，主要任务是制定集团的发展战略和长远规划，研究生产经营的大政方针，研究市场动态和投资导向，协调集团成员企业之间、集团与国家、与地方政府及相关行业的关系，为成员企业生产经营活动创造良好的外部环境。

（三）落实国务院《条例》，增强成员企业的活力

在集团公司集团化、企业化改造的同时，要按国务院《条例》的规定和煤炭部的要求，进一步放权于成员企业，重申成员企业享受的经营自主权，主要有：在生产经营决策方面，成员企业依据市场需要、自身生产能力和外部生产条件，自主地选择经营方向和调整生产经营范围，自主编制、修改和安排生产计划，根据国家有关政策、法规、规程，自主制定生产技术管理制度，自主选择、确定采煤方法、生产工艺和生产设备等。集团公司只考核成员企业盈亏和百万吨死亡率两项指标，对施工企业只下达盈亏和质量两项考核指标，其余指标作为评价指标，需定期统计、上报。在产品销售和价格方面，成员企业对非煤产品可以自主定价，自行销售；煤炭产品由公司协调，协商定价。在物资采购方面，国家指令性、指导性以外的物资，成员企业可自主选择供应渠道、供应品种和数量，自主采购，自行调剂。但要注重发挥集团优势，适当统一定货，减少采购成本。在资金支配使用和资产处置方面，在保证国有资产保值、增值条件下，对国家授予其经营的资本金有处置和调度权，对自有资金和自筹资金的支配使用均可自行安排。根据国家规定，可自主确定税后留利（或减亏留用）中各项基金的使用比例和用途，确定加速折旧的幅度，报集团公司备案。维简费的使用由成员企业自主安排，集团公司只收成员企业吨煤1元，从成本中提取做为总经理备用基金，用于救灾补助和集中发展科研、教育等。对一般固定资产的消耗、抵押、有偿转让、出租、参股、合营等，成员企业可自主安排，依法处置。对关键设备，成套设备或重要建筑物可以出租，经集团公司批准，也可以抵押，有偿转让。在投资决策和基本建设方面，成员企业可自行选择和筹集企业发展所需资金。可依法决定投资和参股。成员企业以自筹资金进行新建、扩建和技改项目，能够自行解决建设和生产条件的，由企业自主决定立项，报集团公司备案。新建、改建和技改项目的管理实行业主负责制，业主有权通过竞争，自主选择资质相符的设计、施工单位和设备类型；建设施

工实行项目承包制。在劳动用工和收入分配方面，成员企业的工资总额，按工资总额与经济效益挂勾办法确定，集团公司只控制工资总额，在相应提取的工资总额范围内，成员企业可自主决定企业内部的工资制度和分配形式、档次，自主决定对各类人员的奖惩。成员企业可自主选择用工形式，自主确定招工的时间、条件、方式和数量。新建项目所需职工，在核定的设计定员之内，首先由行业和企业内部调剂或接受统分人员解决，尚需增加新职工，由成员企业自主招收。在人事管理和机构设置方面，按煤炭部“三定”方案和有关规定办理。各级领导班子的党、政正职宜兼则兼，宜分则分，允许交叉任职。成员企业可打破干部和工人界限，对管理人员和专业技术人员实行聘任制，也可以从行业外招聘，被解聘或者未聘用的管理人员和技术人员，可安排其他工作，包括到工人岗位。成员企业可按国家规定的标准和程序，自行评定中级及其以下技术职称；高级专业技术职称任职资格，由集团公司评定，成员企业可自主决定是否聘任。成员企业可自主设置内部机构，确定人员编制。在进出口方面，在集团公司的统一协调下，成员企业可自主选择外贸代理企业和出口方式，自主决定出口品种和数量。对进口的产品和设备，有权参与同外商的谈判。成员企业依据国家规定和集团公司指导，自主决定使用留成外汇和进行外汇调剂，经集团公司批准，可以在境外承揽工程，进行技术交流、合作，提供劳务和进口自用的设备和物资，引进外资和开办合资企业以及在境外设点，成员企业还享有联营、兼并和拒绝摊派权。

（四）适应市场变化，调整生产建设格局

整个生产建设的布局都应当确立以市场为导向，以销售为龙头，以效益为中心的原则。按照这个原则，对市场进行全面调查预测，并以预测需求量搞好销运产衔接，协调各企业的产品价格。

生产布局的调整应当发挥企业集团的整体功能，根据市场需求情况，调整产品结构，提高质量，增加品种，出效益煤。要根据各矿井的成本、售价、损益情况，企业自主分类采取增产、限产、停产、关闭以及放开经营的措施。对那些成本高、售价低、扭亏无望的煤矿，产量、亏损、转产、人员等，统一考虑，统筹安排；对因停产或减产而出现的企业多余人员，积极争取国家支持，开发多种经营项目，逐步分期分批转到煤炭以外的产业上去。

（五）采取坚决措施，强化成本管理，推动扭亏增盈

建立目标成本控制责任制，按局矿领导分管业务范围，将成本构成中的材料、工资、电力费等项进行分解，落实到主要责任者，确立最高限额和降低幅度。学习舒兰局“八位一体，一酬多挂”的管理方式，使职工的收入与综合效益结合在一起，做到横向到边，纵向到底。从生产管理、技术进步、财务管理等方面，采取综合措施，降低成本。从设计和作业规程开始，进行成本预测，树立降低成本的意识。生产组织者要熟悉财务成本管理；财务成本管理人员要了解生产过程，把财务成本管理从帐面上逐步真正结合到生产一线上去，对各矿成本进行分析评估，及时采取控制措施。明年，按可比口径，吨煤成本超过公司平均水平的局，要降低10%；吨煤成本在公司平均水平或以下的局，要降低5%。

采取坚决措施，推动扭亏增盈。一是继续坚持和完善以承包经营责任制为主的经营形式。经过与上级协调请示，承包指标已经确定，即明年全公司上级拨补亏损6.54亿元，后年按此数再减少一半，减亏的任务十分繁重。因此，要将“八五”后两年的盈亏指标一次包死。要从实际出发，分类指导，制定承包方案。对生产经营条件较好，煤炭生产稳定发展的矿务局，根据煤炭部规定，财务指标实行利润递增（亏损递减）承包方法，增盈（减亏）全部留给企业。对资源衰竭，开采条件差和受运输条件限制、生产能力不能发挥的矿务局，加快产业结构和产品结构的调整，财务指标实行亏损递减包干，减亏部分全留给企业。二是打破集团内部的“大锅饭”，促使成员企业走向市场，独立承担自负盈亏的责任和竞争风险。加强企业内部审计，企业的经营收支实行“一本帐”管理，杜绝“虚亏实盈”或“虚盈实亏”。三是严格减亏增盈责任制。贯彻煤炭部要求，一年完不成盈亏指标的，视情况核减企业工资总额，扣发领导班子成员和直接责任者的奖金和工资。超额完成盈亏任务的，给予奖励。对完不成承包任务的，按煤炭部要求采取行政组织的措施处理。企业完不成盈亏指标时，应以风险抵押金、工资储备基金和留利补交，不得用维简费等生产性专用资金补交。四是改革工效挂钩办法。煤炭企业实行工资总额与盈亏指标直接挂钩，工资总额随增盈减亏或减盈增亏上下浮动，浮动幅度由公司根据煤炭部要求，按企业实际确定并考核。取消任何形式的吨煤工资含量提取办法。要建立工资储备基金和从增盈减亏资金中提取一定比例的以丰补欠调节资金，自主安排使用。基建施工企业实行工资总额同产值和实现利润复合指标挂钩。

（六）优化产业结构，大力发展多种经营、第三产业

东北煤炭资源分布不均，煤层赋存条件差，开采时间长，社会历史包袱沉重，衰老报废矿井日益增多。发展多种经营、第三产业，优化产业结构的任务十分艰巨而繁重。全公司“八五”后两年多种经营产值年均增长10～15%左右，1994年安置富余人员5万人以上。要总体规划，集中资金，采取措施，发展一批生产社会产品的骨干项目和替代产业。

第一，加快多种经营、第三产业的发展，要采取新的体制、新的机制和新的政策。在所有制形式上，全民、集体、私营、合资和个体都放手发展，还可以搞股份制。在经营方式上，既可以承包经营、租赁经营，也

可以拍卖给个人。

第二，要建立充满生机活力的发展机制，贷款项目要实行业主负责制。

第三，要采取有效的扶植政策。选派一些领导骨干、业务技术骨干到多种经营、第三产业中去；在资金和厂房、设备等方面，按照有偿支持为主，不使国有资产流失的原则，给予扶植。对矿级非煤产业年产值达到1000万元，利润上百万元的项目，公司也给予重点扶植。

第四，多渠道、多层次、多形式筹集资金，增加多种经营、第三产业的投入。

第五，坚持发展多种经营、第三产业与调整优化产业结构相结合。

（七）调整营销策略，进一步搞活销售，培育煤炭市场体系

要把销售龙头真正摆起来，加强销售力量，采取灵活的促销手段，注重研究营销战略。要对市场进行调查预测，变被动销售为主动销售，掌握销售主动权。

（八）建设“双效”矿井，推进科技进步

一是学习大雁矿务局，继续扩大“双效”局矿的试点。检验一个局学大雁的标准是：①“双效”试验矿井有大的发展；②“三条线”分离有阶段性突破，转换经营机制有一个新发展；③集中化、集约化、社会化大生产的管理模式初步建立；④质量标准化、安全状况有了进一步提高；⑤依靠科技进步发展生产力有新的拓展。二是继续发展采掘机械化。这是煤矿依靠科技进步发展生产力的重要标志，在市场经济中更要坚持这个方向。

（九）继续搞好质量标准化，安全工作要始终抓住不放

全公司安全工作的重点是坚持贯彻“安全第一，预防为主”的方针，加强管理，完善装备，提高质量标准化水平，实现安全状况的进一步好转。一是组织职工认真学习执行《矿山安全法》，落实各级安全岗位责任制，保证井下工作面24小时有干部在现场；二是全面推广大雁矿务局等单位抓质量标准化的经验，严抓严管，从严治矿；三是加强各项安全制度的贯彻执行，加强纪律检查，切实把安全工作落到实处；四是继续坚持党政技工青齐抓共管，消灭安全隐患和死角，真正做到不安全不生产，五是完善安全装备，继续搞好质量标准化。要有60％以上的局和80％以上的矿达到质量标准化的要求；六是在资金紧张的情况下，对安全的投入不能减少，必不可少的安全技术措施工程该上的必须上。完善瓦斯检查监控和防尘、防爆、消防火系统，加强顶板矿压监测监控，把一般事故降到最低水平，七是把防止瓦斯、煤尘事故作为重点来抓，加强“一通三防”管理，坚决遏制重大恶性事故的发生。努力使全公司的原煤生产百万吨死亡率降到1。

（十）坚持“两手抓，两手都要硬”的方针，加强和改善党的领导，加强思想政治工作

煤炭工业的法制工作

煤炭工业部政策法规司

新的煤炭工业部组建以后，部党组十分重视法制建设，煤炭工业法制工作取得了许多新的进展，为煤炭工业沿着法制化的轨道健康发展奠定了基础。

一、从组织、制度建设入手，推进行业法制建设工作

为了加强煤炭工业法制建设，煤炭部设立了政策法规司，主管全行业的法制建设工作，组织编制了煤炭工业五年立法规划和1993、1994年度立法计划，提出了今后5年和1993、1994年内准备起草的行政法规和部门规章项目，落实了起草单位、起草人员、起草任务和起草进度。接着又于1993年7月先后调整、充实了《煤炭法》起草领导小组、顾问小组、起草工作小组和部普法领导小组。王森浩部长担任《煤炭法》起草领导小组和普法领导小组组长，部机关各有关司局主要负责人为这两个领导小组的成员。这就为加强法制建设提供了组织保障。

1993年8月18日煤炭部又下发了《加强煤炭工业法制建设的意见》，对煤炭立法、法制宣传教育、法制工作队伍的建设等都提出了明确的要求。《意见》明确要求各级领导干部充分认识煤炭工业法制建设的重要性和紧迫性，把法制建设放到重要位置来抓，加强领导，保证法制建设的各项工作落到实处。各级领导干部要带头学法、讲法、用法，部机关和各企事业单位都要明确一名领导干部主管法制建设工作。各企事业单位应根据工作需要，设立专职或兼职法制建设机构，制定法制建设规划，提出具体工作措施，使法制建设工作有效、有序地进行。《意见》还要求加快以制定《煤炭法》为重点的立法工作步伐，尽快形成健全的煤炭工业法规体系；抓好群众性的学法、用法、普法的宣传教育活动，提高全体职工的法制观念；加强法制队伍建设，形成专兼结合的法制工作网络。煤炭工业部要抓紧《煤炭法》及其配套法规的起草工作，各省（区）煤炭工业主管部门要积极建议并参与地方煤炭法规、规章的制定。要重点抓好各级领导干部、专业部门领导和专业工作人员的普法学习，分期分批地对领导干部和专业人员进行培训，多种形式并用，使普法工作总体推进。要加强企事业单位法律顾问队伍、法制宣传教育骨干队伍建设和煤炭工业法制理论研究，进一步关心专职法律工作者的生活和工作，充分发挥他们的骨干作用。

为了使法规工作规范化，煤炭工业部于1994年初颁布了《煤炭工业部法规工作暂行规定》，就法规工作的管理机构、立法规划和年度立法计划的编制、法规的起草、呈报、审查、发布和备案、法规草案的答复等都作了明确规定。该《规定》明确部政策法规司归口管理煤炭工业法规工作。

二、以起草《煤炭法》为重点，狠抓立法工作，取得了突破性进展

（一）起草了《中华人民共和国煤炭法》（草案），并报国务院审议

《煤炭法》是1985年由原煤炭工业部提出立法建议，并被列入《国务院“七五”经济立法规划设想》、1991、1992、1994年度国务院立法工作计划和第七、八两届全国人大常委会立法规划的立法项目。受原能源部的委托，1991年1月即以原中国统配煤矿总公司为主组建了起草工作机构，并进行了大量调研、论证工作。

新的煤炭工业部组建后，部党组十分重视《煤炭法》的起草工作，提出了“加强领导，精心组织，集中力量，加快步伐”的工作方针，调整、充实了起草工作机构，聘请了一批法律专家和煤炭经济专家为顾问。在起草过程中，煤炭部领导多次听取汇报，并作出了重要指示。起草工作小组一方面抓紧《煤炭法》的起草工作，另一方面采取多种形式，宣传制定该法的必要性和紧迫性，以引起社会各界的支持，江泽民、乔石、李鹏等党和国家领导人对该法十分重视，

并做出重要批示，其中，乔石委员长批示："煤炭立法看来是需要的，如何搞法，请考虑。"李鹏总理批示："请煤炭部、法制局认真配合"。煤炭工业部党组和《煤炭法》起草领导小组、起草工作小组在反复研究、吸收修改意见和建议的基础上，终于形成了《中华人民共和国煤炭法》（草案），并于1994年8月11日报请国务院审议。该草案共设总则、规划与勘探、办矿与生产、加工与利用、产品与市场、矿区保护、法律责任和附则等共八章七十五条。

（二）颁布了两个专门关于煤炭工业的行政法规，填补了我国煤炭立法的空白

《乡镇煤矿管理条例》是国务院1990、1991年度立法工作计划的二档立法项目和1992、1994年度立法工作计划的一档立法项目，早在1985年原煤炭工业部即开始了其调研及起草工作，并于同年报国务院审议。原能源部成立后，又在两次全国性会议上进行讨论和修改，并于1990年10月和1992年6月两次报国务院，但由于种种原因，始终未能出台。新的煤炭工业部组建后，根据建立社会主义市场经济体制的新形势和国务院关于加强煤炭行业管理的要求，又对原能源部上报的送审稿进行了较大修改，并于1993年11月第四次报国务院审议。此后，部领导三次向全国人大常委会法制工作委员会和国务院法制局等有关部门汇报，煤炭工业部在认真征求并吸收中央有关部门和地方人民政府、部分乡镇煤矿意见的基础上，形成了新的《条例》征求意见稿，并提交1994年3月国务院召开的全国乡镇煤矿工作会议讨论，听取与会代表的意见，进行了认真修改，于1994年4月5日第五次提请国务院审议。同年12月20日，李鹏总理以第169号国务院令正式发布施行。该条例共设总则资源与规划、办矿与生产、安全与管理、罚则、附则等共六章三十二条。

自从1993年6月开始，煤炭部提出在全国煤矿实行煤炭生产许可证制度的设想，开始了该制度的制定工作，并于同年11月8日报请国务院批准。1993年12月31日，邹家华副总理专门主持召开有国家经贸委、煤炭部、地质矿产部、劳动部和农业部的负责同志参加的国务院办公会议，研究这个问题，决定在全国煤矿实行煤炭生产许可证制度，责成国家经贸委牵头研究提出具体办法。1994年1月，国家经贸委在广泛听取各有关部门意见的基础上，会同煤炭部起草了《煤炭生产许可证管理办法（征求意见稿）》，并在征求部分地方政府和煤矿企业的意见后，将经修改过的征求意见稿提交国务院召开的全国乡镇煤矿工作会议讨论，征求与会代表的意见。经认真修改，1994年4月6日再次将该办法报请国务院审批。1994年12月20日，李鹏总理以第168号国务院令发布施行。该办法共设总则、取得煤炭生产许可证的条件、取得煤炭生产许可证的程序、煤炭生产许可证的监督管理、罚则、附则共六章二十一条。

这两个法规是建国以来第一次受国务院委托起草的行政法规，也是45年来我国第一批专门关于煤炭工业的行政法规。《乡镇煤矿管理条例》首次以行政法规的形式界定了乡镇煤矿的概念及其范围，明确了地方人民政府对乡镇煤矿的监督管理职责，明确了乡镇煤矿的行业管理部门及其职责，明确了乡镇煤矿非经批准不得开采的煤炭资源，统一了乡镇煤矿的开办条件、开办程序和审查机关，明确了乡镇煤矿矿长和特种作业人员的考核发证机关，并要求乡镇煤矿测绘井上、井下工程对照图、采掘工程平面图和通风系统图，提取维持简单再生产费用等。煤炭生产许可证管理办法则创造性地确立了煤炭生产许可证制度，明确了煤炭生产许可证的管理机关、取得条件、取得程序及其监督管理问题。它们都首次以行政法规形式赋予了煤炭工业主管部门罚款、没收违法所得、责令停止生产等行政处罚权，并要求其追究违法行政公职人员的行政责任。这两个法规的制定和颁布，填补了我国煤炭立法的空白，结束了对乡镇煤矿进行行业管理和对全国煤矿的生产管理无法可依的历史，为《煤炭法》的出台和整个煤炭法规体系的建立奠定了基础，为煤炭工业主管部门加强对乡镇煤矿的行业管理和全国煤矿的生产、安全管理，以及清理、整顿乡镇煤矿提供了重要的法律依据和手段。这不仅在我国煤炭法制建设史上具有开创性历史意义，而且对于加强国家对煤炭工业的宏观调控和行业管理具有重要的现实意义。

（三）部门规章的制订、发布工作逐渐步入正轨，数量和质量均有所提高

根据1993年7月煤炭部关于加强煤炭工业法制建设和立法工作的布署，煤炭部各职能部门都根据各自的职责狠抓了部门规章的起草工作，并按照《煤炭工业部法规工作暂行规定》的要求，制定了部门规章起草计划。落实了起草人员、起草任务和完成时间。到1994年12月31日为止，煤炭部已发布部门规章60多个，其中1993年发布16个，1994年发布44个。这些部门规章涉及政策法规、资源勘探、开发、基本建设、生产、安全、劳动工资、科技教育、煤炭运输、销售及货款结算、多种经营、环境保护、外事和审计等各个方面。与以前相比，部门规章不仅在发布的数量上有所上升，起草的质量也有了明显提高，为加强对煤炭工业的行业管理和宏观管理奠定了良好的制度基础。

（四）地方煤炭立法取得新进展

新的煤炭部成立后，逐步调整了各省、自治区的煤炭工业管理机构，明确要求各省（区）煤炭工业主管部门积极建议并参与地方煤炭法规和政府规章的制定工作。在各省（区）煤炭工业主管部门的参与下，我国的地方煤炭立法工作也取得了新的进展。

煤炭生产许可证管理办法

第一章 总 则

第一条 为了加强煤炭生产的行业管理，促进煤炭安全生产，制定本办法。

第二条 在中华人民共和国境内开采煤炭资源的煤矿企业，必须依照本办法的规定，领取煤炭生产许可证。

未取得煤炭生产许可证的煤矿企业，不得从事煤炭生产。

第三条 国务院煤炭工业主管部门和省、自治区、直辖市人民政府煤炭工业主管部门，负责煤炭生产许可证的颁发管理工作。

第二章 取得煤炭生产许可证的条件

第四条 国有煤矿企业、外商投资煤矿企业取得煤炭生产许可证，应当具备下列条件：

（一）有依法领取的采矿许可证；

（二）有经过批准的采矿设计；

（三）矿井提升、运输、通风、排水、供电等生产系统符合国家规定的煤矿安全规程，并完善可靠，经依法验收合格；

（四）矿长经依法培训合格，取得矿长资格证书；

（五）瓦斯检验工、采煤机司机等特种作业人员持有县级以上地方人民政府负责管理煤炭工业的部门按照国家有关规定颁发的操作资格证书；

（六）井上、井下、矿内、矿外调度通讯畅通；

（七）有符合法律、法规要求的环境保护措施；

（八）有矿山建设工程安全设施竣工验收合格证明文件；

（九）法律、行政法规规定的其他条件。

第五条 国有煤矿企业、外商投资煤矿企业以外的其他煤矿企业取得煤炭生产许可证，应当具备下列条件：

（一）有依法领取的采矿许可证；

（二）有经过批准的采矿设计或者开采方案；

（三）矿井生产系统符合国家规定的煤矿安全规程；

（四）矿长经依法培训合格，取得矿长资格证书；

（五）瓦斯检验工、采煤机司机等特种作业人员，持有县级以上地方人民政府负责管理煤炭工业的部门按照国家有关规定颁发的操作资格证书；

（六）井上、井下、矿内、矿外调度通讯畅通；

（七）有井上下工程对照图、采掘工程平面图、通风系统图；

（八）有必要的环境保护措施；

（九）有矿山建设工程安全设施竣工验收合格证明文件；

（十）法律、行政法规规定的其他条件。

第三章 取得煤炭生产许可证的程序

第六条 国务院煤炭工业主管部门负责下列煤矿企业的煤炭生产许可证颁发管理工作：

（一）国务院和国务院有关主管部门批准开办的煤矿企业；

（二）跨省、自治区、直辖市行政区域的煤矿企业；

（三）外商投资煤矿企业。

省、自治区、直辖市人民政府煤炭工业主管部门负责前款规定以外的其他煤矿企业的煤炭生产许可证颁发管理工作。

第七条 煤矿企业应当以矿（井）为单位，申请领取煤炭生产许可证。

第八条 煤矿企业申请领取煤炭生产许可证，应当依照本办法第六条的规定，在煤矿（井）建成投产前向国务院煤炭工业主管部门或者省、自治区、直辖市人民政府煤炭工业主管部门（以下统称煤炭生产许可证的颁发管理机关）提交申请书和本办法第四条、第五条规定的有关文件、资料。

煤炭生产许可证的颁发管理机关自收到煤矿企业提交的申请书和有关文件、资料之日起60日内，应当完成审查核实工作。经审查合格的，应当颁发煤炭生产许可证；经审查不合格的，不予颁发煤炭生产许可证，但是应当书面通知煤矿企业，并说明理由。

第九条 煤炭生产许可证由国务院煤炭工业主管部门统一印制，其他任何单位和个人不得擅自印制。

第十条 煤炭生产许可证的有效期限与煤矿企业的生产服务年限相同。期满需要延期的，应当于期满前3个月向原煤炭生产许可证的颁发管理机关申请办理延期手续。

第十一条 取得煤炭生产许可证的煤矿企业，应当向煤炭生产许可证的颁发管理机关缴纳许可证工本费。具体收费标准由国务院煤炭工业主管部门会同国务院财政主管部门和物价行政主管部门规定。

第四章 煤炭生产许可证的监督管理

第十二条 煤炭生产许可证的颁发管理机关，应当加强对煤炭生产许可证的监督管理，并实行年检制度。

煤矿企业应当接受煤炭生产许可证颁发管理机关的监督、检查。

第十三条 煤炭生产许可证的颁发管理机关，应当建立、健全煤炭生产许可证的档案管理制度。

第十四条 省、自治区、直辖市人民政府煤炭工业主管部门向煤矿企业颁发煤炭生产许可证后，应当及时向国务院煤炭工业主管部门报送备案材料。

第十五条 国务院煤炭工业主管部门发现省、自治区、直辖市人民政府煤炭工业主管部门颁发煤炭生产许可证不适当的，应当及时予以纠正或者吊销。

第五章 罚 则

第十六条 违反本办法规定，有下列情形之一的，由煤炭生产许可证的颁发管理机关或者其授权的县级人民政府负责管理煤炭工业的部门，根据具体情况，分别给予5万元以下的罚款、没收违法所得、责令停止生产或者吊销煤炭生产许可证：

（一）未取得煤炭生产许可证，擅自进行煤炭生产的；

（二）煤炭生产许可证有效期满，未办理延期手续，继续进行煤炭生产的；

（三）投入生产的煤矿企业，经检查不符合取得煤炭生产许可证的条件，又不按照煤炭工业主管部门的要求进行整顿改进或者经整顿改进后仍不符合条件的；

（四）伪造、转让或者冒用他人煤炭生产许可证的。

第十七条 煤炭工业主管部门违反本办法规定，有下列情形之一的，对负有直接责任的主管人员和其他直接责任人员给予行政处分：

（一）对符合条件的煤炭企业应当颁发煤炭生产许可证而不予颁发的；

（二）对不符合条件的煤矿企业擅自颁发煤炭生产许可证的。

第十八条 依照本办法第十六条规定取得的罚没收入，全部上缴国库。

第六章 附 则

第十九条 本办法发布施行前已经投入生产的煤矿企业，应当自本办法发布施行之日起6个月内，申请补办煤炭生产许可证手续。

第二十条 国务院煤炭工业主管部门可以根据本办法制定实施细则。

第二十一条 本办法自发布之日起施行。

乡镇煤矿管理条例

第一章 总 则

第一条 为了加强乡镇煤矿的行业管理，促进乡镇煤矿的健康发展，制定本条例。

第二条 本条例所称乡镇煤矿，是指在乡（镇）、村开办的集体煤矿企业、私营煤矿企业以及除国有煤矿企业和外商投资煤矿企业以外的其他煤矿企业。

第三条 煤炭资源属于国家所有。地表或者地下的煤炭资源的国家所有权，不因其所依附的土地的所有权或者使用权的不同而改变。

国家对煤炭资源的开发利用实行统一规划、合理布局的方针。

第四条 乡镇煤矿开采煤炭资源，必须依照有关法律、法规的规定，申请领取采矿许可证和煤炭生产许可证。

第五条 国家扶植、指导和帮助乡镇煤矿的发展。

县级以上地方人民政府应当加强对乡镇煤矿的管理，依法维护乡镇煤矿的生产秩序，保护乡镇煤矿的合法权益；对发展乡镇煤矿做出显著成绩的单位和个人给予奖励。

第六条 乡镇煤矿开采煤炭资源，应当遵循开发与保护并重的原则，依法办矿，安全生产，文明生产。

第七条 国务院煤炭工业主管部门和县级以上地方人民政府负责管理煤炭工业的部门是乡镇煤矿的行业管理部门（以下统称煤炭工业主管部门）。

煤炭工业行业管理的任务是统筹规划、组织协调、提供服务、监督检查。

第二章 资源与规划

第八条 国务院煤炭工业主管部门和省、自治区、直辖市人民政府根据全国矿产资源规划编制行业开发规划和地区开发规划时，应当合理划定乡镇煤矿开采的煤炭资源范围。

第九条 未经国务院煤炭工业主管部门批准，乡镇煤矿不得开采下列煤炭资源：

（一）国家规划煤炭矿区；

（二）对国民经济具有重要价值的煤炭矿区；

（三）国家规定实行保护性开采的稀缺煤种；

（四）重要河流、堤坝和大型水利工程设施下的保安煤柱；

（五）铁路、重要公路和桥梁下的保安煤柱；

（六）重要工业区、重要工程设施、机场、国防工程设施下的保安煤柱；

（七）不能移动的国家重点保护的历史文物、名胜古迹和国家划定的自然保护区、重要风景区下的保安煤柱；

（八）正在建设或者正在开采的矿井的保安煤柱。

第十条 乡镇煤矿在国有煤矿企业矿区范围内开采边缘零星资源，必须征得该国有煤矿企业同意，并经其上级主管部门批准。

乡镇煤矿开采前款规定的煤炭资源，必须与国有煤矿企业签订合理开发利用煤炭资源和维护矿山安全的协议，不得浪费、破坏煤炭资源，影响国有煤矿企业的生产安全。

第十一条 国家重点建设工程需要占用乡镇煤矿的生产井田时，占用单位应当按照国家有关规定给予合理补偿；但是，对违法开办的乡镇煤矿，不予补偿。

第三章 办矿与生产

第十二条 开办乡镇煤矿，必须具备下列条件：

（一）符合国家煤炭工业发展规划；

（二）有经依法批准可供开采的、无争议的煤炭资源；

（三）有与所建矿井生产规模相适应的资金、技术装备和技术人才；

（四）有经过批准的采矿设计或者开采方案；

（五）有符合国家规定的安全生产措施和环境保护措施；

（六）办矿负责人经过技术培训，并持有矿长资格证书；

（七）法律、法规规定的其他条件。

第十三条 申请开办乡镇煤矿，由资源所在地的县级人民政府负责管理煤炭工业的部门审查申请人的办矿条件。

申请开办乡镇煤矿，其矿区范围跨二个县级以上行政区域的，由其共同的上一级人民政府负责管理煤炭工业的部门审查申请人的办矿条件。

经审查符合办矿条件的，申请人应当凭煤炭工业主管部门审查同意的文件，依照有关法律、法规的规定，办理采矿登记手续，领取采矿许可证。

第十四条 乡镇煤矿建成投产前，应当按照国务院关于煤炭生产许可证管理的规定，申请领取煤炭生产许可证。

未取得煤炭生产许可证的乡镇煤矿，不得进行煤炭生产。

第十五条 乡镇煤矿开采煤炭资源，应当采用合理的开采顺序和科学的采矿方法，提高资源回采率和综合利用率，防止资源的浪费。

第十六条 乡镇煤矿应当按照矿井当年的实际产量提取维简费。维简费的提取标准和使用范围按照国家有关规定执行。

第四章 安全与管理

第十七条 乡镇煤矿应当按照国家有关矿山安全的法律、法规和煤炭行业安全规程、技术规范的要求，建立、健全各级安全生产责任制和安全规章制度。

第十八条 县级、乡级人民政府应当加强对乡镇煤矿安全生产工作的监督管理，保证煤矿生产的安全。

乡镇煤矿的矿长和办矿单位的主要负责人，应当加强对煤矿安全生产工作的领导，落实安全生产责任制，采取各种有效措施，防止生产事故的发生。

第十九条 国务院煤炭工业主管部门和县级以上地方人民政府负责管理煤炭工业的部门，应当有计划地对乡镇煤矿的职工进行安全教育和技术培训。

县级以上人民政府负责管理煤炭工业的部门对矿长考核合格后，应当颁发矿长资格证书。

县级以上人民政府负责管理煤炭工业的部门对瓦斯检验工、采煤机司机等特种作业人员按照国家有关规定考核合格后，应当颁发操作资格证书。

第二十条 乡镇煤矿发生伤亡事故，应当按照有关法律、行政法规的规定，及时如实地向上一级人民政府、煤炭工业主管部门及其他有关主管部门报告，并立即采取有效措施，做好救护工作。

第二十一条 乡镇煤矿应当及时测绘井上下工程对照图、采掘工程平面图和通风系统图，并定期向原审查办矿条件的煤炭工业主管部门报送图纸，接受其监督、检查。

第二十二条 乡镇煤矿进行采矿作业，不得采用可能危及相邻煤矿生产安全的决水、爆破、贯通巷道等危险方法。

第二十三条 乡镇煤矿依照有关法律、法规的规定办理关闭矿山手续时，应当向原审查办矿条件的煤炭工业主管部门提交有关采掘工程、不安全隐患等资料。

第二十四条 县级以上人民政府劳动行政主管部门负责对乡镇煤矿安全工作的监督、并有权对取得矿长资格证书的矿长进行抽查。

第五章 罚 则

第二十五条 违反法律、法规关于矿山安全的规定，造成人身伤亡或者财产损失的，依照有关法律、法规的规定给予处罚。

第二十六条 违反本条例规定，有下列情形之一的，由原审查办矿条件的煤炭工业主管部门，根据情节轻重，给予警告、5万元以下的罚款、没收违法所得或者责令停产整顿：

（一）未经煤炭工业主管部门审查同意，擅自开办乡镇煤矿的；

（二）未按照规定向煤炭工业主管部门报送有关图纸资料的。

第二十七条 违反本条例规定，有下列情形之一的，由国务院煤炭工业主管部门或者由其授权的省、自治区、直辖市人民政府煤炭工业主管部门，根据情节轻重，分别给予警告、5万元以下的罚款、没收违法所得或者责令停止开采：

（一）未经国务院煤炭工业主管部门批准，擅自进入国家规划煤炭矿区、对国民经济具有重要价值的煤炭矿区采矿的，或者擅自开采国家规定实行保护性开采的稀缺煤种的；

（二）未经国有煤矿企业的上级主管部门批准，

擅自开采国有煤矿企业矿区范围内边缘零星资源的。

第二十八条 县级以上人民政府劳动行政主管部门经抽查发现取得矿长资格证书的矿长不合格的，应当责令限期达到规定条件；逾期仍不合格的，提请本级人民政府决定责令其所在煤矿停产。

第二十九条 煤炭工业主管部门违反本条例规定，有下列情形之一的，对负有直接责任的主管人员和其他直接责任人员给予行政处分：

（一）符合开办乡镇煤矿的条件不予审查同意的，或者不符合条件予以同意的；

（二）符合矿长任职资格不予颁发矿长资格证书的，或者不符合矿长任职资格予以颁发矿长资格证书的。

第三十条 依照本条例第二十六条、第二十七条规定取得的罚没收入，应当全部上缴国库。

第六章　附　　则

第三十一条 国务院煤炭工业主管部门可以根据本条例制定实施办法。

第三十二条 本条例自发布之日起施行。

煤炭工业的政策工作

煤炭工业部政策法规司

1994年，煤炭工业政策工作适应市场经济发展的新要求，进一步得到改进和加强。

一、成立了煤炭工业部政策研究领导小组，以加强对政策工作的领导

领导小组统一指导、规划、协调煤炭系统的政策研究、制定和实施，研究解决煤炭工业政策工作中的重大问题。

二、印发了《关于加强和改进煤炭工业政策工作的意见》

随着市场经济改革的发展，煤炭工业各级管理机构的职能逐步在转变，将由直接管理变为间接管理，这主要靠政策、法规进行规范和引导。《意见》首先进一步明确了政策工作的指导思想，对政策工作提出了新的要求。要求煤炭工业各级领导，要对政策工作给予足够的重视。既要把党和国家关于发展煤炭工业的现行政策用足，又要根据形势发展的变化，及时调整战略，要不断研究和制定与客观情况相适应的新的方针、政策和措施，依靠正确的政策，调节行业内部利益关系，规范各方面的行为，引导煤炭工业健康发展；二是进一步明确了煤炭工业各级领导、各级机构政策工作职责。煤炭部政策法规司归口管理煤炭工业的政策工作；三是指出了政策工作的服务方向和重点。煤炭工业的政策研究、制定和实施，必须从实际出发，讲求实际效果，服务于全党工作的大局和煤炭工业的改革和发展。煤炭工业在改革和发展中遇到的难点，就是政策工作的重点。政策研究要围绕着改革和发展选题，突出实效性。政策的研究和制定，既要着眼于当前问题，又要有一定的预见性和超前性；三是提出了政策工作的任务，要逐步建立具有中国特色、适应社会主义市场经济要求的煤炭工业政策体系。要在煤炭工业总体政策指导下，建立起各方面的具体政策，形成煤炭工业政策体系；四是加强政策工作的组织与联系，形成煤炭工业政策工作网络以及对政策工作队伍建设等问题都提出了明确的要求。

三、颁布了《煤炭工业部政策工作暂行规定》

对政策工作主要内容、政策工作管理、煤炭部各司局政策工作职责以及政策研究、政策的确定与发布、实施等都作出了明确的规定，使政策工作有章可循，不打乱仗，更好地发挥政策工作在发展煤炭工业中的积极作用。

四、政策研究工作取得了一些成果

1994年，政策研究工作紧紧围绕煤炭工业改革和发展的实际，研究解决存在的问题的办法和对策，为部领导决策提供依据。先后完成了“国有重点煤矿总承包结束后怎么办”的研究、“九十年代中后期煤炭市场基本走势及对策”的研究、“衰老报废矿井现状及对策”的研究等10个重点课题的研究工作。

煤炭工业部首次颁发新闻工作暂行规定

煤炭工业部政策法规司

为了加强煤炭行业新闻工作的管理，正确发挥舆论导向作用，更好地为改革开放和社会主义现代化建设服务，根据党中央、国务院关于新闻工作的方针、原则及有关法规并结合煤炭行业的实际，煤炭部制订了新闻工作暂行规定。并于1994年5月26日颁布执行。

煤炭行业新闻工作是党的宣传工作的重要组成部分。它以建设有中国特色社会主义理论为指针，坚持党的基本路线，把握正确的舆论导向，坚持团结、稳定、鼓劲、正面宣传为主的方针，加强舆论引导、发挥舆论监督作用，为煤炭工业的改革开放和现代化建设创造良好的舆论环境。

《规定》明确了煤炭工业部新闻工作由部政策法规司归口管理。其职责是：①根据煤炭部党组的指示，提出一个时期煤炭行业的新闻报道要点，统一宣传口径；②组织安排煤炭部的新闻发布；③负责煤炭企事业单位、群众团体在北京举办新闻发布会的审批工作；④负责审核煤炭部在京直属企事业单位新闻类报刊办理登记注册的有关事宜；⑤负责审核在京部属企事业单位的新闻音像制品工作；⑥负责联系、邀请、接待、组织新闻记者参加煤炭部各类重要会议、重大活动的工作；⑦负责接待、组织、安排新闻记者对煤炭部部长、副部长、司局长以及重要活动的采访工作；⑧负责重要新闻稿件（包括音像类新闻稿件，下同）的组稿、审查工作；⑨负责组织煤炭行业外的“煤炭好新闻”的评奖工作；⑩归口管理中国煤炭报的工作；⑪管理由上级主管部门交办的新闻工作。以煤炭部各司局名义举办的活动，需要邀请记者参加的，一般由各司局自行组织、安排，并事先报政法司备案；煤炭部所属企事业单位、社团组织举办的活动，需要邀请记者参加的，由主办单位自行办理；外国常驻记者、外国短期采访记者和港澳台记者的采访，由部国际合作司根据外交部、中华全国新闻工作者协会、新华社香港分社和澳门分社或港澳台办的安排或通知，商政法司后予以组织、安排。

须经煤炭部部长或副部长审查的稿件是：①有关涉外工作并对国家、煤炭部有重大影响的稿件；②党中央、国务院领导同志在煤炭行业的活动、讲话和对煤炭行业的指示、批示、题词等稿件；③煤炭部重大改革设想，重要工作部署，以及部党组、部长办公会研究决定的事项；④煤炭部部长和副部长的讲话、文章、指示、批示；⑤煤炭部的重要事件、活动以及政法司认为需要部领导审定的稿件。

须经政法司审定的稿件是：①部领导指定政法司审定的有关涉外工作的重要事件、活动以及部长、副部长讲话等稿件；②根据部决定、文件撰写、录制的稿件；③根据部领导审定过的材料撰写的稿件；④部领导交办需在新闻报刊发表的稿件；⑤由部组织新闻记者采写的稿件；⑥由部组织机关司局同志撰写的重要稿件；⑦新闻单位、记者送煤炭部审查的稿件。

煤炭行业新闻工作者要遵守职业道德，不准利用采访和报道搞“有偿新闻”，不准向被采访和报道部门、个人索要财物，禁止以记者名义招揽所谓“新闻广告”。领取“内部报刊准印证”的报刊社为非正式报刊社，不得开展涉外经营活动。经批准出版正式报纸的报社开展有偿服务和多种经营活动，必须由报社经营部门进行，其它部门和人员一律不得从事经营活动。煤炭行业新闻出版单位不得自行决定建立新闻出版（图书、期刊、报纸、音像出版、印刷、复录、发行）三资企业。如果需要建立，要经煤炭部同意，报国家新闻出版署批准。根据中央规定，中国新闻社不担负对内发稿任务，煤炭行业对内新闻宣传单位不要采用中国新闻社的稿件。凡发表和出版有关党和国家领导人工作和生活情况的作品，要按有关规定办理。各类影、视、文学等题材作品以及各类出版物，凡属于应该审查的，要按《规定》的权限办理。涉密稿件，要按保密规定办理，或送煤炭部保密委员会审查，凡违反《规定》，造成影响和损失的，按有关法律法规追究当事者责任。

实行“三线”分离，推进减人提效，走减亏增盈之路

大雁矿务局

自1991年下半年开始，我们按照转换经营机制，搞活煤炭企业的思路，大刀阔斧地进行企业内部改革，促进了整体工作的不断发展。1993年在煤炭外运较计划少运25万吨、三个生产矿实行每周“五天工作制”、全局被迫停产放假两个月、比上年减少原煤产量43万吨，以及消化各种增支因素一千多万元的困难条件下，仍然取得了较好的经济效益。去年全局政策性亏损在连续两年减亏的基础上，全年计划亏损指标4250万元，预计减亏2400多万元，比上年预计减亏3000万元；全员效率由改革前的1.301吨/工提高到3.5吨/工；百万吨死亡率为0.34，连续6年实现安全生产年；单产、单进、三材消耗等主要经济技术指标均创历史新水平。一个褐煤局在诸多困难条件面前，之所以能够减亏，是改革使企业焕发了生机，增强了活力。现将我局改革的一些主要作法，分三个方面进行汇报。

一、实行精兵简政，调整劳动组织，建立精干高效的管理体制

改革一开始，我们就针对企业多年积累沉淀的机构臃肿、人浮于事的顽症动手术，到目前局机关处室由40个减少到13个，人员由411人减到143人；全局12个矿处级单位的机关科室由过去的145个压缩到46个，管理人员由1506人减到431人；每个矿处级单位的机关科室由过去的十几个压缩到“三办”或“四办”，管理人员大部分精简到8～40人；全局原煤人员从1991年10月的9480人减少到4286人，减少54.8%，其中井下工人减少3135人。在全局精减的5856名人员中，退休、调出和自动离职2017人，内退584人，对

其余3255人通过发展多种经营和兴办第三产业，全部得到了妥善安置。进行改革试点的一矿，1992年生产原煤180万吨，经过多次缩编精减，现已形成“机关三办，基层四队”的模式，矿机关从改革前的326人减少到32人，其中矿级干部由13人减为4人，全矿职工从5005人减少到1220人。

（一）总体规划，分步实施，逐步到位

局党政领导对缩编减人、提高效益决心大，步子稳。为减少改革过程中的震动，在缩编减人前先后召开七次专题会议，对减人过程中可能遇到的问题进行了充分的分析和估计，并召开了全局副科级以上干部大会进行宣传动员，提出“改革即使碰到南（难）墙也要闯过去”。在统一思想基础上，一是在制定改革方案时，对改革的每个环节反复研究，广泛征求意见，制定可靠的保证措施和具体对策。如研究一矿机关改革时，由于预先对拟设的四办业务范围及工作责任进行了详细设计，因此在新体制一开始运行，就一次对接成功。二是在总体规划指导下，对每项改革之间的配套关系，按难易程度，分步实施。先进行缩编减人，后实行岗位工资，再推行岗位技能工资；先抓一矿试点，取得经验后，再全面推开，避免走弯路。三是实行分类指导，探索出三种精简模式。根据一、二矿相距较近的实际，实行矿外分流，把生产服务、生活服务及富余人员全部划出，由局统一安排；三矿由于地处偏远，对其实行矿内分流，即生产服务、生活服务与生产分离，实行企业化管理，独立经营，自负盈亏；其他基层单位的富余人员自行消化，就地安排。

（二）坚持原则，率先垂范，攻克难点

为使精减工作顺利进行，局、矿领导态度明确，坚持原则，秉公办事，敢于碰硬。在大批精减富余人员期间，领导班子约法三章：一是领导干部不准打电话、写条子、走后门，并一律不回家，集体办公，避免干扰；二是在同等条件下，领导干部亲属以身作则带头精简；三是各类人员去留，由各单位领导班子集体研究、提出方案，任何人无权更改。并采取了先上后下、先局后矿、先机关后基层、先精官减干部、后精兵减工人的方法。按照选贤“一人多职”，用人“一岗多能”的办法，对各类人员去留，通过考试考核，实行竞争上岗，形成了上岗靠竞争、竞争靠素质的机制。与此同时，为了减少阻力，推动精减工作，局长、矿长首先把自己的亲属列入被精减人员名单，带头精减下去。38个科、处、局长的亲属无一例外地被精减下岗。这使工人看到，减人不是拿工人开刀，而是改革的大势所趋。有一位在局机关工作的老同志被减下来时说：“领导带头把亲属减下来，我们从内心服气，就连局长亲属都减下来了，我无话可说。”由于领导带头、办事公道，使精减下来的人员消除了心理障碍，服从了工作安排。

（三）区别对待，正确处理改革与稳定、改革与职工生活的关系。针对精减人员过程中遇到的特殊情况，我们根据不同情况，实行区别对待的办法。对老工人优先安排到合适岗位，基本工资不下降；对接近退休年龄且要求退休的，浮动工资给予固定，再长一级工资，提前办理退休手续。对过去在纪检、安监、公安等部门工作的职工，由于工作性质等原因有的得罪过人，被减后情绪低落，矿务局对这些人员尽可能选择一些较好的工种和岗位，也从优给予了安排。对在生产工作中因“三违”受过处分的人员，我们根据其情节和表现，许多人提前解除处分，使其放下包袱转岗，等等。按照常规作法，企业精简之后留岗职工的工资收入一般都有明显提高，但考虑到与转岗职工的反差，我们对留岗职工的收入采取了逐步提高的办法；同时对转岗到多种经营和第三产业的职工，矿务局规定每月奖金提高10元。针对生产矿职工收入略高的实际情况，矿务局还规定各单位的困难补助费由局统一使用，向转岗后家庭生活困难的职工适当倾斜。据统计，1993年全局职工人均工资收入4620元，比改革前的1991年提高1296元，比1992年提高700多元。在近几年改革过程中，尽管精减人员较多，由于工作比较平稳，全局只有一人上访，并及时得到了妥善解决。

二、实行专业化管理，搞好分线经营，建立有偿服务的约束机制

根据煤矿实际情况，为了推进减人提效，从生产、生产服务、生活三条线按照专业化管理要求，实行分线经营，进行单独核算，改善了经营状况，提高了经济效益。

（一）结合煤矿生产特点，实行专业化管理

一方面，把生产矿的生产服务、生活服务职能划出，移交给矿务局归口管理，生产矿摆脱了“小社会”的束缚，矿内只保留采、掘、机、运、通的业务职能，并相应成立专业队，统管本专业工作。从而解决了长期以来采煤区队还要抓掘进、抓机运、抓巷修的问题，使各队管理人员集中精力抓细管好本专业工作。随着生产矿采掘机械化程度的提高和井下生产条件的改变，现在全局有112名大中专毕业生到井下生产一线当工人，有利地促进了生产矿的各项工作。另一方面，在生产服务、生活服务方面，我局变传统的分块管理为集中统一管理，将机采面的安装、拆迁、大中修统由机电公司承担；矿所需物资的采购、储备、供运由供应处承担；煤炭化验、筛选、加工、销售、装运由销售公司承担；汽车运输由汽运公司承担；全局小车统由局车队管理，各单位用车象雇佣出租车一样，按单价、里程计资收费；供水、供暖、职工住宿、就餐、洗澡等由生活福利处承担；公私伤病残职工管理由综合处承担。按照经济办法，实行分线经营。

（二）实行专业化管理，推进减人提效

过去一、二矿有送料人员1152人，按照专业化管理要求，两矿供应科合并成立了物资供运站，总共留用职工550人，比原来减少50%多。实行专业化管理，促进了内部协同作战。过去任何一个机修厂都难以单独承担综采设备的检修任务，成立机电公司打破了人才、设备、厂际界限，成立了综采支架、皮带、小型电器等九个专业化修理车间，不同设备由不同车间检修，不仅保证了综采设备的检修质量，而且节省了大量检修费用。过去工作面安装综采设备一般需用45天、用12000个工日；现在三个矿成立了一个专业队，安装一个综采面只需用30天、8000个工日，设备安装质量明显提高，仅工资一项就节省6万多元。机电公司通过对设备统一管理和合理调剂，使设备占用率也减少20%以上。全局文件、材料打印进行统管后，打印人员由原来的46人精减到11人，一年节约工资费用13万多元。不仅改变了过去年年购置打字机、复印机的现象，而且现存的打印设备10年内不用再购买。

（三）适应市场经济发展需要，建立有偿服务约束机制。在实行专业化管理和分线经营后，我们及时建立了企业内部商品化往来新机制，在企业内部建立模拟市场，变过去的无偿服务为有偿服务，针对不同服务项目确定不同收费标准。生产矿职工洗澡每人次0.8元，职工住宿一个床位每天4元，月末两个单位按时进行结算。实行单独核算，"分灶吃饭"，改变了过去相互之间都吃矿务局"大锅饭"的现象，促进了各基层单位经营管理的积极性。由于把竞争机制引入有偿服务之中，还促进了服务质量的提高和服务价格的下降。一、二矿原来井下用的铁锚杆，最初由机电公司独家加工，每根价格高达20元，而供应处加工的同样规格的锚杆每根价格降到14元，从而使机电公司的锚杆失去了市场；去年四季度生产矿自己加工的锚杆，每根价格又降到11.3元。这种市场机制的形成，为加强经营管理，降低煤炭成本，改善经营状况起到了重要作用和良好效果。同时还采用经济合同的方式来保证各专业系统的协调运转，用合同规定双方的责任、义务、权利，并对服务项目、劳务价格也都加以明确规定。为保证合同的考核兑现，矿务局还设立了合同管理委员会，负责检查、监督合同执行情况。通过建立有偿服务约束机制，促进了服务单位大力提高劳动效率和服务质量，使企业管理更加科学化、规范化。

三、优化产业结构，兴办第三产业，走一业为主、多种经营的路子

精减人员难，安置更难。特别是我局地处祖国边疆高寒地区，可开发的多种经营、三产项目极为有限。在这种情况下，我们解放思想，更新观念，从源头抓起，研究开拓市场，想方设法占领市场，努力探索走出困境的路子，艰难地迈出了三大步。

（一）立足本局，占领矿区市场

一是边放水，边挖渠。我们组织精减下来的1400多名职工成立了开发创业公司。为使这些人安心工作，我们研究制定了一系列的扶植政策：如效益浮动工资提前固定；由井下转岗来的工人一律不降低基本工资，保留原工资级别；矿务局第一年保100%工资，逐年减少20%，5年后自负盈亏；注入50万元启动资金，提供设备、厂房，并将局内条件好、效益好的建筑工程优先承包给他们；等等。过去我局每年招收1000多名季节性临时工，从事建筑、农、牧、林业生产，现在全部用开发创业公司职工顶替。在矿务局的扶植下，这个公司先后培训成立了建筑队，开办了砂石场、农场、牧场、聚苯板厂、装璜厂等，1993年在矿务局只保80%基本工资的情况下，实现利润100多万元。

二是先挖渠，后放水。我们利用精减机构腾出的4000平方米办公室，筹建了商贸一条街、商贸长廊，使100多名富余人员进入商品流通领域，办起了经济实体，走上了发财致富之路。

三是先放水，后挖渠。为增强改革的紧迫感，对精简人员采取了先精简、后安置的办法，对基层单位定编定员严格控制，发现超编超定员，对其单位的党政一把手和主管人员进行处罚，促使各单位主动减员，自行消化。去年以来，局属基层单位主动精减1000多名富余人员，全部通过开发多种经营和第三产业进行了安置。同时，还有142名职工先后停薪留职，脱离母体，"下海"当了老板，个人经营，独立门户，对他们实行"断奶绝粮"，使其走向社会大市场。

（二）开发外向型经济，占领国内外市场

1992年，我们筹措1000多万元资金，在大连建起了雁鸣食品有限公司海产品加工厂，共安置了896名待业青年和104名富余人员。该厂1992年8月投产以来，产品全部打入韩国、日本、美国、新加坡、英国、香港等十三个国家和地区，1993年可实现利润318万元。为拓宽创收领域，我局还组织150多人在北京、满洲里、长春、丹东、海拉尔、泰安、上海、大连、广州等地建立了20多个商贸联络处，形成了多方位的外经格局和1500多万元规模的国内贸易市场。

（三）实行内控外联，拓宽经营范围。在内控上，我们把精减下来的干部工人，成建制充实到多种经营公司小井和矿管小井，使各小井的管理水平大大提高；对当地小煤矿，以联营方式经营，把矿区范围内的煤炭统一收归矿务局销售，控制了当地煤炭市场。在外联上，利用我们国有煤矿管理和技术的优势，分别在我们矿区方圆千里的内蒙古兴安盟、额右旗、陈巴尔虎旗、鄂伦春旗开办小煤矿或与地方部门联营办矿。不论是我局开办或接管的小煤矿，还是与地方联营办矿，我们都实行正规开采，并把我局搞质量标准化及其他方面的一些成熟做法推广应用到生产管理过程中，取得了显著效果。内控外联一举五得：一是保护了国家煤炭资源，不但杜绝了本局煤炭资源滥采乱掘，而且也控制了附近地区对煤炭资源的乱采现象；二是安全有了保证，我局接管及联营矿，安全普遍好于往年，引起一些地方煤矿"业主"的重视。最近额右旗旗委书记、旗长往返1000多华里到大雁请我们"出山"，要求我们单独经营他们的地方矿，我们选择了联营的路子，对方尊重了我们的意见；三是将逐步消除地方矿、个体小煤窑方面对我们国有煤矿的冲击；四是给我局解决了富余人员难以安置的难题，仅外联方面就安置我局富余人员300多人，保证了他们的开支，还略有盈余；五是凡通过内控外联的煤井，管理水平得到提高，经济效益也比较好，使国家及联营双方三得利。如去年8月，我局与兴安盟行署联合接管了原地方忙牛海煤矿，我局派去7名管理人员和30多名工人，4个多月就扭亏为盈，实现利润50万元。扣除地方和矿里留利外，我局还可分得红利10万元。为占领煤炭销售市场，我局在乌兰浩特、扎兰屯、白城市等先后建起了8个煤炭联营销售网点，并通过煤炭二次筛选加工，提高煤炭质量，增加销售收入，安置40名富余职工，93年实现利润23万多元，较好地发挥了催款、促销和扩大市场的作用。

通过以上措施，我局不仅安置富余人员3255人，还安置待业青年1000多人(其中80%以上是女青年)，目前，全局职工子女基本无待业。去年，全局非煤产值突破两亿元，约占全局总产值的48%，创利税800多万元。

随着改革的不断深入发展，职工思想观念已经发生了根本变化。目前，“早改革早主动，晚改革就被动”以及“改革难，不改革将会更难”的观念，已在绝大多数领导干部中树立起来。全局出现了一个“人人想改革、盼改革，单位之间竞相改革”的喜人景象。改革使我们尝到了甜头，使我们今后的改革更加有了劲头。在新的一年，我们要为建立现代企业制度做好全面准备，进一步深化改革，建立适应社会主义市场经济的新机制，闯出一条褐煤局不亏损的新路子，为煤炭事业的发展做出应有的贡献！

按照市场经济的要求深化企业内部改革

——开滦矿务局实行模拟法人运转建立内部市场机制的做法

开滦矿务局认真贯彻党的十四大和三中全会精神，按照市场经济的要求，深化企业内部改革，在转换企业内部经营机制，改造传统的计划管理模式方面，做了认真地研究和探索。总体思路就是，实行模拟法人运转，建立内部市场机制，就是把市场经济的运行机制引入到企业内部管理上来，努力与市场经济接轨。按照这个思路，对传统的管理模式做了全面改革。

一、改变管理格局，实行模拟法人运转

把开滦所属的17个生产建设单位视为法人企业，在矿务局的权限范围内，赋予各单位应有的权力，同时要求承担相应的责任，最大限度地做到自主经营，自负盈亏。为此，我们采取以下措施：

1）改革以产量为中心的计划管理体制。由过去的产量计划为中心，变为以盈亏计划为中心，盈亏指标作为考核二级单位经营成果最终衡量标准，唯一的否决性指标。以盈亏指标为中心，安排各项经济技术指标，除安全以外，局只下达盈亏指标，其他技术经济指标统由各二级单位自行安排，报局备案，自行考核。

2）改革货款结算和资金管理办法。取消局级内部银行，各生产建设单位一律在外部银行开户，返回的货款直接进入各自的开户银行。各单位为职工发工资、采购原材料、征地和其他费用支出所需的货币资金均由各单位自行筹措，不足部分自行贷款解决。实质上就是把财权还给各矿、厂，真正做到“分灶吃饭。

3）改革工资提取办法。把过去按产量、产值计资，改为按利润计资，盈亏考核。各矿、厂每月工资总额的提取，根据盈亏指标完成多少来确定。完成盈亏指标，全额计提；没完成盈亏指标，按比例扣减工资总额。使职工个人利益直接同市场联系起来，同企业的效益联系起来。

4）改变由矿务局统一销售的局面。在矿务局统一的价格指导下，各矿的煤炭产品都可以自销。打破矿务局高度集中、大包大揽的销售格局，充分调动各方面的销售积极性，把各矿真正推向市场，这对于建立全方位的销售体系和多渠道的信息网络，实现灵活快速的销售方式将会起到积极的作用。

5）改变物资供应“两集中、五统一”的模式。物资供应工作由原来的计划调拨，改为计划购销。原来的供应部门把管理职能划出来以后，完全变为物资经营部门，独立核算，自负盈亏。各矿厂所需的物资，可以由物资经营部门进货，也可以自行采购。这样，各矿厂采购物资，有权也有责，就会精心进货，控制消耗，再也不象过去那样张大口，伸大手要东西。

除了以上说的几个方面以外，在其他方面，比如机构设置、劳动人事管理、生产技术管理等，也应做相应的改革，调整局矿管理的权限和责任。这样，就为二级单位向自主经营，自负盈亏，自我约束，自我发展创造了条件。

二、实行效益承包，建立内部市场机制

对各二级单位的内部管理体制，按照市场经济的要求进行改造。所谓改造，就是把原来那种上级和下级、一线和二线的行政管理关系、服务与被服务关系，变成经济的关系。具体作法：一是划小核算单位，把基层区科、厂队变成独立核算的经济实体，或模拟的经济实体。二是实行效益承包，效益承包的形式，主要有利润承包、统计利润承包、劳务利润承包、零点利润承包和费用加任务承包等。三是建立起内部等价交换的价格体系，各基层区科、厂队都各自核算自己的投入和产出，相互之间的往来，都按照内部价格等价交换，通过内部银行进行结算。拿采煤区来说，实行统计利润承包，采区出的煤视为商品销售，以质论价，计算销售收入；采区在生产过程中消耗的工力、材料、电力以及支付的设备租赁费、辅助单位的劳务费、上缴的罚款、借款利息等，作为成本支出，收支相抵后，计算为统计利润，职工的收入直接和利润完成的好坏挂钩浮动。采煤区和其他辅助单位的各种往来，都是一种经济关系，实行有偿结算。这样全局模拟法人运转以后，不仅在全局形成了内部市场，而且在二级单位也形成了内部市场。从而，全局建立起以利润为中心的经营责任制，以及以利润为中心的内部市场运行机制。

三、加强宏观调控，建立约束机制

实行模拟法人运转，建立内部市场机制，目的在于转换经营机制，提高企业整体效益。为防止短期行为，防止消弱矿务局的整体优势和损害全局的利益，必须加强宏观调控，建立必要的约束机制。

1）管好重点工程。重点工程是5年承包的一项重要内容，列入各单位承包经营的责任书，定期平衡，定期考核。各单位出煤多少可以根据市场情况自主决定，但是矿井的生产能力必须保持在规划要求的水平，不能降低。否则这个单位以及这个单位的承包经营集团都要受到经济上的处罚，促使他们既注意眼前的利益，又考虑长远的发展。

2）管好资金。资金的宏观调控，主要表现在两个方面：一是通过铁路运输的销售货款仍然由局统一对外结算，货款返回后由局把各单位应交局的利润、维简费、管理费等项资金留下以后，再返到各矿的银行帐户，保证局能集中到应该集中的资金。二是各单位对资金有自主支配权，但是在资金的使用数量和方向上要受到局的宏观调控，贯彻量入为出，留有余地，全面平衡，保证重点，节约使用，讲究效益的原则，全年自有资金要按80%的额度编制使用计划，其余20%作为矿长基金。调剂安全生产和多种经营的应急之需。在资金计划中，用于安全生产、技术改造和多种经营发展的资金，不能少于资金总量的75%，用于职工建房的不应少于15%。

3）协调好产品的销售。各矿可以自主销售煤炭，但价格不得低于局统一颁布的最低限价；重点用户的订货、铁路的运输、港口的储运由局统一管理；商品煤的质量要接受矿务局的监督。这样，既搞活了销售，又维护了全局的整体利益。

4）加强物资的监督。供销公司对内以服务为主，为各单位采购的物资收取管理费不超过2%，主要靠对社会创收维持自己的费用支出。供销公司以及各单位的物资采购，要接受局对质量和价格的监督，对那些违法乱纪，从中谋取私利的要受到制裁。

5）防止固定资产和企业利益的损失。对独立经营的厂、队，划出去以前对资产统一清点、核实，在协议书上明确固定资产保值和增值的责任，占用企业的材料、能源等都要有偿结算，企业统筹的福利基金等各种费用要按规定上缴。

6）建立有权威的综合调控体系，强化行政调控。局每天早晨召开党政领导、有关处室负责人参加的碰头会。每周召开1次有各矿领导参加的经营调度会，平衡、协调全局经营管理的各种问题。各二级单位也建立相应的调度例会制度，同时建立经营部或经营办公室，强化综合经营部门的职能，赋予相应的权力，负责协调基层单位之间的关系，处理基层经济活动中出现的各种问题，并按照规定对基层单位的经营活动进行考核。

锐意改革，大胆探索，联合起来，共同发展

新疆维吾尔自治区煤炭工业厅

新疆煤炭工业从总体来看，煤炭供大于求，产销矛盾十分突出，市场竞争日趋激烈，煤价又迟迟不到位，企业经济效益大量流失。为扭转这种状况，实现煤炭总供给与总需求的基本平衡，煤价到位，企业经济效益提高，增强煤炭工业整体活动，变煤炭资源优势为经济优势，变个体劣势为整体优势，自治区煤炭工业厅提出深化煤炭产、运、销体制，组建煤炭“欧佩克”，联合起来闯市场的方针。实践证明，只有联合起来，才能摆脱困境，走出低谷，才能求生存、图发展。

新疆煤炭产、运、销体制的改革和发展，经历了三个阶段：

1982年以前，新疆煤炭分配、调运工作由自治区物资局管理。1982年11月28日，自治区人民政府根据国务院批转国家经委、计委、能委《关于改变煤炭订货、分配、调运工作分工管理的报告》的精神和煤炭主管行业的要求，决定对自治区煤炭运销体制进行改革。从1982年1月1日起，新疆统配煤矿及地方煤矿产、运、销工作统一由自治区煤炭局管理，结束了新疆煤炭产、运、销管理长期脱节的历史，实现了新疆煤炭产、运、销归口管理的格局。

1982年煤炭统一归口管理以后，自治区煤炭局成立了煤炭运销处，1983年机构改革时改为煤炭运销公司，实行企业管理，双重职能，负责对乌鲁木齐、昌吉、吐鲁番、哈密、巴州和石河子等地州的统配煤矿、地方煤矿、兵团煤矿和乡镇煤矿生产的煤炭，实行统一计划分配、统一组织订货，统一调运、统一铁路运输计划、统一市场管理的“五统一”办法。对其他地州（市）生产的煤炭依照“地区平衡，以销定产”的原则，实行指导性计划进行管理。至1991年

底，统一分配，统一调运、联合销售的煤炭已达到全区煤炭总产量的77.7%。

第三阶段是煤炭企业联合起来，实行“六统一”管理的机制，走共同发展的道路。

控制煤炭总量，建立运行机制，确保煤炭价格到位是新疆煤炭企业当前摆脱困境，走出低谷亟待解决的首要问题。借鉴“欧佩克”国际石油输出国组织，联合起来对各成员国限制产量份额和统一销售价格的经验，组建各种煤炭联合体，按市场需求合理组织生产，力求产需基本平衡，无疑是一个正确地选择。在新疆，这类煤炭“欧佩克”早在前几年就应运而生，和布克赛尔煤炭联合销售公司在这方面带了个好头。该联合公司组建于1987年，当时这个县的和什布托洛盖和沙吉海两个矿区共有28个煤矿71个井口，分别隶属塔城，阿勒泰地区及农七师、农十师、自治区劳改局等部门，总生产能力当时为150万吨，而市场需求只有110万吨左右。据调查每吨煤给用户回扣、给司机好处费高达13元之多，约占平均售价的40%，每年给煤炭企业造成300多万元经济损失。不正当竞争行为造成煤炭市场混乱，导致大多数煤炭企业出现亏损。为了摆脱困境，寻求发展，在当地人民政府及自治区煤炭厅工作组的指导帮助下，各煤矿经过充分协商，组建起了松散的煤炭经销联合体——和布克赛尔煤炭联合公司。制定了《章程》，协商成立了董事会、推举了经理、副经理，制定了一整套规章制度，建立起了联合体内部的约束机制。煤炭经销联合体对该地区煤炭销售实行“六个统一”，即统一销售计划，统一签定合同，统一煤炭价格，统一提煤票证，统一结算煤款，统一收取税费。截止1993年底，该联合体已连续运转7年，联合销售煤炭784万吨，仅制止不正当竞争行为这一项就为企业挽回经济损失2000多万元，同时还保证了煤价到位。该联合体1993年以前销售的块煤价格为52～59元/吨，混煤为42.8元/吨，末煤为39元/吨，都是全疆最好的价钱。煤价到位，促进了煤炭企业经济效益的提高，联合体的各成员矿，矿矿扭亏为盈，截止1993年底共实现利润2700万元。和布克赛尔煤矿联合销售公司的经验在全疆煤炭行业引起了强烈的反响。此后，伊犁、吐鲁番、阿克苏、昌吉五个地区及拜城、呼图壁、沙湾、伊宁、托克逊、尼勒克、乌鲁木齐等县先后共计组建了46个煤炭销售联合体。随着时间的推移，其规模不断扩大，形式不断更新，1993年3月北疆“三县一市”煤炭经销协会成立，接着乌鲁木齐、昌吉地区的86个煤矿又联合成立了乌昌煤炭产销联合会，乌鲁木齐地区成立了煤炭经销联合会。南疆主要产煤区——阿克苏地区，最近经地区行署批准，在全地区坚持“五不变”（即煤矿所有制性质不变、隶属关系不变、核算方式不变、投资渠道不变、企业自主权不变）的情况下，分四个片区实施联合销售。煤炭联合销售已成为自治区煤炭流通的主渠道。

从新疆目前的联合形式来看，主要有以下三种：

1. 联合销售公司型

在“平等、自愿、互利互惠，共同发展”的基础上，参加联合体的煤炭企业，以企业名称不变，法人地位不变，隶属关系不变，所有制形式不变，投资渠道不变为前提，建立董事会领导下的经理负责制，实行“六统一”的联合销售。

2. 煤炭企业集团型

以一方国营骨干煤矿为核心，联合各类煤矿组成紧密型或松散型企业集团，实行产、供、运、销一体化。

3. 股份合作型

乡镇煤矿在整顿改造，联合办矿的基础上，以股份合作制的形式参加联合销售，实行产、运、销统一管理。

新疆煤炭企业在联合的形式上不拘一格，不搞一刀切，讲求实效，规模经营，发挥行业优势，遵循的原则是：

1. 以销定产的原则

各煤炭联合销售公司按市场的需求，结合矿井生产能力，确定各类煤矿的销售基数，实行产、运、销计划一本帐。

2. 开发与保护并重的原则

对不履行办矿手续，不具备办矿条件，管理落后，安全状况差的煤矿，煤炭联合销售公司不安排销售量，以保证煤炭资源的合理开发和利用，不断增强煤矿抗灾能力，提高煤炭企业的管理水平。

3. 保护国营，扶植乡镇，改造个体的原则

煤炭联合销售公司在安排销售计划时，要优先保证国有煤矿、重点乡镇煤矿，兼顾个体煤矿，充分发挥国有煤矿、重点乡镇煤矿在煤炭生产中的骨干作用，促使个体煤矿走联合办矿的道路。

4. 统一管理铁路运输计划的原则

由自治区煤炭运销公司统一管理国家下达的年度铁路运输计划。月度要车计划由区煤炭运销公司负责编报并加盖调运章，无区运销公司调运章的计划，铁路部门不予承认，车站不予安排运输。

5. 统一管理出疆煤的原则

对国有重点矿、地方矿、乡镇矿调出区外的煤炭，由自治区煤炭运销公司实行统一计划，统一订货，统一调运。并对出疆的地方煤矿价格实行统一管理。

6. 块块管理、一地一个公司的原则

各地（州）县（市）只建立一个煤炭联销（经销）公司实行块块管理，统一经营。

7. 面向煤矿，面向用户的原则

煤炭联销（经销）公司，经营思想不以盈利为目的，坚持为煤矿服务，为用户服务的原则。

8. 定点供应的原则

逐步开展对重点用户实行煤种、品种和煤质，对口定点供应。对市场用煤采取就近、就地组织供应的原则。

在煤炭价格逐步放开，煤炭企业走向市场的形势下，实行煤炭联合销售，从根本上说有利于发展社会生产力，有利于各地的经济发展，有利于提高煤炭企

业各族职工的生活水平。具体讲，联合销售的优越性主要体现在以下几个方面：

（1）有利于保证党的路线、方针、政策和煤炭行业政策的贯彻落实，促进煤炭工业持续稳定、健康发展；

（2）有利于加强行业管理，施行有效的宏观调控、做到总量平衡；

（3）有利于资源的合理开发利用，有效地保护了国家资源；

（4）有利于煤价到位，提高企业经济效益，增强企业活力；

（5）有利于提高企业装备水平，杜绝以次充好，质级不符，满足了用户需求；

（7）有利于稳定流通秩序，扼制行业不正之风，净化社会风气，促使煤炭市场健康发展；

（8）有利于“扶植、改造、整顿、联合、提高”十字方针的贯彻落实，提高乡镇煤矿的整体素质。

实行煤炭联合销售使我们深刻地认识到以下几点：

1．领导重视，各方支持是搞好煤炭联合销售的关键

2．坚持方向，做好“两个服务”是搞好煤炭联合销售工作的保证

各煤炭联合销售公司在开展煤炭联合销售工作中，始终坚持了为煤矿服务，为用户服务的方向，以服务为宗旨，不以牟取利润为目的。一方面根据市场需求做好产需基本平衡，总量控制，提高企业的经济效益；另一方面，搞好供需关系和路矿协作，开展售前、售中、售后服务，保质、保量、按时地向用户供应煤炭，提供优质服务。同时，公司要严格管理，转变观念，增强服务意识，提高工作效率，做好两个服务，取得了煤矿和用户的信任，为搞好煤炭联合销售工作提供了保证。

3．处理好利益分配，是搞好煤炭联合销售工作的基础

利益分配直接关系着煤炭企业的经济效益，也是煤炭联合销售工作诸多问题的焦点。实践证明：合理地安排销售份额是处理好利益分配的基础，我们在处理这个问题时贯彻了“保护国营、扶植乡镇、限制个体”的原则，根据市场需求量，结合矿井生产能力，以各矿前三年平均销售数为基础，确定各矿的销售份额，再根据年度市场需求变化，按销售基础的比例调整销售计划的方法，使煤矿利益均沾，风险共担。在处理矿际经济往来中，采取了平等、互利、有偿的办法，明确规定了各矿之间的利益关系和应承担的经济责任。

4．重质量，讲信誉，努力拓宽销售市场，是巩固发展煤炭联合销售管理的主要条件

煤炭产品质量的优劣，直接关系着企业的信誉，而信誉的好坏又直接制约着煤炭产品的销售，影响着销售市场的发展。为此，我们把抓质量、讲信誉，拓宽煤炭销售市场作为巩固发展煤炭联合销售管理的重要条件。在计量上，加强计量管理，完善计量手段，实行统一计量的方法；在质量上，层层把关，不符合质量标准的煤炭不安排销售，开展质量跟踪服务，达到用户满意；在销售服务上，采取大户定点供应，小户统一调运，运输有困难的用户，开展送煤上门的服务，并坚持走访用户，主动上门服务，增强了感情交流，加强了协作精神，从而拓宽了销售市场，取得了产销两旺的好成绩。

新疆煤炭运销体制的改革，由煤炭产销脱节，分家管理，到产、运、销统一归口管理，实行“五统一”的分配、调运原则，发展到今天的煤炭联合销售新机制，经历了12年的艰苦里程，现在越来越多的煤炭企业家已认识到，为了煤炭企业自身的生存和发展，必须走联合之路，煤炭企业才能摆脱困境，走出低谷，求生存，图发展。

重要会议

全国煤矿安全工作会议

煤炭部于1993年6月10日到12日在平顶山矿务局召开全国煤矿安全工作会议。其主要内容是：分析事故，查找教训，探讨良策。王森浩部长到会讲了话。张宝明副部长在会上作了题为《加强综合治理，控制重大事故，为实现煤矿安全生产稳定好转不懈地奋斗》的报告，并于最后作了会议总结。河南省副省长俞家骅、煤矿地质工会主席张绍峰和平顶山市委市政府以及国家劳动部、司法部、全总等部门的有关领导出席了这次会议。

会上，淮南、芙蓉、沈阳、平顶山4局和江西花鼓山煤矿等作了事故案例分析，后请河南省煤炭厅、镇江煤炭工业公司、松藻矿务局、阳泉矿务局、抚顺矿务局等介绍了“一通三防”工作做法。

会议明确了部党组对全行业安全工作的指导思想，即贯彻落实党的十四大精神和《矿山安全法》以及新颁布的《煤矿安全规程》，围绕“八五”目标，坚持安全第一、预防为主、综合治理、总体推进的方针，坚持“管理、装备、培训并重”和“不安全不生产、不消除事故隐患不生产、无安全措施不生产”的原则，把控制重大瓦斯事故作为重点，强化管理和监督检查，严格以法治矿，使安全生产再创新成绩。

会议要求：今年后7个月，各单位要全体动员抓安全，层层落实责任制，严格执行质量标准化标准，把安全切切实实抓好。

中国东北内蒙古煤炭集团公司局长、书记会议

中国东北内蒙古煤炭集团公司于1993年8月4日至7日在南戴河召开了局长、书记会议。

这次会议的主要内容是，学习领会中央六号文件精神；落实煤炭部王森浩部长在部工作座谈会和在东煤公司检查工作期间提出的要求；分析上半年经济形势，进一步落实《全民所有制工业企业转换经营机制条例》，加大改革力度，加快企业经营机制转换步伐，使企业生产经营等各项工作真正转移到以经济效益为中心的轨道上来；上下共同提高认识，解放思想，统一意志，树立战胜困难的决心，开创东煤集团进一步发展的新局面。

会议针对1993年以来，东北煤炭市场价格全部放开，企业内部和外部的各种复杂因素交织在一起，使东煤集团各成员企业程度不同地受到了资金短缺、市场疲软、运输紧张等问题的困扰。为尽快摆脱困境，适应社会主义市场经济的要求，会议对上半年公司的生产经营形势进行了实事求是的分析，找出了差距，统一了认识，提出了新的举措：

（1）深入学习贯彻中央六号文件精神，加快思想观念的转变，主要是树立强烈的市场经济观念和增强全局观念；

（2）简政放权，完善承包，加快经营机制转换步伐；

（3）调整生产格局，压缩煤炭产品库存；

（4）加大改革力度，促进高效率和高效益；

（5）依靠科技进步发展生产力；

（6）搞好产业转换，加快发展多种经营、第三产业。

会上，集团公司总经理崔敬谦、副总经理苑振铎、王殿林分别讲了话。与会的成员企业的局长、书记们也共同研讨了克服目前困难的对策；并研究和安排了落实会议精神的措施。

煤炭高校工作会议

1993年11月10日至12日，煤炭部在北京召开煤炭高校工作会议。会议就如何贯彻《中国教育改革与发展纲要》，深化煤炭高校改革等问题作了部署。煤炭部部长王森浩、副部长范维唐出席了会议并讲了话。

会议认为，教育在煤炭工业中占有极为重要的地位。全行业要把发展煤炭教育事业作为发展煤炭工业的重点来抓，真正树立教育是基础，百年大计教育为本的思想。煤炭高校应抓住当前改革的大好时机，

进一步解放思想，加大改革力度，在今后若干年内，使煤炭高等教育在规模、质量、结构、效益等方面有较大的发展和提高。

范维唐副部长在会上认真总结了煤炭高校近几年的改革情况，对今后的高校改革提出了要求。他说，煤炭高校要彻底改变依靠政府办学的思想，走出一条适应市场经济需要和煤炭企业转换经营机制，调整产业结构要求的新路子。煤炭高校的改革发展，必须坚持有利于为煤炭工业服务，有利于调动学校和师生员工积极性，有利于全面贯彻党的教育方针，提高总体办学水平、教育质量和办学效益。

来自全国16所普通煤炭高校和管理干部学院的党委书记、院校长参加了这次会议。

全国煤炭工业多种经营工作会议

为了贯彻落实《中共中央、国务院关于加快发展第三产业的决定》和煤炭工业“以煤为本，优化产业结构，大力发展多种经营、第三产业”的战略部署，抓住有利时机，采取有效措施，把煤炭工业多种经营提高到一个新水平，煤炭部于1993年11月17～20日在北京召开了全国煤炭工业多种经营工作会议。会议主要内容是：总结交流煤炭工业发展多种经营的经验，表彰先进单位，讨论煤炭工业多种经营发展规划及有关政策措施，部署今后两年加快多种经营发展工作。国务院副总理邹家华出席会议并作了重要讲话。煤炭部王森浩部长，韩英、张宝明、范维唐、濮洪九副部长参加了会议。濮洪九副部长在会上作了题为《面向市场，转换机制，开创发展煤炭工业多种经营的新局面》的报告（报告详细内容见“领导人重要讲话”栏目）。

朱镕基副总理对这次会议很重视，希望煤炭工业坚持走高产高效的路子，大力精简人员，提高经济效益，优化产业结构，努力发展多种经营，推动煤炭工业全面发展。

会议认为，这次会议标志着煤炭工业多种经营又进入了一个新的历史发展时期，会议对动员煤炭工业多种经营的全面兴起和向更高水平迈进、对整个煤炭工业改革和发展，都将起到积极的促进作用。

参加会议的还有国家计委副主任佘健明、财政部副部长张佑才、工商银行总行行长谢渡杨，以及国务院有关部委的领导同志。

全国煤炭工作会议

煤炭部于1994年1月11日至14日在北京召开全国煤炭工作会议。会议议题是：贯彻落实十四届三中全会和全国经济工作会议精神，分析煤炭工业形势，研究讨论抓住机遇，深化改革，加快煤炭工业向社会主义市场经济体制转变的措施，部署1994年的工作任务，开创煤炭工业改革和发展的新局面。王森浩部长在会上作了题为《抓住机遇深化改革　加快煤炭工业向社会主义市场经济体制转变的步伐》的报告（报告详细内容见“领导人重要讲话”栏目）。韩英、张宝明、范维唐、濮洪九副部长在会上分别讲了话。

会议认为，1993年，煤炭战线以邓小平同志重要谈话和党的十四大精神为指针，以提高经济效益为中心，以扭亏增盈为目标，深化改革，优化结构，转换企业经营机制，取得了明显成效，总的形势是好的。

会议明确了1994年全国煤炭工业的工作方针是：全面贯彻党的十四届三中全会精神，加快向社会主义市场经济体制转变的步伐，以经济效益为中心，优化结构，加强管理，扭亏增盈，实现安全生产，开创煤炭工业改革和发展的新局面。

开滦、大雁矿务局在会上作了经验介绍，会议还讨论了《全民所有制煤炭工业企业转换经营机制实施办法》（讨论稿）和《煤炭工业七年(1994～2000年)发展规划纲要》（讨论稿）。

方针、政策性文件简目

印发日期	文件名称	文号	实施日期
1993.4.6	关于进一步加强煤炭工业建设项目环境保护工作的通知	煤办字第7号	1993.4.6
1993.5.5	关于印发《煤炭工业部工作规划》的通知	煤厅字第43号	1993.5.5
1993.5.7	关于进一步做好保险工作的通知	煤办字第58号	1993.5.7
1993.5.15	关于印发煤炭部安全生产指令的通知	煤办字第73号	1993.5.15
1993.5.18	关于在机构改革中各社团组织换届有关问题的通知	煤厅字第79号	1993.5.18
1993.5.31	关于煤炭行业发展第三产业和多种经营贴息贷款项目开工问题的通知	煤厅字第111号	1993.5.31
1993.6.27	关于印发《煤炭工业关键设备、成套设备目录》的通知	煤办字第126号	1993.6.27
1993.6.23	关于调整流动施工津贴标准的通知	煤办字第127号	1993.6.23
1993.7.3	关于国有重点煤矿防治重大瓦斯煤尘事故的规定	煤办字第142号	1993.7.3
1993.7.10	关于下发安全生产奖惩办法的通知	煤办字第152号	1993.7.10
1993.7.21	关于严格执行国家煤炭价格政策的通知	煤厅字第271号	1993.7.21
1993.7.23	关于调整施工机械台班费用，流动施工津贴、凿井措施工程费等有关问题的通知	煤厅字第302号	1993.7.23
1993.8.9	印发《关于外事管理工作的若干规定（试行）》和两个《实施细则》的通知	煤办字第187号	1993.8.9
1993.8.4	关于新型矿灯进行工业试验有关问题的规定	煤厅字第302号	1993.8.4
1993.8.11	关于进一步加强煤炭院校学生实习工作的通知	煤办字第190号	1993.8.11
1993.8.19	关于煤炭部直属物资供销企业继续免交所得税的通知	煤厅字第352号	1993.8.19
1993.8.16	关于重新颁发《煤矿主要设备检修许可证管理办法》的通知	煤办字第196号	1993.8.16
1993.8.16	关于下发《加强煤炭工业法制建设的意见》的通知	煤办字第198号	1993.8.16

续表

印发日期	文件名称	文号	实施日期
1993.8.24	关于颁发《煤炭工业建设项目环境影响评价文件编制规定及审查要点（试行）》的通知	煤办字第212号	1993.8.24
1993.9.4	印发《关于加强煤炭工业科技成果管理工作的意见》的通知	煤办字第220号	1993.9.4
1993.9.6	关于工人技术等级考试及发证有关工作的通知	煤厅字第388号	1993.9.6
1993.9.6	关于《小型地方煤矿用地面轴流通风机规定》的通知	煤办字第223号	1993.9.6
1993.9.8	关于印发《加强煤炭基本建设非经营项目计划管理意见》的通知	煤办字第229号	1993.9.8
1993.9.14	关于印发煤炭工业五年立法规划和1994年度立法计划的通知	煤办字第239号	1993.9.14
1993.9.27	关于长期从事煤矿事业的职工建立荣誉制度的补充规定	煤办字第248号	1993.9.27
1993.9.27	关于印发《煤矿风机水泵节能技术改造试点管理办法》的通知	煤办字第249号	1993.9.27
1993.10.8	关于印发《煤矿建设井筒水文地质工作规定（暂行）》的通知	煤办字第269号	1993.10.8
1993.10.9	关于煤矿井下严禁使用铝合金单体液压支柱的通知	煤办字第275号	1993.10.9
1993.11.2	关于印发《煤炭工业部安全生产短波应急通信网管理办法》（暂行）的通知	煤办字第308号	1993.11.2
1993.11.10	印发《关于煤炭企业职工标准工资管理的意见》的通知	煤办字第326号	1993.11.10
1993.11.18	关于推行《煤炭购运销合同实施办法（试行）》，《煤炭货款结算办法（试行）》的通知	煤办字第335号	1993.11.18
1993.12.4	关于印发《煤矿爆破器材新产品定型管理工作规定》的通知	煤办字第353号	1993.12.4
1993.12.24	关于印发《煤炭货款结算办法》的通知	煤办字第399号	1993.12.24

人事、机构、体制

中国东北内蒙古煤炭集团暨中国东北内蒙古煤炭集团公司撤销

中国东北内蒙古煤炭集团暨中国东北内蒙古煤炭集团公司（以下简称东煤公司）成立以来，为发展东北地区的煤炭工业做了许多工作，取得了一定成绩，但随着经济体制改革的深入进行，这种管理体制已越来越不适应社会主义市场经济发展的需要。为了有利于转换煤炭企业的经营机制，调动煤炭企业的积极性，有利于加强地方政府对煤炭工业的领导，国务院决定撤销东煤公司，并于1994年3月1日以国发〔1994〕14号文下发了《国务院关于撤销中国东北内蒙古煤炭集团暨中国东北内蒙古煤炭集团公司的通知》。有关通知事项如下：

（一）东煤公司撤销后，辽宁、吉林、黑龙江三省分别设立统一管理各自境内煤炭工业的管理机构，同时撤销三省现有的地方煤矿管理机构。新的省级煤炭管理机构的领导体制由煤炭部分别与有关省人民政府商定。要按照转变政府职能、政企分开和理顺中央与地方关系的原则，明确煤炭部和有关省人民政府对东北煤炭工业的管理职责。内蒙古东部地区国有重点煤矿划归内蒙古自治区区级煤炭管理机构管理。

（二）煤炭部要尽快商有关部门和地方人民政府，提出撤销东煤公司的实施方案，切实加强对有关撤销、交接工作的领导，主要领导要亲自抓这项工作，并派出得力的干部负责组织实施。原东煤公司及其所属各煤炭企业的干部、职工，特别是领导干部要在撤销东煤公司的过程中，坚守岗位，严守纪律，顾全大局，确保各单位的稳定和东北煤炭生产的安全正常进行。

（三）撤销东煤公司涉及面比较广，各有关单位要做好深入细致的思想工作，妥善安排人员，尽快理顺关系，使各项工作正常运转，辽宁、吉林、黑龙江省和内蒙古自治区人民政府要帮助解决人员分流、落户等方面的问题。有关部门要积极做好协调工作。

（四）东煤公司撤销后，其原有的国有资产仍归中央政府所有。在撤销和交接过程中，要采取有效措施防止国有资产流失和资金转移。煤炭部代表国家全权处置国有资产和资金转移。煤炭部代表国家全权处置国有资产和资金的具体交接事宜。以东煤公司名义对外签订的一切经济合同及债权、债务由煤炭部组织清理。

（五）目前，东北地区的煤炭企业困难较多，煤炭部和国务院有关部门以及有关省（自治区）人民政府要密切配合，切实帮助煤炭企业解决存在的问题。各煤炭企业要深化改革，进一步转换经营机制，加强经营管理，尽快摆脱困境，争取在两三年内改变面貌。

煤炭部关于撤销东煤集团暨东煤公司的实施意见

1994年3月12日，煤炭部以煤办字（1994）第78号文下发了《煤炭部关于撤销东煤集团暨东煤公司的实施意见的通知》。全文如下：

根据国务院国发〔1994〕14号文《国务院关于撤销中国东北内蒙古煤炭集团暨中国东北内蒙古煤炭集团公司的通知》精神（以下简称东煤公司），为了稳妥地做好撤销东煤公司的各项工作，按照理顺关系、转换机制、平稳过渡的原则，经和地方政府协商一致，提出撤销东煤公司实施方案如下：

撤销工作要坚决贯彻国务院国发〔1994〕14号文件精神，切实加强组织领导，做好思想工作，确保矿区稳定。采取各种措施，确保安全生产和各项工作的顺利进行，保证国有资产不受损失，妥善安置分流人员。使撤销工作稳妥、有秩序地进行。

一、关于机构设置

东煤公司撤销后，东北三省分别成立以煤炭部为主，双重领导的省级煤炭管理机构，统一管理其境内的煤炭企事业单位。

鉴于东煤公司所辖煤矿都为中央企业，东煤公司撤销后，其所属国有重点煤矿目前仍隶属煤炭部。随着改革进程的不断深入，这些企业走向市场，成为“四自”的独立法人，今后煤炭部和地方政府都不直接管理企业。

省级煤炭机构的设置，按国发〔1994〕14号文件通知精神，东煤公司撤销后，辽宁、吉林、黑龙江三省分别设立统一管理各自境内煤炭工业的管理机构，同时撤销三省现有的地方煤矿管理机构。经与东北三省人民政府协商并取得一致意见后，分别成立辽宁、吉林、黑龙江煤炭工业管理局，同各省的煤炭厅（局）为一个机构两块牌子，实行双重领导，共同管理，以煤炭为主。

内蒙古东部地区国有重点煤矿由自治区区级煤炭管理机构管理。经与内蒙古自治区政府协商并取得一致意见后，煤炭部设内蒙古煤炭工业管理局，与自治区的煤炭厅为一个机构两块牌子，实行双重领导，共同管理，以煤炭部为主。

按照政府转变职能，政企分开和理顺中央和地方关系的原则，明确煤炭部和有关省人民政府对煤炭工业的管理职责。这些省区的煤炭管理机构，其机构编制可比照同类煤管局定编，经费仍维持原来渠道。

东煤公司撤销后，其原有的国有资产仍归中央政府所有（含新组建的三省煤管局和留守处占用的国有资产）。

二、东煤公司二级机构和所属企事业单位的划转

1．划转企业性公司或专业公司

东煤公司原有专业公司（中心、局）共9个（设备制造、物资供应、煤炭运销、多种经营、国际经济技术合作公司及基建局、地质局、科技中心和东煤交易所）。1993年，机关整顿、分流人员开办公司9个（财务、进出口、煤层气、机电设备、经贸实业、房地产、技术与信息、生活服务、保险公司）。这些公司，要根据这些单位的业务性质与职能，采取上划、划转办法，区别不同情况，进行分别处理。

第一种类型是上划煤炭部或部属有关单位。这些单位主要是东煤公司撤销后仍为三省一区煤矿服务并能独立跨地区经营，与部属单位业务关系密切，有利于行业发展和提高效益的公司与事业单位。具体是：

国际经济技术合作公司，为部直属公司。

煤炭交易所，为部直属的国家级煤炭交易市场，由辽宁煤炭工业管理局代管。

新建的档案馆，划归煤炭部档案馆管理，为其东北分馆，由吉林煤炭工业管理局代管。

进出口公司，划归中国煤炭工业进出口总公司，为其下属子公司。

地质局，划归中国煤田地质总局管理。

物资公司所属的东北物管处划归中国煤炭物资总公司，为其子公司。

第二种类型是划归三省煤炭工业管理局管理的单位。对划归各省级煤炭机构管理的单位，其业务范围和服务对象原则上限于本省范围内，如有的单位与本省煤炭系统内的机构重叠或业务相近，则应尽量合并。原则是先划转，后逐步实施。具体意见是：

基建局、设备制造公司划归黑龙江煤炭工业管理局，基建局在业务上接受煤炭部的指导。

科技中心、多种经营公司（包括大连分公司）、技术与信息开发公司、物资公司（不含东北物管处）划归吉林煤炭工业管理局。技术与信息开发公司业务上接受部通讯信息中心指导。

多种经营公司大连分公司划归吉林煤炭工业管理局后，分公司管理的原东煤销售公司宾馆仍划回销售公司管理。多种经营公司所属的分公司原则上按所在地区分别划归各煤炭工业管理局管理。

财务公司、保险公司挂靠在吉林煤炭工业管理局，煤炭部实行业务指导。

销售、煤层气公司划归辽宁煤炭工业管理局管理。为了保证工作的连续性，销售公司仍为三省一区煤炭企业服务，工作继续进行，并积极筹建东北煤炭销售协会。

此外，对于东煤公司1993年机构改革以来，因安排机关分流人员成立的公司，只要资金落实，能够独立经营的公司亦继续保留，否则应予撤销。这些公司主要包括：机电设备公司、经贸实业开发公司、房地产公司、生活福利公司等。凡是保留的公司，一并划归吉林煤炭工业管理局。

东煤公司驻京办事处仍为三省一区煤炭系统服务，由东煤公司留守处管理。

2．矿务局、煤机制造厂的划转

东煤公司下属18个矿务局和12个煤机制造单位，按照所在省区，分别划归各省区煤管局管理，其中黑龙江省内的4个煤机厂、1个煤机研究所仍由设备制造公司管理。

3．事业单位的划转

东煤公司下属沈阳、长春、哈尔滨3个设计院。沈阳设计院改为煤炭部直属设计院，划归中煤建设开发总公司管理，名称改为煤炭工业部沈阳设计院；长春设计院、哈尔滨设计院分别划归吉林、黑龙江煤炭工业管理局管理。

东煤公司下属10所大中专院校。其中黑龙江矿业学院，鉴于其面向全国，财务关系等均由煤炭部管，比照山西矿业学院的管理办法，改为部属院校，黑龙江煤炭工业管理局协助煤炭部管理；长春煤炭管理干部学院交由吉林煤炭工业管理局管理，继续面向三省一区办学。其它中专、技工学校，按所在省区分别交由各省区煤炭工业管理局管理。大连煤矿工人疗养院为部属疗养院，由辽宁煤炭工业管理局代管。

4．驻外机构的划转

东煤公司及其下属公司等在国外所设的办事处、公司等分支机构，随其主管单位的划转而划转。原由东煤公司直管的驻外单位，按其业务性质，经调整理顺后，其业务能划给部属系统的，交部直属单位管理，能与部属单位驻外机构合并的合并。原由国际经济技术合作公司管理的海外单位仍由该公司管理。

5．人员及资产的划转

对于划归划转的单位，其人员成建制划转，国有资产也随之划转。东煤公司在长春的所有固定资产除部分由东煤留守处管理外，其它由吉林煤炭工业管理局代管或直接管理。

三、人员的分流与安置

为保证体制改革的顺利进行，对人员的分流与安置提出以下意见：

东煤公司撤销后，人员分流对象是公司机关工作人员。总的原则是区别情况，分别对待，采取组织分配与双向选择相结合，使人尽其才，各得其所：

一是办好保留划转的公司，尽量多安置一些分流人员；

二是实行"双向"选择，在自愿的情况下，允许返回原调出省区及原工作单位。有关省政府及有关部门，尽力协助妥善安置；

三是根据工作需要和实际情况，抽调部分业务骨干，组建三省新的煤炭管理机构，力求达到高效精干、结构合理；

四是严格执行国家规定的离退休制度，到达离退休年龄的应按规定办理离退休手续。离退休人员按照自愿的原则，愿离退到沈阳、哈尔滨的，由两省煤管局负责管理；愿就地离退休的，分别由吉林煤管局和东煤公司留守处管理；

五是清理借调和返聘人员。借调人员都要返回原工作单位；返聘人员要认真进行清退；

六是成立东煤公司留守处。留守处按局级待遇，由煤炭部管理，并由赵清雷同志负责。留守处负责处理东煤公司撤销后的遗留问题，管理少数未分配的人员，管好部分国有资产，并积极开展业务，努力创收，提高效益。留守处为三省一区服务，各地对留守处的工作要给予必要的支持。

四、撤销东煤公司工作小组

（1）工作小组由王森浩同志任组长，濮洪九同志任副组长，姜贤荣、吕世兴、朱登山、马德庆、崔敬谦同志为工作小组成员。拟由部机关办公厅、人事司、财劳司抽一些熟悉情况的同志参加工作小组的具体工作。工作小组设机构、人事、资产资金三摊进行工作；

（2）积极同国家计委、经贸委、体改委等国务院综合部门和四省区沟通情况，加强协商，取得支持，使各项工作得以同步进行；

（3）分别成立三省煤炭工业管理机构筹备组。经商得三省同意后，黑龙江煤炭工业管理局筹备组由史文盛同志负责，吉林煤炭工业管理局筹备组由崔敬谦同志负责。筹备组成立之后，即着手开展工作，确保各项工作正常接续。三省筹备组应尽快研究提出各煤炭工业管理局"三定"方案；

（4）分别召开东煤公司领导班子会议和全体干部会议，宣布国务院的决定，要求东煤公司领导班子顾全大局，严守纪律，坚守岗位，尽职尽责，认真做好公司撤销的各项工作。召开煤炭企业主要负责人座谈会，一是要求各煤炭企业领导同志坚守岗位，搞好工作，确保安全生产，实现平稳交接；二是研究如何深化改革，转换机制，争取在两三年内摆脱困境；

（5）加强国有资产的管理，防止资产资金的转移和流失。自国务院通知之日起，立即冻结东煤公司的人、财、物，由部通知计划、财政、劳动、银行等有关部门，并通知国家工商行政管理局停止对东煤公司进行年检，等待注销。同时对东煤公司债权债务进行认真清理和实行离任审计，以东煤公司名义对外签定的一切经济合同和东煤公司的一切资产资金、债权债务由煤炭部负责组织清理，并商三省一区煤炭管理机构共同处理；

（6）立即着手研究帮助企业走出困境的具体措施。对原来企业自主权不落实的事项，提出具体改进意见；

（7）撤并工作的时间安排。整个撤并工作力争在1994年3月底完成，从1994年4月1日起，按新体制、新机制运行。

煤炭部就原东煤公司所属单位划转事项的补充通知

1994年6月27日，煤炭部以煤办字〔1994〕第263号文下发了《关于原东煤公司所属单位划转事项的通知》，对原东煤公司所属单位划转有关事项补充通知如下：

（一）原东煤物资供应公司划归中国煤炭物资总公司，为其子公司。

原东煤物资供应公司所属的吉林宾馆按照谁投资、谁受益的原则，由吉林煤管局、舒兰矿务局、原东煤物资公司组成董事会，按股份制企业的模式管理。宾馆纳入吉林煤管局管理序列；

原东煤物资公司沈阳办事处，仍由物资公司管理；

原东煤物资公司上海分公司（原东煤公司驻上海办事处）分别由东煤物资公司和吉林煤管局管理。人员、财产各半；

原东煤公司所属的长春市同志街五号办公楼划归物资公司。为该办公楼配套服务的其它设施，如锅炉房等，以及原吉林煤管局在该楼附近的住宅，由物资公司统一管理。原东煤公司多经公司办公用房由吉林煤管局另行安排，统筹解决。

（二）撤销原东煤公司基本建设局。基建局的资产划归黑龙江煤管局。基建局现有人员由黑龙江煤管局进行分流和安置，其中少部分业务骨干充实到煤管局机关。一部分人员也可充实到国际经济技术合作公司。其余人员，连同原基建局所属企业，可组建自主经营、自负盈亏的经济实体；

国际经济合作公司办公用房，由黑龙江煤管局统筹解决；

基建局撤销后，由黑龙江煤管局负责对原基建局安排的原东煤公司范围内的国家投资、技术改造贷款等各项资金的债权债务遗留问题，要尽快认真进行清理，并将清理情况报煤炭部；

原基建局承担的设备成套业务及有关人员划归中煤设备成套公司，并在原哈尔滨东煤集团洗选设备成套公司和原长春东煤公司成套设备公司的基础上组建中煤哈尔滨设备成套公司和长春经营开发部，负责东北地区的煤炭基本建设设备成套业务。新成立的中煤哈尔滨设备成套公司和长春经营开发部的办公用房，由黑龙江省煤管局和吉林省煤管局统筹解决。具体事宜由中煤设备成套公司商两个煤管局和有关单位落实；

原东煤基建施工设备租赁总站划归中煤建设总公司管理。业务接受部规划发展司指导，设备调拨权归煤炭部；

原基建局沈阳管理处划归辽宁煤管局管理。

（三）原东煤销售公司成建制转为经济实体并划归辽宁煤管局。销售公司资产由辽宁煤管局统筹安排使用。原东煤销售公司承担的煤炭销售行政管理职能，分别由三省煤管局承担。销售公司部分人员，按照“双向选择”的原则，可调转有关煤管局；

组建东北煤炭销售联合体（或协会）。联合体是各煤矿自愿参加的独立的社团法人，挂靠在辽宁煤管局，业务接受煤炭部调运司指导。

（四）将原东煤科技中心改为长春煤炭科技中心。更名后，原科技中心所属的沈阳煤研所划归辽宁煤管局管理。科技中心及其所属的长春煤研所、长春环保所、长春情报所和辽宁煤管局所属的沈阳煤研所都应自收自支，经费自理。除国家规定外，煤炭部不拨事业费。

（五）技术与信息开发公司增挂煤炭部东北通讯信息站（同时保留公司名称），仍由吉林煤管局负责管理，业务受部通讯信息中心指导。东北通讯信息站（技术与信息开发公司）负责的卫星通讯及中转系统继续为三省一区有偿服务，充分发挥现有设备的作用，辽宁、黑龙江不再新建通讯信息中心。

东北通讯信息站（技术与信息开发公司）要参照邮电部门的标准，尽快提出使用卫星通讯的收费办法，报煤炭部批准后执行。1995年实现自收自支，经费自理。通讯站要积极利用和维护好现有设备，在搞好服务提高行业效益的前提下进行创收，提高企业效益。

（六）长春煤炭管理干部学院办学方向和招生范围不变，仍为三省一区服务，学院由吉林煤管局管理；

中国煤矿工人长白山疗养院体制不变。疗养院由吉林煤管局管理。

（七）原东煤多经公司划归吉林煤管局后，多经公司所属丹东、营口分公司划归辽宁煤管局管理。

（八）原东煤公司第一招待所资产、人员划归东煤留守处管理。

（九）原东煤公司驻北京办事处划归部机关服务中心管理。具体交接事宜由机关服务中心商东煤公司留守处进行。

希望各省区煤管局及原东煤公司所属单位领导干部，都要顾全大局，严守纪律，相互协商，加强思想政治工作，妥善处理好交接具体事宜，确保各项工作的正常接续。

内蒙古煤炭工业管理体制改变

根据中共中央、国务院中委〔1994〕84号《关于内蒙古自治区党政机构改革方案的通知》精神，内蒙古自治区人民政府、煤炭工业部本着有利于内蒙古自治区煤炭工业发展的原则，就关于改变内蒙古煤炭管理体制的交接事宜进行了充分协商，取得了一致意见。并于1994年6月13日以内政发〔1994〕86号文印发了《内蒙古自治区人民政府、煤炭工业部关于改变内蒙古煤炭管理体制的商谈纪要》。《商谈纪要》的主要内容如下：

（一）双方一致表示，要认真贯彻落实中共中央、国务院中委〔1994〕84号文件精神，改变现行的煤炭管理体制。管理体制改变后，内蒙古煤炭工业管理局（以下简称煤管局）为煤炭工业部的派出机构。内蒙古自治区煤炭工业局（以下简称煤炭局）为自治区人民政府主管煤炭行业的职能部门。煤管局、煤炭局代表煤炭部、内蒙古自治区人民政府，对全区境内各类煤炭企事业单位实行行业管理。煤管局、煤炭局为一套机构，两块牌子，实行煤炭工业部与内蒙古自治区人民政府共同管理、以煤炭工业部为主的领导体制。

（二）经双方协商，同意煤管局（煤炭局）机关核定行政编制120名，其中煤炭工业部核定编制90名，内蒙古自治区人民政府核定编制30名。

机关经费，除自治区政府财政按1993年包干经费和按规定应核拨的医疗费每年继续拨付外，其余经费按财政部财工字第〔1993〕432号文件精神，由煤管局所属企业上缴管理费解决。

机关职工执行煤炭工业部的工资、奖金及福利待遇和自治区政府的知、边补贴、地区生活补贴等有关政策规定。

（三）干部管理。煤管局（煤炭局）的正副局长、党组书记、党组副书记、总工程师、纪检组组长、党组成员，由煤炭工业部为主管理。煤炭工业部在任免这些干部时，要征求自治区的意见，双方意见一致后，由煤炭工业部履行任免职手续。自治区同时任免煤管局的相应职务。

（四）实行以煤炭工业部管理为主的体制后，自治区西部的3个国有重点煤矿和局属其它企事业单位的隶属关系变，资金渠道不变，仍维持现行的管理体制。

为了便于统一管理和有利于干部交流，对西部3

个国有重点煤矿和煤田地质局的领导干部，根据自治区建议，煤炭工业部同意比照其对自治区东部4个国有重点矿领导干部的管理办法，在煤炭部系统内实行分级管理。

（五）党的工作。煤管局（煤炭局）党组受煤炭工业部党组和自治区党委双重领导，以煤炭部党组领导为主。煤管局（煤炭局）机关党的关系仍在自治区直属机关工委，完成直属机关工委布置的工作。

（六）劳动工资划转。双方商定，按照局机关现有职工人数和工资改革后的工资总额，由自治区劳人厅划转煤炭工业部财劳司。

劳动人事关系改变后，自治区政府同意在核定编制内，局机关职工如跨自治区（省）、直辖市和区内跨盟、市调动时，劳动、人事、公安、粮食等部门给予办理调动手续及随迁家属落户事宜。

（七）双方商定，管理体制改变后，各类煤矿继续执行自治区政府现行扶植煤矿发展的优惠政策及管理办法。局机关有关未尽事项由自治区继续处理完毕。

（八）煤炭工业部继续支持自治区发展煤炭工业。自治区生产的煤炭，特别是西部地区的优质煤炭，在分配上要优先满足自治区电力工业、其它工业、人民生活和出口的需要。今后，对自治区的煤炭工业发展，煤炭工业部、自治区人民政府要互相配合，密切协作，共同把自治区煤炭工业的事情办好。

重庆煤炭工业管理局成立

1994年7月14日，煤炭部以煤办字（1994）第309号文通知，根据中央在重庆实行经济体制综合改革试点的精神，1983年煤炭部决定成立重庆煤炭工业公司。随着改革的不断深化，特别是在建立社会主义市场经济的过程中，政企合一的重庆煤炭工业公司的体制已不适应国家机构改革的要求，需要进行调整。鉴于重庆是国家确定的计划单列市，又是我国西南煤炭工业基地，为了使重庆煤炭工业适应社会主义市场经济的要求，切实加强重庆地区煤炭工业行业管理，实行政企分开，根据重庆煤炭工业公司的要求，并征得重庆市人民政府的同意，决定成立重庆煤炭工业管理局，并就有关事项通知如下：

（一）重庆煤炭工业管理局（以下简称重庆煤管局）是煤炭部的派出机构，行使省级煤炭管理机构的职权，代表煤炭部对重庆市境内的各类煤矿和其它企事业单位进行行业管理。同时受重庆市人民政府的委托，重庆煤管局行使市政府对煤炭工业的管理职能。

重庆煤管局成立后，有关重庆煤炭工业的规划和统计资料，煤管局在报部的同时，抄送四川省、重庆市有关部门。

（二）原隶属于重庆煤炭工业公司（以下简称重庆公司）管理的企事业单位改由重庆煤管局管理。其隶属关系和资产、财务、人事关系不变。重庆煤管局及所属企事业单位领导干部，仍按部原对重庆公司的管理办法在煤炭系统内实行分级管理。重庆公司党委承担的党的工作，商中共重庆市委后另行规定。

（三）重庆煤管局成立后，重庆公司不再作为煤炭部的直属公司，改为重庆煤管局下属的公司。重庆公司法人代表由重庆煤管局另行确定。重庆公司原承担的政府行政管理职能全部交由重庆煤管局负责。重庆公司办成独立核算、自负盈亏的经济实体，不再管理重庆境内的各类煤炭企事业单位，也不再从矿务局提取费用。重庆公司机关原已开办的公司等经济实体，可根据业务需要留归重庆公司管理。重庆公司及各分支机构的现有财产、资金均归属重庆煤管局，由重庆煤管局统一安排。在重庆煤管局的领导下，重庆公司独立进行经营活动，并承担机关人员的分流任务。

（四）重庆煤管局要坚持改革的方向，认真转变职能，实行政企分开，理顺各方面关系；要面向重庆市全煤炭行业，把工作重点放在对全行业的规划、协调、监督、服务上，切实加强行业管理和宏观管理；要按照精简、统一、效能的原则，精简内设机构；要按照组织分配与双向选择相结合原则，妥善安置机关分流人员，做到择优上岗，人尽其才，各得其所。

（五）重庆煤管局的机构编制由煤炭部统一核定，经费仍按原重庆公司的渠道不变。重庆煤管局受市政府委托负责管理地方煤矿所需编制及其经费，仍由地方政府承担。

（六）重庆煤管局组建工作1994年8月底前完成，1994年9月1日新机构开始运行。

煤炭工业部批复陕西、辽宁、吉林、内蒙古煤炭工业管理局职能配置、内设机构及人员编制方案

煤炭工业部于1994年3月29日、5月31日、6月7日、6月24日，分别以煤函字〔1994〕第45号、煤办字〔1994〕第243号、251号、270号文批复陕西、辽宁、吉林、内蒙古煤炭工业管理局职能配置、内设机构及人员编制方案。主要内容是：

一、煤管局的主要职能

煤管局的主要任务是：统筹规划、合理开发和利用省（区）内煤炭资源；优化煤炭工业产品结构和产业结构，促进全省煤炭工业生产建设和综合利用、多种经营、第三产业的发展；推动国有企业转换经营机制，培育煤炭市场；依靠科技进步，改善经营管理，提高经济效益；监督国有资产保值增值。

煤管局作为煤炭部的派出机构，其主要职能是：

（一）根据煤炭部、省（区）政府发展煤炭工业的有关方针、政策和规划要求，研究制订省（区）煤炭工业的具体政策，编制省（区）煤炭工业的发展规划；会同有关部门划分煤炭资源，加强煤炭资源管理，调解煤炭资源纠纷；

（二）对重大建设项目和限额以上技术改造项目进行审查和提出立项建议，协调各类煤炭建设项目的外部关系；

（三）按照煤炭部、省（区）对煤炭工业经济体制改革的要求，制定省（区）国有重点煤矿改革规划及配套措施，推进企业转换经营机制，培育和发展煤炭市场；

（四）按照干部管理权限，管理国有重点煤矿和直属企事业单位的领导干部，负责省（区）国有重点煤矿的科技、教育、卫生等行政管理工作；

（五）根据国家矿山安全法和煤矿安全规程及部、省（区）有关煤矿安全的规定，监督检查和管理国有重点煤矿、地方国有煤矿、乡镇煤矿等各类煤矿的安全生产；

（六）负责省（区）煤炭工业对外经济、技术合作与交流，发展煤炭进出口贸易；

（七）对国有重点煤矿、地方国有煤矿的国有资产保值增值实施监督、检查和评估；

（八）按照国家制定的扶植、改造、整顿、联合、提高的方针，加强对地方煤矿的行业管理，促进地方煤矿的健康发展；协调解决各类煤矿生产、经营活动中遇到的矛盾和社会问题，为煤矿生产经营提供服务；督促企业按规定完成上缴国家的各项税费；

（九）在煤炭部宏观计划指导下，编制省（区）国有重点煤矿的煤炭调运计划，协调产、运、需关系及执行中的有关事宜；

（十）承担煤炭部、省（区）政府交办的其它事项。

二、煤管局的内设机构及人员编制

根据上述职责、陕西、辽宁、吉林、内蒙古煤炭工业管理局的内设机构及人员编制分别为：

1．陕西煤炭工业管理局下设办公室、规划处、生产协调处、基本建设处、煤炭调运处、安全监察处、财务处、人事处、科技教育处、综合利用多种经营处、机关党委（思想政治工作处）。机关行政编制118人（含纪检、监察、审计人员）。

2．辽宁煤炭工业管理局下设办公室、规划发展处、生产协调处、安全监察处、财务劳资处、运销处、人事处、科技教育处、综合利用多种经营处、审计处、纪检组（监察处）、机关党委。机关行政编制120人。

3．吉林煤炭工业管理局下设办公室、规划发展处、生产协调处、煤炭调运处、安全监察处、财务劳资处、人事处、科技教育处、综合利用多种经营处、审计处、企管处、纪检组（监察处）、机关党委。机关行政编制120人。

4．内蒙古煤炭工业管理局下设办公室、规划处、生产协调处、调运处、安全监察处、财务处、审计处、人事工资处、科技教育卫生处、多种经营处、基本建设处、纪检组（监察处）、机关党委。机关行政编制120人。

宁夏煤炭工业实行一套机构两块牌子双重领导体制

根据宁夏回族自治区政府《关于商请我区煤炭管理机构实行煤炭工业局、煤炭工业厅一套机构两块牌子的函》（宁政函〔1994〕27号），1994年4月20日，宁夏回族自治区党委书记黄璜和煤炭工业部部长王森浩、副部长张宝明在北京就宁夏煤炭工业管理体制问题进行了会商，并形成了《关于宁夏煤炭管理体制问题会商纪要》。《纪要》的主要内容是：

（一）双方一致认为，宁夏是富煤省区，是党的十三届七中全会确定的国家重点建设的能源基地之一。宁夏煤炭工业有良好的发展前景，在自治区经济发展和全国煤炭工业整体规划中都占有重要的地位。为了充分发挥宁夏的煤炭资源优势，促进少数民族地区经济的发展，加速国家能源基地的建设，在当前政府机构改革过程中，需要进一步理顺宁夏的煤炭管理体制。

（二）双方回顾了宁夏煤炭管理体制发展演变的历史及近年来关于宁夏煤炭管理体制的几次会商过程，从当前宁夏煤炭管理体制的实际情况出发，双方同意宁夏回族自治区政府致煤炭部的宁政函(1994)27号文提出的对宁夏煤炭管理机构实行宁夏煤炭工业厅、宁夏煤炭工业管理局一套机构两块牌子，自治区和煤炭部双重领导的体制。考虑到国家机构改革的有关精神，宁夏煤炭管理机构目前仍以自治区管理为主。随着改革的深化和煤炭工业的发展，今后可根据情况再作调整。

（三）宁夏煤炭工业厅是自治区政府的组成部门，统一管理全区的地方煤炭工业，人员编制及经费由自治区统一解决。宁夏煤炭工业管理局是煤炭部的派出机构，纳入煤炭部的管理系列之内，代表煤炭部对宁夏境内的各类煤矿进行行业管理和宏观调控。宁夏煤炭工业管理局享受煤炭部其他直属派出机构同样的有关政策待遇。鉴于宁夏煤炭厅在1989年增挂中国统配煤矿总公司宁夏公司牌子时，经自治区政府和总公司商定，在总编制中列入了59人企业编制，为了保证这次机构改革的顺利进行及有利于履行两块牌子的双重职能，双方同意，这些企业编制仍然保留，经费维持原渠道不变。

双方商定，宁夏煤炭工业厅、宁夏煤炭工业管理局及其所属企事业单位继续执行煤炭部的行业管理政策和各项经济政策（含劳动工资政策），同时继续执行自治区促进煤炭工业发展的各项优惠政策。

（四）宁夏煤炭工业厅、宁夏煤炭工业管理局的领导班子，以自治区管理为主。由自治区提出意见，商煤炭部同意后，各自按规定程序办理任免手续。厅（局）属企事业单位领导干部的任免，仍执行自治区的管理办法。

（五）煤炭部认为，自治区对煤炭工业很重视，在自治区党委和政府的领导下，宁夏煤炭工业得到了健康发展，在全国同行业中处于较好水平。今后，煤炭部要更好地为地方服务，支持宁夏煤炭工业的发展和自治区的经济建设。要继续把宁夏列为全国煤炭工业建设的重点，对国有重点煤炭企业和地方煤炭企业，对老矿区的改造和新矿区的开发，在建设资金上都继续从优安排。太西煤产地汝箕沟矿区所在的县，可以列为全国地方煤矿重点产煤县，在资金上给予扶植。同时，煤炭部希望自治区加强太西煤出口基地建设，进一步扩大煤炭出口、增加创汇。煤炭部将在这方面给予积极支持和协作。

自治区感谢煤炭部对地方经济发展的帮助。今后继续加强对国有重点煤炭企业的领导，协调有关方面帮助企业解决当前面临的困难，为煤炭企业进入市场创造良好的外部环境。

双方一致表示，今后将进一步加强协商配合，共同推进宁夏煤炭工业的发展。

甘肃煤炭工业实行一套机构两块牌子双重领导体制

根据甘肃省人民政府《关于商请理顺我省煤炭管理体制的函》（甘政发〔1994〕63号），1994年6月18日，甘肃省委书记阎海旺和煤炭工业部副部长张宝明在北京就甘肃煤炭工业管理体制问题进行了商谈，并形成《关于甘肃煤炭工业管理体制问题会议纪要》。《纪要》的主要内容是：

（一）甘肃是西北地区的重点产煤省之一，煤炭工业在甘肃的经济发展中占有重要地位。为了更好地发展甘肃的煤炭工业，加速能源基地的建设，在政府机构改革过程中，需要理顺甘肃煤炭工业的管理体制。

（二）从当前甘肃煤炭工业管理体制的实际情况出发，双方同意甘肃煤炭工业管理体制实行一套机构，两块牌子，双重领导的体制。省设机构为甘肃省煤炭工业厅（或煤炭工业局，下同），煤炭部的机构为甘肃煤炭工业管理局。考虑到当前国家机构改革的深化和煤炭工业的发展，根据情况可再作调整。

（三）甘肃省煤炭工业厅是甘肃省政府的职能部门，代表省政府统一管理全省境内的各类煤炭企事业单位。同时增挂甘肃煤炭工业管理局的牌子，作为煤炭部的派出机构，对甘肃省煤炭工业进行行业管理，并列入煤炭部管理序列之内。双方同意，甘肃省煤炭工业厅（煤炭工业管理局）核定编制120人，其中列入省行政编制的45人，保留原省政府批准的企业编制75人，行政编制经费由省统筹解决，企业编制经费维持原渠道不变。鉴于省煤炭厅（煤管局）是在原甘肃省煤炭工业总公司（中国统配煤矿总公司甘肃公司）的基础上成立的，为了保持政策的连续性，双方同意，甘肃煤炭厅（煤管局）仍与煤炭部其他直属派出机构享有同样的政策、待遇。

经商定，甘肃省煤炭工业厅、甘肃煤炭工业管理局及所属的重点煤炭企事业单位执行煤炭部的行业管理政策和工资等有关经济政策，同时继续执行甘肃省促进煤炭工业发展的各项优惠政策。

（四）甘肃省煤炭工业厅、甘肃煤炭工业管理局的领导班子，以甘肃省管理为主，由甘肃省提出意见，与煤炭部协商同意后，按各自的规定程序办理干部任免手续。

（五）煤炭部认为，在甘肃省委、省政府的正确领导下，甘肃煤炭工业得到了持续、健康的发展。煤炭部将继续把甘肃煤炭工业列为西北煤炭工业的重点，搞好服务，支持甘肃煤炭工业的发展和甘肃的经济建设。按照煤炭有用户、有运力、煤炭企业有效益的原则，对老矿区的改造和新矿区的开发，在政策上要给予倾斜，建设资金上要从优安排。

要加快对西大窑煤田的开发，煤炭部在资金上尽量予以支持。要加快地质勘探速度，提前开发建设，以缓解甘肃河西地区的缺煤问题及解决阿干、九条岭、山丹煤矿的矿井接续问题。随着宝中铁路的建成和华亭矿区大规模的开发建设，考虑到华亭的煤炭主要调运到陕西省的西部和南部及四川省的北部，结合矿区发展的实际需要，原则同意华亭矿务局的体制问题由煤炭部和甘肃省在适当时机进行协商。

甘肃省感谢煤炭部对地方经济发展的帮助。今后继续加强对国有重点煤炭企业的领导，协调、帮助企业解决当前面临的困难，为煤炭企业进入市场创造良好的外部环境。

双方表示，今后将进一步加强协商配合，共同推进甘肃煤炭工业的更大发展，以适应甘肃省国民经济发展的需要。

洛市矿务局并入丰城矿务局管理

1994年3月15日，煤炭部以煤办字〔1994〕第79号文通知，为了增强煤炭企业整体实力，提高经济效益，本着有利于减少管理层次，精简管理人员；有利于以老带新、优势互补，充分发挥矿区人才、技术及公用设施潜力，促进企业提高管理水平；便于协调矿区工农关系等原则，经征得江西省人民政府同意，决定将洛市矿务局并入丰城矿务局管理。

英岗岭矿务局比照乐平等同类矿务局管理

1993年11月9日，煤炭部以煤函字〔1993〕第221号文通知，鉴于英岗岭矿务局已于1992年经国务院经贸办等6部委认定为国家大二型工业企业，经商得江西省人民政府同意，决定对英岗岭矿务局比照乐平等同类矿务局的待遇进行管理。

中国地方煤矿镇江职业病院隶属关系改变

1993年8月19日，煤炭部办公厅以煤厅字〔1993〕第361号文通知，自1993年8月1日起，将原隶属于中国地方煤矿公司的中国地方煤矿镇江职业病院划归部机关服务中心管理；中国地方煤矿镇江职业病院增挂中国煤矿工人镇江康复中心的牌子。

三河煤矿隶属关系改变

1993年9月17日，煤炭部办公厅的煤厅字〔1993〕432号文通知，自1993年9月21日起，将隶属于中国地方煤矿公司的三河煤矿成建制划归北京矿务局管理。

中煤设备成套总公司成立

1993年9月23日，国家经济贸易委员会以国经贸〔1993〕371号文批复同意成立中煤设备成套总公司。该公司是自主经营、独立核算、自负盈亏，具有法人资格的经济实体。主要从事煤炭工业成套设备及相关材料的开发、监造、供应，并为煤炭建设项目提供设备成套服务。

中寰会计师事务所成立

1993年9月28日、1993年12月29日，财政部、中央机构编制委员会办公室分别以（93）财会协字第111号、中编办（1993）82号文批复成立中寰会计师事务所。该所于1994年2月8日经国家工商行政管理局核准登记注册，是自主经营、独立核算、自负盈亏、具有法人资格的全民所有制事业单位，主要从事财务会计查证、企业验资、资产评估、咨询、服务等业务。

煤炭工业部调度通讯信息中心等4个事业单位成立

1993年10月11日，中央机构编制委员会办公室以中编办（1993）48号文批复成立以下4个事业单位，共核批事业编制325人。

1．煤炭工业部调度通讯信息中心，事业编制240人。

2．煤炭工业部规划与软科学研究中心，事业编制30人；

3．煤炭工业部档案馆，事业编制30人。

4．煤炭工业部人才交流培训中心，事业编制25人，经费暂实行差额补贴，逐步实行自收自支。

煤炭工业部调度通讯信息中心、规划与软科学研究中心、档案馆三个单位的经费由煤炭部在国家核定的事业费总额中自行调剂解决。

煤炭工业部离退休干部局设立

1994年4月5日，中央机构编制委员会办公室以中编办〔1994〕36号文批复设立煤炭工业部离退休干部局、人员编制53人。

煤炭工业部调度中心、通讯信息中心成立

1994年4月20日，中央机构编制委员会办公室以中编办〔1994〕50号文批复撤销煤炭工业部调度通讯信息中心，分别组建煤炭工业部调度中心，事业编制31人；煤炭工业部通讯信息中心，事业编制209人。

煤炭工业部机关服务中心成立

1994年4月30日，中央机构编制委员会办公室以中编办〔1994〕61号文批复成立煤炭工业部机关服务中心，具有事业法人资格（对外工作需要可使用煤炭工业部机关服务局的图章）。并核定该中心事业编制70人。

江西煤矿建设监理咨询公司成立

1993年10月19日，煤炭部以煤函字〔1993〕第195号文批复同意成立江西煤矿建设监理咨询公司。该公司隶属于江西煤炭工业管理局，是自主经营、独立核算、自负盈亏具有法人资格的经济实体。主要从事工程建设监理、技术服务、技术咨询、技术转让等业务。

华北矿业高等专科学校成立

1993年1月30日，国家教育委员会以教计〔1993〕14号文批准建立华北矿业高等专科学校。该校是由北京煤炭管理干部学院燕郊分院改建的，实行由中国统配煤矿总公司和河北省人民政府双重领导，以中国统配煤矿总公司为主的领导体制。该校设在河北省三河县燕郊镇。其在校生发展规模为2000人，专科学制3年。专业设置按国家教委有关规定办理。

自华北矿业高等专科学校建立之日起，原华东煤炭医学专科学校与淮南矿业学院合并，其建制撤销，作为淮南矿业学院的医专部。

煤炭工业部上海、重庆电气防爆检验站成立

1993年8月25日，煤炭部以煤厅字〔1993〕第371号文通知，分别以煤炭科学研究总院上海分院的重庆分院电气防爆检验站为基础，成立煤炭工业部上海电气防爆检验站、煤炭工业部重庆电气防爆检验站。两检验站隶属于设在分院的国家质量监督检验中心，在国家计量认证范围内开展工作。

煤炭工业洁净煤工程技术研究中心成立

1994年3月12日，煤炭部以煤办字〔1994〕第80号文通知，设立煤炭工业洁净煤工程技术研究中心。中心的主要任务是：开展洁净煤工程技术研究、开发和转化工作；开展洁净煤技术交流及技术合作；承担洁净煤专业技术人员的培训和技术咨询工作；为政策部门提供有关洁净煤方面的决策依据和政策建议。洁净煤工程技术研究中心设在煤炭科学研究总院。

煤炭工业部引进国外智力领导小组成立

1994年6月7日，煤炭工业部以煤厅字〔1994〕第189号文批准成立煤炭工业部引进国外智力领导小组。

领导小组组长：韩英（煤炭工业部副部长）

成员：阎增祥（国际合作司副司长）

田淮俊（人事司副司长）

胡省三（科技教育司副司长）

领导小组下设办公室，办公室业务由国际合作司科技合作处承担。

煤炭工业部煤层气信息中心成立

1994年8月12日，煤炭工业部以煤厅字〔1994〕第272号文批准成立煤炭工业部煤层气信息中心。该中心在部煤层气领导小组领导下开展工作。其主要任务是：负责煤层气开采方法、利用技术和信息的收集、整理、传播，建立煤层气数据库；通过多种形式向政府部门提供煤层气信息，向煤矿企业提供服务；参与国际煤层气信息交流，促进国内外煤层气技术进步和经济合作。

煤炭工业部煤层气信息中心设在煤炭科学技术信息研究所。

部分煤炭施工企业实行统一编号

1993年9月1日，煤炭部以煤函字〔1993〕第134号文通知，为了不断扩大煤炭施工企业施工领域和业务范围，适应市场经济的要求。决定对以下施工企业名称实行统一编号：

中煤第一建设公司原名称不变；

中煤建筑安装公司原名称不变；

原中煤淮北煤矿建设公司更名为中煤第三建设公司；

中煤特殊凿井工程公司原名称不变；

江苏煤炭基建公司统一编号为中煤第五建设公司；

四川煤炭基建公司统一编号为中煤第六建设公司；

陕西煤炭基建公司统一编号为中煤第七建设公司；

宁夏煤炭基建公司统一编号为中煤第八建设公司；

云南煤炭基建公司统一编号为中煤第九建设公司；

江西煤炭基建公司统一编号为中煤第十建设公司。

统一编号后，上述公司隶属关系不变。江苏、四川、陕西、宁夏、云南、江西基建公司原企业名称可同时保留。四川、陕西、云南、江西基建公司受省煤炭管理机构和中煤建设开发总公司的双重领导。江苏、宁夏基建公司业务接受中煤建设开发总公司协调指导。

中煤建设开发总公司获对外经营权

1994年5月6日，对外贸易经济合作部以〔1994〕外经贸政审函字第557号文批复，同意中煤建设开发总公司开展对外经济技术合作业务，其对外经营范围如下：（1）承包本行业国外工程和境内外资工程；（2）上述工程所需的设备、材料及零配件出口；（3）对外派遣本行业工程、生产服务的劳务人员；（4）按国家有关规定在国（境）外举办企业。

煤炭科学研究总院获对外经营权

1993年3月29日，对外贸易经济合作部以〔1994〕外经贸政审函字第327号文复函煤炭部，同意煤炭部所属煤炭科学研究总院经营进出口业务。由中煤科技实业开发总公司作为煤科总院对外窗口，经营煤科总院及直属企业研究开发的技术和生产的科技产品的出口业务，经营煤科总院及直属企业科研和生产所需的技术、原辅材料、机械设备、仪器仪表、零备件的进口业务；承办煤科总院及直属企业对外合资经营、合作生产及“三来一补”业务。

1992年度煤炭工业大型企业名单公布

1993年9月18日，煤炭部以煤厅字〔1993〕第435号文转发了国家经贸委等6部委（局）《关于公布1992年度全国大型工业企业名单的通知》（国经贸〔1993〕338号）。《通知》公布煤炭行业1992年度全国大型工业企业12户（其中大一型2户、大二型10户），具体名单如下：

大一型企业：
- 盘江矿务局
- 霍州矿务局

大二型企业：
- 东罗矿务局
- 右江矿务局
- 六枝矿务局
- 秦皇岛市柳江建材综合总厂
- 江苏新光集团公司
- 山东省坊子煤矿
- 轩岗矿务局
- 重庆煤矿安全仪器厂
- 哈密矿务局
- 乌鲁木齐矿务局

1992年度煤炭工业中型企业名单公布

根据《大中小型工业企业划分标准》，1993年12月13日，经煤炭部审核认定，并以煤办字〔1993〕第368号文《关于公布1992年度中型煤炭工业企业的通知》公布下列企业为1992年度中型煤炭工业企业：

中一型企业：
- 艾维尔沟煤矿
- 淮南煤矿钢铁厂

中二型企业：
- 煤田勘探设备研制厂

单位更名

1993年7月3日，经煤炭工业部批准，国家工商行政管理局核准，原中国煤矿物资经营公司更名为中国煤炭物资总公司。法定代表人为白凤祥。

1993年9月13日，经煤炭工业部批准、国家工商行政管理局核准，原中国煤炭综合利用开发公司更名为中国煤炭综合利用节能开发总公司，法定代表人为李钟奇。

1993年12月21日，经煤炭工业部批准，国家工商行政管理局核准，原中国地方煤矿公司更名为中国地方煤矿总公司。

1993年11月21日，经煤炭工业部批准，北京、沈阳、邯郸、合肥、兖州、武汉、重庆、西安、选煤、杭州等十个设计研究院更名为，煤炭工业部北京设计研究院、煤炭工业部沈阳设计研究院、煤炭工业部邯郸设计研究院、煤炭工业部合肥设计研究院、煤炭工业部兖州设计研究院、煤炭工业部武汉设计研究院、煤炭工业部重庆设计研究院、煤炭工业部西安设计研究院、煤炭工业部选煤设计研究院、煤炭工业部杭州设计研究院。

1994年5月19日，经煤炭工业部批准，太原、济南、石家庄、郑州、长沙、乌鲁木齐、云南设计研究院分别更名为煤炭工业部太原设计研究院、煤炭工业部济南设计研究院、煤炭工业部石家庄设计研究院、煤炭工业部郑州设计研究院、煤炭工业部长沙设计研究院、煤炭工业部乌鲁木齐设计研究院、煤炭工业部昆明设计研究院。

1993年9月18日，经煤炭工业部办公厅批准，中国统配煤矿总公司无线电管理委员会更名为煤炭工业部无线电管理委员会。

1993年6月22日，经煤炭工业部办公厅批准，原能源部煤炭工业建设工程质量监督总站更名为煤炭工业部工程质量监督总站。该机构行使对全国煤炭行业建设工程质量监督的职能，对全国煤炭行业各级建设工程质量监督站实行归口管理。

1994年4月5日，经煤炭工业部办公厅批准，原东北内蒙古煤炭工业联合公司煤田地质局更名为中国煤田地质总局东北煤田地质局。

新疆维吾尔自治区煤炭企事业单位

企事业单位名称	负责人	通讯地址	邮政编码	电话号码（含区号）
新疆煤炭工业管理局	于继利	新疆乌鲁木齐市友好南路68号	830000	(0991) 441558
新疆维吾尔自治区煤炭工业厅	于继利	新疆乌鲁木齐市友好南路68号	830000	(0991) 441558
新疆维吾尔自治区煤炭运销公司	韩保安	新疆乌鲁木齐市友好南路68号	830000	(0991) 414781
新疆煤炭物资供应公司	冯绪劳	新疆乌鲁木齐市友好南路68号	830000	(0991) 440148
新疆煤炭工贸总公司	赵景山	新疆乌鲁木齐市友好南路68号	830000	(0991) 442611转
哈密矿务局	关希臣	新疆哈密市三道岭	839003	(09022) 88022
露天煤矿	齐政民	新疆哈密市三道岭	839003	(09022) 65011
一　矿	孟宪量	新疆哈密市三道岭	839003	(09022) 88309
北泉煤矿筹建处	林太成	新疆哈密市三道岭	839003	(09022) 88121
电　厂	李建功	新疆哈密市三道岭	839003	(09022) 88108
煤矿建设工程处	万兆捷	新疆哈密市三道岭	839003	(09022) 88136
哈密煤矿技工学校	臧　忠	新疆哈密市三道岭	839003	(09022) 88409
哈密矿务局　医院	刘远钰	新疆哈密市三道岭	839003	(09022) 88363
多种经营局	刘幼明	新疆哈密市三道岭	839003	(09022) 88102
棉纺织厂	张承宇	新疆哈密市三道岭	839003	(09022) 88145
哈密矿务局　第二建筑公司	张重洲	新疆哈密市三道岭	839003	(09022) 88106
第三建筑公司	徐国昌	新疆哈密市三道岭	839003	(09022) 88404
乌鲁木齐矿务局	姚永强	新疆乌鲁木齐市东山区	830027	(0991) 309250
六道湾煤矿	蔡连茂	新疆乌鲁木齐市六道湾	830018	(0991) 442639转
苇湖梁煤矿	王永柱	新疆乌鲁木齐市苇湖梁	830017	(0991) 443334转
碱沟煤矿	王　健	新疆乌鲁木齐市东山区碱沟	830085	(0991) 309212
小红沟煤矿	朱多强	新疆乌鲁木齐市东山区小红沟	830084	(0991) 309312
大洪沟煤矿	胡开江	新疆乌鲁木齐市东山区大洪沟	830079	(0991) 309555
铁厂沟露天煤矿指挥部	李惠森	新疆乌鲁木齐市东山区	830027	(0991) 309416
煤矿建设工程公司	郭伊能	新疆乌鲁木齐市东山区	830027	(0991) 309616
建材陶瓷厂	赵　全	新疆乌鲁木齐市东山区	830027	(0991) 309629
水　泥　厂	徐培民	新疆乌鲁木齐市六道湾	830018	(0991) 442639转
乌鲁木齐矿务局　汽车运输公司	张文星	新疆乌鲁木齐市六道湾路4号	830063	(0991) 471017
总　医　院	刘培成	新疆乌鲁木齐市南昌路9号	830000	(0991) 441186转
乌鲁木齐煤矿技工学校	李　银	新疆乌鲁木齐市东山区	830027	(0991) 309382转
多种经营局	任福臻	新疆乌鲁木齐市东山区	830027	(0991) 309347

续表

企事业单位名称	负责人	通讯地址	邮政编码	电话号码（含区号）
新疆维吾尔自治区煤田地质局	崔士富	新疆乌鲁木齐市南昌路18号	830000	(0991) 443653
一五六勘探队	蒲正良	新疆乌鲁木齐市西山路	830009	(0991) 442839
一六一勘探队	李文秀	新疆乌鲁木齐市西山路	830009	(0991) 411327
物探测量队	刘　金	新疆乌鲁木齐市西山路	830009	(0991) 441422
新疆工业高等专科学校	崔凤岐	新疆乌鲁木齐市南昌路17号	830000	(0991) 442449
煤炭工业部乌鲁木齐设计研究院	叶毓仁	新疆乌鲁木齐市南昌路22号	830000	(0991) 441091
艾维尔沟煤矿	王金章	新疆乌鲁木齐市南山矿区艾维尔沟	830025	(0991) 219114
新疆煤炭建设工程公司	邢宏亮	新疆乌鲁木齐市六道湾路11号	830063	(0991) 471659
新疆煤田灭火工程处	侯学成	新疆乌鲁木齐市克拉玛依东路38号	830063	(0991) 471651
新疆煤矿化工厂	甘为军	新疆乌鲁木齐市建国路105号	830002	(0991) 227560
新疆煤矿机械厂	孙吉根	新疆乌鲁木齐市喀什东路48号	830013	(0991) 338585
新疆煤炭科学研究所	潘　烈	新疆乌鲁木齐市南昌路28号	830000	(0991) 411157
新疆矿山救护基地	张培勋	新疆乌鲁木齐市六道湾路10号	830063	(0991) 471706
新疆煤炭工业安全技术培训中心	马金贵	新疆乌鲁木齐市南昌南路14号	830063	(0991) 413129
新疆西山煤矿留守处	王云江	新疆乌鲁木齐市南昌路北一巷	830000	(0991) 414164
南疆煤电公司	海力力	新疆喀什市托克扎克路12号	844000	(0998) 222953
南疆康苏煤矿	克尤木·司马义	新疆克孜勒苏自治州乌恰县康苏镇	835343	
卡拉吉里岗煤矿	邵　杰	新疆克孜勒苏自治州乌恰县卡拉吉里岗	845451	(0998) 222019
赛斯特克煤矿	艾合买提	新疆克孜勒苏自治州阿克陶县阿克达拉	845550	
新疆生产建设兵团农一师				
一团煤矿	李云堂	新疆阿克苏市农一师一团	843008	
五团煤矿	宋全新	新疆阿克苏市农一师五团	843015	
建化厂煤矿	刘永生	新疆阿克苏市农一师建化厂	843000	
新疆生产建设兵团农三师				
四十一团煤矿	单锁子	新疆乌恰县康苏镇	845451	
四十二团煤矿	倪万齐	新疆乌恰县康苏镇	845451	
叶城二牧场煤矿	郑占庭	新疆叶城县叶城二牧场	844911	
托云牧场煤矿	武东国	新疆乌恰县托云乡	844006	
新疆生产建设兵团农四师				
七十一团焦化厂煤矿	吴瑞君	新疆尼勒克县七十一团焦化厂	835705	
二牧场煤矿	李尚仁	新疆尼勒克县二牧场煤矿	835705	
七十二团陶瓷厂煤矿	陈华廷	新疆尼勒克县七十二团陶瓷厂煤矿	835705	
七十二团煤矿	李传华	新疆尼勒克县七十二团煤矿	835705	
六十九团煤矿	魏慧平	新疆察布查尔锡伯自治县六十九团煤矿	835312	
工建团煤矿	刘　林	新疆察布查尔锡伯自治县工建团煤矿	835300	

续表

企事业单位名称	负责人	通　讯　地　址	邮政编码	电话号码（含区号）
司法处煤矿	任伯庆	新疆伊宁市农四师司法处煤矿	835000	
铁厂沟煤矿	李　元	新疆伊宁市农四师铁厂沟煤矿	835005	
南台子煤矿	李清玉	新疆伊宁市农四师振兴总厂	835000	
新疆生产建设兵团农四师				
六十六团煤矿	安俊朝	新疆霍城县农四师六十六团煤矿	835219	
昭管处煤矿	张壁光	新疆昭苏县昭管处煤矿	835600	
煤炭公司伊南煤矿	郑海林	新疆察布查尔锡伯自治县	835301	
煤炭公司伊南二矿	周广军	新疆巩留县	835407	
煤炭公司	韩志伟	新疆伊宁市	835000	(0999) 20548
新疆生产建设兵团农六师				
大黄山煤矿	董庆利	新疆阜康市大黄山	831509	
一〇一团东山煤矿	王　旭	新疆乌鲁木齐市东山区石化邮局	830019	
一〇一团猛进煤矿	周保江	新疆乌鲁木齐市沙依巴克区西虹路	830037	(0991) 444076
一〇二团煤矿	沈太华	新疆米泉县铁厂沟镇	831407	(09041) 73179 73181
一〇三团煤矿	王明永	新疆乌鲁木齐市儿道湾	830065	(0991) 471801 471576
一〇三团甘沟煤矿	王义堂	新疆阜康市三宫乡甘沟	831500	
一〇五团煤矿	牟国权	新疆昌吉市硫磺沟镇	831114	
一〇六团煤矿	李荣华	新疆呼图壁县雀儿沟镇东沟	831215	(09043) 92238
共青团煤矿	张俊山	新疆昌吉市硫磺沟镇	831114	
红旗农场煤矿	张辉明	新疆阜康市大黄山	831509	
新疆生产建设兵团农六师				
六运湖农场煤矿	姜云兆	新疆阜康市三宫乡	831500	
芳草湖农场煤矿	唐开域	新疆呼图壁县雀儿沟镇小东沟	831215	
奇台农场露天矿	郑继国	新疆奇台县四十里腰站奇台农场	831309	
北塔山牧场露天矿	潘新平	新疆奇台县库甫北塔山牧场煤矿	831815	
新疆生产建设兵团农七师				
红山煤矿	祝志平	新疆乌苏县巴音沟	833018	(0992) 224014
一三七团煤矿	向忠诚	新疆和丰县和什托洛盖镇	834407	
一三一团煤矿	李　政	新疆乌苏县巴音沟	833018	(0992) 222518
新疆生产建设兵团工一师				
六建五道沟煤矿	杨作义	新疆石河子市南山	832026	(0993)2010730转矿
二团鱼儿沟煤矿	吴立新	新疆乌鲁木齐市南山矿区兵团八建	830024	(0991) 930737
二团布尔碱煤矿	吴立新	新疆乌鲁木齐市南山矿区兵团八建	830024	(0991) 930737
新疆生产建设兵团哈密农场管理局				

续表

企事业单位名称	负责人	通讯地址	邮政编码	电话号码（含区号）
红星煤矿	李中清	新疆巴里坤县红星一牧场	839200	(09022) 113转
红山煤矿	徐长起	新疆巴里坤县红山农场	839202	(09022) 113转
淖毛湖煤矿		新疆伊吾县淖毛湖农场	839303	(09022) 113转
新疆生产建设兵团直属二二一团煤矿	易正文	新疆吐鲁番市大河沿后山煤矿	838001	(0995) 642848
新疆生产建设兵团直属二二二团煤矿	易书龙	新疆阜康市丁家湾	831500	(09044)221561转矿
自治区第三建筑工程公司煤矿	曹福举	新疆乌鲁木齐市水磨沟区八道湾	830065	(0991) 471249
自治区建材局建材陶瓷厂煤矿	侯兴福	新疆乌鲁木齐市西山路179号新疆建材陶瓷厂转	830009	(0991) 440581转
新疆军区后勤部煤矿	陈中海	新疆乌鲁木齐市八道湾路11号	830065	(0991) 471217
八九八〇〇部队马共五七煤矿	王秀亮	新疆马共八九八〇〇部队148分队五七煤矿	841700	(0991) 259848
自治区司法厅劳改局　布雅煤矿	蔡瑞林	新疆和田地区	848000	(09023) 223675
芦草沟煤矿	甘文昭	新疆乌鲁木齐市东山矿区芦草沟	830029	(0991) 309692
拜城煤矿	朱德生	新疆拜城县	842300	
牌楼煤矿	蔡克敏	新疆莎车县克拉图斯矿区	844719	
福海煤矿	王仁义	新疆和布克赛尔蒙古自治县沙吉海矿区	834411	
下巴湖煤矿	张　铁	新疆昌吉市硫磺沟矿区	831105	
东戈壁煤矿	刘学敏	新疆乌鲁木齐市东山矿区	830013	
库车煤矿	秦占彪	新疆库车县羊布拉克	842007	
干雄布拉煤矿	范世骐	新疆乌苏县夹皮沟	833006	

云南省煤炭企事业单位

序号	机构名称	负责人	通讯地址	邮编	电话号码
1	云南省煤炭工业厅（局）	王显政	云南省昆明市白塔路19号	650011	0871—3169071
2	云南煤田地质局	唐衍道	云南省昆明市大石坝	650218	0871—7337909
3	云南煤炭基本建设公司	张景龙	云南省曲靖市麒麟西路17号	655000	0874—22401
4	昆明煤矿机械总厂	丁克俭	云南省昆明市案金路	650224	0871—5153219
5	一平浪煤矿	刘占文	云南省禄丰县一平浪镇	651217	08862—823482
6	田坝煤矿	宋德山	云南省宣威市田坝镇	655407	市总机转
7	羊场煤矿	王高生	云南省宣威市羊场镇大松树	655411	市总机转
8	来宾煤矿	黄　艺	云南省宣威市来宾镇	655402	08824—27014
9	后所煤矿	邹立生	云南省富源县后所煤矿	655500	0874—27247
10	恩洪煤矿	欧阳和平	云南省曲靖市东山镇新村	655005	0874—25126
11	可保煤矿	杨　勇	云南省宜良县汤池镇	652105	0871—7671214
12	圭山煤矿	李万凡	云南省路南县圭山煤矿	652206	0871—7731092

续表

序号	机构名称	负责人	通讯地址	邮编	电话号码
13	明良煤矿	王克政	云南省宜良县万寿山	652106	0871—7593831
14	小龙潭煤矿	王文忠	云南省开远市002号信箱	661001	08844—41161
15	凤鸣煤矿	王文科	云南省宜良县001号信箱	652102	0871—7671250
16	陆东煤矿	马流清	云南省曲靖市2号信箱	655001	0874—31943
17	四营煤矿	刘镜高	云南县嵩明县2号信箱	651702	0871—7991201
18	云南省地方煤炭工业公司	刘双乾	云南省昆明市春城路130号	650041	0871—3137217
19	云南省煤炭厅(局)供销公司	张亚群	云南省昆明市白塔路23号	650011	0871—3134209
20	中国煤矿工人昆明疗养院	胡克宁	云南省昆明市海埂	650228	0871—4142132
21	煤炭部昆明设计研究院	郭锡潺	云南省昆明市白塔路18号	650011	0871—3175975
22	昆明煤炭科学研究所	高明田	云南省昆明市民航路21号	650041	0871—3314740
23	云南省煤炭教育中心	王启英	云南省昆明市龙头街	650205	0871—5892790
24	云南省煤炭工业学校	秦凤嵩	云南省曲靖市大坡寺	655001	0874—22560
25	云南省煤炭技工学校	贾朝炯	云南省曲靖市麒麟西路130号	655000	0874—23692
26	云南省煤矿精神病院	黎永贤	云南省泸西县金马乡	652402	县总机转

湖南省煤炭企事业单位

单位名称	负责人	所在地	电话	邮编
湖南煤管局	刘绪周	湖南省长沙市	0731—4402819	410011
涟邵矿务局	周仁涛	湖南娄底市	8442—2255	417000
牛马司煤矿	赵运求	湖南省邵东县	8442—2782	422807
桥头河煤矿	李宋文	湖南省涟源市	8442—2265	417116
斗笠山煤矿	梁军政	湖南省涟源市	8442—2576	417119
洪山殿煤矿	谭乾成	湖南省双峰县	8442—2284	411521
芦茅江煤矿	欧阳玉坚	湖南省新化县	8442—2130	417602
恩口煤矿	杨乔生	湖南省娄底市	8442—2200	417003
金竹山煤矿	谭校祥	湖南省冷水江市	8422—2821	417505
利民煤矿	胡安健	湖南省冷水江市	8422—2402	417511
朝阳煤矿	吴应洪	湖南双峰县	8422—2894	411502
冷水江煤矿	张咸希	湖南省冷水江市	8442—2202	417500
焦化厂	邓中保	湖南省娄底市	8442—2928	417000
水泥构件厂	刘光裕	湖南娄底市	8442—2115	417005
机修厂	介才	湖南娄底市	8442—2779	417000
湖南省煤炭基本建设第一工程处（华建工程公司）	杨惠清	湖南省娄底市	0738—612365	417000
湖南省煤炭基本建设第二工程处	吕瑞金	湖南省新化县	8442—2491	417600
涟邵矿务局水泥厂	肖桐梧	湖南省娄底市	8442—2115	417005
资兴矿务局	欧资源	湖南资兴市	07451—341251—20148	423404
周源山煤矿	罗伯虎	湖南资兴市	07451—431251—24222	423404

续表

单位名称	负责人	所在地	电话	邮编
唐洞煤矿	黎传高	湖南资兴市	07451—341251—21222	423404
宇字煤矿	邓梅武	湖南资兴市	07451—341251—23222	423404
宝源煤矿	楚进军	湖南资兴市	07451—341251—22322	423404
杨梅山煤矿	谭卫星	湖南宜章县	07459—756110	424203
嘉禾煤矿	罗俊海	湖南嘉禾县	07455—22345	424506
机修厂	陈迪华	湖南资兴市	07451—20390	423404
煤电焦化总厂	李铁成	湖南资兴市	07451—20300	423404
白沙矿务局	许冬生	湖南耒阳市	07442—712008	421827
湘永煤矿	刘清财	湖南永兴县	07442—712220	423315
马田煤矿	李华中	湖南永兴县	07442—712210	423302
白沙矿务局红卫煤矿	严寅初	湖南耒阳市	07442—712230	421831
白山坪煤矿	龙光林	湖南耒阳市	07442—712240	421827
南阳煤矿	刘昌城	湖南耒阳市	07442—712250	421805
街洞煤矿	黄玉雄	湖南郴县	07442—712260	423016
发电厂	刘松年	湖南耒阳市	07442—712498	421827
机修厂	向纳莲	湖南耒阳市	07442—712428	421827
永砂铁路管理处	胡光明	湖南耒阳市	07442—712270	421827
湖南省煤矿基本建设第六工程处	刘广源	湖南耒阳市	07442—712299	421800
湖南省谭家山煤矿	李光	湖南湘潭县	0732—562860—2038	411231
湖南省辰溪煤矿	罗时双	湖南辰溪县	07427—222007	419500
湖南省煤炭坝煤矿	姜里仁	湖南宁乡县	0731—7902340	410609
湖南煤矿安全仪器厂	邓祖家	湖南长沙市	0731—8809146	410013
湖南省煤矿机械厂（南方建筑机械厂）	谢红斌	湖南涟源市	07479—424651	417103
株洲洗煤厂	张德威	湖南株洲市	0733—350448	412000
株洲煤矿机械厂	王均杰	湖南株洲市	0733—224847	412003
湘潭煤矿机械厂	党炳坤	湖南湘潭市	0732—561899	411104
邵阳矿灯厂	曾仙桥	湖南邵阳市	0739—223011	422001
湖南一六九化工厂	霍雨佳	湖南涟源市	07479—561201	417124
湖南省煤炭建筑安装公司	刘成濡	湖南湘潭市	0732—845566	411207
湖南省煤炭公司	吴国钧	湖南长沙市	0731—2226412	410011
湖南省煤炭设计院	郑秀楷	湖南省长沙市	0731—4457711	410011
湖南省煤炭研究所	李光明	湖南长沙市	0731—5584984	410004
长沙煤矿安全技术培训中心	罗霸东	湖南长沙市	0731—4423023	410051
湖南省煤炭工业学校	田祖钧	湖南湘潭市	0732—261227	411100
湖南省煤炭工业干部学校	张文华	湖南省湘潭市	0732—561799	411104
中国煤矿工人张家界休养所	李明云	湖南张家界市	07483—712323	416680
湖南煤田地质局	胡树善	湖南株洲市	0733—223231	412000
邵阳煤机厂	刘祖向	湖南邵阳市	0739—236160	422001
郴州煤矿机械厂	郑必华	湖南郴州市	0735—224800	423000
衡阳煤矿机械厂	张润湘	湖南常宁县	07443—513324	421513
洪江煤矿专用设备厂	黄昌华	湖南洪江市	07429—22221	418200

续表

单位名称	负责人	所在地	电话	邮编
汉寿煤矿机械厂	朱方明	湖南汉寿县	0736—861312	415900
常德矿山机械厂	黄建国	湖南石门县	07462—324064	415300
涟源市矿山机械厂	颜胜交	湖南涟源市	07479—542337	417114
娄底煤机厂	伍寿生	湖南娄底市	0738—313628	417000
辰溪矿山机械厂	陈玉喜	湖南辰溪县	07427—222793	419500
衡阳市裕民煤矿	汪佑其	湖南常宁县	07443—651099	421500
娄底地区资江煤矿	李玉仿	湖南冷水江市	07477—212591	417500
邵阳市石下江煤矿	周玉石	湖南洞口县	07496—257421	422300
常德市青峰煤矿	刘友明	湖南石门县	07462—322131	415300
株洲市桃水煤矿	杨德江	湖南省攸县	07432—851110	412300
益阳地区清塘煤矿	周汉民	湖南安化县	0737—227731	413500
湘潭市列家桥煤矿	张海潮	湖南湘潭县	0732—842470	416800
衡阳市柏坊煤矿	曾开元	湖南常宁县	07443—611138	421521
郴州地区鲤鱼江煤矿	李万全	湖南资兴市	07451—321241	423400
郴州地区栖凤渡煤矿	梁惠昌	湖南永兴县	0735—118—632449	423300
浏阳市澄潭江煤矿	汤腊春	湖南浏阳市	0731—3620201	410300
怀化地区均坪煤矿	贺已力	湖南溆浦县	07422—22261	419300
邵阳市新东煤矿	郑跃华	湖南邵阳市	0739—222012	422001
邵阳市肖家冲煤矿	仇介君	湖南邵阳市	0739—223687	422001
娄底地区大建煤矿	肖中国	湖南冷水江市	07477—212484	417500
张家界市分水岭煤矿	蹇庆洲	湖南桑植县	07482—51362	416900
常德市赤峰煤矿	向新明	湖南澧县	07461—482481	415500
衡阳市霞流冲煤矿	黄既贤	湖南衡山县	07446—212631	421300
郴州地区罗卜安煤矿	胡承民	湖南嘉禾县	07455—22224	424500
郴州地区袁永煤矿	李梦雄	湖南嘉禾县	07455—22553	424500
湘潭矿业学院	王文祥	湖南湘潭市	0732—290011	411201

开滦矿务局煤炭企业事业单位

单位名称	负责人	地址	邮政编码	电话
开滦矿务局	徐冀	河北省唐山市新华道	063018	
赵各庄矿	赵树德	河北省唐山市东矿区	063102	3251911
林西矿	轩振民	河北省唐山市东矿区	063104	3561211
唐山矿	王增田	河北省唐山市路南区	063000	2823811
马家沟矿	张兴杰	河北省唐山市开平区	063024	3363211
范各庄矿	孙国友	河北省唐山市东矿区	063109	2829157
吕家坨矿	赵敬民	河北省唐山市东矿区	063107	3562611
荆各庄矿	董德璞	河北省唐山市路北区	063026	3273011
钱家营矿	张洪林	河北省唐山市路南区	063301	2828167

续表

单位名称	负责人	地址	邮政编码	电话
林南仓矿	项君	河北省玉田县林南仓镇	064106	03410—657461
嘉盛实业总公司	杨兆瑞	河北省唐山市东矿区唐家庄	063105	3252311
北繁实业开发公司	李明智	河北省唐山市东矿区北范各庄	063100	3252055
国各庄矿业公司	李树芬	河北省唐山市开平区国各庄	063000	2822594
基建公司	楚德旺	河北省唐山市路南区	063000	2827311
机电厂	李恩贤	河北省唐山市东矿区	063103	3562811
发电厂	王昭钦	河北省唐山区东矿区	063103	3562144
开滦矿务局建材厂	赵瑞庭	河北省唐山市东矿区	063101	3251277
火药厂	赵元法	河北省唐山市东矿区	063101	3252366
东欢坨矿	李瑞忱	河北省唐山市路北区	064000	2815257
地矿总公司	茹绍宁	河北省唐山市路北区	063000	2821457
教培中心	董宝林	河北省唐山市路北区	063000	2823811
第二中学	王福祥	河北省唐山市东矿区	063100	3252311
医院	杨宝贺	河北省唐山市路北区	063000	2821151
直属机关劳动服务公司	费绍增	河北省唐山市路北区	063000	2826343
党校	吴士冀	河北省唐山市路北区	063000	2823811

湖北省煤炭企事业单位

单位名称	负责人	地址	邮政编码	电话
湖北省黄石煤炭矿务局	钟文祥	湖北省黄石市沿湖路		
松宜煤炭矿务局	罗勤	湖北省枝城市松木坪镇	443314	
七约山煤炭矿务局	谭立新	湖北省阳新县韦源口镇	435215	
松宜矿区铁路管理局	雷体金	湖北省松滋县刘家场镇	434217	

对外经济贸易合作

煤炭工业对外经济贸易合作机构

一、中国煤炭工业进出口总公司

中国煤炭工业进出口总公司于1982年7月经国务院批准成立，原名中国煤炭进出口总公司，1993年1月1日起改用现名，是从事煤炭工业对外贸易经济合作的国有企业，具有法人资格。

公司英文名称为China National Coal Industry Import and Export Corporation（缩写CNCIEC）。

（一）公司领导

董 事 长：卫国福

副董事长：经天亮　陈荣寿　黄绍辰　谢鸿秋

董　　事：马　杰　宋永聿　路耀华　白凤祥　刘　刚

总 经 理：经天亮

副总经理：宋　勤　白　石　郭可沐　华祖贵

（二）经营范围和进出口商品目录

1．经营范围

（1）经营煤炭、煤矿设备等商品的出口业务；

（2）经营煤炭、煤矿设备等商品的进口业务；

（3）接受委托，代理上述各项进出口业务；

（4）经营煤炭行业的技术进出口业务；

（5）承办中外合资经营、合作生产业务；

（6）承办来料加工、来样加工、来件装配业务；

（7）开展补偿贸易业务；

（8）开展易货贸易业务；

（9）从事本行业对外咨询服务、技术交流业务；

（10）经营转口贸易业务；

（11）兼营自有外汇进口的三类商品业务、出口转内销商品、易货贸易商品以及本公司所开发产品的国内销售业务。

2．出口商品目录

一类商品：煤炭。

二类商品：焦炭。

三类商品：机械设备（重型矿山机械、煤矿机械设备、地质机械设备、小成套设备、其它机械设备及零配件），非金属矿产品（其它非金属矿产品），化工类（火工产品、其它化工产品），煤矿用仪器仪表、医疗器械，小五金、服装、鞋帽（限煤矿第三产业自产）。

3．进口商品目录

三类商品：煤炭及其产品，机械设备（通用机械、煤矿机械设备、土建机械、地质机械、其它机械设备），仪器仪表，化工原料，医疗器械，生产用原辅材料。

（三）公司机构

中国煤炭工业进出口总公司机构设置见下页表。

（四）通讯地址

地址：北京市朝阳区霞光里8号

邮政编码：100016

电话：（010）4678866（中继线）
（010）4677032（经理办公室）
（010）4678339（人事部）
（010）4677035（计划部）
（010）4677037（财务部）
（010）4664320（监察审计部）
（010）4664842（信息管理部）
（010）4664318（经营部）
（010）4678393（机关服务公司）

电传：211273　CNCIE　CN
211274　CNCIE　CN
211275　CNCDC　CN

传真：（01）4664863、4677038

电挂：北京3520（国内）
CNCIEC　BEIJING（国际）

（五）子公司

1．中国煤炭进出口有限公司

中国煤炭进出口有限公司是中国煤炭工业进出口总公司所属的专业子公司。

（1）公司领导

经　　理：苗艳秋

中国煤炭工业进出口总公司机构设置一览表

- 中国煤炭工业进出口总公司
  - 经理办公室
  - 人事部
  - 财务部
  - 计划部
  - 监察审计部
  - 信息管理部
  - 经营部
  - 党委办公室
  - 机关工会
  - 团委
  - 机关服务公司
  - 中国煤炭进出口有限公司
    - 经理办公室
    - 综合计划部
    - 货源运输部
    - 煤质管理部
    - 财务部
    - 动力煤业务部
    - 炼焦煤业务部
    - 无烟煤业务部
    - 平朔煤业务部
    - 开发部
  - 中国煤矿设备矿产进出口公司
    - 财务部
    - 设备进口部
    - 设备出口部
    - 经理室
  - 中国煤炭开发公司
    - 办公室
    - 开发一部
    - 开发二部
    - 开发三部
    - 开发四部
    - 开发五部
    - 财务部
  - 中煤经纶计算机系统工程公司
  - 中国煤炭工业进出口深圳公司
    - 汇泉实业开发公司
  - 秦皇岛煤海开发有限公司
  - 平朔第一煤炭有限公司
  - 中煤秦皇岛储运中心
  - 中煤培训中心
  - 中国煤炭海外开发公司
    - 综合部
    - 财务部
    - 第一业务部
    - 第二业务部
    - 第三业务部
  - 分公司
    - 秦皇岛分公司
    - 石臼分公司
    - 天津分公司
    - 黑龙江分公司
    - 辽宁分公司
    - 广东分公司
    - 江苏分公司
    - 连云港分公司
  - 办事处
    - 丹东办事处
    - 大同办事处
    - 平朔办事处
    - 淮北办事处
    - 东海办事处
  - 驻外机构
    - 日本代表处(东京)
    - 汉城代表处(汉城)
    - 欧洲代表处(布鲁塞尔)
    - 英国代表处(伦敦)
    - 香港环能贸易公司
    - 香港汇源国际有限公司(合资)
    - 泰国海外开发公司(合资)
    - 比利时欧洲发展有限公司
    - 比利时企百贸易有限公司(合资)
    - 中日石炭株式会社
    - 拟成立
      - 泰国办事处(曼谷)
      - 哥伦比亚办事处(波哥大)
      - 巴基斯坦办事处(卡拉奇)
      - 朝鲜办事处(平壤)

副 经 理：张凤山

（2）经营范围和进出口商品目录

经营范围：

1）经营煤炭、煤炭加工产品的出口业务；

2）经营煤炭的进口业务；

3）接受委托、代理上述进出口业务；

4）开展煤炭行业补偿贸易业务；

5）经营转口贸易。

出口商品目录：

煤炭（包括原煤、筛选煤、洗精煤、水煤浆、块煤、粉煤、低质煤、中煤、煤泥、褐煤、腐植酸、成型煤、煤炭加工产品）。

进口商品目录：

煤炭（包括原煤、洗精煤、块煤、粉煤、混煤、低质煤、中煤、煤泥、成型煤、褐煤、煤炭制成品）。

（3）公司机构

下设有：动力煤部、炼焦煤部、无烟煤部、平朔煤部、货源运输部、质量管理部、综合计划部、财务部、开发部和办公室。

（4）通讯地址

地址：北京市朝阳区霞光里8号

邮政编码：100016

电话：（010）4678866（中继线）

（010）4678341（动力煤部）

（010）4664872（炼焦煤部）

（010）4664873（无烟煤部）

（010）4664871（平朔煤部）

（010）4678396（货源运输部）

（010）4633572（煤质管理部）

（010）4664317（综合计划部）

（010）4677031（财务部）

电传：211273CNCIE CN

211274CNCIE CN

传真：（010）4677039

2．中国煤矿设备矿产进出口公司

中国煤矿设备矿产进出口公司是中国煤炭工业进出口总公司所属的专业子公司。

（1）公司领导

经 理：张龚贤

副经理：万正坤 柳成根

（2）经营范围和进出口商品目录

经营范围：

1）经营煤矿机械设备、仪器仪表等商品的出口业务；

2）经营煤矿机械设备、仪器仪表等商品的进口业务；

3）接受委托、代理上述进出口业务；

4）承办来料加工、来样加工、来件装配业务；

5）经营转口业务。

出口商品目录：

三类商品：机械设备（重型矿山机械，煤矿机械，地质机械，成套设备，其它机械设备），仪器仪表（煤矿安全仪器仪表，其它类仪器仪表），煤矿用医疗设备，小五金。

进口商品目录：

三类商品：煤矿用机械设备，仪器仪表，零配件，工具，医疗器械。

（3）公司机构

下设有：进口部、出口部、财务部和经理室。

（4）通讯地址

地址：北京市朝阳区霞光里8号

邮政编码：100016

电话：（010）4678866（中继线）

（010）4664840、4678394

电传：211273、211274 CNCIE CN

传真：（010）4664863、4677038

3．中国煤炭开发公司

中国煤炭开发公司是中国煤炭工业进出口总公司所属的专业子公司。

（1）公司领导

经 理：王同田

副经理：胡庆良

（2）经营范围和进出口目录

经营范围：

1）经营煤焦油的出口业务；

2）经营煤矿机械设备、仪器仪表等商品的进口业务；

3）接受委托、代理上述进出口业务；

4）经营煤炭系统技术进出口业务；

5）承办中外合资、合作生产业务；

6）承办使用世界银行贷款、日本能源贷款项目的开发业务；

7）开展补偿贸易业务；

8）从事对外经济贸易咨询服务、技术交流业务。

出口商品目录：

煤焦油

进口商品目录：

三类商品：煤矿用机械设备、仪器仪表、工具。医疗器械。

（3）公司机构

下设有：开发一、二、三、四、五部，财务部和办公室。

（4）通讯地址

地址：北京市朝阳区霞光里8号

邮政编码：100016

电话：（010）4678866（中继线）

（010）4664892（开发一部）

（010）4664323（开发二部）

（010）4664316（开发三部）

（010）4664319（办公室）

电传：211275CNCDC CN

传真：（010）4678343

4．北京中煤经纶计算机系统工程公司

中煤经纶计算机系统工程公司是中国煤炭工业进

出口总公司所属的专业子公司。

（1）公司领导

经理：迟绍惠

（2）经营范围和进出口商品目录

经营范围：

1）经营或代理本行业计算机及其外围设备等商品和技术的进出口业务；

2）承办中外合资经营、合作生产、来料加工、来样加工、来件装配、补偿贸易、易货贸易及转口贸易业务；

3）从事计算机系统对外咨询服务、技术交流业务。

出口商品目录：

电子计算机（主机、外围设备、存储材料、机房设备等）；

办公用品（复印机、电传机、传真机、打字机等）。

进口商品目录：

电子计算机（主机、外围设备、存储材料、机房设备等）；

办公用品（复印机、电传机、传真机、打字机等）。

（3）公司机构

下设有：软件开发部、网络信息部、贸易部、工程部和综合部。

（4）通讯地址

地址：北京市朝阳区霞光里8号

邮政编码：100016

电话：（010）4664312、4664842

电传：211274CNCIE CN

211275CNCDC CN

传真：（010）4664863、4677038

5．中国煤炭工业进出口深圳公司

中国煤炭工业进出口深圳公司是中国煤炭工业进出口总公司在深圳特区设立的子公司。

（1）公司领导

副经理：王相民

（2）经营范围和进出口商品目录

经营范围：

1）经营煤炭、煤矿设备等商品的出口业务；

2）经营煤炭、煤矿设备等商品的进口业务；

3）接受委托、代理上述进出口业务；

4）承办中外合资、合作生产业务；

5）承办来料加工、来样加工、来件装配业务；

6）开展补偿贸易业务；

7）经营转口贸易。

出口商品目录：

一类商品：煤炭

二类商品：焦炭

三类商品：机械设备（重型矿山机械、煤矿机械设备、地质机械设备、小成套设备、其它机械设备及零配件），非金属矿产品（其它非金属矿产品）、化工类（火工产品、其它化工产品），煤矿用仪器仪表，医疗器械，小五金，服装、鞋帽（限煤矿第三产业自产）。

进口商品目录：

三类商品：煤炭及产品，机械设备（通用机械、煤矿机械设备、土建机械、地质机械、其它机械设备），仪器仪表，化工原料，医疗器械，生产用原辅材料。

（3）通讯地址

地址：广东省深圳市文锦渡联城大厦8楼

邮政编码：518002

电话：（0755）2226887、2226884、2204958

电传：420266CCIEB CN

传真：（0755）2225088

6．秦皇岛煤海开发有限公司（国内贸易）

经营范围：

主营：煤炭；

兼营：针织、百货、水产品、五金交电、建材（不含水泥）。

地址：河北省秦皇岛市河北大街102号

邮政编码：066001

电话：（0335）335386

经理：李民山

7．平朔第一煤炭有限公司

经营范围：

主要包括煤炭开发。

地址：山西省朔州市一号信箱

邮政编码：038506

电话：（03618）23666

电传：291002PSCIC CN

传真：（03618）23651

董事长：马杰

总经理：王茂田

（六）分公司、办事处及直属单位

见中国煤炭工业进出口总公司分公司、办事处及直属单位见下表：

中国煤炭工业进出口总公司分公司、办事处及直属单位名录表

单　位	地　址	邮政编码	电　话	电　传	传　真	负责人
秦皇岛分公司	河北省秦皇岛市民族路50号	066001	（0335）363249	271024 QHCAC CN	（0335）366897	张九彬

续表

单　位	地　址	邮政编码	电　话	电　传	传　真	负责人
石臼分公司	山东省日照市石臼镇黄海一路	276826	(05400) 331337	323022 CLCRZ CN	(05400) 331510	黄树成
连云港分公司	江苏省连云港市墟沟东大街	222042	(0518) 310509	36901 CNCLO CN	(0518) 311637	王绪伦
天津分公司	天津市和平区建设路84号国贸大厦15—17层	300042	(022) 3301357	234012 TJCNC CN	(022) 3301377	章祖泰
辽宁分公司	辽宁省沈阳市东陵区长青街77号	110015	(024) 4820968		(024) 4820959	张可岩
黑龙江分公司	黑龙江省哈尔滨市南岗区一曼街52—54号	150001	(0451) 3642376	87179 CNCH CN	(0451) 3641663	郭永范
江苏分公司	江苏省南京市北京西路15—1号	210024	(025) 6635320	34033 CIEJS CN	(025) 3305411	王海平
广东分公司	广东省广州市环市东路360 号珠江大厦东楼10层	510060	(020) 3814141	44620 CCIEG CN	(020) 3355864	郭志远
平朔办事处	山西省朔州市平朔生活区	038506	(03618) 23755	291002 PSCIC CN	(03618) 23651	李　平
大同办事处	山西省大同市新平旺区矿务局第四招待所	037003	(0352) 440698			栗家骥
淮北办事处	安徽省淮北市洪山路商8楼401室	235000	(05611) 323839			马继忠
丹东办事处	辽宁省丹东市南立交桥6号楼2层	118000	(0415) 224372		(0415) 228616	王　靖
东海办事处	江苏省东海县牛山镇和平西路19号	222300	(05284) 213440			曹国荣
秦皇岛储运中心	河北省秦皇岛市海港区港城大街	066000	(0335) 333211		(0335) 333229	张九彬(兼) 李　民
培训中心	河北省秦皇岛市抚宁县南戴河开发区迎宾路	066302	(0335) 933293			叶　青

（七）海外代表处、代理

中国煤炭工业进出口总公司海外机构见下表：

中国煤炭工业进出口总公司海外机构表

名称	地址	电话	电传	传真	负责人
欧洲代表处	比利时布鲁塞尔1150，42 AV DE L'HORIZON	(0032)(02) 7702940	63505 CHIBEL B	(0032)(02) 7626029.	胡荣斌
英国代表处	英国伦敦NW4 4PD，11A TALBOT CRESCENT，HENDON	(0044)(081) 2035405		(0044)(081) 2039561	刘威亚
日本代表处	日本东京都千代田区九段南3丁目7番地2号安齐楼第二4层テ102	(0081)(03) 32342493	TKCNCIEC J 32519	(0081)(03) 32342494	王育杰
汉城代表处	韩国汉城龙山区东子洞12—5番地碧山楼	(0082)(02) 7275181	K32874 CNCIEC	(0082)(02) 7275183	宫清操
环能贸易有限公司（总代理）	香港九龙尖沙嘴梳士巴利道3号星光行 808—810室	(00852) 7351909	31064 DBLRS HX	(00852) 7306130	潘玉顺

二、中国煤炭海外开发公司

中国煤炭海外开发公司于1985年5月经对外经济贸易部批准成立，其前身是中国成套设备出口公司煤炭分公司，是煤炭系统承揽国外煤矿工程和海外开发业务的国有企业，具有法人资格。

（一）公司领导

名誉董事长：张宝明

董事长：卫国福

副董事长：邹保林

董事：梁东　王成龙　陈炎光　沈德琛　朱登山　白凤祥　刘刚　侯晏

经理：侯晏

副经理：王彦驹　谷玉成

（二）业务范围

1）承包本行业的国外工程，境内外资工程；

2）承担本行业的中国对外经济援助项目；

3）上述工程项目所需的设备、材料出口；

4）对外派遣本行业的工程、生产及其它有关的劳务人员；

5）在海外举办合营企业；

6）利用外方资源、资金和技术在境内开展劳务合作；

7）承担本行业的工程咨询、勘察和设计。

（三）公司机构

下设有：第一、二、三业务部、综合部和财务部

（四）通讯地址

地址：北京市朝阳区霞光里8号

邮政编码：100016

电话：(01) 4678866（中继线）

(01) 4664326、4664841

电传：210419CODCO CN

传真：(01) 4678392

三、山西省煤炭进出口公司

山西省煤炭进出口公司是山西省的地方国有企业，主要经营山西省地方煤炭的出口业务、煤矿系统机械设备进出口业务，承办中外合资经营、合作生产以及补偿贸易等业务。

（一）公司经理

康有全

（二）通讯地址

地址：山西省太原市桃园北路南口

邮政编码：030002

电话：(0351) 4043792

电传：28033SCIEC CN

传真：(0351) 4043792

煤炭进出口贸易

煤炭出口贸易

根据国家对特别重要出口商品的有关规定，煤炭（含水煤浆）属于关系国计民生的大宗资源性商品，国家指定其出口由中国煤炭工业进出口总公司统一联合经营。“八五”期间后三年，即从1993年至1995年，每年从国家计划出口的山西地方煤炭中划出200万吨，由山西省煤炭进出口公司自营出口。

1993年中国出口煤炭1873万吨，其中：中国煤炭工业进出口总公司出口1823万吨（发票数为1792万吨），山西省煤炭进出口公司出口约50万吨。

在中国煤炭工业进出口总公司1993年出口煤炭的数量中，按煤种分：动力煤出口1286万吨，炼焦煤333万吨，无烟煤173万吨；按地区分：销往亚洲1654万吨，其中，日本615万吨，韩国495万吨，台湾230万吨，香港184万吨，欧洲138万吨；按出口煤炭港口分：秦皇岛港出口1222万吨，连云港224万吨，日照港175万吨，天津港104万吨，大连港1.5万吨，图们口岸（陆运）60万吨。丹东口岸（陆运）5.7万吨。

煤炭进口贸易

1993年中国煤炭工业进出口总公司进口煤炭22.6万吨。其中，从朝鲜进口无烟煤7.3万吨，从澳大利亚进口动力煤11.3万吨，从南非进口动力煤4.1万吨。

钢材进口贸易

通过向朝鲜出口炼焦煤，易货进口钢材7.75万吨。

焦炭出口贸易

1993年中国煤炭工业进出口总公司出口焦炭7.23万吨，其中自营出口4万吨。销往国家有：土耳其、埃及、尼日利亚和比利时。

煤焦油出口贸易

1993年中国煤炭开发公司出口煤焦油4.6万吨，其中由山东岚山港向日本出口3.13万吨，由天津新港向韩国出口1.5万吨。

补偿贸易

霍州矿务局曹村矿井坑口电站项目

曹村矿井坑口电站是中罗合作的补偿贸易项目，该电站燃烧洗煤厂的中煤，装机容量为5×12兆瓦，于1989年10月开工，第一套机组1993年初投产发电，第二套机组1993年已安装完毕，现正进行调试，预计1994年初将投产发电。

煤炭专项贸易

平庄矿务局元宝山露天煤矿

元宝山露天煤矿地处内蒙古自治区赤峰市元宝山区建昌营境内，是我国“八五”重点建设的能源项目，其设计规模为年产原煤500万吨，用户为元宝山发电厂。露天煤矿于1990年10月开工。

元宝山露天煤矿连续开采工艺采用的斗轮挖掘机、胶带输送机和排土机等设备，由德国塔克拉夫（TAKRAF）公司和中国重型设备总公司联合制造。该设备进口合同和合作生产合同于1991年6月4日正式签约，合同总金额为7986万瑞士法郎，其中，在国内合作制造由中方供货的为3986万瑞士法郎，需向德方实际支付由德方供货的为4000万瑞士法郎，由国家批准的专项出口约80万吨煤炭偿付，外汇收入金额用于支付元宝山露天煤矿引进设备贷款。

设备合同进口情况，第一套和第二套系统国外供货部分1993年已全部到货，第一套系统国内设备部分1993年交货约70%。预计第一套系统1994年投产。

利用世界银行贷款开发煤矿

潞安矿务局常村矿井

山西潞安矿务局常村矿井是我国煤炭工业利用世界银行贷款建设的项目，设计能力为年产400万吨原煤。贷款协定和项目协定于1985年10月24日生效，贷款总额为1.26亿美元。此款项主要用于采购该项目所需的先进设备，以及引进项目管理技术。

从1985年起，常村煤矿从国际市场上共采购176台（套、件），其中：

（1）施工设备86台（件）；

（2）选煤厂设备31台（件）；

（3）副井装备1套；

（4）主井装备1套；

（5）伸缩皮带10台；

（6）强力皮带3台；

（7）单轨吊、卡轨车20台；

（8）工作面采煤机15套；

（9）监控系统1套；

（10）掘进机6台；

（11）通风机（局扇）2套。

以上共计总金额7210万美元。1993年采购任务完成，国外引进设备已全部到货。

常村矿井已使用世界银行贷款7650万美元，预计1994年9月建成投产。

山西临汾煤炭综合开发集团项目

山西临汾能源开发公司煤炭综合开发集团项目已被世界银行列入中国煤炭贷款备选项目。

该项目包括：

（1）矿井：年设计能力400万吨原煤，综合机械化开采；

（2）选煤厂：年设计能力入选原煤400万吨，采用跳汰主再洗、煤泥浮选、尾煤压滤流程；

（3）焦化厂：年设计能力60万吨，采用TN43-Ⅱ型焦炉，部分化产回收，炉气ADA脱硫净化等工艺流程；

（4）热电厂：装机容量2×2.5万千瓦，以洗中煤、矸石为燃料；

（5）铁路：该铁路为临汾至台头，全长66公里，年运输能力800万吨。

以上五个子项目和有关配套工程，建设总投资21.8亿元人民币（其中：外资1.7亿美元，内资12.9亿元人民币）。

该项目的总体项目建议书和预可行性研究报告已经西安煤矿设计研究院完成，并经初审后上报国家计委。

为加快该项目的前期准备工作，世界银行已筹措日本赠款和联合国开发计划署第二批伞状项目资金，用于聘请英国采矿咨询公司来华对该项目可行性研究报告提供技术咨询，1992年12月至1993年底，英国采矿咨询公司曾派人来华进行技术咨询，目前正在编写该项目的可行性研究报告。预计1994年上半年提出报告。

日本能源贷款煤矿建设项目

煤炭是中国能源工业的基础，在中国经济社会发展中占有极其重要的地位。为发展煤炭工业，自1979年以来，通过日本输出入银行，煤炭工业部先后利用了第一、二、三批能源贷款，共计30.4亿美元，建设总规模为7220万吨/年。其中：利用日本第一、二批能源贷款，总额3134亿日元，相当于19.4亿美元，建设了9个煤矿，总规模为3800万吨/年。截止至1993年底，除准格尔露天矿正在建设外，其余8个矿井及配套选煤厂均已建成投产。

利用日本第一、二批能源贷款煤矿建设项目见表。

第三批日本能源贷款的备忘录，已于1992年6月

日本第一、二批能源贷款煤矿建设项目表

项目名称	原煤生产能力（万吨/年）	开工日期（年、月）	建成日期（年、月）	备注
山西古交西曲煤矿	300	1979.8	1984.12	第一批
山西古交马兰煤矿	400	1983.11	1990.6	第一批
山西古交镇城底煤矿	150	1982.12	1986.11	第一批
山西大同四台沟煤矿	500	1984.12	1991.12	第一批
山东兖州鲍店煤矿	300	1977.7	1986.6	第一批
山东滕南蒋庄煤矿	150	1979.11	1989.6	第一批
河北开滦钱家营煤矿	400	1980.8	1988.12	第一批
山西古交东曲煤矿	400	1985.10	1991.12	第二批
内蒙准格尔黑岱沟露天煤矿	1200	1990.7	正在建设	第二批

签订，煤炭项目计15亿美元，煤炭工业部使用贷款11亿美元，建设8个项目，即：山东兖州矿务局济宁二号、三号矿井，淄博矿务局许厂、岱庄矿井，枣庄矿务局付村矿井，河南永夏矿区陈四楼、车集矿井，平朔矿区安家岭露天煤矿，总规模为3420万吨/年。大部分项目的前期准备工作已经完成，有的已经开工，正在加紧施工建设。此外，华能精煤公司神府煤田使用贷款4亿美元。

准格尔露天矿项目

准格尔矿区位于内蒙古自治区伊克昭盟准格尔旗东部，北距呼和浩特市127公里，煤田南北长65公里，东西宽21公里，总地质储量为272亿吨，煤种为代价低磷、低硫、中灰长焰煤，是优质的动力煤。

准格尔项目一期工程是利用日本输出入银行第二批能源贷款的项目，贷款金额相当于8亿美元。

该项目是一个煤、电、运同步建设的综合性项目，是“八五”重点建设的能源工程。一期工程包括：年产原煤1200万吨的黑岱沟露天煤矿及配套选煤厂；一座20万千瓦的坑口电厂；一条由准格尔薛家沟至丰镇的216公里的电气化铁路和配套建设的黄河取水工程等。

一期工程于1990年7月17日开工建设，计划1995年投产。1996年达到设计产量。

黑岱沟露天矿及配套选煤厂引进设备，自1989年至1993年底已全部采购完成，共签订合同63个，引进各项设备751台（套），合同总金额27305万美元。1993年已到货的引进设备计614台（套）。1993年采购的主要设备有：德国克虏伯轮斗系统两套，PH公司电铲及其它维修、监控和医疗等设备。

山西平朔矿区安家岭露天煤矿

平朔矿区位于山西省北部朔州市，安家岭露天矿在平朔矿区中部，交通方便，距北京511公里，距秦皇岛港770公里。在矿区东南部约12公里处有北同蒲铁路通过，北至大同130公里，南至太原226公里。运煤铁路有北同蒲线、京包线、京秦线、大秦线等。

安家岭露天煤矿年设计能力为原煤1500万吨，服务年限91年，同步建设与其生产能力相适应的选煤厂，项目总投资50亿元，其中使用日本第三批能源贷款4亿美元。

安家岭露天煤矿，其矿田深部境界面积43平方公里，境界内可利用地质储量约15.77亿吨，剥采比为5～6立方米/吨，前期4.6立方米/吨，主要可采煤层有4层，煤层总厚度约30米，煤层煤质情况见附表。煤种牌号为气煤。

该露天区煤层赋存较浅，地质条件稳定，煤层连续厚度大，倾角缓，一般为5～7度，构造简单，煤岩均属中等硬度，需进行爆破作业。根据已投产的邻矿安太堡矿所采用的工艺及开采方式，安家岭露天矿将采用以单斗挖掘机-卡车为主体的综合开采工艺。

安家岭露天煤矿，根据煤质和洗选难易程度，采用重介质或跳汰洗选加工工艺，对原煤进行处理。选煤厂设在店坪附近，其主要产品精煤出口供国外用户，洗混煤供神头电厂等国内用户。

安家岭露天矿煤层煤质情况

煤层	纯煤厚度(m)		灰分(%)			硫分(%)		
	平均	范围		平均	范围		平均	范围
4—1	8.06	3.73～16.16	原	26.83	11.84～36.92	原	0.52	0.19～3.95
			精	8.78	4.95～15.21	精	0.63	0.39～2.55
4—2	4.05	1.61～6.71	原	27.96	12.50～39.63	原	2.00	0.73～8.01
			精	8.27	5.74～11.13	精	1.40	0.54～2.86
9	12.21	8.22～19.46	原	21.89	13.58～33.96	原	2.14	0.41～3.86
			精	8.12	4.89～13.53	精	2.26	0.48～4.12
11	4.16	2.53～9.77	原	28.55	12.10～39.47	原	2.32	0.70～13.70
			精	9.36	6.27～19.35	精	2.14	1.17～4.06

神府矿区活鸡兔矿井

神府东胜煤田位于陕西省北部榆林地区和内蒙古南部伊克昭盟境内。神木至包头铁路170公里已通车，神木至朔州铁路270公里正在施工，朔州至河北黄骅港的580公里铁路也将施工，年吞吐能力达3000万吨煤的专用港口黄骅港，也正在进行施工准备工作。

ABB

在改革中蓬勃发展的枣庄矿务局山家林煤矿远东实业开发总公司

山家林煤矿远东实业开发总公司是以集体经济为主的法人企业，创建于1980年。总公司下设7大公司，分别座落在内蒙古呼和浩特、枣庄市高新技术开发区、枣庄矿区中心的山家林煤矿等重要地理位置上。公司交通便利，信息灵通，实力雄厚，形成了横向切块管理、纵向承包制约的新体制，初步建立了现代企业制度。公司现有员工2118人，拥有固定资产2000余万元，流动资金600余万元，1994年实现总收入6100万元，创利税500万元。

几年来，特别是1985年以来，公司广大职工发扬“坚持改革，自强不息，励精图治，开拓奋进”的公司精神，坚持“煤为基础，瞄准矿区，面向社会，抢占市场”的道路，积极拓宽生产门路和经营渠道，社会效益和经济效益一年一个新台阶。公司现有生产项目50余个，产品种类达120余种，其中回转式多功能台钳远销日本、美国、德国等国家或地区。各生产项目基本实现了生产专业化，产品系列化，设施配套化。

历年来，枣庄矿务局山家林煤矿远东实业开发总公司被煤炭工业部、山东煤炭管理局、山东省工商局、枣庄矿务局等单位评为“多种经营先进企业”、“明星企业”、“重合同守信用企业”、“先进集体”和“先进单位”等称号。

枣庄矿务局山家林煤矿远东实业开发总公司目前正在全面实施“双向驱动，骨干带动，外向推动”三大战略，力争1995年总收入实现1亿元，再创辉煌业绩。

张建珂

枣庄矿务局山家林煤矿远东实业开发总公司经理，中共党员，自1957年参加工作以来，从事企业经营管理工作20余年。1992年当选为山东煤炭多种经营集体经济协会委员。自1985年以来，年年被评为省、局级劳动模范和先进个人，为煤矿多种经营的发展做出了贡献。

公司历年来被各上级单位授予多种荣誉称号

公司新开发的回转式多功能台钳远销日本、美国、德国等国家并获好评

公司开发生产的回转式多功能台钳机加工车间

山家林煤矿远东实业开发总公司投资3000万元，正在建设中的薛城开发公司

RE RHEINBRAUN ENGINEERING

RHEINBRAUN ENGINEERING UND WASSER GMBH

工程技术分部
Lindenthal
Stüttgenweg 2　　Postfach 41 08 40
D-50935 Köln　　D-50868 Köln
电话：(0221) 480-1
传真：(0221) 480-3550
电传：(17) 2214228
图文电视：2214228= rbcox
电报：RHEINBRAUN KÖLN

RHEINBRAUN ENGINEERING UND WASSER GMBH (RE) 是一家独立的咨询和工程技术公司。它分享着著名露天煤矿开采经营公司 RHEINBRAUN AG 的丰富经验，为世界各地的用户提供服务。

地质和采矿

松质岩和硬质岩煤矿露天开采方面的咨询是我们的优势。我们的咨询服务包括项目进展的各个阶段，从勘探储量，矿井规划和开采工程技术的协助，到外方工程技术人员的培训和管理的咨询。

设备和开采工艺

项目的成功必须要选择恰当的工程设备。
我们不但为您挑选和配备设备，而且还为您监督整个设备的安装和验收以及安排好设备的维护。

煤炭加工

RHEINBRAUN的工程师们开发了各种煤炭加工技术如加工成煤砖，炼焦，粉化燃料等。
我们的客户更可以享用RHEINBRAUN在煤炭气化和液化方面的大量科研成果。

废料回收和环境保护

优美的环境需要应用最现代化的废料回收方法。我们具有农用地开发，造林和植被再造方面的丰富经验。我们掌握了储藏和防尘防噪音污染的最新发展。

世界的强者！　矿用连接器

RUD®

国际公认
经试验和检测证明了的
合格产品！

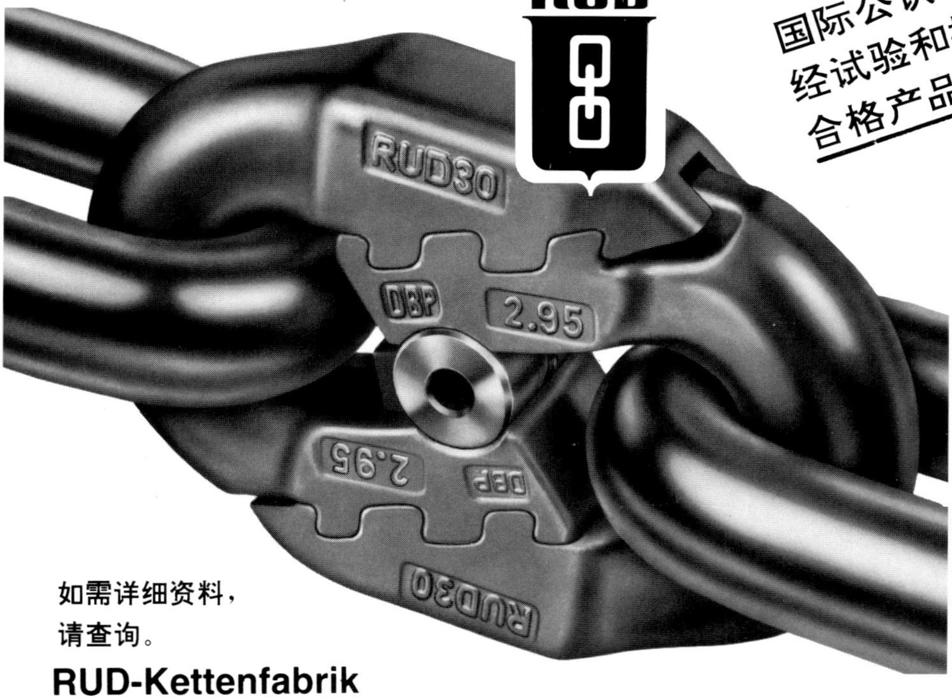

具有无与伦比的结构和动态强度性能！

安装简便——
只需一锤在手！

抗扭和抗弯的高强度，确保运行的高度可靠性！

如需详细资料，
请查询。

RUD-Kettenfabrik
Rieger & Dietz GmbH u. Co.
D-73428 Aalen

Phone 07361/5040
Facsimile 07361/504-450

Germany

神府东胜煤田的建设，由华能精煤公司统一规，统一组织建设，统一生产经营。

华能精煤公司活鸡兔矿井位于神府矿区，矿井年设计生产能力500万吨，该矿井及其配套项目利用日本第三批能源贷款，总金额为4亿美元，其中1.5亿美元用于国外设备采购、技术软件引进和咨询培训，其余部分用于国内设备采购及工程建设。

根据华能精煤公司与中国煤炭开发公司签订的委托代理协议，活鸡兔矿井及其配套项目，1993年共签订了设备引进合同8个，其中包括液压支架、电牵引采煤机、刮板输送机、顺槽胶带输送机、综采电气控制设备和乳化液泵站。

技贸结合、合作制造

重型刮板输送机设备和技术引进

1993年10月23日，中国煤炭工业进出口总公司与英国国际长壁采煤设备公司在北京签订了技贸结合、合作制造重型刮板输送机设备技术合同。

该项目由张家口煤机厂进口大运量刮板输送机整机和散件，同时带进制造技术。经张家口煤机厂消化吸收组装后，供应大同、平顶山、盘江、义马和邢台矿务局等国内用户。

对外合作开发煤矿和承包煤矿建设工程

援助坦桑尼亚基畏那煤矿第二期生产技术合作

援助坦桑尼亚基畏那煤矿，年设计生产能力15万吨原煤和斜槽式选煤厂一座，及2×3000千瓦自备电厂一座，由中国煤炭海外开发公司承包建设。该煤矿于1988年10月正式建成投产，1988年6月进行第一期生产技术合作，合作期3年。1991年6月继续第二期生产技术合作，时间3年，在此期间中方保持90名专家在煤矿现场。1993年生产原煤8.4万吨。

援助坦桑尼亚基畏那煤矿至肯耶拉送变电工程

援助坦桑尼亚基畏那煤矿至肯耶拉送变电工程，33千伏送电线路，69基铁塔，全长23.86公里，配电线路68基木杆，全长4.51公里，开关站一个，33/0.4千伏柱上变电站5个，总容量1100千伏安。该工程于1992年8月15日正式开工，1993年5月31日竣工，一次送电成功，经我国外经贸部组团验收，被评为优良工程。

印度尼西亚中加里曼丹木拉拉翁煤田开发项目

1991年10月中国煤炭海外开发公司与印尼山宝集团（Supra Group）合作，共同勘探该集团所属的中加里曼丹木拉拉翁煤田。

该煤田面积较大，首先勘探1号矿点，计划建设矿井。1992年派7位工程师在现场进行工作，开始槽探和打钻，自1992年开钻以来，共打了16个钻孔，钻进约3000多米，1993年10月提出精查地质报告近4平方公里，获得工业地质储量1300多万吨，并完成了可行性研究报告，计划建设两对斜井，年设计生产能力为原煤52万吨。

从1994年起，双方将合作勘探5号矿点，预计可建设年产100万吨的小型露天煤矿一座。

土耳其大口径钻孔项目

土耳其大口径钻孔是土耳其硬煤公司（TURKIYE TASKOMURU KURKMU简称TTK）的国际招标项目。1993年1月20日开标，5月13日正式宣布中国煤炭海外开发公司中标。6月30日土耳其硬煤公司与中国煤炭海外开发公司在土耳其宗古尔代克（ZONGULDAKO）签订了合同。

该项目总共9个钻孔，总深812米，直径为1.2米或1.4米，钻孔分布在TTK矿区各处。分别为：

（1）Karadon矿区井筒延深孔，钻孔直径1.2米，总深380米；

（2）电机车房通风孔，钻孔直径1.4米，总深200米；

（3）Armutcuk矿区井筒掘进孔，钻孔直径1.2米，总深88米；

（4）Uzulmez矿区通风孔，钻孔直径1.2米，总深34米；

（5）Kozlu矿区井筒掘进孔，钻孔直径1.2米，总深110米。

以上大口径钻孔，由煤炭科学研究总院建井所承担施工。

1993年9月，中方发运施工设备，12月上旬到达土耳其施工现场，12月先后共派出12名施工人员，并于12月30日正式开工。

煤炭贸易会议

中日煤炭综合会议第十三次例会

中日煤炭综合会议始于1981年，是中日长期贸易协议项下煤炭贸易业界的高级例会，每年一次，在中国和日本轮流举行，1993年是第十三次例会。

中日煤炭综合会议第十三次例会于1993年9月27日至28日在中国大连市召开。日方参加人员以日中长期贸易协议委员会中国煤炭专门委员会委员长、新日本制铁株式会社常务董事末广六郎先生为首的代表团共43名，中方参加人员以中国煤炭工业进出口总公司副董事长兼总经理经天亮先生为首的代表团共25名。

在全体大会上，中方团长经天亮做了《为不断扩大中日煤炭贸易而努力》的主题报告：铁道部运输局工程师代表王成廉副局长做了《中国铁路运输的发展情况》的报告；交通部运输管理司朱永光副司长做了《中国主要港口煤炭发运情况》的报告；煤炭工业部规划发展司杨涵处长做了《中国煤矿利用日本能源贷款建设情况》的报告。日方团长末广六郎先生在其主题报告中介绍了日本经济的概况，日本钢铁业界的现状以及日中煤炭贸易情况。日本石炭资源开发株式会社的常务取缔役沓泽公先生介绍了日本电力业界、水泥业界分别对动力煤需求的动向。

在动力煤分科会上，日本电气事业联合会的永井清调查部长谈了日本电力需求和电力用煤的需求动向。预计今后10年内，电力的需求量将以每年平均2.5%的速度递增，到2002年将达到1992年的1.3倍，即8814亿度，发电设备能力也将相应达到1.5倍，即26385万千瓦；用于发电的煤炭消费量也将从1992年的3110万吨，增加至2002年的7470万吨，增加1.4倍，所增加的4360万吨煤全部从国外进口。在谈到煤炭筹措方针时，他提出了“供货的灵活性、价格的经济性、品质的稳定性和对环境的适应性”等要求。他希望中国煤炭业界的有关人员能了解日本用户的情况，努力解决好以上“四性”问题，以发展日中煤炭贸易。

大阪水泥株式会社的二阶健吉资材部长代表日本水泥界用户介绍了日本水泥业界的现状及前途。1992年尽管日本国内经济不景气，国内需求连续两年下降，但因出口增加，水泥总产量仍达历史最高水平——9621万吨。与此相关，进口煤达941万吨，从中国进口196万吨，占总量的20.8%。预计1993年出口量将有所下降，再加上日本国内需求不旺，整个水泥业界将面临十分严峻的局面。

日本电源开发株式会社的吉冢刚燃料部长代表日本用户阐述了对中国动力煤的交货及装船条件的看法。在谈到交货时，他希望中方能扩大储煤场地，在供货时不仅要稳定，而是要增加灵活性，以适应用户的需求；在谈到装船条件时，他说，秦皇岛港是世界一流的码头，装船条件应提高到国际水平上来。为了减少船只在港口的滞期，希望进一步做好港口在库数量、船只动态的信息交换工作。

在炼焦煤分科会上，中方首先对日方大力协助下1992年度和1993年上半期的顺利交接货表示感谢。随后新日本制铁株式会社的原料第一部部长高桥启悟先生再次强调了日本经济的不景气将大大影响钢铁业界，1993年度粗钢生产将低于1亿吨，1994年度可能还要低于1993年度的产量。由此将导致炼焦煤需求的下降。从煤种上来说，将减少强粘结煤，增加微弱粘结煤，所以1994年炼焦煤的合同数量将不增加，但要提高兴隆庄二号煤的比例。

中英煤矿技术研讨会

由英中贸易四十八集团与中国煤炭开发公司联合主办的首届中英煤炭技术研讨会，1993年5月8日至22日先后在北京、抚顺和太原召开。各有关公司的代表在会上分别介绍了如下情况：

（1）无轨矿车——无轨运输系统（埃姆科英国有限公司）；

（2）高效厚煤层长壁采煤系统（国际长壁有限公司）；

（3）材料科学的最新成就在煤矿岩层支护和通风控制中的应用（TECHNIK特克尼克国际有限公司）；

（4）技术转让（向中国）（英国煤炭公司技术服务与研究中心）；

（5）MWS 2000西格莱克项目有限公司的发展井矿用绞车设备的下一代；

（6）矿井开拓和开采的多斯科机器（多斯科公司）；

（7）F.T.L.液体密封有限公司技术介绍；

（8）伟伯斯特机械公司采矿机械；

（9）索卡特制造公司——便携式钻孔机及其辅助产品的生产商。

’93国际煤炭技术交流及设备展览会

煤炭部于1993年10月25日至27日在北京召开了’93国际煤炭技术交流及设备展览会。人大常委会副委员长陈慕华，煤炭工业部部长王森浩、副部长韩英、范维唐，华能精煤公司董事长肖寒，德国驻华大使傅泰民出席了展览会。韩英副部长在开幕式致词。他说，这次展览会是在我国改革开放和现代化建设进入新阶段的大好形势下召开的，有着深远意义。这次展览会是煤炭系统对外交流与合作最重要的窗口和途径之一，并且是一个广交朋友、相互了解、洽谈贸易和合作的重要机遇和场所。

会上，来自中、英、美、德、日、澳大利亚等14个国家和地区的140多家公司展出了各自的先进技术与设备，其中外国公司100余家。英国和德国专门组织了国家展团前来参展。参展范围涉及煤炭开采、提升与运输、通风与排水等多方面煤矿用先进技术与设备。

会议期间，还举办了"现代矿井提升技术"、"硬岩的最佳切割方法"、"高产长壁开采法"等26场技术交流会，展示了煤炭工业有关领域的最新发展动向。

'93 中煤·壳牌国际煤炭研讨会

中国煤炭工业进出口总公司与英国壳牌国际煤炭有限公司于1993年5月17日至18日在北京联合举办了"'93中煤·壳牌国际煤炭研讨会"。参加研讨会有来自英国、澳大利亚、日本、韩国、马来西亚、菲律宾、香港、台湾等国家和地区的39家公司的代表57人，其中进口中国煤炭的最终用户及贸易公司29家（日本9家、韩国8家、英国1家、马来西亚1家、菲律宾1家、香港7家、台湾2家）。

研讨会上，壳牌公司派出了4位从事国际贸易的专家，为大会作了有关世界能源结构、国际煤炭市场、各国煤炭进出口情况等国际煤炭界所关注问题的报告，提供了系统的资料和图表；英国兰伯特船务公司的专家介绍了国际海运市场情况。中方组织了三项发言，由国务院经贸委生产调度局刘学良副局长、中国煤炭工业进出口总公司黄绍辰副总经理和平朔煤炭工业公司马杰总经理分别作了中国能源、交通和港口情况、中国的煤炭进出口和平朔露天煤矿的报告。国家计委叶青副主任、国务院经贸委石万鹏副主任出席了开幕式。煤炭工业部韩英副部长也出席了开幕式，并代表煤炭工业部向大会致词。日本石炭资源开发株式会社常务董事沓泽公先生和韩国东洋水泥株式会社朴济赟先生代表用户作了发言。

研讨会后，中国煤炭工业进出口总公司安排参加会议代表中的31人乘专列沿大秦铁路赴煤矿和港口参观。

出口煤炭商品介绍

品名	粒度 (mm)	全水分 (%)	干基灰分 (%)	全硫分 (%)	干基挥发分 (%)	干基发热量 〔MJ/kg (kcal/kg)〕	自由膨胀序数
大同动力煤	0～50，>95%	<8	<12	<1	>27	>29.31(>7000)	
平朔洗动力煤	0～50，>95%	<8	<15.5	<1	29～35	>28.47(>6800)	
乌兰动力煤	0～50，>95%	<10	<10	<0.7	>32	>28.47(>6800)	
梁洼动力煤	0～50，>95%	<8	<16	<0.5	>25	>28.47(>6800)	
黄陵动力煤	0～50，>95%	<8	<15	<1	>26	>28.47(>6800)	
半无烟煤	0～50，>95%	<8	<16	<1	10～14	>28.89(>6900)	
淮北洗炼焦煤	0～50	<10	<10	<0.3	27～30		3～5
开滦洗炼焦煤	0～50	<10	<11.5	<0.8	22～25.5		7～9
枣庄洗炼焦煤	0～50	<10	< 8.5	<0.8	32～34		5～7
鹤岗洗炼焦煤	0～6	<10	< 9.5	<0.3	30～34		6～8
东庞洗炼焦煤	0～50	<8	< 9	<0.4	32～36		4～6
兖州洗炼焦煤	0～50	<10	<10	<0.5	30～35		2～4
平顶山洗炼焦煤	0～50	<10	<10	<0.5	22～24		5.5～6.5
平顶山1/3焦洗炼焦煤	0～50	<10	<10	<0.5	<30		4～5
太西无烟块煤	20～100，>70%	<5	<7	<0.5	<10	>31.40(>7500)	
太西无烟洗粒煤	15～40，>70%	<6	6—7	<0.5	<10	>31.40(>7500)	
太西无烟粉煤A	0～13，>90%	<7	12—13	<0.5	<11	>29.31(>7000)	
太西无烟粉煤B	0～13，>90%	<7	<7	<0.5	<10	>31.40(>7500)	

续表

品名	粒度 (mm)	全水分 (%)	干基灰分 (%)	全硫分 (%)	干基挥发分 (%)	干基发热量 〔MJ/kg (kcal/kg)〕	自由膨胀序数
太西无烟洗块煤	30～80，>70%	<6	6—7	<0.5	<10	>31.40(>7500)	
中国无烟粉煤	0～25，>80%	<7	<25	<1	<10	>25.12(>6000)	
阳泉无烟块煤	20～80，>65%	<5	12～14	<1，最高≯1.2%	<11	>29.31(>7000)	
阳泉无烟粉煤	0～30，>80%	<7	22～24	<1.1，最高≯1.5%	<11	>27.21(>6500)	
山西无烟粉煤（一号）	0～30，>80%	<7	13～15	<0.5	<10	>25.96(>6200)	

煤矿设计成果

1993年煤炭行业部级优秀工程勘察设计奖设计部分获奖项目

序号	项目名称	申报单位	获奖等级
1	铁法矿务局三台子一井	沈阳煤炭设计研究院	一等奖
2	潞安矿务局王庄矿井改扩建	太原煤炭设计研究院	一等奖
3	枣庄矿务局水煤浆制备厂一期工程	北京煤炭设计研究院	一等奖
4	晋城矿务局凤凰山矿三盘区采煤方法优化	北京煤炭设计研究院	一等奖
5	郑州购运站762mm轨距液压摘钩平台及15mT平机设备安装	湖南煤炭设计研究院	一等奖
6	抚顺西露天矿破碎提升系统缓冲仓及配电	沈阳煤炭设计研究院	一等奖
7	山东邹县择邻山庄	兖州煤炭设计研究院	一等奖
8	铁法矿区三台子煤田铁路专用线工程	沈阳煤炭设计研究院	一等奖
9	大同矿务局燕子山矿井	太原煤炭设计研究院	二等奖
10	黑龙江升平煤矿选煤厂	平顶山选煤煤炭设计研究院	二等奖
11	河北永年焦窑煤矿坑口发电厂	石家庄煤炭设计研究院	二等奖
12	四川嘉阳煤矸石发电厂	重庆煤炭设计研究院	二等奖
13	济宁煤化公司焦油加工和粗苯精制工程	重庆煤炭设计研究院	二等奖
14	肥城矿务局陶阳矿－350m5MPa防水闸硐室	武汉煤炭设计研究院	二等奖
15	兖州矿务局济宁二号井中央风井井筒	兖州煤炭设计研究院	二等奖
16	阳泉矿务局贵石沟矿井＋520m水平井底车场	邯郸煤炭设计研究院	二等奖
17	淮南矿务局新集矿井筒复合井壁	合肥煤炭设计研究院	二等奖
18	平顶山矿务局八矿机车监控系统	西安煤炭设计研究院	二等奖
19	峰峰矿务局九龙口矿选煤厂660供电系统	邯郸煤炭设计研究院	二等奖
20	晋城矿务局凤凰山矿安全生产监控系统	北京煤炭设计研究院	二等奖
21	霍州矿务局曹村矿地百生产系统扩建工程	北京煤炭设计研究院	二等奖
22	青岛啤酒厂燃料煤贮运系统	济南煤炭设计研究院	二等奖
23	平顶山麻纺车间	平顶山选煤设计研究院	二等奖
24	中国农业银行邯郸中心支行	邯郸煤炭设计研究院	二等奖
25	汾西矿务局水峪矿总图	重庆煤炭设计研究院	二等奖

续表

序号	项　目　名　称	申报单位	获奖等级
26	张家口煤机厂煤仓站含酚污水处理站	兖州煤炭设计研究院	二等奖
27	枣庄矿务局蒋庄矿井	兖州煤炭设计研究院	三等奖
28	兖州矿务局鲍店矿井选煤厂	兖州煤炭设计研究院	三等奖
29	田坝矿区选煤厂煤泥水处理新工艺	云南煤炭设计研究院	三等奖
30	韩城矿务局下峪口选煤厂主厂房	西安煤炭设计研究院	三等奖
31	华能神木自备电厂	西安煤炭设计研究院	三等奖
32	邢台矿务局邢台煤矿矸石发电厂	郑州煤炭设计研究院	三等奖
33	兖州矿务局尚屯热电厂	北京煤炭设计研究院	三等奖
34	抚顺矿务局西露天矿汽车修理厂	沈阳煤炭设计研究院	三等奖
35	北京造纸一厂60t/h燃油锅炉改烧煤水浆工程	北京煤炭设计研究院	三等奖
36	抚顺胜利矿水泥厂	沈阳煤炭设计研究院	三等奖
37	北京矿务局雷管生产线配套工程	沈阳煤炭设计研究院	三等奖
38	城子河东二采区装运布置及采掘机械设备	鸡西矿业学院	三等奖
39	龙口矿务局梁家主井箕斗装载硐室	济南煤炭设计研究院	三等奖
40	长广七矿深井融洽岩箕斗装载硐室支护	杭州煤炭设计研究院	三等奖
41	兖州矿务局东滩矿主井井筒装备	兖州煤炭设计研究院	三等奖
42	平顶山矿务局西部矿区输变电改建工程	武汉煤炭设计研究院	三等奖
43	霍林河一号露天60kV移动式供电线路	沈阳煤炭设计研究院	三等奖
44	潞安矿务局常村矿110kV变电站	太原煤炭设计研究院	三等奖
45	晋城矿务局成庄矿110kV变电站	邯郸煤炭设计研究院	三等奖
46	山东煤矿微波通信干线微波站工程	济南煤炭设计研究院	三等奖
47	北京矿务局王平矿＋75m水平井下电机车运输信号工程	北京煤炭设计研究院	三等奖
48	晋北地区落里湾煤炭集运站	太原煤炭设计研究院	三等奖
49	三河口生建矿井副井井口房ZC型操作设备安装	兖州煤炭设计研究院	三等奖
50	平顶山矿务局大庄矿二小平主井提升改造	平顶山选煤设计研究院	三等奖
51	七台河铁东矿矸石立井井口机械设备安装	哈尔滨煤炭设计研究院	三等奖
52	安徽省刘桥煤矿二号副井井塔	合肥煤炭设计研究院	三等奖
53	北京煤炭管理干部学院分院	武汉煤炭设计研究院	三等奖
54	新汶矿务局协庄矿单身宿舍	济南煤炭设计研究院	三等奖
55	杭州煤炭工业学校	武汉煤炭设计研究院	三等奖
56	重庆江北县两路口转盘建筑群	重庆煤炭设计研究院	三等奖
57	长春煤炭管理干部学院教学行政综合楼	沈阳煤炭设计研究院	三等奖
58	蒲白矿务局白堤立井井口浴室联合建筑	西安煤炭设计研究院	三等奖
59	曲阜平家村矿工业场地总平面布置	兖州煤炭设计研究院	三等奖
60	晋城矿务局锅炉房设备安装	西安煤炭设计研究院	三等奖
61	晋城矿务局王台铺矿井下废水处理工程	西安煤炭设计研究院	三等奖
62	铁法矿务局三台子矿区前期给水工程	沈阳煤炭设计研究院	三等奖
63	杭州重型机械厂洗罐站废水处理	杭州煤炭设计研究院	三等奖

1993年煤炭行业部级优秀工程勘察设计奖勘察部分获奖项目

序号	项 目 名 称	申报单位	获奖等级
1	大同矿区1:1000航测工程	中国煤田地质局航测遥感局	一等奖
2	霍州矿务局白龙煤矿9号住宅楼浸水到偏岩土工程	太原煤炭设计研究院	一等奖
3	中国农业银行重庆分行办公楼及住宅工程地质评勘	重庆煤炭设计研究院	一等奖
4	松藻矿务局打道二矿（阳地湾）1/500地形测量	重庆煤炭设计研究院	二等奖
5	枣庄矿务局田陈煤矿矿井区域1:2000地形图	兖州煤炭设计研究院	二等奖
6	山西省电力试验研究所试验研究楼岩土工程	山西煤炭设计研究院	二等奖
7	徐州光环钢管有限公司扩建4秒——8秒焊——车间岩土工程	江苏煤炭设计研究院	二等奖
8	西安煤矿设计院刘家庄住宅区6号楼工程地质勘察	西安煤炭设计研究院	二等奖
9	太原煤炭气化公司晋阳选煤厂厂区总图坐标与高程检测	太原煤炭设计研究院	三等奖
10	内蒙准格尔露天爆破材料库1:500地形图	沈阳煤炭设计研究院	三等奖
11	北周庄长大列车装车站地形工程测量	北京煤炭设计研究院	三等奖
12	大屯煤电公司三河尖煤矿选煤厂工程地质勘察	江苏煤炭设计研究院	三等奖
13	晋城矿务局成庄矿风井场地斜坡稳定性勘察	邯郸煤炭设计研究院	三等奖
14	本溪矿务局江阳四井工业场地详勘阶段工程地质勘察	沈阳煤炭设计研究院	三等奖
15	丰南公钱营煤矸石发电厂详勘阶段工程地质勘察	沈阳煤炭设计研究院	三等奖

TX-18型筒式选煤成套设备及工艺

兖州煤炭设计研究院
山东泰山煤机厂
山东七五生建煤矿

该成套装置分选方法简单，分选精度和数量效率高，建设周期短，投资少、见效快，省电、省水、生产费用低，可移动安装，方便灵活。全套设备数量少，设备结构简单、易安装维护，生产操作及调整方便，主要设备可无级调速，以适应不同煤种和性质的各种煤炭的洗选要求。

主要技术特征

生产能力（t/h）	70～100
适用范围（mm）	0～100
（原煤、脏杂煤、含煤矸石）	
电气设备总容量（kW）	87.2
吨煤耗电（kWh）	1（左右）

试验地点
山东七五生建煤矿
通过技术鉴定日期
1993年7月5日

$4m^2$低噪高频振动脱水筛

平顶山选煤设计研究院
无锡县选矿机械设备厂
凤凰山矿选煤厂

该机结构新颖，采用稀油润滑自同步激振器和超高分子聚乙烯复合型侧板、钢管木芯横梁等具有创新性的零部件，降低了高频振动筛的噪音（<85dB），为高频大型化设备制造提供了一种有效的途径。该机整机达到了国内先进水平，其降音技术达到国际先进水平。

主要技术特征

筛面规格（mm）	1400×3100
工作面积（m^2）	4.03
筛面层数（层）	1
筛孔尺寸（mm）	0.3
工作频率（Hz）	25
工作振幅（mm）	≤3（可调）
抛射角（°）	50
入料浓度（%）	≥45
处理能力（t/h）	18～22
筛上品水分（%）	24～27
回收率（%）	70～85

电动机	
型号	Y132M-4
功率（kW）	2×7.5
转速（r/min）	1500
外型尺寸（mm）	3000×2190×2010
总重量（kg）	3620

试验地点

凤凰山选煤厂

通过技术鉴定日期

1993年12月8日

煤炭科研成果

综采煤层地质综合探测技术

煤炭科学研究总院西安分院

采煤工作面采前综合探测是高产高效综合机械化采煤的重要保证环节，是我国煤炭行业中的一项技术难题。本课题重点选择、组合了钻探和槽波地震探测技术，经过两年多的攻关，取得了突破性进展，探索出了一条行之有效、经济合理的采煤工作面超前地质综合探测技术途径。主要成果有：

（1）开辟了以地质量化预测为先导，采取沿煤层受控定向钻进孔-巷间、孔-孔间槽波地震构成的综合探测技术，在采区范围或工作面超前探测地质异常体，基本控制落差大于1/2煤层厚度的小断层和直径大于10m的陷落柱（或冲刷无煤带）。

（2）在国内率先掌握了采用螺杆钻具、稳定组合钻具和绳索取芯钻具的沿煤层受控定向钻进技术，实现了设备工艺的综合配套。

（3）在国内首次实现垂直钻孔-巷道间、沿煤层孔-巷道间、坑道钻孔-坑道钻孔间的槽波地震探测和地震层析成像（CT）技术。

（4）综合运用有限元计算方法和数字化平面技术，预测采区小断层密度分布，开辟煤构造破碎度值测定方法和构造应力场数学模型分析预测断层。

防爆数字钻进参数仪

煤炭科学研究总院西安分院

煤矿井下安全防爆MWZ型钻进参数仪，是一种用于煤矿井下钻探生产及科研工作中测量钻进参数的微机型综合智能仪器，可进行综合测示、记录、地面回放分析（可进行钻压、扭矩、转速、钻速、泵压、泵量等钻进参数）。

该仪器设计新颖，结构合理，具有轻便、省电、操作简便等特点。

主要技术特征

工作电压DC(V)	5
工作环境温度（℃）	-5～+50
相对湿度RH（%）	≤98
测试参数范围及误差	
钻压（N）	0～63000(≤1.5%)
转速（r/min）	0～1500(≤1%)
扭矩（N·m）	0～3000(≤2.5%)
钻速（m/h）	0～100(≤2.5%)
泵量（L/min）	0～250(≤2%)
泵压（MPa）	0～6.3(≤1%)
记录器容量	存贮10h钻进数据

KS8PH 型矿灯

煤炭科学研究总院上海分院

阳泉矿务局矿灯厂

KS8PH型矿灯灯头轻巧美观，电池槽、盖采用高强度工程塑料，成型工艺简单。灯头设有主副灯泡，增加了安全性。蓄电池液面可视，便于维护。

工业性试验表明，KS8PH型矿灯性能良好，安全可靠。

主要技术特征

额定电压（V）	4
额定容量（Ah）	8
点灯时间（h）	≥11
灯泡	
电流（A）	0.7/0.5
主泡光通量（Lm）	≥26
最大照度（距灯1m处）(Lm)	
点灯开始	≥600
点灯11h	≥300
全灯重量（包括电解液）(kg)	≤1.9
补水周期（d）	≥60
蓄电池寿命（次循环）	≥500

BH30/2×90滑行刨煤机

煤炭科学研究总院上海分院

淮南矿山机器厂

皖北矿务局刘桥一矿

该机是目前国内自行研制的装机功率最大的刨煤机，适合于煤层厚度0.8～1.8m、煤质硬度为中硬或中硬以下、煤层倾角不大于25°的长壁采煤工作面。

该机在工作面顶底板均比较差的条件下，曾达到日产700t的指标。

该机与80年代末我国从西班牙引进的刨煤机相比，功率增大1.6倍，价格仅为进口机的38%。

该机还可以提高薄煤层回采率，提高块煤率，降低工作面粉尘。

掩护型液压支架带压移架控制系统

煤炭科学研究总院太原分院

该系统结构和参数合理，对减少顶板漏矸、改善顶板支护状况和防止煤壁片帮都起到了明显的控制作用。

控制系统由切断阀、保压阀、补液阀组成。三阀并列一体，性能可靠，安装操作方便；具有保压和补液功能，能够满足擦顶拉架和煤层顶、底板起伏变化的要求，设计残余支撑强度10～24kN/m²；具有多种操纵功能，子系统既有带压移架的功能，又有降压后再移和降后移架中自动恢复带压移架的功能；系统设计流量较大，为125～200L/min，可提高移架速度。

BKD-100/660矿用隔爆型限流馈电开关

煤炭科学研究总院抚顺分院

沈阳建筑机械公司

该开关适用于高沼气矿井和有煤与沼气突出危险的矿井，作井下电网分支开关和小型矿井的总开关。

该馈电开关的跳闸机构采用DZX10-100塑料外壳式自动空气限流断路器，其特点是体积小、重量轻、保护齐全，具有限流特性。该开关技术先进、性能稳定、原理简单可靠，填补了我国100A馈电开关的空白，为煤矿井下提供了新型的供电电源。

主要技术特征

额定参数
- 额定电压（V） 660
- 额定电流（A） 100
- 通断能力（kA）（$\cos\phi = 0.4$） 4

继电保护
- 漏电保护 动作整定值（kΩ） ≤11
- 全断电时间（ms） ≤50

过流保护
- 短路保护 动作整定值（A） 200、300、400、500
- 全断电时间（ms） ≤50
- 过载保护 动作整定值（A） 40、60、80、100

失压保护 具有欠电压脱钩器

显示与自检
- 自检 具有跳闸试验按钮
- 显示 电源指示灯（黄），合闸指示灯（绿）
- 故障记忆显示 漏电故障指示灯（红）
  过流故障指示灯（红）
- 复位方式
  手动复位（操作控制电源开关DK）

OSR系列化学氧自救器

煤炭科学研究总院抚顺分院

OSR系列化学氧自救器呼吸系统采用直流往复式结构及分块组装方式，减少了产品内部体积，该自救器设计合理、结构紧凑、维修方便、重量轻，其生氧罐内部全部为片状KO_2生氧剂，片状生氧剂强度高、粉尘小，有效使用期为5年。

强压单层排气阀体积小、气密性好、动作灵活。复合呼吸结构降温交换器可以降低温度7～9℃。

OSR系列化学氧自救器为国内最新化学氧自救器第三代产品。

WKT-D型大距离智能无线电波透视仪

煤炭科学研究总院重庆分院

该仪器是根据大范围探测的需要而研制的。整个仪器由发射机、接收机、收发天线和充电机等部分组成，并配有专用数据处理软件。该透视仪整机经国家煤矿防爆安全产品质量监督检测中心重庆防爆检验站检验，属矿用本质安全型ibI（+150℃）。发射机采用功率合成技术和高效输出天线，发射效率高。接收机采用电脑控制，自动记录、显示和存储，并设有双功能接口，可与PC-1500或IBM机相连，进行数据处理和解释成图。

该仪器在全国7个矿进行了工业性试验，经受了各种地质和环境条件的考验，证明仪器性能稳定、安全可靠、操作简单。对陷落柱、断层和煤层冲刷等地质异常体有明显反映，探测距离可达600m。

主要技术特征

- 工作频率（MHz） 0.5、0.125
- 频率稳定度 优于5×10^{-6}
- 防爆型式 本质安全型ibI（+150℃）
- 发射机
  - 输出功率（W） >3
  - 整机功耗（W） <10
  - 天线 橡皮电缆框形
  - 质量（kg） 4.5
- 接收机

灵敏度（μV）	<0.05
记录方式	自动记录、数字显示、内存
天线	铝屏蔽环形天线
质量（kg）	4.5

ZYY-150型全液压钻机

煤炭科学研究总院重庆分院

ZYY-150型全液压钻机主要用于煤矿井下打瓦斯抽放孔用。该钻机能使用不同长度和不同直径（φ42～φ50）的钻杆，有多种转速并且有机械拆卸钻杆功能，是一种技术先进、安全可靠的全液压钻机。

主要技术特征

钻进能力（m）	150
开孔直径（mm）	φ150、φ87
终孔直径（mm）	φ87、φ65
钻孔倾角（°）	0～90
一次锚固可调方位角（°）	0～30
输出扭矩（Nm）	530、200
输出转速（r/min）	110、310

普通煤浆煤炭磨碎工艺参数研究

煤炭科学研究总院唐山分院

本课题对长距离管道输送的中浓度普通煤浆制备工艺选择及工艺参数进行了全面研究。

首先应综合考虑制浆、管道输送和煤浆脱水等主要环节来确定中浓度煤浆合理粒度级配。根据最大极限浓度理论和实践经验，提出中浓度煤浆较佳粒度组成为：上限粒度2mm左右，-325目细颗粒含量20%～25%，加权平均粒径0.30～0.35mm。中浓度煤浆制备应采用湿式棒磨工艺。

同时对湿式棒磨制浆工艺进行了深入的研究试验，得到的主要结果为：①磨机临界转速率(100%)为理论上煤炭磨碎最佳转速率，实际管道输送煤浆时，一般控制在80%～85%范围内；②磨机棒料介质充填率确定为30%；③棒磨机入磨物料上限粒径越小，磨矿产品粒度则越细。但入料上限粒径不同时，磨矿产品上限粒径则相差不大，证明棒磨机对物料具有选择性磨矿的特点；④合理的磨矿浓度（重量比）为55%左右；⑤磨机棒料粗、中、细部分的合理比例为20:30:50。

该项研究成果可为长距离管道输煤浆体制备半工业性试验提供依据。

200BZ-650型渣浆泵

煤炭科学研究总院唐山分院
北京矿务局机电厂

200BZ-650型渣浆泵是单级、单吸、悬臂离心式渣浆泵，可供煤炭、冶金、电力等部门输送浆体。

该泵于1989年4月在巴陵石化公司热电一厂进行试验，两台一组串联运行，经过4年时间的运行情况表明，该泵运行平稳、可靠、噪音小。

主要过流部件采用高铬合金耐磨材料，使用寿命长，运行周期已超过3000h。

该泵结构合理，检修拆装方便，泵的效率高，有明显的节能效果。

主要技术特征

流量（m^3/h）	300～450
扬程（m）	56～64
效率（%）	≥70
转速（r/min）	980
排送粒度（mm）	≤50
电机功率（kW）	135

新型锚杆的研制

煤炭科学研究总院北京建井研究所

该新型锚杆以普通炭素结构钢Q235为原料，采用控扎工艺扎制出小规格的钢筋，以供制作新型锚杆。

锚杆尾部采用非标准螺纹连接，提高了杆体材料的截面利用率。φ14锚杆的杆体直径14mm，尾部螺纹M15.5；φ12锚杆的杆体直径12mm，尾部螺纹M13.5。该锚杆采用的半球形螺母及托板可调整锚杆角度约10°。

该新型锚杆强度高，延伸性好。φ14mm锚杆设计承载力为70kN，极限承载力为90kN；φ12mm锚杆设计承载力为50kN，极限承载力为70kN。用φ14mm的新型锚杆代替φ18mm的普通型锚杆，每根锚杆可节约钢材1.26kg。

在阳泉矿务局三矿、兖州矿务局鲍店矿、枣庄矿务局等三处进行的井下工业性试验表明，该新型锚杆材质强度高，延伸性好，锚杆结构设计合理、简单实用、适应性强，经济效益显著。

提高液压支架结构件和阀的可靠性与耐久性的研究

煤炭科学研究总院北京开采研究所

本课题依据可靠性理论，从提高液压支架和阀的可靠性、耐用性方面进行了大量的调查研究工作，并取得了重大进展。该课题所制订的支架结构件规范化系列参数、提出的结构部件设计原则、优化结构设计及易损结构部件通用系列设计等，均属国内首创。

该课题对各种支架用阀进行了多方面的结构改进，并研制成新型集成阀块和较理想的镀层材料等，这不仅提高了阀的可靠性和耐用性，而且成为更新换代产品。

应用该研究成果设计的两种支架，取得了明显的技术经济效益。其中ZZ5000/17/35型支撑掩护式支架样机通过了1万次耐久性型式试验，相当于现行标准的1.67倍。

该项成果对支架设计既有理论意义又有实用价值，为今后支架结构件和阀的可靠性、耐用性设计提供了依据，为提高设计质量奠定了良好的基础。

ZYP3200/14.5/32型掩护式铺网支架

煤炭科学研究总院北京开采研究所
石嘴山矿务局
国营平阳机械厂

该铺网支架采用两柱掩护式架型，比四柱式控顶距短、纵向尺寸小、重量轻，适用于Ⅰ、Ⅱ级老顶、中等稳定或一般不稳定顶板条件。在设计中采取中部高架式底座，立柱上支点后调，加大平衡千斤顶力和设顶梁、掩护梁间机械限位等措施，使支架受力更趋合理，具有稳定性好、结构紧凑、可整体运输等特点。特别是采取窄双后连杆和宽双前连杆，尾梁四连杆控制机构，主、副架交错布设槽形宽网架和箱式调架装置，使支架铺网功能具有工艺简单、质量可靠、耗网少、作业空间较宽等优点。

主要技术特征

型式	两柱掩护式铺网支架
高度（m）	1.45～3.2
宽度（m）	1.42～1.59
中心距（m）	1.5
初撑力（kN）	2326～2748
工作阻力（kN）	2800～3308
支护强度（MPa）	0.56～0.66
对底板比压（MPa）	(f＝0.15)1.71～2.6
最大移溜步距（mm）	700
泵站工作压力（MPa）	31.4
支架重量（主副架平均）(kg)	12129

流化床锅炉下点火技术的研究

煤炭科学研究总院北京煤化学研究所
丰润县化肥二厂

该课题在实验室500×500mm截面流化床燃烧实验装置上，对流化床下点火技术进行了大量的实验研究，并结合理论分析建立了描述下点火过程中床层升温过程的数学模型和计算公式。找出了床层升温的主要影响因素，并对下点火装置的最佳运行和设计参数进行了探讨。

在此基础上研制了一套用于8t/h流化床锅炉下点火装置。

经过一年的使用证明，该装置的研制是成功的。该装置点火成功率为100%，与上点火相比，点火费用少（每次耗油70～80kg柴油），点火迅速（点火时间为40min左右），工人劳动强度低，易于操作控制。

煤质专家系统

煤炭科学研究总院北京煤化学研究所
煤炭科学研究总院北京高新技术开发中心

该课题是人工智能专家系统在煤质数据审核处理和配煤方案设计方面的应用。在煤质专家系统中编制出了审核煤质化验分析数据软件，包括自动确定煤质牌号、何种工业用煤、绘制可选性曲线等5种软件。该系统达到了用计算机对煤质分析结果进行全面综合审查的目的。

该专家系统建立的数学模型是正确的，采集的知识是准确的，软件系统结构设计也是合理的。

测试结果表明，各功能模块运转正常，具有运行速度快、分菜单驱动、交互式进行、人机界面友好、用户使用方便、系统通用性强等特点。

该专家系统适用于进行煤质分析数据审核处理。

降低煤炭生产成本、提高经济效益的技术途径和科研方向

煤炭科学研究总院经济研究所

本课题研究的目的在于：一方面从技术角度帮助企业拓宽降低成本、提高效益的技术途径；另一方面为科研部门适应提高企业效益的要求，准确选择科研方向。

该课题抓住原煤生产主线，作了大量的调研，对全行业普遍存在的效益问题作了详实研究。据此提出了切合煤炭生产实际的11条建议：

（1）提高采煤设备的可靠性；

（2）研制液压支架快速移架系统；

（3）加快薄煤层机械化开采设备的研制；

（4）改进采区环节配套能力；

（5）急待解决针对综采开采的煤田分类；

（6）研制提高块煤率的设备和技术；

（7）研制煤及半煤岩巷道掘进端头机械化支护设备；

（8）在岩巷掘进中推广深孔光面爆破；

（9）大型矿井辅助运输应推广应用单轨吊；

（10）研制矿车自带刹车器；

（11）研制高性能、高质量清罐机。

HAM6Y型液压冲击式缝管锚杆安装机

煤炭科学研究总院南京研究所

该机适用于缝管式锚杆安装，特别是对小直径缝管式锚杆安装具有较大的适用性和先进性。

该机安装参数选择可行，能满足缝管式锚杆的安装要求，并具有结构合理、体积小、重量轻、便于运输、适应性强、使用方便等特点，可与其他液压，设备配套使用。

主要技术特征

冲击频率（Hz）	35～40
冲击工作压力（MPa）	8～10
推进油缸最大推进力（kN）	30
推进速度（m/min）	0～1.5
单根缝管式锚杆安装时间（min）	≤3
装机功率（kW）	7.5
主机最大外形尺寸（mm）	1255×220×190
主机重量（kg）	50.3

电力漂浮法净化矿井水的研究

煤炭科学研究总院杭州环境保护研究所

该研究成果建立了电气浮小型模拟试验装置。试验研究结果表明，电气浮法在去除悬浮颗粒的同时，还可以去除用一般处理方法很难脱除的杂质（如乳化液、胶体等）。对矿井水及其他污水的处理更为科学，是一项很有发展前景的矿井水处理技术。

在理论上和试验效果上都证实，电气漂浮法比溶气气浮法和化学处理法优越。与传统溶气气浮法相比，可减少基建投资20%～30%，减少运转费用15%～20%。

主要技术特征

电流密度（A/m^2）	20
悬浮物浓度（mg/L）	进水1500 出水50
耗铁（g/m^3）	10～15
耗电（kW/m^3）	0.67

峰峰矿区建筑物下条带开采试验研究

中国矿大北京研究生部
峰　峰　矿　务　局

在多年现场试验的基础上，综合运用监测、钻探、物探与数学模拟、微观测试等多种手段对地表、复岩、煤体进行了全面系统的实践与理论研究。首次研究成功了近距煤层群重复条带开采（三层）和厚煤层分（两）层昌落条带开采以及在农村建筑物重复采动条件下利用断层自然分割设计条带尺寸和在古小峦区下的条带开采方法，有效地保护了建筑物，取得了不同条件下的条带开采地表移动参数，获得了条带煤柱空间位置和特殊地质采矿条件对地表移动的影响特征，创造性地提出了上复厚硬岩层对条带开采地表沉降的托板控制理论，揭示了条带开采煤柱应力动态规律及条带开采复岩沉陷机理，建立了托板控制理论条带开采地表沉陷计算公式体系与条带尺寸优化设计方法。

鉴定时间

1993年12月29日

KX4012型通过式报警器

煤炭科学研究总院常州自动化研究所
扬州江佳电子有限公司

KX4012型通过式报警器是KJ17煤矿监控系统的重要组成部件。该报警仪除了具有一般报警功能外，还具有信号再生、超限声光报警和超限断电信号输出等功能。

主要技术特征

工作电压 (DC) (V)	13～18
工作电流 (mA)	≤100
模拟量频率 (Hz)	200～1000
报警声级 (dB/m)	≥95
一般报警输出	无电位接点，闭合有效
断电输出	无电位接点（常开和常闭，控制对象为本安型）

井下单轨防水闸门硐室设计及计算理论研究

煤炭工业部武汉设计研究院
肥　城　矿　务　局

该项目系通过光弹性实验、相似材料模拟试验、工业性试验实测等，搞清闸门硐室内部的实际应力分布状况，以探求硐室的合理结构形式及计算方法。该计算理论依据硐室场内的应力大小及所处部位进行结构布置设计，并以控制硐室末端剪应力和主应力在混凝土的许用应力以下的方法，来确定硐室的长度和宽度，改变了过去将整个闸体视为均匀受力体来计算的传统方法，它能确保硐室各部位均处在安全工作状态下。

鉴定时间

1993年3月17日

采煤工作面机械润滑和液压传动系统跟踪监测及失效预报

开滦矿务局
中国矿业大学

该课题对EDW-170型采煤机，MXA-300型采煤机K99型主井皮带减速器，ZDzR-180型立井提升机减速器等设备进行监测，共分析抽样420个，提出维修建议870余条，预报故障10次，均准确无误，故障诊断结果与实际情况吻合，经济效益明显。运用铁谱分析方法监测设备运行工况，突破了以往从单个磨屑特征研究机械磨损工况的定性铁谱分析方法，建立了磨屑群体统计分析方法，提出了正确反映设备传动部件磨损状态的磨屑群体特征，并进行了量化。建立了设备异常判据阀值，制做了磨粒图谱，大大提高了实用价值。

鉴定时间

1993年12月25日

强力输送带横向断裂预报装置

中国矿业大学北京研究生部
鹤　壁　矿　务　局

该装置采用了X光透视、光电转换、计算机图像处理和识别等现代综合高新技术，可对强力输送带内部钢丝绳芯的状况进行实时的全面观察和检测。当发现强力输送带内部钢丝绳芯的断股、锈蚀、接头伸长错位等故障时，可对故障隐患进行声响报警和信息提示，并可对监测图像进行存储、处理和复现。该装置可广泛应用于矿山和其它行业，为钢丝绳芯强力输送带的安全运行、维护管理以及强力输送带产品生产过程中的质量检验提供全新的检测手段，具有较大的经济效益和社会效益。

鉴定时间

1993年8月29日

轨道车辆操车装置

煤炭工业部兖州设计研究院

该装置是一种将轨道车辆在一定的线路上输送的操车装置。该装置不需要地沟和传动硐室基础，可进行多功能作业，解决了操车设备布置受条件限制和需人工操作缺点，实现了无链传动和啮合间隙小自动补偿。该技术能广泛应用于各种车辆站场，矿车车场、翻车机前端以及轨道高度补偿等操车作业地点，在冶金、重型机械、起重运输等行业也有广泛的应用前景。

主要技术指标

运行速度 (m/s)	0.4～1.6
额定功率 (kW)	7.5～90
车辆轨距	各种窄轨
适用场所	各种工作环境（-20°～+35°）
机械效率	0.75～0.84

鉴定时间

1993年12月14日

FY-1型连续浮印机

中国矿业大学北京研究生部
中国矿业大学浮印大理石中试厂

FY-1型连续浮印机为浮印大理石专用，工件可按浮印工艺要求做水平、垂直和侧倾运动，使工件以30°角均匀平稳地落入已制好花纹的水槽中进行浮印。为了方便地装卡不同尺寸、不同材质甚至不同形状的工件，本机采用水下真空吸盘、双层真空罐和分水滤气器组成的（三级六段）防水系统，把“漏水”阻挡在真空泵之外，同时，由于本机采用了单机双槽系统调节花纹制作时间大于浮印时间的矛盾，从而充分发挥了其机械效率。

鉴定时间

1993年5月9日

微乳技术及微乳不燃液

中国矿业大学北京研究生部
北京科帅高技术公司

该成果首次提出液压支架用微乳不燃液新技术，明确地确定了微乳液的形成条件，提出了用于制备微乳液的表面活性剂的选择原则和不溶于水的防锈剂以微乳级油液为载体，通过水相吸附到金属表面上的机制，研制成功了稳定的微乳级科帅一号母液和应用科帅一号母液配制的乳化液。微乳级母液具有不燃、高浓缩、低凝固点的优点，配比浓度仅为1%的微乳级乳化液具有抗高硬水、稳定、防锈及消泡性好的优点，母液和乳化液的性能指标均完全达到煤炭部颁布的液压支架用乳化油标准要求。

鉴定时间

1993年8月23日

液压支架泵站计算机监控技术

中国矿业大学北京研究生部
淮南矿务局

本监控系统由单片机、A/D转换器、显示器、键盘、串行通讯接口、V/F转换器、检测乳化液质量的酸碱度、污染浓度、液压和油位传感器及其检测电路等组成。可对泵站工况进行声光报警与泵站自动闭锁。监控器可与KJ_2实现联网，可与工作面主机实现数据传输通讯。

该监控系统具有以下主要技术特征：

（1）完成乳化液的自动配比，浓度范围可在0%～10%，推荐使用1.5%～2.5%，3%～5%和5%～7%三档；

（2）对非正常工况可实现指示灯和蜂鸣器声光报警，并可与泵站实行自动闭锁；

（3）V/F接口的输出信号可与KJ_2等监控系统联网，信号频率调定为200～1000Hz；

（4）与工作面主机联网实现数据传输与通讯。

鉴定时间

1993年7月8日

KJ13型矿井监控系统

中国矿业大学北京研究生部
平顶山矿务局

KJ13型矿井监控系统是一种矿井环境安全和生产综合监控系统，该监控系统主要有如下功能：（1）监测数据可实现彩色屏幕显示、磁盘记录、打印报表自动记录和查询；（2）声光报警和断电控制；（3）对系统中主要设备的自检；（4）通过电控箱对有关设备提供断电回差控制，可任选断电和变电门限；（5）电控箱内备电源，保证电网停电后工作2小时以上；（6）可实现分站对断电的逻辑选择控制；（7）综合通讯联络；（8）联网接口可配接远程终端、多屏幕显示和模拟盘等；（9）组合式结构。

该监控系统的主要技术指标为：（1）系统容量：在一根6芯电缆上，可同时接入分站32台和电话32台；（2）每个分站的容量：模拟量输入4路，开关量输入8路，断电控制信号输出4路，超限信号输入4路；（3）中心站到分站的最大传输距离10km；（4）传感器到分站的最大传输距离1km；（5）电话机之间的最大通信距离15km；（6）系统误差小于1%；（7）监测周期（接入32台分站）小于30s；（8）传输方式：时分制基带传输。

鉴定时间

1993年

开滦矿务局东欢坨矿建井工程涌水量立体预测

中国矿业大学北京研究生部

通过对东欢坨矿构造场、同位素场、水化学场、突水流场、抽（压）水试验场和连通试验场等6个物理场的综合分析研究，本项目确定了该矿5层充水含水层立体结构的具体水文地质特征，建立了多层模拟三维有限无渗流数学模型，成功地解决了井底巷道系统联络工程的分段涌水量和总涌水量的预测难题，并通过模型的涌水量对实际进行了预测，该成果具有重要的实用价值。

鉴定时间

1993年12月27日

SK-48轻便遥测地震仪

中国矿业大学北京研究生部计算中心

石油地球物理勘探局仪器总厂

该仪器具有遥控、遥测、多道、高保真、高分辨率等优点，主机采用轻便型高档微机，体积小，结构简单，提高了仪器的稳定性，可靠性和通用性。该仪器可用于开展三维地震勘探和山地、稻田、水网等困难地区的地震勘探，还可用于煤矿地表的高精度地震勘探和基建矿井的补充地震勘探，拓宽了遥测遥控地震仪的应用领域，同时亦为研制小型多道轻便防爆型矿井地震仪奠定了基础。

鉴定时间

1993年4月22日

准格尔矿区深层岩溶地下水的合理开发与利用

中国煤田地质总局第二水文地质队

中国煤田地质总局水文地质局

中国煤田地质总局

准格尔煤炭工业公司

煤炭科学研究总院西安分院

该项目提出了在干旱、半干旱地区深层岩溶地下水的勘探与开发的理论与方法，为矿区找到了陈家沟门和唐公塔两个深层（水位230～260m，含水层埋深大于300m）大、中型水源，用多目标管理模型，预测已建立的陈家沟门、唐公塔及拟建的哈尔乌素沟等三个水源地的最优开采量为97217m^3/d，开采时且不会引起环境破坏、生态破坏及水质恶化等现象。该项目在岩溶水文地质理论方面有所创新，确立的天桥岩溶水系统老牛湾子系统依据充分，深化了对区域岩溶水条件的认识，提出“三水”转化具有多级排泄特点模式和远离河谷强迳流带新类型，丰富了岩溶水富集、运移及强迳流带理论。经初步测算，利用深层岩溶水作为矿区水源比取黄河水可节省工程投资1.05亿元，至少可使矿区开发提前5年，创造产值36亿元，企业和社会经济效益均极显著。

鉴定时间

1993年12月17日

离相封闭母线大电流光测系统

中国矿业大学北京研究生部

本项目应用近代光学技术，研制了母线大电流光测系统。该光测系统可更替现用的体积大、笨重、造价高的电流互感器，由光学传感器，传输信息光的波导输入输出接口及光信息处理数显系统三部分组成，其优越性为：（1）无源传感；（2）传感器灵巧，直径1～1.5cm，长1～5cm；（3）非接触检测、绝缘安全；（4）抗电磁干扰能力强；（5）可远距离检测；（6）功耗小，整个系统功耗不超过20W。该系统通过采用不同规格的传感器和不同的安装位置，可测100～40000A的大电流，精度达0.2%～1%。

鉴定时间

1993年4月5日

页岩干馏油泥污水混合制浆燃烧技术

抚顺矿务局胜利矿

抚顺石化公司石油二厂

抚顺市环境保护局

该技术是将油页岩干馏过程中产生的油泥、污水混合制浆，形成固一液体燃料，供沸腾炉发生蒸汽，成功地解决了油泥、污水远程输送、储存、制浆、燃烧设备、点火和稳定燃烧等技术关键。消除了污染问题，致癌物质3、4苯丙芘去除率达99.93%。

鉴定时间

1993年5月15日

ZTF10000/24/35S型放顶煤端头支架

沈阳煤研所

铁法局小康矿

该架型是针对综采工作面端头难以维护而研制的一种特殊支架。支架为两架一组，对称布置。单架为四柱单铰点支撑掩护式，开天窗中位放煤型。转载机在两架中间布置，可与低位或中位放顶煤支架和前后两部大功率运输机配套使用。

鉴定日期

1993年6月

SF2070分层分级筛

双鸭山矿务局选煤厂

该分级筛分两层筛板，上层半段筛底，目的是应用概率筛的四大优点，使入料在筛面上快速分层，提高两层筛面的使用效率；下层筛底采用两个倾角，来料端采用大倾角使物料的运动速度加快，吸取等厚筛的筛面利用率高的优点，防止场料堆积；下料端采用小倾角大面积筛面，标准筛孔进行检查性筛分，筛分效率高。

主要技术特征

入料粒度（mm）	0～100
处理能力（t/h）	200～250
筛分效率（%）	96
电机功率（kW）	17

鉴定日期

1993年10月17日

XMS-300型双斜盘轴向定量马达

辽源煤矿机械厂

该马达采用双斜盘对称布置，使柱塞轴向力相互抵消，轴承受力状态好，配轴盘设计直径小，并采用特殊材料。马达带有制动闸和集成阀组，集成化程度高，可防止反链敲缸现象的发生，保护功能齐全。

主要技术特征

排量mL/r	304
工作压力（MPa）	20
工作转速（r/min）	300
最高转速（r/min）	600
输出扭矩（Nm）	786

鉴定日期

1993年1月18日

SGZF630/90型输送机

哈尔滨机械研究所

蛟河煤矿机械厂

SGZF630/90型输送机的特点是：

（1）中部槽采用高锰钢端头，中板上焊有高铬铸铁粉，强度高；

（2）中部槽和挡煤板联接螺纹改为M30，可满足放顶及移架要求；

（3）机头机尾低，可满足采煤机自开机窝要求；

（4）采用中、双链型式；

（5）中部槽采用哑铃销联接。

主要技术特征

设计长度（m）	100
输送能力（t/h）	250
刮板链速（m/s）	0.98
适用煤层倾角	<25°

通过鉴定时间

1993年8月9日

WBJ-1型瓦斯抽放站监测监控系统

北票矿务局

锦州仪表厂

该系统采用计算机技术，对瓦斯抽放站管道内的瓦斯浓度、负压、压差和温度参数进行连续监测，所采集的数据可自动处理、显示和打印，并可对瓦斯浓度实行设定控制，超限报警。

主要技术特征

浓度（%）	0～100
负压（kPa）	0～100
压差（kPa）	0～60
温度（℃）	0～50
流量（m^3）	0～99999
巡检周期（s）	1.5
模拟量4路输入	

通过鉴定日期

1993年4月25日

“八五”期间国家科技攻关项目

“八五”国家科技攻关项目

项目名称	起止时间	承担单位
一、煤、半煤岩、岩巷综合机械化掘进成套设备研究		
1.提高AM50型掘进机元部件可靠性的研究	1991～1994	淮南煤机厂、煤科总院太原分院
1)内喷雾供水泵及供水系统元部件可靠性的研究	1991～1994	淮南煤机厂、煤科总院太原分院
2)提高电气系统主要元部件可靠性的研究	1991～1994	淮南煤机厂、煤科总院太原分院
3)横切割头掘进机械振动特性的研究	1991～1993	中国矿业大学、淮南煤机厂
2.提高S100型掘进机元部件可靠性的研究	1991～1994	佳木斯煤机厂、煤科总院上海分院
1)提高内喷雾供水泵和供水系统元部件可靠性的研究	1991～1994	煤科总院上海分院、佳木斯煤机厂
2)提高主要液压元部件可靠性的研究	1991～1994	煤科总院上海分院、佳木斯煤机厂
3)提高电气系统主要元部件可靠性的研究	1991～1994	佳木斯煤机厂、煤科总院上海分院
4)纵切割头掘进机振动特性的研究	1991～1993	山西矿业学院
3.提高ELMB-75型掘进机元部件可靠性的研究	1990～1995	煤科总院上海分院、湖南煤研所
1)提高内喷雾供水泵和供水系统元部件可靠性的研究	1991～1994	煤科总院上海分院
2)提高主要液压元部件可靠性的研究	1991～1995	煤科总院上海分院
3)提高电气系统主要元部件可靠性的研究	1991～1994	煤科总院上海分院
4)提高截齿性能的研究	1991～1994	湖南煤研所
5)煤巷综掘工艺和施工组织的研究	1991～1995	煤科总院上海分院
4.重型悬臂式掘进机的研制	1991～1995	煤科总院太原分院、佳木斯煤机厂、平顶山矿务局
1)电压1140V、功率160kW、75kW、55kW 水冷隔爆电机的研制	1991～1993	抚顺煤矿电机厂
2)液位开关、油温开关的研制	1991～1993	焦作矿院
5.配套设备的研究	1991～1994	煤科总院上海分院
1)自移式转载机	1991～1994	煤科总院上海分院
2)水平活动煤仓	1991～1994	山西矿业学院、晋城矿务局
3)临时前探支架的研制	1991～1993	中国矿业大学、平顶山矿务局
4)通用机载锚杆钻眼安装机	1991～1993	煤科总院上海分院
6.采准巷道锚杆支护工艺技术研究		
1)采准巷道组合锚杆支护技术	1991～1995	煤科总院开采所
2)极不稳定巷道，(Ⅴ类)的合理支护技术	1991～1995	中国矿业大学、山东矿业学院
3)锚杆桁架支护技术及实验检测装置的研究	1991～1995	煤科总院开采所，煤科总院太原分院
4)锚杆螺纹钢的研究	1991～1992	煤科总院太原分院
5)采准巷道围岩稳定性分类与支护规范以及支护质量监测仪器	1991～1995	煤科总院开采所、中国矿业大学
6)大比例锚杆作用机理试验装置	1991～1995	煤科总院开采所
7.金属可缩性支架支护技术的完善		

续表

项　目　名　称	起止时间	承　担　单　位
1)U型钢可缩性支架支护技术的完善	1991～1995	煤科总院开采所
2)平顶型金属可缩性支架的研制	1991～1995	中国矿业大学、西安矿业学院
3)滚压成型机的研制	1991～1994	中国矿业大学、煤科总院常州科试中心
8.沿空留巷机械化构筑护巷带技术	1991～1994	中国矿业大学、中国矿业大学北京研究生部、煤科总院开采所
9.煤巷、半煤岩巷综掘工作面粉尘防治技术的研究	1991～1995	煤科总院重庆分院
1)综掘面粉尘高效控制技术的研究	1991～1994	煤科总院重庆分院
2)综掘转载点阵发性尘源新型高效防尘技术的研究	1991～1994	煤科总院重庆分院
3)新型粉尘检测仪及检定技术的研究	1991～1994	江苏煤研所
4)机掘长距离独头巷道的高效通风技术	1991～1995	煤科总院抚顺分院
10.采准巷道锚杆支护机具的研究	1991～1993	煤科总院上海分院、煤科总院太原分院
1)单体锚杆打眼安装机的研制	1991～1992	煤科总院上海分院
2)装载机机载锚杆打眼安装机的研制	1991～1993	煤科总院太原分院
二、岩巷快速掘进成套技术的研究	1991～1995	
1.岩巷防爆型全液压钻车元部件攻关和大断面全液压钻车的研制	1991～1995	煤科总院建井所、煤科总院上海分院
1)完善提高液压凿岩机的性能和可靠性研究	1991～1994	煤科总院上海分院、煤科总院建井所
2)提高液压马达可靠性和使用寿命的研究	1991～1993	煤科总院上海分院
3)四联径向柱基泵的研制	1991～1993	煤科总院上海分院
4)液压凿岩（钻）机专用钎（钻）头的研制	1991～1994	煤科总院上海分院
5)液压凿岩（钻）机专用钎（钻）杆的研制	1991～1994	煤科总院建井所
6)大断面双臂防爆全液压钻车的研制	1991～1995	煤科总院建井所
7)防爆全液压钻车和液压凿岩机可靠性检测技术的研究	1991～1994	煤科总院建井所
2.防爆型侧卸装岩机元部件攻关和大斗容侧卸装岩机的研制	1991～1995	煤科总院建井所、煤科总院上海分院
1)防爆型侧卸装岩机履带驱动电动机的研制	1991～1994	抚顺煤矿电机厂、煤科总院建井所
2)ZC型侧卸装岩机行走减速器可靠性的研究	1991～1993	煤科总院建井所
3)煤矿井下大小节距密封润滑履带的研制	1991～1994	煤科总院建井所
4)侧卸装岩机用多联变量泵的研制	1991～1993	煤科总院上海分院
5)带制动器行走液压马达的研制	1991～1993	煤科总院上海分院
6)侧卸装岩机多功能液压控制阀组的研制	1991～1993	煤科总院上海分院
7)四点固定式底盘结构可靠性的研究	1991～1993	煤科总院建井所
8)大型防爆全液压侧卸装岩机的研制	1991～1995	煤科总院建井所
3.液压带式转载运输机的研制	1991～1994	哈尔滨煤机所、煤科总院建井所
4.岩巷锚喷支护技术的完善与提高	1991～1994	煤科总院建井所、中国矿业大学、煤科总院南京所
1)锚喷支护围岩分类的研究	1991～1994	煤科总院建井所

续表

项目名称	起止时间	承担单位
2)锚喷支护设计专家系统	1991～1994	煤科总院建井所、中国矿业大学
3)锚喷巷道施工质量检测技术的研究	1991～1993	山东矿业学院
4)潮式喷射混凝土配套机具及减弹降尘技术的研究	1991～1994	煤科总院南京所
5)新型锚杆的研制	1991～1993	阜新矿业学院、煤科总院建井所
6)低成本速凝树脂锚固剂的研究	1991～1993	煤科总院建井所
7)喷射混凝土专用复合水泥的研制	1991～1994	湖南煤研所
8)无碱速凝剂的研制	1991～1993	煤科总院南京所
5.岩巷机械化作业线施工工艺和施工组织的研究	1991～1995	煤科总院建井所
三、煤矿瓦斯煤尘爆炸防治技术的研究		
1.地勘期间煤田瓦斯预测技术的研究		
1)地勘期间瓦斯含量测定方法的研究	1991～1994	煤科总院抚顺分院
2)地勘钻孔新型煤芯采取器	1991～1993	中国煤田地质局、江苏省煤田地质勘探研究所
3)自动化地勘瓦斯解吸仪的研究	1991～1994	煤科总院抚顺分院
4)矿井瓦斯涌出量计算方法及规范	1991～1994	煤科总院抚顺分院
5)微机绘制瓦斯地质图件和煤矿瓦斯综合评价系统的研究	1991～1994	煤科总院抚顺分院
6)典型勘探区瓦斯测试技术的研究	1991～1995	煤科总院抚顺分院、中国煤田地质局
2.综采工作面超前强化抽放瓦斯方法及工艺装备的研究		
1)抽放瓦斯示范矿井及无煤柱机采面综合抽放瓦斯技术	1991～1994	煤科总院抚顺分院、松藻矿务局
2)定向水平长钻孔抽瓦斯技术的研究	1991～1995	煤科总院抚顺分院
3)综采工作面预裂爆破超前强化抽放瓦斯方法及工艺研究	1991～1995	煤科总院抚顺分院、焦作矿务局
4)抽瓦斯多参数监控系统	1991～1995	煤科总院抚顺分院、重庆煤矿安全仪器厂
5)无阻力阻爆阻燃装置的研制及抽瓦斯系统抽放参数的调试技术	1991～1995	煤科总院抚顺分院
3.煤巷掘进瓦斯煤尘爆炸控制技术的研究		
1)毫秒延期全断面一次爆破反向起爆技术的研究	1991～1995	煤科总院抚顺分院
2)四级高安全抗爆燃新型煤矿许用炸药	1991～1994	淮南矿业学院
3)高安全发爆器	1991～1994	煤科总院爆破技术研究所
4)防止采掘切割摩擦火花引燃引爆瓦斯煤尘的研究	1991～1995	煤科总院重庆分院
5)防摩擦静电火花的涂层研究	1991～1994	江苏省煤矿研究所
6)巷道积聚瓦斯安全排放控制技术	1991～1994	煤科总院抚顺分院
7)新型隔爆棚的研究	1991～1995	煤科总院重庆分院
8)防止瓦斯煤尘爆炸监控报警及抑爆技术的研究	1991～1995	煤科总院重庆分院
四、加快突出煤层采掘速度安全保障系统的研究		
1.煤与瓦斯突出预测综合配套技术及仪表的研究		
1)应用综合参数连续预测煤与瓦斯突出危险的方法及	1991～1995	煤科总院重庆分院

项目名称	起止时间	承担单位
装备的研究		
2)利用综合参数连续预测突出方法及装备	1991～1995	煤科总院抚顺分院
3)应用综合参数连续预测突出危险方法及装备	1991～1995	中国矿业大学
4)工作面突出预测敏感临界指标值确定方法的研究	1991～1995	煤科总院重庆分院
5)工作面突出预测敏感指标及临界值的确定	1991～1995	煤科总院抚顺分院
2.机采、机掘和在恶劣条件下防突措施及装备的研究		
1)机采面防突措施及配套装备的研究	1991～1995	煤科总院重庆分院、阳泉矿务局
2)机掘面防突措施配套装备的研究	1991～1995	煤科总院重庆分院、平顶山矿务局
3)机掘面防突措施及配套装备的研究	1991～1995	煤科总院抚顺分院、焦作矿务局
4)石门快速揭开突出煤层技术及装备的研究	1991～1995	煤科总院重庆分院、中梁山煤矿
5)在地质构造复杂地带掘进煤巷综合防突技术的研究	1991～1995	煤科总院重庆分院
6)严重突出矿井综合防突和瓦斯治理技术的研究	1991～1995	煤科总院重庆分院、芙蓉矿务局白皎矿
7)白沙矿务局严重突出矿井防突及治理瓦斯技术	1991～1995	湖南省煤研所、白沙矿务局
五、煤矿火灾控制技术的研究		
1.易燃煤层最短自然发火期预测		
1)典型易燃煤层最短自然发火期预测	1991～1995	煤科总院抚顺分院
2)高硫易燃煤层最短自然发火期预测的研究	1991～1995	煤科总院重庆分院
2.矿井火灾监测预报系统		
1)矿井火灾多参数色谱监测系统	1991～1994	煤科总院抚顺分院
2)煤矿井下火灾气体色谱分析仪	1991～1994	湖南省煤研所
3)火灾气体传感器	1991～1995	煤科总院抚顺分院
4)矿井火灾时期风流控制技术软件系统	1991～1995	中国矿业大学、中国矿业大学北京研究生部
3.惰化阻化防治采空区自然发火	1991～1994	煤科总院抚顺分院、中科院大连物化所
1)惰化防治采区自然发火		
2)高稳定泡沫剂与惰泡压注装备系统	1991～1995	煤科总院抚顺分院
3)高效增寿阻化剂及其雾化喷洒装备的研究	1991～1995	煤科总院抚顺分院
4)缓倾斜煤层采空区火源点位置探测技术	1991～1995	煤科总院重庆分院
六、其　它		
1.连续工艺成套设备综合工业试验评价及系统生产能力的研究	1991～1995	煤科总院抚顺分院
2.典型工业装置计算机优化控制研究——鲍店煤矿选煤厂生产过程自动控制系统优化	1991～1995	煤科总院计算中心、煤科总院唐山分院
3.联合循环发电关键技术研究——增压循环流化床气化	1991～1994	煤科总院煤化所
4.常压两段炉水煤气部分甲烷化工艺及催化剂中试研究	1991～1994	煤科总院煤化所、化工部化肥所
5.水煤浆技术研究——电站锅炉燃用水煤浆技术研究	1991～1993	华煤水煤浆技术联合中心
6.水煤浆技术研究——水煤浆与添加剂大规模工业生产	1991～1993	华煤水煤浆技术联合中心

续表

项目名称	起止时间	承担单位
7.水煤浆技术研究——燃用水煤浆电站的装、储、运技术研究	1991～1993	华煤水煤浆技术联合中心
8.水煤浆技术研究——建立国家水煤浆中心与工程技术现代化系统	1991～1993	华煤水煤浆技术联合中心

煤炭工业重点科研项目

煤炭工业重点科研项目

项目名称	起止时间	承担单位
一、采煤综合机械化和机械化		
1.急倾斜综采机组	1985～1987	煤科总院上海分院
2.皮带输送机盘式制动器的研制	1986～1989	煤科总院上海分院
3.提高MG300系列采煤机元部件可靠性的研究	1989～1991	煤科总院上海分院
4.BT30/2×132(160)型拖钩刨煤机的研制	1990～1993	煤科总院上海分院
5.MG2×400-W型采煤机的研制	1991～1993	煤科总院上海分院
6.提高采煤机旋转密封可靠性的研究	1991～1993	煤科总院上海分院
7.液压支架电液阀及程序控制系统的研制	1990～1992	煤科总院太原分院
8.日产7千吨工作面液压支架及配套液压系统的研究	1991～1994	煤科总院开采所
9.采煤设备油质定量、定性分析、记录装备及适用软、硬件的开发	1990～1992	中国矿业大学北京研究生部
10.液压支架空间力系优化设计及CAD	1990～1993	西安矿业学院
11.MG344-PWD型强力爬底板采煤机波制元部件国产化及完善改进	1992～1994	煤科总院上海分院
12.SGZ880/800(C)刮板输送机的研制	1992～1994	煤科总院太原分院
13.长效自密封润滑剂的研究	1992～1995	中国矿业大学北京研究生部
二、井巷掘进机械和工艺		
1.冻结、钻井井壁破坏机理、安全监测和合理的井壁结构强化研究	1989～1993	煤科总院建井所
2.综合注浆法的研究	1990～1994	煤科总院建井所
3.凿井涌水井内截、排、导处理技术的研究	1990～1994	煤科总院建井所
4.小孔多孔工作面快速注浆法的研究	1990～1993	煤科总院建井所
5.深厚粘土层冻结凿井技术的研究	1990～1993	煤科总院建井所
6.固体（粉状）乳化炸药的研究	1990～1993	煤科总院爆破所
7.煤矿许用炸药新型消焰剂的研制	1991～1993	煤科总院爆破所
8.掘进机电控装置耐震性能的试验研究及试验考核	1990～1992	煤科总院太原分院
9.机械化凿井装备可靠性及深井凿井装备配套参数的研究	1991～1993	煤科总院南京所

续表

项目名称	起止时间	承担单位
10.特殊地层井筒井壁破坏的防治技术	1991～1995	中国矿业大学
11.巨野矿区特厚表土层(H≤700m)应用冻结法施工建井的可行性研究	1992～1994	煤科总院建井所
12.空冷耐磨钢滚刀及其密封效果的研究	1992～1995	煤科总院建井所
13.乳化炸药在采掘工作面爆破工艺中应用的研究	1992～1994	煤科总院爆破所
14.凿井绞车同步电控及信号系统的研制	1992～1995	煤科总院南京所
15.新型耙斗装岩机系列样机的研究	1992～1994	煤科总院上海分院
16.巷道掘进微差爆破技术的研究	1992～1994	淮南矿业学院
三、煤矿电气		
1.矿用可调给煤机电控和称重闭环调节系统的研究	1988～1989	煤科总院常州自动化所
2.微机调度广播通讯与语言处理系统的研究	1990～1995	煤科总院常州自动化所
3.煤矿通讯系统可靠性的研究	1990～1993	煤科总院常州自动化所
4.移动变电站千伏级馈电开关可靠性的研究	1990～1992	煤科总院上海分院
5.井下防爆绞车变频控制系统	1986～1990	中国矿业大学
6.监控通讯一体化高速信道的研究	1991～1995	煤科总院常州自动化所
7.矿井电力调度及水泵监控调节系统	1991～1995	煤科总院常州自动化所
8.全矿井生产和安全监测（控）调度指挥系统主系统软件的开发	1991～1995	煤科总院常州自动化所
9.微型监测通讯与监控装置	1991～1995	煤科总院常州自动化所
10.矿井高压漏电保护装置可靠性的研究	1991～1994	煤科总院抚顺分院
11.提高双速刮板输送机用真空电磁起动器可靠性的试验研究	1991～1993	汾西机器厂平凉电子管厂、煤科总院抚顺分院
12.全矿井监控和通讯综合技术的研究	1992～1995	煤科总院常州自动化所
13.KJ3B防爆型煤矿井下轨道运输监控系统	1992～1994	煤科总院常州自动化所
14.高产工作面3kV级供电系统及其配套设备安全技术要求的研究	1992	煤科总院抚顺分院
15.综采工作面3kV级供电系统及防爆电气设备系列型谱、主要技术要求的研究	1992	煤科总院上海分院
16.交流变频调速电牵引装置扩大使用范围的研究	1992～1995	煤科总院上海分院
四、煤矿安全技术		
1.采煤工作面水平长钻孔预抽瓦斯的研究(AE)	1987～1990	煤科总院抚顺分院
2.英岗岭煤矿煤与瓦斯突出的综合治理	1988～1993	煤科总院重庆分院
3.采空区自然发火六参数实时预报系统的研究	1990～1994	煤科总院抚顺分院
4.矿井火灾时期计算机辅助救灾指挥系统的研究	1990～1993	煤科总院抚顺分院
5.高效净化降尘技术的研究	1990～1993	煤科总院重庆分院
6.石炭井矿务局乌兰矿放顶煤综采工作面粉尘综合防治技术的研究	1990～1992	煤科总院重庆分院
7.粉尘爆炸监控系统的研究	1990～1992	煤科总院重庆分院
8.矿工尘肺发病规律和防治策略的研究	1990～1994	华北煤炭医学院
9.瓦斯煤尘着火源预防措施的研究（防止摩擦火花引燃	1991～1994	煤科总院重庆分院

续表

项目名称	起止时间	承担单位
引爆瓦斯煤尘的研究)		
10.六枝矿务局综合防突技术优化的研究	1991～1995	六枝矿务局 煤科总院重庆分院
11.窑街矿区煤岩与二氧化碳突出的综合治理	1991～1995	窑街矿务局 煤科总院重庆分院
12.采场循环风流控制技术	1991～1993	煤科总院抚顺分院
13.瓦斯煤尘爆炸着火源预防措施的研究(炸药爆燃引爆瓦斯煤尘的条件与预防措施)	1991～1993	煤科总院爆破所
14.放顶煤综采工作面高浓度粉尘综合防治技术的研究	1992～1994	煤科总院重庆分院
15.煤矿火灾救灾决策控制系统的研究	1992～1995	中国矿业大学、煤科总院抚顺分院
五、矿井生产开拓、开采工艺和装备		
1.西山矿务局杜儿坪矿综采工作面陷落柱初期处理的研究	1988～1991	西山矿务局、煤科总院太原分院
2.泵送高水速凝人工石巷旁充填材料的研究	1990～1991	平顶山矿务局
3.矿井煤层大巷的合理性研究	1991～1994	煤科总院开采所
4.薄煤层气垛支架应用的研究	1992～1994	煤科总院开采所
六、露天开采工艺及设备		
1.露天煤矿高边坡岩体内部沉降监测装置的研究	1990～1992	煤科总院抚顺分院
2.平庄矿务局西露天矿F_3断层区边坡治理措施的研究	1991～1993	煤科总院抚顺分院
3.平朔安太堡露天矿外排土场稳定性的研究	1992～1994	煤科总院抚顺分院
4.露天开采半连续工艺系统关键技术的研究	1992～1995	中国矿业大学
七、煤炭洗选设备和工艺的研究		
1.大型无格折带过滤机	1988～1990	煤科总院唐山分院
2.50t/h空气重介干式流化床分选系统和设备的研制	1986～1990	中国矿业大学
3.高硫煤脱硫可选性及煤中黄铁矿硫赋存状态的研究	1990～1992	煤科总院唐山分院
4.重介质旋流器分选0.5(1)～0mm高硫难选粉煤的研究	1990～1993	煤科总院唐山分院
5.浮选系统产品质量在线测控的研究	1990～1993	煤科总院唐山分院
6.16m^3浮选机的研究	1990～1993	煤科总院唐山分院
7.16m^2直线振动筛的研究	1990～1993	煤科总院唐山分院
8.X5032KA(27.5m^2)大型块煤跳汰机	1990～1993	选煤设计院
9.跳汰机主要工艺参数自动控制的研究	1991～1994	煤科总院唐山分院
10.末煤重介分选系统产品质量在线测控的研究	1991～1994	煤科总院唐山分院
11.沉降过滤式离心机工作可靠性的研究	1991～1993	煤科总院唐山分院
12.大型动筛跳汰机的研制	1991～1994	煤科总院唐山分院
13.58m^2圆盘加压过滤机	1991～1993	煤科总院唐山分院
14.细粒煤脱硫的高梯度磁场分选方法的研究	1991～1993	中国矿业大学北京研究生部
15.科学化选煤决策系统的研究	1992～1994	煤科总院唐山分院
16.27m^2大型直线振动筛的研究	1992～1995	煤科总院唐山分院
17.难选高硫煤煤泥浮选脱硫	1992～1995	中国矿业大学
八、三下采煤技术		
1.高潜水位大型户群村庄下采煤技术	1990～1994	煤科总院开采所

续表

项目名称	起止时间	承担单位
2.徐州庞庄矿600户群高潜水位就地重建村庄下采煤技术的研究	1991～1995	煤科总院唐山分院
3.厚冲积层复杂地基条件村庄下多煤层开采试验的研究	1992～1994	煤科总院开采所
4.重复采动的底板岩体移动承压水运动规律及突水防治措施的研究	1992～1994	煤科总院开采所
5.七台河城市住宅小区抗采动变形技术的研究	1992～1995	煤科总院唐山分院
九、煤田地质勘探及水文地质		
1.典型缺水矿区供水及水资源开发、利用和管理的研究	1989～1991	煤科总院西安分院
2.综采煤层地质综合探测技术	1990～1993	煤科总院西安分院
3.槽波地震技术的适应范围和数据微机处理系统的研究	1990～1994	煤科总院西安分院
4.黄陇煤田聚煤特征与综合资源开发评价	1990～1993	煤科总院西安分院
5.井筒围岩地层柱状和涌水量准确预测方法的研究	1990～1994	煤科总院西安分院
6.煤矿地下水害预测预报专家系统的研究	1990～1993	煤科总院西安分院
7.西北聚煤区中生代含煤地层的研究	1991～1994	煤科总院西安分院
8.“三西”能源基地地下水资源和开发利用研究	1991～1993	煤科总院西安分院
9.黄陵煤矿区化探异常与浅层煤成气聚集关系的研究	1991～1993	煤科总院西安分院
10.KDL-2型矿井地质雷达终端显示和数据处理的研究	1990～1992	煤科总院重庆分院
11.WKT-D型大距离智能化无线电波透视仪的研究	1990～1992	煤科总院重庆分院、河北煤研所
12.煤田物探岩性勘探方法的研究	1990～1995	煤科总院西安分院、中国矿业大学
13.巨厚新生界地层复盖下的煤田水文地质勘探方法的研究	1991～1995	中国煤田地质局
14.西北侏罗纪聚煤盆地形成演化与聚煤规律的研究	1992～1995	煤科总院西安分院
15.单孔电磁波法探测钻孔周围地质构造的研究	1992～1995	煤科总院西安分院
16.煤矿井下定向分支孔钻进技术的研究	1992～1994	煤科总院西安分院
十、煤和煤矸石的利用及环境保护		
1.矿区和矿井水净化利用的研究	1986～1989	煤科总院杭州环保所
2.煤堆抑尘用表面凝固剂及其喷洒装置	1987～1988	选煤设计院
3.高硫煤燃烧的研究	1989～1990	煤科总院煤化所
4.ϕ2m新型两段式煤气发生炉的研制	1989～1991	煤科总院煤化所
5.ϕ2.26m水煤气两段炉及其制气工艺的开发研究	1990～1993	煤科总院煤化所
6.年青煤提质加工新工艺及装置	1990～1994	煤科总院煤化所
7.MKZ-J两段炉（ϕ1.6m改型炉）	1991～1993	煤科总院煤化所
8.外热式回转活化炉	1991～1993	煤科总院煤化所
9.矿区矿井水资源化及含盐矿井水净化利用的研究	1990～1993	煤科总院杭州环保所
10.煤矿酸性水治理与利用的研究	1991～1994	煤科总院杭州环保所
11.煤矸石制作非烧结砖的研究	1990～1992	煤科总院重庆分院
12.矿区水资源规划评价与利用研究	1990～1993	煤科总院西安分院
13.褐煤有粘结剂冷压成型工艺	1991～1995	煤科总院合肥所
14.水煤气两段炉新型高效能炉蓖的研制	1992～1994	煤科总院煤化所
15.水煤气两段炉气化过程计算机控制系统	1992～1994	煤科总院煤化所、常州自动化所

基本建设项目

1993年建成投产矿井项目

矿井名称	煤种	能力 (10^4T/a)	投产日期 (月.日)	工期 (月)	备注
全国合计		11—744			
一、新建矿井		2—141			
轩岗里沟斜井	1/3焦煤	21	12.29		
新汶翟镇立井	气肥煤	120	12.26		
二、扩建矿井		9—603			
峰峰小屯矿	贫煤	21/60—39	12.26		
轩岗焦家寨矿	1/3焦煤	60/150—90	12.29		
霍州辛置矿	肥煤	90/150—60	12.30		
包头阿刀刻矿	焦煤	6/30—24	12.31		
徐州张集矿	1/3焦煤	45/120—(30)			国家投资已给足，自筹工程未完，形不成能力
淮南新庄孜矿	1/3焦煤	180/270—90	11.26		1992年计划结转项目
淮北芦岭矿	1/3焦煤	150/240—(90)			国家投资已给足，自筹工程未完，形不成能力
义马跃进矿	长焰煤	60/120—60	12.31		
平顶山六矿	1/3焦煤	90/210—120	12.17		

1993年开工矿井项目

矿井名称	煤种	能力 (10^4T/a)	开工日期 (月.日)	备注
全国合计		12—1610		
一、新建矿井		11—1430		
井陉元氏立井	气煤	60	12.26	
包头万利一号斜井	长焰煤	60	12.1	
北票九道岭斜井	长焰煤、气煤	75	10.20	
鸡西西鸡西立井	焦煤、气煤、肥煤	60	10.1	
双鸭山东荣三立井	气煤	150	10.15	
七台河龙湖斜井	焦煤、肥煤	90	10.5	

续表

矿井名称	煤种	能力 $(10^4 t/a)$	开工日期(月.日)	备注
兖州济宁三号立井	气煤、气肥煤	500	12.19	
平顶山十三立井	肥煤、焦煤	180	12.18	
后所庆云斜井	气煤	60	6.28	
窑街海石湾平硐	弱粘结煤	150	12.7	
华亭陈家沟斜井	长焰煤、弱粘煤	45	10.28	
二、扩建矿井		1—180		
汾西柳湾	焦煤	120/1300—180	8.1	

1993年投产选煤厂项目

项目名称	能力 $(10^4 t/a)$	投产日期(月.日)	备注
全国合计	2—800		
古交马兰选煤厂	400	10.20	
兖州东滩选煤厂	400	12.18	

1993年开工选煤厂项目

项目名称	能力 $(10^4 t/a)$	开工日期(月.日)	备注
全国合计	4—980		
一、新建选煤厂	3—880		
潞安漳村选煤厂	120	10.1	1992年计划结转开工项目
潞安王庄选煤厂	360	12.22	
兖州济宁二号井选煤厂	400	10.	
二、扩建选煤厂	1—100		
汾西介休选煤厂	300/400—100	7.1	

煤炭工业基建新建矿井井巷工程主要经济指标

	计算单位	1992年	1993年	1993年比1992年增(+)、减(-)
一、矿井成巷进尺	m	167142	129371	-37771
二、井巷平均月进度				
立井	m/月/个	38.49	41.56	+3.07
斜井	m/月/个	57.22	47.47	-9.75
岩巷	m/月/个	64.44	62.48	-1.96
半煤岩巷	m/月/个	93.70	86.74	-6.96
煤巷	m/月/个	99.66	64.62	-35.04
三、掘进工效率				
立井	m^3/工	0.963	0.910	-0.053
斜井	m^3/工	0.744	0.755	+0.011
岩巷	m^3/工	0.804	0.825	+0.021
半煤岩巷	m^3/工	1.049	1.063	+0.014
煤巷	m^3/工	0.906	0.938	+0.033

煤炭工业基建施工主要经济指标

	计算单位	1992年	1993年	1993年比1992年增(+)、减(-)
一、工程量				
井巷	m	265278	235745	-29533
土建竣工	m^2	3209542	2449324	-760218
二、施工产值	10^4元	537,617	635208	+97591
三、劳动生产率				
全员	元/人·年	14492	18019	+3527
矿建工人	元/人·年	21345	25259	+3914
土建工人	元/人·年	25127	33529	+8402
安装工人	元/人·年	31165	37188	+6023
四、实物效率				
井巷	m/人·年	6.82	6.58	-0.24
土建竣工	m^2/人·年	27.8	23.08	-4.72
五、机械设备				
完好率	%	91	91	0
利用率	%	71	72	+1

煤炭工业施工企业主要经济指标

	计算单位	1993年	1992年	1993年比1992年 增(+)、减(-)
一、工程量				
井　　巷	m	235745	265278	-29533
土建竣工	m^2	2449324	3209542	-760218
二、施工产值	10^4元	635208	537617.24	+97590.76
三、劳动生产率				
人　　员	元/人·年	18019	14492	+3527
矿建工人	元/人·年	25259	21345	+3914
土建工人	元/人·年	33529	25127	+8402
安装工人	元/人·年	37188	31165	+6023
四、实物效率				
井　　巷	m/人·年	6.58	6.82	-0.24
土建竣工	m^2/人·年	23.08	27.79	-4.72
五、机械设备				
完好率	%	91	91	0
使用率	%	72	71	+1
六、三类工程优良品率				
矿　　建	%	61.7	66.2	-4.5
土　　建	%	73.2	73.4	-0.2
安　　装	%	91.7	89.2	+2.5

基本建设井巷工程主要经济指标

	计算单位	1993年	1992年	1993年比1992年 增(+)、减(-)
一、矿井成巷进尺	m	235745	265278	-29533
二、井巷平均月进度				
立　　井	m/月·个	41.56	38.49	+3.07
斜　　井	m/月·个	47.47	57.22	-9.75
岩　　巷	m/月·个	62.48	64.44	-1.96
半煤岩巷	m/月·个	86.74	93.70	-6.96
煤　　巷	m/月·个	64.62	99.66	-35.04
三、掘进工效率				
立　　井	m^3/工	0.910	0.963	-0.053
斜　　井	m^3/工	0.755	0.744	+0.011
岩　　巷	m^3/工	0.825	0.804	+0.021
半煤岩巷	m^3/工	1.063	1.049	+0.014
煤　　巷	m^3/工	0.938	0.905	+0.033

部及省属设计院任务完成情况

		计算单位	1993年	1992年	
提交矿区总体	件数	件	—	7	
	能力	10^4t	—	8975	
提交矿井和露天矿	件数	件	47	64	
	能力	10^4t	7530	7358	
提交选煤厂	件数	件	17	23	
	能力	10^4t	3300	3715	
提交机修厂	件数	件	6	10	

先进单位和个人

先进单位名单

全国煤炭工业多种经营先进单位

一、发展多种经营先进单位

抚顺矿务局
淮北矿务局
井陉矿务局
阳泉矿务局
徐州矿务局
常州矿务局
长广煤矿公司
永安矿务局
萍乡矿务局
淄博矿务局
焦作矿务局
蒲圻矿务局
合山矿务局
永荣矿务局
△煤炭科学研究总院唐山分院
△东煤地质局
△江苏省煤田地质局
△江苏省煤炭基本建设公司
大同矿务局云岗矿
开滦矿务局唐家庄矿
平顶山矿务局十矿
鸡西矿务局穆棱矿
下花园煤矿
山西省古交市矾石沟煤矿
坊子煤矿
湖南省煤炭坝煤矿
四川省乐山市沫江煤矿
贵州省遵义县泮水煤矿
石炭井矿务局一矿

二、多种经营先进企业

大同矿务局劳动服务总公司
平顶山矿务局香山多种经营公司
淮南矿务局电器总厂
大屯煤电公司龙东矿多种经营公司
平朔煤炭工业公司多种经营公司
鸡西矿务局建筑公司
鹤岗矿务局多种经营总公司
阜新矿务局海州矿集体企业公司
大雁矿务局多种经营总公司
铁法矿务局晓明矿多种经营公司
七台河矿务局新兴矿多种经营公司
通化矿务局湾沟矿综合经营公司
扎赉诺尔矿务局商业经销公司
双鸭山矿务局印刷厂
珲春矿务局上海凯达航运公司
南票矿务局北京京锦冷饮厂
北票矿务局矿建材料水泥厂
沈阳矿务局红菱矿集体企业公司
平庄矿务局高低压开关厂
舒兰矿务局化工厂
辽源矿务局梅河矿综合公司
△东煤基建局钢模板厂
北京矿务局工贸实业总公司
峰峰矿务局三矿集体企业公司
邢台矿务局邢台矿多种经营公司
西山矿务局福利厂
晋城矿务局劳动服务总公司
潞安矿务局王庄矿多种经营公司
汾西矿务局机修厂工贸公司
太原功能食品厂

△山西星光矿业发展公司
△山西神州实验种鸡场
霍州矿务局辛置矿多种经营公司
包头矿务局五当沟多种经营公司
海渤湾矿务局平沟矿多种经营公司
皖北矿务局毛郢孜矿多种经营公司
福州华丰制扣有限公司
丰城矿务局建新工业服务公司
枣庄矿务局山家林矿多种经营公司
山东煤矿泰安机械厂大修分厂
新汶矿务局协庄矿多种经营公司
龙口矿务局北皂矿多种经营公司
肥城矿务局杨庄矿多种经营公司
山东滨州崇山实业集团总公司
郑州矿务局耐火材料厂
鹤壁矿务局三矿劳动服务公司
义马矿务局北露天矿煤机厂
资兴矿务局洗煤焦化厂
涟邵矿务局牛马司矿多种经营公司
深圳越华实业总公司
广旺矿务局发电厂
攀枝花矿务局沿江实业开发总公司
松藻矿务局多种经营总公司
南桐矿务局砚石台矿多种经营公司
贵州六枝大华制药厂
盘江矿务局月亮田矿多种经营公司
云南省羊场煤矿六七四厂
澄合矿务局印刷厂
蒲白矿务局马村矿多种经营公司
铜川矿务局行政处劳动服务公司
窑街矿务局民勤林场
靖远矿务局劳动服务公司
石嘴山矿务局造纸包装公司
新疆煤矿化工厂多种经营公司
哈密矿务局第二建筑工程公司
河北煤田地质局第二地质队
淮北煤矿建设公司总机厂
西安煤矿机械厂劳动服务公司
西安煤矿设计院四维实业发展总公司
黑龙江矿院校办产业集团总公司
淮北矿务局多种经营公司职业学校

全国煤炭工业现场管理先进单位名单(121个)

开滦矿务局唐山矿
开滦矿务局林南仓矿
邢台矿务局邢台矿
邢台矿务局东庞煤矿
峰峰矿务局孙庄矿
大同矿务局燕子山矿
大同矿务局云岗矿
晋城矿务局凤凰山矿
晋城矿务局古书院矿
晋城矿务局王台铺矿
潞安矿务局王庄煤矿
潞安矿务局漳村煤矿
潞安矿务局石圪节煤矿
汾西矿务局水峪煤矿
阳泉矿务局四矿
西山矿务局杜儿坪矿
霍州矿务局辛置煤矿
乌达矿务局黄白茨煤矿
包头矿务局阿刀亥煤矿
大雁矿务局第一煤矿
大雁矿务局第二煤矿
平庄矿务局古山煤矿
抚顺矿务局老虎台矿
阜新矿务局海州露天煤矿
阜新矿务局五龙煤矿
铁法矿务局晓南矿
铁法矿务局晓明矿
鹤岗矿务局大陆煤矿
七台河矿务局新兴煤矿
徐州矿务局三河尖煤矿
大屯煤电公司龙东煤矿
淮北矿务局岱河煤矿
淮南矿务局新庄孜煤矿
丰城矿务局建新煤矿
兖州矿务局南屯煤矿
兖州矿务局兴隆庄煤矿
新汶矿务局协庄煤矿
新汶矿务局汶南煤矿
肥城矿务局曹庄煤矿
肥城矿务局陶阳煤矿
龙口矿务局北皂煤矿
淄博矿务局岭子煤矿
枣庄矿务局蒋庄煤矿
平顶山矿务局一矿
平顶山矿务局四矿
平顶山矿务局大庄矿
鹤壁矿务局三矿
义马矿务局常村煤矿
郑州矿务局王庄煤矿
焦作矿务局冯营矿
韩城矿务局下峪口煤矿
窑街矿务局一矿
云南省田坝煤矿
石炭井矿务局白芨沟矿
石嘴山矿务局第一煤矿
哈密矿务局一矿
河北省邢台县许庄煤矿
河北省永年县焦窑煤矿

黑龙江省立新煤矿
江苏省徐州市马庄煤矿
安徽省皖北矿务局百善煤矿
安徽省淮南市新集煤矿
福建省永安矿务局丰海煤矿
山东省龙口市洼东煤矿
山东省济宁市落陵煤矿
山东省七五生建煤矿
河南省辉县市吴村煤矿
湖南省郴州地区鲤鱼江煤矿
陕西省宝鸡市北马坊煤矿
甘肃省华亭县华亭煤矿
灵武矿务局磁窑堡煤矿
枣庄矿务局第三工程处
大同矿务局燕子山工程处
煤炭第三十工程处
煤炭第三十一工程处
煤炭第七十二工程处
七台河矿务局工程处
沈阳矿务局安装工程处
晋城矿务局工程处
大屯煤电公司建筑安装工程公司
兖州矿务局第七十工程处
淮南矿务局建井工程处
舒兰矿务局建筑安装工程公司
鸡西煤矿机械厂
西安煤矿机械厂
郑州煤矿机械厂
邵阳煤矿机械厂
抚顺煤矿电机厂
徐州煤矿机械厂
西北煤矿机械总厂一厂
重庆煤矿安全仪器厂
兰州矿灯厂
哈尔滨市东煤电器设备厂
山东煤田地质局第三勘探队
福建省121煤田地质勘探队
大屯煤电公司选煤厂
湖南省株洲洗煤厂
达竹矿务局渡市选煤厂
通化矿务局铁厂洗煤厂
淮北矿务局淮北选煤厂
汾西矿务局介休洗煤厂
淮南矿务局机械厂
水城矿务局机电修配厂
徐州矿务局第一机械厂
抚顺矿务局电力机车工厂
平顶山矿务局煤矿机械厂
义马矿务局第二机电设备厂
韩城矿务局机电总厂
阜新矿务局铁路运输部
淮北矿务局九一〇厂
大同矿务局化工厂
平庄矿务局六五〇厂
新疆煤矿化工厂
峰峰矿务局建材厂
北京矿务局水泥厂
淮北矿务局水泥厂
鹤岗矿务局水泥厂
永荣矿务局发电厂
鸡西矿务局煤气厂
徐州矿务局焦化厂
徐州矿务局地质勘探工程处

1993年度国有重点煤矿质量标准化矿井

一、特级质量标准化矿井(73个)

开滦矿务局：
范各庄矿
荆各庄矿
大同矿务局：
马脊梁矿
云岗矿
燕子山矿
平顶山矿务局：
一矿
十矿
高庄矿
淮北矿务局：
朱庄矿
岱河矿
朔里矿
大屯煤电公司：
孔庄矿
龙东矿
峰峰矿务局：
牛儿庄矿
邢台矿务局：
邢台矿
汾西矿务局：
水峪矿
潞安矿务局：
石圪节矿
王庄矿
漳村矿
晋城矿务局：
古书院矿
王台铺矿
凤凰山矿
霍州矿务局：

曹村矿
白龙矿
海勃湾矿务局：
露天矿
徐州矿务局：
大黄山矿
旗山矿
庞庄矿
三河尖矿
丰城矿务局：
建新矿
八一矿
淄博矿务局：
岭子矿
南定矿
阜村矿
新汶矿务局：
孙村矿
协庄矿
鄂庄矿
汶南矿
南冶矿
枣庄矿务局：
柴里矿
田陈矿
蒋庄矿
肥城矿务局：
杨庄矿
曹庄矿
陶阳矿
查庄矿
白庄矿
兖州矿务局：
南屯矿
兴隆庄矿
鲍店矿
东滩矿
龙口矿务局：
北皂矿
洼里矿
焦作矿务局：
焦西矿
小马村矿
演马庄矿
九里山矿
中马村矿
鹤壁矿务局：
三矿
五矿
九矿
义马矿务局：
跃进矿
北露天矿
杨村矿
耿村矿
郑州矿务局
米村矿
王庄矿
大平矿
石嘴山矿务局：
一矿
石炭井矿务局：
一矿
二矿
白芨沟矿
伊敏煤电公司：
一号露天矿

二、一级质量标准化矿井(76个)

开滦矿务局：
赵各庄矿
吕家坨矿
钱家营矿
大同矿务局：
永定庄矿
同家梁矿
四老沟矿
忻州窑矿
大斗沟矿
王村矿
平顶山矿务局：
二矿
四矿
六矿
十二矿
大庄矿
淮北矿务局：
袁庄矿
杨庄矿
沈庄矿
石台矿
朱仙庄矿
海孜矿
童亭矿
峰峰矿务局：
万年矿
邢台矿务局：
东庞矿
显德旺矿
阳泉矿务局：
一矿
二矿
三矿

四矿
西山矿务局：
西铭矿
官地矿
西曲矿
马兰矿
汾西矿务局：
两渡矿
柳湾矿
轩岗矿务局：
刘家梁矿
霍州矿务局：
南下庄矿
团柏矿
小峪煤矿
包头矿务局：
阿刀亥矿
乌达矿务局：
黄白茨矿、苏赫图矿
海勃湾矿务局：
老石旦矿
徐州矿务局：
韩桥矿
丰城矿务局：
尚庄一矿
新汶矿务局：
张庄矿
良庄矿
华丰矿
潘西矿
西港矿
泉沟矿
肥城矿务局：
国家庄矿
龙口矿务局：
梁家矿
坊子煤矿
焦作矿务局：
韩王矿
冯营矿
位村矿
鹤壁矿务局：
四矿
义马矿务局：
千秋矿
常村矿
宜洛矿
郑州矿务局：
裴沟矿
芙蓉矿务局：
巡场矿
攀枝花矿务局：
大宝顶矿
永荣矿务局：
曾家山矿
盘江矿务局：
火烧铺矿
月亮田矿
老屋基矿
土城矿
水城矿务局
红旗矿
那罗寨矿
韩城矿务局：
下峪口矿
象山矿
燎原矿
窑街矿务局：
二矿
三矿
石嘴山矿务局：
二矿

三、二级质量标准化矿井（61个）

开滦矿务局：
马家沟矿
大同矿务局：
挖金湾矿
平顶山矿务局：
五矿
七矿
八矿
淮南矿务局：
新庄孜矿
李二矿
淮北矿务局：
相城矿
芦岭矿
临涣矿
大屯煤电公司：
姚桥矿
徐庄矿
峰峰矿务局：
羊渠河矿
邯郸矿务局：
郭二庄矿
西山矿务局：
杜儿坪矿
太原煤气公司：
炉峪口矿
固庄煤矿
南庄煤矿
王坪煤矿

徐州矿务局：
董庄矿
夹河矿
萍乡矿务局：
安源矿
青山矿
英岗岭矿务局：
桥头矿
东村矿
兖州矿务局：
杨村矿
临沂矿务局：
褚墩矿
株柏矿
义马矿务局：
新安矿
郑州矿务局：
芦沟矿
涟邵矿务局：
金竹山矿　土株井
资兴矿务局
宇字矿
白沙矿务局：
白山坪矿　磨田井
南阳矿　前进井
广旺矿务局：
旺苍矿
唐家河矿
芙蓉矿务局：
杉木树矿
攀枝花矿务局：
太平场矿
南桐矿务局：
南桐矿一井，二井
天府矿务局：
三汇三矿
松藻矿务局：
松藻矿
打通二矿
石壕矿
永荣矿务局：
永川矿　七井斜井
双河矿八井（一斜），十井（三斜）
一平浪煤矿（抗八井）
羊场煤矿（沙背冲井）
田坝煤矿（四号井）
六枝矿务局：
化处矿
水城矿务局：
木冲沟矿
顶拉矿
铜川矿务局：
下石节矿
蒲白矿务局：
马村矿
澄合矿务局：
权家河矿
韩城矿务局：
马沟渠矿
桑树坪矿
石炭井矿务局：
大峰矿
灵武矿务局：
灵新矿
乌鲁木齐矿务局：
六道湾矿
小红沟矿

四、省级质量标准化矿井（73个）

大同矿务局：
白洞矿
淮南矿务局：
李一矿
孔集矿
潘三矿
峰峰矿务局：
五矿
小屯矿
薛村矿
孙庄矿
井径矿务局：
三矿
临城矿
邢台矿务局：
章村矿
葛泉矿
邯郸矿务局：
阳邑矿
陶一矿
陶二矿
下花园煤矿
八宝山煤矿
西山矿务局：
白家庄矿
汾西矿务局
高阳矿
轩岗矿务局：
黄甲堡矿
霍州矿务局：
辛置矿
东山煤矿
西峪煤矿
包头矿务局：

白狐沟矿
徐州矿务局：
坨城矿
长广公司
六矿
萍乡矿务局：
巨源矿
杨桥矿
洛市矿务局：
山西矿
淄博矿务局：
西河矿
夏庄矿
兖州矿务局：
北宿矿
涟邵矿务局：
牛马司矿　水井头立井
金竹山矿　一平硐
洪山殿矿　蛇形山井
碱沙坝井
冷水江矿　塘冲井
斗笠山矿　香花台井
黄港井
朝阳矿　朝阳井
恩口矿　一井
利民矿
资兴矿务局：
唐洞矿　八一井
宝源矿　南平硐
杨梅山矿　杨总窿井
周源山矿
白沙矿务局：
马田矿　芝兰冲井
白山坪矿　白山坪井
街洞矿　塘角上井
红卫矿　黑王庙井
湘永矿　铜角湾井
广旺矿务局：
广元矿
代祠坝矿
芙蓉矿务局
珙泉矿
南桐矿务局：
红岩矿
鱼田堡矿
天府矿务局：
三汇一矿
永荣矿务局：
永川矿
永川矿、六井平硐
水城矿务局：
大河边矿

老鹰山矿
铜川矿务局：
桃园矿
蒲白矿务局：
白水矿
南桥矿
南井头桥
窑街矿务局：
天祝矿
靖远矿务局：
宝积山矿
红会四矿
魏家地矿
哈密矿务局：
一矿
三道岭露天矿
乌鲁木齐矿务局：
碱沟矿
艾维尔沟煤矿

1993年度国有地方煤矿质量标准化矿务局(公司)、矿井

一、部特级质量标准化矿井(28个)

(一) 河北省 (4个)
永年县焦窑煤矿
康保煤矿
秦皇岛市柳江煤矿义院口分矿
磁县观台煤矿
(二) 山西省 (1个)
晋城市北岩煤矿
(三) 辽宁省 (1个)
铁法市顾家煤矿
(四) 江苏省 (3个)
扬州市王庄煤矿
徐州市永固煤矿
盐城市利国煤矿
(五) 安徽省 (3个)
皖北矿务局百善煤矿
皖北矿务局孟庄煤矿
皖北矿务局刘桥一矿
(六) 福建省 (1个)
永安矿务局加福煤矿
(七) 河南省 (1个)
禹州市吕沟煤矿
(八) 山东省 (8个)
龙口市洼东煤矿
新泰市高佐煤矿
新泰市韩庄煤矿

曲阜市单家村煤矿
枣庄市泉上煤矿
省劳改局武所屯生建煤矿
省劳改局七五生建煤矿
滕州市郭庄煤矿
（九）湖南省（3个）
嘉禾县袁家煤矿
裕民煤矿芋子田井
资兴市鲤鱼江煤矿
（十）甘肃省（3个）
华亭县华亭煤矿
庆阳地区净石沟煤矿
华亭矿务局东峡煤矿

二、部级质量标准化矿务局（公司）（11个）

（一）江苏省（1个）
扬州市煤炭工业公司
（二）安徽省（1个）
皖北矿务局
（三）福建省（1个）
永安矿务局
（四）河南省（1个）
平顶山市梨园矿务局
（五）山东省（3个）
济宁市煤炭工业公司
烟台市煤炭工业公司
滕州市煤炭工业公司
（六）湖北省（1个）
松宜矿务局
（七）广东省（1个）
四望嶂矿务局
（八）云南省（1个）
小龙潭煤矿
（九）甘肃省（1个）
华亭矿务局

三、部级质量标准化矿井（183个）（黄牌警告30个）

（一）河北省（18个）（**黄牌警告4个**）
承德地区暖儿河煤矿（黄牌警告）
邯郸市沙果园煤矿
邯郸县姬庄煤矿
磁县申家庄煤矿
邢台县许庄煤矿
邢台市磨窝煤矿
石家庄市煤矿
张家口市老虎头煤矿西细庄井
张家口市涿鹿煤矿黄土湾井
尚义县尚义煤矿大坝沟井
蔚县孟家堡煤矿
平泉县杨树岑煤矿（黄牌警告）
唐山市东矿区迁安县五一煤矿
唐山市遵化县第二煤矿（黄牌警告）
唐山市东矿区迁西县煤矿
唐山市东矿区滦县煤矿
唐山市东矿区昌黎县煤矿
衡水地区煤矿（黄牌警告1个）
（二）山西省（19个）（**黄牌警告1个**）
大同市新荣区甘庄煤矿
左云县鹊儿山煤矿
临汾市豁口煤矿
吉县沙坪煤矿
乡宁县台头煤矿
乡宁县大宁煤矿
长治市慈林山煤矿
襄垣县襄垣煤矿
沁源县沁新煤矿
晋城市莒山煤矿
晋城市伯方煤矿
运城地区杜家沟煤矿
古交市矾石沟煤矿
朔州市朔城区杨涧煤矿
怀仁县峙峰山煤矿（黄牌警告）
怀仁县芦子沟煤矿
怀仁县砂石煤矿
怀仁县石井煤矿
吕梁地区兑镇煤矿
（三）辽宁省（1个）
康平县三台子煤矿
（四）吉林省（5个）
长春市羊草沟煤矿一井
长春市羊草沟煤矿二井
辽原市大水缸煤矿
延吉市三道煤矿二井
四平市刘房子煤矿一井
（五）黑龙江省（11个）
立新煤矿
碱场煤矿
黑宝山煤矿
依兰煤矿
农场总局牡丹江农管局8510农场红旗煤矿
三八煤矿
佳木斯市矿务局开平煤矿
鹤岗市南山区四煤矿
鹤岗市南山区五煤矿
鹤岗市南山区七煤矿
鹤岗市南山区一煤矿
（六）江苏省（19个）（**黄牌警告5个**）
宝应县拾屯煤矿

无锡市白泥场煤矿
无锡市川埠煤矿
无锡市园田煤矿
常州市矿务局卜戈煤矿
镇江市古洞煤矿
宿迁市胡庄煤矿
洪峰县九里山煤矿
徐州市新庄煤矿
徐州市沛城煤矿
徐州市马庄煤矿（黄牌警告）
徐州市陈楼煤矿（黄牌警告）
南通市柳新煤矿
连云港市白集煤矿
连云港市干榆县唐庄煤矿（黄牌警告）
干榆县瓦庄煤矿
盐城市殷庄煤矿（黄牌警告）
盐城市韩场煤矿（黄牌警告）
盐城市南庄煤矿

（七）安徽省（1个）

皖北矿务局毛郢孜煤矿

（八）福建省（11个） **（黄牌警告2个）**

永安矿务局丰海煤矿（黄牌警告）
永安矿务局东坑子煤矿
永安矿务局半罗山煤矿
永安矿务局斑竹坑煤矿
永定矿务局铜锣坪煤矿（黄牌警告）
龙岩矿务局田螺形煤矿
龙岩矿务局坑柄煤矿
上京矿务局仙亭煤矿
龙岩地区连城县北团煤矿
龙岩市黄坑煤矿
清流县上坪煤矿

（九）河南省（17个） **（黄牌警告2个）**

永城矿务局葛店煤矿
洛阳市龙门煤矿
偃师县焦村煤矿夹沟分矿
焦作市白庄煤矿
焦作市方庄煤矿新井
焦作市方庄煤矿一井
梨园矿务局郭庄煤矿
平顶山市梁洼矿务局军营矿
平顶山市韩庄矿务局二矿（黄牌警告）
密县超化煤矿
登封县新登煤矿
新峰矿务局二矿
辉县市吴村煤矿
禹州市白庙煤矿
新峰矿务局六矿（黄牌警告）
禹州市凤翅山煤矿
林县大众煤矿

（十）江西省（3个）

桨浦煤矿二井
天河煤矿三井
赣州地区赣南高桥煤矿

（十一）山东省（15个） **（黄牌警告3个）**

烟台市桑园煤矿
潍坊市朱刘店煤矿
淄博市泮水煤矿
济南市平阴县煤矿（黄牌警告）
章丘市东风煤矿
宁阳县保安煤矿
宁阳县石屯煤矿
新泰市汶河煤矿
肥城市五里垢煤矿（黄牌警告）
莱芜市北埠煤矿
济宁市洛陂煤矿
济宁市莱园生建煤矿（黄牌警告）
济宁市横河煤矿
枣庄市台儿庄区张山子煤矿
省劳改局岱庄生建煤矿

（十二）河北省（14个） **（黄牌警告3个）**

松宜矿务局尖岩河煤矿
松宜矿务局鸽子坛煤矿
松宜矿务局陈家河煤矿一井
松宜矿务局陈家河煤矿二井
松宜矿务局坛子口煤矿
松宜矿务局猴子洞煤矿
松宜矿务局干沟河煤矿
松宜矿务局石家湾煤矿
荆门市马河煤矿
当阳市黄土岗煤矿
崇阳县八一煤矿
当阳市庙前煤矿（黄牌警告）
黄石矿务局胡家湾煤矿（黄牌警告）
蒲圻矿务局双丘煤矿（黄牌警告）

（十三）湖南省（6个）

嘉禾县罗卜安煤矿
冷水江市资江煤矿
冷水江市大建煤矿红星井
石门县青峰煤矿四井
临武县水东煤矿
怀化地区源陵县煤矿

（十四）广西自治区（3个）

右江矿务局长岭煤矿
右江矿务局塘内煤矿
右江矿务局洲景煤矿

（十五）广东省（5个） **（黄牌警告1个）**

四望嶂矿务局一矿
四望嶂矿务局二矿
四望嶂矿务局三矿
坪石矿务局二矿（黄牌警告）
茂名矿务局石鼓煤矿

（十六）四川省（11个） **（黄牌警告5个）**

嘉阳煤矿（黄牌警告）

朱山市建为县胜利煤矿
乐山市仁寿县汪洋煤矿（黄牌警告）
乐山市仁寿县勤俭煤矿
峨眉山市龙池煤矿八一井
峨眉山市龙池煤矿苗甫井（黄牌警告）
涪陵地区水江煤矿
涪陵地区沙子坨煤矿（黄牌警告）
涪陵地区五七煤矿
达川地区团坝煤矿（黄牌警告）
南充地区天池煤矿

（十七）重庆（4个）（黄牌警告2个）

重庆市中心桥煤矿
重庆市新兴煤矿
重庆市长河碥煤矿（黄牌警告）
重庆巴县青木关煤矿（黄牌警告）

（十八）云南省（5个）

小龙潭煤矿小龙潭坑
小龙潭煤矿布沼坝坑
后所煤矿打磨沟二井
玉溪地区塔甸煤矿科拉池井
楚雄州吕河煤矿

（十九）贵州省（6个）

林东矿务局桐梓煤矿
林东矿务局南山煤矿
平坝县黄家庄煤矿
省劳改局桥子山煤矿
金沙县新化煤矿
铜仁地区思南县枫芸煤矿

（二十）陕西省（4个）（黄牌警告1个）

彬县百子沟煤矿
澄城县尧头斜井
旬邑县百子煤矿（黄牌警告）
宝鸡市北马坊煤矿

（二十一）宁夏自治区（2个）（黄牌警告1个）

灵武矿务局磁窑堡煤矿
灵武矿务局（彭阳县）王洼煤矿（黄牌警告）

（二十二）甘肃省（1个）

华亭矿务局安口煤矿

（二十三）新疆自治区（2个）

阿勒泰地区库伦铁布克煤矿
乌苏县四棵树煤矿

1993年度乡镇煤矿质量标准化矿井

一、部特级质量标准化矿井（5个）

安徽省淮北市杜集区窦庄煤矿
安徽省淮南市壹峰岗镇陶圩二矿
山东省枣庄市薛城区南石煤矿
河南省登封县大冶乡王楼煤矿
河南省登封县部城乡阳城煤矿

二、部级质量标准化矿井（115个）（黄牌警告2个）

（一）河北省（38个）

井陉矿区西王舍矿
井陉矿区西沟煤矿横西井
井陉矿区贾庄煤矿
井陉矿区涧底煤矿
井陉矿区北宅煤矿
井陉矿区红星煤矿三号井
井陉矿区西岗头矿井
井陉矿区西沟煤矿联办二号井
井陉县北正乡煤矿
井陉县小作煤矿
井陉县张河西煤矿
平泉县扬树岭镇狮子庙煤矿
宽城县宽城镇煤矿
怀来县小园煤矿
怀来县于洪寺煤矿
怀来县水窑沟村煤矿
蔚县南留庄镇寨沟煤矿
涿鹿县武家沟乡煤矿
涿鹿县张家堡村煤矿
涿鹿县沙垠村煤矿
峰峰矿区和村镇新一煤矿
峰峰矿区彭城镇煤矿
峰峰矿区大峪镇第二煤矿
峰峰矿区大峪镇第三煤矿
峰峰矿区和村镇东兴煤矿
峰峰矿区峰峰矿务局黑龙洞村联营煤矿
武安市清化乡煤矿一坑
武安市牛角湾煤矿一坑
武安市磁一工业公司煤矿
武安市康二城镇煤矿
武安市翟郭煤矿
武安市邯武联办煤矿
武安市金马企业总公司二煤矿
武安市上洛阳学校煤矿
邯郸县工程乡煤矿
邯郸县观岭山煤矿
磁县岗子窑村煤矿
磁县前辛安村办煤矿

（二）山西省（16个）

大同市南郊区城关乡联营煤矿
乡宁县长咀湾煤矿
霍州市宁庄煤矿

晋城市郊区高都镇泊村煤矿
晋城市郊区高都镇泊南煤矿
晋城市郊区周村镇西庄煤矿
阳城县西河乡孔坪联办煤矿
阳城县西河乡郭河煤矿
阳城县北留镇皇城联营煤矿
阳城县北留镇沟底煤矿
阳城县大桥联办煤矿
阳城县北留镇史山煤矿
阳城县润城镇上伏煤矿
阳城县润城镇下伏煤矿
阳城县城关镇阳高泉煤矿
阳城县城关镇烟河煤矿

（三）辽宁省（9个）

凤城县赛马镇煤矿
本溪县山城子乡第一煤矿
本溪县田师付镇第七煤矿
喀左县白塔子乡煤矿
喀左县南哨煤矿
黑山县太和乡煤矿
西丰县陶然乡新开煤矿
灯塔县罗大台乡煤矿
锦县班吉塔镇一煤矿

（四）黑龙江省（1个）

鹤岗市东方红乡二煤矿

（五）江苏省（5个）

铜山县大吴乡权台煤矿（黄牌警告）
铜山县解台煤矿
铜山县大黄乡郑庄煤矿
铜山县韩场第四煤矿
铜山县新庄煤矿

（六）安徽省（10个）

淮北市房庄煤矿
淮南市大通九矿
淮南市长青乡长青煤矿
淮南市大通四矿
淮南市壹峰岗镇陶圩一矿
淮南市八公山区五矿
淮南市八公山区一矿
淮南市谢家集区唐山一矿
淮南市赖山一矿
淮南市大通八矿

（七）山东省（24个）

枣庄市薛城区仁兴煤矿
枣庄市薛城区金河三号井
枣庄市薛城区邹邬二号东井
枣庄市薛城区陶庄防备矿
枣庄市薛城区后湾煤矿
枣庄市市中区孟庄西矿
枣庄市市中区孟庄东矿
枣庄市市中区渴口煤矿
枣庄市市中区黄庄乡煤矿
枣庄市山亭区张庄煤矿
滕州市官桥煤矿南井
滕州市官桥煤矿北井
滕州市木石煤矿张庄井
滕州市木石煤矿各山南井
章丘市明月镇三号煤矿
章丘市埠村镇一号煤矿
章丘市上皋煤矿
新泰市光明煤矿
淄博市张店区崔军煤矿（黄牌警告）
新泰市汶南镇汶南煤矿
新泰市翟镇刘官庄煤矿
宁阳县伏山镇伏山煤矿
莱芜市南冶镇魏家洼煤矿
临沂市义堂煤矿

（八）河南省（9个）

平顶山市郊区吕庄煤矿
禹州市神后镇边沟煤矿
禹州市磨街乡白坡煤矿
禹州市方山镇三岔口煤矿
登封县大冶乡石淙煤矿
登封县大冶乡东施煤矿
登封县白坪乡三元煤矿
登封县颖阳乡友谊煤矿
密县制岳村乡任岗煤矿

（九）湖南省（3个）

邵阳县九公桥区东风煤矿
嘉禾县塘村镇塘村煤矿
攸县桃水镇环冲煤矿

1993年度煤炭质量信得过单位（22个）

开滦矿务局
大同矿务局
平顶山矿务局
淮南矿务局
淮北矿务局
大屯煤电公司
峰峰矿务局
邢台矿务局
潞安矿务局
阳泉矿务局
西山矿务局
晋城矿务局
枣庄矿务局
新汶矿务局
鹤壁矿务局
徐州矿务局
抚顺矿务局
阜新矿务局

七台河矿务局
攀枝花矿务局
永荣矿务局
大雁矿务局

1993年度煤质管理工作质量标准化矿井

一、特级矿井(56个)

开滦矿务局唐家庄矿
唐山矿
大同矿务局王村矿
平顶山矿务局一矿
四矿
淮南矿务局谢一矿
阳泉矿务局一矿
三矿
潞安矿务局王庄矿
漳村矿
荫营煤矿
徐州矿务局夹河矿
圪城矿
义马矿务局杨村矿
常村矿
萍乡矿务局安源矿
高坑矿
广旺矿务局白水矿
淮北矿务局朱仙庄矿
大屯煤电公司龙东矿
姚桥矿
峰峰矿务局羊渠河矿
邢台矿务局邢台矿
东庞矿
晋城矿务局古书院矿
凤凰山矿
汾西矿务局高阳矿
东山煤矿
南下庄煤矿
兖州矿务局北宿矿
肥城矿务局陶阳矿
鹤壁矿务局三矿
资兴矿务局宝源矿
杨梅山矿
攀枝花矿务局太平矿
芙蓉矿务局白皎矿
达竹矿务局铁山南矿
白腊坪矿
盘江矿务局山脚树矿
石炭井矿务局二矿
三矿
乌鲁木齐矿务局苇湖梁矿
鸡西矿务局二道河子矿
扎赉诺尔矿务局灵泉矿
平庄矿务局古山矿
阜新矿务局海州矿
天府矿务局磨心坡矿
六枝矿务局六枝矿
澄合矿务局权家河矿
窑街矿务局一矿
石嘴山矿务局一矿
鹤岗矿务局南山矿
七台河矿务局富强矿
大雁矿务局二矿
抚顺矿务局老虎台矿
一平浪煤矿

二、一级矿井(66个)

开滦矿务局赵各庄矿
吕家坨矿
林南仓矿
淮北矿务局沈庄矿
大屯煤电公司徐庄矿
平顶山矿务局五矿
十矿
大庄矿
大同矿务局忻州窑矿
大斗沟矿
马脊梁矿
雁崖矿
挖金湾矿
阳泉矿务局二矿
四矿
西山矿务局西铭矿
峰峰矿务局牛儿庄矿
兴隆矿务局汪庄矿
邯郸矿务局郭二庄矿
邢台矿务局显得汪矿
义马矿务局北露天矿
郑州矿务局王庄矿
兖州矿务局南屯矿
涟邵矿务局金竹山矿
白沙矿务局马田矿
攀枝花矿务局大宝顶矿
广旺矿务局南江矿
旺苍矿
赵家坝矿
松藻矿务局打通二矿
水城矿务局老鹰山矿
石嘴山矿务局二矿
石炭井矿务局白笈沟矿

大通矿务局立井
韩城矿务局桑树坪矿
　　　　下峪口矿
舒兰矿务局丰广矿
平庄矿务局元宝山矿
大雁矿务局一矿
北京矿务局大台矿
轩岗矿务局黄甲堡矿
辛置煤矿
徐州矿务局韩桥矿
鹤壁矿务局五矿
淄博矿务局岭子矿
龙口矿务局北皂矿
资兴矿务局唐洞矿
芙蓉矿务局芙蓉矿
达竹矿务局金刚矿
　　　　斌郎矿
南桐矿务局红岩矿
　　　　砚石台矿
盘江矿务局月亮田矿
羊场煤矿
窑街矿务局二矿
　　　　三矿
靖远矿务局红会一矿
长广公司千井湾矿
阜新矿务局清河门矿
　　　　五龙矿
辽源矿务局西安矿
扎赉诺尔矿务局西山矿
海勃湾矿务局老石旦矿
乌鲁木齐矿务局六道湾矿
房山矿
哈密矿务局三道岭矿

三、二级矿井(75个)

开滦矿务局荆各庄矿
　　　　林西矿
　　　　范各庄矿
　　　　马家沟矿
淮北矿务局朔里矿
　　　　朱庄矿
　　　　临涣矿
大屯煤电公司孔庄矿
峰峰矿务局五矿
　　　　孙庄矿
井陉矿务局三矿
徐州矿务局旗山矿
　　　　三河尖矿
义马矿务局耿村矿
郑州矿务局芦沟矿
白沙矿务局红卫矿
攀枝花矿务局小宝顶矿
大同矿务局云岗矿
　　　　同家梁矿
　　　　永定庄矿
　　　　晋华宫矿
淮南矿务局李嘴孜矿
　　　　孔集矿
平顶山矿务局七矿
　　　　高庄矿
西山矿务局镇城底矿
白龙煤矿
兖州矿务局兴隆庄矿
枣庄矿务局田陈矿
　　　　孙村矿
　　　　山家林矿
　　　　柴里矿
南桐矿务局东林矿
天府矿务局刘家沟矿
　　　　花山矿
芙蓉矿务局巡场矿
萍乡矿务局青山矿
丰城矿务局尚庄矿
　　　　龙涣矿
英岗岭矿务局桥头矿
盘江矿务局土城矿
石炭井矿务局大峰矿
　　　　乌兰矿
长广公司六矿
福建省永定矿务局
苏邦煤矿
后所煤矿
扎赉诺尔矿务局露天矿
乌达矿务局黄白茨矿
抚顺矿务局龙凤矿
沈阳矿务局彩屯矿
　　　　林盛矿
北票矿务局冠山矿
铁法矿务局大兴矿
　　　　晓南矿
北京矿务局门头沟矿
　　　　三汇一矿
松藻矿务局松藻矿
　　　　打通一矿
永荣矿务局双河矿
中梁山矿务局　北矿
水城矿务局汪家寨矿
靖远矿务局红会四矿
阿干煤矿
蒲白矿务局马村矿
铜川矿务局桃园矿
　　　　陈家山矿
澄合矿务局董家河矿

鹤岗矿务局岭北矿
鸡西矿务局正阳矿
七台河矿务局铁东矿
新建矿
双鸭山矿务局双阳矿
通化矿务局松树镇矿
哈密矿务局一矿

1993年度标准化局化验室(48个)

开滦矿务局化验室
平顶山矿务局化验室
淮北矿务局化验室
峰峰矿务局化验室
兴隆矿务局化验室
西山矿务局化验室
枣庄矿务局化验室
徐州矿务局化验室
焦作矿务局化验室
郑州矿务局化验室
资兴矿务局化验室
广旺矿务局化验室
南桐矿务局化验室
天府矿务局化验室
中梁山矿务局化验室
石嘴山矿务局化验室
靖远矿务局化验室
哈密矿务局化验室
扎赉诺尔矿务局化验室
大同矿务局化验室
淮南矿务局化验室
大屯煤电公司化验室
井陉矿务局化验室
潞安矿务局化验室
东山煤矿化验室
兖州矿务局化验室
鹤壁矿务局化验室
义马矿务局化验室
涟邵矿务局化验室
萍乡矿务局化验室
攀枝花矿务局化验室
芙蓉矿务局化验室
松藻矿务局化验室
盘江矿务局化验室
石炭井矿务局化验室
乌鲁木齐矿务局化验室
羊场煤矿化验室
海勃湾矿务局化验室
乌达矿务局化验室
阜新矿务局化验室
北票矿务局化验室
双鸭山矿务局化验室
通化矿务局化验室
抚顺矿务局化验室
南票矿务局化验室
鸡西矿务局化验室
鹤岗矿务局化验室
七台河矿务局化验室

1993年度现代化选煤厂

抚顺矿务局老虎台矿选煤厂
鹤岗矿务局南山选煤厂
双鸭山矿务局双鸭山选煤厂

1993年度质量标准化选煤厂

一、特级质量标准化选煤厂

汾西矿务局介休选煤厂（恢复）
潞安矿务局石圪节矿选煤厂（一级升特级）
徐州矿务局权台矿选煤厂（一级升特级）
新汶矿务局华丰矿选煤厂（恢复）
枣庄矿务局枣庄矿选煤厂（一级升特级）
柴里矿选煤厂（一级升特级）
北票矿务局台吉矿选煤厂
鸡西矿务局滴道选煤厂
小恒山矿选煤厂
平庄矿务局古山矿选煤厂

二、一级质量标准化选煤厂

晋城矿务局王台铺矿选煤厂
阳泉矿务局五矿选煤厂
霍州矿务局白龙选煤厂
枣庄矿务局陶庄矿选煤厂（恢复）
蒋庄矿选煤厂
阜新矿务局清河门矿选煤厂
海州矿选煤厂
五龙矿选煤厂
北票矿务局三宝矿选煤厂
鸡西矿务局杏花选煤厂
松藻矿务局金鸡岩选煤厂（二级升一级）
抚顺矿务局西露天矿选煤厂
南票矿务局赵家屯选煤厂
七台河矿务局七台河选煤厂
新兴矿选煤厂

三、二级质量标准化选煤厂

乌达矿务局苏赫图矿选煤厂

萍乡矿务局巨源矿煤厂
丰城矿务局洛市选煤厂
兖州矿务局鲍店矿选煤厂
义马矿务局观音堂矿选煤厂
广旺矿务局唐家河矿选煤厂
云南煤炭厅田坝煤矿选煤厂
铁法矿务局晓明矿选煤厂
通化矿务局湾沟矿选煤厂
鹤岗矿务局大陆矿选煤厂
七台河矿务局桃山选煤厂
　　　　　　铁东矿选煤厂
平庄矿务局西露天矿选煤厂

1993年度洗水闭路循环达标选煤厂

一、一级洗水闭路循环达标选煤厂

峰峰矿务局孙庄矿选煤厂
（二级升一级）
晋城矿务局王台铺矿选煤厂
阳泉矿务局五矿选煤厂
（三级升一级）
徐州矿务局夹河矿选煤厂
（二级升一级）
枣庄矿务局柴里矿选煤厂
（二级升一级）
七台河矿务局新兴矿选煤厂

二、二级洗水闭路循环达标选煤厂

兖州矿务局鲍店矿选煤厂
抚顺矿务局老虎台矿选煤厂（三级升二级）
北票矿务局台吉矿选煤厂
　　　　　三宝矿选煤厂
鹤岗矿务局南山选煤厂
　　　　　大陆矿选煤厂
双鸭山矿务局双鸭山选煤厂
七台河矿务局铁东矿选煤厂

三、三级洗水闭路循环达标选煤厂

阜新矿务局海州矿选煤厂
　　　　　五龙矿选煤厂
　　　　　清河门矿选煤厂
沈阳矿务局灵山选煤厂
　　　　　林盛矿选煤厂
　　　　　本溪矿选煤厂
铁法矿务局大湖矿选煤厂
　　　　　八道江矿选煤厂
鸡西矿务局滴道选煤厂
　　　　　小恒山矿选煤厂
　　　　　杏花选煤厂
七台河矿务局七台河选煤厂
　　　　　桃山选煤厂
平庄矿务局古山矿选煤厂
　　　　　西露天矿选煤厂
南票矿务局苇子沟选煤厂

1993年度各类上等级采煤队前三名名单

一、综　采　队

第一名　潞安矿务局王庄矿综采一队；
第二名　潞安矿务局漳村矿综采队；
第三名　晋城矿务局古书院矿综一队。

二、高　普　队

第一名　峰峰矿务局二矿205队；
第二名　平顶山矿务局四矿采二队；
第三名　新汶矿务局协庄矿采五队。

三、普　采　队

第一名　大同矿务局晋华宫矿采四队；
第二名　峰峰矿务局羊渠河矿604队；
第三名　邯郸矿务局王凤矿胜利队。

四、水　采　队

第一名　开滦矿务局吕家坨矿711队。

五、炮　采　队

第一名　开滦矿务局荆各庄811队；
第二名　淮南矿务局潘一矿高一队；
第三名　扎赉诺尔矿务局西山矿515队。

1993年度综采创水平队(46个)

局、矿、队	采煤方法	煤层厚度 (m)	采 高 (m)	产 量 (t)	效 率 (t/工)
大同矿务局					
云岗综一队	长壁	2.54	2.54	1383278	62.876
云岗综二队	长壁	2.48	2.48	1163626	57.035
云岗综三队	长壁	2.77	2.77	1204088	56.001
晋华宫综二队	长壁	2.72	2.45	1032848	48.881
晋华宫综三队	长壁	2.42	2.16	1006368	41.324
马脊梁综一队	长壁	4.00	3.30	1010441	45.60
燕子山综二队	长壁	3.20	3.12	1035000	47.25
燕子山综三队	长壁	4.70	3.18	1012500	47.19
燕子山综四队	长壁	3.20	3.13	1108000	48.53
同家梁综一队	长壁	3.5—4.3	3.21	1018986	40.48
同家梁综二队	长壁	3.4—4.9	3.26	1048317	40.08
开 滦					
范各庄综一队	长壁	3.50	3.40	1026050	40.45
平顶山矿务局					
一矿综二队	倾分	3.65	2.57	1264431	45.22
十矿综二队	长壁	4.10	2.95	1312085	28.26
义马矿务局					
常村综一队	长壁	8.00	3.21	1202325	44.21
杨村综二队	长壁	8.00	2.70	1111391	26.65
耿村综二队	长壁	4.20	4.00	1015389	42.27
阳泉矿务局					
三矿竖井五队	长壁	6.00	6.00	1480001	66.57
四矿综二队	长壁	5.10	5.10	1101324	40.31
一矿综74队				1257465	52.40
西山矿务局					
杜儿坪综二队	长壁	3.20	3.20	1081022	32.56
西铭综一队	长壁	4.00	4.00	1177390	68.70
西曲综三队	长壁	3.00	3.00	1038039	54.40
潞安矿务局					
石圪节综采队	长壁	6.60	3.30	1143546	57.49
漳村综采队	长壁	6.50	6.50	2130898	144.62
王庄综一队	长壁	6.40	6.00	2530166	145.36
王庄综二队	长壁	7.00	6.70	1701893	110.38
晋城矿务局					
古书院综一队	长壁	6.20	3.20	2000013	98.50
古书院综二队	长壁	6.60	3.20	1000023	61.62
王台铺综一队	长壁	6.00	3.10	1000575	53.01
凤凰山综一队	长壁	6.00	2.80	1060226	32.84
凤凰山综二队	长壁	6.00	5.60	1017312	27.95

续表

局、矿、队	采煤方法	煤层厚度 (m)	采　　高 (m)	产　　量 (t)	效　　率 (t/工)
凤凰山综三队	长壁	6.00	2.90	1018553	64.89
大屯煤电公司					
龙东综采队	倾分	5.40	2.70	1006005	36.81
邢台矿务局					
东庞综二队	长壁	4.50	4.19	1417392	73.72
大雁矿务局					
一矿综一队	长壁	3.50	3.09	1004082	76.46
二矿综采队	长壁	3.62	3.20	1099272	75.34
兖州矿务局					
南屯综一队	倾分	5.15	2.6—2.9	1164219	57.30
南屯综二队	倾分	4.10	3.15	1367712	77.70
兴隆庄综二队	长壁	8.64	8.64	1039404	31.49
兴隆庄综三队	长壁	8.04	8.04	1027540	33.33
鲍店综二队	长壁	8.50	8.50	1886918	70.87
东滩综一队	长壁	5.61	2.80	1517866	54.00
铁法矿务局					
晓南综一队	长壁	3.20	3.20	1512000	98.86
晓明综二队	长壁	3.10	3.30	1024410	82.61
小青综一队	长壁	2.73	2.90	1000250	36.96

1993年度高档普采创水平队(24个)

局、矿、队	采煤方法	煤层厚度 (m)	采　　高 (m)	产　　量 (t)	效　　率 (t/工)
新汶矿务局					
良庄采三队	长壁	2.00	2.00	419164	9.30
协庄采五队	长壁	1.70	1.70	550745	10.80
平顶山矿务局					
四矿采四队	长壁	1.80	1.80	552158	34.63
淮北矿务局					
岱河采二队	长壁	2.00	2.00	401576	11.00
阳泉矿务局					
四矿高档队	长壁	1.60	1.60	400432	14.64
西山矿务局					
西铭采一队	长壁	1.90	1.90	430590	21.37
官地采五队	长壁	2.10	2.10	403028	19.51
镇城底采二队	长壁	2.40	2.40	513289	19.60
汾西矿务局					
水峪采四队	长壁	1.50	1.50	516705	15.32

续表

局、矿、队	采煤方法	煤层厚度 (m)	采　高 (m)	产　量 (t)	效　率 (t/工)
轩岗矿务局					
刘家梁采三队	长壁	4.00	2.00	437984	10.32
徐州矿务局					
夹河采二队	长壁	2.30	2.30	415175	10.29
三河尖采三队	长壁	4.82	2.30	530011	20.41
峰峰矿务局					
二矿205队	长壁	2.50	2.50	610115	14.07
羊渠河601队	长壁	6.00	2.00	480055	16.23
牛儿庄802队	长壁	5.60	2.00	503403	12.75
五矿505队	长壁	5.60	1.85	400931	12.16
羊渠河603队	长壁	6.00	1.90	400208	17.42
薛村901队	长壁	5.50	1.80	406172	14.26
孙庄1202队	长壁	2.30	2.30	406550	12.64
扎赉诺尔矿务局					
灵北矿532队	长壁	7.00	2.50	439534	14.15
灵泉矿522队	长壁	12.70	2.30	522232	15.10
盘江矿务局					
土城531队	长壁	2.60	2.60	461400	15.67
月亮田101队	长壁	1.25—3.10	1.80	453709	9.90
火铺采六队	长壁	1.80—2.10	2.01	418112	8.82

1993年度炮采创水平队(4个)

局、矿、队	采煤方法	煤层厚度 (m)	采　高 (m)	产　量 (t)	效　率 (t/工)
开滦矿务局					
荆各庄811队	长壁	1.90	1.90	451820	7.13
平顶山矿务局					
八矿采一队	倾分	4.80—3.60	1.83	351894	8.94
扎赉诺尔矿务局					
西山515队	长壁	6.50	2.30	354321	8.05
淮南矿务局					
潘一高一队	倾分	4.00	2.10	373569	13.62

1993年度综采甲级队（97个）

局、矿、队	采煤方法	煤层厚度 (m)	采高 (m)	产量 (t)	效率 (t/工)	等级	备注
开滦矿务局							
唐山综一队	倾分	9.00	2.90	686362	38.60	甲	
唐山综二队	综放	9.00	9.00	705998	34.30	甲	
范各庄综一队	长壁	3.50	3.40	1026050	40.45	甲	
荆各庄综一队	倾分	9.00	2.90	622752	23.69	甲	
荆各庄综二队	长壁	2.50	2.50	505607	20.02	甲	
钱家营综一队	长壁	2.90	2.90	671399	30.54	甲	
钱家营综二队	长壁	2.10	2.10	473618	20.10	甲	
钱家营综三队	长壁	2.90	2.90	709787	35.63	甲	
钱家营综四队	长壁	2.50	2.50	509248	26.60	甲	
大同矿务局							
煤峪口综一队	倾分	8.60	2.80	510043	27.77	甲	
煤峪口综二队	倾分	6.00	2.50	509302	27.24	甲	
煤峪山综三队	倾分	8.30	2.50	509719	27.15	甲	
永定庄综二队	长壁	3.36	2.50	508486	32.70	甲	
永定庄综四队	长壁	3.35	2.90	624765	33.46	甲	
同家梁综一队	长壁	3.50～4.30	3.21	1018916	40.48	甲	
同家梁综二队	长壁	3.40～4.90	3.26	1048317	40.08	甲	
四老沟综二队	长壁	3.50	2.90	600017	27.30	甲	
忻州窑综三队	长壁	2.90	2.40	516000	25.20	甲	
晋华宫综二队	长壁	2.72	2.45	1032848	48.88	甲	
晋华宫综三队	长壁	2.42	2.16	1006368	41.32	甲	
马脊梁综一队	长壁	4.00	3.30	1010441	45.60	甲	
大斗沟综一队	长壁	2.77	2.71	714383	39.68	甲	
云岗综一队	长壁	2.54	2.54	1383278	62.88	甲	
云岗综二队	长壁	2.48	2.48	1163626	57.04	甲	
云岗综三队	长壁	2.77	2.77	1204088	56.00	甲	
燕子山综二队	长壁	3.20	3.12	1035000	47.25	甲	
燕子山综三队	长壁	4.70	3.18	1012500	47.19	甲	
燕子山综四队	长壁	3.20	3.13	1108000	48.53	甲	
四台综二队	长壁	5.20	3.20	784513	25.20	甲	
平顶山矿务局							
一矿综一队	长壁	2.1	2.02	536853	22.98	甲	
一矿综三队	倾分	3.65	2.57	1264431	45.22	甲	铺网
一矿综四队	倾分	6.5	2.57	510235	17.89	甲	铺网
一矿综五队	倾分	6.5	2.60	525281	22.52	甲	铺网
一矿综六队	倾分	6.40	2.44	435993	16.32	甲	铺网
十矿综二队	长壁	4.10	2.45	1312085	28.66	甲	铺网
淮南矿务局							
潘一矿综二	长壁	4.5	3.2	680492	22.35	甲	国产支架

续表

局、矿、队	采煤方法	煤层厚度 (m)	采高 (m)	产量 (t)	效率 (t/工)	等级	备注
潘三矿综二	倾长	3.0	2.9	583398	23.4	甲	国产支架
淮北矿务局							
朔里矿综二队	单长	2.45	2.45	501210	22.03	甲	国产架
大屯煤电公司							
龙东综采队	倾分	5.40	2.70	1006005	36.81	甲	
徐庄综采队	倾分	5.00	2.45	509985	20.52	甲	
姚桥采二队	倾分	5.10	2.35	500088	20.62	甲	
邢台矿务局							
东庞综二队	长壁	4.50	4.19	1417392	73.72	甲	
邢台综二队	长壁	6.50	2.90	747590	50.52	甲	
显德旺综一队	长壁	2.48	2.47	500101	25.81	甲	
山西厅王坪采三队	长壁	3.30	2.93	616057	24.76	甲	
阳泉矿务局							
一矿北头咀一队	长壁	1.60	1.60	410325	34.64	甲	
一矿北四尺一队	长壁	1.40	1.40	5005005	30.59	甲	
一矿北丈八一队	长壁	5.60	2.50	643589	38.30	甲	
三矿竖井五队	长壁	6.00	6.00	1480041	66.57	甲	
四矿综二队	长壁	5.10	5.10	1101324	40.31	甲	
二矿西四尺三队	长壁	2.70	2.70	374120	15.23	甲	
西山矿务局							
杜儿坪综二队	长壁	3.20	3.20	1081022	32.56	甲	
西铭综一队	长壁	4.00	4.00	1177390	68.70	甲	
西曲综三队	长壁	3.00	3.00	1038039	54.40	甲	
西铭综二队	长壁	3.30	3.30	565472	36.30	甲	
官地综二队	长壁	3.20	3.20	679642	24.75	甲	
西曲综一队	长壁	3.00	3.00	623460	32.70	甲	
潞安矿务局							
石圪节综采矿	长壁	6.60	3.30	1143546	57.49	甲	
五阳综一矿	综放	6.40	6.40	751560	75.47	甲	
漳村综采队	综放	6.50	6.50	2130898	144.62	甲	
王庄综一队	综放	6.40	6.00	2530166	145.36	甲	
王庄综二队	综放	7.00	6.70	1701893	110.38	甲	
晋城矿务局							
古书院综一队	长壁	6.20	3.20	2000013	98.50	甲	
古书院综二队	长壁	6.60	3.20	1000023	61.62	甲	
王台铺综一队	长壁	6.00	3.10	1000575	53.01	甲	
王台铺综二队	长壁	6.00	3.10	534548	26.28	甲	
王台铺综三队	长壁	1.60	1.60	487520	43.88	甲	
王台铺综六队	长壁	6.00	3.00	493483	23.21	甲	
凤凰山综一队	长壁	6.00	2.80	1060226	32.84	甲	

续表

局、矿、队	采煤方法	煤层厚度 (m)	采高 (m)	产量 (t)	效率 (t/工)	等级	备注
凤凰山综二队	长壁	6.00	5.60	1017312	27.95	甲	
凤凰山综三队	长壁	6.00	2.90	1018553	64.89	甲	
大雁矿务局							
一矿综一队	长壁	3.50	3.09	1004082	76.46	甲	
二矿综采队	长壁	3.62	3.20	1099272	75.34	甲	
徐州矿务局							
旗山综一队	倾分	4.50	2.30	687469	25.90	甲	铺网
庞庄综二队	长壁	3.00	3.00	869136	26.99	甲	
权台综二队	倾分	4.50	2.30	611555	21.30	甲	
三河尖综一队	倾分	9.60	2.50	484820	27.53	甲	铺网
新汶矿务局							
协庄综采队	单长	2.45	2.45	562117	20.71	甲	
枣庄矿务局							
蒋庄综二队		3.30	3.30	625215	34.73	甲	
龙口矿务局							
北皂综采队	倾分	4.65	2.20	651702	26.66	甲	
梁家综二队	单长	4.53	4.00	777800	26.90	甲	
兖州矿务局							
南屯综一队	倾分	5.15	2.6～2.9	1164219	57.30	甲	
南屯综二队	倾分	4.10	3.15	1367712	77.70	甲	
兴隆庄综二队	长壁	8.64	8.64	1039404	31.49	甲	
兴隆庄综三队	长壁	8.04	8.04	1027540	33.33	甲	
兴隆庄综四队	倾分	8.65	2.64	737595	24.02	甲	
鲍店综二队	长壁	8.50	8.50	1886918	70.87	甲	
东滩综一队	倾分	5.61	2.80	1517866	54.00	甲	
东滩综三队	倾分	6.22	2.80	866547	33.00	甲	
义马矿务局							
常村综采队	长壁	8.00	3.20	1202325	44.21	甲	
杨村综二队	长壁	8.00	2.70	1111191	26.25	甲	
耿村综二队	长壁	4.20	4.00	1015389	42.27	甲	
耿村五四队	长壁	4.20	4.20	640135	29.66	甲	
跃进综采队	长壁	8.00	2.50	559660	20.80	甲	铺网
千秋八一队	长壁	7.00	2.50	618240	22.83	甲	铺网
韩城矿务局							
桑树坪综采队	长壁	6.00	2.80	675331	23.40	甲	
石炭井矿务局							
白芨沟综一队	倾分	22.00	3.11	566710	25.60	甲	

1993年度综采乙级队（43个）

局、矿、队	采煤方法	煤层厚度(m)	采高(m)	产量(t)	效率(t/工)	等级	备注
开滦矿务局							
唐山矿综三队	长壁	2.9	2.9	484745	19.8	乙	
范各庄综二队	长壁	2.9	2.9	481375	19.2	乙	
范各庄矿综三队	长壁	2.9	2.9	532828	20.4	乙	
大同矿务局							
永定庄矿综一队	长壁	8.23	2.5	392198	22.766	乙	
同家梁矿综三队	长壁	2.1	1.59	388477	21.032	乙	
忻州窑矿综一队	长壁	2.7	2.55	536000	29.8	乙	
忻州窑矿综二队	综放	8.7	3.3	573000	34.1	乙	
白洞矿综采队	长壁	3.5	3.33	754253	19.099	乙	
挖金湾矿综二队	长壁	1.8	1.8	429094	14.84	乙	
晋华宫矿综一队	长壁	3.39	2.95	529209	24.363	乙	
马脊梁矿综二队	长壁	1.55	1.55	325110	12.2	乙	
王村矿综一队	长壁	3.4	3.3	587747	23.467	乙	
平顶山矿务局							
一矿综二队	综放	6.2	4.76	503327	17.20	乙	
四矿综一队	单长	3.3	3.11	525454	23.36	乙	
六矿综二队	单长	3.5	3.01	500530	17.33	乙	
十矿综三队	单长	2.6	2.53	424919	19.10	乙	
淮北矿务局							
朔里矿综采一队	单长	2.73	2.73	610257	16.08	乙	国产支架
大屯煤电公司							
姚桥矿综采一矿	倾分	4.9	2.32	345688	15.186	乙	
邢台矿务局							
东庞矿综采一矿	长壁	4.5	4.04	450353	36.591	乙	
邢台矿综一矿	长壁	4.5	2.90	415503	39.48	乙	
邢台矿综放队	综放	6.5	6.5	505878	37.235	乙	
峰峰矿务局							
薛村矿903队	长壁	5.15	2.7	403071	23.48	乙	
平庄矿务局							
古山矿581队	综放	20	2.5	218671	15.31	乙	
风水沟矿5123队	分长	6	2.5	404508	15.02	乙	
阳泉矿务局							
二矿东丈八一队	单长	1.6	1.6	381652	16.965	乙	
三矿二号井一队	单长	1.6	1.6	353856	17.852	乙	
四矿综采一队	单长	2.1	2.1	326017	15.453	乙	
西山矿务局							
马兰矿综一队	单长	3.0	3.0	470579	16.800	乙	
马兰矿综二队	单长	2.8	2.8	416312	15.630	乙	
汾西矿务局							

续表

局、矿、队	采煤方法	煤层厚度(m)	采高(m)	产量(t)	效率(t/工)	等级	备注
柳湾矿综采二队	单长	4.3	3.5	504987	32.416	乙	
丰城矿务局							
建新矿综采队	长壁	2.62	2.62	503940	20.28	乙	
郑州矿务局							
裴沟矿综采队	长壁	6.0	2.5	432373	14.57	乙	国产铺网
韩城矿务局							
桑树坪综四队	分长	5.8	2.7	573967	16.8	乙	
下峪口综采队	分长	6.0	2.67	868454	16.53	乙	
石嘴山局							
二矿综二队	倾分	10.0	2.4	448404	15.04	乙	国产支架
徐州矿务局							
庞庄矿综二队	长壁	2.4	2.4	449909	17.15	乙	
新汶矿务局							
良庄矿采一队	单长	2.2	2.4	464763	15.5	乙	
枣庄矿务局							
柴里矿综一队	分长	8.8	2.8	394618	18.08	乙	国产支架
蒋庄矿综一队	单长	3.3	3.3	500545	27.52	乙	国产支架
田陈矿综一队	单长	2.8	2.8	501026	31.11	乙	国产支架
肥城矿务局							
陶阳矿综采矿	单长	3.2	3.2	500813	27.43	乙	
兖州矿务局							
鲍店矿综三队	分长	5.6	2.8	406794	22.760	乙	
枣庄矿务局							
柴里矿综二队	分长	8.8	2.8	500132	16.71	乙	国产支架

1993年度综采丙级队(38个)

局、矿、队	采煤方法	煤层厚度(m)	采高(m)	产量(t)	效率(t/工)	等级	备注
开滦矿务局							
钱营矿准备一队	长壁	2.9	2.9	421229	21.2	丙	
大同矿务局							
煤峪口矿下分层综采	长壁	4.1	2.9	381580	18.76	丙	
雁崖矿综一队	长壁	2.85	2.6	401108	13.55	丙	
挖金湾矿综一队	长壁	1.8	1.8	283646	10.59	丙	
王村矿综三队	长壁	6.8	2.9	356578	11.95	丙	
燕子山矿综一队	长壁	1.28	1.28	211650	22.04	丙	
平顶山矿务局							
四矿综二队	单长	4.0	2.9	331000	16.30	丙	

续表

局、矿、队	采煤方法	煤层厚度(m)	采高(m)	产量(t)	效率(t/工)	等级	备注
六矿综一队	单长	3.2	2.97	324050	14.56	丙	
七矿综一队	单长	3.6～2.8	2.74	302928	14.12	丙	
十矿综一队	单长	2.6	2.38	359392	15.09	丙	
十二矿综一队	单长	3.2	2.63	318902	16.96	丙	
淮北矿务局							
朱庄矿综采一队	单长	2.80	2.79	388330	14.64	丙	
朱庄矿综采二队	单长	2.90	2.85	334918	15.04	丙	
杨庄矿综采一队	单长	2.60	2.60	402729	15.70	丙	进口支架
峰峰矿务局							
九龙矿1501队	长壁	2.5	2.5	324025	20.14	丙	
邢台矿务局							
葛泉矿综采队	长壁	2.8	2.8	308224	10.79	丙	
平庄矿务局							
古山矿591队	分长	30	2.5	411031	19.59	丙	综放
霍州矿务局							
白龙矿综采队	倾长	3.55	3.55	487923	13.842	丙	
阳泉矿务局							
一矿北四尺二队	单长	1.4	1.4	280701	20.304	丙	
二矿西丈八四队	单长	5.5	5.5	736469	24.480	丙	综放
五矿小井采一队	单长	1.3	1.3	247400	14.843	丙	
五矿大井采四队	单长	6.0	6.0	674674	33.579	丙	综放
西山矿务局							
西铭矿综三队	单长	3.2	3.2	424089	24.900	丙	
杜儿坪矿综一队	单长	3.2	3.2	456226	14.770	丙	
西曲矿综二队	单长	3.4	3.4	387382	34.300	丙	
汾西矿务局							
水峪矿综采队	长壁	6.8	4.8	384195	23.290	丙	
淮南矿务局							
潘三矿综一队	倾长	3.2	2.9	384609	16.5	丙	国产支架
郑州矿务局							
王庄矿综采队	长壁	8	2.9	383541	12.69	丙	铺网
米村矿综一队	长壁	8	2.5	328088	15.30	丙	铺网
鹤壁矿务局							
六矿综采队	长壁	8	2.5	337463	13.352	丙	铺网
松藻矿务局							
打通二矿612队	倾长	2.3	2.3	282926	13.17	丙	国产支架
石壕矿621队	倾长	2.41	2.41	284835	15.90	丙	国产支架
盘江矿务局							
土城矿541队	长壁	2.4	2.4	308945	14.387	丙	
铜川矿务局							

续表

局、矿、队	采煤方法	煤层厚度(m)	采高(m)	产量(t)	效率(t/工)	等级	备注
陈家山综放队	长壁	10.0	6.8	392087	23.0	丙	综放
窑街矿务局							
三矿综放队	急倾短壁	20～30	15	231326	17.25	丙	
乌鲁木齐局							
六道湾矿综采一队	急倾斜	38.0	18.0	304427	11.1	丙	
兖州矿务局							
鲍店矿综一队	分长	8.5	2.8	332919	23749	丙	
神府分公司							
大柳塔矿综一队	长壁	4.2	3.2	365625	17.6	丙	按0.9系数

1993年度高档普采甲级队(66个)

局、矿、队	采煤方法	煤层厚度(m)	采高(m)	产量(t)	效率(t/工)	等级	备注
开滦矿务局							
范各庄矿611队	倾分	4.0	2.0	376802	7.91	甲	
大同矿务局							
忻州窑矿高普队	长壁	1.8	1.5	247000	17.7	甲	
白洞矿高普队	长壁	1.85	1.65	294577	8.60	甲	
平顶山矿务局							
二矿采一队	单长	1.4～1.7	1.5	318606	8.29	甲	
四矿采二队	单长	1.8	1.8	552158	34.63	甲	
大庄矿采四队	倾分	4.0～5.3	2.07	372177	12.23	甲	
淮北矿务局							
岱河矿采六队	单长	2.0	2.0	401576	11.0	甲	
峰峰矿务局							
二矿205队	长壁	2.5	2.5	610115	14.07	甲	
牛儿庄矿802队	长壁	5.6	2.0	503403	12.25	甲	
羊渠河矿601队	长壁	6.0	2.0	480055	16.23	甲	
羊渠河矿603队	长壁	6.0	1.9	400208	17.42	甲	
五矿505队	长壁	5.6	1.85	400931	12.155	甲	
薛村矿901队	长壁	5.5	1.8	406172	14.257	甲	
孙庄矿1202队	长壁	2.3	2.3	406550	12.642	甲	
黄沙矿1103队	长壁	3.8	1.76	334718	10.12	甲	
小屯矿1401队	长壁	5.2	1.54	310518	11.61	甲	
五矿504队	长壁	1.57	1.57	262261	13.213	甲	
孙庄矿1203队	长壁	1.2	1.2	260436	11.75	甲	
邢台矿务局							
显德汪矿采二区	长壁	1.85	1.85	331599	12.689	甲	

续表

局、矿、队	采煤方法	煤层厚度 (m)	采高 (m)	产量 (t)	效率 (t/工)	等级	备注
显德汪矿采四区	长壁	1.56	1.56	260026	7.77	甲	
邯郸矿务局							
郭二庄矿采二区	长壁	1.7	1.7	310030	9.38	甲	
陶二矿采一区	长壁	3.2	1.5	197286	5.94	甲	
西山矿务局							
西铭矿采队	长壁	1.9	1.9	430590	21.37	甲	
官地矿采五队	长壁	2.1	2.1	403028	19.51	甲	
镇城底矿采二队	长壁	2.4	2.4	513289	19.60	甲	
杜儿坪矿采一队	长壁	1.8	1.8	278534	10.38		
阳泉矿务局							
二矿西四尺一队	长壁	2.3	2.3	342654	17.125	甲	
三矿裕公井四队	长壁	1.6	1.6	302713	12.772	甲	
三矿裕公井二队	长壁	2.0	2.0	385066	16.527	甲	
四矿高档队	长壁	1.6	1.6	400432	14.638	甲	
汾西矿务局							
柳湾矿采一队	长壁	2.2	2.0	364525	9.46	甲	
水峪矿采四队	长壁	1.5	1.5	516705	15.32	甲	
高阳矿采二队	长壁	4.0	2.0	311076	11.475	甲	
轩岗矿务局							
刘家梁矿采三队	长壁	4.0	2.0	437984	10.321	甲	
霍州矿务局							
辛置矿采五队	倾分	3.73	1.75	273356	10.44	甲	
南下庄二队	倾分	3.5	1.70	248867	8.69	甲	
荫营矿采13队	单长	1.25	1.25	208181	6.42	甲	
南庄矿机一队	单长	1.45	1.53	256885	6.104	甲	
平庄矿务局							
红庙矿5111队	单长	2.8	1.7	276060	7.11	甲	
红庙矿5142队	单长	2.8	1.8	337462	10.03	甲	
大雁矿务局							
二矿625高档队	长壁	2.4	2.1	381623	13.097	甲	
三矿633等档队	长壁	2.46	2.2	348891	13.986	甲	
扎赉诺尔矿务局							
灵北矿532队	长壁	7.0	2.5	439534	14.15	甲	
灵泉矿522队	长壁	12.7	2.3	522232	15.10	甲	
徐州矿务局							
夹河矿采二队	长壁	2.3	2.3	415175	10.29	甲	
夹河矿采五队	长壁	2.05	2.05	383235	10.29	甲	
三河尖采三队	长壁	4.82	2.3	530011	20.41	甲	
淄博矿务局							
夏庄矿二井采二队	单长	0.8	0.8	139391	10.024	甲	

续表

局、矿、队	采煤方法	煤层厚度(m)	采高(m)	产量(t)	效率(t/工)	等级	备注
岭子矿一井采一队	单长	1.6	1.6	258898	8.211	甲	
岭子矿一井采三队	单长	1.6	1.6	362763	9.619	甲	
岭子矿一井五四队	单长	0.6	0.6	168656	5.052	甲	
新汶矿务局							
张庄矿采四队	单长	1.8	1.8	300050	9.441	甲	
良庄矿采三队	单长	2.0	2.0	419164	9.3	甲	
协庄矿采五队	单长	1.7	1.7	550745	10.8	甲	
鹤壁矿务局							
三矿高一队	长分	8.0	1.9	314693	8.88	甲	
三矿高二队	长分	8.0	2.0	344712	10.63	甲	
攀枝花矿务局							
大宝鼎矿三区三队	长壁	1.18	1.4	196980	5.98	甲	倾角31度
永荣矿务局							
曾家山矿采四队	长壁	1.0	1.2	242049	5.99	甲	
韩城矿务局							
象山矿采二队	长壁	1.7	1.67	342541	8.50	甲	
窑街矿务局							
三矿采三队	倾分	30.0	2.2	300938	9.53	甲	
盘江矿务局							
土城矿531队	长壁	2.6	2.6	461400	15.073	甲	
月亮田矿101队	长壁	1.25～3.1	1.8	453709	9.9	甲	
火铺矿采六队	长壁	1.82～2.1	2.01	418112	8.82	甲	
水城矿务局							
汪家寨采十队	长壁	1.6	1.6	299447	13.63	甲	
汪家寨采四队	长壁	1.58	1.58	284926	13.12	甲	
木冲沟采四队	长壁	1.81	1.58	267608	9.22	甲	

1993年度高档普采乙级队(54个)

局、矿、队	采煤方法	煤层厚度(m)	采高(m)	产量(t)	效率(t/工)	等级	备注
大同矿务局							
王村矿高普队	长壁	1.35	1.35	212065	7.87	乙	
平顶山矿务局							
二矿采二队	单长	1.62～1.36	1.49	183497	7.75	乙	
六矿采三队	单长	2.0	1.91	300062	14.46	乙	
八矿采二队	倾分	5.1	2.12	308844	9.21	乙	
大庄矿采一队	倾分	5.0	2.10	319652	11.68	乙	

续表

局、矿、队	采煤方法	煤层厚度 (m)	采高 (m)	产量 (t)	效率 (t/工)	等级	备注
淮北矿务局							
芦岭矿采三队	单长	2.14	2.14	328016	9.04	乙	
石台矿采二队	分长	3.9	1.8	232779	9.79	乙	
石台矿采三队	分长	3.3	1.7	235985	7.98	乙	
朱仙庄矿采六队	分长	8.6	1.9	263538	8.59	乙	
大屯煤电公司							
孔庄矿采二队	倾分	4.7	1.94	235078	7.235	乙	
峰峰矿务局							
薛村矿902队	长壁	5.5	1.8	240672	10.38	乙	
万年矿1301队	长壁	3.8	1.8	248579	13.284	乙	
牛儿庄矿801队	长壁	3.35	1.77	220274	11.56	乙	
邯郸矿务局							
郭二庄矿采四队	长壁	1.6	1.6	245023	7.941	乙	
阳泉矿务局							
一矿北头嘴五队	长壁	1.6	1.6	240051	11.929	乙	
三矿裕公井三队	长壁	1.5	1.5	207534	10.233	乙	
西山矿务局							
马兰矿采一队	长壁	2.4	2.4	301468	11.58	乙	
轩岗矿务局							
刘家梁矿采一队	长壁	1.4	1.4	193288	9.519	乙	
霍州矿务局							
辛置矿采三队	倾分	1.87	1.84	234750	8.306	乙	
小峪矿采四队	长壁	2.3	2.3	277526	7.8	乙	
固庄矿采一队	长壁	1.41	1.41	181466	5.19	乙	
固庄矿采三队	长壁	1.40	1.40	187073	5.45	乙	
南庄矿机二队	长壁	2.1	2.0	240213	5.643	乙	
平庄矿务局							
元宝山矿532队	单长	1.64	1.71	228018	6.4	乙	
元宝山矿533队	单长	1.7	1.49	178519	7.5	乙	
风水沟矿5132队	分长	6.0	1.89	239849	8.81	乙	
包头矿务局							
阿刀亥矿采煤队	水平分层	40.0	2.0	239928	13.80	乙	
乌达矿务局							
苏海图矿采二队	长壁	3.0	2.25	337036	11.0	乙	
海勃湾老石旦采二队	长壁	3.5	2.21	292851	7.65	乙	
淄博矿务局							
西河矿采二队	单长	0.9	0.9	119804	5.26	乙	
新汶矿务局							
孙村矿采一队	单长	2.0	2.0	300234	8.1	乙	
张庄矿采三队	单长	1.3	1.4	210721	7.659	乙	

续表

局、矿、队	采煤方法	煤层厚度(m)	采高(m)	产量(t)	效率(t/工)	等级	备注
协庄矿采二队	单长	2.2	2.2	320462	7.2	乙	
协庄矿采六队	单长	0.9	0.9	129540	4.82	乙	
潘西矿采一队	单长	2.2	2.2	310020	8.5	乙	
枣庄矿务局							
柴里矿采六队	分长	8.0	2.0	282375	7.51	乙	
柴里矿采七队	分长	6.0	2.0	253962	8.32	乙	
田陈矿采一队	单长	1.8	1.8	262820	12.78	乙	
肥城矿务局							
陶阳矿采一队	单长	1.37	1.37	164486	9.318	乙	
杨庄矿采一队	单长	1.1	1.1	144173	5.08	乙	
龙口矿务局							
北皂矿采一队	分长	5.35	2.2	297279	10.18	乙	
北皂矿采二队	分长	5.25	2.2	317148	9.84	乙	
焦作矿务局							
焦西矿采煤队	分长	5.5	2.0	277200	6.89	乙	
鹤壁矿务局							
四矿高档队	分长	8.0	2.0	280050	9.13	乙	
郑州矿务局							
王庄矿高普队	分长	6.0	2.2	282924	7.47	乙	
韩城矿务局							
下峪口高档队	分长	5.5	2.1	304594	12.95	乙	
铜川矿务局							
下石节采二队	分长	8.0	2.05	280617	7.29	乙	
窑街三矿二队	分长	30	2.2	253161	9.53	乙	
窑街天祝矿采二队	分长	3～4	1.8	206600	5.87	乙	
石炭井矿务局							
白芨沟高档队	倾分	22.0	1.92	261420	10.1	乙	
二矿采二队	倾分	6.2	1.87	248856	11.4	乙	
二矿采五队	单长	1.54	1.54	227213	9.78	乙	
攀枝花矿务局							
小宝鼎一队	长壁	1.0	1.26	162174	6.04	乙	
广旺矿务局							
南12矿机采队	长壁	1.34	1.407	188993	8.219	乙	

1993年度高档普采丙级队(71个)

局、矿、队	采煤方法	煤层厚度(m)	采高(m)	产量(t)	效率(t/工)	等级	备注
开滦矿务局							
林西201队	长壁	1.1	1.1	126146	5.3	丙	
大同矿务局							

续表

局、矿、队	采煤方法	煤层厚度 (m)	采高 (m)	产量 (t)	效率 (t/工)	等级	备注
资兴矿务局							
宝源矿采一队	长壁	1.6	1.6	179500	6.29	丙	
宝源矿采六队	长壁	0.8	0.8	91717	4.853	丙	
攀枝花矿务局							
大宝鼎二区3队	长壁	1.21	1.46	153477	4.93	丙	
华蓥山矿务局							
李子垭矿采二队	长壁	1.04	1.19	129688	6.95	丙	
李子垭矿采五队	长壁	0.95	1.09	115911	6.10	丙	
南桐矿务局							
红岩矿131队	长壁	1.7	1.7	219624	7.53	丙	
水城矿务局							
那罗寨矿采三队	长壁	2.07	2.07	260198	6.82	丙	
那罗寨矿采一队	长壁	2.03	2.03	233128	7.25	丙	
盘江矿务局							
山脚树311队	长壁	1.5～2.5	2.0	245031	7.545	丙	
铜川矿务局							
王石凹采五区	长壁	1.7	1.7	194189	5.7	丙	
韩城矿务局							
燎原矿采煤队	长壁	1.4	1.4	144955	6.58	丙	
蒲白矿务局							
马村矿采二队	长壁	4.0	2.05	224720	6.465	丙	
南井头矿采一队	长壁	3.0	1.6	177150	5.86	丙	
窑街矿务局							
一矿采3队	长壁	10	2.2	206340	8.81	丙	
石炭井矿务局							
二矿采二队	长壁	1.50	1.50	162834	5.8	丙	
石嘴山矿务局							
一矿采五队	长壁	2.5	1.8	183898	5.05	丙	
哈密矿务局							
一矿高档队	长壁	13	2.31	229321	7.57	丙	

1993年度普采甲级队(2个)

局、矿、队	采煤方法	煤层厚度(m)	采高(m)	产量(t)	效率(t/工)	等级	备注
峰峰局羊渠河604队	长壁	6	2	260926	14.83	甲	
邯郸局王凤矿胜利队	长壁	1.5	1.5	235783	8.227	甲	

1993年度普采丙级队(7个)

局、矿、队	采煤方法	煤层厚度(m)	采高(m)	产量(t)	效率(t/工)	等级	备注
井陉矿务局							
三矿104队	倾分	7.5	1.8	182390	8.88	丙	
大同矿务局							
四老沟采三队	长壁	1.2	1.2	124217	8.5	丙	
晋华宫采四队	刀柱	2.3	2.2	268851	5.39	丙	
新汶矿务局							
西港矿采一	长壁	1.7	1.7	182849	7.14	丙	
石炭井矿务局							
二矿采三队	倾分	5.20	1.89	179236	9.56	丙	
乌兰矿采六队	长壁	1.86	1.86	201046	8.83	丙	
永荣矿务局							
永川七井采一队	长壁	0.56	0.56	57237	3.99	丙	

1993年度水采甲级队(4个)

局、矿、队	采煤方法	煤层厚度(m)	采高(m)	产量(t)	效率(t/工)	等级	备注
开滦矿务局							
吕家坨矿711队	水采	5.4	5.4	427268	21.198	甲	
吕家坨矿721队	水采	2.8	2.8	319615	18.316	甲	
吕家坨矿751队	水采	2.4	2.4	302703	17.732	甲	
枣庄矿务局							
八一矿水采队	水采	1.82	1.82	324000	13.97	甲	

1993年度水采乙级队(2个)

局、矿、队	采煤方法	煤层厚度(m)	采高(m)	产量(t)	效率(t/工)	等级	备注
开滦矿务局							
吕家坨731队	水采	1.7	1.7	226202	20.08	乙	
吕家坨741队	水采	2.7	2.7	210939	17.51	乙	

1993年度炮采甲级队(66个)

局、矿、队	采煤方法	煤层厚度 (m)	采高 (m)	产量 (t)	效率 (t/工)	等级	备注
开滦矿务局							
荆各庄811队	长壁	1.9	1.9	451820	7.13	甲	创水平
平顶山矿务局							
五矿采二队	倾分	3.2～4.1	1.79	220100	7.37	甲	
五矿采四队	单长	2.0	2.16	305764	9.14	甲	
七矿采四队	倾分	3.5	1.85	300520	9.70	甲	
八矿采一队	倾分	4.8～3.6	1.83	351894	8.94	甲	创水平
八矿采七队	单长	3.3	1.97	272322	7.57	甲	
高庄矿采一队	倾分	4.02	1.93	301500	10.55	甲	
高庄矿采二队	倾分	5.25	1.92	266500	9.54	甲	
淮北矿务局							
临涣矿采四队	单长	1.8	1.8	305602	7.10	甲	
石台矿采一队	分长	3.4	1.59	185847	7.20	甲	
石台矿采六队	分长	3.5	1.8	226054	8.14	甲	
北京矿务局							
门头沟矿31队	长壁	2.58	2.58	167709	5.462	甲	
平庄矿务局							
五家矿544队	长壁	2.2	1.55	186476	6.64	甲	
五家矿571队	分长	2.09	1.74	224450	11.58	甲	
古山矿5103队	分长	2.8	1.98	256701	8.81	甲	
扎赉诺尔矿务局							
西山矿514队	长壁	4.5	2.4	273966	6.51	甲	
西山矿515队	长壁	6.5	2.3	354321	8.05	甲	
灵北矿534队	长壁	6.0	1.8	211205	6.12	甲	
淮南矿务局							
新庄孜采三队	倾分	3.6	1.8	192197	4.97	甲	
新庄孜矿采六队	倾分	3.6	1.7	177400	4.47	甲	
新庄孜矿采十三队	单一	1.7	1.7	213499	4.96	甲	
谢二矿采一队	单一	1.9	1.9	257190	7.73	甲	
谢二矿采五队	单一	1.7	1.7	219780	10.34	甲	
谢二矿采七队	单一	1.9	1.9	255618	9.14	甲	
谢二矿采八队	倾分	3.2	1.8	211744	9.55	甲	
李嘴孜矿采二队	长壁	2.2	2.0	140977	3.89	甲	
潘一矿高一队	倾分	4.0	2.1	373569	13.62	甲	
潘一矿高二队	单一	1.9	1.9	258585	8.84	甲	
峰峰矿务局							
通二矿701队	长壁	5	1.84	273607	8.174	甲	
通二矿706队	长壁	5	1.80	210137	8.574	甲	
邯郸矿务局							
王凤矿采二队	长壁	1.0	1.0	126116	6.462	甲	

续表

局、矿、队	采煤方法	煤层厚度 (m)	采高 (m)	产量 (t)	效率 (t/工)	等级	备注
八宝山矿采三队	长壁	2.1	2.1	90907	11.86	甲	
郑州矿务局							
大平矿采二队	长壁	4	2.0	333580	7.20	甲	
芙蓉矿务局							
杉木树矿采九队	长壁	0.91	0.91	115512	5.484	甲	
攀枝花矿务局							
小宝鼎矿采三队	长壁	0.76	0.86	122879	6.00	甲	
南桐矿务局							
砚石台矿121队	长壁	1.45	1.45	120924	4.82	甲	
天府矿务局							
磨心坡矿203队	柔掩	3.2	3.2	209265	6.5	甲	
一平浪矿采二队		0.69	0.69	93888	3.82	甲	
一平浪矿采五队		0.66	0.66	83594	3.514	甲	
盘江矿务局							
老屋基矿采一队	长壁	1.2～1.3	1.15	191586	6.36	甲	
盘江矿务局							
土城矿采542队	长壁	2.2	2.2	329506	10.319	甲	
水城矿务局							
汪家寨矿采一队	长壁	1.6	1.6	220633	10.13	甲	
石嘴山矿务局							
一矿采一队	倾分	8.4	1.7	274595	5.47	甲	
一矿采四队	倾分	10	1.9	264618	5.8	甲	
二矿采一队	倾分	9.0	1.8	223414	5.98	甲	
二矿采二队	倾分	6.8	1.8	229473	6.04	甲	
二矿采三队	倾分	6.0	1.8	245790	5.41	甲	
二矿采四队	倾分	6.0	1.8	216329	6.47	甲	
石炭井矿务局							
二矿采四队	单长	1.24	1.24	147843	6.00	甲	
乌鲁木齐矿务局							
六道湾矿采三队	非正规	25	40	173617	4.9	甲	
小红沟矿采二队	非正规	47	48	189046	11.076	甲	
徐州矿务局							
韩桥矿采三队	长壁	0.6	0.6	97553	3.87	甲	
徐州矿务局							
董庄矿采一队	倾分	1.72	1.72	220252	6.43	甲	
淄博矿务局							
南定矿采一队	单走	0.8	0.8	105816	4.22	甲	
南定矿采二队	单走	0.8	0.8	157633	4.48	甲	
南定矿采三队	单走	0.8	0.8	110746	4.18	甲	
新汶矿务局							

续表

局、矿、队	采煤方法	煤层厚度 (m)	采　高 (m)	产　量 (t)	效　率 (t/工)	等　级	备　注
华丰矿采五队	分层	6.4	2.1	260803	7.31	甲	
枣庄矿务局							
枣庄矿采五队	单走	0.7	0.7	138360	5.93	甲	
枣庄矿跃三队	单走	0.8	0.8	123056	3.93	甲	
枣庄矿采九队	单走	0.7	0.7	120084	6.58	甲	
甘霖矿采二队	单走	0.6	0.6	100065	3.73	甲	
朱子埠矿采一队	单走	0.7	0.7	120750	3.83	甲	
肥城矿务局							
曹庄矿采二队	残采	1.11	1.11	116215	5.192	甲	
兖州矿务局							
北宿矿采三队	单走	0.9	0.9	200854	5.586	甲	
北宿矿采四队	单走	0.9	0.9	153676	5.8	甲	
杨村矿采二队	单走	1.05	1.05	139511	4.7	甲	

1993年度炮采乙级队(81个)

局、矿、队	采煤方法	煤层厚度 (m)	采　高 (m)	产　量 (t)	效　率 (t/工)	等　级	备　注
开滦矿务局							
唐家庄矿311队	倾分	6	2.1	231099	6.1	乙	
马家沟矿531队	落垛	6.2	6.2	149495	6.7	乙	
大同矿务局							
大斗沟矿采三队	刀柱	4.3	3.19	211531	22.03	乙	
王村矿炮采队	刀柱	6.8	4.5	223917	7.68	乙	
平顶山矿务局							
八矿采五队	倾分	4.25	1.78	170378	4.86	乙	
十一矿采二队	单长	2.0	1.78	183721	6.53	乙	
十一矿采三队	单长	2.0	1.79	206675	6.47	乙	
淮北矿务局							
袁庄矿采一队	单长	1.52	1.52	163466	5.57	乙	
袁庄矿采二队	单长	1.54	1.54	152112	5.91	乙	
岱河矿采二队	单长	2.3	2.3	206229	6.65	乙	
岱河矿采三队	单长	1.9	1.9	197044	7.16	乙	
岱河矿采五队	单长	1.8	1.75	215617	7.30	乙	
芦岭矿采五队	分长	8.6	1.98	203171	7.00	乙	
芦岭矿采八队	单长	2.1	2.1	230421	6.69	乙	
芦岭矿采四队	分长	8.6	2.05	207966	6.95	乙	
朱仙庄矿采三队	分长	8.5	1.8	169142	7.5	乙	

续表

局、矿、队	采煤方法	煤层厚度 (m)	采高 (m)	产量 (t)	效率 (t/工)	等级	备注
石台矿采四队	分长	3.5	1.8	207726	7.43	乙	
童亭矿采一队	单长	2.1	2.1	221573	6.52	乙	
淮南矿务局							
新庄孜矿采十一队	单一	1.7	1.7	188364	4.54	乙	
谢一矿采七队	单一	1.9	1.9	227416	5.51	乙	
李一矿采九队	倾分	5.4	1.8	163916	5.10	乙	
孔集矿采四队	单一	1.8	1.5	115030	4.2	乙	
潘一矿采一队	单一	2.6	2.4	239676	6.43	乙	
小峪煤矿采三队	刀柱	2.3	2.3	239251	6.63	乙	
邯郸矿务局							
阳邑矿采三队	长壁	1.59	1.59	172180	7.64	乙	
乐平矿务局							
沿沟矿采二区	长壁	1.4	1.4	105038	3.43	乙	
鹤壁矿务局							
二矿采二队	长壁	8	1.9	185599	7.1	乙	
五矿采一队	长壁	8	1.9	200460	6.0	乙	
五矿采二队	长壁	8	1.9	209639	6.2	乙	
八矿采三队	长壁	8	1.9	179545	5.71	乙	
八矿采四队	长壁	8	1.9	186985	5.82	乙	
郑州矿务局							
裴沟矿采一队	长壁	5	2.2	244401	7.49	乙	
裴沟矿采二队	长壁	5	2.2	230799	7.30	乙	
米村矿采四队	长壁	3	2.0	228447	6.50	乙	
米村矿采五队	长壁	7	2.0	223327	6.30	乙	
王庄矿采一队	长壁	8	2.2	228606	6.34	乙	
新汶矿务局							
良庄矿采四队	长壁	1.0	1.0	133170	3.7	乙	
华丰矿采一队	长壁	1.0	1.0	94289	3.72	乙	
西港矿采二队	长壁	0.9	0.9	92155	3.82	乙	
枣庄矿务局							
陶庄矿采二队	长壁	0.8	0.8	93091	3.73	乙	
陶庄矿采三队	长壁	0.7	0.7	102701	3.47	乙	
朱子埠矿采二队	长壁	0.7	0.7	99458	3.64	乙	
山家林矿采四队	长壁	0.6	0.6	71595	4.05	乙	
兖州矿务局							
北宿矿采二队	长壁	0.98	0.98	108830	4.44	乙	
淄博矿务局							
岭子矿宝山井采二队	单长	0.6	0.6	65159	3.21	乙	
岭子矿宝山井采三队	单长	0.6	0.6	74174	3.41	乙	
石谷矿采一队	单长	0.8	0.8	90271	4.62	乙	

续表

局、矿、队	采煤方法	煤层厚度 (m)	采高 (m)	产量 (t)	效率 (t/工)	等级	备注
石谷矿采二队	单长	0.9	0.9	93613	5.76	乙	
双沟矿采二队	单长	0.7	0.7	78146	4.16	乙	
广旺矿务局							
广元矿718队	长	0.6	0.7	77885	3.211	乙	
唐家河矿753队	长壁	0.97	1.19	118367	5.99	乙	
代池坝矿782队	短壁	0.65	0.79	74501	3.385	乙	
芙蓉矿务局							
杉木树矿采一队		0.90	0.98	86999	5.464	乙	
杉木树矿采四队	走长	0.91	0.93	101283	6.068	乙	
攀枝花矿务局							
太平矿三区一队	分储	1.12	1.25	98683	5.271	乙	
太平矿三区二队	分储	1.4	1.7	111003	5.603	乙	
花山矿一区一队	长壁	1.0	1.08	110344	5.227	乙	
花山矿一区二队	长壁	1.2	1.27	122990	5.416	乙	
大宝鼎三区二队	长壁	1.11	1.44	135171	5.29	乙	
华蓥山矿务局							
绿水洞采四队	2.0	1.95	116689	7.91	乙		
达竹矿务局							
金刚矿采二队	走长	0.72	0.75	73664	3.495	乙	
金刚矿采三队	走长	0.81	0.83	84374	3.573	乙	
白腊坪矿采二队	走长	0.88	0.88	81791	3.48	乙	
松藻矿务局							
松藻矿503队	走长	2.16	2.16	218602	8.58	乙	
盘江矿务局							
老屋基矿采五队	走长	1.1～2.5	2.1	234563	7.0	乙	
火铺矿采二队	走长	2.0～2.15	2.1	264010	5.76	乙	
火铺矿采三队	走长	1.2～2.2	1.63	195518	5.64	乙	
水城矿务局							
大河边矿采一队	走长	1.83	1.83	184110	5.81	乙	
老鹰山矿采一队	倾分	4.0	1.5	155860	5.545	乙	
老鹰山矿采三队	倾分	4.0	1.45	152654	5.499	乙	
顶拉矿采二队	走长	1.369	1.369	123531	4.8	乙	
铜川矿务局							
桃园矿采二区	长壁	1.28	1.28	121098	4.125	乙	
桃园矿采四区	长壁	1.29	1.29	124358	4.045	乙	
窑街矿务局							
一矿采七队	长壁	18	2.2	191478	8.34	乙	
一矿采二队	长壁	18	2.2	204346	6.748	乙	
灵武矿务局							
灵新矿采一队	长壁	2.9	1.65	196884	5.97	乙	

续表

局、矿、队	采煤方法	煤层厚度 (m)	采高 (m)	产量 (t)	效率 (t/工)	等级	备注
石嘴山矿务局							
一矿采三队	倾分	8.4	1.8	193622	4.89	乙	
徐州矿务局							
韩桥矿采四队	长壁	0.65	0.65	108767	3.31	乙	
董庄矿采二队	倾分	1.7	1.7	217723	5.31	乙	
庞庄矿采五队	长壁	1.2	1.2	139120	6.96	乙	
张集矿采一队	长壁	2.6	2.5	233525	5.2	乙	

1993年度炮采丙级队(150个)

局、矿、队	采煤方法	煤层厚度 (m)	采高 (m)	产量 (t)	效率 (t/工)	等级	备注
大屯煤电公司							
姚桥矿炮一队	倾分	3.8～4.1	1.87	154488	4.813	丙	
开滦矿务局							
赵各庄矿111队	地沟	6.3	6.3	158606	4.84	丙	
赵各庄矿141队	落垛	6.3	6.3	178251	5.72	丙	
林西矿271队	长壁	1.2	1.2	105406	4.69	丙	
唐家庄矿321队	长壁	2.1	2.1	175346	5.60	丙	
唐家庄矿351队	长壁	2.1	2.1	167679	5.66	丙	
马家沟矿511队	落垛	4.5	4.5	130575	5.64	丙	
马家沟矿541队	落垛	6.5	6.5	124940	6.30	丙	
大同矿务局							
挖金湾矿采三队	刀柱	2.61	2.61	204094	8.17	丙	
平顶山矿务局							
五矿采一队	倾分	4.1	1.81	173232	7.22	丙	
七矿采三队	倾分	3.9	1.85	156012	7.00	丙	
十二矿采一队	倾分	4.7～5.4	1.82	168366	5.35	丙	
北京矿务局							
门头沟矿煤4队	残柱	1.96	1.96	64030	4.59	丙	
王平村矿168队	陷落	1.97	1.97	64252	4.79	丙	
淮北矿务局							
相城矿采一队	单长	1.9	1.9	191726	5.09	丙	
岱河矿采四队	单长	2.0	2.0	165334	6.50	丙	
杨庄矿采三队	单长	2.1	2.0	165109	5.60	丙	
杨庄矿采四队	单长	2.1	2.1	178341	5.40	丙	
沈庄矿采一队	单长	1.96	1.95	201399	5.41	丙	

续表

局、矿、队	采煤方法	煤层厚度 (m)	采高 (m)	产量 (t)	效率 (t/工)	等级	备注
临涣矿采二队	单长	1.6	1.6	135371	4.81	丙	
芦岭矿采六队	单长	2.02	2.02	201917	6.18	丙	
芦岭矿采七队	分长	8.1	1.95	171472	5.66	丙	
朔里矿采二队	单长	1.51	1.51	139710	5.06	丙	
朱仙庄矿采四队	单长	1.91	1.90	177288	6.59	丙	
朱仙庄矿采一队	分长	9.6	1.9	162723	5.70	丙	
朱仙庄矿采五队	分长	8.5	1.9	166432	5.88	丙	
临涣矿采一队	单长	1.7	1.7	156444	4.87	丙	
海孜矿采二队	单长	1.84	1.84	159168	6.46	丙	
海孜矿采三队	单长	2.2	2.2	165871	6.15	丙	
张庄矿采一队	分长	4.0	1.96	164660	6.22	丙	
张庄矿采四队	单长	1.8	1.8	143310	6.96	丙	
张庄矿采六队	单长	1.75	1.68	133050	5.35	丙	
淮南矿务局							
新庄孜矿采九队	单一	1.4	1.4	126122	3.89	丙	32°
新庄孜矿采十队	单一	1.5	1.5	125986	4.37	丙	32°
潘一矿采一队	倾分	5.6	1.7	127509	4.5	丙	
潘一矿采二队		3.6	1.8	159603	5.00	丙	
潘一矿采三队	单一	1.8	1.8	174690	4.85	丙	
潘一矿采八队	倾分	3.6	1.8	142745	4.50	丙	分层底
李一矿采一队	单一	1.4	1.4	99845	3.82	丙	34°
李嘴孜采五队	掩支	2.2	1.8	94697	3.27	丙	55°
潘二矿采二队	单一	1.7	1.7	134052	5.45	丙	
徐州矿务局							
韩桥矿采六队	长壁炮采	0.65	0.65	101635	3.1	丙	
韩桥矿采八队	长壁炮采	0.65	0.65	87304	3.13	丙	
大黄山采一队	倾分	2.0	2.0	209787	7.41	丙	
旗山采一队	倾分	2.0	2.0	172484	5.71	丙	
庞庄采一队	长壁炮采	1.6	1.6	127125	7.24	丙	
庞庄采二队	长壁炮采	1.1	1.1	120720	3.198	丙	
庞庄采六队	长壁炮采	1.6	1.6	130848	4.66	丙	
夹河采四队	长壁炮采	1.9	1.9	205744	5.19	丙	
义安采一队		2.0	2.0	204796	5.88	丙	
垞城采三队	长壁炮采	1.8	1.8	164392	4.39	丙	
垞城采四队	长壁炮采	1.6	1.6	142271	4.16	丙	32°
张集采三队	长壁炮采	2.7	2.6	183861	4.55	丙	33°
水城矿务局:							
红旗矿采二队	走向长壁	1.925	1.92	186042	5.076	丙	
大河边采六队	走向长壁	1.95	1.95	159251	5.68	丙	
老鹰山采二队	走向长壁	1.0	1.0	85837	4.07	丙	

续表

局、矿、队	采煤方法	煤层厚度 (m)	采　　高 (m)	产　　量 (t)	效　　率 (t/工)	等　级	备　注
林东局南山矿采一队	走向长壁	1.5	1.5	121664	4.426	丙	
盘江矿务局							
火铺矿采四队	非正规	1.5～2.1	1.68	159094	4.94	丙	手镐落煤
六枝矿务局							
六枝矿采二队	非正规	0.92～2.52	1.49	100852	4.87	丙	仓储式
淄博矿务局							
龙泉矿采一	单长	0.7	0.7	61626	3.18	丙	
龙泉矿采三	单长	0.7	0.7	63460	3.96	丙	
石谷矿采三	单长	1.0	1.0	92266	6.076	丙	
双沟矿采一	单长	1.0	1.0	90375	4.62	丙	
新汶矿务局							
张庄矿采二	单长	1.0	1.2	105281	4.852	丙	
张庄矿采六	单长	1.0	1.2	116870	4.467	丙	
华丰矿采三	单长	2.0	2.0	170794	5.15	丙	
枣庄矿务局							
陶庄矿采一	单长	0.7	0.7	67837	4.62	丙	
甘霖矿采二	单长	1.6	1.6	148356	5.97	丙	
山家林采三	单长	0.9	0.9	73006	4.33	丙	
山家林采二	单长	0.9	0.9	84439	4.34	丙	
坊子矿一区采煤队	残采	1.8	1.8	37143	3.06	丙	
坊子矿三区采煤队	残采	2.0	2.0	49135	3.01	丙	
坊子矿四区采煤队	残采	2.0	2.0	49135	3.01	丙	
坊子矿五区采一	单长	2.4	2.4	58058	4.17	丙	
坊子矿五区采三	残长	2.0	2.0	35814	2.99	丙	
资兴矿务局							
杨梅山采三队		1.0	2.0	95089	2.55	丙	水平分层
煤炭坝矿湘煤35队		3.4	1.7	123456	4.413	丙	
井陉矿务局							
三矿321队	长壁	1.2～1.8	1.24	103419	6.47	丙	
一矿114队	长壁	1.2～6.5	1.8	157008	7.82	丙	
临城矿121队	长壁	1.4～2.3	1.7	153442	6.55	丙	
兴隆矿务局							
汪庄矿采二区	非正规	7.8	7.8	117663	5.095	丙	
邯郸矿务局							
阳邑矿采二队	长壁	1.22	1.22	109016	5.03	丙	
攀枝花矿务局							
大宝鼎一区一队	走长	1.10	1.38	12144	4.57	丙	
大宝鼎二区一队	走长	0.93	1.20	107893	4.86	丙	
达竹矿务局							
柏林采三队	走长	0.58	0.58	47632	2.846	丙	

续表

局、矿、队	采煤方法	煤层厚度 (m)	采　高 (m)	产　量 (t)	效　率 (t/工)	等　级	备　注
白腊坪采三队	走长	0.50	0.50	47784	2.82	丙	
斌郎采二队	走长	1.3	1.38	97370	3.80	丙	
新疆							
乌苏四棵树矿采二队	非正规	14	14	110782	11.2	丙	深孔爆破
乌鲁木齐矿务局							
碱沟矿采一队	非正规	40	48	107786	6.38	丙	深孔爆破
乌鲁木齐矿务局							
大洪沟矿采煤队	非正规	48	40	117550	8.768	丙	仓储式
天府矿务局							
三汇三矿252队	走长	0.82	0.82	71588	5.51	丙	37°
南桐矿务局							
砚石台矿124队	走长	1.47	1.47	88022	3.44	丙	50°
鱼田堡矿102队	走长	2.40	2.40	161279	7.43	丙	32°
南桐矿171队	柔掩	2.20	2.20	103788	6.99	丙	74°
松藻矿务局							
松藻矿506队	走长	0.81	0.81	66873	3.34	丙	
中梁山矿务局							
南矿313队	柔掩	2.10	2.10	100758	4.56	丙	65°
窑街矿务局							
二矿采三队		24	2.2	155048	7.98	丙	分层铺网
靖远矿务局							
宝积山矿采一队		10	1.9	139387	5.13	丙	32°以上
靖远矿务局							
王家山矿采五队		8	2.0	133711	4.74	丙	35°以上
铜川矿务局							
桃园矿采一区	长壁	1.28	1.28	119594	3.805	丙	
南桥矿采一队	长壁	2.2	1.6	135065	4.831	丙	
白水矿采四队	长壁	1.3	1.29	140490	6.25	丙	
澄合矿务局							
权家河采二队	长壁	3.0	2.2	170115	5.65	丙	
董家河采一队	长壁	2.8	1.7	134167	4.46	丙	
平庄矿务局							
元宝山矿512队	单长	1.8	1.74	156276	5.52	丙	
五家矿552队	分长	1.8	1.76	134953	6.03	丙	
古山矿583队	分长	16	1.73	138703	5.13	丙	
石嘴山矿务局							
一矿采二队	倾分		1.70	203927	4.22	丙	
石炭井矿务局							
二矿采一队	倾分	6.2	1.81	156479	6.80	丙	
一矿采一队	倾分	6.0	1.80	128917	4.70	丙	

续表

局、矿、队	采煤方法	煤层厚度 (m)	采高 (m)	产量 (t)	效率 (t/工)	等级	备注
霍州矿务局							
辛置采一队		3.69	3.65	121450	6.278	丙	
曹村采二队		4.0	4.0	119235	7.08	丙	
西峪矿一中队	长壁	4.5	4.5	189349	5.00	丙	
丰城矿务局							
坪湖矿回采区	长壁	2.52	2.52	166000	5.12	丙	
建新矿采二区	长壁	2.50	2.41	184597	5.24	丙	
尚一矿采一区	长壁	2.30	2.21	165039	5.02	丙	
八一矿采二区	长壁	1.19	1.19	90384	3.53	丙	
英岗岭矿务局							
东村矿采一区	长壁	1.27	1.27	116202	4.07	丙	
桥头矿采二区	长壁	1.26	1.26	97200	3.76	丙	
洛市矿务局							
山西矿采二区	长壁	1.6	1.60	121488	4.65	丙	
焦作矿务局							
朱村矿采二区	倾分	5～6	2.2	184786	8.251	丙	
朱村矿采五区	倾分	5～6	2.2	177382	6.922	丙	
小马矿采二区	倾分	3.6	1.8	155370	10.249	丙	
韩王矿采二区	倾分	5.5	1.8	141242	7.444	丙	铺网
中马矿采一区	倾分	5.8	2.0	164260	6.383	丙	
九里山矿采三区	倾分	6	2.0	175572	10.839	丙	
九里山矿五四队	倾分	5.8	2.0	173344	10.272	丙	
冯营矿采一区	倾分	5.5	2.0	176483	7.032	丙	
鹤壁矿务局							
九矿采煤队	长壁	6	2.0	172735	5.02	丙	
义马矿务局							
千秋矿采三队	长壁	6.5	2.0	203507	7.5	丙	
新安矿采五队	长壁	1.69	1.63	159555	6.6	丙	
新安采四队	长壁	1.7	1.61	140514	6.3	丙	
宜洛408队	长壁	4.0	1.8	127487	4.3	丙	32°铺网
杨村二采队	长壁	1.65	1.58	123406	5.121	丙	
郑州矿务局							
芦沟矿采一队	长壁	6	2.2	177872	5.3	丙	
大平矿采一队	长壁	3	2.1	177339	7.2	丙	
广旺矿务局							
广元713队	长壁	0.42	0.5	45310	2.533	丙	32°
白水731队	长壁	0.56	0.63	61960	3.90	丙	
白水734队	长壁	0.56	0.63	63583	3.82	丙	
旺苍741队	俯斜		0.64	52288	2.966	丙	41°
唐家河751队	长壁	1.00	1.17	97203	4.111	丙	

续表

局、矿、队	采煤方法	煤层厚度 (m)	采高 (m)	产量 (t)	效率 (t/工)	等级	备注
赵家坝762队	俯斜		0.83	87175	3.53	丙	59°
赵家坝763队	柔掩		1.40	82887	3.58	丙	52°
代池坝784队	短壁		0.58	58351	2.749	丙	42°
芙蓉矿务局							
白皎采13队	走长		1.22	97958	4.000	丙	
白皎采17队	走长		1.20	91284	4.277	丙	
巡场采1队	俯斜		1.23	82169	4.50	丙	46°
巡场采2队	走长		0.79	86508	3.98	丙	32°
珙泉采1队	走长		1.20	90388	4.511	丙	
攀枝花矿务局							
花山二区一队	走长		1.21	83075	3.79	丙	32°

1993年度采煤队上等级、创水平评比情况

单位：个、万吨

项目		合计		其中						创水平	
				甲		乙		丙			
		队	产量	队	产量	队	产量	队	产量	队	产量
总计		681	22221.20	235	12399.32	171	4811.27	266	4852.92	74	6582.71
按采煤工艺分	综采	178	11627.51	97	8351.61	43	1888.23	38	1387.67	46	5322.26
	高普	191	5156.97	66	2446.51	54	1446.87	71	1263.59	24	1107.29
	普采	9	169.24	2	49.67			7	119.57		
	水采	6	181.07	4	137.36	2	43.71				
	炮采	297	5086.41	66	1414.17	81	1590.15	150	2082.09	4	153.16

1993年度基建等级队（处）

一、矿建甲级处（6个）

大同矿务局燕子山工程处
江苏基建公司第一工程处
大同矿务局四台沟工程处
七台河矿务局工程处
枣庄矿务局第三工程处
枣庄矿务局第一工程处

二、土建甲级处（5个）

中煤建安公司第六十八工程处
中煤建安公司第七十二工程处
大屯煤电公司建筑安装公司
新汶矿务局工程公司
中煤建安公司筑路工程处

三、矿建甲级队（31个）

江苏基建公司一工程处一〇二队
大同矿务局燕子山工程处四队
江苏基建公司一工程处一〇三队
大同矿务局四台沟工程处六队
淮南矿务局九十六工程处雄狮队
大同矿务局燕子山工程处二队
淮南矿务局九十六工程处一五队
兖州矿务局三十二工程处三二〇七队
江苏基建公司三工程处三〇三队
平顶山矿务局建井一工程处综三队二分队
枣庄矿务局三工程处六队
平顶山矿务局建井一工程处四队
中煤建设三公司七十一工程处七一〇三队
大同矿务局燕子山工程处一〇队

中煤三公司七十一工程处主井队
枣庄矿务局一工程处一队
中煤一公司三十一工程处一七队
阳泉矿务局工程处七一队
枣庄矿务局一工程处二队
鸡西矿务局建井工程处红一队
江苏基建公司二工程处二〇六队
江苏基建公司二工程处二〇五队
淮南矿务局三十九工程处八一队
淮南矿务局四十二工程处四二〇四队
淮南矿务局三十九工程处一一队
淮南矿务局三十九工程处三一队
七台河矿务局工程处一〇三队
七台河矿务局工程处一〇九队
七台河矿务局工程处一一〇队
江西公司二工程处二〇二队（半年队）
新汶矿务局工程公司矿建一工区（半年队）

四、土建甲级队（32个）

中煤建安公司七十二工程处商丘项目部
中煤建安公司七十二工程处一队
中煤建安公司七十三工程处第三项目部
阳泉矿务局工程处土建一队
兖州矿务局三十七工程处三工区
晋城矿务局工程处三工区
中煤建安公司六十七工程处二队
平顶山矿务局土建工程处四工区
晋城矿务局工程处一工区
中煤建安公司六十九工程处二队
中煤建安公司六十八工程处二队
临沂工程处三工区
淮南矿务局九十七工程处五工区
中煤建安公司六十八工程处三队
中煤建安公司六十八工程处水电队
大屯建安公司二处
兖州矿务局三十七工程处二工区
大同矿务局四台沟工程处土建一工区
枣庄矿务局四工程处一工区
中煤建安公司六十九工程处三队
七台河矿务局土建处四队
新汶矿务局工程公司土建一工区
新汶矿务局工程公司土建二工区
兖州矿务局三十七工程处水电队
中煤建安公司六十八工程处一队
开滦矿务局土建处三工区
阳泉矿务局三处土建四队
淮南矿务局九十七工程处二工区
中煤建安公司筑路处三队
中煤建安公司筑路处二队
兖州矿务局二工程处三队
兖州矿务局二工程处二队

五、安装甲级队（17个）

中煤三公司机厂机电安装队
大屯建安公司安装队
兖州矿务局三十七工程处一工区
中煤三公司七十一工程处安装队
兖州矿务局六工程处二队
新汶矿务局工程公司安装二工区
新汶矿务局工程公司安装一工区
中煤三公司安装工程处五队
平顶山矿务局六工程处机电安装队
峰峰矿务局工程处机电安装队
平顶山矿务局机电安装工程处二工区
中煤一公司十工程处机电安装队
开滦矿务局机电安装处五队
开滦矿务局机电安装工程处三队
江苏基建公司五工程处安装二工区
兖州矿务局六工程处一队
七台河矿务局土建工程处安装工程队

先进个人名单

第四届中国煤炭工业优秀企业家（金钟奖）名单（补充）

李景灿　河南省新乡市陈台煤矿矿长
邵培藻　大屯煤电公司选煤厂厂长
韩兴彪　宁夏回族自治区灵武矿务局磁窑堡煤矿矿长
吴花龙　广西壮族自治区右江矿务局局长
梁　彦　阜新矿务局铁路运输部主任
朱晓明　晋城矿务局王台铺煤矿矿长
高鸿儒　阜新矿务局海州露天煤矿矿长
单玉泰　枣庄矿务局局长
张兴福　郑州铁路局运销公司经理
张福生　下花园煤矿矿长
宋振德　大屯煤电公司龙东煤矿矿长
曹晨明　潞安矿务局王阳煤矿矿长
赵铁锤　平顶山矿务局四矿矿长
冯金卓　广东省茂名矿务局建材厂厂长
于振中　鹤壁矿务局总机厂厂长
陈云火　江苏省苏南煤矿机械厂厂长
孟来发　乌达矿务局王虎山煤矿矿长
宋永津　大同矿务局局长
李建辉　淮北矿务局工程处处长
贾俊卿　焦作矿务局局长
郝川声　平顶山矿务局基建机修厂厂长

先进单位介绍

淮北矿务局

淮北矿务局属国家特大型企业，座落在安徽省北部的淮北市。全局现有生产矿井12对，年生产能力在1400万吨以上。有7座选煤厂，年入洗原煤能力1100万吨。现有机修厂，水泥厂、化工厂、制药厂等多种经营单位441个，其中全民性质49个，集体性质392个。全局拥有全民职工11.6万多人，集体企业职工近5万人。

淮北矿务局多种经营第三产业起步于1982年，较快发展于“七五”期间。10多年来，淮北矿务局在重视煤炭生产建设的同时，高度重视发展多种经营第三产业，针对老区矿井相继衰老报废、新井接替紧张、企业人员多、矿井转产任务重等实际情况，研究制定多种经营发展的长远规划，并不断改革管理体制，理顺工作关系，积极调整产业和产品结构，加快了多种经营发展。1986年矿务局提出实施“稳住老区，开发新区，大力发展多种经营”三大支柱的发展战略，认真贯彻落实抚顺会议制定的发展多种经营第三产业的“47条”政策规定，对推动“七五”期间多种经营集体经济快速发展起到了积极作用。1992年以来，小平同志南巡重要讲话的发表，《中共中央、国务院关于加快发展第三产业的决定》及1993年煤炭工业部召开的全煤多种经营工作会议，为发展多种经营集体经济指明了方向。特别是国家拿出20亿贴息贷款用于发展三产启动资金后，淮北矿务局紧紧抓住机遇，争取资金，加快新上项目和重点骨干项目建设，扩大了生产和经营规模。在广大干群的共同努力下，淮北矿务局多种经营从无到有，从小到大，从弱到强，逐步走上了健康发展的道路。截止到1994年6月，全局多种经营累计实现工业总产值65395万元，销售收入167867.8万元，创利税14156.9万元，安置人员42010人。

自1988年以来，淮北矿务局多种经营、第三产业连续5年被原中国统配煤矿总公司、集体企业管理局及省、市评为先进单位。1993年，淮北矿务局和局多种经营总公司所属第二高级职业中学分别被煤炭工业部评为“发展多种经营先进单位”和“多种经营先进企业”。

淮北矿务局坚持“以煤为本，多种经营，综合发展”的方针，先后共投入资金16371.5万元发展多种经营第三产业，除部分用于优势企业的更新改造和产品的升级换代以外，新上了25个具有一定规模、科技含量高的骨干项目，增强了多种经营发展后劲。

目前，淮北矿务局多种经营已初步形成了一定规模的机械修配业、建筑施工业、勘探设计业、建材业、化学、五金工业、信息通讯业、交通运输业、轻纺及工艺加工业、食品工业、农林及养殖业和医疗卫生、教育等事业，并正在发展电力工业。主要产品有水泥、水胶炸药、幕墙玻璃、治癌针剂“华蟾素”、植物生长调节剂“福乐定”、熔模精铸莫来石型砂、钢铁除锈钝化剂、节能灯、高水基液压工作液、五金、电子产品、服装、绣品、家俱等22个产品系列，440多个品种。其中，部分产品获得省、部、国优等荣誉称号，有的已打入国际市场。如相山牌水泥为国家免检产品，获省优产品称号；淮河牌水胶炸药获国优称号，1986年被评为国家银质奖；治癌新药“华蟾素”为国内首创，1993年获全国科技金窗奖；高效节能荧光灯，1992年获中国首届民用科技博览会金奖；钢铁除锈钝化剂为专利产品，获国家发明三等奖；新型、高效、天然植物生长剂“福乐定”已经部级鉴定；幕墙玻璃为全国最早的三条流水生产线之一，产品已经鉴定；工艺被、地挂毯等产品远销瑞士、美国、德国和香港等地。同时，加快发展电力工业，张庄矿矸石电厂、朱仙庄矿矸石电厂正在加紧施工，临涣矿煤泥电厂已经煤炭工业部批准立项。

徐州矿务局

徐州矿务局是江苏省最大的煤炭生产基地。现有13个矿（17对井），1个报废转产矿，7个厂，3个工程处，3所综合医院等34个基层单位。职工12万人，其中集体工1.2万人。拥有固定资产原值22亿元，净值14.9亿元。矿区保有工业储量14.23亿吨，可采储量8.85亿吨。其中厚煤层1.55亿吨，中厚煤层4.17亿吨，薄煤层和极薄煤层3.13亿吨。全局原设计能力981万吨，1991年核定能力1060万吨，实际生产水平1300多万吨。

1993年，徐州矿务局认真贯彻落实党的十四大精神，抓住煤价放开的机遇，积极研究企业转换经营机制，适应市场经济发展的政策措施。在经济十分困难的情况下，全局职工艰苦奋斗，迎难而上，使企业初步经受住了市场变化的考验，各方面工作都有了一定的进展。

安全生产创新水平。全年原煤产量完成1310万吨，比计划超产100万吨；开拓进尺2.65万米；采煤机械化程度为67.18%；杜绝了1次2人以上的伤亡事故，工业百万吨死亡率为1.19，原煤百万吨死亡率为0.86；全员效率达到1.278吨/工。

经营状况好于往年。全年经营总收入25亿元，其中煤炭销售收入17.5亿元；上缴各种税金1.07亿元；成本为121元/吨（其中基建费用10元/吨在成本中列支），剔除不可比因素，与1992年基本持平。企业略有盈利。

消化了电价、运价和工资等增支因素2亿多元，挤出近1亿元偿还了部分旧债。

多种经营外向型经济有所发展。全年多种经营外向型经济总收入7.5亿元。新办109个商服网点和经济实体，组建了4个中外合资企业，吸引外资351万美元。

职工收入有所提高。职工人均月收入比上年平均提高15.88%，集体职工人均月收入比上年提高17.94%。

1993年重点抓了以下几项工作：

1.转变观念，逐步建立面向市场的经营机制

把克服困难的基点放在依靠自身力量上。对下属单位实行“一推、二划、三并、四改”。即：把下属单位推向市场。对两对省集资新井全部放开，按完全法人管理，费用自提自用，盈亏自负，只管统一的政策规定；对其它生产矿井和厂、处按模拟法人进行管理，将大部分权力放给基层单位，使其成为相对独立的经济实体；对中外合资企业、内资联营企业，采取董事会领导下的厂长（经理）负责制，按投资主体出资额，实行利润分成；对医院和学校等事业性单位实行经费包干。划小核算单位，把各项指标层层分解承包。进行企业内部的兼并，使生产要素得到重新组合。改进企业的宏观调控办法，由原来主要靠行政命令转向运用经济手段调节企业内部的生产、流通和分配，企业内、外部实行各种形式的经济联合。

2. 调整经营策略，狠抓产品销售

把开拓市场，多渠道组织运输放在经营管理的突出位置。新开辟了47个用户，建立了8个产销联营点。积极发挥地理优势，实行铁路、公路、水路运输三管齐下，组织了3700吨位的航运公司，利用运河和近海的便利条件，销往上海、广东、福建的煤炭有所增加。调整产品结构，提高产品质量，灵活煤炭价格，搞好售后服务。全年共销售煤炭1187万吨，产销率达到93.99%，基本上做到了产销平衡。

3. 用好用活资金，提高资金的使用效果

按照“一保生产，二保工资，三保有效益的工程，四要适当还债”的原则，加强宏观调控，合理资金投向，紧缩开支。根据效益接替的思路和工程轻重缓急的需要，控制基建规模和非生产性项目，基建投资由原定1亿元压缩为6000万元。对生产建设和多种经营项目全面进行技术经济评估，分别采取停、压、缓、保等措施。对经济效益不大的工程项目，以及地面生活福利等工程进行缓建，减少工程费用1700万元；对在建的工程项目中的一些不必要或关系不大的配套工程进行压缩；对经济效益显著的电厂、水泥厂、钢厂等重点项目，集中资金进行保证。维简费用实行集中管理，统筹使用，按计划执行。组织催收煤款和清理陈欠资金的专业队伍，催收新旧欠资金1.5亿余元。加强资金调度，集中定点开户。推行目标成本管理，强化材料的定额管理，对大宗材料由局集中采购供应。材料费和其它生产支出比1992年都有所降低。控制非生产性支出，停止了社会集团购买力的审批。

4. 加大改革力度，完善内部的激励机制

首先，深化人事制度改革。按照精简效能的原则，控制干部职数。对机关干部以1992年底为基数，压缩20%，精简2789人，合并撤消机构167个。其次，深化用工制度改革。鼓励职工提前退休、离岗休息，按4%的比例试行内部待业。改招工为招生，新增劳动力全部实行合同制，并经过技校进行专业培训，考核合格后择优上岗。第三，深化分配制度改革。按销售收入提取工资总额，与利亏、安全挂钩。第四，完善其它配套改革措施。住房改革，推行了定金、公积金和提高房租的办法。医疗制度改革，根据职工不同的年龄段，适当增加了个人负担的比重。

5. 坚持两手抓、两手硬，全面加强党建和思想政治工作

首先，加强党风和廉政建设，重点解决群众反映强烈的公款吃喝、公款装修住房、公费出国旅游等问题，查处了一批违纪案件。其次，加强职工队伍建设。以开展创六好活动为主要形式，提高职工队伍素质。第三，政工干部积极参与经营决策、安全生产和经济工作，较好地发挥了思想政治工作在企业经济活动中的生命线作用。

临沂矿务局

临沂矿务局地处山东省临沂市罗庄镇，1960年建局。所属煤矿分布于具有光荣革命传统的沂蒙山区，早在抗日战争、解放战争时期就为我军根据地的军工生产作出了贡献。临沂局现有汤庄、褚墩、五寺庄、塘崖、株柏、草卜、岐山、莒县8个生产矿，水泥厂、电厂、机厂、总厂4个地面生产厂，恒河实业总公司、工程公司、地质公司、劳动服务公司等4个多种经营公司和一个古城矿井筹建处，占地面积549万平方米，固定资产2.7亿元，在职职工15000人，是全国大型的工业企业之一。

1993年，该局面对企业走向市场的严峻挑战和历史机遇，不失时机地研究制定了“确立非煤产业主体地位，加快转产步伐，实现一年打基础，二年翻身仗，三年见成效”的3年扭亏为盈经营策略。决心抓住3年过渡这一机遇，利用多种经营的大发展，逐步消化全局的营业外支出，实现自负盈亏，扭亏为盈。在这一经营策略的指导下，全局上下适应市场经济发展的要求，进一步解放思想，更新观念，积极转换经营机制，切实把发展多种经营第三产业作为减人提效，实现3年扭亏为盈的战略措施来抓，经过千方百计，真抓实干，艰苦创业，实现了“三年经营策略”一年打基础的奋斗目标。1993年，全局多种经营新建、扩建项目44个，总投资额达2227.1万元；实现产值（收入）13746.76万元，创利润529.77万元，安置富余人员和待业青年近千人。被省煤管局评为山东国有重点煤矿多种经营先进单位。多种经营产品生产发展到包括焦炭、电力、水泥、建材、日用陶瓷、搪瓷、矿用机械、橡塑和塑料包装制品、制鞋等12大类60多种产品。其中焦炭、水泥、茶具已打入国际市场、TS1型柱齿针头达到80年代国际水平，YQ系列液压矿车清车机被山东煤管局列为全省煤矿定点产品，并远销四川达竹、广汪和内蒙古的赤峰等地。在1993年海南科技博览会上该局研制生产的液压清车机和有色金属链铸机分别获得了科技发明金奖和银奖。

该局在多种经营发展中，狠抓了关键性的3项工作：一是加强调研开发，狠抓新上项目建设。该局上下深刻认识到，加强新上项目特别是大中型骨干项目的调研论证工作，是关系到能否顺利实现转产和能否取得好的经济效益的关键一环。抽出得力精干人员加强了新项目的调研开发，对其技术、投资、市场、效益等反复分析论证，力求准确，收到了好的成效。同时，为缩短投资回收期，更好地发挥投资效益，注重抓了新上项目的建设进度。五寺庄矿去年初开始筹建工业搪瓷厂，总投资80万元，他们利用工会娱乐场所作厂房，争取时间，缩短土建工期，从立项到投产仅用了86天的时间，到年底实现利润64万元，实现了高速度，高效益。接着该矿又筹集资金600万元，进行了搪瓷前期工程——钢板冲压车间的建设。1994年5月已建成投产。草卜煤矿在煤炭生产条件尚好，转产压力小的情况下，超前思维，早抓早主动，先后建成投产了玻璃纤维制品厂、洗煤厂、炼焦厂、石材加工厂等8个项目。

二是多方筹集资金，保证重点项目建设。在市场经济中，该局认真转变观念，改变了过去那种向上级伸手要资金等项目的思想和做法，积极采取多种融资形式，保证多种经营重点工程建设。塘崖煤矿利用节亏留成、银行贷款、职工集资等形式筹集资金400多万元，建起了龙山瓷厂二期工程，水泥厂利用上半年的市场优势，抓住机遇，自筹资金进行窑炉的扩建，实现了生产能力翻番；草卜煤矿积极与地方联营，搞股份制企业，建成了汇泉玻璃纤维厂等项目。筹资融资形式的多样化，有力地推动了全局多种经营和第三产业的发展。

三是放开政策，大胆引进人才、技术和管理经验。在发展多种经营工作中，他们打破常规，放开政策，学习借鉴外部管理经验，吸收使用各类技术人才收到了好的效果。机厂在内部管理上引入乡镇企业管理机制，大胆进行内部改革，1993年扭亏为盈，年实现利润66万元；莒县矿声光鞋厂聘请青岛等地的技术人员，进行技术指导和技术管理，促进了产品质量和经济效益的提高；恒河实业总公司不拘一格，大胆启用乡镇企业管理人才，搞活了企业，提高了效益，1993年实现减亏增盈690多万元。

进入1994年以来，该局在国家转产资金不到位的情况下，主动出击，不等不靠，通过职工集资、贷款，利用各种关系借款等形式筹措资金1800多万元。开工建设了蒙阳石膏矿、兴塘瓷厂等14个多种经营项目，实现产值9572万元，创利润315万元，上缴税金281万元。

临沂矿务局的决策者们在多种经营成绩面前，没有沾沾自喜，而是立足当前，心系长远，决心在努力实现扭亏为盈3年经营策略各项目标的基础上，按照现代企业制度的要求，继续加强企业经营机制转换和经营管理，逐步把临沂矿务局发展成为以煤矿为依托，非煤产业占主体地位，具有现代企业运行机制，充满生机与活力的新型企业。

局　　长：崔宝德
地　　址：山东省临沂市罗庄镇
电　　话：241701
邮政编码：276017

淄博矿务局

淄博矿务局是煤炭工业部所属大型企业。全局现有直属单位26个，除8个矿外，还有洪山矿业公司、工程公司、机械制造厂、矿山机械建材厂、火工厂、新型高温耐火材料厂，热电公司、勘探工程处及4所学校和4座医院。在册职工44816人，离退休职工23000多名。固定资产原值78510万元，净值47888万元。

淄博矿务局是一个有近百年开采历史的薄煤层老矿区。80年代末期，随着煤炭资源的减少，矿区衰老的状况越来越严重，至1991年全局11对矿井有7对矿井注销了生产能力，到“八五”期末将有5对矿井停产报废，有9930名富余职工亟待安置。淄博局特殊的客观条件，因而成为全国煤炭系统中安全、生产、经营最艰难的矿区之一。

面对这种状况，1993年以来，全局坚持一手抓煤炭、一手抓开发，在努力挖掘煤炭生产潜力的同时，大力发展多种经营，加快矿区的转产步伐，提出并实施了“奋战3年，实现一局变两局”的战略发展目标。通过不断深化改革，转换经营机制，切块分离经营，取得了明显的成效。1993年在资源枯竭，开采难度大的情况下，仍生产原煤506万吨；掘进总进尺和开拓进尺分别比计划超进41081米和6209米；完成基本建设投资2806万元；全年计划亏损18189万元，实际亏损16520万元，节亏1669万元，岭子矿、南定矿、双沟矿、埠村矿首次实现了扭亏为盈；全年减人3300名，全员效率0.793吨/工，比上半年提高12.8%。

1993年全局多种经营发展较快；势头良好。完成年产值经营额18268万元，比上年增长21.24%，实现利润1113万元，比上年增长26.05%；全年投入多种经营上项建厂资金12683万元，新上（包括技改）项目41个；全局从事多种经营人员14673人；多种经营厂（网）点329个；多种经营的固定资产原值13632万元。全局多种经营形成了以化工、建材、铝土开采及深加工、发电、冶炼、机加工、火工、建筑安装、商饮文化服务等行业为骨干，多业并举，能生产17个系列230多个产品3000多个品种的经营格局，多种经营成为矿区经济的重要组成部分。1992年至1993年度先后被煤炭工业部和山东省煤炭管理局表彰为"多种经营先进单位"。

主要做法是：一是把发展多种经营放在全局工作的首位，加大改革力度，全方位转换机制，加快转产步伐。1993年按照实现"一局变两局"战略发展目标的要求，确立了逐步实现由以煤为主变为以煤为辅的战略转移，把多种经营摆在矿区经济发展的重要地位的指导思想，明确局（矿、厂）长是发展多种经营工作的第一责任者，把多种经营纳入了承包责任制的主要考核内容；在体制上，成立了经济技术开发总公司和煤炭生产办公室，将多种经营和煤炭生产两线分离、实行分离经营、独立核算的管理模式；在经营机制上，试行了多元化混合所有制形式，在原集团承包的基础上，推行了个人承包、租赁经营、国有民营、公有私营、股份合作制等新的经营方式，为多种经营的发展注入了生机和活力。

二是加大开发力度，千方百计筹措资金，上项建厂。1993年以来，狠抓了项目开发，从局到矿都建立健全了开发机构，组建了近百人的开发队伍，制定了中长期开发的规划，拟定了开发重点和方向；采取走出去，请进来，与大专院校、科研设计单位挂钩等多种形式，开发了一批骨干项目。在资金紧张的情况下，全局通过国家贴息贷款，社会融资，提取企业维简费和节亏留利部分，以及推行股份合作制、交纳转产基金、风险抵押金从职工中筹资等多层次、多渠道共计筹措资金1.2亿元，上项建厂41个，目前已形成了以中外合资淄博长鸿建筑陶瓷有限公司、淄博川北陶管厂、德宏石膏厂、淄洪路商业街等为骨干的具有一定规模的转产项目，为顺利实现矿区转产奠定了基础。

三是加强基础管理，全面提高企业经济效益。1993年以来，针对多种经营企业基础管理比较薄弱的实际状况，坚持不懈地狠抓基础管理工作，逐步建立、修订、完善了一系列内部管理规章制度，不断加强质量管理、财务管理、劳动工资管理、计划统计管理、安全和技术管理等项工作。在产品质量上实行了质量否决权制度，在项目建设上实行了效益承包责任制，在生产经营过程中推行了目标成本管理，强化了营销工作。为全面提高经济效益，突出抓了企业的增产达产，组织企业上档次、上规模、上水平；同时对亏损企业逐个分析，重点解剖，有针对性地采取措施，限期整改扭亏，都取得了较好的效果。

长广煤矿公司

一、企业概况

长广煤矿公司建于1958年，地处浙、皖、苏三省交界地区，位于浙江省长兴县和安徽省广德县境内，占地面积11566亩，煤炭资源贫乏，矿区人口近5万人。1993年底，公司全民职工16500人，集体职工5000人，企业固定资产原值4.26亿元，净值2.97亿元，年销售收入4.27亿元，其中主要产品销售收入3.54亿元，其他经营收入7258万元，上交国家税金935.76万元。1992年经国务院经贸办等6个部委批准，长广被定为国家大二型企业。

二、煤、电、化、建协调发展，生产、服务、商贸三位一体

长期以来，由于历史原因，长广煤矿公司走的是一条封闭式、内循环的办矿道路，企业产品单一，经济困难。为了转变这种状况，1986年公司制定了"三个转变，四根支柱"（即从单一经营向多种经营转变，从单一产品向多种产品转变，从单一经济形式向多种经济形式转变；四根支柱即煤炭生产、矿办工厂、集体事业、劳务输出）的办矿方针。随着形势的发展，公司从调整产业结构、大力发展矿区多种经营出发，又进一步明确思路，确定了以"煤（炭）、电（力）、建（水泥）、化（工）"为主体，生产、服务、商贸三位一体的企业发展新思路。几年来，公司不仅办起了电厂、水泥厂、焊接材料厂等一批骨干企业，还兴建了灯泡厂、蓄电池厂、丝织厂、针织厂、纸板箱厂，以及食品、饮料、皮革制品、橡胶制品等一批中小型企业，使矿区多种经营产品达到了380多个品种规格。与此同时，公司结合转换企业经营机制，相继成立了工程建设公司、汽车运输公司、煤炭销运公司、物资供应公司、供电公司、长广杭州经济协作公司、通讯公司、生活服务公司等一批生产、经营性公司，兴建了矿区小商品市场和矿区农贸市场，各种商业网点遍布矿区，个体经济蓬勃发展，从业人员达到了1200多人。矿区多种经营的发展，有力地推动了公司生产建设的发展。

1993年公司生产原煤105.38万吨，生产水泥17.45

万吨，完成发电量3.497亿度，生产电焊条3098吨，生产炸药3144吨，生产雷管413.76万发，均比计划有较大幅度的增长。主要产品销售收入3.54亿元，附营收入7258万元。其中多种经营产品销售收入达1.8亿元，占公司产品销售总收入的50.86%。在长广建矿史上首次超过了煤炭收入，标志着长广几十年来以煤为主的生产经营格局已被打破，一个多行业、多产品、多层次协调发展的新型煤炭企业正在逐渐形成。1993年公司被煤炭部评为发展多种经营先进单位。

三、大力发展多种经营，是煤炭行业发展、振兴的必由之路

作为煤炭企业，长广有许多特殊困难。煤炭储量少，资源赋存条件差，煤炭开采成本高；矿井衰老加快，今后煤炭产量将呈逐年递减趋势；企业老、人员多、包袱重，一线职工不足，二、三线人员大量过剩，安排困难；加上企业办社会，负担十分沉重。煤炭行业的出路在哪里？尤其是象长广这样的煤炭企业，在市场经济的新形势下，如何求得生存和发展？几年的实践表明，必须坚持从实际出发，充分发挥本企业自身优势，大力调整产业结构，争取时间，抓住时机，大力发展多种经营。

1. 统一认识，正确处理好3个关系（即正确处理好煤炭生产与多种经营协调发展的关系；发展与吃饭的关系；经济效益与人员安置的关系）。在处理煤炭生产与多种经营关系上，公司一手抓稳定煤炭生产，一手抓发展多种经营。在煤炭地质条件变化大，开采条件困难的情况下，狠抓集中生产，合理布局，确保了煤炭生产的稳步发展。近几年来原煤年产量一直稳定在100万吨以上；与此同时，化大力气狠抓产业结构调整，加大项目开发和基本建设力度，使矿区多种经营有了迅速发展。在处理发展与吃饭的关系上，公司教育广大干部职工为增强企业实力后劲，继续发扬艰苦奋斗和煤矿工人特别能战斗的精神，反复宣传发展企业才是每一个职工的根本利益所在，今天的奋斗是为了明天过得更美好。近8年来，公司在职工收入偏低的情况下，省下钱来搞建设，自筹投入多种经营建设资金上亿元，确保了多种经营各项重点工程建设的顺利进行。在处理人员安置和经济效益关系上，公司坚持从实际出发，在项目开发上，既注意兴办安置型企业，又注意兴办技术密集型、效益型企业，同时还认真做好劳务输出工作。截止1993年底，公司共劳务输出4512人。

2. 实行“3个坚持”（即坚持从实际出发，坚持**大中小一起**上，坚持全民、集体、个体一起上）。坚持从实际出发，就是从有利于加速矿区产业结构调整，有利于提高企业经济效益，有利于安置企业富余人员和解决就业这个实际出发。只要符合这3个有利于，该上的项目就千方百计组织上。公司针对长广煤质差，销售困难，但所处地区经济发达，用电紧张的状况，兴建了以长广煤为燃料，装机容量2×2.5万千瓦的坑口发电厂。两台机组分别于1991、1993年投入运营。1993年发电3.4968亿度，创利1038.64万元，经济效益与社会效益均十分显著。二期5万千瓦发电机组上级已批准立项，工程前期工作正在积极进行之中。公司充分利用矿区周围石灰石储量大、品位高的优势，大力发展水泥生产。近几年加快水泥厂的改扩建，使水泥生产能力从原来的7万吨/年，发展到目前的23万吨/年。生产工艺从过去的机立窑、回转窑，发展到目前的5级旋风窑外分解生产线。“长广”牌425#普通硅酸盐水泥被评为省优产品，525#水泥和熟料不仅在上海、宁波等地享有良好的声誉，而且已出口东南亚国家。去年公司水泥厂年创利392.6万元。1993年二期两条年产18万吨水泥生产线和千井湾矿闭坑转产新建20万吨水泥厂相继破土动工。在“八五”期间，公司水泥生产能力将达到60万吨/年。公司计划“九五”期间使水泥生产再上一个台阶，将生产能力扩大到100万吨/年。电焊条项目过去公司从没搞过，不懂技术，没有配方，然而在艰苦创业精神激励下，仅用了短短4个月时间，投资57.8万元就建成并投入批量生产，当时生产能力1500吨/年。1990年，“长广”牌E4303碳钢焊条被评为省优产品，并在省精品展销会上获奖，荣获省精品称号，使产品迅速占领了市场。1993年，生产电焊条3089吨，销售收入1500万元，利润200万元。1993年5月，年产10000吨的长广焊接材料厂在莫干山开发区开工建设，一期年产5000吨电焊条生产线已投入试生产。

在兴办矿区多种经营过程中，公司充分发挥全民、集体、个人三个方面的积极性，积极扶持集体企业和个体经济，帮助集体企业搞项目调研、开发，资金筹措和技术指导，对有发展前途的企业抓紧进行改扩建。目前公司集体事业从业人员达5000多人，具有法人资格的企业43家，生产经营网点70多个，年生产经营总收入近5000万元。从事个体经营的人员已达1200多人，不仅解决了大量待业人员的就业问题，而且在活跃市场、方便群众、稳定职工队伍等方面发挥了积极的作用。

“八五”期间是长广煤矿公司加快发展、增强实力后劲的关键时期。为此，公司已在“铁、公、水”交通十分发达的长兴县城和莫干山经济开发区征地200多亩，热忱欢迎国内外企业家前来投资合作。公司坚信，只要全公司广大干部、职工认真贯彻党的十四届三中全会精神，艰苦奋斗，努力开拓，一个“煤、电、建、化”综合发展，生产、服务、商贸三位一体的新型煤炭企业必将在浙北大地上崛起。

永荣矿务局

永荣矿务局地处成都、重庆两地之间的永川、荣昌、隆昌3市（县）境内，矿区绵延百里。成渝铁路、成渝公路和即将建成通车的成渝高等级公路纵贯矿区，地理位置优越、交通十分便利。该局下辖4矿和12个地面厂、处、公司共16个二级单位。矿区总人口7万余人。拥有固定资产原值30139万元，净值17939

万元。

该局开采的永荣煤田属晚三迭纪上统须家河煤组，煤层极薄，均为国家技术政策以外的表外储量，赋存条件极差，开采难度大、工效低、成本高。但煤质优良，系中灰、低硫、特低磷的1/3焦煤，是四川省储量不多的炼焦配煤。该局成立于1958年原有5矿11对生产井，设计能力205万吨/年，经过几十年的开采，部分矿井因资源枯竭而关闭，现有4矿7对生产井，核定生产能力为114万吨/年，年产原煤150万吨，精煤70余万吨。1993年工业总产值2.9亿元。

党的十一届三中全会以来，尤其是近几年来，该局在党的“一个中心两个基本点”的路线指引下，认真贯彻煤炭工业“三个主体”的发展方针，结合该局矿井逐渐萎缩的实际，大力发展资源综合利用，多种经营和第三产业，企业的生产经营范围不断扩大，经济实力大为增强。1983年以来的10年内该局共获得上级部门一百余次表彰奖励。连续3次被评为全煤系统发展多种经营的先进单位，并被煤炭部确定为多种经营13个重点单位之一。

一、转换观念，强化多经三产的主体地位

该局是一个有60多年开采极薄煤层历史的老矿区。资源赋存条件差，开采难度大，亏损十分严重。80年代初，资源逐渐枯竭，先后有4对矿井关闭。面对矿井报废企业负担沉重，安置压力巨大的严峻现实，该局党政一班人充分认识到，必须改变单一产品，单一经营模式的作法，大力发展多种经营第三产业，企业才能走出困境。尤其是1993年以来，国家把企业推向市场，煤炭企业3年抽回亏损。要适应市场日益激烈的竞争，就必须通过解放思想，深化改革，真正树立起市场观念、竞争观念、质量观念、效益观念，在思想意识上来一次质的飞跃。因此，该局结合实际确立了“减人提效、转产发展”的工作方针，把发展多种经营第三产业提到战略转移的高度。局和局属各单位明确了“主要领导亲自抓，分管领导具体抓、其他领导配合抓”的工作路数，并确定一名副职专门抓多经三产项目的开发。各级领导也自觉把发展多经三产纳入自己的重要议事日程，转产发展的紧迫感、危机感和使命感得以加强。从而强化了多经三产在企业发展中的主体地位。

二、发挥优势，确立多经三产的主要地位

该局多种经营起步较早。在80年代中期就形成了“洗、电、建、化”成龙配套的资源综合利用体系。不但取得了显著的社会、经济效益，而且还为全国煤炭资源综合利用提供了宝贵经验，被作为“永荣模式”在全行业推广。近几年，该局充分发挥资源综合利用技术和人才的优势，不断加快多种经营的速度和力度，努力调整企业产品和产业结构，持坚走“以煤为本、多种经营、综合发展”之路，全局上下集中人、财、物加强多种经营第三产业的开发。首先，充分发挥该局在电力、设备、地场、劳动力等方面的优势，通过内引外联，开发出玻瓷玛赛克、仿铝合金型材、墙地砖、花岗岩板材、仿瓷涂料、粉末涂料、药用胶囊等10余种新的拳头产品，走入市场，迅速打开了销路，成为市场的抢手货。其次，发挥该局设计、机械制造、建筑安装、小火电技术优势，走出矿区，面向大市场，对外承揽工程，发展外向型经济。陆续为地方政府和兄弟局建造火电站4座。该局小火电技术可提供从设计、建造、安装、调试、代培人员到运行一条龙服务，具有良好的信誉和可靠的质量保证；建筑安装公司具备省二级施工资质，所承建的工程，大部分获优良工程，受到省内外客户的赞誉；全局6个机械制造厂，除满足矿井生产所需的机电产品外，紧紧抓住重庆市建设“西南汽车城”的契机，采取灵活机动的方式，与国家重点企业四川省汽车制造厂合作，制造、修配各种汽车配件，走出了一条新路。这样，企业的经营范围已由单一的煤炭生产发展到洗煤、电力、建材、建筑安装、化工、机修机制、商贸、饮食服务、种养殖等10余个行业，生产200多种产品的规模。1993年多经三产总产值1.7亿元，基本接近原煤产值，成为企业的一大经济支柱。

三、筹措资金，确保多经三产的主流地位

资金是多经三产的“血液”，有足够的资金，多经三产才有生命力。多年来，该局不管有多大困难，资金如何紧张，都千方百计拿出相当一部分资金作为发展多经三产的专款。并在年初安排资金计划时一并落实。

在转产资金的筹集上，该局采取从国家贴息贷款中争取一部分，从局矿专用资金中拿出一部分，从减亏增盈中划转一部分，从职工手中集资一部分等方法，千方百计拓展资金渠道。在资金的管理上，一律实行有偿占用，通过局内部银行对各二级单位实行低息贷款，并硬性规定只能用于多经三产项目的开发和建设，严禁挪作它用，保证多经三产有良好的发展后劲。在资金的流向上，一是瞄准效益好、安人多、高科技、外向型项目，瞄准投入少、产出多的项目，努力做到选准项目；二是投向“四快”项目，即捕捉信息快，调研论证快，投入快，达产快的项目；三是在选准项目的建设上一律实行乡镇企业模式，先土后洋，先简后繁，先易后难，不去追求厂房、生活设施的标准化；四是在全国各地的技术市场或全国各大专院校去购买适合该局的高、精、尖、新技术项目，或同大专院校、兄弟单位联合开发新产品、新项目，确保多经三产的主流地位。

局　　长：刘定富
地　　址：四川省重庆市荣昌县广顺镇
邮政编码：632465
电　　话：（08226）733945，733923
电报挂号：2837

传　　真：7890934

大同矿务局云岗煤矿

大同矿务局云岗煤矿位于大同市西郊17公里处，地处武周山下，十里河畔。井田面积59.75平方公里，可采储量4.3亿吨。1973年投产，是我国自行设计、施工、安装，年设计能力270万吨的大型矿井。建矿20年来，云岗矿发扬“依靠群众，真抓实干，艰苦奋斗，不断进取”的企业精神，大搞集约化生产，抓管理，促效益，煤炭生产建设不断发展。从1989年到1993年产量连续5年突破400万吨；1989年建成了质量标准化矿井、现代化矿井和煤炭行业二级企业；1991年建成了煤炭行业一级企业和新标准特级质量标准化矿井，并首次扭亏为盈，1992年实现利润6968万元，被原中国统配煤矿总公司命名为“扭亏增盈先进典型单位”。特别是通过深化改革，分流转岗，内引外联，大力发展多种经营和第三产业，形成了煤炭生产、生活服务、多种经营和第三产业的管理格局。朱镕基副总理来矿视察时对此给予了高度评价。1993年云岗矿，在高起点上迈新步，圆满完成了全年“实现九个最佳，创出三个水平”的总体奋斗目标，原煤产量实现430万吨，全员效率5.008吨/工，实现了全局最佳，吨煤成本始终保持全局最低；百万吨死亡率为0.489，实现了低控；利润完成9218万元；多种经营和第三产业经营总额达6500万元，利润实现440万元，创建矿以来最好水平。在1993年8月份召开的全国扭亏增盈工作会议上，云岗矿作为全国煤炭系统的代表在会上介绍了高产高效，发展三产，全面提高企业整体效益的经验，受到与会领导和同志们的高度赞扬。

对于煤炭企业，煤炭安全生产是关键。在煤炭安全生产方面，云岗矿紧紧围绕发挥先进技术装备优势，科学调整生产布局，合理劳动组织，对生产领域进行了大胆改革。减人、减队、减面、减设备，大搞集约化生产，全矿形成了3个综采队，4个掘进队的综合机械化生产格局，将过去分散投入，管理变为集中投入、管理，提高了生产力3要素最佳结合的集约程度，生产管理走上了集约化道路。同时积极调整生产部署，使全矿实现了南北翼平衡、层间平衡，保持了每个盘区、层间都有综采工作面，从根本上缓解了接替紧张的局面，为均衡生产打下了坚实的基础。

在管理方面，云岗矿建立了适应市场经济要求，以人为本的规范化管理新机制。其特点是以规范人的行为为核心，以管理过程为重点，以落实责任制为手段，以提高企业整体素质为目的。全矿建立了井下、地面、机关科室规范化管理的模式，井下规范化生产模式是三定、两管、一保证，及定岗、定员、定责、强化工序管理，实现工艺过程的规范化，加强现场管理，实现操作行为的规范化，保证岗位责任制的落实。地面规范化服务模式，主要是抓主动服务，实现服务过程的规范化；抓服务监督，实现服务行为的规范化，最终提高服务质量。机关规范化工作模式，主要是按照程序工作，实现工作过程的规范化，按照制度规定办事，实现工作行为的规范化，其核心就是要促使机关科室管理人员对基层单位服务、管理、监督、控制职能的有效发挥。同时为保证这些措施的落实，主要抓了以逐日、逐项、逐级考核为重点内容的具体考核工作。使企业管理逐步由管物转向管人，由管结果转向管过程，由人治转向法治，由局部管理转向了全面管理。

在经营管理方面，云岗矿认真落实经营承包责任制，凡是发生费用的单位全部一包到底，严格考核，奖罚兑现。井下一线主要是采取单头单面承包形式，把每个掘进头和采煤面的单位工资、材料、配件3项费用捆在一起，逐级逐项承包到人，二线辅助单位和地面单位，主要实行一次性承包；机关科室实行工资奖金总额承包。同时采取采煤区的实行利润核算，工掘、二线辅助单位实行零点利润两种形式，把利润指标也层层分解承包，落实到了基层。在承包形式与任务确定并下达后矿上狠抓了职能部门对经营工作的服务、管理、监控，有效地堵塞了各种漏洞，使经营管理工作沿着制度化、程序化的轨道运行。与此同时，全矿上下积极找市场，抓煤质，抓销售，大力生产适销对路产品，促进了经济效益的提高。

为了使企业尽快具备进入市场的能力，走以煤为主多种经营形式全面发展的道路，云岗矿本着“精简、统一、科学、效能”的原则，进一步深化企业内部改革，把发展多种经营和第三产业作为深化改革，转换机制的重点工作来抓。按照“开发与发展并重，巩固与提高并重，安置与效益并重，搞活与理顺并重”的指导思想，以市场为导向放活经营，千方百计提高三产效益，实现“四自”。主要做法：一是放权，各公司和网点搞什么样的经营方式，打向什么方向，如何发展，都由自已决定，矿上只管宏观调控和服务，从而把各大公司真正推向了市场；二是激励，凡与大矿或本单位脱钩后，实现“四自”的公司或网点，效益突出的给予重奖，凡一个单位两种职能的，效益突出的可从盈利额中抽出5%奖给承包集团或承包人。效益不很突出的，但基本能够持平或略有盈余的，奖给承包集团500～2000元；三是转换机制，首先严格划清矿与公司的人、财、物关系，特别是在人员自养问题上，决不搞真分虚转，内部平衡，坚决按照内部政策抓落实兑现，使全矿400多名分流转岗人员和1800名劳务工与大矿脱钩，实现了自养。另外在经营管理，多方扶持，调整结构等方面，矿上也都做了很多工作，促进了多种经营和第三产业的全面健康发展，使其真正成为了全矿的半壁河山，进而使全矿形成了以一业为主，多种经营形式并重发展的喜人格局。

1994年，云岗矿响亮地提出了“一万职工一条心，规范管理练内功，深化改革进市场，从头起步攀高峰”的奋斗口号，确定了原煤产量保持400万吨，实现“六连冠”，利润实现1.6亿元的奋斗目标。截至10月份，全矿累计产煤355.4万吨，上缴利润13397.8万元，继续保持了全国煤炭同类企业领先地位。现在，云岗矿正以勇敢者的姿态，昂首阔步地前进在改革创新的道路上。

松藻矿务局多种经营总公司

松藻矿务局多种经营总公司，地处重庆市綦江县打通镇，川黔公路支线经过总公司机关门前，北达重庆，南抵贵州省习水县，并与矿区自建公路相连，可直达总公司下属各单位，交通运输较为方便。

松藻矿务局多种经营总公司成立于1986年11月，是松藻矿务局多种经营集体经济的领导机构，又是以从事生产经营活动的经济实体。

松藻矿务局多种经营总公司下属有：同华煤矿、炭黑厂、水泥厂、服装包袋厂、饮料厂、华强机械厂、金鸡岩公司、矿区商业公司、印刷厂、煤炭经销部、物资经销部、夜郎旅行社等12个直属各单位。总公司实行总经理负责制。

松藻矿务局多种经营总公司成立以来，努力坚持发展煤矿多种经营和集体经济，积极安置本局待业青年就业，妥善安置本局的富余人员，不断提高经济效益，为矿区煤炭生产和职工生活服务。

到1994年6月30日止，松藻矿务局多种经营总公司有固定资产887万元，流动资金1067万元，共有职工1997人。其中全民职工1456人，集体职工395人，其它职工146人。现能生产和经销的产品有：硫金砂、半补强炭黑、水泥，各型割煤机切齿、汽车单项联轴器、酸性蓄电瓶、竹木建材制品、服装、水泥纸袋、强力消毒洗涤剂、系列饮料、印刷业务、商饮服务等。

松藻矿务局多种经营总公司在“八五”期间的指导思想和总目标是：以党的基本路线为指导，以科学技术为先导，沿着整顿，深化改革，开拓进取，艰苦奋斗，打优华产业结构，立足矿区，面向社会，服务生产，方便生活、勤俭办企业。加强管理，以质量求生存，以开发求发展，以安置求稳定，努力增强经济效益，在“八五”期间把多种经营建成具有雄厚实力的综合型企业，并实现6个转变：即由落后的生产工艺向先进的工艺转变；由低档产品向高、中档产品转变；由封闭型企业向开放型企业转变；由主要生产原料向原料加工产品配套生产转变；由粗放型经营向集约型经营转变；由安置型向安置效益型转变。

在外向型发展上，投资140多万元在北海市建立了矿区商业公司北海分公司，开展了餐旅业、彩扩等业务，并为矿区起到了“窗口”作用和建立起了信息传输渠道。在安置待业青年方面，积极向外搞好劳务输出，截止1994年6月底止，5年累计共向广州、深圳、北京、重庆等25个厂商输出劳务工1800余人，为解决矿区就业开辟了应该说广阔的前景。

几年来，松藻矿务局多种经营总公司在发展的道路上取得了一定的成绩，1993年荣获重庆煤炭公司、煤炭部多种经营先进集体，重庆市“双文明单位”。

经　　理：袁宇华
地　　址：四川省重庆市打通镇
邮政编码：631445
电报挂号：2172

徐州矿务局三河尖煤矿

在美丽富饶的微山湖畔，矗立着一座雄伟壮丽的年轻矿井——徐州矿务局三河尖煤矿。这矿虽然投产才5年多时间，但是，她像一颗璀璨的明珠，在苏北大地上熠熠生辉。矿井投产5年来迈出了5大步，一年一个新台阶，累计生产原煤660万吨，比计划超产140万吨。近3年来实现减亏增盈三千多万元和连续安全生产近千天及产煤340万吨无死亡，许多工作已跃入全国和省市先进行列。1991年实现了提前两年达产和建成“两化”三大目标一次到位，1993年4月被全总授予“五一劳动奖状”，6月被江苏省政府授予“文明单位”，11月被中国煤矿企业协会授予“现场管理先进单位”，1993年底又被江苏省煤炭总公司评为“安全生产先进单位”，1994年6月又被煤炭部评为1993年度“特级质量标准化矿井”等荣誉称号。

1993年，中央电视台和《人民日报》、《工人日报》、《光明日报》、《经济日报》、《中国青年报》等新闻单位先后报道了三河尖煤矿艰苦创业、快速发展的先进事迹，这在全国引起了强烈反响。

三河尖矿在极其困难的情况下，探索出了一条新矿井快速发展的新路子。概括其经验主要做到了六坚持、六严格：

一是坚持经常性的思想政治工作，严格用企业精神来教育激励广大职工，努力增强企业的凝聚力和向心力。三河尖矿位于苏鲁豫皖4省交界的江苏沛县龙固镇境内，远离市区，外部环境相当复杂，加上投产初期人员来自四面八方，职工队伍素质相当差，很难适应矿井快速发展的需要。面对这样的局面，矿党政领导一班人认为，保证提前两年达产和建成“两化”矿井三大目标的实现，必须坚持思想政治教育，严格用企业精神教育职工，增强企业的向心力。于是，在广泛征求意见的基础上，提出了“团结奋进，求实创新”的三河尖精神。矿党政从坚持狠抓职工“四有”教育入手，不断强化职工政治、文化、技术、业务培训，努力培养一支思想好，作风硬，技术精，能打善战的职工队伍。从矿到工区广泛开展了多层次、多内容、多形式、多方位的以争创“六好”为龙头的劳动竞赛活动，对增强广大职工主人翁责任感，激发职工的劳动热情起到了重大作用。矿连续4年被局评为“六好企业”，被徐州市评为“1991～1992年度先进集体”和“十面红旗党委”等荣誉称号。

二是坚持深化内部配套改革，严格经济责任制的落实，采取多种承包方式，做到了千斤重担众人挑，个个肩上有指标。每年年初，采取层层包、个个保的方法，一级一级落实经济承包责任制，矿对区主要实行三包（即包产量、进尺、任务，包安全、质量，包材料成本消耗）一挂（即与经济利益挂钩）总承包。同时，严格加强“一煤四司”建设，积极推行岗位结构技能效益工资，在分配上向苦脏累险和技术复杂工种倾斜，体现多劳多得，奖勤罚懒，在全矿逐步形成了一个“上岗靠竞争、收入凭贡献”的浓厚气氛。

三是坚持从严治矿，建立健全各项规章制度，严格上标准岗，干标准活，使企业各项工作走上了正常化、制度化、标准化、规范化管理轨道。

四是坚持“科技兴矿”的发展方针，严格系统化、科学化、现代化管理，积极采用新技术、新设备、新工艺，为建设高产高效矿井创造条件。新矿井投产后，如何尽快达产，使国家投资尽快产生效益，这是全国煤炭行业普遍关注的问题，也是矿党政“一班人”议论的中心话题。三河尖矿开采水平深达700米，是全国有名的高温热害矿井之一。井下平均气温超过了30℃，特别是夏季有的采掘头面温度高达近40℃，地质构造相当复杂，加上迁村、运输等影响，给组织矿井尽快达产带来了很大困难。面对重重困难，矿党政坚持自我加压，合理调整生产布局，精心组织生产，强化基础建设，积极主攻方方面面的薄弱环节，加大科技投入，充分发挥机械化的作用，深入开展丰富多彩的社会主义劳动竞赛活动，使矿井生产创出了一个又一个新水平，一年迈上一个新台阶。1991年胜利实现了提前两年达到矿井年产120万吨的设计能力，1992年、1993年连续两年年产突破130万吨，1994年上半年各项指标初步达到高产高效矿井要求。

五是坚持面向市场，立足内部挖潜，严格推行“双增双节”目标责任制，努力提高企业经济效益。在煤炭市场不景气，原材料涨价，各种增支因素加大和每年上缴省很大比例集资煤的情况下，主要经济技术指标年年超额完成国家计划，近3年来，实现减亏增盈三千多万元，原煤全员效率名列全省前茅，有些物耗跃入了全国先进行列，被原中煤总公司评为“爆破器材管理先进单位”、“坑木低耗矿”、“支护工作先进矿”、“仓库管理先进单位”等荣誉称号。

六是坚持狠抓职工生活的改善，严格热点、难点和关键问题的解决，努力为职工创造优美舒适的生活环境。矿党政领导提出在短期内逐步实现单宿舍旅馆化，食堂服务饭馆化，职工洗澡淋浴化，矿井环境园林化，家属住宅区现代化，使职工踏进矿区有新鲜感，到了井下有安全感，回到宿舍有舒适感，提起三河尖煤矿职工有自豪感的长远发展规划。如今，都已变成了现实。由于成绩突出，三河尖矿生活“十条线”全部达标，被江苏省评为“生活福利达标矿”，被徐州市评为“花园式单位”和“爱国卫生先进单位”等荣誉称号。

面对所取得的成绩，矿党政并没有满足，而是默默无闻地坚定地走自己的路，现在正朝着高产高效矿井这一新的宏伟目标而努力攀登。

矿　　长：郭海泉
电　　话：0516　554335
邮政编码：221613

四川省乐山市沫江煤矿

四川省乐山市沫江煤矿是一个具有50多年开采历史的地方国有煤矿。位于闻名世界的乐山大佛西南24公里处，距天下名山——峨嵋山10公里，与郭沫若故居——沙湾，隔河相望。面对成昆线、滨临大渡河，水陆交通十分方便。现有生产矿井两对，生产能力27万吨，在岗职工6052人，离、退休职工2167人，职工家属11000多人，是一个长期亏损的企业。

自党的十一届三中全会以来，矿始终坚持“以煤为本、多种经营，综合加工利用”的方针，不断开发新产品，从小到大，从无到有，先后改造扩建了洗选厂、炼焦场、矸砖厂、水泥厂、新建坑口电厂、铸钢厂、宝玉石纽扣厂、汽车修配厂、石灰厂、耐火材料厂等15个综合加工生产单位，开发服务性项目20多个，经过10多年的艰苦创业，努力奋斗，基本形成了原煤——洗选——炼焦——发电——矸砖——水泥“一条龙”综合生产经营模式，形成了煤、电、建材、机械为一体的综合性企业。经省经委川划企〔1991〕28号文批准为中型一级企业，1989年被评为“能源开发、综合利用先进企业”，1993年11月被煤炭工业部评为“发展多种经营先进单位”。近年来，在煤焦市场很不景气，原材料大幅度涨价的情况下，企业在十分严峻的困境中不仅生存下来了，而且有了较大的发展，保证了万人矿区的社会稳定，并为社会创造了大量财富，取得了良好的经济效益。

沫江煤矿发展多种经营、综合利用，经历了一个痛苦摸索的过程。因为煤层赋存条件差，属极薄复合煤层，纯煤厚度0.4～0.8米，万吨煤掘进率达400米以上，原煤产量低，人员多，仅靠生产煤炭无法养活众多的人口。象沫江煤矿这样的老企业，产量少，产值低、人口多，包袱重，经济效益差，亏损额年年上升，出路何在？经认真分析，总结了多年办矿的经验和教训，结合矿情，选择了以煤为本，多种经营、综合加工之路，构思了原煤——洗选——炼焦——发电——砑砖——水泥“一条龙”的综合经营发展模式。

我矿发展多种经营，综合利用，大体经历了3个阶段才逐渐形成了今天这个规模。

第一阶段为综合利用摸索阶段。1970年以前基本上是“土法上马”办工副业，即土法洗选、土法炼焦、土法烧砖等，其特点是工艺简单、产量低，消耗高，经济效益差。

第二阶段从1970年到1984年，为工副业向半机械化方向转变，与农副业并举的阶段。广开生产门路，以安置职工和待业青年为主，改木槽洗选为斜槽洗选，自行设计、新建机砖生产线，新轮窑代替了土砖窑，生产能力扩大、机械化程度提高。同时新建了水泥厂、石灰厂、水泥制品厂等。

第三阶段从1984年到现在，为多种经营全面发展阶段，生产规模扩大，而且成龙配套。

沫江煤矿坚持以煤为本，多种经营这一经济技术发展方向，具体作法是：

1. 抓资金筹措，为发展多种经营提供财力保证

资金的严重紧缺，制约着多种经营的大力发展，沫江煤矿克服重重困难，采取了五种渠道筹措资金：第一，依靠有关政策，争取了国家的国有资产投资109万元；第二，在充分论证、选准项目的基础上，从银行争取贷款，到1992年底为发展多种经营，通过银行贷款资金1365万元；第三，争取银行进行合理拆借，解决燃眉之急资金320万元；第四，与产品用户合伙，以产品抵贷款的形式争取其投资930万元；第五，发行内部债券、向职工集资100万元。

1985年以来共筹措资金2395万元，为技改和发展多种经营，综合利用，引进新项目，开发新产品的顺利进行提供了财力保证。

2. 抓技改、上规模，成龙配套地发展

第一，抓矿井改造，为发展多种经营提供物质保证。

第二，改造洗选厂，发挥市场优势。

第三，扩建砑砖厂，发展建材产品，变废为宝。

第四，新建坑口电厂。

第五，扩建改造水泥厂。

第六，新建铸钢炉一座。

第七，1993年12月，投资120万元，建成“乐山市沫江煤矿鑫盛纽扣厂”，年产宝玉石纽扣100万颗。

第八，1994年5月，新建“沫江煤矿汽车修配厂”，为矿对内对外汽车修配以及汽车运输，创造了良好的条件。

3. 注重人才培养，充分发挥知识分子的作用

根据职工队伍整体文化素质偏低的情况，为适应四个现代化的要求，实现科技兴矿的目标，沫江煤矿坚持从实际出发，面向生产、工作，讲求实际、实用、实效，采用灵活多样的培训方法，培养了一批技术、管理人才。

4. 因地制宜，发展服务项目

坚持为生产服务的方针，从实际出发量力而行，本着需要与可能，坚持选择项目宜大则大，宜小则小，大小结合的原则，为创造社会产值，为综合加工，多种经营服务。为安置富余人员，待业人员，先后筹建了“劳动服务公司”，“综合经营部”，发展了“五七厂”，对它们实行独立核算、自负盈亏的管理办法，全民、集体、个体一起上，不断地扩大了服务功能。

5. 完善经营承包责任，充分调动职工积极性

1983年开始试行经营承包责任制，对下属各生产、经营单位实行了产量、利润经营承包，把责、权、利紧密结合起来，采用上交利润包干、费用总额包干、单项费用包干，超利润（节支）分成，以产计资，目标成本管理等多种承包形式，极大地调动了经营者和职工的生产工作积极性，多种经营产值年年增长，全矿人均收入逐年增加。

展望未来，任重道远。目前企业背的包袱仍然很重，我矿多种经营综合利用虽然初具规模，但还不能从根本解决企业扭亏问题。还必须不断地开拓进取，务实创新。我们决心抓住机遇深化改革，进一步解放思想，转换企业经营机制，在社会主义市场经济的大潮中去冲、去闯，把多种经营从单一的安置型改变成为经营型企业。坚持不懈、奋发努力，再上新台阶。

云南省羊场煤矿六七四厂

六七四厂始建于1967年4月。27年来，他们以艰苦奋斗，勤俭创业的精神，从5名职工、1口大锅起家，经过不懈的努力，到现在已发展成为有固定资产280多万元，职工274人，年设计生产能力达3000吨的企业，产品由建厂初期的单一品种发展到拥有煤安2#、3#、防水4#和DT、岩石及乳化炸药等两大系列6个品种，并且产品质量广泛受到客户赞誉，产品销售往往供不应求。建厂以来，特别是经1988年深化改革后一年上一个台阶的快速增长，到现在已累计产销产品近5万吨，实现利税近2000万元，为建厂投资的6.42倍。同时实现安全生产27周年。该厂近6年来获各种荣誉称号14个，厂党支部连续4年被评为先进党支部。

1）有一套完整、科学、规范的规章制度。六七

四厂是土法上马的，从建厂到1987年仅生产产品18743吨。1988年，在深化改革的推动下，面对新的形势，厂加大了各项工作的力度。首先，针对本厂实际进行整章建制，分别根据各岗位的特点，制定或完善工艺管理制度8项492条，设备管理制度129条、安全生产制度367条。与此同时，厂党支部在全厂32名党员中开展了党员身边无事故活动，工会设群监员18人，共青团设岗员16人，形成了党政工团齐抓共管，有效地将各种事故隐患消灭在萌芽状态。经过花大力气整章建制并严格实施，厂的科学化、规范化管理工作迈上了新台阶，为各项工作的开展作了重要的奠基。

2）有一个坚强的领导班子。登高而招，臂非加长，而见者远；顺风而呼，声非加疾，而闻者彰。一个有凝聚力、战斗力、号召力的班子在工作中的作用不言而喻。1988年以来，六七四厂换了几任党支部书记，但他们始终坚持发挥党组织的核心作用，坚持每季召开领导班子的民主生活会。会上，厂四位主要领导对生产经营等工作，都能推心置腹地谈自己的观点和见解，以批评与自我批评寻找差距，对各自工作中的失误，本着有则改之，无则加勉，言者无罪，闻者足戒的原则善意指出不足或虚心接受批评，从而使班子成员之间关系融洽，团结协调，个人心情舒畅。与此同时，厂领导还自觉地将自己置于群众的监督之下，严格要求自己，不谋私利，不搞特殊化，始终坚持“五带头、四坚持、三维护”，即：带头艰苦奋斗，带头吃苦耐劳，带头克己奉公，带头遵章守纪；坚持以大局为重，以矿和国家利益为重，坚持深入车间班组联系群众，坚持“一岗两责”（生产指挥、思想政治工作），坚持两个文明一起抓；维护党的领导，维护厂长在生产经营中的中心地位，维护职工的民主权益。榜样的力量是无穷的。班子成员的身体力行，赢得了全厂职工的充分信赖，增强了职工的主人翁意识。

3）有一支能打硬仗的职工队伍。六七四厂长年坚持六个教育，一是爱国主义教育，二是法制教育，三是社会主义教育，四是“四有”教育，五是“爱、做、献”教育，六是传统美德教育。这些基础教育使厂的各项工作获益匪浅，表现最为突出当属矿对厂实施二级模拟法人管理后的1992年。这年，厂初涉市场经济大潮，因种种原因，产品一度滞销，在这关键时刻，全厂职工以主人翁的姿态为厂分忧解难，共提有价值的建议21条，市场信息12条；更有一些同志，在做好自己本职工作之余积极搜集信息向厂汇报，同时加强与客户的联系，拓宽了市场销售渠道。今年7月，一火工厂因产品质量差被挤出市场，厂领导抓住机遇以质取胜，以信誉取胜，使雨季销售由淡转旺，继而形成求大于供的态势。为赢得客户，厂向职工发出抓住机遇拓市场，多产多销增效益，苦战15天，力争创高产的号召；全厂职工以市场为战场纷纷请战。经过半个月苦战，他们日产产品提高了38.5%，不仅获得了好的经济效益，而且拓展了市场新领域。

4）为实现一年上一个台阶共同奋斗。在班子、队伍为实现提高经济效益目标提供必备条件的同时，六七四厂认真领会党在各个时期的方针政策的真谛，从而实现了逐年目标。1988年至1990年的租赁承包中，该厂的总产量提高了11.4%，创利润分别提高了125%、181.2%。1990年至1991年矿对厂实施目标管理责任制期间，他们将责任目标进行量化分解，然后落实到车间、班组和个人，形成千斤重担大家挑，人人身上有指标，使产量与1988年相比提高了24.4%，利润则增长了215.62%。由于该厂从1986年至1990年各项工作成绩显著，被局授予“7.5”先进集体和先进车间工会，原中国统配煤矿总公司物资局授予“7.5”安全生产先进厂，省授予环境优美工厂等荣誉称号。

1992年以来，产量与1988年相比提高了91.4%，利润则增加了1442.5%。生产、利润获大幅增长，而成本按比例却逐年有所下降。为此，1993年厂被煤炭部授予多种经营先进集体。

六七四厂取得的成绩是显著的，无愧于上级授予的各种荣誉称号，但他们从不居功，从不自傲。在取得成绩的今天，他们认为，转换经营机制方兴未艾，深化改革正未有穷期，只有奋力开拓进取，才能踏新的胜利的坦途。

淮南矿山电器总厂

一、概况

淮南矿山电器总厂是隶属于淮南矿务局工贸总公司的全民所有制企业，座落在淮河之滨，舜耕山下。总厂占地面积18361平方米，建筑面积8900平方米，拥有固定资产449万元，目前共有各类金属加工设备80余台，检测设备及计量器具150余台（件）。现有职工647人，下设：电器装配厂、变压器厂、电子工程公司、通讯器材厂、密封件厂、工程塑料厂、机械厂等10个分厂。我厂是以生产矿用低压防爆电器、维修单体液压支柱和组装经济型计算机为主的企业。

目前，主要产品有：煤电钻综合保护装置、QC83系列磁力起动器、DGS-2×9/127YA型隔爆节能灯、JZK-270/5-8型蓄电池机车脉冲调速装置、KJ-15型井下运输监控信集闭系统、声光信号通讯装置、DW80系列馈电开关综合保护装置、多功能试验台、大巷刷白车、橡胶密封件、工程塑料件、HEC教育计算机及网络、经济型计算机、计轴传感器、CG系列转向、报警复合闪光器及防爆开关的本体、机芯和电子保护装置、煤矿机械和电器的各类电子接插件。这些产品已销往安徽、山东、河南、河北、辽宁、黑龙江、吉林、甘肃、宁夏、广东、新疆、贵州等20多个省局。

二、主要产品介绍

1）ZZ8L-2.5型煤电钻综保装置获国家科技进步一等奖，被评为煤炭部优质产品。本装置用于煤矿井下127V、1.2kW手持式煤电钻的远距离控制及短路、过载与漏电保护。

2）KXH-1型矿用隔爆兼本质安全型声光信号通讯装置，获省科技进步成果奖。本装置是由电源箱、多组声光箱组成的隔爆兼本安型声光信号通讯装置，具有发光及通话对讲多种功能。

3）DW80Z-200/350型馈电开关综合保护装置，是在DW80-200/350馈电开关的基础上加装综合保护装置而成。是我厂由部指定研制并经部级鉴定的专利产品，用在煤矿井下660伏的低压供电系统中，具有短路预检测、相敏短路保护、短路闭锁、漏电检测、漏电闭锁和无压释放等功能。

4）QC83-80/120/200ZHD型真空磁力起动器，用于380V或660V电路中远距离起动和停止电机。具有失压保护，并用JDB电机综合保护器作过载、断相、短路及漏电闭锁保护，也可用JR9型热继电器作短路和过载保护。

5）KJ15型煤矿井下大巷轨道运输安全监控、生产管理系统，主要用于对大巷轨道机车运输进行指挥调度、安全监控和生产管理。它可以改善生产条件、保障运输安全、提高运输效率、增加经济效益，是现代化矿井必不可少的工业现场计算机控制系统。KJ15系统包括了运输“信号、集中、闭塞”系统的全部功能，并在技术水平、功能及用户界面方面都有质的提高。KJ15系统可以根据现场需要灵活配置，以适应大中小型矿井运输现代化的需要，可在有瓦斯、煤尘爆炸危险的场所使用。

6）CG系列转向。报警复合闪光器，是获得中国专利、具有国内领先水平的汽车电器产品，该产品经国内汽车电器权威机构——长沙汽车电器研究所的严格试验，其所有的15项性能指标远超过JB2551-84技术条件的要求，达到ISO4082国际标准。可以替代进口产品。该产品不仅可做为机动车辆转向灯闪烁的转向信号，还可在车辆发生故障时使所有转向灯同时闪烁，做为危险报警信号。若一只主灯损坏，其闪光频率低于正常频率的50%，以提示司机及时更换灯泡。

7）HEC教育计算机网络，采用了配置合理、质量优秀、兼容性良好的PC微机和网络硬、软件，在性能上做到了技术任务书提出的实用性、开放性、可操作性、灵活性和安全性等要求。并且WPS（金山汉字）、吴晓军CCDOS2.13H和王码汉字等进行了深入研究、剖析，成功地将这些汉字系统从PC单机移植到网络服务器上，使得每个工作站都可以文件的形式共享汉字软件，从而为计算机辅助教学提供了一个良好的中西文工作环境，同时也为生产、经营管理以及一般的MIS系统提供了一个具有较高性能价格比的软、硬件平台，该系统在网络的汉字功能方面居国内先进水平。

三、靠科技抓质量，上水平赢市场

随着全国煤炭工业的发展，该厂在产品品种规格、质量和技术水平上，都有了很大的发展和提高，在生产、技术、供销等方面建立了一整套比较完整的制度，逐步完善了产品质量保证体系，并已获得三级计量合格证书。

重才育人，为科技兴厂打实基础。市场的竞争，即人才的竞争、科技的竞争，淮南矿山电器总厂始终坚持“科学技术是第一生产力”的指导思想，把建立一支懂技术、勤钻研、具有一定实践经验和文化水平的技术队伍当成头等大事来抓，坚持做到能者上，庸者让，把“尊重人、理解人、关心人、教育人”体现在解决实际问题中，增强了职工的责任感和进取意识，形成“上岗靠实绩，去留凭贡献”的内部竞争机制，用活了人才，创出了效益。

面向市场，适应竞争，不断开发适销对路的新产品，是我厂充满活力的重要法宝。在新产品开发上，舍得投入，狠下功夫，建立了产品开发基金等激励机制，有效地调动了工程技术人员的积极性。全厂共开发研制出隔爆节能荧光灯、井下弯道行驶预警装置、电机车脉冲调速装置、磁力起动器、煤电钻照明综保、信集闭系统、计轴传感器等18项新产品。这些开发的新成果在企业很快转化为生产力，大大增强了我厂在市场中的“抗震”能力。

强化管理，以质量求生存。为了使产品占领市场，提高效益，我们坚持“信誉第一，用户至上”的宗旨，视产品质量为生命，强化质量管理，强化标准化工作，建立自我约束机制，严把产品质量关。认真组织开展全面质量管理活动，通过举办安全质量培训班、宣传栏、黑板报等形式对职工进行广泛的质量意识教育，促进职工增强法制观念和提高质量的紧迫感、责任感。

搞好销售，以良好的服务扩大市场。坚持把工作的着力点放在“找市场、寻出路、要效益”上，走“从内到外，由点到面”逐步发展的路子，始终把销售工作摆到“龙头”位置。针对市场变化的趋势，认真做好市场分析预测，以良好的产品质量，严格的交货期，精心周到的售后服务赢得市场，不断巩固老客户，迎来新朋友。

加强班子整体建设，增强职工凝聚力。厂领导一班人重视加强自身建设，以模范行为规范自己，以良好的形象影响带动职工，坚持理论学习，坚持党性，坚持严格要求，坚持群众路线，甘当公仆，从而深受职工的信赖，增强了凝聚力。

先进个人介绍

大同矿务局局长

宋永津

宋永津，男，汉族，山东蓬莱人，大专学历，第八届全国政协委员，山西省第八届人大代表，教授级高级工程师，国家级有突出贡献的中青年科学技术专家，中国煤炭企业优秀企业家，山西省优秀专家，省劳动模范，国际岩石力学学会会员，中国岩石力学与工程学会副理事长，大同分会理事长。历任大同矿务局技术员、技术副段长、工程师、矿总工程师、矿长兼总工程师、矿长、局副总工程师、副局长、现任局长。在国内外发表了数十篇学术论文。著有《美国综采高产高效技术及中国发展综采高产高效的途径》等著作。矿井坚硬顶板注水软化和矿井均压防灭火技术分别获国家科技进步个人二等奖。

宋永津同志从1955年参加工作到今，无论是在技术工作岗位，还是在企业管理岗位，都始终兢兢业业、不断进取，为煤炭企业的发展做出了重要的贡献。

1．攻克坚硬顶板控制难题，为大力发展综合机械化采煤创造了条件。

1979年至1981年，宋永津在四老沟矿任矿长兼总工程师，应用硬岩弱化理论技术成功组织并参与了坚硬难冒厚砂岩及砂砾岩顶板注水软化研究试验，先后获煤炭部科技进步一等奖和国家科技进步二等奖。应用该项技术，每年可提高工作面煤炭资源回收率10％，延长了矿井寿命。特别是消除了历年来坚硬顶板瞬时一次冒落对矿井和人员所造成的严重危害，为坚硬难冒顶板下发展综合机械化采煤提供了先决条件。这项技术在国际上受到一定重视，1993年10月，宋永津应邀赴印度讲学受到极高评价，为我国煤炭技术进入国际市场走出了一条路子。

2．突破火区下采煤禁区，减少了资源损失

1982年，宋永津担任局副总工程师和安全副局长期间，认真分析了建局以来井下发生火灾的原因后，提出了“降压减风、管风防火、堵风防漏、以风治火、惰化火区、治灌并举”的矿井均压防灭火新技术，并在煤峪口矿井下试验研究获得成功。到1992年底，全局应用井下“均压防灭火”技术，在6个矿井内的16个火区下安全采出煤炭3691.44万吨。1986年煤炭部制定的《煤矿安全规程》把“均压灭火”列为一项正式的防灭火技术，突破了原“火区下不得进行开采”的规定。由于这项科研成果处于全国领先地位，并具有国际水平，获得了煤炭部科技进步一等奖和国家科技进步二等奖。

3．狠抓基础工作，促进企业素质提高

1986年初，局领导班子将抓矿井质量标准化和现代化建设的任务交给了宋永津。他根据标准化建设要求和企业实际，主持制定了达标标准和验收考核办法，建立了目标管理机制。通过3年的奋斗，矿井基础管理工作大为改观，全局逐步走上了一条质量、安全、效益型的路子。1988年晋升为国家二级企业，1989年经煤炭部检查验收，全局矿矿达标，建成了质量标准化和现代化矿务局，1990年荣获全国企业管理优秀奖——金马奖、煤炭工业“金石奖”和全国“五一劳动奖状”。

4．大力推行集约化管理，使企业生产经营走出一条效益型道路

在分管全局生产工作期间，他针对过去全局煤炭开采点多面广、分散管理、广种薄收的状况，大力推行集约化生产，合理合并精减队组，实现了减队、减人、减面，单产单进大幅度上升的趋势。1993年底，全局回采队组由1985年的141个减到76个，掘进队组由148个减为105个，井下采掘工人由3.7万人减到2.0593万人，工作面平均个数由126.69个减到67.57个。而全局的综合单产却由1985年的16347吨提高到43248吨，综采单产由1985年的36406吨上到了61237吨，综合单进由1985年的144.83米提高到254.88米。

5．加强技术管理，从技术管理中要效益

1992年宋永津根据自己多年来对巷道消耗情况的分析研究，果断决策，在保证生产接替正常的前提下，将全局回采巷道消耗率由50年代沿革下来的57％提高到80％以上，减少超前投入和呆滞巷道的维护费用。1992年全局回采巷道消耗率达到86.37％，全年减少巷道投入3.5万米，节约资金2734.62万元。1993年全局回采巷道消耗率达到90.55％，比1992年减少呆滞巷道投入1.046万米，节约资金821.42万元，使煤矿生产科学管理工作又向前推进了一步。他还针对各矿井下投入费用高的问题，制定了生产过程中的成本控制、回收复用标准和新工作面投入标准，取得显著的效益。

6．以人为本，强化管理，使企业在高起点上又上新台阶

1992年，宋永津任大同矿务局局长后，根据企业外部环境变化，适时采取外挤市场，内抓管理的经营方针，全力推行“以人为本”的规范化管理，通过规范约束人的行为达到对物的有效管理，强化对工作全过

程各个环节的管理，避免了工作上的主观随意性、盲目性，保证了管理工作和生产作业的标准化、程序化、企业整体管理面貌大为改观，从而使企业各项事业又登上新的台阶。

煤炭产量1992年达到3600多万吨，比1991年增加88万多吨，1993年又达到3802.6万吨，比1992年又提高202.6万吨，企业效率达到2.781吨，均创历史最高纪录。

全局1993年煤炭销售收入达到39.5亿元；实现利润46886万元，是建局以来企业实现利润最多的一年。

多种经营第三产业得到进一步发展，1993年经营总额达到9.397亿元，比上年提高1亿元。

职工收入进一步提高。1993年全局职工人均收入达到5136元，比上年提高12.06%。其中采掘一线职工人均收入达到7471元，比上年提高19.48%。

职工住房建设迅速发展，1993年住宅建筑面积达53万平方米，人均住房面积由1986年的4.8平方米提高到1993年的5.6平方米。

枣庄矿务局局长

单玉泰

单玉泰，男，中共党员，山东滕州人，汉族，1937年10月出生，枣庄矿务局局长。

单玉泰同志从事煤炭事业近40年，有较强的事业心和较为丰富的生产、经营管理经验，作风扎实，工作认真。1991年4月任枣庄局局长后，他积极推行“四位一体”的经营机制，并针对原煤成本上升、超亏严重等实际，大力推行目标成本管理，注重在抓测算、抓管理方面下功夫，从而使全局成本大幅度降低。就任局长的第1年，全局不仅全面完成了生产、基建、盈亏等各项任务，而且在采掘机械化、全员效率、安全生产、煤炭质量、出口创汇等方面创出了12项矿区最好水平，使枣庄局这个百年老局建设成为现代化矿务局，并被评为中国500家最大工业企业和500家最佳经济效益企业之一。

单玉泰同志十分注重科技教育的作用。在枣庄局期间，他以矿区安全生产和技术关键为中心课题，大力组织开展科技攻关和新技术推广活动，仅1993年全局就取得科技成果230项，其中有31项获省级技术进步奖，对促进全局安全生产和增加效益发挥了较好的作用。在教育方面，他舍得投资，近几年来投入一千多万元进行校舍改造和购置教学用具，集资290万元用于教育，使全局教学质量明显提高。全局小学毕业率和升学率保持在89%以上，初中毕业生升学率在60%以上，高考升学率连续3年达到50%以上，本科上线率居全省煤炭系统第三位。

在枣庄矿区处于矿井接续脱节的特殊困难时期，为了稳住煤炭产量，确保全局生产水平稳步提高，他坚持两手抓的战略方针，一手抓老区挖潜，一手抓滕南和滕北新区的建设与开发。广泛组织开展采掘区队上纲要创水平活动，大力发展机械化，改进生产工艺，提高单产单进，保证采掘双超。1993年，全局共生产原煤613万吨，比计划超产73万吨，掘进总进尺完成12万米，比计划超掘1.8万米，采煤工作面单产达19086吨，采掘机械化程度和巷道锚喷率均刷新该局历史最高纪录，并被评为煤炭质量信得过单位。

为了给衰老矿区注入新的生机和活力，他锐意改革，求实创新。在全局大力推行三项制度改革，进一步完善目标管理包保体系。对有盈亏指标的单位，采取集团承包的经营方式；对亏损总额超过工资总额的单位，只包工资和营业外支出；对学校、医院等经费单位，实行目标管理、经费包干；对机关处室采用承包、办公费用包干和转为实体三种形式，较好地调动了局属单位和机关处室的积极性。企业被推向市场后，为更好地适应市场经济形势的需要，他把深化内部改革、转换企业经营机制作为工作重点，组织制定了对局属二级单位实行模拟法人管理的运行机制及财务、工资、供应、煤炭质量、煤炭运销等8个单项改革办法。对二级单位下放了部分资金回收和使用权、物资采购权、专项资金自提自用等项权利。同时，积极推行“三条线”管理，建立内部“三大市场”，并深入现场办公，加强对生产第一线的指挥，促进了全局生产经营任务的全面完成。1994年上半年，全局原煤产量、精煤产量、掘进总进尺、多种经营总收入、煤炭产品销售收入实现了五超，原煤月产、煤炭出口及创汇实现了三突破，全局出现了政治稳定、人心稳定、队伍稳定、秩序稳定的大好形势。

大力发展多种经营和第三产业是衰老报废矿井的必由之路。为了使全局摆脱困境，走出低谷，他针对衰老报废矿井多、富余人员多和待业青年多的实际情况，把发展多种经营和第三产业作为矿井转产的战略任务，摆在全局重要的战略位置上，组织制定了近期发展方案和长远发展规划，从人才和资金上予以扶持。他注重上新项目，兴办合资企业，发展外向型经济，使第三产业迅速发展。1993年全局多种经营总收入达2.4亿元，1994年上半年达1.97亿元，比上一年同期增长90.5%，创历史同期最好水平。

单玉泰同志1989年被评为中国煤炭工业优秀矿长，1993年被评为中国煤炭工业优秀企业家。

焦作矿务局局长

贾俊卿

贾俊卿，男，汉族，1935年9月生，黑龙江省通河县桦树乡人，中共党员，大专文化程度，高级工程师。1955年毕业于鸡西煤校，分配到焦作矿务局朱村矿工作；1955年8月至1982年5月在焦作矿务局朱村矿任技术员、工程师、副总工程师、总工程师；1982年6月至1983年10月任焦作矿务局朱村矿矿长；1983年11月至今，任焦作矿务局生产副局长、局长。1991年3月，贾俊卿同志被中国煤炭工业企业管理协会评为1990年度全国煤炭工业优秀局长。1993年5月，被中国煤炭工业企业管理协会授予1993年度“中国煤炭工业优秀企业家”，获“金钟奖”。1993年10月，享受国家政府特殊津贴。

1990年，贾俊卿同志出任局长之际，面临着矿井衰老报废，新井接替不上，产量急剧下降，大批富余人员需要转产安置的严峻局面。他团结率领广大职工，从深化企业内部改革入手，进一步完善了承包责任制，加快经营机制转换，使企业在十分艰难的条件下走向了市场。为稳住矿区生产规模，他狠抓衰老矿井的技术改造，积极在报废矿井边角、乏区回收残留煤柱，在井底车场进行条带开采，仅王封矿从1990年报废以来的4年中就回收煤炭250多万吨。提高了资源回收率，延长了矿井的服务年限，缓解了矿井接替失调、产量下降的局面，使全局产量维持在400万吨/年的水平，比矿井核定能力提高了20%以上。同时，他注重加强矿井基础工作，实现了特级质量标准化矿井，安全状况逐年好转，年年完成煤炭部、河南省煤管局下达的安全考核指标。1992年，百万吨死亡率为0.24，创1949年建局以来的历史最好水平，被授予全国煤矿安全生产先进单位。在巩固发展煤炭生产的同时，充分发挥矿区优势，大力发展多种经营、第三产业，努力探索老矿区振兴之路。4年来，千方百计筹措资金2亿元，先后新上和扩建了16个产品项目，安置4500多人，初步形成了“以煤为本，电力为先导，冶金、建材、机制、化工为中坚，融第三产业为一体”的综合经济发展格局。1993年，通过多种渠道筹措资金8000万元，重点对效益好、有前途的多种经营项目进行了改造扩建，新上了一批具有一定规模效益的骨干项目。形成了8.7万千瓦的装机容量、35万吨水泥、2万吨生铁、6000吨铝型材、3000吨硅铝铁合金、3000吨酸碱两类电焊条、1000吨二甲基亚砜、2万吨电石、100万平方英尺地毯的生产规模，具备了制造建材、化工大型成套设备的能力。1993年全局多种经营、第三产业的总产值30664万元，从业人员达2.5万人，在探索适合老矿区生存发展的道路上迈出了坚实的一步，为矿井转产奠定了坚实的基础。1993年11月，被煤炭部授予全国煤炭发展多种经营先进单位。结合企业实际，他积极推行了三项制度改革，对各单位实行了模拟法人制度，采取灵活的经营方式，调动了生产者和经营者的积极性。任职以来，年年完成和超额完成国家下达的各项经济技术指标。

贾俊卿同志作风民主，平易近人，时刻想着基层。他担任局长以来，月下井次数仍在8.7次以上，一年中的大部分时间是在基层度过的。生产上出现什么问题，他不搞遥控指挥，而是亲临现场组织诊断，把问题解决在基层。贾俊卿同志有很强的安全质量意识，对上级的安全工作指令、指示，他坚持传达不过天，贯彻执行不走样，使矿井的标准化建设年年都有不同程度的提高。他重视新区的准备和开拓，在组织演马矿、中马矿恢复的同时，狠抓了位村矿移交生产和新建矿井古汉山矿的开工，为企业的发展增添了后劲。

依靠工人阶级办好企业是贾俊卿同志的一贯宗旨。在各种会议上，他要求各级领导要做廉政、勤政的带头人，凡事从自身做起，严格要求，率先垂范，在升级、奖励、住房等方面不搞特殊化，在子女和家属转岗、就业、聘干等方面不搞以权谋私。他担任局长以来，以一个共产党员的标准严格要求自己，始终保持着一个普通劳动者的本色。无论是对在职职工，还是对已经离退休的老职工，都一视同仁，时刻把职工群众的安危冷暖挂在心上。他常说，权利是党和人民给的，既然党把自己放到这个岗位，就要为职工群众多办好事、实事。焦作矿务局是个老局，离退休职工有20000余名，为做好老工人工作，保证矿区稳定和发展，他同局党委一班人走村串户，访贫问苦，帮助老工人排忧解难。组织各级党、政、工领导深入老工人家庭了解情况，问寒问暖，对离退休职工的工资收入和人均生活水平调查摸底，在经济十分困难的情况下每年拿出100多万元，分3个档次对全局离退休职工给予生活补助，对生活特困户给予特别救济。每年春节出动30多部汽车，四、五百名干部到数千个乡村慰问看望每一个退休工人。采取优先照顾老工人的措施，每月发工资时组织开展理发、看病、医药费报销“一条龙”服务，对孤寡病残老人送医送药送工资上门；对生活无来源的病亡职工子女就业实行特批，予以照顾；对于确有困难的职工，他总是尽力相帮。在政策允许的情况下，想方设法解决职工子女的就业问题、分房问题。同时，局开办了养老院，使生活不能自理的孤寡老人老有所养。他积极倡导开展健康有益的文体活动，定期组织旅游、祝寿和文艺汇演、体育比赛，普遍成立“老来乐”小组，使离退休职工老有所为、老有所乐，受到广大职工的交口称赞。

郑州矿务局煤炭运销公司经理

张兴福

张兴福，男，汉族，研究生，高级经济师，律师。1981年入党，曾任密县人大常委会副主任，中共郑州市委郑州矿区工委副书记，郑州市人民政府郑州矿区管委会主任，郑州矿务局副总经济师，局煤炭运销公司经理、党委书记，现任煤炭工业部煤炭调运司副司长。

年仅38岁的张兴福同志是在改革中成长和崛起的一名优秀的企业家。从1985年到现在的8年间，他用自己的青春和胆识，用自己的智慧和辛勤的汗水，勇于开拓、不断进取，先后使3个公司起死回生，摘掉了落后帽子，企业的经济效益连年翻番，一年一个新台阶，成为远近闻名的明星企业。

1985年7月，张兴福任郑州矿务局综合服务公司副经理。当时的综合服务公司有210名职工，下属6个严重亏损的企业，公司帐面仅有6000元资金，企业陷入瘫痪状态。张兴福同志大胆改革，从转换经营机制入手，积极推行承包责任制，裁减冗员，顶住压力，改革“大锅饭”带来的种种弊端，把全体职工推向市场。在短短的两年时间内，不仅还清了公司的全部欠款，而且公司直属企业发展到23个，安排富余人员和待业青年800多人，职工增加到1200多名，公司自有资金由6000元发展到81万元。

1987年的郑州矿务局煤炭运销公司面临的形势十分严峻，，全局煤炭积压，各矿煤场暴满，公司因此外欠款达1300多万元。张兴福同志受命于危难之际，自他1987年2月担任运销公司经理至今，不仅年年月月完成外运任务，而且连年成倍完成外运增收指标，一年一个新台阶。1987年，完成承包增收计划的两倍半；1988年完成承包增收计划的6倍；1989年承包增收计划为400万元，实际完成3573.3万元，超承包计划的8.93倍。进入90年代，又有了新的发展，1990年实现增收5662.6万元，完成计划的14倍；1991年全年经济总收入为33600万元，比承包计划2.7亿元超收6600多万元，1992年全年经济总收入为33873.8万元，实现增收2380万元。

一、从转换机制起步，实行经营责任制，始终不渝地走改革之路

无论是1985年在综合生产服务公司还是1987年后在运销公司。张兴福接的都是乱摊子：经营管理混乱，职工纪律涣散，企业近于瘫痪。张兴福清醒地认识到了这一点，他认为，要使企业这部机器能够正常运转起来，必须转变经营机制，在职工中形成竞争意识，把职工和企业紧紧地捆在一起，同频共振，使职工自觉自愿地为企业奉献。为此，他积极推行经营承包责任制。本着“谁承包，谁负责、谁出力、谁出力谁得益”的原则，有效地调动了职工的积极性。

为了打破干好干坏一个样的“大锅饭”，他一方面坚持实行责、权、利相结合，敢于拉开档次，从制度上破除“大锅饭”。另一方面加强思想教育，在公司提倡“四要四不要”，即要重成绩，比贡献，按劳取酬，不要搞平均主义吃大锅饭；要逐步拉开分配档次，不要照顾关系；要多搞集体福利，不要搞非生产非生活开支；要管好用好资金，不要只花钱不思效益。对当月得利奖金高的科室或个人，采取大会表扬的形式，让职工充分理解他的经营观点：“干工作光荣，比贡献自豪、不干工作理亏，好逸恶劳可耻。”通过一系列措施，使职工感受到“公司就是我的家”工作中便有了主动性和创造性。

张兴福抓基础管理，从细微末节处严格管理。张兴福的“严”是出了名的，不但管理制度严，而且上下班严、请销假严、学习制度严、环境卫生的检查也严。张兴福同志说：我们就是要借鉴外国企业管理经验中的有益经验，严格管理，努力挖掘人的潜在因素，高效率、高效益地工作．使企业迈向现代化管理的轨道，以适应竞争激烈的市场经济的需要。严硬的措施，培养了职工铁的纪律观念，树立了良好的企业风气，造就了一支纪律严明、朝气蓬勃、团结奋进、作风过硬的不是军队，胜似军队的职工队伍。

二、围绕市场做文章，灵活经营，提高经营效益

郑州矿务局煤炭运输流向过口停限装、跨局难度大，管内计划小，过去几十年一直采取车流去向一定要服从货流去向的传统销售方法，显得十分被动，张兴福同志通过深入细致的煤炭市场和铁运能力的调查和分析，果断提出要实行货流服从车流走的方法，灵活调度，在车流去向内寻找用户，追补计划，保证发运去向。这一措施的实行，带来了极大的经济效益，从1987年到1993年的6年间，他带领公司职工申报批准的补充计划累计达1550万吨，从没发生过因计划脱节而影响发运的现象。

近年来，面临着日益严峻的煤炭销售形势，地方煤矿、军矿激烈的竞争，出现了计划难批、车皮难要、欠款难收的局面。突出表现在：一是铁路运输不畅，流向受阻。郑州局煤炭外运的生命线——陇海、京广两大动脉，曾几度出现了阻塞；二是地方矿、军矿与统配煤矿激烈地竞争车皮、争用户、争流向。三是煤炭发出后，拖欠煤款一直处于上升的势头，影响局里的资金周转。面对重重困难，张兴福以抓外运为突破口，强调以计划调运为中心，一不等、二不靠，发扬锲而不舍的精神，迎难而上，他亲自带头上北京、跑省厅、下路局报批计划，请要车皮，及时汇报工作。同时，抽调得力人员常住郑州，要流向催车皮，天天和路局联系，以求得他们的支持。高度的责任心和为事业献身的精神打动了路局的领导，他们给予公司大力的支持。6年来，该公司共批回计划外煤炭1130万吨，发出755万吨。累计增收达22650万元。

长期的煤炭运销工作增长了张兴福的才干，使他练就了一副洞察市场的“鹰眼”。1991年春节，当外单位都放假过年，放松外运的时候，兴福却要求公司全体职工积极行动起来，抢时间，争主动，抢装抢运。当时人们不理解，他却说：根据市场分析，煤炭市场将会出现疲软。果然，不久煤炭市场便疲软了下来。而他们由于抓住了有利时机，取得了主动，仅一季度就比计划超运煤炭15万吨，经济增收300多万元。

质量是企业的生命。张兴福始终把“保质量、上品种、促效益”做为自己的经营战略。在矿务局的大力支持下，他主持完成了全局的煤炭筛选设备安装工程，结束了矿务局销售原煤的历史。制定了关于加强煤质、计量装车管理的规定，从采掘到化验，从筛选加工到装车外运，道道工序严格把关，认真考核，做到从严、从实要求，对好的通报表扬和奖励，对出现问题的单位通报批评，照章罚款。这些努力使矿务局两年来的吨煤售价一项增收8980万元，而且巩固和提高了在国内外销售市场上的信誉，发展了市场，扩大了用户，站稳了脚跟。仅1992年，他们就新开辟用户47家，发出煤炭63万吨，净增效益240万元。

三、抓好思想促动力，以人为本，强化企业整体素质

有人说，搞企业只要搞好经营工作，经济效益上去就行了，精神文明无所谓，作为运销公司经理、党委书记的张兴福可从不这样认为，用他的话说就是：“人假若没有精神力量去支配，那他的一生也仅仅是行尸走肉，更谈不上为社会贡献一切。”他认为，要提高企业的素质就必须加强宏观管理和企业精神的营造。因此，不管煤炭销售形势如何严峻，销售工作再忙，困难再大，他对职工的思想教育始终不间断，他在全公司提出了“市场疲软，我们的思想不疲软”的口号，把思想政治工作渗透到运销工作的各个环节，常抓常新。

坚持以人为本是张兴福经营思想的一个重要思路。他做思想工作不靠行政命令，不靠空洞说教，而是从关心职工生活入手，尊重人、理解人、关心人。公司管理科有位老工人，因常年有病在家，生活相当困难，他除了按月亲手送工资，逢年过节派人或亲自前去探望外，还从自己的奖金中抽出部分钱表示心意。他的言行使这位从不爱掉眼泪的职工感动的泣不成声，结果没等病好他就上班了。对青年同志，他不但关心他们的生活，而且关心他们的成长，一批懂经营、会管理的青年人走上了基层领导岗位，成为公司的中坚力量。

四、一身正气做表率，甘当公仆，搞好廉政勤政建设

搞改革不仅需要胆略和勇气，而且需要献身精神。作为运销公司经理、党委书记，同时又兼任郑州矿区工委副书记、管委主任，工作十分忙碌，每日工作都在12小时以上，在家的时间是很少的，更不用说帮家内干一点活，家里人埋怨他忘了家庭义务。但是，他毅然说服家人为了大家只好愧对小家，竭尽全力干好本职工作。“先天下之忧而忧，后天下之乐而乐”是他工作的座右铭。

他坚持以身作则，不搞歪门邪道。他给家内立了一条规矩：凡是谈论工作一律到办公室谈，家内一概不予接待。公司有位职工，违反了劳动纪律，必须受到处罚，在一个夜晚提着物品去找他请求减免处分，他立即给予了严肃的批评，最后这位同志认识到了错误，把东西又自己提了回去。

近几年来，张兴福同志总是受命于危难之际，但他总是变压力为动力，出色地完成上级交给的任务。他所领导的郑州矿务局煤炭运销公司经济效益不断翻番，一年一个新台阶，一年一个大发展，被上级授予“文明单位标兵”、“重合同、守信用单位”、“民主管理合格单位”、“物价计量信得过单位”张兴福本人1985、1986、1988年被评为矿务局劳动模范，1987年被评为郑州市先进工作者，1989年被评为河南省劳动模范，1990年被授予第二届中国煤炭工业优秀经理称号，同年被评为中国统配煤矿优秀知识分子。1992年被评为中国煤炭工业优秀企业家。

在成绩和荣誉面前，张兴福同志没有停步，他在自己平凡的工作岗位上，用自己对党、对人民的无限忠诚和无私奉献精神，用自己对事业的不懈追求，在改革的快行道上驭风飞奔！

右江矿务局局长

吴花龙

吴花龙，男，汉族，1941年12月出生，籍贯安徽桐城。1964年7月毕业于贵州工学院采矿系采矿专业，同年8月分配到广西合山矿务局工作，1981年9月加入中国共产党。1984年5月前，一直在广西合山矿务局工作，曾先后担任计划统计员、快速掘进队队长、工区长、矿主管技术员、工程师、副矿长、矿长等职务。1985年5月调至广西右江矿务局担任局长，1985年7月取得采矿高级工程师职称，现任广西煤炭工业厅副厅长。

吴花龙同志担任广西右江矿务局局长期间，特别是1987年实行局长负责制后，大胆改革，勇于创新，敢于开拓，坚持“煤炭生产、基本建设、多种经营”三个主体一起抓，走“以煤为主、多种经营”的企业发展道路，通过推行经济承包责任制，开展矿井达标建设、狠抓企业内部管理、推广科技进步、大力发展多种经营、加强职工队伍建设等一系列工作，取得了显著成绩，其主要工作业绩是：

1. 积极推行经济承包责任制

一是砸烂“大锅饭”，实行财务包干。对生产矿井实行包产量、包质量、包成本、保安全的“三包一保”承包，对局附属厂队公司实行包产值收入、包利润承包，对局属事业单位实行经费总额承包等。通过实行经济承包，给企业注入了新的生机和活力，打破了生产经营停滞不前的僵局，在受到市场制约、以销定产的情况下，全局原煤产量仍不断迈上新台阶，连续突破40万吨、55万吨、60万吨和70万吨大关；材料消耗逐年下降，特别是原煤坑木、炸药和雷管万吨消耗从1986年的263立方米、4476公斤、13812发分别降至1992年的24.48立方米、2542公斤、7843发，平均每年分别以32.68%、9.00%和9.00%的幅度下降，创造了良好的经济效益。二是打破平均主义，实行产量（产值）工资含量包干。对生产矿井实行吨煤工资含量包干，对多种经营厂队实行百元产值收入工资含量包干，对机关、学校、医院等实行计时工资与各项责任制完成指标挂钩等。由于分配上实行产量产值工资含量包干，大大激发了广大职工的生产热情，使全局全员工效、回采工效和掘进工效分别由1986年的0.36吨/工、1.429吨/工、0.135米/工提高到1992年的0.711吨/工、2.540吨/工和0.181米/工，平均每年以12.01%、10.06%和5.01%的速度增长。

2。大胆开展质量标准化建设

一是从单项工程质量达标抓起，以采煤工作面达标为重点，把各项技术标准落实到每个区队、班组和职工中去，对照标准，层层落实，制定措施，专人负责，进行整改，做到“三直一平两畅通，安全完好浮煤净”。同时，召开现场会，推广成功经验，使采煤质量标准化工作真正踏实地深入开展，从而消灭了工程质量不合格现象，实现了正规循环作业，保证了煤矿的安全生产，促进了劳动生产率提高。二是开展全面质量标准化建设，全方位地抓好矿井的采煤、掘进、机电、运输、通风巷修、煤质、地测、调度、管理和两堂一舍等达标活动，把工作目标和内容层层分解，逐级落实，对每个硐室、机房、设备、每道生产工序等强调按标准化来进行整改和操作，提倡干标准化活。同时，制定了达标工作的考核检查制度和奖励办法，实行矿月度自检、局季度巡检、年终总结评比，严格把关，检查发现问题，定员负责，限期整改。此外，还设立质量达标奖，鼓励先进，鞭策后进，从而使矿井质量标准化建设工作制度化、规范化和系统化，并在全局形成主要领导全面抓，分管领导分工抓，业务部门对口抓，基层单位具体抓的立体管理格局。至1993年底止全，局原有的四对生产矿井，全部达到和被命名为部级质量标准化矿井，为企业生产发展和经济效益提高打下了坚实的基础。

3. 狠抓企业内部管理工作

一是从基础工作入手，围绕着“抓管理，上等级，全面提高企业素质”，建立和健全一系列规章管理制度，制定了经济责任制和岗位责任制，修改完善了劳动定额定员，进行了职工技术培训，开展了计量、化验、档案、财务、仓库等管理工作达标升级活动。二是积极挖掘内部潜力，练好企业内功，开展了以“双增双节”、“质量、品种、效益”和“扭亏增盈”为主要内容的包括百日安全、采掘上纲要、通风上等级等19项社会主义劳动竞赛活动；并积极强化现场管理工作，对机关处室实行按工作标准和管理标准进行管理达标考核，对工区、班组按六好区队、标准化班组进行考核，对各厂队公司按生产现场管理标准进行考核，对学校、医院按合格学校和文明医院标准考核。从而使管理工作做到纵向到底、横向到边，实现了计量、化验、会计、档案、仓库等一系列单项管理工作达标，提高了企业的整体素质。

4. 积极推广科技进步

一是实行支护改革，在支护材料上以竹代木，以钢代木，并实现单体液压支护，降低了材料消耗，强化了顶板管理，减少了安全事故；在巷道支护上，试验成功裸体巷道和膨胀锚杆支护，部分巷道并改金属锚杆为竹锚杆支护，节约了大量巷道支护及返修费用。二是推广机械化采煤，应用机组、截煤机等采煤，提高了劳动生产率；改革采煤放炮工艺，实行拉大距离、分层和松动爆破，提高了煤质和块煤率；强化作业管理，成功推广采用沿空送巷、整体移机、运输机集中控制、局扇延时风电闭锁、光电自动喷雾防尘、膨胀炸药、毫秒爆破、水炮泥等一系列新技术新工艺，并在煤质管理、瓦斯监测、工资计算等方面应用电子计算机进行管理，充分发挥了科技兴煤创效益的巨大作用。

5. 致力发展多种经营第三产业

一是建立完善多种经营组织管理机构，加强对多种经营的治理整顿，制定了多种经营发展规划、方针政策和制定发展多种经营的扶持办法以及特殊奖励办法，并把承包经营和竞争机制引入多种经营企业，加强对多种经营的集中统一管理，充分利用煤矿尚处于稳定的有利时机，加大对多种经营第三产业投入。根据本局实际情况，充分利用企业各种优势，拓展多种经营渠道，在保证内部需要基础上，努力向外发展。经过几年发展，现已初步形成了机械制造、建筑及建筑材料、汽车运输及修理、船队运输、服装针织、电容器装配、宝石加工、木器家俱、粮油及型煤加工、商业及饮食服务、印刷、五金、千亩果园和农场养殖等多种项目和跨行业的发展格局，并由内向安置型逐步向外向效益型转变。全局多种经营收入也由1986年前的不足100万元逐年增长，发展到1992年的1200万元，1993年的2720万元。7年来平均每年以73.42%的速度增长，安置企业富余职工和待业人员占企业职工总数的25%以上。

6. 加强职工队伍建设

一是积极开展创六好区队和标准化班组建设活动，制定考核标准，落实达标措施，定期检查验收，实行奖优罚劣，并坚持把工作重点放在“建设”上，努力提高职工队伍素质。至1992年底，全局六好区队达标率为92%，标准化班组达标率为94%。二是培育形成了“敢于吃苦、乐于奉献、弘扬右江传统、争创最佳实效”的右江局企业精神，并以此精神鼓舞全局职工同心同德，以主人翁的责任感，围绕经济建设这一中心努力开展工作。

吴花龙同志一心扑在工作上，依靠工人阶级办企业，为右江矿务局的发展付出了辛勤劳动，做出了巨大贡献。自1987年以来，他两次被评为全区煤炭工业先进生产工作者，多次荣获地区、自治区、全国煤炭系统优秀厂长经理和全国优秀经营管理者等光荣称号，并被授予全国“五一劳动奖章”和中国煤炭工业优秀企业家等光荣称号。

平顶山矿务局煤矿机械厂厂长

郝川声

和所有聪明勤奋的同龄人一样，他是一个普通的人。

他又是一个极不普通的人，因为他有一种不甘落后的强烈进取意识，善于在时代的潮流之中抓住各种机遇，并以自己的诚挚和智慧履行着自己的人生信条：“一个人只有献身社会，才能找到他那短暂而富有风险的生命意义”。

他叫郝川声。

1986年10月，郝川声同志被组织任命为平顶山矿务局基建修配厂主抓生产的副厂长。上任伊始，针对任务严重不足、生产效率低的状况，他提出了“面向市场、以优质高效巩固和扩大用户”的经营指导思想。根据企业人员素质和设备状况，在带领和组织人员搞好为市场调查和预测的基础上，成立科技攻关小组，瞄准市场，大力开展新产品的研制与开发。并及时推广新工艺，在全厂尽可能推行成组技术和流水线作业。几年当中，在保持和优化原有产品的同时，企业先后完成了新型矿车、除尘器、消音器、概率筛、皮带机系列、压力容器等攻关项目，形成了生产一代，试制一代、构思一代的良性循环。产品质量和生产效率大幅度提高。

1989年10月，当市场疲软，资金紧张，材料涨价，任务不足等一系列问题围绕企业的形势下，36岁的郝川声出任基建修配厂的厂长。郝川声觉得，在改革开放的新形势下，一个有出息的厂长，就不该固守已有的摊子，应把眼睛时时盯住不断变化的市场，及时调整产业结构，才能永远立于不败之地。于是，他首先确立了“以市场为导向、以质量求生存，以品种求发展，以加强管理为基础，全面提高经济效益”的方针，把主要精力放在提高产品质量上。同时为保证企业更好地参与市场竞争，经上报批准、他将基建修配厂更名为煤矿机械厂。针对当时厂里20多种产品没有一种获得省、部优质称号的现状，他痛心地告诉全厂职工，必须正视现实、承认落后。他率先垂范，亲自参与制订产品质量目标措施、抽查产品质量、整顿质量问题。为强化职工的质量意识，他提出把内部经济责任制中的质量指标列为全权否决性指标，突出产品质量的中心地位。对出现的质量问题，他做到“四追究”，即追究分管领导的责任、追究技术人员的责任、追究检查人员的责任、追究操作者的责任。

在此基础上，他要求管理环节严格把关，首先从提高全员的管理素质入手，分期分批组织脱产培训，先后有69%的职工通过了全国统考。并结合实际情况组织制订了从产品设计，原材料进厂、生产工序质控、整机出厂、售后服务等各个环节的管理制度，使生产全过程形成了一套健全的质量保证体系。他常常告诫职工，上级对各项产品的检查过程就是提高产品质量的过程，对受检产品决不能开小灶，那样会带来无穷后患。在皮带机和压力容器的取证过程中，有人提出抽出高级技工专门加工，他不同意这样做。在向国家检测中心送检托辊时，他坚持从正在生产的托辊中随意抽出送检，虽然个别地方达不到全优的标准，但他对于取得的生产许可证，心里是踏实的。

也正是他一丝不苟地抓产品质量，几年来，压力容器、皮带机、带超速保护的斜井人车、破碎机等产品先后获得国家颁发的生产许可证，并多次获得省、部优称号。

一个靠零打碎敲、修修配配发展起来的工厂，在人员相对不变的情况下，1994年产值比1985年增长5.97倍，固定资产增产1.8倍，人均效率、人均收入一直保持了同行业的先进水平，跨入了省级文明单位和煤炭行业国家二级企业的行列，昔日荒凉的厂区已成为部级环境优美工厂和省环保先进企业。

当厂长4年多来，他在狠抓基础管理，提高产品质量的同时，根据自己的工作实践透过激烈的市场竞争现象，及时地理顺了“廉、优、新”的经营战略。

“廉”，他认为搞好一个企业，必须首先有一个廉洁的领导班子。他善于以身作则，团结党政领导、从不搞特殊化，吃饭同职工一样排队就餐，并多次谢绝上级安排的处级住房，全厂所有领导现仍同职工住在一起。按他自己的话说，“这样可以同职工在闲谈中沟通情感”。另外就是要有一个廉的价格，靠内部挖潜消化各类增支因素，不转嫁给用户，达到以“廉”取胜的目的。

“优”，首先要有优质的产品，靠过硬的产品质量赢得用户的信誉。再就是优质的售后服务，定期组织服务小分队到用户中了解情况，征询意见、解决实际问题。让用户感到使用他们产品安心、放心。

“新”，首先就是靠新产品占领市场。市场的需求是不断变化的，他善于充分发挥工程技术人员的作用，加强与科研单位的横向联系，通过市场信息反馈开发适销对路的新产品，保证每年新产品产值都在总产值的20%以上。另外就是靠技术革新、靠推广应用新技术、新材料、新工艺搞好老设备的挖潜改造、提高产品质量和工作效率。他亲自主持完善改进的托辊生产流水线在质量提高的前提下，工效提高五倍，用旧车床改造的托辊管子专用加工机床解决了长期围绕同类企业托辊管子加工过程中同心度偏差的现象，并获得国家专利。他主持设计改进的双向带式输送机获河南省优秀新产品奖。

从1988年至今，郝川声先后荣获平顶山市“优秀青年厂长”，河南省“煤炭工业优秀青年厂长”，河南省“优秀青年厂长”，河南省“十佳优秀青年企业家”,全国“煤炭工业优秀厂长”、“全国煤炭工业优秀企业家”全国“优秀青年企业家”等荣誉称号。对取得的这些荣誉，他只是报以淡淡一笑的说：“荣誉只能说明过去，成绩是大家共同奋斗的结果”。

今后的路还很长，还会有崎岖和曲折，永远不会平坦，但郝川声会象往常任何时候一样，踏踏实实，一步一个脚印地走下去。

苏南煤矿机械厂厂长

陈云火

陈云火，江苏武进人，1943年11月生，1964年9月加入中国共产党，毕业于北京机械学院，1969年参加工作。1991年被授于全国煤炭工业优秀厂长和常州市优秀企业家称号，1993年3月被授予中国煤炭工业优秀企业家称号。

陈云火同志担任厂长10年以来，坚持推行全面质量管理，高度重视产品质量，提出了“质量第一、用户第一、信誉第一”的方针。时刻保持清醒的头脑，一贯强调产品质量是企业的生命，没有高质量的产品，就没有用户，也就没有工厂的生存条件。他要求职工做到上道工序要对下道工序负责，工厂对用户负责。他带头通过了全面质量管理全国统考。同时，工厂质量管理的制度健全，措施得力，考核严格。工厂主要产品液压支架分别荣获省、部优质产品称号，反井钻机获国家金质奖，工厂获得部、省质量管理奖。

他根据市场需要，紧紧依靠和充分发挥科技人员的才能，引进技术人才，重视技术进步，不断引进新技术，新设备，注意调整产品结构，加快产品的更新换代。先后开发了液压支架、反井钻机、滚刀、喷粉桩机等多种新产品，其中反井钻机两次获得江苏省，优秀新产品“金牛奖”。

陈云火同志长期从事技术工作，从技术人员到担任厂长职务，是一个较大的转变。为了适应这个变化，他努力钻研企业管理知识，并用于管理实践。在他的带领下，通过企业整顿和企业管理上等级活动，由单纯生产型企业转变为生产经营型企业。自觉面向市场，完善经营机制，工厂先后获江苏省先进企业，煤炭工业二级企业和国家二级企业等荣誉。他十分重视人才培训，亲自抓职工教育，企业人员素质不断提高，使工厂连续8年被常州市评为职工教育先进单位，5次被江苏省人民政府和江苏省煤炭总公司评为职工教育先进单位，他本人被评为先进工作者和组织者。

陈云火同志牢记全心全意为人民服务的宗旨，坚持把党和人民的利益摆在第一位。担任厂长期间，未发现违反财经纪律的问题，受到上级好评。在工厂经济状况较困难情况下，工厂先后买了80多套住宅分配给职工，还先后为30多户拆迁和职工对方购房的给予适当的补贴。他上下班和工人一样，骑自行车，从不用公车作为私用。他克己奉公，作风正派，为人厚道，待人诚恳，无论是老工人，还是刚进厂的新工人；无论是知识分子，还是工人都愿意与他接近，没有架子。他坚持做到“中层以上干部有病必访，职工病危必访，职工来访必谈”。在领导班子中，严于律己，宽于待人，胸襟开阔。自责自己的失误，原谅别人的过失。主动承担领导责任，受到职工的拥护。

淮北矿务局工程处处长

李健辉

1985年初，李健辉担任淮北矿务局工程处处长。上任9年来，他带领全处5000名职工艰苦创业、锐意改革、开拓进取，取得了实实在在、令人瞩目的成绩。

工程处连续9年每年都上一个台阶，建安工作量由1984年的2568.41万元提高到1993年的10351万元。

井巷进尺由1984年的2922米上升到7619米。

工程质量矿、土、安三类工程优良品率分别达到91.07%、70%、92.7%，居国内同行业先进水平。

全员效率由1984年的4032元提高到18600元。

安全生产曾连续5年实现安全年。

经济效益与生产同步增长，年年超额完成矿务局下达利润指标，1993年盈利126.29万元。

企业固定资产实现了保值增值，由1985年的3085.81万元增加到7063万元。企业整体素质得到巩固提高1989年跨入安徽省先进企业行列。1990年，该处被原中国统配煤矿总公司命名为文明施工先进单位，同年晋升为中国煤炭工业二级企业。1991年，跻身于中国500家最大经营规模建筑企业及500家最佳经济效益建筑企业之列。1993年，再次被列为中国500家最大经营规模建筑企业之列。

一、勇于改革，大胆决策

李健辉同志敢于突破旧传统观念的束缚，不断探索，大胆决策。上任伊始，他就着手制定和推行改革方案，制定了“内部盈亏包干”、“超额利润分成”等近10种经营承包方案。在矿务局最早实行“目标成本管理”，最早实行计件工资制，在土建工区大力推广项目施工法，率先实行“全员安全和利润抵押承包”。在全局第一家实行“全员风险抵押金制度”，全体职工每人每月扣除20%的标准工资和各种津贴作为抵押金，年终决算时兑现，增强了职工的效益观念，形成了风险共担、利益共享的激励机制。

1991年，他倡导主办了淮北市“工程杯”瓦工技术比武邀请赛，提高了企业的知名度，加强了全市建筑行业的横向联系和技术交流，使这一活动已坚持数载。

在党的十四大精神鼓舞下，他抓住机遇，积极走向市场参与竞争，先后到江苏治山铁矿、安徽花家湖煤矿、山东济宁、河南永夏矿区参加工程投标，依靠自身优势和良好的社会信誉，承揽了三资企业——年产60万吨的山东鹿洼煤矿一期工程和中外合资的上海精密轴承厂等工程项目，使工程处在市场经济的大潮中充满了活力。

为了减少管理费开支，他果断决策，精简机构，压缩管理人员，将行政科、供应科、通讯科等5个机关科室划出机关编制，转为经济实体，单独核算，对内有偿服务，对外创收，使企业内部管理走向社会化。通过撤、并、转，将机关29个科室精简为17个，机关管理人员由281人减少到142人，全处管理人员也比原来减少了28%。

二、抓文明施工，促安全生产

1990年，龙口文明施工现场会之后，他明确提出到1990年底，把工程处建成部级文明施工先进单位的奋斗目标。他主持制订了《淮北矿务局工程处文明施工实施细则及评分办法》，坚持月查季评制度，设文明施工单项奖，实行动态管理，树立样板工程，召开文明施工现场会，使文明施工取得了显著成效，改善了施工环境，提高了工程质量，促进了安全生产。1990年，井巷进尺优良品率达到94.6%，居全国同行业最高水平，被原中国统配煤矿总公司命名为文明施工先进单位。文明施工活动在工程处已形成制度化、经常化，长期坚持下来。

三、依靠科技进步，振兴企业

企业的发展离不开科技人才和科学技术，李健辉十分重视人才培养和科技进步。他提倡并鼓励职工岗位练兵，自学成才，支持职工参加大专院校学习。9年来，输送了382人到大中专院校学习进修。为提高机械化施工水平，近年来先后添置了全液压岩巷掘进钻车、高扬程混凝土输送泵、建筑施工电梯等先进的施工设备。掘进工作机械化程度达100%。每年自筹数10万元资金用于科技攻关，鼓励职工开展技术革新，研制开发了全煤矸石空心砖、净水剂、节能灯、乳化油等新产品，完成科研、革新、技改项目200多个。为了使工程处在改革中更具活力，他拿出大部分精力，用在发展多种经营和开发新产品项目上，建成了4个化工、机电、建材产品为主的生产基地，安置待业人员1100多人。研制开发的紧凑型高效节能灯1992年获中国首届民用新科技（产品）博览会金奖。钢铁除锈钝化液产品打进国际市场，远销日本、印尼、伊朗、巴基斯坦、香港、台湾等6个国家和地区。

四、善于团结人，具有凝聚力

用人不疑，疑人不用。这是李健辉的用人之道。对行政一班人，李健辉同志总是放心地让他们去干，支持他们大胆开展工作，让他们感到有职有权。如遇到困难和问题，他却勇于承担责任，帮助他们排忧解难。对党委书记，他与之密切配合，互相尊重，互相支持。对重大问题，他虽有权拍板定夺，却不轻易表态，注意发挥集体智慧和一班人的作用。对基层干部，他工作上支持，生活上关心。由于他知人善任，胸怀开阔，顾全大局，领导班子成员个个都能心情舒畅地去干工作，使工程处领导班子具有很强的凝聚力，成为团结协作的战斗集体。

五、高风亮节、无私奉献

1986年12月29日，肖县小孤山煤矿发生透水事故，23名矿工被围困在井下。李健辉接到命令后，毫不犹豫地组织了精干队伍奔赴百里之外的孤山去抢险，配合东海舰队和局救护队，经过3昼夜的紧张战斗，挽救了23名矿工的生命。1988年10月，淮北杨庄矿发生特大透水事故，他又一次率领160多人的抢险队伍奔赴现场，身穿工作服，连续3天3夜战斗在第一线。安徽省属百善煤矿抢险，他同样率队参战。每次抢险所投入的人力、财力、物力他从没想得到什么报酬，只要需要，宁愿自己受损失，也尽力援助，表现了一个企业家高风亮节、无私奉献的精神。

李健辉同志凭着他的真才实学、真抓实干和勤政廉洁的作风，把一个默默无闻的局属二级企业发展成为中国建筑企业500强之一，在煤炭基建行业小有名气，赢得了职工的信赖，同行的佩服。

老骥伏枥，志在千里；烈士暮年，壮心不已。李健辉同志在煤炭战线已渡过了29个春秋，为祖国的煤炭事业的发展作出了应有的贡献。虽已年过半百，但他并没有躺在功劳簿上停止不前，而是在开拓进取的道路上，继续追求，不断探索，再作贡献，将自已的有生之年献给祖国的煤炭事业。

新汶矿务局多种经营总公司经理

翟启贵

翟启贵，男，57岁，中共党员，大专学历，高级工程师，自1988年4月份任新汶矿务局多种经营总公司（劳动服务总公司）经理至今。

任职6年来，他在思想上政治上同党中央保持高度一致，坚持四项基本原则，拥护改革开放，认真贯彻执行上级一系列发展多种经营集体经济的方针、政策。在局党委、矿务局领导下，从实际出发，带领总公司全体人员不断探索发展煤炭企业集体经济的新路子，推动了全局多种经营的发展。6年来，全局多种经营总产值收入年年上新台阶。在“七五”初期3700多万元基础上，“七五”末达到2.1亿万的新水平。1992年实现总产值收入3.16亿元；1993年达到4.4亿元；两年累计上缴税金2200多万元；6年累计安置待业青年14626人，稳定了矿区的安定局面。1994年上半年已完成总产值收入2.46亿元，项目建设工作也步入了快速施工阶段，各项工作正朝着既定目标迈进。局多种经营总公司1988、1990年度被原中国统配煤矿总公司评为先进单位并荣获全国煤炭企业第二届优秀管理奖；连续5年被评为全省煤炭系统先进单位；有3个分公司被山东省煤管局、山东省劳动局评为明星企业。

他具有锲而不舍的实干精神，6年来既善于总结经验，又敢于创新发展，1988～1989年，他带领总公司全体同志在全局推广了矿务局制订的“四个矿矿”都有的发展规划（矿矿都有小煤井、建筑队、矸石再洗、矸石砖厂），奠定了全局发展的经济基础。他坚持从基础管理工作抓起，几年来和有关人员研究制定了一些行之有效的管理办法，使集体经济纳入了规范化管理轨道。财务、工资、计划、统计等项工作在全省煤炭多种经营系统评比中多次获得较好名次。他具有较强的质量意识，十分注重产品质量的巩固和提高，经常带领有关工程技术人员深入基层、深入现场，指导帮助研究提高产品质量的途径，并与矿务局分管领导及有关人员一起主持考察论证了一批具有经济效益和社会效益的项目。几年来，全局多种经营已有7种产品被定为全省定点厂；有2种产品定为全国煤炭行业定点厂；有1种产品被美国波士顿世界贸易中心、麻省理工学院技术鉴定公司授予新技术成就奖。他具有浓厚的商品经济观念，几年来，他坚持改革，围绕企业转换经营机制，提高经济效益，狠抓了企业的经营管理工作，他组织和领导所属基层公司抓销售促效益；推行全面承包，积极推行股份制试点工作取得了一定的效果。他具有较强的开放意识，几年来围绕发展外向型经济增强企业的活力，和有关同志进行了积极的有益的探讨，取得了较好的效果；和省外贸等有关部门建立了密切的协作关系，在全局范围内建起了绒绣、刺绣等外向型产品加工基地。尤其是对工艺毯项目的建设投产工作，他倾注了大量的精力，使之该产品直接出口美国及西欧等国家和地区。其生产规模逐年扩大，1994年生产能力可达8～10万平方英尺，并为1995年达到20万平方英尺的生产能力做好了基础工作。该项目可安置1200人以上，是新汶局出口创汇、经济效益和安置人员多的外向型项目。同时在矿务局的领导支持下，他积极参与并组织了和有关外贸部门赴阿联酋投资建厂的事宜，第一批出国建厂人员正在国外开展工作。他具有一个高级工程技术人员所具备的良好的技术素质和业务能力，近两年来，利用业余时间，自己动手为工艺毯厂设计了织机和各种辅助机械，保证了该厂的快速上马和发展，为企业争得了荣誉。他研制的可拆卸翻转钢窗，较好地解决了安装、维修及窗扇内外玻璃清擦等方面的技术难题，为禹村煤矿钢窗厂增加了1个新产品。他富有批评和自我批评精神，工作认真负责，勇于承担责任。他坚持原则，团结同志，严以律己，从不搞特殊，在端正党风廉政建设方面也做出了成绩。6年来，他以工作和事业为重，为发展多种经营集体经济一心扑在工作上，从来没有休过一个节假日，全身心地投入到工作中，受到领导和同志们的一致好评，1991年度和1993年度被山东省煤炭管理局评为全省优秀工作者和先进标兵。

枣庄矿务局柴里煤矿多种经营公司经理

薛照岐

薛照岐同志现年52岁，1969年参加工作，曾任采煤区队党支部书记，矿调度室主任等职，1988年至今任柴里煤矿多种经营公司经理。在多种经营工作中，他勇于开拓，锐意改革，短短几年内使柴里矿多种经营公司这个年产值收入不足200万元的濒临倒闭的单一服务性企业，迅速发展成为拥有煤炭生产、机械修造、建筑施工、水泥预制，自救器复新、汽车修理、家电维修、商饮服务、工艺装潢及涂料生产等30多个生产经营厂、队（车间）和经营网点的综合性经济实体。1993年，经济总收入突破3000万元，成为名闻遐迩的先进企业。

自1988年以来，薛照岐同志年年被评为局、矿劳动模范。1993年获山东省煤炭系统多种经营工作标兵称号。

一、推行改革，敢为人先

薛照岐同志于1988年6月通过招标，走马上任担任了柴里煤矿多种经营公司的经理。他放弃了安逸的工作环境和上高等学府深造的机会，毅然挑起了靠修修补补过日子的这付烂摊子。面对工作效率低和经济效益差的现状，他对症下药，以现代企业家所具有的气魄和经营策略，顶人情风，破关系网，率先进行了一系列改革：一是搬掉“铁交椅”，干部实行聘任制。按照能者上，庸者下的原则，打破干部、工人的身份界限，对管理人员实行层层聘用，将懂技术，会管理，事业心强的同志选聘到领导岗位。二是打破“铁饭碗”，职工实行岗位竞争制。对一些岗位，特别机关科室实行定岗定员定编、压缩非生产人员建立了平等竞争、择优上岗的岗位竞争机制。三是在工资分配上，废除大锅饭，实行计件工资制，打破工资等级界限，使工资与效益和工作量挂钩，实行多劳多得，按劳分配。在此基础上，根据各厂、队不同的生产经营特点，采取了集体承包、清包和租赁等多种形式的承包办法，给企业带来了生机和活力。承包当年，公司就实现收入333万元，比上年提高56%。

二、开发项目，敢担风险

煤矿多种经营担负着全矿待业青年和富余人员的安置任务。随着农转非人员大批进矿，众多的待业青年需要安置就业。要解决众多待业青年和富余人员的安置问题和发展壮大多种经营，必须充分利用现有条件、发挥煤矿优势，开发新上项目。于是他带领公司有关人员，上东北、下江南，查技术资料，搞市场调查，积极进行了新的调研项目工作。经过一系列严密的可行性论证，先后上马了残采队，自救器复新、汽车修理等10多个项目。其中，在开发自救器复新这个项目时，不少人认为自救器技术性强，质量要求高，公司不具备上这个项目的条件。即使上了，产品质量也难以过关，这样不仅效益无从谈起，更重要的是事关职工的生命安全、风险太大。到底是上还是不上？作为公司安全生产的第一责任者和公司重大问题的决策者，薛照岐同志经过严肃认真的调查研究之后。毅然拍板：上！他请来了煤科院抚顺分院的技术人员协助建厂，并培训人员。由于薛照岐同志严格按标准化、正规化的要求组织安装调试，自救器复新厂建成后，生产复新的产品，其质量全部达到部颁标准。先后取得了产品质量合格证和生产许可证。被山东省煤管局定为全省唯一定点复新产品，取得了较好的经济效益和社会效益。

开发新上项目，使公司年新增产值2000多万元。不仅增强了经济实力，同时也为人员就业找到了出路。几年来，公司安置富余人员和待业青年1900余人。

三、走向市场、勇立潮头

薛照岐同志并不满足已取得的成就。他深知：煤矿多种经营的最终出路是发展成为脱离煤矿能独立生存的经济实体。因此，他在积极发展为煤矿生产和生活服务的项目的同时，将发展眼光放向社会，走向社会大市场，面向社会要效益。

1992年初，薛照岐同志得知原薛城区物资局大院房地产将要出售的消息后，立即向矿领导作了汇报，在征得矿领导的大力支持后，投资420万元购置了处于薛城黄金地段的原薛城区物资局大院房地产（占地面积22.56亩，建筑面积2940平方米）。当时，好多人不理解，认为购置房地产价值不大。更有甚者，告薛照岐同志的“黑状”，说他从中捞了好处。心底无私天地宽，薛照岐同志用事实作出了回答：1993年上半年他组织公司土建、油漆等方面的人员对先期移交的门面楼进行了装修改造，成立了柴里煤矿多种经营薛城经济技术开发公司，第一期营业项目——中国民航薛城售票处。供销经理部（设有商店）和柴煤大酒店于8月18日正式开业。当年创收入53.6万元。

在发展社会主义商品经济的大潮中，薛照岐同志正勇立潮头，奋力搏击。

大屯煤电公司龙东矿矿长

宋振德

宋振德同志，现年52岁，黑龙江省鸡西市人，采矿工程师。1961至1982年历任鸡西矿务局小恒山矿工段井长、党委办公室主任、生产矿长、滴道矿生产矿长、1983至今年历任大屯煤电公司徐庄矿矿长、张双楼矿矿长、龙东矿矿长。在煤炭战线摸爬滚打了33个春秋，担任生产矿长、矿长近20年，为祖国的煤炭事业作出过较突出的贡献。特别自1990年初任龙东矿矿长以来，以他特有的胆略和气魄，率领全矿三千余名职工锐意进取，大胆创新，为企业的振兴和发展倾注了大量的心血，取得了可喜的成就，走出了一条具有龙东特色的矿井建设新路子。他于1991年9月被中煤企协授予优秀矿长称号，1993年7月获煤炭工业优秀企业家荣誉。

一、以强烈的竞争意识，创一流的业绩

宋振德同志性格最典型的特征就是不服输。他常说：“一个人，一个企业，是要有点精神的，要争就争第一，第二不够味”。龙东煤矿是一座设计能力为90万吨的中型矿井。1987年底投产，职工队伍是由搞矿井基本建设的职工就地转产而组成的。虽然经过一段时间的转轨变型，但职工技术素质低、管理薄弱的基本矿情并没有根本改变。怎样才能在煤炭行业中找到龙东的最佳位置？在调查分析的基础上，他在狠抓两个培训（工人技术培训、干部的管理知识培训），提高两个水平（技术操作水平、企业管理水平）的同时，大胆地提出了追求“三个一流”：

追求一流的质量。他组织人员修订了全员、全过程、全方位的工作、工程和产品质量标准，并组织全矿职工大张旗鼓地学习标准、执行标准，使追求一流质量、建设一流矿井成了他和全矿职工的共识。在抓质量上，他以“严”出了名，从不放过每个细小的环节。在井下要求做到管路、电缆、照明、轨道、皮带5个一条线；综采工作面要求保持三直一平、清洁文明、架子清、无杂物；掘进工作面则严格按一次成巷施工；对不合格的工程实行“三不准政策”：不准施工、不准验收、不准开资，限期整改，严格执行“质量否决权”。该矿连续6年保持了质量标准化部特级矿井称号，质量标准化工作得到了煤炭部领导和兄弟矿的好评。

追求一流的效益。宋振德同志善于从宏观上把握经营战略和策略。他要求各级干部必须学会算帐，学会当家理财，树立“投入产出”的观念，实现从生产型向效益性的转变。他大力推行和完善了“四位一体”经营管理机制，建立了经营决策和经济活动分析制度，严格企业内部承包责任制，充分发挥内部银行和经营调度的作用，使经济效益显著提高。几年来坑木消耗保持在16立方米/万吨左右，为计划的64%；钢材消耗保持在14.9吨/万吨，为计划的72%。矿井已连续4年获得了全国坑木低耗矿、坑木管理先进矿和支护用品低耗矿的称号，被原中国统配煤矿总公司授予“三铁管理先进单位”。1993年是煤炭企业走向市场的第一年，宋振德同志和矿党政一班人抓住机遇，乘势而上，克服了铁路外运不足，原材料涨价幅度较大，企业外部环境恶劣等不利因素，以市场为导向，深挖内部潜力，企业首次扭亏为盈，全年盈利3925万元。进入1994年以来，进一步转换经营机制，完善内部承包，上半年盈利2000万元，比去年同期又有所提高。

追求一流的速度。龙东矿自投产以来，每年一个新招数，6年迈了6大步：1988年建成部特级矿井，1989年建成煤炭工业二级企业，1990年提前一年零44天达产并建成现代化矿井，1991年获部颁新标准矿井和全国先进矿称号，1992年建成了“一矿一队一面年产百万吨”的矿井生产模式，1993年又被煤炭部列为全国12对高产高效试点矿之一，创造了龙东速度。这种速度的取得，用宋振德同志的话说，就是依靠“科学管理和技术进步”两个轮子。在企业管理上，他大力推行全面质量管理、方针目标管理、系统工程、网络技术等现代管理方法，改进和加强生产、技术、物资、财务、安全等项基础管理工作；在人事管理上，把具有开拓创新、专业知识、年富力强的同志大胆选拔到领导岗位上来。为提高干部的管理素质和工人技术水平，在教育培训上舍得投资。1990年以来，共投入培训费78万元，全矿职工，参加各种业务培训6283人次，有171人取得大、中专毕业文凭，有124名技术干部进行了知识更新，龙东矿被评为江苏省成人教育先进单位。在依靠科学技术上，宋振德认为：对不适应生产发展的环节系统，就是买裤子当袄也要搞好技术改造。先后投资数百万元，改造了主井提升、大巷运输、上仓煤流系统，解决了生产卡脖子问题，满足了集中生产的需要；推行沿空送巷新技术，实行无煤柱开采，使回采率达99%；进行开采上限的试验，可使矿井服务年限延长5年。目前该矿已实现了采掘定向激光化、运输系统皮带化、企业管理微机化、安全监测自动化、调度通讯现代化、工业电视监控化。

二、以超人的胆略和气魄，弄改革的大潮

在深化企业改革中，宋振德同志深深体会到，煤炭企业要走出困境，必须走合理集中生产、减人提效、发展多元化经济之路，为此，他做了大胆的尝试。

首先是组织合理集中生产。在调整矿井开采布局的情况下，从改革生产管理机制入手减队、减人、减面。1992年把原来3个采煤队减为1个采煤队，人员由448人减为120人，工作面由原来的3个减为1个，组建了年产百万吨综采队。减人减面后，采区集中、管理集中，生产、经营部门强化机电设备管理和现场管理，实行倾斜政策，合理工资分配。经过全矿上下一致努力，1992年底综采队一举突破了百万吨大关，直接工效达41.5吨，杜绝了轻伤以上事故，并在矿区内创造了未烧一台电机的奇迹。1993年，综采队再次保持了百万吨采煤队的水平。百万吨采煤队的实现，成功地创造了“一矿一面”生产模式，为南方煤炭企业实现高产高效提供了可以借鉴的经验。其经济效益和社会效益也较为显著；减少了原煤生产人员，降低了吨煤工资，提高了原煤工效；辅助工作量下降，各种能源和材料消耗大幅度降低；井下生产岗位减少，安全死角缩小，为安全管理提供了方便。

其次是精简机构编制。在借鉴大雁等局矿的改革经验的基础上，1993年上半年将机关24个科室缩减为“一室四部三委”（办公室，生产部、经营部、安监部、政工部，纪监委、工会、团委），机关人员由325人精减为108人，精简后的机关工作节奏加快，办事效率提高，中间环节减少，改变了过去人浮于事的现象。同时，矿对基层的管理人员也作了大量的精简。

再次是发展多元化经济。在发展三产上，他提出了“先向内，立足本矿，因地制宜，占据矿区市场；后对外，调查研究，大胆实践，进军社会市场”的总体设想，并投入人力、物力，在较短的时间里使三产初具规模：兴建了以养奶牛、养鸡鸭、养猪、养鱼、种蔬菜为主要项目的综合养殖基地；开办了商店、服装厂、硅铁厂、乳制品加工、木器加工、地板砖生产、饭店酒家等服务加工业。在海南三亚、上海、张家港等地上了饮食、运输、旅游等三产项目。共安置待业富余人员300余名。1993年实现产值1100万元，利税100万元；1994年上半年实现产值1500万元，利税100万元，取得了突破性的发展。多种经营公司被煤炭部授予“全煤多种经营先进企业”。矿还成立了生活服务公司，实行有偿服务，逐步过度为独立核算、自负盈亏、自我发展的经济实体。通过合理分流人员，全矿原煤生产人员大为减少，全员工效达到了5吨/工，为建成高产高效矿井打下坚实的基础。

三、以扎实的工作作风，求企业的合力

宋振德同志认为：“煤炭生产在井下，矿长的岗位在井下”，他坚持每月下井十七八个，遇紧急情况随时下井，有时冒生命危险接顶、处理事故，他以实际行动带出了团结、实干、奉献的班子。他和党委书记朱一龙同志善于“换位思考、“顶位补缺”，对行政副职放手使用，对青年干部传帮带。他关心职工生活，先后为职工办了20多件实事，投资数百万元，使职工家中用上了液化气、暖气、太阳能淋浴器和抽油烟机，安装了闭路电视；定期请专家、教授给老工人、劳动模范检查身体。他重视企业文化建设，完善了体育设施，每年举办一次职工运动会，他亲自挂帅，组对参加比赛，1991年被原中国统配煤矿总公司命名为全国体育先进矿，他本人被评为先进体育工作者；还成立了业余宣传队，建起了舞厅、万册图书馆；对矿井实施了绿化、美化、净化，国内外不少来矿参观的说：“到过不少煤矿，象龙东这样的还不多见”。职工生活的改善和企业文化的建设，使“爱我龙东、兴我龙东、我为龙东腾飞作贡献”成了广大职工的自觉行动。

宋振德同志没有满足已取得的成绩，最近他又提出在1997年建成“小康之矿”的设想，在新的目标的激励下，他正以改革家的姿态，带领全矿职工矢志不渝，努力再攀高峰。

淄博矿务局双沟煤矿矿长

李义文

李义文自1991年担任淄博矿务局双沟煤矿矿长以来，根据发展社会主义市场经济的内在要求，解放思想，更新观念，抓住机遇，冲破常规，开拓奋进，创造性地抓好企业改革和内部管理工作，取得显著成绩。1991年7月，被原能源部中国煤矿工会评为优秀矿长；1992年3月，荣立建设淄博立志立功一等奖；1992年4月，被市政府授予劳动模范称号；1993年被山东省煤管局授予优秀思想政治工作者称号；1994年4月，被山东省煤管局授予发展多种经营工作标兵称号；1994年6月被推荐为中国煤炭企业优秀矿长。

1991年担任矿长第一年，李义文便创出了加强企业管理的“四包一挂”、“分项管理、定额包干”和“三考核一挂钩”网络化管理模式，被选入《当代中国企业管理》一书。1992年以三项制度改革为转换经营机制的突破口，率先在全省煤炭系统推行全员劳动合同制。1993年，又对企业办社会问题进行改革。把为原煤生产、生活服务的后勤单位，从矿统一的经营核算体系中分离出去，变成经济实体。并采取不同类型的经营承包。同时下放经营管理、劳动组织调配、工资奖金分配等8项权力。过去是企业的包袱，现在变成了矿上的财源。

为巩固分离经营成果，推动企业经营机制的进一步转换，他在分析研究，反复调查的基础上，又提出了构建企业内部市场的方案。把构成全矿经营活动、后勤服务及管理控制系统的诸要素，全部转化为商品，通过内部市场运转实现各类商品的等价交换。

在抓改革、转机制的过程中，他根据企业新型运行机制的建立，抓管理、严制度，先后制定了“新上项目投资效益承包制”、“分离经营成本核算包干制”。并实行副矿级分片挂靠，分级管理的宝塔型管理模式。亲自主持制定了从内部市场运行到管理控制等一系列配套措施。适应市场经济的新型运转机制、激励机制、约束机制初步建立起来，并开始步入高效、快速、健康的发展轨道。

由于矿井地质条件的变化和超设计能力的开采，1991年经测算，矿井仅剩3年左右的开采储量。矿井即将报废的严峻现实和市场经济的严峻挑战，不容许有丝毫的懈怠，必须只争朝夕，在为期3年的时间内，以超常的速度和超常的措施加快多种经营发展步伐，全方位构筑多元化经营框架。对此，李义文同志审时度势，多方听取意见，凝聚群体智慧，明确提出了“两线（原煤生产、多种经营）并举、互为依托、整体联动、协调发展，确保3年内形成以多种经营和第三产业为主体的规模性替代产业，为企业转产、实现滚动发展奠定基础”的企业发展目标。为实现这一奋斗目标，他从企业自身实际出发，结合当地的资源优势，以市场为导向，以提高经济效益为目的，在转产布局和经营规模上做到量力而行、合理配置、优化结构、规模适度、坚持“三为主”原则，即：多业并举，以建材和机械制造、加工业为主；大中小型项目一起上，以确保大型骨干项目为主；安置型与效益型结合，以效益型为主。同时，履行科学民主决策程序，对新上项目严把考察、论证、筛选和评审4关，从而杜绝了盲目上项和无效投资。项目一旦确立，便立即实行负全责、管到底的业主负责制。在筹措资金上，他一方面采取有力措施，严格控制非生产性支出，盘活内部资金；一方面正视转产资金严重短缺的严峻现实，敢于负债经营，并亲自跑银行，千方百计开辟渠道争取资金。先后贷款拆借资金上千万元，用于发展多种经营和新上项目。在用人政策上，他敢于打破常规，放开用人政策，采取多种措施吸引和发掘各类人才，高薪招贤纳士。现外聘各类专业技术人才45名。舍得智力投资，先后选派近百名职工外出培训学习，并举办各类专业技术培训班，提高职工队伍的技术素质。在分配政策上，他彻底打破过去采掘高于辅助，井下高于井上，原煤生产高于多种经营的思维定式和工资分配界限，不分“主业”、“副业”，不分井上井下，不分产业界限，一律以效益定工资。个人收入与劳动成果挂钩，上不封顶，下不保底，激发干部职工的工作热情和创造性。在营销战略上，他冲破计划经济条件下形成的封闭型营销羁绊，主持制定了以销定产、以销促产、销售包干、按利提成、销后服务等灵活的全员销售战略和销售政策，并利用多种宣传媒介，全方位开展广告宣传，以提高企业和产品的知名度，拓展社会市场。

在抓改革抓管理，实施企业转产战略中，他坚定不移地抓好精神文明建设，做到两手抓两手硬。认真组织开展思想政治工作和系列教育，不断强化全矿干部职工的市场意识、质量意识、效益意识，培养职工的敬业精神。他带头廉洁自律，发动职工开源截流，勤俭办企业。他不仅注重调查研究，深入现场，解决实施转产战略中遇到的各种困难，而且勤于学习，善于捕捉信息，根据市场变化，准确调整工作思路。拓宽民主管理渠道，全心全意依靠职工群众办企业。1993年，该矿原煤产量完成37.34万吨，比矿井设计能力提高78%，创建矿18年以来最好水平。在国家1000万元政策性亏损补贴抽回，自我消化各种增支因素的情况下，实现利润826万元，结束了建矿以来年年亏损的历史。到去年底，全矿共上大中小型转产项目12个，总投资规模达1560多万元。以陶管、胶合板为龙头，纸箱包装、装饰建材、家俱、化工、机械加工、煤炭等多种产业竞相发展，多元化规模经营框架已经形成。特别是省、市内最大的淄博川北陶管厂和双兴胶合板厂的建成投产，不仅增添了企业发展后劲，而且为企业转产奠定了坚实基础。1993年，全矿杜绝了重伤以上人身事故，连续6年巩固了部特级质量标准化矿井称号；被煤炭部、山东省经委分别评为安全生产先进矿；连续两年被山东省煤管局评为思想政治工作优秀企业；连续8年巩固了淄博市市级文明单位荣誉称号；今年又被山东省煤管局评为1993年度发展多种经营先进单位。

茂名矿务局建筑材料厂厂长

冯金卓

冯金卓，男，1948年12月出生，汉族，广东省高州市长坡镇人。1969年12月至现在在广东省茂名矿务局建筑材料厂工作。20多年来，他坚持走自学成才之路，致力于煤炭综合利用专业技术工作。一步一个脚印，一步一步地走向辉煌。他把企业从一个默默无闻的“小字辈”发展成为国内先进水平的中型企业，现又向大型企业的规模攀登。他先后担任过水泥工艺员、化验室主任、质量技术副厂长等职，现任厂长兼党委书记。1984年10月加入中国共产党，1990年3月至1991年1月在上海建材学院深造，获得了大专文凭，1992年晋升高级工程师。

1986年之后，他先后担任了广东省水泥工业协会常务理事、中国煤矿水泥协会理事、广东省煤炭经济技术咨询委员会委员和茂名矿务局分会副会长、茂名市硅酸盐学会副会长和茂名市质协常务理事等学术职务，成为水泥行业的技术权威人士。

1982年2月被广东省经委授予“省工交系统科学研究、推广新技术、技术革新先进个人”称号；

1983年3月“煤矸石作混合材代替粘土低温烧成水泥”被广东省府评为二等奖；他是厂方课题组长；

1986年2月被广东省煤炭工业总公司授予“广东煤炭科技先进工作者”称号；

1988年5月被广东省煤炭工业总公司授予“广东省煤炭系统劳动模范”称号；

1989年7月被国家能源部、中国煤矿地质工会授予“全国能源工业劳动模范”称号；

1990年12月被广东省经委、总工会、企协授予“广东省优秀管理者”称号；

1993年3月23日被中国煤炭工业企业管理协会命名为“中国煤炭工业优秀企业家”；

1993年7月被广东省煤炭工业总公司授予“省煤炭系统科技先进工作者”；

1994年1月获国务院93年度政府特殊贡献津贴奖励。

20多年来，他一直致力于煤炭与煤矸石综合利用专业技术工作，并取得了显著的业绩。他先后多次获得省部级和国家级的科技奖励，以及各级政府和部门授予的各种荣誉和奖励。他还先后8次在国家部级专业杂志和国家部级专业学术会议上发表了8篇有价值的学术论著。

冯金卓同志20多年苦苦的追求是为了企业的兴旺发达，是人生的最高境界——为社会多作奉献。他所作出的贡献主要表现在“提质量降消耗、活营销创效益、上规模大发展”等方面

为了努力提高产品质量，使产品不断创优升级，他在企业中积极推行全面质量管理，实行质量否决权，实行产品质量大承包，广泛推广新技术、新工艺，使产品质量不断提高。他在担任化验室主任和质量技术副厂长期间，曾创了两项“市优”产品和一项“省优”产品，使该厂年年荣获地、市质量第一名。他在担任厂长期间，“三A牌”水泥在茂名市同行业中和全国煤矿水泥行业中率先创了“省优”、“部优”和“国家质量认证”，实现了“六个百分之百”，连续多次获全国水泥质量优胜奖。1993年优质品率达67.74%，一级品率达32.26%，该厂被评为“广东省水泥质量最佳企业”，在全省500多家水泥企业中名列16位。

与此同时，他坚持增产与节约并重的原则，依靠科技进步，狠抓节能降耗。连年每吨水泥熟料标准煤耗142.36千克以下，低于省级先进企业指标，接近于国家二级企业指标；每吨水泥综合电耗81.42千瓦时以下，

低于国家二级企业指标，接近于国家一级企业指标。

多年的经营实践，使他深刻地认识到，市场是所有企业争相竞渡的汪洋大海，企业能否发展，取决于企业能否适应汹涌澎湃的汪洋大海。他总结出来的销售“五法宝”、“五走访”、“五了解”、开好“四个会”，就是他闯“海”闯出来的宝贵经验。由于冯厂长独到的眼光和灵活的经营，使“三A”产品畅销不衰，实现了市场变淡“三A”不淡，市场变旺“三A”更旺，附近的同行厂家赞誉“三A领导茂名建材新潮流”。

灵活的经营带来了显著的经济效益。他担任厂长的8年间，企业的产值、利税、人均利税等经济指标每年平均分别以27.75%、35.94%和34.10%的速度增长。1993年企业总产值达7564.41万元，创税利3050万元，人均税利42349元，在全国水泥行业中处于领先水平。在广东煤炭系统和茂名境内的中小型企业中占居首位。8年利税累计达6588.54万元，是建厂以来35年国家总投资的4.02倍。

冯金卓同志的追求是没有止境的。1993年底，他亲自主持制定了该厂大发展的宏伟规划，主要内容是抓拳头上规模，上水平创一流，一业为主，多业振兴，实行多元化经营，建立集团化公司，走出国门参与国际市场竞争。预计，“九五”期间，该厂在冯金卓同志的领导下，将成为建材、电子、化工、外贸、运输等集于一身的综合性大型企业集团公司，年产值可达3亿元，税利可达一亿元。

平顶山矿务局四矿矿长

赵铁锤

赵铁锤同志，男，汉族，1952年出生，原籍河南省郏县，大学文化程度，高级经济师，中共党员。1969年月3参加煤矿工作，历任平顶山矿务局十矿掘进队技术员、机械化掘进队队长、局开拓处机械化掘进科科长、十一矿副矿长、大庄矿矿长、四矿矿长兼党委书记等职，1993年8月提任平顶山矿务局党委副书记。

赵铁锤同志1991年被评为平顶山矿务局“劳动模范”、河南省“优秀管理工作者”，并荣获河南省“五一”劳动奖章；1992年被中国煤矿地质工会全国委员会、中国煤矿体育协会评为“全国煤矿优秀体育工作者”，荣获“第四届中国煤炭工业优秀矿长”，并被平顶山矿务局评为“矿区十大新闻人物”之一；1993年被中国煤矿企业协会命名为“中国煤炭工业优秀企业家”，荣获“金钟奖”，并再次被评为“矿区十大新闻人物”之一。

赵铁锤同志注重科技进步和煤矿管理科学化，积极探索具有煤矿特点的现代化管理道路。在他担任平顶山矿务局大庄矿矿长期间，率先在全国煤炭系统推行全方位方针目标管理，把现代化管理、内部承包和配套改革结合起来，建立了协调统一的目标保证机制，充分发挥了企业管理的综合效益，迅速改变了该矿的落后面貌。经济效益连年上台阶，成为当时全国煤炭行业为数不多的盈利矿井，接连获得煤炭工业二级企业、质量标准化特级矿井、现代化矿井等多项桂冠，受到国务院副总理邹家华同志的好评。

1992年12月，赵铁锤调四矿任矿长兼党委书记。然而，迎接他的却是一次更加严峻的考验。

四矿曾是原煤炭部张霖芝部长亲自抓的质量标准化样板矿。在1985年到1990年的6年总承包期间。也曾荣获现代化矿井、质量标准化特级矿井等称号，是全国煤炭行业先进矿井之一。但在进入1991年以后，由于矿井地质条件恶化，设备超期服役，加上原材料大幅度涨价等内外因素影响，几项主要经济技术指标呈下降趋势。至1992年底，亏损达613.62万元。他上任伊始，面临诸多难题。但这位有着坚强毅力的硬汉，不等不靠，一到新的岗位，就到井下，到基层，到群众中去调查研究，决心重振四矿雄风，再创辉煌佳绩。他结合四矿实际，提出了重振四矿雄风的“双十”目标，推行全方位方针目标管理，并运用系统工程原理和行为科学，把重振雄风十大目标的导向作用和为全矿职工办十件好事的激励作用有机结合起来，贯穿于全方位目标管理的全进程。仅实施半年，就取得了显著效果，十项指标创建矿以来最好水平，十件好事完成过半，实现利润444.64万元，超利286.16万元，超利幅度名列全局第一。1993年底，重振雄风“双十”奋斗目标全部实现，给四矿带来了生机和活力，为国家做出了贡献，使职工得到了实惠，看到了希望。

赵铁锤同志长期从事煤炭生产经营管理工作，积累了丰富的生产管理经验。1993年初，为了打好产量翻身仗，实现180万吨的奋斗目标，他经过调查考证和分析，按照合理集中、高产高效的原则，调整了一、二水平采区布局，组建高产高效采煤队。实际工作中，他强化调度指挥，狠抓机电管理和顶板管理，实现了稳产高产，全年产煤180.17万吨。

“安全是煤矿工作的头等大事，质量是煤矿工人的命根子”，这是赵铁锤同志经常对工人、干部讲的一句话。在大庄矿工作期间，他研究提出了“四三二一”系统安全管理法，创出了大庄矿建矿史上最长的安全周期。到四矿工作后，他继续把安全放在一切工作的首位，坚持“两统一”工作法，即：持之以恒和以变应变相统一，执法从严和求实务实相统一，提高了职工安全技术素质和自主保安能力。同时完成了二水平通风系统改造和KJ-1监测系统改造，为煤矿安全生产奠定了基础。截止1994年8月10日，四矿实现安全生产7周年，继续保持全国煤炭行业安全生产先进水平。

赵铁锤同志做为矿长兼党委书记，始终坚持两个文明一起抓，不断探索企业思想政治工作的新路子、新方法和新经验，自觉的把思想政治工作贯穿到生产经营活动中去。为了保证各项工作的健康开展，他在继续发扬“艰苦奋斗，争创一流”的四矿精神的同时，明确提出了“团结一致向前看，真心实意干工作”的指导思想，做为全矿职工的行为准则，增强了企业的凝聚力和号召力。

“为官一任，造福一方”是赵铁锤同志的座右铭。在大庄矿，他首倡了生产生活并重原则，抓职工生活福利象抓安全生产一样一抓到底，积极为职工办实事、办好事，改善了矿容矿貌。1991年5月，大庄矿被中国统配煤矿总公司命名为“生活福利达标矿井”。在四矿，他千方百计改善职工生产和生活环境，1993年共筹措286万元，用于改善福利设施和职工生活，使职工生活水平有了进一步提高。同时，他还注重加强企业文化建设，通过活跃职工的精神文化生活，陶冶职工情操。

几年来，赵铁锤同志在搞好管理工作的同时，还热心于管理科学方面的研究，他先后在《煤炭企业管理》、《企业活力》等省级以上报刊发表论文20多篇，1991年，他撰写的《全方位方针目标管理与内部承包制的有效结合》被收入《现代化管理模式研究》一书，1992年，他撰写的《论企业方针目标管理》被收入《煤炭企业方针目标管理理论与实践》一书。在河南省工业经济管理学会首届学术研讨会上，他撰写的《全方位方针目标管理多梯度综合配套改革》一文被评为优秀论文一等奖，他的《全方位方针目标管理的系统效应》一文参加了中国煤炭企业方针目标管理理论研讨并获一等奖。

赵铁锤同志勤奋务实、廉洁奉公、坦诚正直，在大庄矿、四矿工作期间，以他卓越的领导艺术和管理才能，取得了卓越的工作政绩，赢得了上级领导的赞许和职工的厚爱。现在，他做为平顶山矿务局党委副书记，深感担子重，责任大，但他敢于迎接挑战的性格，正驱使他向新的更高的目标攀登。

坊子煤矿矿长

姜传会

姜传会，男，1941年8月生人，中共党员，高级政工师，现任坊子煤矿矿长、党委书记。

坊子煤矿是一个有90多年开采历史的老矿，核定生产能力40万吨/年，现有职工5600人，矿井地质构造复杂，成本高，效益低，再加上离退休职工及职工遗孀4000多人，营业外支出大，多年来一直是政策性亏损企业，1992年亏损高达2900多万元。为尽快甩掉长期亏损的帽子，实现扭亏为盈，姜传会带领全矿干部职工，解放思想，大胆探索，深化企业内部改革，转换经营机制，大力发展多种经营第三产业，走出了一条老矿转产的新路子。首先优化生产结构，制定了企业“三三制”发展战略（即到1993年底，1800人从事原煤生产，1800人从事多种经营，2000人从事第三产业），规划了企业实现扭亏为盈的目标和措施，并逐步加以落实，在企业经营机制战略转换上迈出了可喜的一步。二是从本矿实际出发，积极稳妥地在劳动、人事、工资制度等方面推行了改革。按照定岗、定责、定编的方法，理顺机构，精减人员。1992年全矿由31个科室减为16个，精减机关人员76名，1993年又撤销职能科室10个，合并成立了党务、行政、生产管理和经营管理四大办公室，全矿职能科室减少了30%以上，精减机关人员150多名。三是本着“方便职工，保证医疗，杜绝浪费”的原则，进行了公费医疗制度改革。职工医疗费由过去单靠企业负担，改为企业和职工个人共同合理负担的制度，全年减少医药费开支36万元。四是严格劳动用工制度，对违纪职工坚持一月一清理，维护了制度法规的严肃性。还改革了企业内部工资、奖金分配制度，采取了向井下一线职工和地面苦、脏、累、险工种倾斜的分配政策。五是进行住房制度改革。从1992年开始，根据上级要求，及早制定了房改方案，采取预售新房和职工集资建房的方法，聚集建房资金596万元，加快了住房建设。六是进行股份合作制试点，开始兴办合资企业。在1993年第一季度发动职工融资扩建水泥厂的基础上，将水泥厂转为股份合作制试点单位，发动干部职工募股8000万元，加快了水泥厂建设。为引进技术资金，开拓销售大市场，最近与香港雅禾企业有限公司签订了合资开发矿泉水合同，力争为煤炭行业多创外汇。

几年来，姜传会带领矿党政“一班人”始终把多种经营第三产业作为实现扭亏为盈，增强企业发展后劲的战略措施来抓。在原来多种经营公司的基础上，又先后成立了供销公司、生活服务公司、汽车运输公司、建筑工程公司、矿泉水公司等11个公司和两个直属厂，一个对外经济协作办公室。矿与以上实体单位签订经营承包合同，既为本矿服务，又面向社会要效益，促使他们自主经营、自负盈亏、自我结束、自我发展。多种经营和第三产业从业人数分别达到了1800人和2000人以上，形成了以水泥、红砖、空心砖、预制件、矿泉水等拳头产品为主的20多种产品，基本实现了“三三制”目标的要求。1993年多种经营产值达到7500万元，比九三年提高87.5%，实现利润900多万元，比九三年番了一番多。

姜传会同志特别注意依靠职工群众办企业。凡是涉及职工切身利益的重大问题，他都注意提交职代会或专门工作委员会审议通过后实施，充分发挥了职代会的作用，有效地调动了职工的积极性。1993年矿上分别于2月份、3月份和7月份3次召开职工代表大会。1994年元月份就及早召开了职工代表大会，就调整全年奋斗目标，如何在市场经济条件下进一步强化政工队伍建设，做好思想政治工作，推行股份合作制等重大问题，广泛征求职工意见，受到职工的拥护和爱戴。

姜传会注意狠抓干部队伍的作风建设，年年通过职代会对全矿中层以上干部进行民主评议。从1989年到现在，连续5年，由他代表矿行政，工会主席代表职工，双方签订年度“双保合同”，使全矿的生产经营和职工生活福利相互促进，同步发展，受到山东省和潍坊市领导的称赞。

他身为矿长而不滥用职权，作风朴实，平易近人。总是骑自行车上下班、开会、调查研究，从不搞特殊。多少年来，他脑子里已没有星期天、节假日的概念，把全部身心都扑在了事业上。

随着全矿经济效益不断提高，职工福利事业有了新的发展。职工工资年收入平均以300～400元的速度递增。1993年全矿人均收入4721元，比1992年提高22%。完成了矿区职工宿舍集中供暖工程，建起了教学楼、医院门诊楼、托儿所楼，贯通了东风井，井下职工单身宿舍全部实现了旅馆化，安全状况稳定发展，连续安全生产1000多天，实现了建国以来的最长安全周期，精神文明建设也取得了新成绩。

阜新矿务局海州露天煤矿矿长

高鸿儒

阜新矿务局海州露天煤矿是国家“一五”期间建设的大型机械化露天煤矿，设计原煤生产能力300万吨，1980年核定年产量420万吨。40年来累计生产煤炭1.75亿吨，剥离岩石8.14亿立米，上缴利润12.65亿元，上缴税金2.31亿元。

这个矿曾连续7次荣获“全国统配煤矿矿际竞赛先进矿”称号；两次荣获国家经委授予的“全国工交商业系统先进单位”称号；6次荣获“全国思想政治工作优秀企业”称号；曾被原能源部命名为“现代化露天矿”；被晋升为中国煤炭工业一级企业。高鸿儒同志是辽宁省、阜新市优秀企业家，辽宁省优秀创业者，煤炭工业优秀企业家，阜新市、阜新局特等劳模，煤炭工业劳动模范。

高鸿儒同志自担任矿长以来，团结并带领一班人，认真学习研究中央关于搞好大中型企业的决定，深入贯彻落实《条例》，面向市场，转变观念，锐意改革，转换机制，制定并实施以转换经营机制为主题，以封机减员为突破口，以三项制度为重点的企业内部改革方案。高鸿儒同志主持编制并实施了固定资产、生产技术、物资、销售、财务、人事等六方面112条改革措施和课题。1992年至1993年，仅封存闲置设备、拆除铁道就节支达452万元。机构设置由原37个科室减到22个，机关管理人员由原486人减到284人。1993年一年全矿就精减人员840人，节约开支235万元。原煤全员效率在原煤自然减产的情况下，由1990年的3.36吨/工，提高到1993年的3.611吨/工，创历史最高水平。

高鸿儒同志重点抓住露天矿现代企业制度建设的研究和尝试，以产权明晰、责权明确、管理科学为前提，考虑煤炭行业的特点，从实际出发，采取二线划分，清产核资先行一步，带动体制与制度建设稳步发展的方法，着手进行露天矿现代企业制度建设的试点，做到转机与建制紧密结合，同步实施，在煤炭行业同类型企业中率先起步，确保了安全生产和经济效益的稳步提高。

高鸿儒同志十分注意企业经营与内部管理的协调工作，在市场经济逐步拓展的情况下，特别是在晋升一级企业后，不断强化内部管理。从1992年开始积极推行现场管理，调动一切管理手段，保证用每个最小活动单元的优质、低耗、高产、高效、安全来促进企业的发展提高。

海州矿是一个具有40年开采历史的老矿，在资源限制、煤源不足、逐年减产、设备老化等困难和重负下，如何使老矿再现生机与活力，这也是高鸿儒同志思虑最多的问题。他经过深入细致的调查研究，终于得出了结论，就是坚持以科技进步为先导，组织进行采掘、运输、排土、选煤、机电5大系统技术改造，主持编制并实施了打胜煤源接续、安全生产、机电设备、边坡治理四个硬仗的科技规划。全矿科研项目、合理化建议创价值年达3099万元。

高鸿儒同志从煤炭生产特殊性出发，本着对职工利益高度负责的积极态度，始终把煤炭安全生产做为永恒的主题来抓。在管理上不断深化，方法上不断创新。1992年推行了“五要、五不、五坚持”，1993年推行了“突出一条主线、夯实三个基础，强化五项工作”，1994年推行了“一学、二建、三严、四包、五化”等一系列安全管理方法。并在此基础上概括总结出“高、细、责、全、实、技、新、严”的八字安全管理模式，使全矿安全意识、安全管理、安全装备、安全培训上升到了一个新的高度，安全生产连续创出几年百万吨死亡率为零的国内同行业安全生产历史最好水平。

高鸿儒同志从煤炭资源有限的特点出发，本着“为官一任、造福一方”的原则，从战略的高度，提出了“依靠露天求生存，甩开煤业图发展”的战略构想，主持编制了产业（产品）结构调整的12年规划。积极鼓励并扶持发展多种经营和第三产业，从而使全矿形成了一业为主、多种经营的新格局。全矿现有多种经营从业人员2.4万人，多经厂点150个，固定资产总额达8100万元，形成了煤炭生产、机械加工、交通运输、商饮服务等八位一体的多种经营企业联合体。1993年全矿多种经营产值突破1.8亿元，利润突破350万元。1994年上半年产值达9108万元，利润实现180万元。

高鸿儒同志始终从稳定职工队伍，调动职工积极性的大局出发，大张旗鼓地提倡、弘扬“爱露天、做主人，争一流、创水平，挑重担、做贡献”的海州精神，开展常年性的艰苦奋斗、爱岗敬业教育，强化思想政治工作，从而增强了职工对煤矿的凝聚力和向心力。

高鸿儒同志平时坚持在生产一线、工程现场办公，经常到群众中调查研究，随时解决生产上的疑难问题和职工的实际困难。同时做到廉洁自律，率先垂范，以自身的模范行动影响和带动下属，并将自身的人格形象做为决策实施的重要环节来培养和塑造，受到职工群众的普遍拥戴和赞扬。

鹤壁矿务局总机厂厂长

于振中

于振中，男，汉族，1935年12月生，河南新乡人，中共党员，中专学历，高级工程师。毕业后在开滦唐家庄矿任技术员、主管技术员；1964年后在鹤壁局四矿任机电副总工程师、副矿长；1982年3月任鹤壁矿务局总机厂厂长、党委书记；1985年元月任厂长。

1988年被鹤壁市总工会授予“市优秀经营管理者”荣誉称号；1989年被能源部命名为全国能源工业劳动模范，同年8月被评为中国煤炭工业优秀厂长；1991年被鹤壁市经委、企协授予“第二届优秀厂长”称号；1993年被授予中国煤炭工业优秀企业家。

鹤壁矿务局总机厂过去是一个连年亏损的单位。1982年初，于振中同志出任该厂厂长。

他和领导班子一起，首先在工厂内部推行了多种形式的经济责任制，调动了职工的生产积极性，当年就结束了产值连续5年在500万元左右徘徊的被动局面，一举扭亏为盈。经过不断深化改革，加强基础管理，重视技术进步，率领全厂职工跨入了先进行列。10多次受到省、部级的命名和表彰，工厂连续多年被评为“特级质量标准化先进厂”，晋升为中国煤炭工业二级企业，荣获了原能源部“企业管理现代化成果奖”和河南省“全面质量管理奖”。

更新传统的经营观念，变“封闭型”为“开放型”。于振中同志坚持机厂在服务好煤矿生产的同时，面向社会大市场，输出产品、劳务和技术，以良好信誉，先后和石油、冶金、电力等行业百余家大型企业建立了业务联系，具备了在一些方面提供成套设备、技术服务的能力。目前其销售收入已占全厂总收入的一半以上，取得了走向市场、开展生产经营活动的主动权。

在深化企业改革中致力于转换经营机制。为适应社会主义市场经济的需要，他根据本厂的生产特点，制定了“放开经营，宏观调控，互相协作，指标完成”的生产经营方针。在此方针指导下，实行“改革经营机制，分厂走向市场，三个挂钩考核，共同提高效益；以分厂制形式，对生产经营单位实行相对独立核算，自主经营，自负盈亏，利润指标包干，超指标盈利分成、亏损减发工资的生产经营承包办法”。从分厂制经营承包的实践看，效果明显，既锻炼了队伍，又培养了经营人才，调动了职工生产经营的积极性。

抓好技术进步和新产品开发，保证企业发展后劲。他根据工厂长远发展规划，先后筹集自有资金500多万元用于技术改造，采用新技术、新材料、新工艺，开发新产品，先后有喷混凝土机、轧钢机等多个新产品打入国内市场，还保持两项省优，一项全省第一的产品。

强化企业基础管理工作，致力于全面提高工厂素质。他根据“抓管理、上等级、全面提高企业素质”的要求，在计量、信息、定额、班组职工培训与定置管理方面都取得了长足进步。他还在全厂推广应用现代化的管理手段和方法，相继开展了工厂方针目标管理、全面计划管理、全面质量管理、全员设备管理、网络技术、ABC管理等10多种现代化管理方法，变粗放型经营为集约型经营。逐步在企业建立了提高质量、降低物耗、增加效益、安全生产四大保证体系。

抓好两个文明，建设花园式工厂。于振中同志重视厂容厂貌的美化、绿化与管理。他带领职工利用工余时间义务劳动，已落成的假山、喷泉、亭榭等美景把厂区点缀一新。为活跃职工生活，厂里建有全局第一流的职工体育场，各种文化娱乐设施齐全，每当节假日，厂里到处欢歌笑语，文体活动十分活跃。

于振中同志倡导的“精诚团结协作，艰苦奋斗开拓”的企业精神正在鼓舞着全厂职工走向市场，“厂兴我荣，厂衰我辱”的口号正激励着全厂职工努力拼搏。

灵武矿务局磁窑堡煤矿矿长

韩兴彪

中国煤炭工业优秀企业家、宁夏灵武矿务局磁窑堡煤矿矿长韩兴彪同志，男，中共党员，采煤工程师。1948年5月出生于宁夏回族自治区固原县，1966年元月参加工作，在宁夏石炭井矿务局乌兰煤矿当工人、干事，曾任开拓区团支部书记、党支部书记，乌兰煤矿副矿长。1981年中央民族学院毕业，1983年5月调宁夏灵武矿务局磁窑堡煤矿任副矿长、代理矿长、矿长。

韩兴彪同志1987年荣获“宁夏煤炭系统1986年度安全标兵”和1986年“自治区安全生产先进个人”称号，1991年7月被宁夏回族自治区人民政府授予“优秀厂长”称号，并荣获中国煤炭工业“优秀矿长”称号，1993年被评为中国煤炭工业优秀企业家．1994年7月荣获宁夏煤炭系统科技先进工作者称号。

韩兴彪同志自从参加工作至今整整28个年头。28年来，他不论是当配角，还是唱主角．总是一心扑在工作上，对工作一丝不苟，兢兢业业，认真大胆的负责。具有很高的事业心和责任感，对煤炭事业的发展和矿区的建设有着火一样的热情。特别是1990年他担任磁窑堡煤矿矿长之后，更是大胆管理，善于管理，狠抓管理，使原煤生产量从1983年的27.36万吨，增长到1993年的63万吨；工人年均收入，从1983年的1200元，增长到1993年的4214元；全员效率从1983年的1.286吨/工，增长到1993年的1.5吨/工以上，是灵武矿务局第一个盈利单位。在安全生产、质量管理及矿区双文明建设等方面都取得了良好的成绩。几年来，始终保持能源部命名的“质量标准化矿井”的荣誉，两次荣获中国煤炭工业企业管理协会“优秀企业管理奖”，荣获中华人民共和国煤炭工业部全国煤炭工业现场管理先进单位称号，1990年、1994年两次荣获宁夏煤炭工业厅科技工作先进单位称号，1991年被能源部授予全国煤炭系统思想政治工作优秀企业，1993年被宁夏回族自治区党委、人民政府授予“双文明单位”称号，1991年被原中国统配煤矿总公司授予煤矿职工生活福利先进单位，并于1990年晋升为宁夏回族自治区一级企业和中国煤炭工业二级企业。为磁窑堡煤矿在改革大潮中的崛起、率先迈进全国地方煤矿的先进行列，做出了重要的贡献。

1994年，韩兴彪同志根据市场经济的要求，结合本矿的实际情况，审时度势，提出“限产压库，减人提效，强化销售，狠抓管理，确保安全，发展三产，增加效益”的企业方针和“销售商品煤力争突破60万吨，确保55万吨，销售收入达到3259万元，盈利100万元，职工年均收入力争突破5000元，公司产值1000万元，利润20万元，质量标准化达部级标准，安全向零进军”的奋斗目标。为转换经营机制，完善经营管理体制，94年初，他把承包指标纵横分解，层层落实，形成了全面、全员、全方位、多层次的经济承包体制。为彻底改变机构部门设置繁多，人浮于事的现象，在前两年压缩、合并机构部门5个的基础上，精减人员702名，划出人员165名，把185名辅助单位的职工直接安置采煤、掘进生产一线工作。每天抽出机关干部、工作人员30人到井下和煤场工作。上半年，机关干部、工作人员到井下工作2143人次，回收巷道近1000米，回收各种电器设备64台（件），仅复用矿工钢一项创价值47万元。

韩兴彪同志积极转换企业内部经营机制。1994年4月份全面进行工资制度的改革，建立起与社会主义经济体制和现代化企业制度相适应的充满生机活力的劳动分配制度，在宁夏煤炭行业率先实行一岗一薪、易岗易薪的岗位技能工资制。实行上岗、试岗、下岗的工资动态管理，形成“上岗靠竞争，工作看实绩，收入看贡献”的良行运行机制。在原有工资的基础上，全矿人均增加工资额105元，从而调动了全矿职工劳动的积极性。

韩兴彪同志在生产建设中，坚定不移地执行“安全第一”的方针，始终把安全管理工作当作头等大事来抓，制定了各项安全制度，组织健全了“专管、群管”相结合的安全网络体系，实行了全员安全风险抵押，建立了党政工团齐抓共管，全方位落实“质量标准化，安全创水平”的经济责任制。全矿经常性地开展安全教育活动，利用广播、板报、图片、电视录像等手段，对职工加强安全教育，增强职工安全意识，为安全生产做出了成绩。

韩兴彪同志在生产经营中，以市场为导向，靠质量求生存、求发展。面对煤炭市场的萎缩，煤炭销售下滑，货款回收出现“低谷”的现实，全面、冷静地分析市场形势，提出“巩固老用户，开拓新用户，以质量占有市场”的开发煤炭销售市场模式。他坚持经常性地走访用户，收集销售信息，广泛听取用户意见和建议。1992年投资修建了具有现代化仪器、设备的煤质化验室，煤炭质量不断提高，产品销路日异拓宽，销售市场不断巩固和扩大。磁窑堡煤矿“香砟子”煤，现已享誉宁夏地区，畅销西北各地。

韩兴彪同志密切联系群众，经常深入基层调查研究，及时解决生产实际问题，时刻关心职工群众的疾苦。对全矿4户特困户和16户困难户进行家访、慰问，把党的温暖送到了千家万户。他十分关心爱护知识分子和科技人员的成长，在招工、招生、分配住房等方面，对知识分子、科技人员采取了一些优惠政策，提拔重用知识分子干部。1990年至今，已有35人走上了副科级以上领导岗位。他乐于为职工办好事、实事，不断改善职工的住房条件，使原有人均住房面积4～5平方米，提高到10～12平方米，深受职工群众的尊敬和信任。几年来，在他的领导下全矿干部、工人齐心协力，以“艰苦创业、求实奋进、民主人和、开拓奉献”的企业精神，把矿区建设得井井有条，实现井下标准化，井上园林化，食堂餐馆化，宿舍旅馆化、治安秩序化。使过去满目煤尘满目沙的矿区，如今成为四季常绿，三季有花的花园式矿区

为了矿区更美的明天，韩兴彪同志以博大的胸怀绘制着宏伟的蓝图。

下花园煤矿矿长

张复生

张复生，男，汉族，河北省宣化县人，1948年1月出生，中共党员，经济师。

张复生同志1668年毕业于河北省宣化师范，毕业后分配到下花园煤矿。曾前后任矿子弟学校教师、矿办公室秘书、办公室主任、井口党总支副书记、井口主任等职。1985年到今任下花园煤矿矿长。

张复生同志1985年12月荣获“全国煤炭工业劳动模范”称号；1989年7月荣获“能源工业劳动模范”称号；1989年8月被中国煤炭企协评为“优秀矿长”；1991年被张家口市命名为“优秀知识分子”；1992年被中国煤炭企协命名为“中国煤炭工业优秀企业家”。

张复生同志一贯坚持党的基本路线，学习和贯彻十四大精神，勇于开拓，积极进取，带领全矿广大干部职工，把艰苦奋斗与时代精神结合起来，坚持改革，谋求发展，勤于务实，不断创新，使下花园煤矿这个人员多、包袱重、生产经营十分艰难的衰老企业增强了活力，再现出了勃勃生机。

张复生同志任职以来，主要抓了以下几件大事。

一、不断深化企业内部改革，实现了企业向生产经营型的转变

为了改变衰老矿井生产落后、经济效益差的面貌，张复生不断坚持深化企业内部改革，深挖内部潜力，充分调动职工群众的积极性，促使企业由单纯生产型向生产经营型的转变。这几年的改革，一共走了三大步：

第一步，为了改变各生产单位只重产品数量，忽视产品质量，不管总体效益的弊病，把吨煤工资制改为盈亏承包制。不仅要求生产单位完成产量任务，而且要求重视产品质量，并要完成盈亏指标。从而提高了职工群众质量意识和效益观念，使全矿的经济效益明显提高。

第二步，针对全矿各生产、后勤服务单位的特点，实行多种形式的承包经营责任制，使全矿职工人人承担盈亏压力，增强了危机感和责任感，产生完成指标任务的动力，确保了全矿各项指标的圆满完成。初步改变了职工吃企业大锅饭的弊端。

第三步，为适应市场经济的要求，在全矿建立内部模拟市场，切块经营，同时对基层单位放权，实行模拟法人运转，使企业的内部关系，由纵向直线的行政关系变为横向块式的经济关系，促进了企业由计划经济向市场经济的转换，保证了我矿在煤炭市场疲软的情况下，获得了较好的经济效益，经受了走向市场的初步考验。

二、抓管理、练内功、提高企业素质

以前，我矿多年来形成的小生产经验式管理，很不适应企业现代化管理的要求，严重制约着企业生产力的发展。为了彻底改变这种状况，从1988年开始，张复生同志在狠抓企业内部改革的同时，推行了企业现代化管理，主要抓了以下3方面的工作：

1）改善和加强企业管理的各项基础工作。按照现代化管理的要求，建立健全各项规章制度。对物资消耗和劳动用工实行定额管理，强化了生产、经营、后勤生活的现场管理。在各种材料涨价的情况下，在全矿推行了目标成本管理，从而有效地控制了成本的增长。

2）大力提高职工队伍的素质。近年来，始终不间断地采取各种形式、通过多种渠道对职工进行业务知识、专业技术以及企业管理的教育培训，使职工队伍的素质和企业管理水平得到了显著的提高。

3）依靠技术进步发展生产。张复生任矿长以来，十分重视依靠技术进步发展生产。以前，我矿一直沿用老式采煤方法，单产低，消耗大，安全、质量没有保证。1989年，我矿对采煤方法和支护形式进行了改革，从而使得单产提高、万吨掘进率降低、坑木消耗大幅度下降，安全环境也有了改善，矿井质量标准化工作也取得了一定的成绩，被煤炭部命名为“质量标准化矿井”。在此基础上，1992年我矿又在宣东一矿上了采煤机，实现了采煤机械化“零”的突破，生产效率得到了进一步的提高。

由于我矿推行现代化企业管理取得了成绩，收到了效益，经上级考核验收，1990年，省政府命名我矿为省级先进企业。

三、大力发展多种经营，促进企业发展

下花园煤矿是个衰老矿，富余人员和待业青年多。对此，张复生同志按照煤炭部“以煤为主，多种经营”的方针，花很大的精力抓了多种经营的发展。几年来，使我矿的多种经营有了长足的发展。由于我矿多种经营起步早，发展快，效益好，连续多年被煤炭工业部评为全国煤炭行业“发展多种经营先进单位”。我矿走出了一条“衰老矿井依靠多种经营改变生产经营面貌”的有效途径。

四、兴办集体福利事业，不断改善职工生活条件

以前，由于我矿开采年代较长，且资金紧张，造成了职工生活方面的欠帐甚多。张复生当矿长以后，把职工生活问题，摆在了重要工作位置，在努力发展生产的同时，积极创造条件为职工办实事，使职工的生活条件有了明显的改善，生活水平也有了一定的提高。

五、继续开发新项目，促进企业的更大发展

在发展社会主义市场经济的新形势下，张复生同志进一步发扬勇于开拓的精神，按照下花园煤矿“稳定老区，开发新区，大力发展多种经营”的发展方针，果断地开发了几个新的建设项目。

1）建设宣东二号井。我矿自1989年底建成年设计生产能力21万吨的宣东一号井之后，又进行了年设计生产能力90万吨的宣东二号井的建设。1994年已开始进行建井前的准备工作，1995年下半年将正式开工建井，6年后建成投产，将彻底解决下花园煤矿的生产接替问题。

2）在建设宣东二号井的同时，引进外资建设一座2×30万千瓦的井口发电厂。现初可研工作已进行，有待得到上级有关部门的批准立项。

3）投资2900万元将现有2万吨水泥厂扩建成一条年产10万吨的水泥生产线。

4）投资600万元在我矿岩棉厂原棉生产的基础上，建设一条岩棉吸音板生产线，与现有原棉生产配套，生产室内装饰材料。

张复生同志的努力工作，使下花园煤矿的面貌发生了根本性的变化，企业得到了发展，职工的生活水平逐年提高，从而赢得了广大干部职工的拥护和信赖。

枣庄矿务局山家林煤矿远东实业开发总公司经理

张建珂

张建珂，53岁，57年参加工作，59年加入中国共产党，现任枣庄矿务局山家林煤矿远东实业开发总公司经理（原山家林矿多种经营公司）。30多年来，他由井下生产一线的采掘工，逐步走上基层领导岗位。特别是1985年以来，上级组织安排他到多种经营集体企业领导岗位上。10年来的艰苦创业，奋力拼搏，张建珂取得了突出的成绩。

远东实业开发总公司的前身是劳动服务公司，1980年，年工业总产值仅50余万元，是一个生产项目少、经营门路窄、经济效益差、无生存能力的集体企业。突出的特点是“三多一少”：一是从家属工中接转过来的妇女和老大嫂们多，上班磨洋工，孩子一大帮，没有心思干好工作；二是待业青年多，在第一批试点农转非500户当中，需安置的待业青年就有600余人，女待业青年占80%以上；三是富余人员多数是生产一线下来的老弱病残；出现的“一少”就是生产无门路、职工收入少的可怜，每月仅二、三十元。仅有的固定资产也就是矿划转的几台旧设备，两辆拖拉机，十几间旧瓦房，靠拣选点次煤，修修补补养活自己，人员一批一批增加，领导一茬换一茬，就是在这个当口，1985年5月，张建珂被安排到公司领导岗位上，担任了公司经理。张建珂上任后，首先健全公司的组织机构，配置强有力的基层领导班子。公司经理代表矿行政行使经营决策权，对公司的人、财、物全权负责，公司各厂、队及科室的所属干部一律实行聘用制，聘用的人员必须符合3条标准：一是事业心强，懂业务，会管理；二是年纪轻，视野宽，有实干和创业精神；三是作风正派，党性强，有群众基础。同时建立了包括工资、财务、安全生产、经营销售、超产奖励、欠产处罚等各种岗位责任制及奖惩条例102项1000余条，做到了制度面前人人平等；其次，对待业青年实行统一管理，根据特长，实行重点和超前培训；第三，在经营方法上采取了计件工资与计时工资相结合，集体承包与个人承包相结合，短期承包与滚动承包相结合，体现了包而不死，活而不乱的方针；第四，确立了“以煤为主、多种经营、立足矿区，面向社会”的经营方针，发挥优势，努力创出自己的拳头产品。上任后仅仅1年，他三下江南，四上黄河北，跑了5省11个地市，在外吃饭奔小摊，住宿拣便宜的，有时为了找地方住、吃一顿饭，要跑个把小时。饿极了就啃几口煎饼，有时为了谈成一个项目，他曾一天两夜没吃没睡，靠喝茶水来充饥。1年里，公司先后上了煤炭生产、风筒加工、竹器加工、膨胀药卷等项目，当年安置待业青年500余人，实现产值464万元，创利税16万元。职工们苦在心里，笑在脸上。张建珂却因长期奔波在外，饮食不正常，患上了胃炎，有时发作起来，痛得他直想打滚。

面对激烈的市场竞争，面对需要安置的待业青年，面对陈旧的设备和落后的工艺，面对职工的衣食住行，张建珂和公司领导认为只有走“自力更生，自我积累，自我完善，自我发展”的路子，在经营上讲求策略，在管理上讲求实效，在发展上讲求层次，安置与效益并举。为了抓项目，搞咨询，他四处奔波，上至煤炭部、煤科院、下至各地煤矿和乡村。1989～1990年，先后上了标准件生产，水泥预制件生产，地毯编织，被服加工，玛钢铸造等10余个项目，生产规模越来越大。到1990年公司固定资产达到了600万元，流动资金300万元，总人数达到了1500余人，总收入达到了2504万元，利税210余万元，全员人均效率14700元，职工年人均收入达到2050元。建起了职工食堂、澡塘、幼儿园、招待所，建起了标准化双集体职工宿舍楼，自行车棚等，公司楼房林立，绿树成荫，设备整齐，环境优雅。

1992年以来，公司相继开发了水射流除尘风机，风流净化器，异型螺丝，新上了皮带检测，建起了自己的货台，成立了综合厂、运输队、汽车修理厂。为保持长足的发展后劲，张建珂曾二奔内蒙，再下江南，扩展经营思路，反复考查论证，大胆提出了组建远东实业开发总公司，形成了多种经营、劳动服务、供销、商业、薛城经济开发，内蒙古金源联合贸易等6大公司的设想。可是，他的身体已不允许他东奔西跑、操心费力了，有时连钢笔都拿不住，全身发抖得厉害，严重时出现休克。

在公司其他领导的再三劝说下，张建珂迈进了矿务局中心医院的大门。经教授们初步诊断，他患的是心脏病，通过彩超发现，是主动脉瓣关闭不全，心脏有回血所至，需要立即到上海住院手术。就是这样，躺在医院里，张建珂脑海里想的依然是公司，是工作。手术后不久，他又投入到紧张繁忙的工作中去了。

截止到1993年底，公司年总收入由1989年的347万元增长为4281万元，年工业总产值由135万元增长长2834万元，利税由16万元增长为348万元，固定资产增值800万元，在册职工由616人增长为2063人。优先安置71名残疾人，主要产品已达50余种，累计安置1800余人，多次受到煤炭部、省局、矿务局及枣庄市的表彰奖励。1991年被省局命名为“明星企业”，1992年获省级“重合同守信用企业”称号，1993年11月被煤炭部评为“多种经营先进企业”，张建珂也连续6年被评为矿、市局级劳动模范，连续两届被选为薛城区人大代表。

现在，张建珂的目标是1996年公司总收入突破亿元大关，到2000年总收入争取达到2亿元，利税达到1000万元。

枣庄矿务局铁路运输处处长

王永忠

“开拓奉献，真抓实干”，这是枣庄矿务局铁路运输处处长王永忠同志的工作信条，也是他的精神写照。

王永忠，男，汉族，山东即墨人，生于1941年2月，工程师。他从1958年参加工作，从采煤到掘进，从班长到矿长，一干就是35年。在采掘第一线时，他刻苦钻研煤炭生产技术，丰富积累实践经验，提出数十条合理化建议，成为生产上的业务骨干。1978年，从生产技术科长提任枣庄矿务局甘霖煤矿安全生产、经营副矿长，在此后的10年生产经营管理实践中，他运用常年积累的实践经验，在现场管理、安全生产、节支降耗上，采取了多项举措，使地质条件复杂的极薄层采煤实现了安全生产；对经营管理、分配办法、财会制度他从严从细，使逐渐衰老的甘霖煤矿涣发出勃勃生机，并多次被矿务局评为先进单位，个人在职工中有很高的威望。

王永忠同志1988年担任甘霖煤矿主管矿长，受命于该矿注销下马的危难之时。他以共产党员的高度责任感和知难而进的企业家风度，克服了资源日趋枯竭、资金严重短缺的重重困难，勇于开拓，敢于创新，在确保衰老矿井年产30万吨原煤的基础上，又多方筹集资金，先后筹建了年选精煤30万吨的甘霖煤矿选煤厂，组织了年产40万吨的袁堂井的施工与投产，为衰老矿井找出了生存与发展之路。同时，他想方设法为职工修建住房，铺设道路，扩建文教、卫生、福利设施，为群众排忧解难。下马矿井，反而“奔腾”，困难时期，却创出辉煌，受到矿区和该矿职工的一致好评。

1993年2月，王永忠调任枣庄矿务局铁路运输处处长。上任时，该处投入简易运营不到3年，是一个点多线长、地域分散、基础薄弱的新建单位。在煤矿上他是“内行”，干铁路他却是“新手”，但他发扬开拓奉献、真抓实干的工作作风，深入现场调查研究，主动学习铁路知识，很快成为驾驭铁路运输的行家里手。来铁运处两年来，该处上了两个新台阶：货物总运量1993年301万吨，1994年达到346万吨，提高了15%；运营总收入1993年2005万元，1994年达到2700万元，增长600多万元；纯利润1993年250.6万元，1994年达到350万元，增长40%；线路达标101公里，占铁路总长度的95%以上；1994年货物周转量6000多万吨公里，创建处以来最高水平，全年未发生三级以上行车事故，实现了安全运输；人均效率1993年实现22785元，1974年可达28100元，提高了23%。在确保上述六项效益龙头的基础上，铁运处面向市场，广开门路，克服多方困难，开通了枣庄矿区至连云港的自备列车，这既缓解了国铁车皮不足的难题，又为矿务局和铁运处增创了效益；努力发展多种经营，积极参与市场流通，对内进行小型加工，减少资金外流，对外进行煤炭销售，增加经营收入。在搞好安全运输、提高经济效益的同时，铁运处注重加强内部管理，先后建立健全了16项管理办法和规定，抓好职工的业务技术培训，自筹资金600多万元，改善职工的生活条件、工作环境和文娱设施，全处职工的生活水平日趋提高。现在的铁路运输处、管理紧张有序，经营充满活力，内外氛围良好，受到矿务局的好评。枣庄矿务局铁路运输处连续两年被矿务局评为增收节支建功立业先进单位，1994年被枣庄市授于“双文明”先进单位等光荣称号。

晋城矿务局王台铺煤矿矿长

朱晓明

1982年2月，朱晓明告别历史文化名城西安，来到太行山麓的晋城矿务局，开始了他的矿工生涯。他从报到的第二天起，就下井跟班劳动，从此把自己灵魂和肉体一起熔进了煤炭事业。在古书院矿采煤6队，他不但成为铺网、打柱、移溜、放顶、割煤的能手，还利用所学知识对采煤生产的各道工序以及它们之间的联系进行了研究，提出了实行高档普采的建议，经矿领导同意后，他又制定工艺文件、修订管理制度、编写培训教材。1983年，该队高校普采当年上马就产原煤26万吨，次年达43万吨，创全国高档普采工作面单产新纪录，并创造了“全型π钢梁支护新工艺”。为此，他编写高档普采培训教材并任教员，为煤炭部举办工程师、矿长培训班12期，

他还在《中国煤炭科学》上发表论文《高档普采工艺分析》，在煤炭部工作会议上发表论文《全π型钢支护工艺》。

1985年7月，28岁的朱晓明出任晋城矿务局生产处代处长，随后又任处长。在这个期间，他主持制定了《晋城矿务局标准化管理条例》和《晋城矿务局全面质量管理条例》。实施后，使晋城矿务局的管理水平发生了根本性的变化：所属3个矿井先后全部被命名为“现代化矿井”和“质量标准化特级矿井”，取得省部级质量管理奖，后来这两个“条例”在全国煤炭系统进行了推广。

1988年3月，他出任王台铺矿生产副矿长。虽不能说是受命于危难之时，但当时的形势也难让人乐观。30多年的开采历史和70多座小煤窑破坏。主采煤层三号煤已捉襟见肘，造成工作面走向短，搬家频繁；小煤窑神出鬼没，不时进入巷道、工作面，造成风流紊乱、排水困难，安全无保障；再加上设备老化，管理也不尽人意，如此种种，给他增添了重重忧虑。为此，他卷起铺盖住到矿上，经过调研和思索，一个“加强水平开拓，确保水平衔接；调整生产格局，适应生产发展；优化管理基础，提高管理水平；发展多种经营，增加经济效益”的工作思路迅速形成并付诸实施。到1990年6月，他又接过了王台铺矿矿长的担子，他终于用几年的实践，使前边确定的目标变成了现实：一是组织二水平开拓，形成了生产能力，薄煤层综采从设备选型、配套到工艺研究，试采获得成功，具备了单面年产百万吨的能力，实现了水平的平稳接替。二是通过对各生产环节进行写实性研究、职能调整、职能标准化，然后本着精干的原则对生产组织进行了整顿，减少了职能交叉和职能空缺，合理有效的生产格局保证了高产高效，该矿的两个综采队年年上百万，3个掘进队进尺全部居全国先进水平。过去综采队搬家需1月左右，现在只用两三天，综掘队则实现了搬家不停产。三是强化管理，优化资源配置，对全矿各岗位、各工序的操作（工作）程序，作业（工作）标准，质量要求都作出了明确的要求，并严格考核奖惩。做到了全员参与，全过程受控，全方位改善，管理水平的提高促使安全稳定，效率提高，效益增加。几年来，该矿的各项主要技术经济指标始终处于全行业的领先地位。四是为了适应市场经济的要求，大力发展多种经营，用1年零8个月的时间建成了一座年入洗原煤150万吨的洗煤厂，实现了产品的深加工；筹建了一座年产10万平米建筑陶瓷的煤矸石陶瓷厂，预计今年扩建完工，届时将形成100万平米的生产能力；组建了“资源回收队”、“矿山冶炼公司”、“综合开发公司”等经济实体，预计1994年多种经营产值可达3000万元以上。他所领导的王台铺矿已基本形成了经营多角化，效益多元化的格局。目前正在和外商进行谈判的新材料开发项目，如若成功，将使该矿跃上一个新的高度。

朱晓明前进的每一步都伴随着成功，这使他和他领导的企业取得了数不清的荣誉。几年来，王台铺矿以其先进的技术经济指标和过硬的管理水平，创造和保持了全行业的先进水平，获得全国首批“现代化矿井”、“质量标准化特级矿井”、“中国煤炭工业一级企业”、“中国煤炭工业优秀企业管理奖”、“全煤现场管理先进企业”以及国家环保十佳企业等省部级荣誉称号近百项。朱晓明也以他的卓越贡献，取得了数不清的荣誉：1989年荣立山西省劳动竞赛特等功，1990年获中国统配煤矿总公司优秀知识分子称号，1992年获全国优秀矿长称号，1993年获中国煤炭工业优秀企业家称号，同年出席了中组部的青年干部锻炼成长经验交流会，也是在这一年获得全国优秀经营管理者称号和五一劳动奖章。几年来他还在省部级以上报刊和会议上发表高质量论文十余篇，他还担任了象人大代表等大量的社会职务，被聘为西安矿业学院的研究生指导教师。

大屯煤电公司孔庄煤矿采煤二队队长

任宪君

任宪君同志现年53岁，已在采煤面滚爬摔打了34个春秋。他1958年进矿，1971年从鹤岗矿务局调到大屯矿区，1986年担任孔庄矿采煤二队队长。

在任职7年里，他率领职工辗转近40个工作面，征服漏顶350余次，闯过了120多条断层，实现年年超产，效率效率同步提高。1991年刷新江苏省月采原煤纪录。实现连续6年达国家乙级队水平，连续5年破矿区炮采纪录，全队人均工效达7.05吨/工。他苦练内功，强化管理，全队实现持续9年安全无死亡事故，工程质量达等级标准。他35年如一日，苦干实干，已连续9年获矿、公司劳模，6年被评为优秀共产党员，先后荣获徐州市劳模和优秀共产党员，他所带的队连年被评为先进

集体。

任宪君同志常说："作为煤矿生产一线干部千条万条，苦干实干当好表率是第一条"。几年来，正是这种信念在驱使着他，立志拼搏走实干之路。他把自己的心血和精力都倾注到采煤生产中去。为了工作他夜以继日，废寝忘食，在他的日历表上似乎找不到节假日，也找不到星期天，在生产繁忙阶段和关键时期，他经常打连勤，连轴转。他心中只有工作，为了采煤生产，他甘愿作出最大的自我牺牲。儿子住院他无暇照看；女儿婚事，他没空操办；当队长七年，每年的春节都在井下度过。1992年2月，采煤面遇到了落差3米的大断层，为闯断层，克难关，他天天摔打在现场，哪里最苦最险最累，他就干在哪里。他不顾50多岁的年龄，一百多斤重的铁梁有时一口气就扛几十根。他身带两盏矿灯，常常一干就是二三十个小时。

任宪君年过半百，身体不好，在五年内动了两次胃病手术，还得了严重的关节炎，上班他总带着镇痛药品，以便病情发作时服用。根据他的年龄和身体状况，矿领导几次准备调他到地面科室工作，但都被他谢绝了。有人劝他："像你这样的岁数，这样的身体，何必要拼这个命"。而他总是说："我对采煤生产有特殊的感情，有一份热，我就要发一份光……"

当有人向任宪君讨教治队建队的"秘方"时，他意味深长地说："带队伍抓管理，必须要把握一条根本的原则，这就是凝聚人心，以人为本"。以人为本坚持科学治队，既是他取胜的法宝，又是他的成功之道。几年来，他坚持思想激励的原则，启不断开职工动力的泉源。他融实效性、灵活性、针对性于一体，运用谈心家访，系统帮教等形式，把思想教育做到了入心、入情、入理。有一个青工人称旷工"大王"，工作吊儿郎当，为促其进转化，他数管齐下，和风化雨，动之以情，晓之以理，经过反复地启发帮教，终于使其痛改前非，现已成了生产骨干。他注重感情投资，把火热的心肠献给职工。夏天，为了防暑降温，他亲自将西瓜和冰琪淋送到采煤面。职工生活发生困难，他组织募捐资助；有了天灾人祸，他登门安慰扶持，家庭出现矛盾纠纷，他竭力劝解协调。他把以人为本贯穿于工作的始终，紧紧依靠职工群众，实行民主管理。几年来，凡涉及区队管理的重大问题，他从不自己说了算，一律由队委会、民管会和职工大会审议决定，广泛征求群众意见。他在全矿率先推行了政务经济公开制度，坚持把工资奖金分配、人事安排等热点问题张榜公布，接受群众监督。

面对孔庄矿复杂困难的地质和作业条件，任宪君锤炼队风，苦练内功。几年来，他狠挖内潜，苦练内功，在锤炼队风上花气力。首先抓过硬作风的培养。他坚持不懈地对职工进行传统、使命和特别能战斗精神的教育，使艰苦奋斗，敢打敢拼的队风在职工头脑中扎根。他还注重发挥竞赛激励的作用，大力开展劳动竞赛，通过比学赶超激发职工争先创优的积极性，为过硬的队风的形成增添了动力。其次是培养严细作风。他从严带队伍，务实抓管理，靠细抓安全质量，坚持依法治队，从严治队。几年来，他先后主持制订了有关生产管理、经营管理、安全质量管理为内容的15项规章制度，实行定期检查、计分考核、奖罚兑现。并引入风险机制，发动干部职工签订安全质量和效益效率共保合同书，形成风险同担，责任共负。他把效益指标层层分解到班组、个人，做到人人肩上有压力。并设立了增产提效光荣榜，发动职工扫浮煤，搞回收，修旧利废，精打细算。同时还建立了从材料的领取、保管到使用一体化的管理制度，实行按责按量考核。另外还大搞技术革新活动，1993年仅对刮板输送机运输系统进行改造一项就节约材料费二万余元。3年来，全队吨煤成本平均下降了9.7%。连续4次捧回了矿、公司颁发的高产高效奖杯。

几年来，任宪君面对众多的嘉奖和接踵而来的荣誉，头脑始终是那样的清醒，步子始终是那样的坚定，他总这样说："我做得不足，干得还不够，为了祖国的煤炭事业我愿尽最大的努力，作更大的贡献"。

北票矿务局冠山煤矿四二一四

掘进队队长

焦立秋

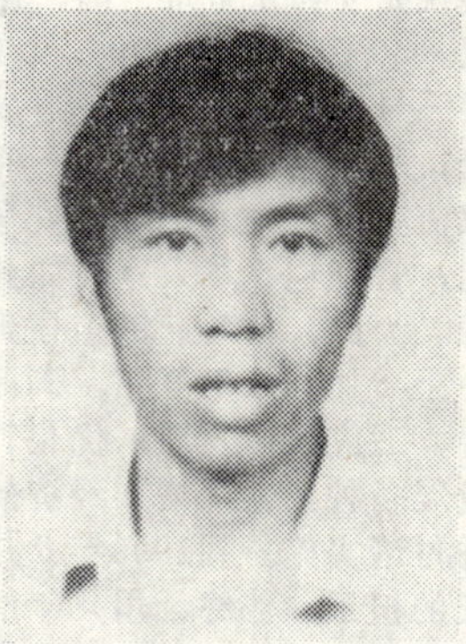

焦立秋现年38岁，中共党员，大专文化，1976年入矿。入矿17个春秋里，焦立秋在四二一四掘进队这个光荣集体里锻炼成长，从工人到组长、班长队、长，一步一个脚印走过来，默默地奉献着青春年华。当工人，他是个好工人。打开记录簿，他没有一个事假，没有一个病假，他重活、关键活干在前，老工人称他是个小老虎。当组长，当班长，他带领工友不断打快速、创水平。1981年6月他的小组月进110米。1982年4月他的班在－540东岩取得单孔7茬炮，进8.1米的佳绩。他的班年年提前一、二个月完成生产计划。他先后被授予局劳动模范，特等劳动模范、朝阳市劳动模范、煤炭系统优秀采掘队长等光荣称号。

1991年焦立秋从长春煤炭干部管理学院毕业后，回四二一四队当上了队长。由于老工人退合休、同工、农闲工大量涌入，职工队伍的整体结构发生了变化。焦立秋认识到绝不能用旧的管理模式和方法进行管理，绝不能让特别能战斗的传统在我们手中丢掉。节假日，别人合家欢聚的时刻，他却在千尺井下默默地度过。一年365天，他没休过一个公休日，汗和工人流在一起。历任队长的以身作则，无私奉献的作风在他身上得到了完美的体现。1993年4月，他们队在－660水平二道半石门掘进作业时，工作面出现了顶板破碎。淋头水大、温度高的异常困难，进度一度受阻。他组织队干部入井跟班，现场指挥，现场办公，和工人摸爬滚打在一起。由于劳累过度，肺部感染，发高烧，但为了闯难关，他咬牙坚持着，一天没停止入井。经过20天的苦干，终于保证了工期，保证了速度。

四二一四掘进队成立以来，为祖国煤炭事业做出了突出的贡献，成为煤炭部、原东煤公司、局、矿和省军区民兵系统的标杆。焦立秋深知这些荣誉来之不易。他当队长后倍加珍惜荣誉，决心让红旗不倒。为此，每有新工人入矿，他便领他们到荣誉室参观，亲自讲授四二一四队的光荣传统，增加职工的光荣感、责任感。他经常组织班组长等骨干重温战斗历程，树立无功就是过的使命感。几年来，该队在双文明建设中始终走在全局区队的前列，不断为“无坚不摧”的旗帜增辉添彩。1993年2月，矿上把急难险的－540西二道半石门储煤库工程交给了他们。这对焦立秋来说，这无疑又是一次新的考验。急，时间要求急，该工程直接关系到下一步采场的接续。难，该工程岩石眼坡度在70度以上，每放一茬炮都需搭临时交手。险，在近乎垂直的条件下施工，即使是全神贯注，也难免不从眼上掉下来。为确保安全和质量，焦立秋和两名副队长自觉“降格”使用，成了打眼工。淋头水浇透了衣服、灌满了靴子，没人喊一声。此时，他的脉管炎复发，手脚象刀割一样难受，他顽强的忍耐着。他的行动使工人们倍受鼓舞，个个都使出了浑身的解数，工程终于提前交了工。局矿领导赞叹道：“四二一四不愧为无坚不摧的队伍。”

焦立秋当队长以来，以他务实的态度，科学的管理，满腔的热情，百折不挠的意志，无坚不摧的精神，真抓实干，使四二一四这英雄的队伍不断创出新的业绩，连续3年突破万米大关。

晋城矿务局王台铺煤矿综采一队队长

姚延生

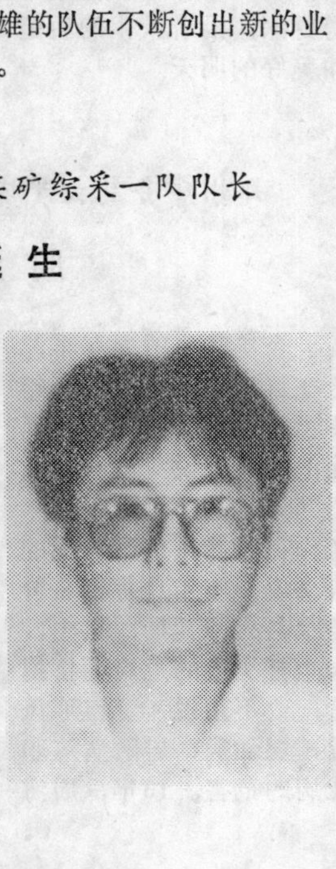

姚延生，是晋城矿务局王台铺煤矿综采一队队长。1960年，姚延生出生于革命圣地延安，因此，他的父亲给自己的儿子起下一个有着深远意义的名字——“延生”。1981年，姚延生从大同煤校毕业后来到王台铺矿，当上了综采技术员。

从学校到煤矿，从学生到技术员，姚延生同志深感综采技术员肩上的重任。他钻研EDW-600/3.5型采煤机，仅用3个月时间，就掌握了该设备的操作和使用，被大家称之为“机组大拿”；他成了综采作业上的全面手。1988年3月，担任了综采一队队长。当时，他年仅28岁，是全矿乃至全局最年轻的采煤队长。他大胆使用科学技术，改进了K2控制台，制作了液压卸梁车，收到了意料之外的好效果。该队使用的MXA-600/3.5型采煤机都是修了用，用后修；DT4×500型英国道梯支架改装后又多年未上井大修。如此的“老陈货”到处“患病”，但在姚延生的手中却象被驯服烈马，乖乖地被驾驭着，实现了年年创百万的奋斗目标。

1992年初，姚延生同志提出：全队总动员，大打攻坚战，安全创“三无”，产量创百万。为了实现安全“无轻伤、无重伤、无死亡”的目标，姚延生进行安全总动员，把各项安全指标、质量标准作为班组评比、职工晋级、干部提拔统盘考核的主要依据，要求全队职工人人表态，个个立下军令状。他抓安全，坚持“队长、书记联手抓安全管理和安全教育工作；队长、副队长联手抓各项安全管理制度的落实；跟班干部、班组长联手抓现场的质量标准化工作；班组长、验收员联手抓质量管理到位；新、老工人联手抓师徒安全合同兑现”的安全“五联手”，保证了安全工作默契配合，形成强有力的安全网络。

井下地质条件、工作环境千变万化，异常现象随时都会出现。每遇井下条件发生变化时，姚延生同志总是迅速作出判决，果断出击。如在6301上分层开采中，回风巷突然来压，姚延生同志决然采取措施，立即停产维修，经过一场鏖战，400余根单体柱林立于回风巷两侧，抵住了地压的“淫威”。

姚延生同志对工作满腔热忱，对职工关怀倍至，他关心职工，帮助职工，为职工分忧解愁，在综采一队有口皆碑。1992年初，一位工人的母亲病重需到北京医治，因资金不足思想上有压力，一度沉默寡言。姚延生同志发觉后，一边和他谈心，让其放下思想包袱，一边为其筹备资金，采用与矿借款和群众集资的办法，将2000余元现金亲自送给蔡文进同志，解决了该同志的燃眉之急。

姚延生同志对职工亲，对同志近，唯独没有他自己。在家中，他是独生子，父母亲又年过花甲。可姚延生同志自担任队长以来没有走过一天探亲假，未休过一天病假，他的父母也没有过任何责备。父母对自己的儿子唯一的希望就是，永远发扬延安精神，走延安革命之路。姚延生同志没有辜负党和人民的培养，没有辜负父母的希望，多年来，他先后被评为局、矿优秀党员，局、矿优秀管理者，局、矿劳动模范，特级劳动模范，山西省模范生产者。1993年9月被评为山西省首届最佳采煤队长，1994年4月被评为中国首届优秀采煤队长。

攀枝花矿务局大宝顶煤矿9451掘进队队长

赵春伟

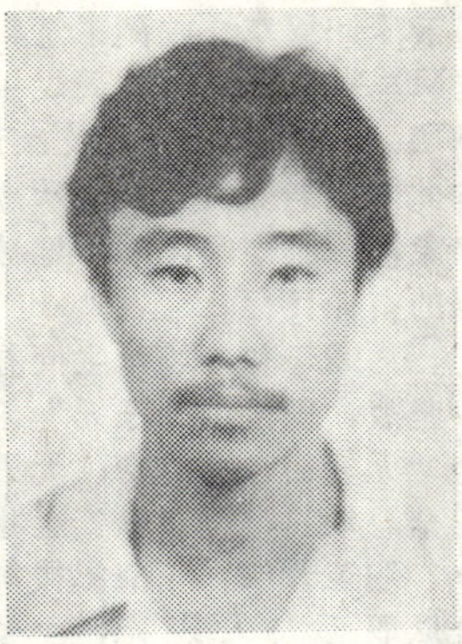

作为大宝顶煤矿最年轻的掘进队长，赵春伟是富有进取精神的人。虽然9451队是全省煤炭系统的先进单位，赵春伟不满足于现状。

他的目标是，站要往高站、看要往高看、干要往大干、真正把这支驰骋煤海的掘进尖兵锻炼成为特别能战斗的队伍。

严格管理，队伍才有战斗力，才能创造效益。上任伊始，赵春伟首先抓了队干部作风。队里一名跟班副队长，维修巷道抓得不紧，延误工期一天，被罚款20元，并且还在全队班组长会上作了深刻的检查，表示要以此为戒，今后认真干好工作。一名掘进组长，没按作业规程施工，巷道支护质量不合格，他除了包赔材料浪费损失，还按制度罚款50元。这个组长说："违章罚款我口服心服"。

这两件事在全队影响很大，赵春伟严管理动真格，使职工受到教育。从此，全队干部工人自觉遵章守纪，处处干标准活，放心活，月月超额完成掘进计划，巷道质量保持优良。

当干部就要以身作则，真抓实干，赵春伟是这样说的也是这样做的。今年5月，矿里把突击抢修4121－38回风巷的任务交给了9451队，要求15天完工，保证采煤队按时进新工作面。这条巷道全长280米，处于采空区下面，顶板破碎，压力大，巷道大部分冒落，最高达6米。维修这条巷道，无疑是"虎口拔牙"，同时也是智慧和胆量的考验。

赵春伟和队里其他几名干部一手抓竞赛，一手抓巷道修复工作，他和党支部书记、技术队长分别带领队后勤人员组成的3个维修班承包了这项任务。3名队干部带领工人用筐抬、用车推矸石，每班出矸石70多车、修复两架棚子，一干就是10多个小时。经过13个日夜的奋战，他们终于提前两天完成了巷道维修任务，同时掘进上纲要竞赛在全局还拿了第一名，分别受到了局、矿嘉奖。

别看赵春伟才30岁出头，但他时刻把职工的冷暖挂在心上。队党支部制定的思想政治工作"五必访"制度，他带头执行，以实际行动履行一名共产党员全心全意为人民服务的崇高职责。

平时，队里的工人有什么事情，赵春伟都想方设法去解决。逢年过节，无论工作多忙，他都要带领队干部到医院看望生病住院的工人，深入职工家庭走访慰问，把党的温暖送到职工的心中。

在赵春伟的心目中，职工是"上帝"。为了让队里的工人休息好、生活好，有充沛的精力投入到生产中去，炎热的夏天，赵春伟和队干部买来西瓜、汽水、果茶，送到工人宿舍。矿里搞劳动竞赛，他又亲自安排人员，把茶水、米饭、小笼包子送到井下掘进现场，工人们的心里热呼呼的。"队长这样想着工人，咱们还能不用心搞好生产吗？"这是全队职工发自肺腑的心声。

人生能有几回搏。赵春伟以爱岗敬业，争创一流的精神，带领全队工人在煤海深处铸起了一座座丰碑，弹奏了一支支旋律优美、动人心弦的交响乐曲。

1991年，9451队掘进半煤岩巷道3803.1米，折算全煤平巷6087.8米，获全国掘进第12名；1992年，掘进4158.9米，折算6722.6米，获全国第7名；1993年，掘进3924.7米，折算6218.7米，获攀枝花矿务局第一名，进入全国掘进上纲要甲级队行列。

成绩来之不易，一年365天。赵春伟都是在忙碌中渡过的。煤海，留下了他那串串坚实的脚印。为了提高效率，降低材料消耗，赵春伟积极推广使用耙斗机掘进，由原来的三班作业改为四班交叉作业，使小班进米由1.5米提高到3.5米以上，年人均工效达到137.5米。在井下，他和工人们搞技术攻关，改进打眼、装药、放炮、支护技术，效果显著。仅1993年，全队降低材料消耗创直接经济效益48352元。

辛勤的汗水，换来了丰硕的成果。从1991年至1993年，9451队单孔掘进成绩分别是659.5米、726.7米、747.4米。今年5月，在那样艰苦的生产条件下，还创造了单孔掘进639米的局、矿纪录，并获得局、矿竞赛第一名。

十年拼搏，春华秋实，那一本本红彤彤的证书和一枚枚金灿灿的奖章，是党和人民对赵春伟的最高奖赏。他决心在攀枝花这片发光发热的土地上，把根扎得更深，沿着人生的轨道寻找星座的位置，去创造更加美好的明天。

郑州矿务局大平煤矿开拓三队队长

周海军

今年36岁的周海军，已在百米井下奋战13个年头了。13年，对工作在地面上的人来说：没有什么不同寻常的，可对于长年工作在岩巷掘进第一线的人来说，年年月月都要冒与水、火、瓦斯、煤尘、岩尘打交道的危险而拼搏着，更不用说会受到风湿，煤硒病，岩硒病等职业病的危害。13年，周海军没有在家过一个春节。

煤矿井下施工，地质条件千变万化，谁也难以预料。一次正当周海军满怀信心地组织施工巷道时，突然一声“泵不上水了”的叫声，使大家吃一惊，工作面全靠3台水泵向上抽水，才能保证工作面不被淹着。“怎么办”？是撤，还是抢在水淹巷道之前把泵修好？“千钧一发，容不得过多的犹豫，周海军大喝一声”；“快跟我来，把水泵抬上去！”水泵的位置低，水已齐腰深，职工们听到队长衣服没脱就往下跳也纷纷跳进水里，硬是把水泵抬上来，迅速修理好，保住了巷道，把损失降到了最低点。

1989年，开拓三队遇到了建队以来从未遇到过的300多米长的断层破碎带和透水层。面对恶劣的地质条件，部分职工产生了畏难情绪，要求队里更换施工点，可周海军不答应，他想，开拓三队是全矿最能打硬仗的队伍，我们决不能在困难面前折跟头。周海军有一股不服输的劲头，上班走在前头，下班走在最后，不把技术要领安排清楚他不放心，不看着同志们安全地升井他不罢休。施工时，风钻手不够，他抱起钻机一干就是一整班；喷浆手不够，他冲在最前头，化学速凝剂把他的手脸蚀破了，他不理会，每次下班，他都一身水，一身灰浆，一个月下来，他眼也熬红了，人也瘦了一圈。全队职工看在眼里，疼在心里，谁也没话说？“豁出去了，干！”周海军知道，自己的行动就是最好的无声教材。

在日复一日，年复一年的岩巷掘进施工中，周海军积累了丰富的经验，他深知工程质量对煤矿企业的重要性。因此，当上队长以后，在工程质量上他突出一个“细”字，狠抓一个“严”字，严格按照质量标准要求施工。他带头在全队签订了以老带新的师徒合同。业余时间，他聘请工程技术人员为全队职工讲授质量标准和施工技术。井下施工，他和老工人一道手把手地教那些技术差的工人。为了保证全队的工程质量全部达到优良品，他身任队工程质量验收小组组长，并制订了《质量验收制度》、《奖惩制度》、《安全交接班制度》等一系列质量管理措施，提交队职工大会讨论通过后，在全队实施。

随着大平矿的发展，1990年，矿上为开拓三队配备了一台法国产的履带式液压钻车，由于缺乏技术和熟练的维修工，机器经常出故障，影响生产。矿上和队里有人主张放弃钻车，恢复人工打钻，可周海军不这么看，外国人能用得了的，我们就一定能用得了，我们就是要为咱中国人争这口气。他一方面派人到河北宣化液压钻车修理厂学习，另一方面他又多方拜师学艺，从外地请来二名工程师对全队职工进行技术培训。功夫不负有心人，在周海军的艰苦努力下，全队职工的业务技术水平提高很快，施工的毛巷成型率由原来的65%上升到75%以上。当年开拓三队作业区被河南省煤炭厅命名为“机械化作业模范区”，并在开拓三队施工现场召开了全省统配煤矿机械化作业现场会。

凡熟识周海军的人，都知周海军是一个不善言辞，不苟言笑的人，对工作兢兢业业，对同志肝胆相照，如一团火。靠着这团火，他率领全队攻无不克战，无不胜；靠着这团火，使不幸者冰凉的心焕发出了勃勃的生机。

1991年秋收时节，开拓三队一位工人带着妻子骑车去集市买生产资料，不幸被一辆卡车撞倒，丈夫胳膊严重骨折，大腿骨折，飞来的车祸使一个好端端的家立时瘫痪了。看着还小的孩子，想着地里的庄稼无人收，两口子心凉透了，以后的日子该怎么过。正在矿上的周海军听到这一消息后，心里很不是滋味，他当即从自己工资中筹出200元要人送给这位工人，全队职工得知后纷纷捐款。他还一边派人把这位工人的孩子接到自己家中，一边派人帮他收种庄稼，看到全队职工的捐款，听到队长为他所做的一切，这对工人夫妇脸上终于露出了感激的笑容。

这几年，开拓三队的经济效益直线上升，兄弟队的职工纷纷要求调到开拓三队。一些人到处找空子，拉关系，找周海军，周海军坚持原则，从不开口。一天傍晚，海军的一位老乡掂着高级饮料和香烟找到海军家里，知道海军不在家，就告诉海军的妻子说：“这些东西是海军让我捎回来的”。说完，丢下东西就走了。海军回家听说此事后，非常生气，他当即找到那位老乡家，还了东西，并严肃地告诉他：“该办的事儿我一定办，不该办的事儿就是送一座金山咱也不能办，人得有志气”。海军说到做到，每年他都拒礼几十次，在全队职工中传为佳话。

随着经济的发展，海军的家乡密县曲梁乡这几年也成为远近闻名的富裕乡，乡办企业红红火火。海军儿时的伙伴们现今都盖了新房，买了摩托或汽车，而海军家还是老样子。在村里干了十几年支书的老父亲多次劝海军弃工经商，海军都没答应，老人家就搬回了在密县百货公司当经理的大儿子回来劝海军，苦口婆心地劝他，又为他找到了挺不错的差事，海军都拒绝了。他对大哥说：“我是共产党员，如果单纯为挣钱，我早就不干了”。是啊，他不能放弃心爱的事业，更不会离开与他朝夕相处的战友们。只求奉献，不求索取，这就是周海军的人生追求。

几年来，周海军带领下的开拓三队年年都以优质、高效、提前完成生产计划的优良成绩成为全局、全省岩巷掘进系统的一面红旗，周海军也3次被评为郑州市劳动模范；郑州市“学习王进喜先进个人”；1992年荣获的市“五一劳动奖章”；郑州市“十佳青年”荣誉称号。1993年又被评为河南省劳动模范和全国十佳掘进队长。

晋城矿务局古书院煤矿开拓二队队长

宋晨君

1985年，20岁的宋晨君，从大同煤校毕业，来到晋城矿务局古书院煤矿开拓一队任技术员。一干就是二千多个日日夜夜，宋晨君也由一介书生，变为开拓二队的队长。多次荣获局、矿先进个人，局优秀企业管理者、科技标兵、优秀区队长等荣誉称号。1993年5月，又被评为山西省最佳掘进队长，全国优秀掘进队队长。

1991年10月，宋晨君被任命为开拓二队队长。开拓二队是一个创造出安全生产25周年的先进单位，这次任命是对宋晨君的信任，也是一次挑战。全矿职工的目光都盯着他，掂量着宋晨君能否提起这副重担。

宋晨君没有豪言壮语，勇敢地挑起了开拓二队队长这副担子。从此，全队140余名职工成了他最亲密的伴侣。记得他刚上任不久的一段时间里，古书院矿井下发生火灾，开拓二队的任务是在火灾区打密闭封住有害气体，熟知井下工作的人都知道，在火灾区打密闭危险大。但为了矿山的财产不受损失，宋晨君第一个冲入了救火现场。身教比言教更有说服力，开拓二队的全体职工不分昼夜，以苦为荣，一口气完成了20多个重点灭火救灾工程，荣立特等功。同年5月，宋晨君又带领全队干群克服重重困难，积极组织参加了全国煤矿机械化进尺竞赛活动，曾先后荣获全省第一名，全国第4名的优异成绩，为矿山争得了荣誉。

为使开拓二队的工作走上制度化、规范化、标准化的轨道，宋晨君不断摸索科学的管理办法，身先士卒，一视同仁的工作作风，对职工的团结友爱，这些是他一以贯之的准则。正是他的高风亮节，给全队树起了榜样，鼓足了他们对工作的极大热情。

队干部的素质，直接决定着一个队的好坏，针对一些干部我行我素的苗头，宋晨君制定了明确的队干部责职和值班跟班制度，实行奖惩考核，不称职的坚决撤换。班组长的作用，在如今的煤矿生产中已起到举足轻重的作用。为管理好这批“排头兵”，他也想出了不少实招：班组长定期述职制、班组长津贴浮动制等，严明的制度，造就了一支过硬的干部队伍为，开拓二队各项工作的开展奠定了扎实的基础。

多年的工作经验，使宋晨君深深认识到：一个队没有一套完善健全的管理制度，一切工作都无从谈起。于是，他又不断改革一些与队里不相适应的管理办法。先后推出队干奖惩考核制，安全保包制，安全结构工资等新制度，特别是具有本队特色的超循环工分加翻的管理办法，即保证了工程质量，又促进了生产任务。再如工序台账管理，“三掘一喷，四七交叉”的作业方式，无论从利用工时，还是安全生产上，都是行之有效的。实践证明，宋晨君独到的新的管理办法，对开拓二队的各项工作起到了积极的推动作用。

煤矿生产，安全为天，宋晨君在注重抓好职工安全教育的同时，又把井下现场安全管理作为重点的重点，首先抓住了顶板和运输两个重要环节，充分发挥班组长把好指挥关的作用，在班组中展开了“四三制”活动，大大加强了班组现场安全管理的主动权和自觉性。针对本队3个工作面均是大坡度巷运输的不利因素，宋晨君与技术人员，老工人一起商量，进行了运输改组，定员，定位，定岗的管理方案，并付诸实践，大大减少了运输事故的发生。对于重点难点工程，他无论多忙，总要亲自跟班作业，现场指挥。

作为一名年轻的队长，在现代管理艺术上，宋晨君更懂得感情投资的巨大作用。有一位职工因煤气中毒死亡，他带头给职工家属捐款300元，并亲自送去全队职工的8000余元捐款；另一位职工的母亲病亡，他忙里抽闲，不顾路途遥远，送去了慰问品、救济款。然而，当自己的儿子生病住院，妹妹出嫁时，他却没休息一天，依然工作在井下。

他担任队长3年来，开拓二队已完成二水平煤仓，中央水仓变电所，及两条运输大巷共4000余米的掘进任务。1992年工效达0.335米/工，1993年达0.343米/工。全队杜绝了轻伤以上人身事故，连续安全生产27周年，工程质量一级品率达100%，跨入了国家乙级队行列。

世界能源工业统计资料

世界和部分国家能源生产量及其构成

国别	年份	生产量（10^3t标准燃料）	能源生产构成（占生产量的%）			
			固体	液体	气体	水电、核电等
世界合计	1970	7150262	31.6	47.9	18.3	2.2
	1980	9291761	28.2	48.3	20.2	3.3
	1985	9455165	31.4	42.4	21.7	4.5
	1990	10875510	30.5	41.8	22.9	4.8
美国	1970	2130263	25.3	36.5	36.6	1.6
	1980	2105207	29.8	32.9	34.2	3.1
	1985	2019211	33.0	35.2	27.7	4.1
	1990	2101970	37.5	28.8	28.5	5.2
原苏联	1970	1207761	37.2	42.4	18.9	1.3
	1980	1937975	26.5	45.3	26.7	1.5
	1985	2159721	23.4	39.4	35.0	2.2
	1990	2356780	23.2	34.3	40.2	2.3
日本	1970	50957	70.8	2.2	6.9	20.1
	1980	42766	39.9	1.6	7.9	50.6
	1985	49078	29.5	1.6	6.6	62.3
	1990	47650	15.3	1.7	5.8	77.2
原联邦德国	1970	173490	83.0	6.3	9.0	1.7
	1980	162181	77.8	4.2	13.3	4.7
	1985	162949	72.1	4.9	12.2	10.8
	1990	145500	70.0	3.4	12.3	14.3
英国	1970	151578	87.5	0.1	9.8	2.6
	1980	277884	39.1	42.1	16.9	1.9
	1985	324395	23.7	56.3	17.5	2.5
	1990	278680	26.4	47.1	23.3	3.2
加拿大	1970	204978	6.0	49.4	35.1	9.5
	1980	280000	10.9	42.0	33.9	12.6
	1985	324184	15.7	37.0	33.6	13.7
	1990	364550	14.4	35.7	37.4	12.5
波兰	1970	157179	95.4	0.4	4.0	0.2
	1980	174997	95.7	0.3	3.8	0.2
	1985	175347	96.3	0.2	3.1	0.4
	1990	140470	97.1	0.2	2.3	0.4
澳大利亚	1970	66032	76.6	18.8	2.9	1.7
	1980	114670	62.3	26.2	9.7	1.8
	1985	165115	64.3	23.2	10.8	1.2
	1990	212210	67.6	19.0	12.6	0.8
原民主德国	1970	80957	98.7	0.2	0.8	0.3
	1980	83626	93.6	0.1	4.3	2.0
	1985	100820	93.3	1.6	3.3	1.8
	1990	87870	96.6	0.1	2.1	1.2
法国	1970	60653	64.9	7.1	15.2	12.8
	1980	51723	42.0	6.5	19.2	32.5
	1985	63981	28.4	7.3	11.6	52.7
	1990	66850	18.5	7.3	6.0	68.2
印度	1970	67763	79.4	14.6	1.0	5.0
	1980	100918	78.7	13.5	1.7	6.1
	1985	181249	69.8	23.6	2.8	3.8
	1990	240170	70.1	19.9	5.5	4.5

世界和部分国家能源消费量及其构成

国别	年份	消费量（10^3t标准燃料）	能源消费构成（占消费量的%）			
			固体	液体	气体	水电、核电等
世界	1970	6512421	34.9	42.9	19.8	2.4
	1980	8566208	30.6	44.1	21.8	3.5
	1985	9142328	33.1	39.7	22.5	4.7
	1990	10285440	32.3	38.7	23.9	5.1
美国	1970	2227123	21.2	41.7	35.6	1.5
	1980	2419510	22.2	43.7	31.6	2.9
	1985	2282789	26.8	43.0	26.3	3.9
	1990	2481690	27.9	42.3	25.4	4.4
原苏联	1970	991376	43.8	32.0	22.7	1.5
	1980	1473927	33.4	34.2	30.5	1.9
	1985	1716076	28.5	29.7	39.3	2.5
	1990	1931300	27.1	28.1	42.2	2.6
日本	1970	317415	26.9	68.2	1.6	3.3
	1980	427683	18.8	68.2	7.9	5.1
	1985	460254	23.9	57.9	11.6	6.6
	1990	512110	22.4	57.0	13.4	7.2
原联邦德国	1970	311709	42.2	50.2	6.4	1.2
	1980	352684	33.1	44.8	19.8	2.3
	1985	350402	33.0	43.3	18.7	5.0
	1990	341690	30.2	41.3	22.4	6.1
英国	1970	278680	50.4	42.4	5.8	1.4
	1980	268005	38.0	37.2	22.9	1.9
	1985	275560	32.0	38.0	27.3	2.7
	1990	286530	29.5	40.8	27.8	1.9
加拿大	1970	187193	13.3	53.2	23.2	10.3
	1980	253425	12.6	48.5	26.3	12.6
	1985	251703	14.5	39.2	30.4	15.9
	1990	271980	12.4	40.6	30.4	16.6
波兰	1970	137647	86.8	7.5	5.5	0.2
	1980	177898	81.8	11.7	7.0	0.2
	1985	172442	82.5	10.2	7.2	0.1
	1990	142870	78.8	12.1	8.9	0.2
澳大利亚	1970	64077	48.8	46.5	3.0	1.7
	1980	90405	43.5	41.9	12.3	2.3
	1985	105263	42.2	40.0	16.9	0.9
	1990	127050	42.6	37.9	18.1	1.4
原民主德国	1970	104533	84.9	14.1	0.7	0.3
	1980	121702	70.7	19.3	8.5	1.5
	1985	130623	74.6	16.5	7.5	1.4
	1990	115610	74.7	15.6	8.2	1.5
法国	1970	193621	28.9	60.4	6.7	4.0
	1980	234030	21.4	56.7	14.6	7.3
	1985	221885	17.3	51.4	17.5	13.8
	1990	222740	12.3	49.2	20.5	18.0
印度	1970	76363	67.3	27.4	0.9	4.4
	1980	126387	64.9	28.9	1.4	4.8
	1985	192004	67.0	26.3	2.7	4.0
	1990	264920	67.0	24.6	5.0	3.4

世界主要产煤国家煤炭产量

单位：10^4t

国别	1960年	1970年	1980年	1990年	1991年	1992年			
						硬煤	褐煤	合计	占世界总产量的%
美国	39400.0	55580.0	76295.0	94404.0	90188.4	82841.6	7900.0	90741.6	20.16
德国	46759.6	48173.1	48244.6	43288.8	35214.0	7215.6	24180.7	31396.3	6.98
其中：原联邦德国	23941.0	21920.0	22435.0	18388.8	18449.6	7215.6	11238.9	18454.5	4.10
原民主德国	22818.6	26253.1	25809.6	24900.0	16764.4	—	12941.8	12941.8	2.88
波兰	12376.0	17286.0	22998.0	21526.8	20961.6	13152.0	6685.2	19837.2	4.41
英国	19670.0	14460.0	12864.0	9292.8	9633.6	8725.2	—	8725.2	1.94
印度	5264.0	7723.0	11270.0	21685.2	24212.4	23388.0	1623.6	25011.6	5.56
独联体	50962.3	62411.2	71640.0	70325.8	62967.1	46880.0	13480.0	60360.0	13.41
其中：俄罗斯	29452.3	34482.7	39135.3	39535.4	35380.0	21780.0	11730.0	33510.0	7.44
乌克兰	17210.9	20708.2	19706.7	16481.1	13562.2	12650.0	810.0	13460.0	2.99
哈萨克斯坦	3237.5	6157.8	11837.5	13144.3	13031.5	12250.0	250.0	12500.0	2.77
澳大利亚	3813.0	6860.0	10652.0	21022.4	21403.2	17980.0	5110.8	23090.8	5.13
加拿大	1000.0	1455.0	3655.0	6832.8	7113.6	3231.6	3304.8	6536.4	1.48
南非	3817.0	5461.0	11604.0	18450.0	17524.8	18290.0	—	18290.0	4.06
法国	5323.0	4015.0	2275.0	1299.6	1290.0	1140.0	40.0	1180.0	0.26
日本	5247.0	3988.0	1804.0	825.6	805.2	759.6	—	759.6	0.17
捷克和斯洛伐克	8461.7	10997.8	12320.0	10830.0	10340.0	2070.0	6950.0	9020.0	2.01
哥仑比亚		250.0	526.0	1980.0	2120.0	2400.0	—	2400.0	0.53
世界总计	203689.0	292988.0	377000.0	472900.0	463300.0	352900.0	97200.0	450100.0	100.0

世界煤炭产量

单位：10^6t

年(月)份	硬煤	褐煤	合计	年(月)份	硬煤	褐煤	合计
1980	2728	1042	3770	1989	3584	1282	4866
1981	2728	1072	3799	1990	3517	1212	4729
1982	2828	1106	3934	1991	3453	1180	4633
1983	2831	1130	3961	1992	3529	972	4501
1984	2999	1153	4152	1～3月	858	265	1123
1985	3161	1202	4363	4～6月	899	227	1126
1986	3249	1219	4468	7～9月	871	233	1104
1987	3411	1250	4661	10～12月	901	247	1148
1988	3510	1267	4777				

部分国家和地区煤炭产量

单位：10^4t

国家或地区	1990年			1991年			1992年		
	硬煤	褐煤	总产量	硬煤	褐煤	总产量	硬煤	褐煤	总产量
阿根廷	49.2	—	49.2	50.0	—	50.0	50.0	—	50.0
比利时	103.2	—	103.2	63.6	—	63.6	21.7	—	21.7
博茨瓦纳	70.0	—	70.0	85.0	—	85.0	98.0	—	98.0
巴西	459.6	—	459.6	518.4	—	518.4	472.8	—	472.8
保加利亚	14.4	3152.4	3166.8	13.2	2832.0	2845.2	—	2680.0	2680.0
智利	269.5	—	269.5	255.5	—	255.5	190.8	—	190.8
匈牙利	172.8	1584.0	1756.8	156.8	1530.0	1696.8	127.2	1456.8	1584.0
印度尼西亚	1058.8	—	1058.8	1371.6	—	1371.6	2112.0	—	2112.0
韩国	1578.0	—	1578.0	1369.2	—	1369.2	1110.0	—	1110.0
朝鲜民主主义人民共和国	4050.0	1300.0	5350.0	4330.0	1300.0	5630.0	4500.0	1300.0	5800.0
摩洛哥	55.2	—	55.2	50.0	—	50.0	50.0	—	50.0
莫桑比克	3.6	—	3.6	3.0	—	3.0	3.0	—	3.0
新西兰	220.8	21.6	242.4	249.6	21.6	271.2	280.0	—	280.0
尼日利亚	12.1	—	12.1	8.0	—	8.0	10.0	—	10.0
挪威	36.0	—	36.0	36.0	—	36.0	40.0	—	40.0
巴基斯坦	274.8	—	274.8	286.8	—	286.8	298.8	—	298.8
菲律宾	123.6	—	123.6	126.7	—	126.7	170.0	—	170.0
葡萄牙	27.6	—	27.6	27.6	—	27.6	22.5	—	22.5
罗马尼亚	382.8	3361.2	3744.0	324.8	2797.2	3121.2	230.0	3600.0	3830.0
西班牙	1488.0	2107.2	3595.2	1324.8	1964.4	3289.2	1510.0	1850.0	3360.0
土耳其	560.3	4052.0	6412.3	554.5	4636.8	5191.3	300.0	4760.0	5060.0
委内瑞拉	190.8	—	190.8	255.6	—	255.6	242.4	—	242.4
原南斯拉夫	28.8	6475.2	6504.0	26.4	5834.4	5860.8	…	3937.2	…
赞比亚	37.2	—	37.2	38.4	—	38.4	39.6	—	39.6
津巴布韦	497.8	—	497.8	561.6	—	561.6	550.0	—	550.0
奥地利	—	250.8	250.8	—	242.4	242.4	—	164.4	164.4
希腊	—	5169.6	5169.6	—	5257.2	5257.2	—	5169.6	5169.6
意大利	—	148.8	148.8	—	164.4	164.4	—	114.0	114.0
泰国	—	1242.0	1242.0	—	1468.8	1468.8	—	1562.4	1562.4
墨西哥	1001.4	—	1001.4	1095.1	—	1095.1	1200.0	—	1200.0
伊朗	163.0	—	163.0	175.0	—	175.0	160.0	—	160.0
蒙古	50.0	800.0	850.0	…	700.0	700.0	…	900.0	900.0
越南	560.0	—	560.0	420.0	—	420.0	400.0	—	400.0
阿尔巴尼亚	—	207.1	207.1	—	109.8	109.8	—	30.0	30.0
爱尔兰	10.0	—	10.0	10.0	—	10.0	10.0	—	10.0
瑞典	10.0	—	10.0	10.0	—	10.0	10.0	—	10.0
阿富汗	20.0	—	20.0	20.0	—	20.0	20.0	—	20.0
孟加拉	—	20.0	20.0	—	20.0	20.0	—	20.0	20.0
扎伊尔	10.0	—	10.0	10.0	—	10.0	10.0	—	10.0
斯威士兰	20.0	—	20.0	10.0	—	10.0	10.0	—	10.0

世界煤炭产量增长速度指数

(1980＝100)

年(月)份	硬煤	褐煤	合计	年(月)份	硬煤	褐煤	合计
1980	100	100	100	1987	125	120	124
1981	100	103	101	1988	129	122	127
1982	104	106	104	1989	131	123	129
1983	104	108	105	1990	129	116	125
1984	110	111	110	1991	127	113	123
1985	116	115	116	1992	129	93	119
1986	119	117	119				

世界及各主要产煤国家(或地区)历史最高煤炭产量

国别	年份	产量(10^4t)	国别	年份	产量(10^4t)
中国	1992	111455.0	捷克和斯洛伐克	1987	13268.4
英国	1913	29200.0	澳大利亚	1992	23090.8
美国	1990	94404.0	德国	1985	52167.6
南非	1990	18450.0	原联邦德国	1964	25314.6
波兰	1988	26650.8	原民主德国	1985	31215.6
日本	1961	5579.0	前苏联	1988	77178.0
法国	1958	6004.4	俄罗斯	1988	42656.4
加拿大	1991	7113.6	乌克兰	1976	21815.5
印度	1992	25011.6	哈萨克斯坦	1988	14308.7

注：本表统计到1992年。

几个国家采煤机械化程度

单位：%

年份	前苏联	原联邦德国	英国	日本	波兰	年份	前苏联	原联邦德国	英国	日本	波兰
1970	85.0	92.65	92.3	72.3	83.32	1986	97.0	99.50	99.50	83.7	97.20
1975	94.0	97.90	93.5	74.0	93.59	1987	97.0	99.60	99.60	79.7	97.80
1980	96.1	99.20	94.0	72.0	96.00	1988	97.0	99.60	99.60	87.4	98.00
1981	96.1	99.00	99.0	76.0	97.00	1989	97.0	99.70	99.70	87.6	98.00
1982	96.0	99.70	99.0	78.1	96.20	1990	96.0	99.80	99.80	86.2	98.00
1983	97.0	99.70	99.0	80.0	96.40	1991	96.0	99.70	99.70	87.3	98.30
1984	97.0	99.60	99.0	81.1	96.80	1992	—	99.80	99.70	86.9	98.30
1985	97.0	99.50	99.50	83.5	96.00						

注：1.表中采煤机械化程度为采煤机和刨煤机工作面产量占矿井回采总产量的比重；

2.苏联是指35°以下的工作面装煤机械化程度；

3.联邦德国1991年以后为德国数。

几个国家综合采煤机械化程度

单位：%

年 份	前苏联	波 兰	原联邦德国	英 国	日 本	俄罗斯	乌克兰
1960	1.6	—	1.4	4.0	—		
1965	8.3	1.8	7.9	34.0	5.8*		
1970	25.2	3.8	37.3	79.9	28.7		
1975	52.5	34.6	80.8	92.0	58.4		
1978	60.0	65.4	91.8	92.0	59.3		
1980	67.4	65.0	96.8	92.0	68.7	72.5	57.7
1981	69.0	77.8	98.0	95.6	68.9		
1982	69.0	83.8	98.9	97.0	69.5		
1983	70.0	84.0	98.3	97.0	68.7		
1984	72.0	86.0	99.6	97.0	66.8		
1985	73.1	88.4	99.5	99.0	70.6	79.0	63.4
1986	74.0	89.5	99.5	99.5	74.3	79.7	64.5
1987	74.7	90.6	99.6	99.3	69.0	80.7	64.7
1988	75.7	91.0	99.7	99.7	81.4	81.8	66.0
1989	77.0		99.8	99.8	78.6	82.6	67.8
1990	78.6		99.8	99.8	80.0	83.4	69.8
1991	78.5	92.5	99.9	99.9	83.6	83.3	
1992	—		99.9	99.9	86.2	83.6	

注：1.综合机械化程度为综合机械化工作面产量占矿井回采总产量的比重；
2.*为1967年数。

几个国家采煤工作面平均长度

单位：m

年 份	原苏联	波 兰	原联邦德国	英 国	日 本	俄罗斯	乌克兰
1960	88	105	164	139	—		
1970	117	157	196	171	110		
1975	135	158	217	177	105		
1980	138	148	226	195	103	110	158
1985	135	147	241	204	111	110	155
1986	135	144	241	205	105	112	155
1987	137	148	249	227	111	115	157
1988	141	146	257	230	115	119	158
1989	145	150	258	230	115	117	158
1990	141	147	261	232	113	119	161
1991	—	147	261		110	119	
1992	—	148	267		112	120	

几个国家采煤工作面数

单位：个

年份	原苏联	波兰	原联邦德国	英国	日本	俄罗斯	乌克兰
1960	5511	896	1631	4840	834		
1970	4078	715	487	849	250		
1975	3120	683	301	749	94		
1980	3116	716	241	653	81	1199	1706
1985	2954	744	185	450	75	1099	1660
1986	2865	768	192	420	73	1046	1623
1987	2804		178	313	59	1018	1592
1988	2720	851	172	286	39	985	1543
1989	2595		158	230	32	925	1494
1990	2467	780		173	27	867	1426
1991	2231		157	161	21	809	
1992	—	656		142	21	792	

几个国家采煤工作面日产量

单位：t

年份	前苏联	波兰	原联邦德国	英国	日本	俄罗斯	乌克兰
1960	197	222	293	193	—		
1970	331	484	854	597	432		
1975	454	710	1164	582	568		
1980	409	962	1356	649	588	485	328
1985	389	893	1612	991	589	490	302
1986	404	896	1599	869		506	314
1987	412	890	1678	1067	636	525	316
1988	420	887	1687	1205	818	545	320
1989	419	890	1759	1370	859	543	319
1990	417	862	1803	1680	831	544	311
1991	366	918	1903	1750	747	475	
1992	—	962	1936	1880	842	496	

部分国家露天采煤量和比重

国别	年份	产量 (10^4t)	比重 (%)	国别	年份	产量 (10^4t)	比重 (%)
美国	1970	24349.6	43.31	原苏联	1970	16660.0	26.69
	1980	45090.3	59.10		1980	26880.0	37.54
	1985	48255.7	60.03		1985	30391.0	42.00
	1990	56012.0	59.99		1990	32582.4	46.33
	1992	57849.1	58.00		1991	32650.0	51.07

续表

国别	年份	产量 (10^4t)	比重 (%)	国别	年份	产量 (10^4t)	比重 (%)
俄罗斯	1970	12916.0	37.46	原民主德国	1970	26148.2	99.60
	1980	18530.0	47.70		1980	25809.6	100.00
	1985	20370.0	51.60		1985	31215.6	100.00
	1990	21950.0	55.50		1990	24900.0	100.00
	1992	18980.0	56.40		1992	12941.8	100.00
乌克兰	1970	836.2	4.03	英国	1970	790.0	5.46
	1980	610.0	3.09		1980	1580.0	12.28
	1985	555.6	2.95		1985	1360.0	14.80
	1990	650.0	3.94		1990	1750.0	18.39
	1991	530.0	3.91		1992	1670.0	19.13
哈萨克斯坦	1970	2514.9	40.84	日本	1970	213.0	5.34
	1980	7230.0	61.08		1980	119.0	6.59
	1985	8849.3	67.60		1985	160.0	9.72
	1990	9206.0	70.07		1990	123.0	14.97
	1991	9510.0	72.97		1992	90.0	11.83
德国	1970	36928.2	76.65	加拿大	1970	1835.6	86.30
	1980	38799.6	80.42		1980	3272.1	89.50
	1985	43285.6	82.97		1985	5276.2	91.90
	1990	35653.0	82.36		1990	6285.4	92.00
	1992	24180.7	77.02		1992	6090.5	93.18
原联邦德国	1970	10780.0	49.18	澳大利亚	1970	1927.6	28.10
	1980	12990.0	59.88		1980	6454.4	55.10
	1985	12070.0	57.61		1985	8623.8	54.40
	1990	10753.0	58.48		1990	15605.1	74.80
	1992	11238.9	60.90		1992	16059.0	69.54

几个国家的露天矿数和矿井数

国别	矿别	1980	1985	1990	1991	1992
俄罗斯	矿井	231	216	208	209	208
	露天	53	62	63	64	65
	合计	284	278	271	273	273
美国	矿井	2295	2208	1712	1610	
	露天	3303	2556	1422	1412	1341
	合计	5598	4764	3134	3022	
英国	矿井	211	133	64	53	50
	露天	62	60	57	59	60
	合计	273	193	121	112	110
德国西部	矿井	39	33	27	26	24
	露天	17	18	12	9	9
	合计	56	51	39	35	33
波兰	矿井	66	68	70	70	70
	露天	3	5	5	9	9
	合计	69	73	75	79	79
捷克和斯洛伐克	矿井	28	28	27		
	露天	7	7	7		
	合计	35	35	34		
日本*	矿井	25	24	24	23	
	露天	24	29	7	7	
	合计	49	53	31	30	

*日本为坑口数。

世界主要煤炭进口国的煤炭进口量

单位：10^6t

国　别	煤　种	1980	1985	1987	1988	1989	1990	1991	1992
加拿大	炼焦煤	6.389	6.188	5.589	6.255	5.917	4.996	4.909	4.885
	动力煤	9.245	8.391	8.756	11.222	8.605	9.115	7.487	7.927
	合　计	15.634	14.579	14.345	17.477	14.522	14.111	12.396	12.812
日　本	炼焦煤	62.227	69.242	63.934	71.129	68690	67.558	69.354	66.468
	动力煤	6.343	24.206	26.981	30.114	32.819	36.022	40.028	44.652
	合　计	68.570	93.448	90.915	101.243	101.509	103.580	109.382	111.120
比利时	炼焦煤	4.168	4.663	4.874	6.838	7.064	7.132	6.426	5.795
	动力煤	5.971	4.657	4.259	4.227	5.594	7.629	7.995	8.219
	合　计	10.139	9.320	9.133	11.065	12.658	14.761	14.421	14.014
法　国	炼焦煤	10.456	7.773	7.532	8.165	7.769	7.848	7.660	7.455
	动力煤	18.954	11.062	5.777	3.949	8.174	11.541	14.132	14.499
	合　计	29.410	18.835	13.309	12.114	15.943	19.389	21.792	21.954
德　国	炼焦煤	3.019	2.235	2.200	2.248	2.281	1.706	1.057	1.357
	动力煤	13.136	13.312	12.760	11.056	8.790	11.874	14.366	14.071
	合　计	16.155	15.547	14.960	13.304	11.071	13.580	15.423	15.428
意大利	炼焦煤	11.377	10.248	9.128	9.104	9.140	8.648	8.140	7.240
	动力煤	5.820	11.965	12.157	10.720	11.593	11.797	11.689	10.850
	合　计	17.197	22.213	21.285	19.824	20.733	20.445	19.829	18.090
荷　兰	炼焦煤	3.399	4.098	3.527	4.006	3.849	4.509	4.272	4.717
	动力煤	3.757	6.879	8.662	9.748	9.288	11.653	10.463	9.251
	合　计	7.156	10.977	12.189	13.754	13.137	16.162	14.735	13.968
西班牙	炼焦煤	4.074	4.090	3.437	3.643	4.000	4.169	4.652	4.343
	动力煤	1.604	4.326	5.449	5.123	6.569	6.286	8.336	9.684
	合　计	5.678	8.416	8.886	8.766	10.569	10.455	12.988	14.027
英　国	炼焦煤	2.407	7.150	6.492	7.082	7.998	8.614	9.140	8.385
	动力煤	4.927	5.582	3.289	4.603	4.139	6.169	10.351	11.987
	合　计	7.334	12.732	9.781	11.685	12.137	14.783	19.491	20.372
太平洋地区（不包括日本）	炼焦煤	62.227	69.242	63.934	71.129	68.690	67.565	69.354	66.468
	动力煤	6.345	24.206	26.982	30.115	32.820	36.022	40.029	44.660
	合　计	68.572	93.448	90.916	101.244	101.510	103.587	109.383	111.128

世界主要煤炭出口国的煤炭出口量

单位：10^6t

国别	煤种	1980	1983	1985	1986	1987	1988	1989	1990	1991	1992
澳大利亚	炼焦煤	33.5	43.4	49.4	49.3	54.7	57.6	55.6	56.9	65.7	67.9
	动力煤	8.9	17.7	39.3	42.6	46.5	42.0	43.1	49.2	54.5	58.3
	合计	42.4	61.1	88.7	91.9	101.2	99.6	98.7	106.1	120.2	126.2
美国	炼焦煤	57.2	45.4	54.7	49.9	46.9	56.2	59.1	57.6	58.6	53.9
	动力煤	26.0	24.8	29.3	27.7	25.3	29.9	32.4	38.4	40.2	39.1
	合计	83.2	70.2	84.0	77.6	72.2	86.1	91.5	96.0	98.8	93.0
加拿大	炼焦煤	14.1	14.5	22.5	21.4	22.4	27.6	28.7	26.9	28.8	21.8
	动力煤	1.1	2.5	4.9	4.5	4.3	4.1	4.1	4.1	5.3	5.0
	合计	15.2	17.0	27.4	25.9	26.7	31.7	32.8	31.0	34.1	26.8
原苏联	炼焦煤	10.7	7.8	10.5	12.2	18.8	19.5	19.6	17.2	9.6	8.0
	动力煤	13.0	15.3	16.2	18.6	15.8	20.4	20.6	22.3	18.5	14.7
	合计	23.7	23.1	26.7	30.8	34.6	39.9	40.2	39.5	28.1	22.7
波兰	炼焦煤	7.5	9.9	10.2	10.3	9.3	9.3	7.8	6.3	6.3	9.6
	动力煤	23.9	25.2	25.9	24.4	21.8	23.3	21.4	21.8	11.8	7.0
	合计	31.4	35.1	36.1	34.7	31.1	32.6	29.2	28.1	18.1	16.6
中国	炼焦煤	1.3	2.9	2.8	3.2	4.5	3.3	3.5	3.7	4.2	4.5
	动力煤	2.4	3.3	3.6	6.9	9.7	11.5	11.1	13.2	14.6	15.7
	合计	3.7	6.2	6.4	10.1	14.2	14.8	14.6	16.9	18.8	20.2
南非	炼焦煤	3.2	3.3	5.1	5.9	4.8	5.0	4.1	4.5	3.4	3.5
	动力煤	26.0	26.8	39.8	39.5	37.8	38.0	42.6	44.9	45.7	46.6
	合计	29.2	30.1	44.9	45.4	42.6	43.0	46.7	49.4	49.1	50.1
联邦德国	炼焦煤	8.6	8.3	5.7	4.7	4.2	3.6	4.4	4.0	2.2	2.1
	动力煤	3.8	2.3	3.3	2.5	2.0	1.4	1.5	1.4	1.4	1.4
	合计	12.4	10.6	9.0	7.2	6.2	5.0	5.9	5.4	3.6	3.5
哥仑比亚	炼焦煤	—	—	0.1	0.2	0.9	0.2	0.3	0.1	0.3	0.2
	动力煤	0.1	0.3	3.3	4.0	8.8	12.0	12.3	13.8	14.4	15.0
	合计	0.1	0.3	3.4	4.2	9.7	12.2	12.6	13.9	14.7	15.2
英国	炼焦煤	0.1	0.1	0.1	—	—	—	—	—	—	—
	动力煤	3.8	6.2	2.5	2.7	2.3	1.7	2.0	2.3	1.8	1.6
	合计	3.9	6.3	2.6	2.7	2.3	1.7	2.0	2.3	1.8	1.6
捷克和斯洛伐克	炼焦煤	—	—	—	—	—	—	—	—	—	—
	动力煤	3.0	2.8	2.6	2.4	2.0	1.9	1.9	2.2	2.5	2.6
	合计	3.0	2.8	2.6	2.4	2.0	1.9	1.9	2.2	2.5	2.6

续表

国 别	煤 种	1980	1983	1985	1986	1987	1988	1989	1990	1991	1992
其 他	炼焦煤	6.1	5.2	1.9	2.2	2.1	1.1	2.2	2.3	3.4	4.9
	动力煤	3.2	5.5	4.6	6.5	6.1	6.5	6.9	7.5	7.7	21.2
	合 计	9.3	10.7	6.5	8.7	8.2	7.6	9.1	9.8	11.1	26.1
世界合计	炼焦煤	142.3	140.8	163.0	159.3	168.6	183.4	185.3	179.5	182.5	176.4
	动力煤	115.2	132.7	175.3	182.3	182.4	192.7	199.9	221.1	218.4	228.2
	合 计	257.5	273.5	338.3	341.6	351.0	376.1	385.2	400.6	400.9	404.6

1994年3月国际市场煤炭（动力煤）价格

出口国（或地区）	出 口 港	煤质指标				码头交货离岸价
		发热量（Btu/kg）	发热量（10^3cal/kg）	硫分（%）	灰分（%）	（美元/公吨）
美 国	汉普顿路兹港	13000	7200	1.0	10.0	40～46
		12500	6950	1.0	10.0	38～42
		12000	6700	1.5	12.0	37～41
	巴尔的摩港	12500	6950	1.0	10.0	39～41
		12000	6700	1.0	12.0	34～36
		12000	6700	1.5～2.0	12.0	34～35
	墨西哥湾港口	12500	6950	1.5	12.0	39～41
		12000	6700	1.5	15.0	37～39
		11500	6400	1.5	15.0	30～34
		8800	4900	0.4	0.5	25
	西海岸港口	12000	6700	0.6	10.0	37～39
		11500	6400	0.7	10.0	37～38
加拿大	温哥华港	13000	7200	0.7	10.0	38～40
		11500	6400	1.0	14.0	32～34
波 兰	波罗的海港口	12200	6800	0.8	7.0～10.0	39～40
		11500	6400	0.8	10.0～13.0	33～35
		10800	6000	0.8	14.0～16.0	29～30
南 非	理查兹湾	11500	6400	1.0	16.0	26～28
		10800	6000	1.0	16.0	25～26
澳大利亚	纽卡斯尔港	12000	6700	1.0	14.0	26～36
	肯布拉港	11700	6500	1.0	14.0	25～33
		11000	6200	1.0	14.0	24～32
	格拉德斯通港	11700	6500	1.0	14.0	26～33
中 国		11200	6200	0.75	7.0～9.0	36～39
		10800	6000	1.0	11.0～13.0	34～36

续表

出口国（或地区）	出口港	煤质指标				码头交货离岸价（美元/公吨）
		发热量（Btu/kg）	发热量（10^3cal/kg）	硫分（%）	灰分（%）	
哥仑比亚		11800	6550	0.75	8.0	29～31
		12000	6700	0.70	8.0	33
阿姆斯特丹鹿特丹		11500	6400	1.0	16.0	30～34
		10800	6000	1.0	16.0	28～30
独联体	东海岸港口	11500	6400	1.0	15.0	24～26
	西海岸港口	12250	6750	1.0	16.0	24～25
		11500	6400	1.0	16.0	23～24
印度尼西亚		12800	7100	0.8	3.0	32～35
		12500	6700	0.8	0.2	28～31
		10000	5550	0.1	0.2	23～24

1994年3月国际市场煤炭（炼焦煤）价格

出口国	出口港	煤质指标			码头交货离岸价（美元/公吨）
		挥发分（%）	硫分（%）	灰分（%）	
美国	汉普顿路兹港	17～22	<1.0	7～8	48～50
		23～30	<1.0	7～8	47～50
		31	1.0	7～9	45～48
	巴尔的摩港	17～20	1.0	8～9	51～52
		21～28	1.0	8～9	45～51
		29～33	1.0	8～9	46～47
	东海岸港口	23～30	1.0	8～9	48～51
		35	1.0	10.0	42～46
	墨西哥湾港口	17～22	1.0	8～9	47～49
		23～30	1.0	7.8	46～48
		31	1.0	7.0	48～49
加拿大	西海岸港口	<19	0.5	7～9	41～46
		19～22	0.5	7～9	39～46
		22～27	0.5	9.0	41～46
	东海岸港口	31	1.5	3.0	42～44
澳大利亚	新南威尔士肯布拉港	21～24	0.6	10.0	42～45
		27～28	0.6	8.5	44～47
		30～38	0.6	7～9	42～44
	纽卡斯尔港	31～37	0.45	9.5	43～46
	昆士兰	17～22	0.7	9.0	42～46
		23～30	0.6	7～8	37～46
		31～34	0.7	8.5	41～46

续表

出口国	出口港	煤质指标			码头交货离岸价
		挥发分（%）	硫分（%）	灰分（%）	（美元/公吨）
波兰	波罗的海港口	24～26	1.0	8.0	48～50
		26～29	0.7	7.0	48～49
南非	理查兹湾	32	<1.0	7.0	37～39
		32	<1.0	7.0	34～35
独联体	太平洋港口	19～25	<1.0	9～10	48～50

国际市场煤炭等初级产品价格指数

（出口价格1980＝100）

年（月）份	煤炭	原油	天然气	全部矿物（不包括原油）	全部矿物（包括原油）	全部初级产品
1980	100	100	100	100	100	100
1981	102	112	137	115	119	103
1982	93	109	148	116	110	99
1983	83	96	142	108	97	91
1984	82	93	161	114	95	90
1985	82	91	170	117	93	85
1986	88	54	99	90	57	63
1987	87	56	75	80	59	66
1988	90	56	68	80	59	70
1989	95	59	72	87	62	72
1990	108	68	77	99	71	79
1991	103	55	83	101	59	69
1992	104	53	70	95	57	60
1—3月	105	50	71	97	55	67
4—6月	103	54	69	94	58	69
7—9月	107	55	69	96	59	70
10—12月	100	52	71	94	57	66

注：本资料来源为联合国统计局。

1994年3月国际市场煤炭远洋运价

始发		到达		船型	吨煤运价
国别	港口	国别	港口		（美元/公吨）
澳大利亚	昆士兰港口	荷兰	鹿特丹	14万吨级	8.00
				6 万吨级	10.75
		土耳其	伊斯肯德伦	11万吨级	8.75

续表

始发		到达		船型	吨煤运价
国别	港口	国别	港口		(美元/公吨)
				6万吨级	11.25
		日本		12万吨级	5.00
澳大利亚	新南威尔士港口	荷兰	鹿特丹	12万吨级	8.75
				6万吨级	11.50
加拿大	罗伯茨班克	荷兰	鹿特丹	14万吨级	8.00
				6万吨级	10.50
		日本		12万吨级	5.00
				6万吨级	10.50
中国	秦皇岛港	荷兰	鹿特丹	6万吨级	9.50
哥仑比亚	波利瓦港	荷兰	鹿特丹	13万吨级	4.50
				11万吨级	5.00
南非	理査兹湾	荷兰	鹿特丹	14万吨级	5.75
				6万吨级	7.25
		西班牙	地中海港口	6万吨级	8.50
		中国	香港	11万吨级	7.00
				6万吨级	8.50
南非	德班港	比利时	安特卫普	4万吨级	10.50
美国	汉普顿路兹	荷兰	鹿特丹	11万吨级	4.25
				6万吨级	6.00
		意大利		9万吨级	6.00
		日本		12万吨级	9.75
美国	莫比尔	荷兰	鹿特丹	6万吨级	7.00
		意大利		6万吨级	7.25
		中国台湾		6万吨级	18.00
美国	巴尔的摩	荷兰	鹿特丹	11万吨级	4.50

世界海运煤炭流向

单位：10^6t

年份	远洋航运流向					远洋总运量	占世界煤炭贸易量的%
	欧洲	北美	日本	其他亚洲	其他		
1979	78.3	6.3	58.5	8.9	6.5	158.5	68.50
1980	93.2	7.0	69.5	12.1	7.6	189.4	73.6
1981	99.3	6.5	77.3	16.7	7.0	206.8	75.6
1982	95.0	6.1	76.8	20.7	8.1	206.7	72.3
1983	83.3	7.5	75.6	25.5	11.5	203.4	74.2
1984	100.1	9.6	87.5	31.1	12.1	240.4	78.9
1985	112.5	11.4	94.0	43.9	13.7	275.5	89.8
1986	109.3	11.5	89.0	50.6	14.7	275.1	81.9

续表

年份	远洋航运流向					远洋总运量	占世界煤炭贸易量的%
	欧洲	北美	日本	其他亚洲	其他		
1987	108.0	12.8	93.1	54.7	14.6	283.2	83.7
1988	107.9	13.1	104.2	63.9	15.0	304.1	93.8
1989	118.9	14.0	105.9	64.3	22.0	325.1	86.7
1990	136.1	14.0	106.8	70.9	16.7	344.5	87.5
1991	156.1	14.8	111.9	70.9	19.4	373.1	92.3
1992	156.4	14.5	112.1	78.1	18.2	379.3	92.4

注：本资料来源为美国《Coal Letter 93.7.23》。

世界炼焦煤、动力煤海运量

单位：10^6t

年份	炼焦煤	动力煤	合计	年份	炼焦煤	动力煤	合计
1973	87.0	19.0	106.0	1986	137.1	139.4	276.5
1979	104.0	53.0	157.0	1987	135.9	138.6	274.5
1980	114.0	74.0	188.0	1988	140.5	162.4	302.9
1981	122.0	86.0	208.0	1989	161.0	155.0	316.0
1982	120.0	89.0	209.0	1990	167.0	165.0	332.0
1983	112.0	97.0	209.0	1991	193.0	168.0	361.0
1984	131.0	103.0	235.0	1992	208.6	165.2	373.8
1985	140.7	133.1	273.8				

注：1.本资料来源为《International Coal Report's Coal Year 1993》；
2.世界煤炭海运量是指国际煤炭贸易中由海路运送的煤炭量。

几个国家煤炭消费构成

国别	年份	消费量 (10^6t)	消费构成 (%)				
			发电	炼焦	工业	民用	其他
美国	1970	429.0	62.5	18.2	17.2	2.1	—
	1980	649.4	78.9	10.1	10.0	1.0	—
	1985	740.3	84.4	5.1	9.3	1.0	—
	1990	834.3	86.8	4.1	7.7	1.4	—
	1992	809.6	87.2	3.4	8.4	0.7	—
英国	1970	154.4	49.2	16.3	19.1	12.9	2.5
	1980	123.9	74.3	10.8	6.3	8.6	—
	1985	113.5	73.5	11.5	9.0	5.7	—
	1990	108.9	75.5	10.0	7.1	7.4	—
	1992	100.5	78.7	9.0	6.7	5.6	—

续表

国别	年份	消费量 (10^6t)	消费构成 (%)				
			发电	炼焦	工业	民用	其他
日本	1970	88.2	21.4	65.7	10.6	2.3	—
	1980	93.4	11.0	75.2	13.2	0.6	—
	1985	113.3	20.9	65.5	13.0	0.6	—
	1990	115.5	22.8	56.1	20.2	0.9	—
	1992	116.8	27.0	56.6	15.4	1.0	—
原苏联	1980	694.2	36.1	17.4	24.2	13.6	8.7
	1985	710.6	35.6	17.8	24.3	13.8	8.5
	1990	651.2	38.8	19.4	25.1	12.4	4.3
	1991	687.3	39.0	19.0	25.5	12.1	4.4
加拿大	1975	28.12	64.8	28.6	5.6	1.0	—
	1980	41.14	74.4	19.4	5.8	0.4	—
	1985	53.63	83.0	12.8	3.8	0.4	—
	1990	54.06	85.9	10.2	3.5	0.4	—
	1992	46.73	86.3	10.2	3.1	0.4	—

部分国家煤炭工业职工人数

单位：10^4人

国别	类别	1980年	1985年	1990年	1992年
美国	职工总数	24.63	18.69	14.0	
	工人数	22.38	15.83	13.13	13.10
	矿井工人数	15.03	9.69	8.42	8.20
	露天工人数	7.46	6.01	4.72	4.60
独联体	职工总数	220.0	230.0	232.6	221.4*
	原煤生产工人数		94.0	88.2	91.1*
	矿井生产工人数		87.8	81.6	84.1*
	露天生产工人数		6.1	6.6	7.0*
俄罗斯	职工总数				97.2*
	原煤生产工人数		35.3	33.6	36.9
	矿井生产工人数		30.8	28.8	30.5
	露天生产工人数		4.5	4.7	6.4
乌克兰	职工总数				102.7*
	原煤生产工人数		50.8	48.7	49.3*
	矿井生产工人数		50.6	48.4	49.0*
	露天生产工人数		0.2	0.3	0.3*

续表

国别	类别	1980年	1985年	1990年	1992年
波兰	职工总数	40.58	43.78	33.60	
	工人数	33.16	40.40	34.35	33.02
	井下工人数	23.97	25.91	23.85	23.33
原联邦德国	职工总数	20.53	18.11	12.28	11.49
	工人数	16.90	14.64		
	矿井工人数	15.29	13.75		7.50
	井下工人数	9.81	8.99		6.10
英国	职工总数	29.39	22.13	7.42	5.81
	工人数	25.70	19.67	6.35	
	矿井工人数	23.80	17.13	6.13	3.30
日本	职工总数	3.01	1.74	0.61	0.41
	矿井工人数	1.83	1.42	0.50	0.34
	井下工人数	1.57	1.24	0.43	

* 为1991年数。

部分国家燃煤污染大气的控制指标

国别	硫（SO_2）污染			氮（NO_2）污染		
	mg/Nm^3	g/GJ	$Ib/10^9Btu$	mg/Nm^3	g/GJ	$Ib/10^9Btu$
澳大利亚	2000	700	1630	500	175	410
奥地利	200	70	165	200	70	165
比利时	400	140	325	650	230	530
加拿大	740	258	600	740	258	600
丹麦	400	140	325	200	70	165
德国	400	140	325	200	70	165
意大利	400	140	325	200	70	165
日本	223	78	180	411	145	335
卢森堡	1700	595	1385	450	160	365
荷兰	200	70	165	200	70	165
西班牙	2400	840	1955	—	—	—
瑞典	285	100	233	145	50	116
瑞士	400	140	325	200	70	165
土耳其	1000	350	815	800～1800	28～630	650～1465
英国	400	140	330	650	230	530
美国	1820	520	1200	570～740	200～260	465～600

注：1.换算系数：$100mg/Nm^3 = 35g/GJ$

$1 lb/MBtu = 430g/GJ$

2.本资料来源为美国NCA International Coal 1992.P.Ⅳ—3。

几个国家煤矿事故死亡人数和百万吨死亡率

年　份	美　国		日　本		英　国		南　非		波　兰	
	死亡人数	百万吨死亡率	死亡人数	百万吨死亡率	死亡人数	百万吨死亡率	死亡人数	百万吨死亡率	死亡人数	百万吨死亡率
1980	133	0.17	22	1.22	42	0.33	104	0.89	135	0.70
1981	154	0.21	124	7.00	39	0.31			89	0.55
1982	122	0.16	24	1.36	34	0.27	133	0.99	144	0.72
1983	70	0.09	17	1.00	44	0.34	216	1.49	95	0.50
1984	124	0.16	100	5.99	22	0.20	110	0.68	90	0.47
1985	67	0.08	83	4.90	12	0.28			88	0.46
1986	87	0.09	15	0.93	27	0.25			138	0.72
1987	64	0.08	8	0.64	15	0.15	96	0.54	106	0.55
1988	53	0.06	6	0.54	9	0.09	53	0.30	114	0.59
1989	67	0.07	7	0.68	18	0.17	54	0.30	88	0.50
1990	67	0.07	2	0.24	19	0.20	50	0.28	75	0.51
1991	62	0.07	1	0.12	12	0.13	42	0.24	68	0.32
1992	55	0.06	3	0.49	3	0.03	43	0.23	52	0.26

国外矿业期刊

英文期刊

Coal Statistics International
国际煤炭统计
12期/年

Coal Outlook
煤炭展望
50期/年

Quarterly Coal Report
煤炭季报
4期/年

King's International Coal Trade and World Coal Statistics
金氏国际煤炭贸易与世界煤炭统计
52期/年

Digest of United Kingdom Energy Statistics
英国能源统计辑要
1期/年

Financial Times: International Coal Report
金融时报，国际煤炭导报
26期/年

Energy Prices and Taxes
能源价格与税额
4期/年

Annual Coal Information
煤炭信息
1期/年

Coal Industry
煤炭工业
52期/年

Monthly Energy Bulletin: Hydrocarbons
能源统计月报
12期/年

Northern Miner
北方矿工
52期/年

Coal Focus
煤炭简讯
12期/年

South African Coal
南非煤炭业

CA Selects-Coal Science and Process Chemistry
化学文摘选辑，煤科学与工艺化学
26期/年

Photogrammetric Engineering and Remote Sensing
摄影测量工程与遥感
12期/年

Geophysical Prospecting
地球物理勘探
8期/年

Journal of Physics of the Earth
地球物理学杂志
6期/年

Journal of the Association of Exploration Geophysicists
地球物理勘探工作者协会志
4期/年

Canadian Society of Exploration Geophysicists Journal
加拿大勘探地球物理学家学会志
4期/年

Selected Water Resources Abstracts, With Annual Index
水资源文摘
12期/年

Water Resources Research
水资源研究
12期/年

Journal of Ground Water
地下水杂志
4期/年

Ground Water
地下水
6期/年

Water Resources
水资源（俄文期刊英译版）
6期/年
International Journal of Water Resources Development
国际水资源开发杂志
4期/年
Geotimes
地质时报
12期/年
Mathematical Geology
数学地质学
8期/年
Sedimentology
沉积学
6期/年
Geodrilling
地质钻探
6期/年
Exploration and Mining Geology
勘探和采矿地质学
4期/年
Engineering Geology
工程地质学
12期/年
Sedimentary Geology
沉积地质学
20期/年
Geologie en Mijnbouw (Geology and Mining)
地质与采矿
4期/年
International Journal of Coal Geology
国际煤炭地质学杂志
12期/年
Journal of Sedimentary Petrology
沉积岩石学杂志
6期/年
Rock Mechanics and Rock Engineering (Rock Mechanics/Felsmechanik/Mecanique des Roches)
岩石力学与岩石工程
4期/年
Acta Geologica Hungarica.（26018）(Text in English, French, German & Russian)
匈牙利地质学报
4期/年
International Journal of Water Jet Technology
国际水射流技术杂志
3期/年
Ex-Magazine (Eng. Ed)
爆炸杂志
1期/年
Bulk
散装物料
6期/年
International Journal of Bulk Solids Storage in Silos
国际仓库散料储存杂志
2期/年
Bulk Solids Handling
散装固体材料装运
4期/年
Water Environment & Technology
水环境与技术
13期/年
Water Environment Research
水环境研究
7期/年
Water, Air and Soil Pollution
水、空气与土壤污染
24期/年
Enrironmental Monitoring and Assessment
环境监测与评价
15期/年
Annual Review of Energy
能源年评
1期/年
Energy Research Abstracts
能源研究文摘
12期/年
Energy and Fuels
能与燃料
6期/年
Energy Abstracts
能源文摘
12期/年
Energy Review
能源评论
3期/年
Monthly Energy Review
能源评论月刊
12期/年
Energy Information Abstracts
能源情报文摘
10期/年
Progress in Energy & Combustion Science
能源与燃烧科学进展
6期/年
International Journal of Energy Research
国际能源研究杂志
9期/年
Financial Times: European Energy Report
金融时报：欧洲能源导报

25期/年

Urja; Indian Journal of Energy
印度能杂志
12期/年

Fuel
燃料
12期/年

Remote Sensing of Earth Resources
地球资源遥感
4期/年

Institution of Mining and Metallurgy Transactions, Section A: Mining Industry
采矿与冶金学会汇刊，A辑：采矿业
3期/年

IMM Abstracts
采矿与冶金学会文摘
6期/年

International Jounnal of Rock Mechanics & Mining Sciences & Geomechanics Abstracts
国际岩石力学与采矿科学及地质力学文摘
7期/年

Institution of Mining and Metallurgy Transactions, Section B: Applied Earth Science
采矿与冶金学会汇刊，B辑：应用地学
3期/年

Minerals Industry International
国际采矿工业
6期/年

Industrial Minerals
工业矿物
12期/年

Indian Journal of Geology
印度地质学杂志
4期/年

Journal of Mines, Metals and Fuels
采矿、金属与燃料杂志
12期/年

Journal of the Institution of Engineers (India): Mining Engineering Division
印度工程师学会志：采矿工程
2期/年

Indian Mining and Engineering Journal
印度采矿与工程杂志
12期/年

CIM Bulletin
加拿大采矿与冶金通报
12期/年

Journal of the South African Institute of Mining and Metallurgy
南非采矿与冶金学会志
12期/年

Australasian Institute of Mining & Metallurgy Bulletin and Proceedings
大洋洲采矿与冶金学会通报与会议录
7期/年

Mines Magazine
矿业杂志
12期/年

American Mining Congress Journal
美国采矿协会志
12期/年

Mining Engineering
采矿工程
12期/年

Engineering and Mining Journal
工程与采矿杂志
12期/年

In situ; Oil, Coal, Shale, Minerals
矿场
4期/年

Federal Mine Safety and Health Review Commission-Decisions
联邦矿井安全与保健检查委员会决议
12期/年

California Mining Journal
加利福尼亚采矿杂志
12期/年

Log Analyst
测井分析员
6期/年

Soviet Mining Science
苏联采矿科学
6期/年

Colorado School of Mines Quarterly Review of Engineering, Science, Education and Research
科罗拉多矿业学院工程，科学，教育与研究季评
4期/年

Skillings' Mining Review
斯基林氏采矿评论
52期/年

Mine Injuries and Worktime Quarterly
矿山工伤与工时季报
4期/年

Technology News
技术新闻

Surface Miner
露天矿工
4期/年

Peat Abstracts
泥炭文摘
4期/年

Mine & Quarry
采矿与采石

10期/年

Mining Technology
采矿技术
12期/年

Mining Engineer
采矿工程师
12期/年

Mining Journal, With Mining Magazine and Mining Annual Review
采矿周刊 附采矿杂志、采矿年评
65期/年

Resources Policy
资源政策
4期/年

Mining Society Journal
采矿学会志

British Mining
英国采矿
3期/年

International Gold Mining Newsletter
国际金矿通讯
12期/年

Geotechnical and Geological Engineering
地质技术与地质工程
4期/年

Minerals Engineering
矿物工程
12期/年

World Mining Equipment
世界采矿设备
12期/年

Gluckauf Mining Reporter
采矿报道
2期/年

Journal of Seismic Exploration
地震勘探杂志
3期/年

Journal of Mining Research
采矿研究杂志
4期/年

International Journal of Mineral Processing
国际矿物处理杂志
12期/年

Ore Geology Reviews
矿物地质学评论
6期/年

IJSM-International Journal of Surface Mining & Reclamation
国际地面开采与复田杂志
4期/年

International Journal of Environmental Issues in Mineral and Energy Industry
国际采矿与能源工业中的环境问题杂志
4期/年

International Journal of Mine Water
国际矿井水杂志
4期/年

Canadian Mining Journal
加拿大采矿杂志
12期/年

CANMET Review Annual
加拿大矿物与能源技术中心年鉴
1期/年

MINTEC; Mining Technology Abstracts
采矿技术文摘
26期/年

MINPROC; Mineral Processing Abstracts Bulletin
矿物加工文摘通报
26期/年

Journal of the Institute of Mine Surveyors of South Africa
南非矿山测量员协会志
4期/年

Chamber of Mines of South Africa. Mining Survey
南非矿会矿业综览
2期/年

Journal of the Mine Ventilation Society of South Africa
南非矿井通风学会志
12期/年

Australian Mining
澳大利亚采矿
12期/年

Mine and Quarry Mechanisation
采矿与采石机械化
1期/年

Mining Monthly
采矿月刊
12期/年

Mining Journal Queenslant Government
昆士兰政府采矿杂志
12期/年

Quarterly Mineral Statistics
矿物统计季刊
4期/年

Mining Review
采矿评论
6期/年

Australia, Bureau of Mineral Resources Geology and Geophysics Resource Report
澳大利亚矿物资源、地质与地球物理资源局资源报告

不定期出版

Journal of Coal Quality

煤质杂志

4 期

Coal

煤

12期/年

Coal News

煤新闻

52期/年

International Coal Review

国际煤炭评论

12期/年

Coal Week

煤炭周刊

52期/年

Materials and Components in Fossil Energy Application

矿物能应用材料与部件

6期/年

Keystone News Bulletin

基斯通新闻通报

12期/年

Coal Week International

国际煤炭周刊

52期/年

Coal Journal

肯塔基州煤炭杂志

12期/年

Weekly Coal Production

煤炭生产周刊

52期/年

National Independent Coal Leader

全国独立煤炭先驱

12期/年

Coal Distribution

煤炭销售

4期/年

Coal People

煤矿工

12期/年

Coal Transportation Report

煤炭运输导报

24期/年

King's Northern Coal

金氏北部煤炭

52期/年

Coal and Synfuels Technology

煤与合成燃料技术

50期/年

Mine Regulation Reporter

采矿规则报导者

25期/年

Clean Coal Technologies

净煤技术

12期/年

Quarterly Review of Methane from Coal Seams Technology

煤层甲烷技术季评

4期/年

Coal Voice

煤炭通讯

6期/年

Solid Fuel (as Solid Fuel and Coal Merchant and Shipper)

固体燃料

12期/年

Colliery Guardian (as Iron and Coal Trades Review)

采矿卫报

6期/年

Coal Preparation

选煤

4期/年

Coal Abstracts

煤炭文摘

12期/年

Coal Calender

煤炭会议一览

6期/年

Coal Abstracts. (Computer Readable Tape)

《煤炭文摘》(计算机磁带版)

12期/年

Coal News

煤炭新闻

12期/年

Coal Trades Review

煤炭贸易评论

8期/年

Coal UK

英国煤炭

12期/年

Mining & Energy

采矿与能源

2期/年

Bulletin of the International Peat Society

国际泥炭学会通报

1期/年

International Peat Journal

国际泥炭杂志

1期/年

International Coal Letter

国际煤炭通讯

26期/年

South African Mining, Coal, Gold and Base Minerals
南非采矿、煤、金和贱矿物杂志
12期/年

Coal Journal
煤炭杂志
4期/年

Australian Coal Report
澳大利亚煤炭导报
12期/年

AJM; Australian Journal of Mining
澳大利亚采矿杂志
11期/年

South African Coal Report
南非煤炭导报
12期/年

Pit and Quarry
矿井与采石场
12期/年

Rock Products
岩石产品
12期/年

Fuel Science and Technology International
国际燃料科学技术
12期/年

Journal of Explosives Engineering
爆破工程杂志
6期/年

Fuel and Energy Abstracts
燃料与能源文摘
6期/年

Clean-Coal-Synfuels Letter
精煤与合成燃料快报
52期/年

Coke Making International
国际焦炭生产
2期/年

Fuel Processing Technology
燃料加工技术
12期/年

Coal & Coke Statistics
煤与焦炭统计
12期/年

Journal of Surveying Engineering
测量工程杂志
4期/年

Tunneling and Underground Space Technology
隧道与地下空间工程
4期/年

Underground
地下
4期/年

Tunneling Technology Newsletter
隧道技术通讯
4期/年

Tunnels and Tunnelling
隧道与隧道工程
12期/年

World Tunnelling
世界隧道
6期/年

Pipes & Pipelines International
国际管道与管路
6期/年

波文期刊

Rudy i Metale Niezelazne
矿石与有色金属
12期/年

Archives of Mining Sciences/Archiwum Gornictwa.（351687）
矿业文献
4期/年

Przeglad Gorniczy
采矿杂志
12期/年

Wiadomosci Gornicze
矿业通报
12期/年

Mechanizacja i Automatyzacja Gornictwa
采矿机械化与自动化
12期/年

Gornictwo
采矿工程
4期/年

Koks, Smola, Gaz
焦炭，焦油，煤气
12期/年

捷克文期刊

Uhli-Rudy.（47655）
煤/矿物
12期/年

Ropa a Uhlie
石油与煤
12期/年

朝文期刊

Kwangob Soktan(Minning and Coal).(Text

in Korean)
矿业、煤炭（朝文）
6期/年
煤炭产业（朝文）
2期/年
煤炭技术情报（朝文）
6期/年

德文期刊

Staub-Reinhaltung der Luft
粉尘、空气净化
12期/年
Energie
能
12期/年
Energinewirtschaftliche Tagesfragen
现代能源经济问题
12期/年
BWK-Brennstoff-Waerme-Kraft
燃料热与动力
12期/年
Erzmetall
金属矿
12期/年
Berg-und Huttenmaennische Monatschefte B HM
矿山与冶炼职工月刊
12期/年
Glueckauf-Forschungshefte
矿业研究
6期/年
Gluckauf (German Ed)
矿业杂志
12期/年
Neue Bergbautechnik
采矿新技术
12期/年
Aufbereitungs-Technik-AT
选矿技术
12期/年
Bergbau
采矿
12期/年
Markscheideweson, Das
矿山测量
4期/年
As-Arbeit und Sicherheit
劳动与安全
12期/年
Braunkohle
褐煤
12期/年
Ruhrkohle
鲁尔煤
12期/年
Nobel Hefte
诺贝尔杂志
4期/年
Erdoel-Erdgas-Kohle
石油、天然气、煤
12期/年
Tiefbau, Ingenieurbau, Strassenbau
地下工程、土木工程、道路工程
12期/年
Hoch-und Tiefbau
地面建筑与地下工程
10期/年
Tunnel
隧道
6期/年

西班牙文期刊

Boletin Geologico Y Minero
地质与采矿通报
6期/年
Industria Minera
矿山工业
10期/年
Mineria
矿业
6期/年

匈牙利文期刊

Banyaszati es Kohaszati Lapok: Banyaszat
矿冶杂志：采矿
12期/年

罗马尼亚文期刊

Energetica
力能
12期/年
Rivista Minelor.
矿业杂志
12期/年

瑞典文期刊

Bergsmannen Med Jernkontorets Annaler

矿冶纪事
7期/年

意大利文期刊

Industria Mineraria, L'
矿物工业
6期/年

法 文 期 刊

Annales Des Mines de Belgique
比利时矿业纪事
4期/年
Annales des Mines
矿业纪事
12期/年
Mine et Carrieres, avec "Les Teehnicaues"
采矿工业—矿山与矿业安全
16期/年
Association Technique de I' Importation Charbonniere Monthly Statistics
煤炭进口技术协会月度统计
12期/年
Association Technique de I' Importation Charbonniere Annual Report
煤炭进口技术协会年度报告
1期/年

日 文 期 刊

エネルギー**生产・需给统计月报**
能源生产、供需统计月报
12期/年
石炭时报
煤炭时报
6期/年
地すベリ/**Landslides**
滑坡
4期/年
资源地质/Journal of the Society of Resource Geology
6期/年
救命器技术研究会志
救生设备技术研究会志
1期/年
Journal of Japan Society for Safety Engineeering
安全工学
6期/年
セイフライ・ダイジエスト/**Safety Digest**
安全辑要
12期/年
公害资源研究所报告
不定期出版
エネルギー/**Energy**
能
12期/年
エネルギー**经济**
能源经济
12期/年
省エネルギー/**The Energy Conservation**
节能
12期/年
燃料及燃烧/Fuel **and Combustion**
12期/年
科学技术文献速报/金属工学、矿山工学、地球科学编
科学技术文献快报，金属工艺、矿山工程、地球科学篇
24期/年
水曜会志
2期/年
资源处理技术
资源处理技术
4期/年
资源・素材会志
资源与原材料学会志
12期/年
矿山/Bulletin of Japan Mining Industry Association
矿山
12期/年
炭矿技术/Colliery Engineering
煤矿技术
12期/年
石炭技研
石炭技研
12期/年
石炭需给统计月报
煤炭供需统计月报
12期/年
矿业保安情报
矿业安全情报
12期/年
三井技术ダイジエスト
技术辑要
12期/年
炭矿新技术
煤矿新技术
1期/年
石炭プロヅエクト

煤炭计划
1期/年
石炭ニュース
煤炭新闻
156期/年
燃料协会志/Journal of the Fuel Society of Japan
12期/年
工业火药/Journal of the Industrial Explosives Society Japan
6期/年
火药と保安
炸药与安全
4期/年
トンネルと地下
隧道与地下工程
12期/年

俄 文 期 刊

ЭКОНОМИКА ОТРАСЛЕЙ ТОПЛИВНОЭНЕРГЕТИЧЕСКОГО КОМПЛЕКСА, ВЫПУСК "РЖ"
燃料和动力部门的经济问题
12期/年
ИС: НАУЧНО-ТЕХНИЧЕСКИЕ ДОСТИЖЕНИЯ И ПЕРЕДОВОЙ ОПЫТ В ОБДАСТИ ГЕОЛОГИИ И РАЗВЕДКИ НЕДР
情报丛刊：矿产地质与勘探领域科技成果与先进经验
12期/年
ГЕОЛОГИЯ, ЭКОНОМИКА, МЕТОДЫ ПРОГНОЗА, ПОИСКОВ, ОЦЕНКИ И РАЗВЕДКИ И МЕСТОРОЖДЕНИЙ ТОПЛИВНО-ЭНЕРГЕТИЧЕСКОГО
燃料动力矿床地质，普查与勘探方法以及经济问题和评价与预测方法
ГЕОЛОГИЯ, ЭКОНОМИКА, МЕТОДЫ ПРОГНОЗА, ПОИСКОВ ОЦЕНКИ И РАЗВЕДКИ МЕСТОРОЖДЕНИЙ ТВЕРДЫХ ПОЛЕЗНЫХ ИСКОПАЕМЫХ
固体有用矿物矿床的地质、普查与勘探方法以及经济问题和评价与预测方法
24期/年
ЭИ: ГИДРОГЕОЛОГИЯ Я ИНЖЕНЕРНАЯ ГЕОЛОГИЯ ЗАРУБЕЖНЫЙ ОПЫТ
科技快报：水文地质与工程地质（国外经验）
ТЕХНИКА, ТЕХНОЛОГИЯ ГЕОЛПГОРАЗВЕДОЧНЫХ РАБОТ
地质勘探技术与工艺
12期/年
ЭКОНОМИКА ГЕОЛОГОРАЗВЕДОЧНЫХ РАБОТ
地质勘探工作的经济问题
12期/年
ГЕОЛОГИЯ И ГЕОФИЗИКА
地质学与地球物理学
12期/年
ИЗ·ВУЗ СЕРИЯ ГЕОЛОГИЯ И РАЗВЕДКА
苏联高等学校通报：地质与勘探辑
12期/年
ИНЖЕНЕРНАЯ ГЕОЛОГИЯ
工程地质学
6期/年
СОВЕТСКАЯ ГЕОЛОГИЯ
苏联地质学
12期/年
ЛИТОЛОГИЯ И ПОЛЕЗНЫЕ ИСКОПАЕМЫЕ
岩石学与有用矿物
6期/年
ГИГИЕНА ТРУДА И ПРОФЕССИОНАЛЬНЫЕ ЗАБОЛЕВАНИЯ
劳动卫生与职业病
12期/年
БЕЗОПАСНОСТЬ ТРУДА В ПРОМЫШЛЕННОСТИ
工业中的劳动安全
12期/年
АВТОМАТИЗАЦИЯ И СОВРЕМЕННЫЕ ТЕХНОЛОГИИ
自动化与现代化工艺
12期/年
ГОРНОЕ ДЕЛО СВОДНЫЙ ТОМ "РЖ" С УКАЗАТЕЛЯМИ
文摘杂志：矿业
12期/年
КОМПЛЕКСНОЕ ИСПОЛЪЗОВАНИЕ МИНЕРАЛЬНОГО СЫРЬЯ
矿物原料的综合利用
12期/年
ФИЗИКО-ТЕХНИЧЕСКИЕПРОБЛЕМЫ РАЗРАБОТКИ ПОЛЕЗНЫХ ИСКОПАЕ МЫХ
矿物开采的物理技术问题
6期/年
ИЗОБРЕТЕНИЯ СТРАН МИРА: ВЫПУСК 63.БУРЕНИЕ; ГОРНОЕ ДЕЛО
世界专利文摘：第63辑，钻探，矿业
24期/年
ГОРНОЕ И НЕФТЕПРОМЫСЛОВОЕ МАШИНОСТРОЕНИЕ ВЫПУСК "РЖ" С-УКАЗАТЕЛЯМИ
文摘杂志：采矿与采油机械制造
12期/年

ГОРНЫЙ ЖУРНАЛ
矿业杂志
12期/年
ИЗ·ВУЗ·СЕРИЯ ГОРНЫЙ ЖУРНАЛ
苏联高等学校通报：矿业杂志辑
12期/年
РАЗВЕДКА И ОХРАНА НЕДР
矿床勘探与保护
12期/年
СОВЕТСКИЙ ШАХТЕР
苏联矿工
12期/年
ШАХТНОЕ СТРОИТЕЛЬСТВО
矿山建设
12期/年
МИНЕРАЛЬНЫЕ РЕСУРСЫ РОССИИ ЭКОНОМИКА И УПРАВЛЕНИЕ
俄罗斯矿产资源，经济与管理
6期/年
ГЛЮКАУФ. (НА РУС.ЯЗ.)
采矿
24期/年
МЕТАЛУРГИЧЕСКАЯ И ГОРНОРУДНАЯ ПРОМЫШЛЕННОСГЬ
冶金与采矿工业
4期/年
УГОЛЬ
煤炭
12期/年
УГОЛЬ УКРАИНЫ
乌克兰煤炭
12期/年
КОКС И ХИМИЯ
焦炭与化学
12期/年
ТОРФЯНАЯ ПРОМЫШЛЕННОСТЪ
泥炭工业
12期/年
ХИМНЯ ТВЕРДОГО ТОПЛИВА
固体燃料化学
6期/年
ТРУБОПРОВОДНЫЙ ТРАНСПОРТ ВЫПУСК “РЖ”
文摘杂志：管道运输
12期/年

企业简介

北京矿务局

北京矿务局是全民所有制大型煤炭综合性企业,成立于1949年5月,是全国五大无烟煤生产基地之一。现有职工5.1万人,其中专业技术人员6000人。中级以上职称1500人。所属单位分布在北京城郊五区一县以及河北省三河县，企业占地面积1254万平方米，房屋建筑竣工面积236万平方米,主要煤矿专业生产设备27991台。拥有8座大中型煤矿，采煤方式有机采、炮采，核定年产量550万吨，1993年产煤551.7万吨。所产无烟煤按生成年代分为侏罗纪和石炭纪煤系,发热量高,含硫、磷成分低,适用于冶金、化工和民用燃料,除供应首都外,还销往全国并出口。

北京矿务局还从事机械加工、地质勘探、建筑安装、科研设计、电子仪表、建筑材料、矿用器材、民用爆破器材、仓储运输、矿泉水系列饮料、食品等多种行业生产。计有煤炭、水泥、火药、液压支架、矿车、渣浆泵、六面顶液压机、报警器、人造金刚石、铁红、活性白土等不同规格种类的产品近百个。其中北京矿务局开发研制的获得国家专利的产品滑移顶梁液压支架适应急倾斜、缓倾斜等煤层开采，畅销全国；北京矿务局开展的冲击地压防治研究等科研项目获国家科技奖励；北京矿务局生产的矿泉水系列饮料被评为北京市“十佳”饮料并多次获奖。北京矿务局拥有一个一万名职工、年产值可达1.2亿元的多角化经营的工贸实业公司，具有40年建筑安装历史的建筑安装总公司、具备承建30层以下民用建筑和大型工业项目及高级装修资质能力。有年产25万吨的全国最大规模的水煤浆生产示范厂，有北京市唯一生产民用爆破器材的化工厂并拥有国际领先水平的毫秒雷管生产线,有北京市独家铁红厂、活性白土厂。北京矿务局在市区和郊区有设施完备的宾馆，在北京市卫星城大兴县有占地37万平方米、内有3条铁路专用线的储运公司。还建有发电厂、水泥厂、矿用器材厂等一批工厂，有中日合资莱勒克食品有限公司等一批合资企业及合资合办项目。1993年，北京矿务局在超额完成国家产煤计划的同时，全年销售收入5.9亿元,实现工业总产值3.53亿元（不变价）。

局　　长：刘少昆
地　　址：北京市门头沟区新桥南大街2号
邮政编码：102300
电　　话：984.2462
电报挂号：9999
传　　真：984.2252

淮北矿务局

淮北矿务局属国家特大型企业，座落在安徽省北部的淮北市。铁路贯穿矿区，公路四通八达，水路可经淮河水系及京杭大运河入长江。矿区通讯可联络世界各地。

淮北煤田分布面积9600平方公里，含煤面积6912平方公里，地质储量丰富。煤种齐全，有焦煤、1/3焦煤、气煤、肥煤、瘦煤、贫煤、无烟煤、天然焦8大主要煤种，其中炼焦用煤占总储量的80%，是为我国稀少、华东地区奇缺的煤种。煤质为低硫、低磷、中低灰分。煤炭发热量在5000～8000千卡/公斤。煤炭产品有：原煤、冶炼焦精煤、混煤、中煤、末煤等。精煤主要供应宝钢、马钢等国营大中型钢铁企业和上海焦化厂、仪征化纤公司等化工企业，每年还向日本出口精煤60万吨；原混煤、洗中煤主要供应华东各电厂。非煤产品主要有：水泥、炸药、治癌针剂“华蟾素”、福乐定、幕墙玻璃、莫来石等，均在国内享有一定声誉，部分产品已进入国际市场，远销欧美、香港等地。

淮北矿务局成立于1958年，现有12对生产矿井，设计能力1200万吨/年，有7座选煤厂，年入洗原煤能力1100万吨。在建矿井两座，桃园矿（90万吨/年）已基本建成，祁南矿（180万吨/年）正在建设。

现有国有企业职工11.6万多人，集体企业职工近5万人。自党的十一届三中全会以来，矿区乘着改革开放的东风，加快改革步伐，转换经营机制，矿区经济得到了快速发展。从1984年起，煤炭产量一直稳定在1400万吨以上。1993年实现销售收入234835万元，创利12076万元。截止1993年底，累计生产原煤3.03亿吨，生产洗精煤6416.5万吨，创造工业总产值91.68亿元，上交利税14.07亿元，创汇2.3亿多美元。

局　　长：安兆忠

地　　址：安徽省淮北市

邮政编码：235006

电　　话：05611-322438

兖州矿务局

兖州矿务局位于山东省济宁市境内，成立于1976年，已发展成为以煤炭生产为主导，融建井、土建安装、地质勘探、煤化工、机械制修、水泥制造、铁路运输、电器、发电、服装、外贸为一体的特大型国有煤炭企业，连续四届被评为"中国煤炭工业优秀企业"（金石奖）。前不久，荣获1993年度全国优秀企业金马奖。被煤炭工业部推荐为全国百家现代企业制度试点单位，确定为全国煤炭工业20个综合发展的能源基地之一。

矿区建设速度快、投资效益好，煤炭生产大幅度增长。1991年以来煤炭生产以年平均近百万吨速度递增。1993年，在全局原煤生产人员较上年减少2700人的情况下，生产原煤1275万吨，突破了设计能力，1994年上半年原煤总产量达到758.9万吨。

安全管理工作积累丰富经验，安全生产创出全国最高水平。1987年以来，全局连续7年煤炭生产百万吨死亡率年平均在0.5以下，3次创出连续产煤1000万吨无死亡事故的全国最高水平，多次被评为部级"安全生产先进企业"。

产业结构调整取得明显成效，外向型经济不断发展壮大。兖州局制订并实施"煤与非煤并重"的战略，非煤产业得到迅速发展。1993年，全局非煤产业完成产值4.07亿元、利税1700万元，分别较上年增长20%和50%。1994年上半年完成产值3.49亿元，实现利税1710万元。与此同时，全方位对外开放逐步走向健康发展的轨道，已有精煤、动力煤、水煤浆、衬衫、法兰盘、录相带盒等产品出口欧亚许多国家。1994年可望向日本等国家、地区出口煤炭150万吨。

经济效益大幅度提高，利税增长率跃居行业前列。近几年来，兖州局始终把提高经济效益作为经济工作的中心，经济效益大幅度提高。1991年至1993年，全局连续3年实现盈利。1993年，全局在消化2亿多元增支因素基础上，实现利税3.84亿元，较上年增长2.68倍；利税增长率居全行业前列。1994年上半年全局实现利润15580万元，比上年同期提高57.96%。

科技进步取得重大突破，科技综合实力达到国内一流水平。全局坚持装备现代化与管理现代化相结合，坚定不移地走依靠科技进步的路子，取得了突破性进展。1988年以来，全局获得部级及其以上科技进步奖励项目30多项，取得直接经济效益2亿多元，其中，"兖州矿区工程建设施工技术"荣获1992年国家科技进步特等奖，成为建国以来全国煤炭行业和山东省科技领域唯一获得的最高荣誉，标志着兖州局科技进步综合实力达到国内一流水平和国际先进水平。

企业管理大大加强，整体素质显著提高。几年来，兖州局以一流管理为目标，走出一条具有兖州矿区特色的企业管理之路。1993年，全国21家特大型煤炭企业用户评价结果，兖州局产品质量列第一位；全局有13项成果获第二届全国煤炭工业企业管理现代化优秀成果奖，成果数量和质量均居全行业之首；连续三次被评为山东省"重合同守信用先进企业"，多次获省部级"文明企业"荣誉称号。

局　　长：赵经彻

地　　址：山东省邹县

邮政编码：273500

电　　话：(05475) 312801

电报挂号：3561

邢台矿务局

邢台矿务局位于冀南平原，太行山东麓古城——邢台市中兴路，京广铁路纵贯矿区，铁路专用线直通各生产矿井，交通十分便利。

1973年6月建局，现辖5个生产矿井，其中邢台矿、东庞矿、葛泉矿是国有重点矿，章村矿和显德汪矿是省属地方矿，1993年全部在册职工27084人，实际生产原煤654.93万吨，国有重点矿实现利润9887万元。国家大一型企业。在全国煤炭行业中较早建成了国家二级企业、现代化矿务局和质量标准化局。

邢台矿区煤炭储量丰富，煤种齐全。在局属井田范围内，保有精查地质储量18亿吨，煤种有肥煤、气煤、1/3焦煤，无烟煤和贫煤，其中1/3焦煤占全局产量的近2/3。目前，煤炭产品主要有：筛选混煤、洗精煤、洗粒煤、洗混中块和洗混煤等，还可根据用户需要利用先进的洗煤设备加工新产品。

邢台矿务局煤炭产品的特点是粘结性强，低硫、低灰、低磷、发热量高。生产的9级、11级冶炼焦煤被评为部优产品，6级冶炼焦煤获国家银奖，并出口韩国、日本、巴西等国家。

邢台局机械化装备程度高，采煤工艺先进。1994年上半年全局回采机械化程度达100%，其中综采机械化程度达78.27%；掘进机械化程度达64.61%，综掘程度为26.35%。投产于1968年的邢台矿，设计能力90万吨，核定能力120万吨，1993年实际生产原煤186.38万吨，在3个工作面全部实现综采化，其中放顶煤综采和简易放顶煤综采属国内领先水平，现正研试薄煤无人开采技术。建成于1983年的东庞矿，设计能力180万吨，1993年实际生产原煤208.3万吨。该矿使用和参加研制的4.5米、5米一次采全高综采支架世界领先，国内首次试采成功。竣工于1989年的葛泉矿设计能力60万吨，1993年实际生产原煤60.29万吨，矿井全部综采化，实现了一井一面。章村、显德汪两个省属地方矿近几年机械化程度也有了大幅度提高。1993年全局全员效率达到2.01吨/工。其中国有重点矿达到2.444吨/工。

近几年来，邢台矿务局以煤炭生产为依托，大力发展多种经营和第三产业。共自筹资金近2亿元，先后兴建了3座设计能力1.2万千瓦时的坑口矸石电厂、水泥厂、磨料厂、电镀厂、硅铁厂、工业硅厂等。同时，邢台矿务局积极发展外向型经济，与美、德、日、新加坡、台湾、香港等客商兴办了“邢台崆山塑料型材有限公司”，“邢台金兴塑料有限公司”，“邢台塔茨米电脑编织机制造有限公司”，“邢台康隆化工有限公司”，“深圳佳年医疗器械有限公司”，“香港火锅城”等合资企业，共吸引外资近千万美元。邢台矿务局作为煤炭工业部改制试点单位，现正积极筹划组建企业集团公司。

局　　长：李广申
地　　址：河北省邢台市中兴路104号
邮政编码：054021
电　　话：223102

蒲白矿务局

蒲白矿务局是国家大型企业，位于陕西省渭北煤田中部，地跨蒲城、白水两县，矿务局机关设在蒲城县罕井镇。

矿井东西走向长26公里，南北倾斜宽12公里，总面积260平方公里，平均海拔高度750米，主要可采煤层为5号煤，煤层可采厚度5米。

矿区煤质主要为瘦煤，有少量贫煤，水分适中，中灰、中硫，灰熔点较高，发热量5400～6200大卡/千克，为中高位发热量煤，适合于各种动力、锅炉及民用，是理想的火力发电、锅炉及生活燃料。

矿区现有职工1.8万人，各类专业技术人员1835人，其中高级管理工程技术人员117人，注册资金2.86亿元，年工业总产值1.13亿元，占地1.77千万平方米。二十余年来，经过全局职工的努力奋斗，矿务局已成为生产、基建、运输、销售一体化的生产基建经济实体。

矿区辖有白水煤矿、马村煤矿、南桥煤矿、南井头煤矿和正在建设中的朱家河煤矿，能力360万吨，生产块煤、混块煤、混煤，产品销往上海、南京、九江、荆门、陕西各大电厂及南通、无锡、常州、苏州等省市燃料公司。矿区建井工程处、建筑安装工程处具有较强的建筑安装实力，可承担百万吨级矿井建设、工业、民用建筑及安装工程任务。

矿区铁路客货列车全线贯通，运煤专线通达各矿生产系统，原煤直接装车外运，铁路、公路交通便利。

矿务局坚持以煤为主，积极发展多种经营和第三产业。辖管附属企业有机修厂、水泥厂、综合厂、铁路运输销售总公司、木材厂、汽车租赁公司、生活服务公司、物资供销公司、地质勘探、供电、消防、矿山救护、印刷等单位。产品有各类机电配件加工、425号水泥、速凝剂、高岭土、机砖、机瓦、耐火材料、涂料等，并承担铁路、公路货运任务，为拓宽市场经济开辟了较广阔的前景。

矿务局承包领导集团坚持安全生产，强化企业管理。在“团结、实干、进取、奉献”的企业精神鼓舞下，南井头煤矿、建安处获省级先进企业称号，铁路运输销售总公司获国家二级企业称号，425号水泥获国家级质量认证，具有出口权，高岭土质量深受外商信赖，日本、印度、约旦等国家和香港、台湾等地客商不断前来洽谈、订货，矿务局积极发展第三产业，使职工生活水平稳步提高。

局　　长：侯立桂
地　　址：陕西省蒲城县罕井镇
邮政编码：715517
电　　话：(09239)75310-21001
电报挂号：4349

淄博矿务局

淄博矿务局建于1953年，属独立法人企业。矿区横跨淄博、济南、济宁三市，所属8个煤矿，有11对生产井口，并附设工程公司、火工厂、机械制造厂、矿山机械建材厂、地质勘探工程处、医院、学校等矿井配套和生活服务单位，共有职工44816人。固定资产原值为73585万元，净值44121万元。全局生产格局是以煤为主，以化工、建材、发电、机械制造、碳化硅、铝土、高岭土、石膏开采及深加工、建筑安装工程为骨干，现能生产产品17个系列，236个种类，3000多个品种。产品销售网点分布全国各大城市，在北京、上海、南京、济南、烟台、青岛等城市设有办事处，及时提供优质服务。1993年全局总产值达4亿多元人民币。从1989年～1993年连续5年被列为全国最大的500家企业之一。

淄博局是最早在全国煤炭系统实行集团承包经营和局长负责制两项重大改革的企业之一。从1988年以来，先后实施了内部经营承包、成本否决权制度、班长转变职能、引进农民包工队、住房商品化等改革措施，取得了显著的成效。

特别是1992年以来，随着社会主义市场经济体制的建立和煤炭企业走向市场实现重大历史转变，企业改革的力度进一步加大，先后推行了内部市场经济体制和灵活有效的经营方式，采取了股份合作制、租赁经营、个人承包个人经营、国有民营、公有私营、出售、租售结合等多种经营方式，使企业在困难中得到了生存和发展。生产经营冲破各种困难，保持了稳定发展的势头。从1988年开始，连续6年保持了500万吨生产水平，实现节亏5500多万元。多种经营和第三产业有了突破性的发展。从1992年以来，新建和建成项目80个，其中投入在1000万元以上的中外长鸿建陶公司、海天大酒店、川北陶管厂已经投产见效，1992年全局多种经营和第三产业完成总产值15000万元，实现利润880万元。1993年实现总产值18000万元，实现利润1113万元。企业管理工作不断强化，减人提效成效显著。与7年前相比，职工总数下降12000人，全员效率由0.621吨/工提高到现在的0.789吨/工。全局通过分流转岗、分离经营的单位已达340多个，分流人员已超过12000人。目前，淄博局正在加快转产步伐，为提高企业的经济效益，调整产业结构而艰苦奋斗。

法　　人：肖德长
地　　址：山东省淄博市淄川区洪山镇
邮政编码：255120
电　　话：(0533)511321
电报挂号：7245

盘江矿务局

盘江矿务局位于贵州西部边界，与云南省富源县接壤，属贵州省六盘水市所辖，始建于1966年，现有24个矿、厂、处、公司等二级单位，有职工27600人，是国家大一型煤炭工业企业。

1993年，盘江矿务局认真贯彻落实党的十四届三中全会精神，以效益为中心，以市场为导向，深化企业改革，转换经营机制，依靠科技进步，发展煤炭生产，实现了“五个突破”：原煤产量连续3年超过435万吨/年的设计能力，突破500万吨大关，跻身大型矿区行列；原煤全员效率1.417吨/工，首次超过全国平均水平；商品销售收入突破5亿元，进入全国前500家工业企业行列；一举实现扭亏为盈，比亏损补贴指标节亏9300万元，比1992年减亏增盈10148万元；职工人均收入达到5498.85元，继续保持全国同行业领先水平。

盘江矿务局是一个发展中的矿区。1994年，被国家列为以国有重点煤矿为主体的综合发展基地。煤炭工业部领导考察盘江时指出：中国江南煤炭的发展重点在贵州，贵州的发展重点在盘江，要把盘江建设成高产高效、综合发展的大型企业集团。该局目前主要生产煤炭系列产品，有铸造焦用优质精煤、冶炼用各级精煤、发电和化工用煤、水泥回转窑用煤、蒸汽机车和工业锅炉用煤、冶金改良焦、化工焦、铸造焦等8大类11个品种，还可根据用户的特殊需求，生产其他煤炭产品，产品行销国内13个省、市、自治区；并正在积极创造条件发展电力、水泥、煤化工、冶炼等非煤支柱产业，走以煤为主、多种经营、综合发展的道路。

局　　长：宋福林
地　　址：贵州省盘县特区
邮政编码：561617
电　　话：(08682)222292、221073
电报挂号：4349

铜川矿务局

铜川矿务局是煤炭部所属大一型煤炭企业，是西北最大的煤炭生产基地之一。交通方便，铁路有咸铜线与陇海线接轨，210国道西铜一级公路直达矿区，西安国际航空港咸阳机场距铜川仅90余公里。

铜川矿务局建于1955年11月。建局30多年来，先后新建矿井13对，改扩建矿井4对，并兴建了火工、机电修配等厂，组建了矿山救护大队、地质勘探公司、煤研所、设计院、工程处和建筑安装公司及多种经营总公司，逐步形成了一个集生产、基建、科研和多种经营为一体的门类齐全、配套成龙的综合性大型煤炭企业。

铜川矿务局辖铜川、焦坪两个自然矿区，现有10对生产矿井，12个辅助生产厂（处），核定生产能力686万吨。建局以来累计生产原煤2亿吨。矿井工业广场、生产生活设施占地953万平方米，房屋建筑面积230万平方米，固定资产原值10.98亿元，净值6.94亿元。现有职工近6万人，其中各类专业技术人员5800多人，高中级专业技术人员1600多人，管理人员3400多人。离退休职工1.6万人，加上家属共约26万人。

铜川矿务局主要生产煤炭产品、火工产品、机电产品和多种经营产品4大类。煤炭产品有弱粘煤、不粘煤、气煤、焦煤、瘦煤、贫瘦煤6个品种；火工产品有硝铵炸药、乳化甘油炸药和瞬发雷管、毫秒雷管，年生产能力分别为4600吨和900万发；矿用机电产品主要有矿车、液力联轴器和直线电机系列产品；多种经营产品共有20类、400多个品种，年产值逾2亿元。水泥、电石、炭黑、碳素、地毯、工艺陶瓷、药用胶囊、耐火保温材料、风筒等产品已行销省内外。

铜川矿务局拥有大中型机电设备1000多台套，动力机械总能力达到26万千瓦。电子计算机在矿压观测、生产调度、计划财务、矿区通讯等生产经营管理系统广泛应用。科研机构形成网络。近10年来，累计完成科研成果576项，受奖224项。其中直线电机及驱动推车机获国家科技进步三等奖和部科技进步二等奖，YQ-3型液压清车机获陕西省优秀新产品奖，液力联轴器被评为部、省级优良产品。

局　　长：霍世昌
地　　址：陕西省铜川市红旗街
邮政编码：727000
电　　话：(0919)212211
电报挂号：4349
传　　真：(0919)214459

枣庄矿务局

枣庄矿务局地处山东省南部，位于津浦铁路两侧，是全国500家最大工业企业和500家最佳经济效益企业之一。现有十对生产矿井，七座选煤厂，三个基建工程处，两个机械修造厂，两对在建矿井。1993年底在册职工8.55万人。其中全民职工6.75万人，集体职工1.8万人。拥有固定资产20.7亿元，其中固定资产净值13亿元。

枣庄矿区辖有陶枣、官桥、滕南三个煤田，其中陶枣、官桥两个煤田已基本开发完，滕南煤田是接续煤田，具有工业储量16.7亿吨，煤炭资源丰富，赋存条件较为优越，交通运输便利，因煤质好，品种多，称誉国内外。是华东地区优质煤炭的生产基地之一，也是国家出口煤创汇的重点企业。

枣庄矿区具有悠久的开采历史，早在元代就有小窑采煤。清末年间，创办了“中兴矿局”，1899年，又创办了“中兴煤矿股份有限公司”，即为枣庄矿务局的前身。1956年成立了枣庄矿务局，30多年来，累计生产原煤2.13亿吨，上交利税12.3亿元。最高年产量达832万吨。为发展祖国煤炭事业和支援国家经济建设作出了较大贡献。

在党的十四大精神指引下，枣庄矿务局的物质文明和精神文明建设得到了同步发展，1989年晋升为国家二级企业，同年被原中国统配煤矿总公司命名为质量标准化矿务局，1992年又建成现代化矿务局，连续多年被上级评为安全生产和精神文明建设先进单位。

80年代以来，枣庄矿务局的原煤产量一直保持在600万吨以上，1993年生产原煤613万吨，比计划超产73万吨。实现利税4155万元，产值4.77亿元（不变价格），销售收入12.5亿元，减亏138万元，比上年减亏2444万元。同时还创出了安全、工作面单产、采煤机械化、企业坑木万吨耗、商品煤灰分、出口创汇、多种经营总收入等十项历史最好水平。

枣庄矿区的煤炭以质优而著称，煤种为肥煤、1/3焦煤和气煤。产品品种主要有冶炼精煤、动力精煤、动力混煤等。枣庄矿区生产的煤炭具有低灰、低硫、发热量高、胶质层厚、粘结性能强等特点。枣庄矿区的煤炭质量可靠，商品煤、精煤的平均灰分均低于全国平均水平，该局八一煤矿生产的八级冶炼精煤于1989年荣获国家银牌，为出口免检产品。1992年，该局又跨入全国十一家煤炭质量信得过单位的行列，在山东仅此一家。煤炭品种比较齐全，可以根据不同用户需要，生产加工多种级别的冶炼精煤、洗混煤、洗末煤以及筛选混煤、混中块煤，其中冶炼精煤占商品总量的80%。近年又研究开发了新型产品水煤浆，即将形成25万吨/年的生产能力，为实现以煤代油开辟了良好前景。

在社会主义市场经济的新形势下，枣庄矿区在抓好煤炭生产的同时，十分重视多种经营和第三产业的发展，较好地解决了富余人员的安置。1993年，该局多种经营总收入达到2.4亿元，利税和人均效率都有了新的突破。

目前，枣庄矿区正在加大力度开发滕南煤田，随着建设步伐的加快，相信21世纪初期，枣庄矿务局将建成年产千万吨煤炭的特大型企业，这个具有百年采矿史的老矿区将以新的风姿奔向美好的未来。

法　　人：单玉泰
地　　址：山东省枣庄市薛城区泰山南路
邮政编码：277000
电　　话：(05471)413211～413220
电报挂号：1444
传　　真：国内局总机转81100、81169
国际314670

郑州矿务局

郑州矿务局（原名新密矿务局）位于河南省中部、郑州市西南40公里处的密县境内。矿区地跨密县、登封、新郑、伊川、汝州、郑州市郊区六县（市），东西长150公里，南北宽5～45公里，含煤面积1000平方公里。规划利用储量32亿吨，远景储量30亿吨。矿区东有京广、西有焦枝、北有陇海三大国铁干线环抱，位置适中，交通便利。煤种为无烟煤和贫煤，煤质中灰、低硫、高发热量，主要用于发电、冶金及民用，是优质工业动力煤，供应本省、湖南、湖北、广州、广西以及华东等地，“洛阳六号无烟煤”自1955年一直出口日本、东南亚等国家和地区。

郑州矿务局1958年建局，现有固定资产7亿元，流动资金2.8亿元，年创利税7588万元，煤炭生产能力690万吨，职工35558人，其中专业技术人员3397人，局属有六对生产矿井、两对在建矿井、两个施工单位、两个水泥厂、两个机械厂、一个电厂等46个生产建设单位，还有铁路运销、电力、机制、旅游业及商业等十个专业化公司，基本形成了以生产煤炭为主，建材、电力、铁运和多种经营共同发展的大型综合企业。

郑州矿务局多种经营及第三产业发展较快，目前多种经营产品已达750余种，扩大到30多个行业，总产值2亿元，其中电力、铁路、建材、耐火材料、旅游业及商业等已成为多种经营的支柱产业。同时，还积极发展外向型经济，先后在海南、深圳、广州、北京、上海浦东、宁波、厦门和满洲里等地注册了一批商贸公司。并内引外联，发展劳务输出，与河南医科大学合资兴建了制药厂，与加拿大、匈牙利合资兴建了中加矿业航运集团、华能达贸易有限公司，与中美洲国家伯利兹进行技术合作，输出劳务，使劳务打入国际市场。

郑州矿务局注重加强企业管理和基础工作，以提高经济效益为中心，走“投入少、产出多、消耗低、效率高”的路子。企业素质和经济效益取得显著提高，从1989年起矿井百万吨死亡率保持在1以下，连续5年被煤炭工业部评为“安全生产先进单位”。1991年、1992年两年减亏2000多万元，1993年矿务局三步并作一步走，一年实现扭亏为盈，实现年减亏5126万元，盈利165万元，1994年上半年又实现盈利330万元，受到了煤炭工业部的通报表彰。1989年以来，我局先后被国家命名为“质量标准化矿务局”、“河南省一级先进企业”、“国家二级企业”，认定为“国家大一型企业”，荣获“中国煤炭工业优秀企业管理金石奖”，被河南省及郑州市评为“重合同守信用”先进单位。局坚持双文明建设同步发展的方针，大力弘扬“艰苦奋斗、脚踏实地、自信自强、争创一流”的企业精神，注重发挥思想政治工作优势和党组织的战斗堡垒作用。1991年被河南省委、郑州市委授予“先进党组织”，1992年获原能源部“思想政治工作优秀企业”称号。1993年郑州矿区列为国家重点发展矿区，根据煤炭部批准的郑州矿区发展规划，到本世纪末，郑州矿区将建成技术先进、安全高效、环境优美，煤、电、路、建材及商贸联合经营，多种经营共同发展的跨地区、跨行业、年产煤炭1000万吨以上的现代化特大型企业集团。

局　　长：赵宗晋
地　　址：河南省郑州市郑州矿区
邮政编码：452371
电　　话：(0371)6971166
电报挂号：0583（密县）

澄合矿务局

澄合矿务局地处陕西澄城、合阳两县境内，位于渭北石炭二迭纪煤田中段。矿区面积1688平方公里，已探明地质储量85.75亿吨。矿区筹建于1970年，成立于1974年。20多年来，依照矿区发展规划，在国家大力支持下，经过广大职工共同努力，已建成四对生产矿井，设计能力300万吨/年。截止1994年7月底，在册职工17223人，固定资产53651万元。属国家大二型企业。

近两年来，该局按照“坚定不移，积极稳妥，改而有序，放而不乱，管而不死”的方针，积极推行“四位一体”经营管理体系和“模拟法人”运行机制，在物价大幅度上涨的情况下，材料消耗和原煤成本大幅度下降。特别是原煤坑木消耗，由1990年的47立方米/万吨下降到1993年的10立方米/万吨。1994年1～7月又下降到5.5立方米/万吨。从1991年起该项就步入了全国低耗局的行列。原煤成本，1994年1～7月为80.01元/吨，较上年同期106.98元/吨减少26.91元/吨，下降25.21%。其中西区三矿分别为：权矿74.71元/吨，二矿65.70元/吨，董矿70.67元/吨。全局除王村矿外，其他各矿均实现盈利。

在“以煤为主、多种经营”的方针指引下，该局多种经营第三产业得到了长足的发展。1993年产值突破3000万元大关，利润实现126万元。主要厂点有：黄河制本厂（印刷厂）、西安印刷分厂、光华医药材料厂（胶囊厂）、服装加工厂、纸箱厂、王村电厂、电线电缆厂、汽修厂、锚杆厂、南方公司、董矿皮鞋厂、二矿肥皂厂、权矿无纺布厂、王村矿防腐涂料厂等。其中印刷厂采用激光照排、胶印等先进技术，承担20多种报刊的印刷任务；光华医药材料厂已成为国家医用胶囊定点生产厂家；纸箱厂生产出口外贸纸箱，新厂区生产线已于1994年8月10日正式投产，预计年产值可达200万元。其他几个骨干项目正在进行之中。装机容量1.2万千瓦的煤矸石发电厂开工报告已经审批；投资550万元的联营白水泥厂可望1995年上半年投产；10万吨火山灰水泥厂1200万元投资已落实。1994年多种经营产值计划力争突破4000万元，利润力争实现200万元。

随着国家经济建设的发展，煤炭需求量日益增大。该局现有供煤用户171万吨，省外主要销往江苏、湖北等地，洗精煤运销日本。“八五”、“九五”期间渭北地区电力发展较快。秦岭电厂装机容量105万千瓦，年需煤量399万吨；蒲城电厂设计装机容量126万千瓦，年需煤量480万吨；韩城电厂现装机容量40万千瓦，国家计划“八五”后期开工扩建，设计总装机容量240万千瓦，年需煤量900万吨。据此，该局省内电煤市场可达500～600万吨/年。根据西安煤矿设计研究院1991年6月编撰的《晋、陕、蒙西规划区〈煤炭开发战略研究〉科研报告》，澄合矿区发展规划到本世纪末和下世纪初在合阳境内开采山阳、安阳、西卓子等矿，矿区设计能力可达600万吨/年。为适应未来煤炭市场需求，科学有序地安排矿区生产建设活动，矿务局已向上级提出编制矿区总体规划、开建新井的申请。相信不远的将来，该矿区将以崭新的姿态屹立在渭北黄土高原上，为国家经济建设做出更大的贡献。

局　　长：高新民
地　　址：陕西省澄城县南大街102号
邮政编码：715200
电　　话：(09235)212721-4　212868
传　　真：(09235)212369
电报挂号：3561

松藻矿务局

松藻矿务局成立于1979年，是国家大型企业。井田地质储量10.65亿吨，企业设计规模为年产405万吨，固定资产原值8.455亿元。所属有5对生产矿井、1个基建工程处、1个洗选厂等18个二级单位，有职工2.4万余人，各种专业技术人员近3000人。

松藻矿区是四川省东部最大的无烟煤生产基地，其地质储量、开发规模、原煤产量和机械化水平，目前在重庆煤炭行业中均居首位。至1993年，共生产原煤3132万吨。

松藻矿务局地处川黔交界的重庆市綦江县境内，局本部位于綦江县打通镇，北距重庆174公里，距綦江县城83公里，南距贵阳343公里。矿区中部、北部有自建准轨铁路专用线27公里，并与川黔铁路干线接轨。川黔公路（国道210线）横贯矿区，自建公路33公里，两端与之相连，交通较为便利。

松藻矿务局主要产品是无烟煤和洗精煤。煤质属中灰至高灰、富硫至高硫、低磷无烟煤，发热量为27.02～30.29百万焦耳/千克。原煤主供省内民用，发电和作轻化工燃料或原料。年洗煤产量可达100万吨。1993年，生产原煤269.6万吨，煤炭销售总收入30839万元。同时兼营碳黑、水泥、矿建、土建、机电安装、修理、制造、客货运输。近几年、多经三产企业迅猛发展，其产品主要有轻化工、饮料、瓦斯抽放用钻杆、建筑材料等数10个品种。1993年，非煤类产品产值8757万元。

法　　人：蒋永淦
地　　址：四川省重庆市綦江县
邮政编码：631445
电　　话：(08212) 663831、663861、662664、662424
电报挂号：2172

乌达矿务局

乌达矿务局位于内蒙古自治区乌海市境内，始建于1958年，是自治区西部的主要煤炭生产基地之一。经过30多年的建设，现已成为以煤为主、多种经营的国家大型（二档）煤炭企业。

全局现有黄白茨、苏海图、五虎山3个生产矿、两个洗煤厂和发电厂、总机厂、焦化厂、建井工程处、建筑安装工程处、机电安装工程处、多种经营总公司及各类学校、医院等下属机构。矿井原设计能力351万吨，经过不断改造扩建，现设计能力为390万吨，实际生产能力已达450万吨，拥有固定资产59426万元，年工业总产值31225万元。矿区有固定、合同制职工26359人，其中各类专业技术人员5104人，占职工总数的1.936%。矿区安全设施和采、掘、机电、运输设备比较先进，采煤机械化和掘进机械化程度分别为86.56%和75.19%。基本建设和机械加工技术力量雄厚，可承担局内外土建、井巷工程的施工安装任务和机修、机械加工制造业务。

乌达矿务局系国家统配煤矿。矿区面积210平方公里，井田面积35平方公里。累计探明煤炭地质储量6.67亿吨，现有地质储量5.68亿吨，可采储量4.23亿吨。煤田的煤层稳定，分布均匀，属浅地表、近距离、缓倾斜煤层，易于开采。煤种属1/3焦煤、气煤和焦煤，发热量平均在25兆焦尔/公斤左右，是优质的炼焦和动力用煤。销售的主要煤炭产品有混煤、精煤和块煤，主要供给区内各大发电厂和包钢，也远销华北、东北、华东等地区，深受用户欢迎。

乌达矿务局紧靠包兰铁路，矿区铁路专用线在乌海西站直接与包兰线相接。矿区公路纵横交错，110国道穿越矿区南北。交通运输比较方便。

十一届三中全会以来，乌达矿务局坚持把改革放在首位。建立健全了各种规章制度，逐步形成了经营承包、内部核算、内部银行、经营调度四位一体的经营管理运行机制，大大提高了经营管理水平，提高了效率，降低了消耗。在原材料大幅度涨价，各种增支因素急剧增多的情况下，全局原煤成本一直保持在全国统配煤矿最低的水平。

乌达矿务局在发展煤炭生产的同时，充分利用矿区优势，大力发展多种经营和集体经济。目前，全局多种经营已拓展到了农业、养殖、发电、焦化、建材、建筑与安装、机械制造、交通运输、食品加工、商饮服务等20多个行业，建立生产经营网点150多个，生产产品140多种，拥有固定资产9878万元，从业人员达12022人。1993年，全局多种经营实现总产值15210万元，实现利税929.5万元，有力地促进了矿区的生产建设和职工生活水平的提高。

局　　长：文乾惠
地　　址：内蒙古自治区乌海市乌达矿务局
邮政编码：016040
电　　话：323355
传　　真：324770

南桐矿务局

南桐矿务局是重庆地区的主焦煤生产基地，为部属大二型企业。局下属15个二级核算单位，职工总数近3万人。现有5个矿7对生产井，核定能力年产原煤276万吨，拥有固定资产净值3.6亿元，年销售收入3.3亿元。全局先后荣获6个国家级荣誉称号，于1989年晋升为省级先进企业。局长张滋云，1992年被煤炭工业部评为优秀局长，1993年荣获四川省第六届优秀企业家称号。

南桐局具有较强的产品开发、创新能力和较健全的质量保证体系。除了生产不同品种的原煤，可根据市场的需要，洗选加工冶炼精煤、非冶炼用精煤、选电煤、锅炉煤、洗末煤、混煤等产品。其中冶炼精煤粘结力强，结焦性好，全国少有，是冶炼钢铁的理想燃料；新开发的锅炉煤质量稳定，发热量高，燃烧特性好，是各类大型锅炉的优质燃料；选电煤粒度均匀，质量稳定，不结炉，是火力发电厂的良好燃料。南桐局历来注重质量，信守合同，曾多次赢得用户的赞誉。连续2次被四川省、连续4次被重庆市命名为“重合同、守信誉”单位。

南桐局在努力发展煤炭生产的同时，积极调整产业、产品结构，大力发展多种经营和第三产业，形成了“选——硫——电——建——气——林”的以煤为主、综合开发的生产格局。两座洗煤厂经过大规模的技术改造后，年入洗能力达210万吨，年产精煤60多万吨；电厂经过两次改扩建，装机容量2.7万千瓦，年发电量1.7亿千瓦时；机制厂面向市场生产塔吊、金属摩擦支柱、绞接顶梁、振动筛、矿车、刮板运输机等多种产品，具备矿井提升、运输设备的制造和维修能力；重庆通力工程总公司，拥有2000多人的矿建、土建、安装施工队伍及先进的施工技术和设备，能承接大小断面隧道、井下地面立交桥、水火电站、工民建筑物的施工，以及机电设备的安装、建筑物的整体平移等。全局13个三产公司和15个独立核算、自负盈亏的集体企业，从事经营地质勘探、安装、装饰、建材、化工、轻化工、商业贸易、餐饮宾馆、食品饮料、工艺美术、林果茶、养种植等10多个行业，拥有100多个厂点，主要生产硫精砂、水泥、二氧化碳吸收剂、纳石灰、轻质碳酸钙、铸造焦、茶叶及各种橡胶制品等产品，从业人员上万人，年产值突破亿元大关，成为企业的一大经济支柱。

法　　人：张滋云
地　　址：四川省重庆市万盛区清溪桥
邮政编码：630802
电　　话：(08216)71724　71935
电报挂号：3815
传　　真：71243

鹤壁矿务局

鹤壁矿务局位于河南省北部的鹤壁市，西依太行山，东临京广铁路，矿区铁路与国营铁路干线接轨，公路与京深高速公路、107国道相连，交通十分便利。

鹤壁矿务局是全国500家大型企业之一，1990年晋升为国家二级企业，1992年被评为全国煤炭工业优秀企业。该局现有八对矿井，年设计能力445万吨，核定能力421万吨，实际生产能力为500万吨左右。另有九个地面生产厂、一个工程处、两个建筑公司及医院、学校等辅助单位。固定资产原值7.7784亿元，净值4.8688亿元。1993年全局在册职工56568人，其中全民职工43536人，集体职工13032人。

矿区煤种以瘦煤为主，为低灰、低硫、高发热量的优质动力煤。其产品有混煤、粉煤、块煤、冶炼精煤及其它精煤等7个品种，主要供电厂、铁路机车、锅炉等燃用。近几年，又出口日本、东南亚及欧洲等国家和地区。煤炭产品1992年、1993年连续两年被煤炭工业部评为煤炭质量信得过单位，在国内及国际市场上享有较高盛誉。1993年生产原煤467万吨，出口煤炭20万吨，煤炭产值实际完成2.9862亿元，包括多种经营产值在内，全局工业总产值已达到5.182亿元；安全方面，已连续10多年杜绝了瓦斯、煤尘、顶板等重大恶性事故；全员工效达到1.144吨/工。

该局在坚持以煤为主，大力发展煤炭生产的同时，多种经营、集体经济也有了长足的发展。主要产品已拥有阻燃输送带、圆环链、钢丝绳、镀锌铅丝、锦纶六工业长丝、水泥、铁合金、硅铁、锰铁等1000多种，不少产品畅销国内外市场。其中阻燃输送带被评为省优质产品，荣获全国科学大会奖；高强度圆环链荣获国家银牌；小直径凿岩钎头获国家专利和省“创业杯”优秀产品奖。1993年全民多种经营、集体经济总产值和经营总额达到2.2亿多元，被煤炭工业部评为全国煤炭多种经营先进企业。现在，鹤壁矿务局已经初步形成了煤炭、化工、电力、机械、建材、商贸农副加工等门类齐全的工业生产基地。

局　　长：周元庆
地　　址：河南省鹤壁市红旗街中段
邮政编码：458000
电　　话：(03812)221811、221611转21086
电报挂号：7729
传　　真：220588

广旺矿务局

广旺矿务局是国家大二型企业，位于北四川大门，局机关驻旺苍县城。下属17个县团级单位，分布在广元市和巴中地区的四个县（区）境内，东西走向200公里，南北宽3公里，面积约600平方公里。全局现有职工1.97万余人，固定资产3.2亿多元（原值），设计生产能力160万吨，实际年产量达200万吨以上，是川北重要煤炭生产基地。

从建局到现在，经过32年的历程，培育出了具有广旺特色的“求实创新，艰苦奋进”的企业精神，培育出了一支吃苦耐劳、敢于拼搏、讲求奉献、特别能战斗的职工队伍，领导班子、矿风矿貌和两个文明建设有了突破性的进展，初步形成了“以煤为主、多种经营、百业俱兴”的综合性经济实体。成为省级先进企业、省级文明单位、省级优秀政工企业、省级先进企业党组织，被原中国统配煤矿总公司授予安全生产先进局、坑木低耗先进局、爆破器材管理先进局、支护用品管理上纲要先进单位、通风管理先进单位、整顿劳动组织提高全员工效先进单位；党风廉政建设、班组建设、思想政治工作、文教、卫生、计划生育、社会治安、环境保护等方面的工作多次受到省有关部门和当地政府的表彰。

广旺矿务局1985年以来实行局、矿、厂长负责制，局经营集团为了切实完成总承包任务，对二级单位实行以效益和安全为主的逐级承包，试行模拟法人运转，向集团化公司过渡，逐步建立现代企业制度。局矿在降低煤炭成本、减面、减头、减人提效等方面做了很多卓有成效的工作，改革采煤方法和支护方式，填补了大倾角采煤技术空白，因地制宜地不断发展采煤机械化，对采、掘、机、运、通系统进行改造，投入资金搞技术装备和小改小革，狠抓质量标准化工作，确保了安全生产。为了提高煤炭质量，拓宽销售门路，增强企业发展后劲，局下决心投入资金调整产业结构，发展多种经营，八个生产矿井都先后建起了洗煤厂，煤炭产品有混煤、洗煤、块煤、焦炭、中泥煤。兴建了煤矸石厂、水泥厂等效益型多经企业，产品有发电、水泥、矸砖、矿用机电设备、橡塑制品、硅铁、磁化肥、花岗石、大理石、床上用品、办公用品、针棉织品和种植、养殖品等；此外汽车胎翻新、清凉保健茶、高弹泡沫、双防保丽板、空胶钢门窗、合成燃料、汽车修理、疗养旅游等。为企业的生存和发展奠定了坚实的基础。（何光银）

法　　人：吴怀炎
地　　址：四川省旺苍县广旺矿务局
邮政编码：628200
电　　话：08248—23013（总机）

义马矿务局

义马矿务局是国有特大型煤炭企业，全国500家大型工业企业之一，拥有固定资产原值13亿、净值9.3亿元，现有职工58109人。

90年代，义马矿务局进入了新的发展时期，社会主义市场经济体制的确立，又给这个古老的矿区注入了新的生机和活力。1993年，在铁路运力不畅、资金供求紧张的困难条件下，义马局靠全局职工的共同努力，各项工作都取得了明显成效：发出商品煤990多万吨，销售收入7.76亿元，再次跻身于全国500家大型企业行列；比计划减亏2675万元，遏制了企业连年大幅度亏损的被动局面，企业效益明显好转；企业的安全基础工作比较扎实，连续7年获"安全生产先进单位"称号，其它各项经济技术指标均创历史最好水平。企业呈现欣欣向荣的景象。

1994年义马矿务局确立了"三步并作两步走 提前一年实现扭亏为盈"的工作指导方针，全局上下围绕经济效益这个中心，深化企业内部改革，使内劲，挖内潜，1～6月份各项经济技术指标再创历史同期最好水平，上半年减亏2559万元，实现盈利100多万元，甩掉了压了多年的"亏损帽子"，安全、全员工效等经济指标都超额完成年初计划。产业结构调整获新的突破，日产120万标准立方米、投资20.69亿元的义马煤气化工程已获国家批准，1995年下半年即可开工建设，1998年建成投产。该工程的上马建设，为改变义马局单一的煤炭产业结构，实现多元化产业的综合发展奠定了基础。为彻底改变义马局经济状况而兴建的系列效益工程已初具规模。曹窑、跃进矿的洗煤厂今年年底将建成投入使用，这样曹窑矿将跨出亏损矿的"低谷"。观音堂矿的矸石电厂和跃进的自备电厂正加紧施工，1995年国庆节前可望建成投产，1996年这两个矿亦告别长期亏损的历史，水泥厂、北露天矿炸药厂的扩建工程正上马建设，这两个项目为该单位效益的提高又增添了新的后劲。

展望义马的未来，一个新的煤——电——气——化一体化的现代企业集团正在迅速崛起，一个有过辉煌过去的义马矿务局，正焕发精神，创造出一个更加美好的未来。

局　　长：李玉成
地　　址：河南省义马市朝阳路10号
邮政编码：472300
电　　话：03887—202795
电报挂号：5030

新峰矿务局

新峰矿务局系国家大型二档企业，在全国100家最大煤炭采选企业行列中居第64位，是河南省地方国有重点矿务局之一。

该局具有近百年开采历史，现有4对生产矿井和2对在建井，设计生产能力为282万吨/年；还有8座辅助企业和13个多种经营单位。拥有固定资产1.2亿元，总占地面积2700余亩，职工和家属14000人，各类专业技术人员570名，其中高级职称29人，中级职称128人。1992年被河南省煤炭工业厅授予"安全生产先进单位"、"坑木低耗标兵局"和"金属支护用品先进局"荣誉称号。所属六矿和一矿、二矿以及救护队分别被上级命名为部级和省级"质量标准化矿井"、"特级军事化矿山救护队"。

该局生产主焦煤和瘦煤，其中瘦煤发热量6800大卡/千克以上。产品主要用于电厂等工业动力，除供应本省用户外，还远销江西、浙江、湖南、湖北、徽安等地。在搞好煤炭生产建设的同时，大力发展多种经营和第三产业。先后兴建厂点20多个，已形成发电、冶金、建材、机械、轻工、木器、矿产品、运输、商业等10大产业，主要产品有硅铁、铝矾土、高铝粉、耐火材料、水泥、高档家俱、饮料等，占有一定的社会市场。其中，铁合金厂被列为河南省冶金建材厅定点生产厂家之一，所产75号硅铁达到国家标准，畅销10多个省市，并出口日本、巴基斯坦等国家。"三山"牌橄榄可乐系列饮料连续三年获许昌市优秀产品奖，1991年获中国统配煤矿总公司集体企业特优产品奖，并被列为，1991中国郑州国际少林武术节专用饮料。几年来，该局依靠科技进步，推动煤炭生产的发展和经济效益的提高，1993年完成工业总产值6328万元，实现利税407.8万元，被市政府授予"工业企业实力效益十强单位"和"先进企业"荣誉称号。

该局位于河南省禹州市南郊，交通便利，有着丰富的矿产资源优势，生活服务设施配套，具有良好的投资环境。该局发展前景广阔，按武汉煤炭设计研究院提出的《禹县煤田总体设计书》，新峰矿务局总体规划生产能力为450万吨/年。随着改革开放形势的发展，该局将成为豫西综合型的地方煤炭基地，不断为国家能源建设和经济发展做出自已的贡献。

法　　人：孙震声
地　　址：河南省禹州市三峰山
邮政编码：452594
电　　话：(03841) 84800、88800

准格尔煤炭工业公司

准格尔矿区位于内蒙古自治区伊克昭盟东部，东临黄河，北距呼和浩特市127公里，南与神府煤田为邻，西接东胜煤田。

煤田勘探范围南北长65公里，东西宽21公里，面积为1365平方公里，煤田地质储量268亿吨，含煤地层为山西组和太原组共10层煤，平均厚度32.08米。并伴生优质高岭土，储量可观。煤质为低硫、低磷、中灰长焰煤，应用基最低发热量一般在4600～5300大卡/公斤之间，是良好的动力，民用煤。

准格尔煤田的开发，早在1970年开始进行煤田地质勘探，开发方案比较等基础工作。1986年12月煤炭工业部正式组建准格尔煤炭工业公司，负责整个煤田的开发管理与准格尔项目一期工程的建设管理。

准格尔项目一期工程集煤炭开采，坑口发电，铁路运输及相应附属配套工程于一体，是我国煤炭建设史上投资最大，资源配置、产业结构较为合理的大型现代化综合项目。被列为国家“八五”计划重点建设项目。

项目于1990年7月17日正式开工建设，现已初具规模。一个我国能源工业战略西移的新型煤电工业基地正在鄂尔多斯高原崛起。

黑岱沟露天煤矿：设计年生产能力1200万吨，开采工艺选用世界露天开采先进技术及大型设备。即上部黄土采用紧凑型轮斗挖掘机——胶带运送机——排土机连续开采工艺；中部岩层剥离采用大型单斗电铲——大型自卸卡车开采工艺；煤层28.8米采用单斗电铲、自卸卡车开采工艺。

选煤厂设计年处理原煤能力1200万吨。工艺采用跳汰法，优、劣煤分采、分运、分储、分筛、混洗。洗后产品为：洗混中块275.98万吨/年；＜13毫米劣末煤224.9万吨/年，＜50毫米混煤513.45万吨/年，中煤149.14万吨/年。

坑口电厂规划总装机容量为80万千瓦。一期工程2×10万千瓦机组分别于1992年8月，1993年9月投入运行，全部并网发电，燃用洗中煤。

大准铁路：东起大同湖东站，直接引入大秦线，西至准格尔矿区（薛家湾），正线全长268公里。线路等级为重载单线电气化一级干线，初期运量1500万吨/年，后期4000万吨/年。现在丹准段（丰镇至准格尔）216公里基本具备通车条件，已开行普通列车营运。大丹段正在加紧建设中，预计1996年全线通车。

在准格尔项目一期工程即将建设投产发挥煤、电、路综合优势和效益的同时，准格尔二期工程新建年产1500万吨的哈尔乌素第二露天矿项目正在进行可行性研究；二期电厂指日可待。多种经营、第三产业正在兴起发展。准格尔的明天更加灿烂辉煌！

经　　理：宋瀚峰
地　　址：内蒙古自治区呼和浩特市薛家湾
邮政编码：010069
电　　话：(04878)310088
传　　真：(04878)316206

中煤第一建设公司

中煤第一建设公司组建于1973年，系煤炭矿井建设施工壹级企业，是全国五百强大型施工企业之一，具有独立承揽各类矿井建设，工业与民用建筑安装，机电设备与管线安装，铁路、公路、隧道、地铁、桥涵、桩基及大型土石方机械化等工程施工及机械制造与修理、建材、化工、设备租赁、建筑设计等生产经营能力。注册资金2亿零8万元。

公司现有职工1.3万人，其中技术经济管理人员1134人，具备高级技术经济职称191人，中级技术经济职称422人。下属有中煤第十工程处，第三十一工程处，第四十九工程处3个矿建、土建、安装综合性工程处、特殊凿井处、机械化工程公司等6个工程处（公司）和煤矿机械制造厂、建筑材料厂、施工设备租赁站。拥有43个矿建掘进队，12个土建施工队，8个机电安装工区（队），可同时独立承担四对矿井设计规模为1200—1500万吨的建井施工任务。拥有施工机械设备3800台，总功率10.76万千瓦。技术装备率8101元/人，动力装备率10.37千瓦/人。有10套立井井筒施工，15套斜井斜巷施工和30套平巷施工的国内外先进装备，满足大、中、小型矿井建设施工需要。

该公司自组建以来，在全国先后承建大、中、小型矿井24对，总设计能力为年产原煤2700余万吨，各项技术经济指标均达到或超过部颁标准。

近几年来，公司以优质高速的社会信誉、以求实创新的改革精神，在所承建的工程项目中，九龙口矿井总回风石门、王台铺矿井695运输大巷、马兰矿井910运输大巷，李雅庄风井、常村矿井520运输大巷、漳泽电厂俱乐部、天津铁路特大立交桥等10项工程先后荣获部级优质工程奖。李雅庄矿井A采区回风石门、运输石门，万年矿井中部立风井、王庄矿井630运输大巷、常村矿井主、副井井筒，轨道上下山等10项工程先后荣获省级优质工程奖。荣获10项科学技术进步奖。建成我国煤矿井下第一个螺旋煤仓。采用井外组立、平移到位的施工工艺，将高65米，重620吨的主井井架平移75米到位安装成功。安装完成煤矿第一个无人操作的自动化绞车房。承建的东庞矿井被评为“国家质量优质奖”、荣获“建筑业鲁班金像奖”，“质量标准化矿井”和“现代化矿井”等称号。公司连续五年被河北省命名为“重合同守信用”企业。（孟来所）

经　　理：张胜利
地　　址：河北省邯郸市丛台东路52号
邮政编码：056022
电　　话：(0310) 310915
电报挂号：1015

中煤建筑安装工程公司

中煤建筑安装工程公司是资质建筑一级施工企业。该公司创建于1953年，隶属于煤炭工业部，由10处1厂组成。（其中7个土建处、1个机电安装处、1个筑路处、1个机械施工处、1个机械厂），施工队伍分布在河北、河南、山东、山西、安徽、江苏、陕西、内蒙、北京市、上海市等8省2市，主要承担大中型工程项目建设、高层建筑等各类工业与民用建筑，尤其擅长洗煤厂和电厂的建筑安装，并能独立承建公路、铁路、桥涵工程，兼营钢模板、钢脚手架、钢窗、铝合金门窗、活动板房等生产，年度总产值达近5亿元。

全公司现有职工16972人，拥有各类专业技术人员2313人，其中工程技术人员1037人；经济、会计管理人员1164人。该公司拥有总价值达一亿多元的各种综合配套的建筑安装和土石方工程设备3133台。公司从成立至今，先后建成大中型洗煤厂40座，矿区生产系统35座、电厂7座、大型储油罐10座、工业厂房和大型物资仓库22座；并建成结构复杂、高百米以上的广播电视大楼和高层住宅、高级宾馆以及图书馆、医院、科学院、疗养院、俱乐部等民用建筑共500余万平方米；修筑铁路近千公里；输电及通讯线路669多公里。先后有20个项目工程获部（省）级优质工程，其中河北省开滦范各庄洗煤厂、东庞矿地面生产系统两项工程获国家优质工程银质奖。1989年公司取得国务院企指委命名的国家二级企业称号，所属六个工程处（厂）进入煤炭工业二级企业行列，四个工程处进入省级先进企业行列；同年被中国施工企业管理协会评为施工企业管理优秀奖，被中国煤炭工业企业管理协会评为首届优秀企业“金石奖”，被河北省政府命名为“质量信得过”企业，被原中国统配煤矿总公司评为先进施工企业。1993年被河北省建行评为“特级信用企业”，公司以“质量第一、信誉第一、用户至上”为宗旨，在全国各地享有盛誉。

法　　人：张杰
地　　址：河北省邯郸市丛台路56号
邮政编码：056002
电　　话：（0310）310919
电报挂号：4453
电　　传：312841

潞安矿务局石圪节煤矿

石圪节煤矿是潞安矿务局下属的生产矿井之一，地处山西省长治市西北郊，距市区32.5公里，铁路专线距长治北站15公里与全国铁路联网，交通十分便利。全矿现有职工3100多名，年产原煤120万吨，洗精煤68.5万吨。是中国煤炭战线首批“现代化矿井”、“中国煤炭工业一级企业”曾荣获“全国企业管理优秀奖（金马奖）”和“全国五一劳动奖状”。

早在60年代，石圪节煤矿就被敬爱的周总理树立为全国“勤俭办企业”的五面红旗之一。几十年来，石圪节人牢记总理教导坚持以自力更生、艰苦奋斗的精神开展环节技术改造，推广应用新技术、新工艺、新装备，推进矿井科技进步，提高和发展生产力，矿井技术面貌不断改善，由打眼放炮人推车发展到现在的采掘综合机械化、运输提升胶带化、辅助运输齿轨车化，生产能力由十几万吨提高到最高150万吨，原煤全员工效曾连续19年保持全国领先水平，1993年达到4.131吨/工。90年代，石圪节矿艰苦奋斗，科技进步建设现代化矿井的事迹又一次受到各级领导的高度评价和赞扬，再度被树立为全煤学习的典型，江泽民、李鹏等党和国家领导人为石圪节矿题词、致贺并亲切接见了“石圪节矿风报告团”。

现任矿长元武昌，1968年毕业于北京矿业学院，1988年任石圪节矿长，同年被评为山西省劳动模范，1991年被评为中国煤炭工业优秀企业家，1993年又被评为山西省优秀企业家。在深化改革，建立社会主义市场经济的新形势下，他解放思想，转变观念，建立和完善了“原煤生产高效率、精煤加工高效益、非煤产业高速度，安全为天”的“三高一安”的具有石圪节特色的生产经营新格局，立足科技兴矿，继续艰苦奋斗，走质量效益型道路，初步建成“四一型”高产高效矿井，全员工效达到4.9吨/工；洗精煤生产创新水平，实现了跳汰浮选自动化、洗水循环闭路化、监测监控微机化，建成了“现代化洗煤厂”；11级精煤被评为山西省优质产品，10级精煤在宝钢供不应求，15级混煤被评为质量信得过产品。非煤产业蓬勃发展，先后建立了两矿、五厂和5个公司，主要从事原煤生产，印刷业、电珠泡、钢丝抛丸、水电解氢氧焊割机、电缆、电线、家用电器、工程建筑，安装装璜、室内外涂料等。1993年总产值突破1500万元，实现利税110万元，形成了集煤炭生产、机械制修、高新技术、商贸餐饮服务为一体的综合型发展格局，为老矿注入了新的生机和活力。

矿　　长：元武昌
地　　址：山西省长治市北郊
邮政编码：046032
电　　话：（0355）222624、552584
电报挂号：4258

兖州矿务局兴隆庄煤矿

兴隆庄煤矿系国家“六五”期间重点建设项目。是我国第一座自行设计和建设的年产300万吨的大型

现代化矿井。于1975年2月20日破土动工；1981年12月21日正式投产；1984年扭亏为盈；1986年达产。全矿现有职工8174人。拥有固定资产6.6亿元。

矿井投产十几年来，特别自进行市场经济以来，始终以深化改革为动力，紧紧依靠科技和管理“两只轮子”提高经济效益，充分发挥全矿职工的群体智慧和力量，瞄准国内外一流水平，锐意进取，艰苦拼搏，取得了物质文明和精神文明的丰硕成果。

煤炭生产稳步增长。按照“双高”矿井要求，积极对开拓布局，采煤工艺进行大胆改革，通过综采放顶煤新工艺试验，并首家在华东地区获得成功，使煤炭生产大幅度提高。截止到1993年底，共为国家生产原煤3244万吨。1994年又实现产煤350万吨，比上年提高12.5%。

经济效益大幅度提高。矿井自1984年扭亏为盈以来，利润平均每年以69.12%的速度递增，到1993年底共上缴利税4.28亿元，特别是1993年初涉市场便赢得了主动，全年实现利税2.18亿元，获纯利润1.9769亿元，比1992年增加2.66倍，相当于1984年至1992年上缴利润总和的1.32倍。1994年又积极以市场为导向，不断强化内部管理，实现纯利润2亿元，全员效率、原煤成本等各项指标也都取得好成绩。

安全状况根本好转。全矿坚持管理、装备和培训并重的原则，在不断加强安全管理和安全技术培训的同时，积极采用先进的安全监控系统。大大提高了矿井防灾抗灾能力，杜绝了重大事故的发生，到1994年底，全矿已实现连续安全生产1606天，安全产煤1323.9万吨。

第三产业迅速发展。在矿井主体产业不断发展的同时，及时确定了“煤与非煤并举”发展战略，适时调整产业、产品结构，大力发展第三产业，积极走公司化道路，实现多驱动运转，形成了煤炭加工、机械电器、建筑装饰、电力、建材、养殖、化工、商贸、食品、服装加工，智能仪表等十几个行业上百个产品的独立经营体系，1994年多种经营总产值近亿元，利润达到2000多万元，第三产业人员近4000人。

精神文明建设同步发展。全矿党政组织始终坚持“两手抓、两手硬”的方针，在建设物质文明的同时，大力加强精神文明建设，矿井连续八年被评为省级“文明单位”，同时还获得全国统配煤矿“思想政治工作优秀企业”等100多项荣誉称号。

目前该矿正以“科技领先，竞争发展，跨越一流，走向世界”新的企业精神，以科学技术为先导，以建立现代化企业制度为主题，以实现高产高效矿井为目标，把矿井建设成安全一流、效益一流、产品质量一流、职工生活福利一流，矿区综合形象一流的现代化矿区。

矿　　长：魏恒泰
地　　址：山东省兖州市兴隆庄镇
邮政编码：272002
电　　话：（05474）512861
电报挂号：5281

兖州煤矿物资经贸总公司

兖州矿务局物资部为适应社会主义市场经济成立了兖州煤矿物资经贸总公司，既保企业内部物资供应，又广泛面向社会。公司注册全民资金2000万元，实行自主经营、独立核算，自负盈亏，是具有法人资格的经济实体。

该公司经营范围主营：煤炭、钢材、水泥、橡胶制品、化工原料。兼营五金工具、家用电器、汽柴油、润滑油、木材、煤矿机电设备、铜铝材、汽车（不含轿车）。经营方式：批零兼营、代购代销、物资储运等。

总公司下设金属材料公司、木材公司、五金交电公司、机电设备公司、工矿配件公司、建材公司、化轻公司、仓储公司、煤炭公司等专业公司。公司自1992年成立以来，立足矿区生产建设，努力开拓市场，同时发起创办了若干经济实体。在张家港市合资成立“张家港市兖煤销售公司”。在邹城市合资成立了“邹城市兖煤物资有限责任公司”。为开展对俄易货贸易在俄注册“中俄鲁梅有限责任公司”并在国内邹城市合资成立了“鲁南环宇有限责任公司”。上述公司和实体除为矿区生产建设服务外，还开展了北煤南运经营业务，并广泛地面向社会开展各种经贸活动。

兖州煤矿物资经贸总公司是一个集经贸、实体为一体的大型经济实体，该公司将本着互惠互利，共同发展、优质服务、良好信誉为国内外朋友提供服务、开展经贸活动。

总 经 理：于有文
地　　址：山东省邹城市铁西
邮政编码：273500
电　　话：（05475）312011
电报挂号：0180

理为核心的总工程师、总经济师、总会计师负责制，本公司资金雄厚，固定资产 3347万元，流动资金565万元，具有20年以上的施工经历。多年被上级评为先进企业，连续四年被太原市命名为“文明单位”。

1994年6月经建设部批准为国家机械施工壹级企业。

总 经 理：苏锁成

地　　址：山西省太原市义井东街29号

电　　话：6071072～75

电报挂号：0598

无锡县选煤机械厂

无锡县选煤机械厂位于江南水乡太湖之滨，无锡市东郊，于1970年建厂，1980年加入“中国矿山机械成套制造公司”。经过了20多年的磨炼，企业有了较大的发展，集铸造、金加工、冷作为一体，现已形成年产2000万元的机械制造及中小型项目成套能力。

1978年以来，该厂同煤炭工业部平顶山选煤设计院、选煤设计院唐山分院、武汉煤矿设计院、沈阳煤矿设计院、兖州煤矿设计院、湖南化工设计院等单位共同合作开发了MXC系列选择性破碎机等矿山机械产品，获得了部级三等奖。

目前，该厂的产品有：

（1）MXC系列ϕ3800×5000型、ϕ3300×5000型、ϕ2800×7000型、ϕ2800×5000型、ϕ2200×5000型选择性破碎机，广泛用于大中型选煤厂首选破碎解决三大块以及大中化肥厂的煤质细选分级处理；

（2）PE250×400、PE150×250、PE400×600、PE×250×1000、PE×150×750鄂式破碎机；

（3）PE系列300、450、600、900、1200振动圆锥破碎机；

（4）ZH450型，400型、360型全套制砖机设备；

（5）WH200-Ⅱ、150型卧式药料混合机；

（6）SYZB60型斩拌机。

厂　　长：陆惠源

地　　址：江苏省无锡县羊尖镇

邮政编码：214107

电　　话：(0510)8731771、9602966

电报挂号：9964

传　　真：(0510)8731340（转送）

无锡采煤机械厂

无锡采煤机械厂创建于1966年初，1976年经煤炭工业部选点开始生产采煤机，现为煤炭工业部全国四家采煤机定点制造厂和57家煤机制造重点企业之一。全厂职工总数717人，其中工程技术人员81人，厂区占地面积4.88万平方米，建筑总面积3.4万平方米。

该厂属中等规模机械制造企业，拥有机械加工、钣金焊接、热处理等较齐全的加工设备200余台，并有完善的装配测试手段，三坐标测量机、齿轮检测机、磨齿机、坐标镗床、镗铣床等大型高精设备占12.8%，全厂固定资产总额原值2750万元。

该厂为我国统配煤矿和地方煤矿制造和提供适合开采中厚煤层、薄煤层、极薄煤层的采煤设备主机，产品有4个系列11种型号，年产量1800吨，也生产各种规格、用途的硬齿面行星齿轮减速器。主要产品4MG200及MG150型系列双滚筒采煤机，具有80年代国际先进水平，该机有基型、矮型、无链牵引（齿轮销轨式或销轮齿轨式）、有链牵引等多种机型，适合煤矿开采不同厚度、硬度、倾角的煤层的需要，曾于1990年世界采矿大会暨采矿设备博览会上荣获最高奖——优秀产品奖。DY-150型单滚筒采煤机系国内首创，其性能和可靠性达到国际先进水平，是目前我国高档普采设备选用的主要机型，该机曾先后荣获煤炭工业部科技进步特等奖、国家科技进步二等奖等称号。该厂产品分布国内21个省、市自治区55个矿务局155家煤矿，质量均经中国国家采煤机质量检测中心检测合格，符合专业标准，用户反映良好。各种采煤机迄今累计销售量（整机）近900台。全员劳动生产率、人均创利税等多项经济指标已连续多年居全国同行业之首。

法　　人：孙惠挺

地　　址：江苏省无锡市中南路39号

邮政编码：214024

电　　话：（0510）5756631、5753317

传　　真：（0510）5757479

大同市焦煤矿

大同市焦煤矿始建于1970年10月。现开采的一号井井田面积5.1平方公里。可采储量7700万吨。尚未开采的二号井井田面积17.8平方公里。可采储量2.5

亿吨。系热量高、灰份低、含硫的优质工业用煤。现有固定资产净值3700万元。职工总数1540人。年生产能力为45万吨。

铁路专用线从北同蒲线接轨。与大秦、京包等主要铁路干线并网。公路与大运。同太两条干线相连。是一个地质储量丰富。交通方便。电源可靠。地下水源充足。场面宽阔。有着发展煤炭生产得天独厚的条件。有着接纳中外客商投资、开发资源的良好环境。

矿　　长： 高占明
地　　址： 山西省怀仁县石井村
邮政编码： 038301
电　　话： 222788

吉林省蛟河煤矿机械厂

蛟河煤矿机械厂是隶属于煤炭工业部吉林煤管局的全民所有制中型企业，是国家重点骨干企业之一。该厂始建于1973年，是煤炭工业部在东北地区定点的唯一生产矿用刮板输送机专业厂。

该厂经过二十多年的建设，逐步发展壮大，达到了现代化企业管理水平，1990年该厂被评定为省先进级企业，1991年被吉林市政府命名为先进企业。目前，该厂生产能力达到产值3000～4000万元，产量9000吨左右。职工人数为1500人。该厂技术力量雄厚，设备精良。随着技术改造逐年投入，机械加工能力达到了较高规模，形成了系列化。目前，拥有各种机械设备483台，可从事各种机械加工业务。

为了适应煤炭事业发展的需要，适应市场经济，工厂积极投入开发新产品，逐步形成了刮板输送机和转载机两大系列20个品种。

该厂一贯视产品质量为企业生命，以优质服务为企业行为宗旨，把“信守合同，讲求信誉”做为企业生存、立足之本。该厂产品在历年国家、行业的产品质量检查中，均受到较高的评价，被誉为质量信得过的产品。该厂生产的主导产品SGB620/40T型刮板输送机被评为省优质产品。

为了适应形势和工厂发展需要，该厂形成了“一业为主、多种经营、互补发展”的战略格局。在保证煤机产品为煤矿正常服务的情况下，大力发展第三产业和开发社会产品，形成了即有煤机产品，又有社会产品和第三产业全面发展的经营模式。

厂　　长： 时正一
地　　址： 吉林省蛟河市中岗街西智路18号
邮政编码： 132507
电　　话： (04424) 845560、845561
电报挂号： 2623

兖州矿务局第三十七工程处

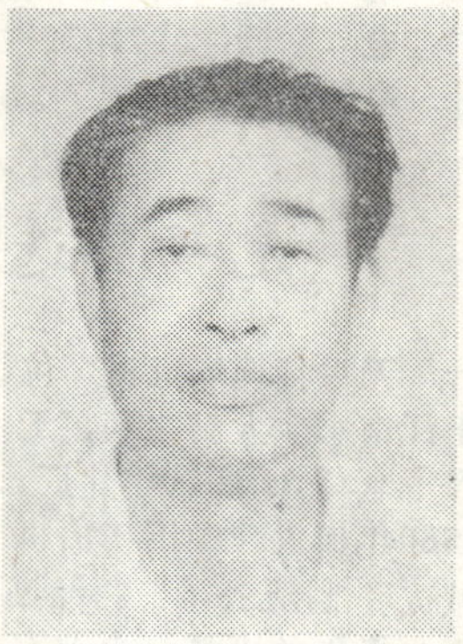

兖州矿务局第三十七工程处为部属一级建筑安装施工企业，国家建筑一级资质等级（处属的装饰装璜公司为国家甲级室内装饰施工企业、中国室内装饰协会团体会员单位）。1963年，由煤炭工业部徐州煤炭基本建设局所属的建筑工程公司和机电安装工程处合并组成，至今已有30年历史。主要承担国家大、中型重点矿井、选煤厂的土建和安装两类工程的施工及室内外装修、装璜工程。

建处以来，先后参加了江苏省徐州、贵州省水城、山东省兖州三大矿区22对大中型矿井和7座选煤厂的施工建设，为我国的煤炭工业发展做出了贡献。与此同时，还先后建成了徐州煤机厂、水城二塘发电厂、水城德坞砂砖厂、六盘水市面粉厂。特别是调迁山东省兖州矿区后，除完成了年产原煤300万吨的兴隆庄矿井、年产原煤60万吨的北宿矿井和年产水泥10万吨的看庄水泥厂的建设任务外，还建成了我国第一座从美国引进设备年处理原煤300万吨现代化钢结构的兴隆庄选煤厂和山东省煤管局108米高的综合办公楼。1989年又建成了年产原煤400万吨的特大型东滩矿井。1991年2月至1992年3月，仅用13个月的时间建成了由中国兖州矿务局和日本国日商岩井株式会社、日挥株式会社合资兴建的兖日水煤浆有限公司石臼中试厂一期工程，投资总额为41.8亿日元。1993年10月建成移交了年处理原煤400万吨的东滩选煤厂。目前，正在承建年产原煤500万吨的济宁三号矿井的施工任务。

该处专业门类齐全，技术力量雄厚，施工经验丰富。下设六个土建工区、两个机电安装工区、一个水电通讯工区、一个输变电工区、一个机械化运输工区、一个建材加工厂、一个机修厂、一个中心试验站、一个装饰装璜公司。现有职工3030人（含合同工人），平均技术等级为6级。拥有各类专业技术人员259人，企业固定资产2720万元。拥有施工设备459台总功率为12142千瓦。

该处不仅具有较为丰富的煤炭基本建设工程的施工经验，而且有较强的应变能力和竞争意识。既能承担煤炭行业的大、中型工程项目，又能跨行业独立承担电力、化工、轻纺等行业的大、中型工程项目的施工。在工业建筑、高层民用建筑和引进项目的工程质量上久负盛名，曾先后荣获过中国建筑行业最高荣誉——首届鲁班金像奖、国家质量奖审定委员会颁发的优质工程银质奖和国家建委授予的质量优胜单位称号。1992年7月，被国务院发展研究中心、国家统计局固定资产投资统计司评定为“中国500家最佳经济效益建筑企业”排名第82位。1993年10月东滩选煤厂工程被评为煤炭行业第一个特优工程。

处　　长：张志仁
地　　址：山东省邹城市公园路2号
邮政编码：273500
电　　话：（05475）292401（总机）
电报挂号：1696

湖南省煤矿基本建设第六工程处

湖南省煤矿基本建设第六工程处（简称湘煤六处）座落在湖南省耒阳市城区中心。

湘煤六处组建于1954年，原名为煤炭工业部43工程处，历年来，由于南北转战，所属关系及企业名称几经变化，现名为湖南省煤矿基本建设第六工程处。

该处是一个矿建、土建、机电安装、三产多经综合性等的施工企业。现有职工总数2257人，其中，固定职工1630人，合同制职工627人。现有技术职称人数223人，其中，工程技术人员105人，含高级职称21人。固定资产原值1581万元，净值1057万元。施工设备总台数1218台(件)。全处有科级机构34个，其中有矿井建设，房屋建筑，机电安装公司，旺达汽车服务总公司，汽车大修厂，汽车配件公司，汽车电器厂，硬质塑料门窗厂，加油站，电线厂，物质供销总公司，建筑材料厂，永联服装有限公司，机修厂，多经公司，生活服务公司，医院等经济实体和学校、机关科室机构组成。

湘煤六处具有较强的施工生产能力，能承担各类大型矿井建设的施工和开采建设有色矿井的施工技术能力，能担负各种工业，民用建筑及各类公路桥涵施工和各类机电安装、输变电工程、给排水工程、架空索道等工程施工，同时能承建大型油库、中小型化肥厂、水泥厂、化工厂、电视安装、微波塔工程、经营汽车运输、修理、机械设备加工修理，电线建材，硬质塑料门窗，木材防腐，加工及工商贸易，服装加工，生活服务，煤炭销售，汽车配件等。

该处自建处以来，仅为国家统配煤矿建成投产的矿井20余对，遍布河南、湖南两省，总设计生产能力为615万吨，共完成井巷进尺26万余米，各类型房屋建筑面积27万余平方米，安装机械设备近万台，工程质量超过国家标准，工期低于国家规定。近年来，在改革开放中，锐意改变，积极进取，走向社会市场，所承揽的社会工程，速度快、工期短、质量好，以安全优质、高效、低耗取胜，赢得了信誉。六处技术力量雄厚，技术装备齐全，是一支技术素质高，管理严密，能征善战，特别能战斗的施工队伍。

法　　人：刘广源
地　　址：湖南省耒阳市五一路127号
邮政编码：421800
电　　话：712299、332554
电报挂号：1696

平顶山矿务局铁路运输处

平顶山矿务局铁路运输处，位于河南中西部。线路纵横一市四县，为平顶山和襄禹矿区的运输枢纽及煤炭输出的黄金通道。所处地理位置优越，为我国京广、焦枝两大南北干线的纽带。东接京广线，直下华东、华南。西连焦枝线，进四川、挺襄樊、柳州。它将矿区煤炭源源不断地输出，为国家骨干企业送去了工业食粮，又为沿线工矿企业的发展充当着桥梁，还是当地城乡居民的主要客运工具。

该处集车、机、工、电、辆、客于一体，经过30多年的建设和发展，尤其是改革开放以来，企业面貌大变，企业素质全面提高，列全国煤炭铁路运输业先进水平。

该处现有职工近4000人，蒸汽机车22台，各种自备车365辆，线路全长近260公里。年总运量2400多万吨，年产值1.2亿元，实现利税6700多万元，成为矿务局经济支柱，为国家做出了应有贡献。

在计划经济转变为社会主义市场经济后，该处改革现行管理体制，变单一经济为多元经济，除承担自备机车、车辆各级修程外，开展对外业务，可承建铁道线路、通信、信号设备安装、房建等工程，经营煤炭销售、饮食服务、物资调剂等社会服务项目，成为一个充满生机与活力的经济实体。

发挥自身优势，协调、配套发展。构建铁道线路、机车车辆配备件生产与销售、机车车辆检修为一体的最佳组合企业群体。铁运处有着三十多年的发展历史，技术力量雄厚，专通用设备较多，铁路配备件齐全。针对蒸汽机车逐步淘汰，检修厂家渐少，专用配备件日缺和该处自备蒸汽机车又较多的情况，对机务段、车辆厂进行了改扩建，实现检修设备、设施先进齐全，厂修不出处。同时，还可承接外委业务。零配件的短缺，又使铁路修配厂应运而生。在不断提高产品质量的同时，可生产108种不同规格、型号配备件，已发展为颇具规模的制造企业，填补了空白，满足了需要。为解决兄弟企业铁路专用配备件缺少的困难，以图共同发展，建立了物资调剂站，沟通情况，掌握信息，及时为企业排忧解难，基本上形成了物资调剂和供应的中心和集散地。

1990年以来，先后实现档案管理国家一级、计量、节能国家二级，设备管理部级优秀奖，质量标准化连续获得部特级优秀称号，并获中国煤炭工业第二届优秀企业管理奖，为煤炭工业国家一级企业。

处　　长：米全根
地　　址：河南省平顶山市矿工中路北59号
邮政编码：467000
电　　话：222841

攀枝花矿务局太平煤矿

太平煤矿是攀枝花矿务局主要原煤生产矿井之一，年设计能力75万吨，1969年建成投产，1974年达到设计能力，1976年后，年产原煤稳定在80万吨以上。矿井工业储量9017万吨，煤炭质量以低硫低磷、低中灰分炼焦用煤为主，焦煤占总储量的96%，是攀西地区主要焦煤生产矿井。太平煤矿现有职工3928人，1993年末拥有固定资产5785万元。建矿24年来，经过矿区建设者的艰苦奋斗，整个矿山面貌发生了巨大变化，昔日的荒山野岭变成了绿树成荫、高楼林立的新型矿区，双文明建设取得了较好成果，1991年至今先后被上级命名为“国家行业二级先行企业”、“全国节能样板企业”、“全国煤炭系统思想政治工作优秀企业”、“省级最佳文明单位”等称号。

随着煤炭行业进入市场经济，太平煤矿坚持以市场为导向，转换经营机制，强化以经济效益为中心的生产布局和经营管理，内部积极推行管理新机制，产品利润实行正负零承包、干部聘任上岗，分配上打破了“大锅饭”，极大地调动了职工的积极性，企业“两效”得到大幅度提高。为改变职工工作环境和生产条件，增强矿井抗灾能力，几年来，太平煤矿加大矿井标准化和现代化建设的资金投入，1993年实现了第三个安全无事故年，矿井标准化达部二级水平，面对市场经济的严峻挑战，太平煤矿致力于挖掘内部潜力，强化内部管理和产品质量，靠优质煤和优质服务在疲软的煤炭市场中求生存求发展，同时以煤为主，多业并举，大力发展多种经营和第三产业，分流富余人员，增强企业的生机和活力，目前，矿多种经营，第三产业已形成了一定规模，内部的煤炭深加工、外联的多种经营项目已逐见效益，1993年全矿多经创产值达到1500多万元，获得利润109万元。

如今，太平煤矿职工正以特有的“创业、奋起、拼搏、奉献”的企业精神，全力振兴矿区经济。

矿　　长：胡永学
地　　址：四川省攀枝花市西区
邮政编码：617014
电　　话：（0812）558931

江西省南昌矿山机械厂

南昌矿山机械厂隶属于南昌市机械局，是机电部定点矿山设备专业厂，主要为煤炭、冶金、建材、化肥等行业提供选煤选矿、水泥成套设备和磷肥专用设备。

该厂占地面积16万平方米，建筑面积5.5万平方米，全厂在编职工568人，其中工程技术人员31人，高级职称5人，中级职称20人，5级以上技工占职工总数的63.5%。拥有30×3000卷板机、C5250双柱立式车床、ϕ5米滚齿机、TQ6216C镗床、2×6米龙门刨床等大型设备。

该厂产品主要分为5大类

1）选煤设备主要生产B80型脱水捞坑斗提、跳汰机、浮选机、各种振动筛。其中YKR型圆振动筛和ZKR型直线振动筛是该厂根据我国需要，消化吸收国外同类产品的先进技术创新开发的产品。ZKR型直线振动筛，1986年通过部级鉴定，获1987年煤炭工业部科学进步二等奖。YKR3.0×5.25获煤炭工业部科学进步三等奖全系列98种规格，筛宽1米至4.2米、筛分面积2.25平方米至31.5平方米，具有系列覆盖面广、振幅频率可调、零件通用化、系列化、标准化程度高、处理能力大、噪音低等特点：已列为国产先进技术产品。

该厂为干燥浮选精煤而开发GP241800滚筒干燥机，该机吸收国内外机型优点，采用国外专利技术，具有效率高、不粘结、不结块等优点，是目前国内干燥精煤理想设备。该厂新开发给料机、电机不参振，适应较湿、较粘物料，具有振动强度大，处理量大等优点。

2）选矿设备主要生产破碎机、球磨机、振动筛、可生产最大球磨机QS3200×3600，QS3200×4500。

3）水泥设备主要生产破磨、窑、生料磨、水泥磨可生产至ϕ2.4×13米。

4）火电厂制粉系统用设备主要生产钢球磨煤机、叶轮给料机、钢球磨煤机可生产至DTM350/600。

5）磷复肥设备可为年产3.6、12.24万吨级磷铵厂和NPK复肥厂，提供ϕ1.8×4.4，ϕ2.2×5.0，ϕ2.6×

6.0，$\phi3.2\times12$造粒机，$\phi2.4\times15$，$\phi2.6\times15$，$\phi3.0\times24$烘干机及与之相配套之球磨机。其中$\phi2.4\times15$转筒干燥机获江西省1988年新产品奖，$\phi1.8\times4.4$造粒机获江西省新产品奖。

厂　　长：龚友良
地　　址：南昌市湾里区
邮政编码：330004
电　　话：761006、760893
电报挂号：9149
传　　真：761006

上海冶金矿山机械厂

上海冶金矿山机械厂创建于1959年，是以制造冶金、矿山、环保及通用设备著称的企业，系国家二级企业，国家大型II企业，自营进出口企业，机械部、上海市重点骨干企业和质量管理优秀企业。企业占地面积17.58万平方米，建筑面积6.56平方米，拥有9个生产车间，560台设备，具有锻造、铸铁、热处理、后处理等工艺手段和装备。1993年实现销售收入15246.6万元，出口创汇359.3万美元，经济效益居国内同行之首。

本厂是一个综合性的厂家，生产的品种多，涉及领域广，厂领导抱定一个宗旨“依靠科技兴厂，优化产品结构”。我厂自五六十年代就开始设计、制造静电除尘器、R磨粉机，并且静电除尘器曾获国家银质奖，R磨粉机曾被评为机械部、上海市优质产品和优质出口商品。我厂自1970年开始生产双滚筒采煤机，采煤机的设计、生产技术日趋成熟，质量可靠的信誉在用户中广为流传。MG150型采煤机曾获煤炭工业部科技进步特等奖，1992年被列为国家级重点发展优秀新产品。本厂在原有的成绩面前，不断地开拓进取，不断地推陈出新，以适应煤矿生产的需要，目前采煤机已基本形成系列。主要品种有MG150型双滚筒采煤机、MG200型双滚筒采煤机、MG200/475-W型双滚筒采煤机、MG344-PWD型双滚筒采煤机。这样本厂采煤机采高从1.4米到3.4米，牵引方式有有链、无链和无链电牵引，功率由150千瓦到475千瓦不等，基本满足了大多数综采、普采工作面的需要。

MG150型双滚筒采煤机适用于厚度为1.4～3.0米，倾角为0°～30°的缓倾斜中厚煤层，分为有链牵引和无链牵引二种。该煤机设计强度裕度大，可靠性高；采用弯摇臂结构，装煤效果好；内外喷雾降尘系统，降尘效果好；液压系统安全可靠，操作简便、灵活。

MG200/475-W型采煤机的截割功率达到2×200千瓦，采高1.8～3.4米，适应倾角为0°～35°，截割电机的横向布置使结构变得简单得多，取消了伞齿轮，取消了复杂的通轴结构；机身由长液压螺栓联接，取消了底托架，结构简单，可靠性高，装拆方便，过煤量大。

此外，本厂在MG150煤机的基础上改型设计了MG200型煤机，它除保持了MG150煤机的特点外，提高了截割功率，提高了采煤的生产效率。本厂还和煤科院上海分院联合生产的MG344-PWD采煤机，该煤机采用了电牵引，交流变频调速，整机只有一个大箱体，结构简单，维护方便。

我厂特别重视产品的售后服务工作，派员到现场进行安装调试和技术指导工作，及时供应备品配件，直到用户满意为止。

江苏省镇江煤矿专用设备厂

镇江煤矿专用设备厂始建于1960年，原属煤炭工业部华东煤炭基本建设局，系煤炭工业部重点机械制造厂之一，现隶属于江苏省煤炭工业总公司。1986年被评为国家二级计量合格单位，1987年获省先进企业称号。

镇江煤矿专用设备厂位于我国著名旅游城市镇江西区，现有职工1000人，各类专业技术人员188人（其中：中、高级专业技术人员78人）；现有固定资产2000万元，厂房占地面积69239平方米；拥有铸造、锻造、热处理、铆焊、金加工等加工工艺手段，主要生产设备219台（其中精、大、稀设备23台）；还建有2700平方米检测楼，计量检测设备齐全。该厂技术实力雄厚，加工手段齐全，产品质量可靠，1988年即达到大、中型企业全面质量管理八项要求并经江苏省经委验收合格并发证。该厂生产的产品因其完善的产品质量保证体系和产品售后服务体系，多年来深受广大用户的信任和青睐。

机械产品主要有：SCF系列抽出式除尘风机（引进英国技术制造），MYZ系列煤矿井下瓦斯抽放钻机，ZF风动钻机，矿用安全型小绞车，巷旁填充泵，各种型号的注浆泵、砂浆泵、泥浆泵等。

仪表产品主要有：矿井瓦斯监测系统，便携式瓦斯报警仪，瓦斯报警矿灯，呼吸性粉尘连续测定仪（引进英国技术制造），以及多种型号的粉尘测定仪器、仪表。

该厂为配合煤炭系统开展多种经营，拓展工程施工市场需要，还生产有用于基础地质勘探施工的设备：汽车钻机系列，MZ30-50锚杆钻机，ZG系列工程钻机，XJ-100型工程钻机，ZJ系列搅拌桩机，其中龙门架式双头搅拌桩机搅拌深度为21米，具有国内先进水平。

该厂生产的产品遍布全国，除主要为煤炭系统使用外，还广泛使用在地质、地矿勘测、冶金、化工、城建、铁路、桥梁、环保等部门。多种产品获部、省优质产品称号。

镇江有著名的金山、焦山、甘露寺等国内外著名的旅游景点，北傍长江、内依运河，自古以来为江苏南北交通枢纽。经过改革开放后的快速发展，镇江已成为拥有铁路、公路、航运等多种交通运输条件的港口旅游城市。

地处历史悠久、人文荟萃之地的镇江煤矿专用设备厂热忱欢迎煤炭企业及各行业人士莅临镇江，洽谈供销业务或进行多种形式的合作，该厂定会成为您忠诚的朋友。

厂　长：万会秦
地　址：江苏省镇江市镇句路98号
邮政编码：212005
电　话：（0511）5623952　5623954
电报挂号：5544

华蓥山矿务局绿水洞煤矿

华蓥山矿务局绿水洞煤矿地处四川省广安地区华蓥市天池镇境内，座落在碧波荡漾的天池湖畔。矿区绿树成荫，风景秀丽，被人誉为花园矿区。公路纵横跨越井田，销售广场设在襄渝铁路的广安站，交通运输十分方便。

绿水洞煤矿于1981年底建成投产，它是一座设计能力为年产60万吨原煤的中型矿井，服务年限为90年。现有职工2800多人（其中获高、中、初级专业技术职务的各类专业技术人员共193人），资产5735万元。矿井在1987年就突破了设计能力，投产至今已共生产原煤600多万吨。矿井先后装备了高档普采、综采和综掘设备。采掘机械化从投产初期的较低水平均增长到了现在的80%以上。今年又引进了波兰KKSB—2030—OZ/CHRL综采设备，目前正在安装调试。为确保矿井安全生产，使用了对全矿井下各工作面进行安全监控的TF-200型系统。1989年建成投产了一座自动化程度较高，年入洗能力为60万吨原煤的中型洗选厂。矿多种经营、第三产业规模不断发展壮大。自1984年以来，共开发了回采边角余煤、洗选、汽车运输、建筑、劳务输出、养殖、商业等10多个生产经营服务项目。一座投资200多万元，能安置100人左右，年产1500万匹的煤矸石页岩砖厂正在筹建，年底将建成投产。

绿水洞煤矿煤种为优质焦煤和焦肥煤，商品煤（洗混煤）的平均灰份为29.61%，含硫量为4.5%，每千克发热量为5400大卡以上。洗精煤为冶炼13级至15级（即灰份11.00～12.50%），全水份为11.00～12.00%，全硫份含量低于3%。由于煤质优良，信守合同及上乘服务，产品除一直畅销省内电力、冶金、化工、轻工等行业的100多家用户外，还远销湖北、湖南、江苏、浙江、广东等省，深受用户好评。

绿水洞煤矿历届领导班子在党的十一届三中全会以来的路线、方针、政策和邓小平同志建设有中国特色社会主义理论的指引下，始终坚持经济工作，思想政治工作“两手抓、两手硬”的工作方针，团结和带领全矿职工艰苦创业，深化改革，狠抓生产经营管理，努力提高企业整体素质，提高经济效益，不断推进两个文明建设。1985年被四川省委、省政府命名为“文明单位”；1989年被评为“省级先进企业”；1990年被四川煤管局命名为“采煤机械化矿井”；1991年被四川煤管局评为“思想政治工作优秀企业”。

矿　长：张企尧
地　址：四川省广安地区华蓥市天池镇
邮政编码：638651
电　话：（08260）831202
（08260）821302
电报挂号：4845

甘肃金属支架厂

甘肃金属支架厂位于兰州市西北郊的红古区窑街镇，处于甘肃省连海开发区的中心，与窑街矿务局相邻，距兰青铁路13公里，是煤炭工业部定点生产煤矿井下专用支架产品的厂家。现有职工450人，占地面积47270平方米，生产建筑面积11960平方米。

甘肃金属支架厂始建于1970年，1979年建成投产，至1993年末，已拥有固定资产原值954万元，各种生产辅助设备204台套，形成年产煤矿井下专用金属摩擦支柱、铰接顶梁及支护配件4500吨的生产能力，可生产HZWA型金属摩擦支柱、HDJA型和HDJB型金属铰接顶梁及棚梁、十字梁等五种产品，17个规格。产品主要焊缝采用自动焊工艺，金属摩擦支柱的活柱体采用中频感应加热轧斜工艺，工艺先进、性能可靠，质量达到部颁标准。产品畅销西北、华北、中南、东北等19个省区、40多个矿局。

改革开放以来，先后开发了建筑门窗和LCS-D型脱硫除尘器。可生产32毫米实腹钢门窗、25B型空腹钢门窗、PVC塑钢门窗和豪华防盗门等各种规格的建筑门窗系列产品。实腹、空腹门窗采用最新技术水平的双头热铆、单头热铆、合页铆接的先进工艺，质量稳定可靠。其中PVC塑钢门窗是国家建设部重点推广的建筑材料，具有耐老化、耐腐蚀、抗冲击、强度高，阻燃、隔热、隔音、绝缘的特点，PVC塑钢门窗外观美、价格适中、密封性能好，尤其适合于风沙尘土较大的北方地区。

1994年引进技术生产的LCS-D型脱硫除尘器，可广泛应用于工业、民用锅炉的环保除尘设备，还可用于陶瓷窑、冶炼炉、垃圾焚烧炉等的除尘、脱硫、脱氮及氧化物等有害物质的消除。该产品采用湿法三维动态平衡除尘器机理，自动补充水，无废水外排，煤泥集中处置，无二次污染。除尘室同沉淀池一体化，占地面积小，采用最新防腐材料和防腐工艺，使用寿命长。

甘肃金属支架厂自1986年以来年年被兰州市工商行政管理局命名为“重合同、守信誉”单位，多次被兰州市红古区评为文明单位，在用户中享有良好的信誉。（王人祥）

厂　　长：杜发兴
地　　址：甘肃省兰州市红古区窑街
邮政编码：730080
电　　话：（09410）311244
电报挂号：9899

陕西省旬邑县黑沟煤矿

黑沟煤矿（原名红旗煤矿）创建于1969年，为旬邑县县办地方国营煤矿，位于陕西省咸阳市旬邑县东南13公里之清原乡苍儿沟。矿区占地面积2.10平方公里。现有职工630名，拥有固定资产1240万元，矿井年设计生产能力10万吨，现生产能力已突破14万吨。

该矿部下设7个科（室），6个采（掘）队，4个独立经营核算的分厂（公司）。主要以生产经销煤炭为主、兼营工矿产品，建材生产、商品经销、饮食服务、农副生产、养殖加工和汽车运输业。自1988年以来，生产原煤年平均以12%的速度递增，实现利税连续五年突破百万元大关，1993年生产原煤14万吨，比上年增长14%，比1988年增长64%，实现利税145万元，比1992年增长47%，是1988年的2.4倍，1994年计划生产原煤15万吨、实现利税突破200万元。为旬邑县和咸阳市利税大户企业之一，属煤炭工业部部级质量标准化矿井，陕西省省级文明单位，省级安全生产先进单位，咸阳市科技型企业，花园式工厂。

该矿科技力量雄厚，技术装备先进。1993年成功地完成了采煤方法改革和基础工艺改造，使井下生产实现了机械化，安全生产管理实现现代化。

矿区交通，通讯设施齐全，柏油公路横穿矿区。西接三——旬公路，直达省城和临县：东接旬——耀公路，直通甘肃、宁夏。程控电话井上、井下对开72门，对外联网自动直拨。

企业对外经济迅猛发展。在咸阳设立了办事处，成立了运销公司。原煤销售跨出省界，远销上海、南京、武汉等地，企业总体经济实力不断增强，1992年兼并了原张洪镇皇楼沟煤矿。计划1995年建成6～9万吨原煤生产矿井。

矿山文化教育，劳动保护、医疗卫生、职工生活福利设施健全。先后办起了子弟学校、医院、职工教育中心、体育场、舞厅、建起了地面卫星接收站，安装了闭路电视，煤矿工人住宿实现了公寓化。

矿区山清水秀，气候温和，境内水源充足，煤炭地质储量丰富，改扩建30万吨矿井，投资条件优越，前景可观。

矿　　长：秦春厚
地　　址：陕西省旬邑县黑沟煤矿
邮政编码：711309
电　　话：（09299）22627

鸡西矿务局建井工程处

鸡西矿务局建井工程处创建于1950年，整体实力强大，技术力量雄厚，系国家一级施工企业。现有职工7600人，专业技术人员969人，具有中高级职称人员493人，拥有固定资产净值3500万元，流动资金1700万元，各类施工设备6300台套。主要经营：矿井建设、机电设备安装、工民建筑、公路铁路、涵洞桥梁、隧道开凿、水库电厂、输变电所和线路架设等工程。

建处40多年来，先后建起了年产60万吨以上的大中型矿井6对，中小型矿井、斜井、平洞23对，总设计能力849万吨，并建设了鸡西平岗、东海、二道河子、小恒山、恒山、张新等矿井改扩建和水平延深工程，建设全国第一座年发电2亿万度，鸡西、滴道矸石电厂，建设了入洗能力50万吨、120万吨的鸡西城子河和杏花洗煤厂。自1992年开始，打入了吉林、河南等矿井建设市场，现承建国家重点工程年产210万吨的荣华立井和年产60万吨的西鸡西立井的施工。

“六·五”以来至1993年，完成井巷工程量110多万米，有近300项矿建、土建、安装单项工程被煤炭工业部、东煤公司评为优质工程。1982年承建的鸡西杏花立井被煤炭工业部命名为优质、快速、高效、达产快的工程。1986年承建的鸡西建设银行办公大楼被黑龙江省评为甲优金牌工程，1990年承建的鸡西小恒山排矸井井塔高43米，重4000吨，成功地实行了包括全套设备的整体平移，填补了东北煤矿基本建设安装史上的空白。自1988年至1992年矿建工程累计创出20个全国和东煤公司单进新水平，其中4次刷新立井全国单进新纪录，最高月进尺201米，16次打破东煤公司新水平，斜巷最高月进尺305米，平巷最高月进尺316米，半煤岩最高月进尺618米。1992年产值首次破亿元，工程量完成12000米，在全国同行业居领先地位。

该处连续多年被煤炭工业部、东煤公司、黑龙江省、鸡西市、鸡西矿务局评为双文明标兵单位和先进集体。1993年被东煤公司授予打快速、创水平、破万米、超亿元特别奖。连续三年被国家企业评价中心评上全国五百家大型建筑企业和经济效益好企业排名榜。

处　　长：李乃栋
地　　址：黑龙江省鸡西市鸡冠区
邮政编码：158100

新疆维吾尔自治区
艾维尔沟煤矿

新疆维吾尔自治区艾维尔沟煤矿是新疆唯一的优质焦煤基地，国家中型企业。矿井生产能力79万吨/年，实际生产60万吨/年，远景产量300万吨/年。矿区现有职工3200人，矿井配套生产、生活、社会服务等设施齐备，煤炭生产，多种经营全面发展，企业连年完成煤炭工业部和原中国统配煤矿总公司下达的经营亏损指标，以及企业的各项任务，经济形势逐年好转，经济效益逐步提高。矿井附有现代化洗煤厂和改良焦炭厂，采用先进的综合机械化采煤。

矿区交通通讯方便，国铁南疆干线从矿区东部通过，艾维尔沟支线红岭站距矿区24公里，乌艾国家二级公路正在施工；矿区电话可直拨全国各地，卫星地面通讯站正在建设，即将投入运转。矿区煤炭储量丰富，煤质优良，气肥焦瘦，牌号齐全，以肥煤为主，主焦煤次之，再次之为瘦煤和气煤；低灰、低硫、特低磷，易选至中等易选，高发热量，强粘结性；产品主要有冶炼精煤和冶金、铸造用焦炭，精煤炼焦性能良好，优质焦炭曾打入国际市场。目前产品畅销，为新疆乃至西北部分地区工业发展做出了较大贡献。

黑龙江省鸡西建华通讯
设　备　厂

黑龙江省鸡西建华通讯设备厂成建于1985年，历经9个春秋的风风雨雨，该厂已发展成为煤矿通讯为一体的多元化生产厂家。该厂主要产品为DFK-A、DFK-A1、DK-2型防爆扩音电话，HDK型矿用电话耦合器，DHG（Z）矿用本安型供电自动电话机，并与之相配套的电源及ZJBP1型胶带机保护监控装置。

该通讯系统是借鉴了国内外通讯技术研制而成，其特点构造电路简单。使用维修方便、具有防潮、防震、防冲击波及多功能优点，其中该系统的耦合器及供电、自动电话可以实现由地面变成本质安全入井达到安全性能，并能与调度台及井下工作面扩音电话联网，该系统的工作面通讯电话获国家专利，并能和井上下各种电话汇接，还设有起动预报器，紧急闭锁自动充电等安全设施。适用于综采、高档工作面普采、掘进、胶带运输机、洗煤厂、选煤厂和其它易燃易爆危险场所做通讯用。该厂生产ZJBP1胶带机保护监控制置是针对目前煤矿井下用胶带运输机设计制造的，其主要功能是对胶带机进行监控和保护，用若干个本装置组成监控系统后，可以实现胶带机运输线集中控制，即在主控装置上可以对每条胶带机的工作状态进行控制。该产品1994年获国家专利，产品远销省内外22个矿务局，受到了用户的一致好评。DFK-A防爆扩音电话于1989年获市星火科技进步奖，1991年获省优产品。

厂　　长：贺刚德
地　　址：黑龙江省鸡西市建安街
电　　话：（04617）358019

河北省张家口市
老虎头煤矿

张家口市老虎头煤矿地处河北省蔚县西北山区井田含煤层地为侏罗系，煤层赋存稳定，埋藏浅，易开采。全矿现有3对生产矿井，年生产原煤80万吨，另有1对设计能力30万吨的新井正在建设中，1995年底可竣工投产，届时生产能力可达到110万吨。主要生产无烟煤和长焰煤两个品种，具有低硫、低灰、热值较高的特点。

老虎头煤矿原为张家口地区蔚县煤矿，1993年改称为张家口市老虎头煤矿。矿部机关设在蔚县南留庄镇，全矿职工3860名，各类专业技术人员394名。党的十一届三中全会后，矿领导班子以“求实、开拓、团结、奉献”的企业精神，率领全矿职工认真实施“科技兴矿，开发智能，强化管理，开拓市场”的四大发展战略。先后投入1500多万元资金，变革简单落后的开采工艺和生产手段，采煤工艺由刀柱法采煤，改为走向长壁全部垮落法采煤，充分发挥集中生产优势，减面减人；采面支护由木柱改为单体液压支柱，巷道支护推行锚喷和工字钢支架；采区上下山运输顺槽使用40L刮板运输机和吊挂胶带输送机，逐步淘汰了调度绞车和人力推车。先后装备起3个高档普采工作面，由炮采发展为机采。为适应科技进步的需要，他们把人才培训作为推动企业发展的资本，自筹资金创办技工学校，多渠道，多种形式地加强职工培训；企业全面推行经营承包责任制，各项制度健全，有章可循；产品销售面向市场，面向用户，积极创造条件搞好公路和铁路运销。从1989年以来，不仅实现产销平衡，还出口无烟煤和动力煤40万吨。

经过全矿职工坚持不懈的努力，逐步将年产3万吨的公私合营小煤窑，发展建设成国家中型一类企业。矿井建设初具规模，形成以采煤为主，机电维修、医疗卫生、职工培训、汽车运输、建筑建材，后勤服务相配套的格局。固定资产由建矿初期的320.06万元，增加到9437.47万元。矿井装水平提高，各种福利设施健全，从根本上摆脱落后的经营管理模式的束缚，走上了减人，增产、降耗、安全、提效的良性循环发展轨道。自1982年以来，全矿连续12年超额完成国家原煤生产计划，企业万吨坑木消耗由过去的130多立方米，降到现在的27.29立方米，原煤全员工效由过去的0.70吨/工左右，1993年达到1.195吨/工。人均利润指标连续3年在全国煤炭采选企业50家最佳经济效益企业中排上名次。1993年经国家统计局评价进入中国100家最大煤炭采选企业行列。

(京)新登字042号

图书在版编目(CIP)数据

中国煤炭工业年鉴 1994/煤炭工业部编.-北京:煤炭工业出版社,1995.3
ISBN 7-5020-1045-9

Ⅰ.中… Ⅱ.中… Ⅲ.煤炭工业-年鉴-中国-1994
Ⅳ.F426.21-54

中国版本图书馆CIP数据核字(95)第01550号

1 9 9 4
中国煤炭工业年鉴
煤炭工业部 编
*
煤炭工业出版社 出版
(北京安定门外和平里北街21号)
煤炭工业出版社印刷厂 印刷
新华书店北京发行所 发行
*
开本787×1092mm $^{1}/_{16}$ 印张 $22^{7}/_{8}$ 插页18 字数 871千字
1995年5月第1版 1995年5月第1次印刷
书号 3813_E0168 定价 65.00元